1997～1998
中国海洋年鉴
CHINA OCEAN YEARBOOK

中国海洋年鉴编纂委员会
中国海洋年鉴编辑部　编

海洋出版社

1999年·北京

图书在版编目（CIP）数据

中国海洋年鉴：1997～1998/海洋年鉴编辑部编.－北京：海洋出版社，1999.8
ISBN 7-5027-4827-X

Ⅰ.中…　Ⅱ.海…　Ⅲ.海洋－中国－1997～1998－年鉴
Ⅳ.P7-54

中国版本图书馆CIP数据核字（1999）第36018号

海洋出版社 **出版发行**
（100081　北京市海淀区大慧寺路8号）
天津国家海洋信息中心印刷厂印刷　　新华书店发行所经销
1999年8月第1版　　1999年8月北京第1次印刷
开本：787×1092　　1/16　印张：24.875(插页：30页)
字数：840千字　　　印数：1～2000册
定价：100.00元

开发海洋資源
保护海洋环境
造福子孙后代

周纪雲

一九九七年
十月八日

增强全民海洋意识
保护海洋发展经济

宋健

一九九七年十月

加强海洋综合管理
维护國家海洋权益

錢伟长
一九九七年十月

办好《中国海洋年鉴》
服务祖国海洋事业

题

一九九九年七月

1996 年 5 月 17 日，全国海岛资源综合调查成果暨海岛经济发展展览会开幕

'97 北京国际海洋资源开发利用和海洋技术设备展览会开幕，国务院副总理邹家华为开幕式剪彩

国务委员、财政部部长王丙乾在国家海洋局前任局长严宏谟和局长张登义陪同下参观展览会

'98国际海洋年大型宣传活动组委会成立

1997年，国务委员、国家科委主任宋健接见国家海洋局北礵海洋站先进事迹报告团有关人员　　（李仁中摄）

全国海洋厅局长座谈会于1997年6月4日在天津举行　　（徐棉法摄）

第24届世界海洋和平大会于1996年11月15～19日在北京召开

1997年1月海洋水色卫星立项综合论证报告评审会在北京召开，国防科工委、国家海洋局、航天工业总公司有关领导在主席台上

第二次全国科技兴海经验交流会于1996年11月13～25日召开（李谋胜摄）

香港回归－太平洋－21世纪学术研讨会

国家海洋局促进海洋产业发展座谈会于1996年11月召开（李谋胜摄）

执行《联合国海洋法公约》和联合国环发大会《21世纪议程》培训班于1996年7月26日在天津举办

国家海洋局极地考察办公室

南极野外考察队宿营地

中国大气科学家在北极海冰区（82° N）进行大气探测

太阳辐射观测

出席南极条约协商国会议的中国代表团

“雪龙”号极地考察破冰船

长城站全景

南大洋浮游生物考察

“中国首次北极考察计划”专家论证会

国家海洋局北海分局

小麦岛自动化海洋观测站

国家海洋局北海分局是国家海洋局派驻青岛负责北海海域海洋管理的行政机构，其主要职责是依法对黄海、渤海实施综合管理，完成国家下达的维护海洋权益、开发海洋资源、保护海洋环境、防灾减灾服务等工作任务。

北海分局领导班子

北海分局现有职工1800余人，其中科技人员978人（高中级职称491人，享受政府特殊津贴专家10人，技术带头人4人），船员394人。分别从事水文气象、地质、化学、生物、航空遥感、远洋运输和船舶修理等专业。拥有配套齐全、技术先进的调查、观测、实验等基础设施和仪器设备，包括中国海监船、远洋调查船、远洋运输船9艘，中国海监飞机2架，海洋遥测浮标4套，海洋航空遥测系统，以及气象卫星传真接传系统等。

北海分局还积极为国民经济服务。建局以来，连续开展海洋监测、调查、预报，进行了海洋工程的环境调查、监测和影响评价。完成了地方政府和部门委托的港口及沿岸工程、海洋石油开发工程、海底电缆、管道路由调查等多项调查任务。先后参加了联合国世界气象组织的“全球大气试验”、“中日黑潮合作调查”、“太平洋多金属结核调查研究”和中美、中法联合研究等项目。六次远征南极进行南大洋考察。为维护国家海洋权益、海洋资源开发管理、保护海洋环境，为地方海洋经济的建设与发展，做出了积极的贡献。

“中国海监”飞机

“太洋一号”科学考察船

获国家科技进步二等奖的海洋资料浮标

国家海洋局南海分局

南海分局领导班子

全国政协副主席钱伟长率海洋专题考察团考察南海，“向阳红 14”船全体同志在码头举行欢迎仪式

ADCP/CTD 锚定测量系统布放

南海区海洋工作座谈会

胜利石油管理局

中国石化总公司领导听取胜利石油管理局海上工作汇报

胜利石油管理局党委书记王作然

与美国能源公司签订海上钻井承包合同

海上拖运海工构件

海上丛式井勘探

胜利浅海区油气资源丰富，发展前景十分广阔。图为油田职工在“胜利九号”钻井平台上举行大型庆祝活动

厦门大洋集团

厦门大洋发展股份有限公司
地址：厦门市杏林区苑亭路89号
电话：(0592)6073153
传真 (0592)6251895

1998年11月24日，中共福建省委副书记习近平参观福祯食品有限公司

厦门大洋水产发展有限公司烤鳗生产线

厦门大洋集团有限公司地处厦门经济特区，是一家集生产经营、国际贸易、保税品进出口贸易、产业投资和房地产开发于一体的综合性外向型集团企业。在1995年中国500家最大私营企业评比中厦门大洋集团雄居第8位。

大洋集团控股子公司厦门大洋发展股份有限公司是一家工农结合、高科技、创汇型的现代化企业，主营海水淡水养殖、水产品加工、饲料加工、蔬菜水果的冷冻保鲜、进出口贸易和海洋科技成果开发利用等业务，其主要产品日式烤鳗、速冻蔬菜等畅销海内外市场。

在国家海洋局的大力支持下，厦门大洋发展股份有限公司面向社会成功发行了2300万公众股票并在上海证券交易所上市。厦门大洋发展股份有限公司将以更雄厚的实力为促进我国海洋产业的发展做出贡献。

厦门大洋水产发展有限公司
地址：厦门市思明区曾厝垵
电话：(0592)2510187
传真 (0592)2510183

厦门大洋集团有限公司
地址：厦门市建业路18号
阳明楼八、九层
电话：(0529)5311832
传真：(0592)5311955

中国科学院

曾呈奎院士在实验室进行藻类标本鉴定

曾呈奎院士获“何梁何利基金科学与技术进步奖”

为促进中国科学技术事业的发展，奖励做出杰出贡献的科技工作者，1997年9月5日，“何梁何利基金评选委员会”授予中国科学院院士、中国科学院海洋研究所曾呈奎教授1997年度“何梁何利基金科学与技术进步奖（生命科学）”，以表彰他在生命科学方面所做出的卓越贡献。

《中国近海沉积物－海水界面化学》出版

中国科学院海洋研究所青年学者宋金明研究员完成，1997年海洋出版社出版发行的《中国近海沉积物－海水界面化学》，是国内外第一部有关中国近海沉积物－海水界面化学方面的专著，可供从事化学海洋学、地球化学、地质海洋学、环境海洋学等方面的科技工作者和有关高等院校师生阅读和参考。该书获1998年度中国科学院自然科学奖三等奖。

《海藻化学》出版

由中国科学院海洋研究所纪明候研究员主编，中国科学院科学出版基金资助的《海藻化学》专著，于1997年由科学出版社正式出版。该专著是国内外第一部完整的、全面介绍海藻中各种化学成分的著作。全面、系统地介绍了海藻中各种组分的化学成分、结构、含量及其季节变化、物理化学、生物合成、应用等，可作为从事海藻化学与加工、藻类生理学、海洋药物等方面的科技工作者、研究生以及海洋、水产大专院校师生的参考书。

刘瑞玉院士在实验室

刘瑞玉教授当选为中国科学院院士

著名海洋生物学家，中国科学院海洋研究所刘瑞玉教授，从事海洋生物学研究50余年，创建了我国底栖生物生态学研究领域。通过大量的海上调查，较全面地了解了我国底栖生物的种类组成、数量分布和群落结构及其变化特点；进行了虾类、蔓足类、糠虾类及口足类等甲壳动物类群的种类组成和分布特点的研究；完成论文报告70多篇，专著4部；曾获国家、中国科学院、农业部和山东省多次科技奖励，为发展我国海洋生物学研究和促进资源合理开发利用做出了杰出贡献。刘瑞玉教授是中国科学院海洋研究所继童弟周、曾呈奎、毛汉礼和秦蕴珊之后第五位当选为中国科学院院士的科学家。

海洋研究所

中新海洋生物技术合作研究进展顺利

中国科学院海洋研究所与新加坡国立大学分子农业生物学院共同进行的海洋生物技术合作研究，于1996年6月开始执行。中国科学院海洋研究所派科技人员赴新加坡，以生活在热带海洋中的经济虾类墨吉对虾和斑节对虾为对象，进行了细胞生物学及遗传工程方面的研究；在墨吉对虾的繁殖习性、染色体的数目及形态、细胞核中DNA总含量的测定、三倍体诱导等方面取得了突破性进展。

中新合作双方领导和科技人员进行座谈

中日双方科技人员合影留念

留英学者高抒、留美学者郭希明入选中国科学院“百人计划”

“海洋沉积动力学研究”及“实验海洋生物学和生物技术研究”是中国科学院海洋研究所1996、1997年列入中国科学院“百人计划”的研究领域。通过国内外公开招聘，在众多的应聘学者中，留英学者高抒和留美学者郭希明以突出的优势入选，并分别于1996和1997年正式启动。目前已取得可喜的进展。

中日海南岛浅海动物物种多样性联合考察实施顺利

中国科学院海洋研究所与日本国立科学博物馆合作进行的海南岛浅海动物物种多样性联合考察，旨在提示海南岛与印度尼西亚马来西亚在海洋动物地理学上的密切关系，从而使人们更确切地了解热带动物地理区划中的地位，进一步了解海南岛三亚地区海洋动物区系组成特点及由于海洋环境变化而使动物区系组成发生变化的实际情况，从而提出恢复自然环境、减轻人为活动造成的破坏及使海洋动物资源可持续利用的对策。1997年2月和11月，中日双方科学家进行了两次海上考察，取得了大量科学资料，为全面完成联合考察任务，打下了良好的基础。

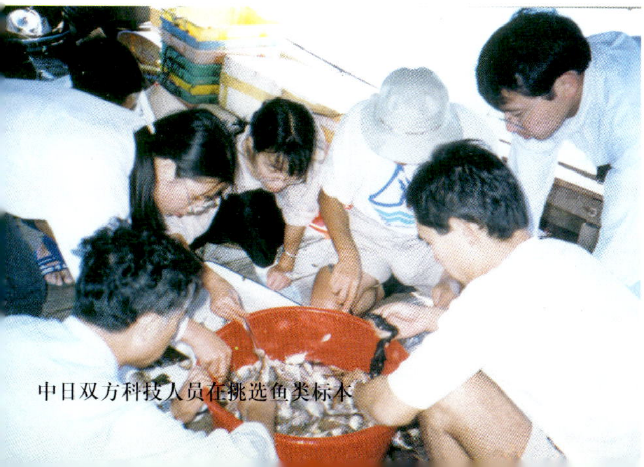

中日双方科技人员在挑选鱼类标本

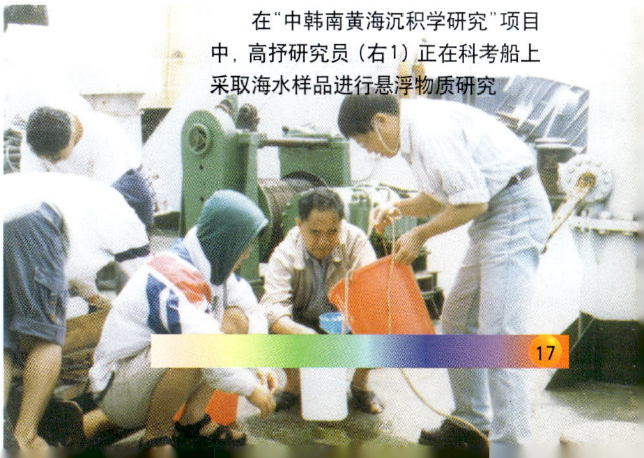

在“中韩南黄海沉积学研究”项目中，高抒研究员（右1）正在科考船上采取海水样品进行悬浮物质研究

青島海洋大学

国务院副总理李岚清于 1997 年 4 月 5 日到青岛海洋大学视察。图中背景为物理海洋教育部开放研究实验室

海洋环境学院冯士筰教授当选为中国科学院院士

3500 吨级的“东方红 2”号新型综合性海洋调查船在航行中

青島海洋大學出版社

社长 刘宗寅　　总编辑 李建筑

青岛海洋大学出版社成立于1989年4月，是一家以出版海洋、水产、外语、教育及管理类学术著作、教材、教学辅导用书、工具书和科普读物为主的大学出版社。

10年来，青岛海洋大学出版社共出版各类图书1000余种，满足了多方面读者的需求，得到了社会各界及广大读者的好评，其中近百种图书获得了各种奖励。

青岛海洋大学出版社全体员工决心在邓小平理论伟大旗帜的指引下，团结一致，求真务实，为把青岛海洋大学出版社办成特色明显、效益显著的出版社而努力奋斗！

社址：青岛市鱼山路5号

电话　2032123(社长室)　2032558(总编辑室)

　　　2032643(综合部)　2032573（发行部）

教育部海洋遥感开放研究实验室

“第四届太平洋海洋遥感会议”(PORSEC ’98)于1998年7月28～31日在青岛市政府会议中心召开。来自美国、日本、加拿大、澳大利亚、中国等20个国家的海洋遥感专家聚首青岛。

会议的科学主题是：多传感器资料在太平洋海域的交叉学科研究。

PORSEC主席Sugimori教授为PORSEC ’98–Qingdao开幕式致辞

PORSEC ’98–Qingdao地区委员会主席贺明霞教授主持会议。

合成孔径雷达图像显示的香港外海内波（SIR–C/SAR,1994.4.20）

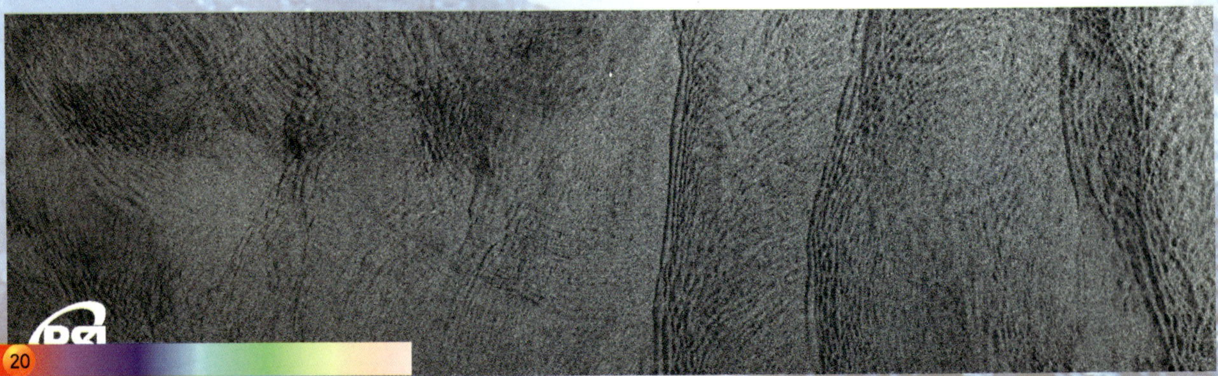

青岛海洋大学海洋遥感研究所

所长：贺明霞
电话：(0532)2032907
传真：(0532)2032909
E-mail：mxhe@ns.qd.sd.cn

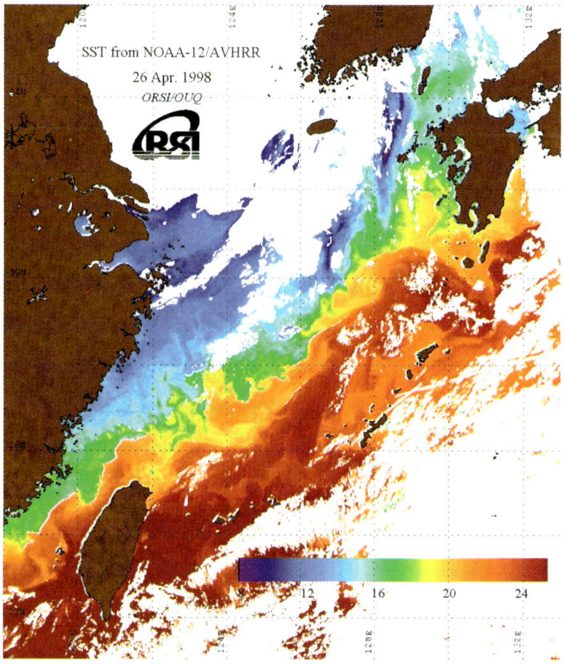

卫星海表温度显示的东海黑潮
(NOAA/AVHRR，1998.4.26)

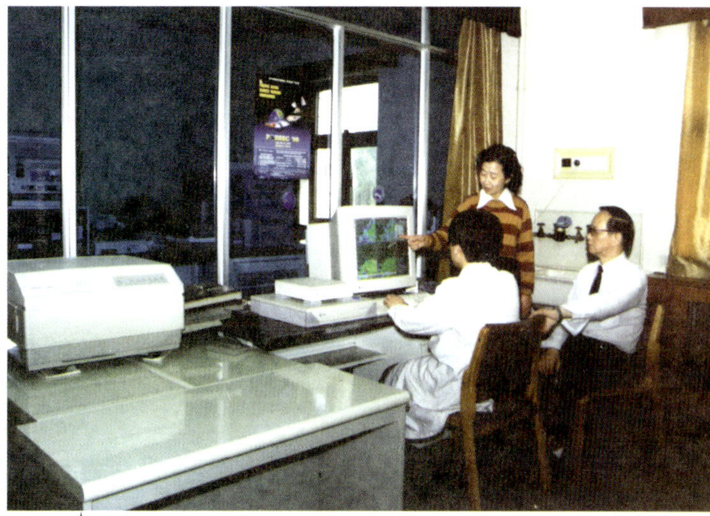

物理海洋（海洋技术）博士点博士导师正在与研究生讨论

多传感器数据显示的9711号台风（ERS2-2/SCAT,DMSP/SSMI）

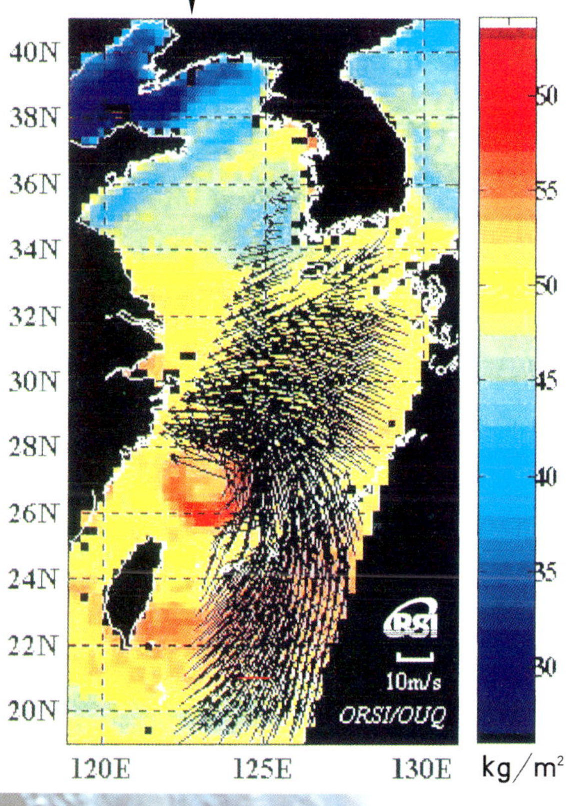

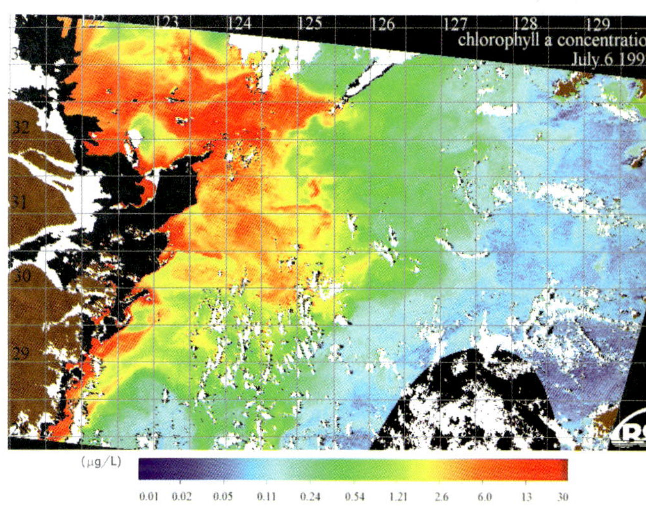

东海叶绿素浓度分布
(SeaStar/SeaWiFS,1998.7.6)

湛江海洋大学

湛江海洋大学成立于1997年1月10日，是经国家教委批准的国内第二所海洋大学和广东省重点建设的大学。该校以海洋、水产学科为主，涵盖理、工、农、经贸及管理等学科；以本科教育为主，兼有专科和研究生教育；以应用专业为主，辅以基础学科专业，是具有热带、亚热带特色的综合性海洋大学。学校现设置有4个学院、1个直属系，即水产学院、工程学院、农学院、成人教育学院、经贸系，并将积极创造条件，把经贸系扩建为经贸学院及成立科技学院和航海学院。办学规模2000年在校生达到8000人，2010年达到1万人。

1997年1月10日原国家主席杨尚昆为湛江海洋大学挂牌揭幕

学校领导班子在研究工作

校党委书记陈年强，向广东省副省长，校董事会董事长欧文源（左）汇报工作。

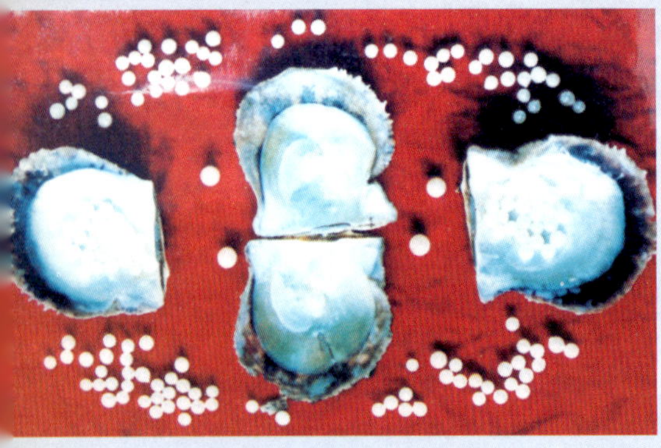

学校自己培育的海水珍珠

原国家教委负责同志参观湛江海洋大学珍珠产品

研究龙虾

水生生物博物馆一角

台湾省渔业发展协进会到学校考察与交流

与有关单位的合作项目签字仪式

校址：广东省湛江市湖光岩东
电话：（0759）2383110　2383111
传真：（0579）2383001
邮政编码：524088

国家海洋局第

国家海洋局第一海洋研究所的主要使命是完成国家海洋局综合管理职能赋予的海洋资源开发、海洋环境保护、海洋权益维护和海洋防灾减灾领域的海洋科技工作；探索海洋奥秘，开展海洋科学基础、应用基础和高新技术研究，面向国民经济建设主战场，创造更大的经济效益和社会效益。

所长：袁业立（中国工程院院士）
地址：山东省青岛市红岛支路3号甲
邮编：266003
电话：(0532) 2866810　2879943
传真：(0532) 2867468　2879562
E-mail: fiokjc@public.qd.sd.cn

一海洋研究所

青岛海洋工程勘察设计院

青岛海洋工程勘察设计院是由国家海洋局第一海洋研究所组建的国内专业技术配置齐全、仪器设备先进的综合性海洋工程勘察设计单位。主要从事海洋工程地质调查、海洋测绘、海洋地球物理勘测、海洋环境调查、环境评价与污染治理等专业技术服务。拥有建设部颁发的海洋工程勘察设计甲级证书、国家测绘局颁发的海洋测绘甲级证书、国家环保局颁发的环境评价甲级证书。先后承担各项调查任务60余项，获得国家科技进步奖7项；　省、部级奖30项；工程设计一等奖1项，工程勘察一等奖3项。

现拥有职工180人，其中高级职称68人；中级职称76人；5人获博士学位；16人获硕士学位。

国家海洋局第二海洋研究所

金翔龙研究员长期从事海底科学研究，早在50年代就与中国科学院的同事合作组建了我国第一支海洋地震勘探队伍，为我国海洋地球物理学的建立奠定了基础。近年来，在邻近海域基础研究和大洋多金属结核资源勘探开发研究方面取得了重大成果，为我国争取并获得太平洋理想矿区做出了突出贡献。1997年11月28日当选为中国工程院院士，并担任国家海洋局海底重点实验室主任

吕文正研究员受国家海洋局委派，于1997年3月中旬出席《联合国海洋法公约》缔约国在联合国总部举行的第六次会议，并当选为联合国大陆架界限委员会委员。图为同年6月中旬出席联合国大陆架界限委员会第一次会议

国家海洋局海底科学重点实验室于1997年3月在杭州召开学术委员会第一次会议

海洋二所卫星地面接收站于1997年9月16日成功地接收到美国海洋水色卫星发送的我国海区第一帧SeaWiFs图像

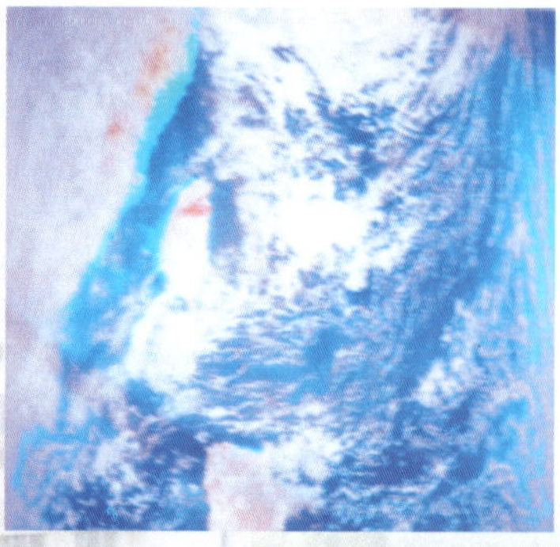

BCCMK Ⅱ型双频多波束系统、多波束实测三维海底地形图

新建科研楼

中美海底光缆网络系统（China–US Cable Network System）连接中国、美国以及韩国、日本等国家，是我国直达北美的国际光缆主干线。经国际招标，承担中国东海和南海海区约2000km路由的海洋调查任务。从1997年10月7日至1998年1月6日，先后进行了4个航次综合性的海洋调查。海上调查和资料、数据处理使用了在国际上处于领先水平的技术装备和软件系统，全部达到了当前国际上海底光缆路由调查的最新技术要求。调查成果于1998年7月27日通过鉴定。该项成果已达到国际先进水平

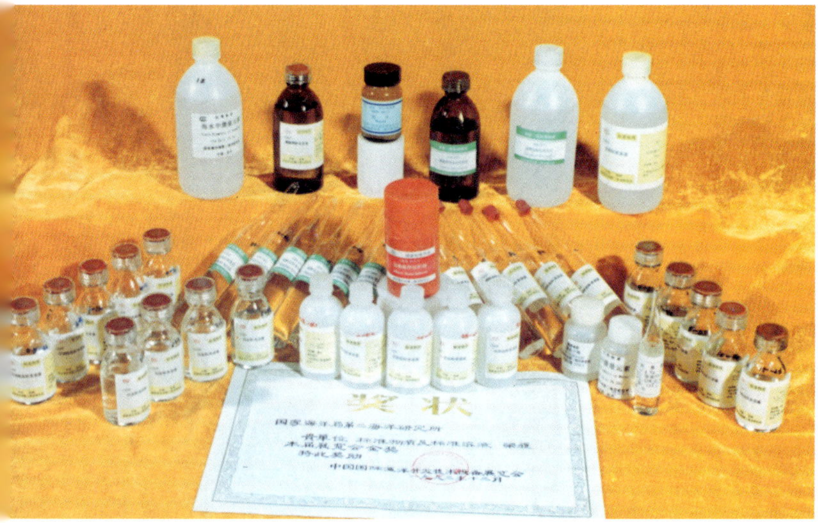

研制的"碘酸钾、盐酸、磷酸盐、亚硝酸盐—氧、硝酸盐—氮、铵—氮、硅酸盐—硅七项系列标准物质"成果，通过国家海洋局鉴定验收，到1998年1月全部被国家技术监督局批准为国家一级标准物质，并核发"国家标准物质定级证书"和"制造计量器具许可证"

第二海洋研究所研制生产的制冷机组所应用的工质–溴化锂溶液，其主要指标均达到国家标准，并开发出中央空调专用清洗剂的高科技产品。通过化学清洗可恢复原来的热交换能力，大大节约了能源，延长了机组的使用寿命，可使机组正常高效运转

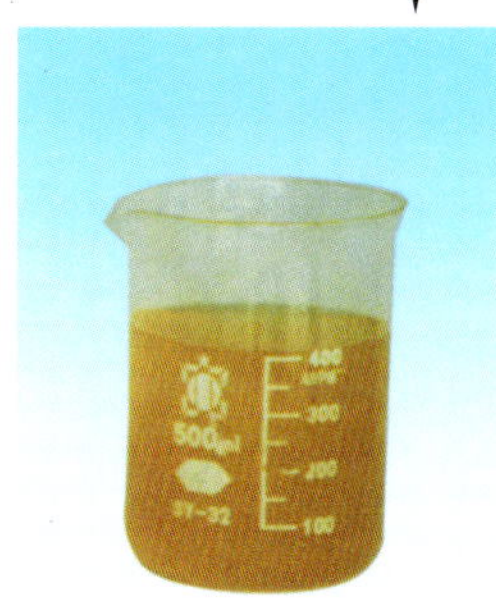

溴化锂溶液（有色已加缓蚀剂）

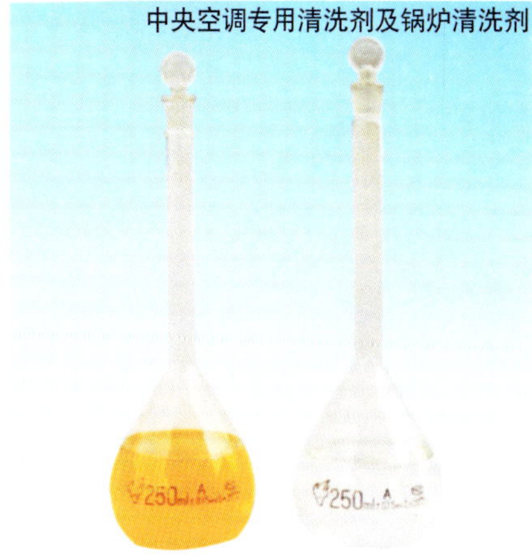

中央空调专用清洗剂及锅炉清洗剂

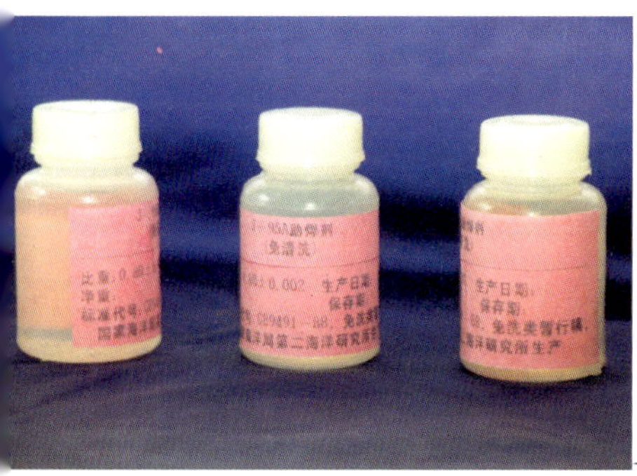

第二海洋研究所研制的J—95A型免清洗低固体助焊剂（不含松香），为无色透明液体，具有低固体、低离子残渣、不含卤素，无需清洗等特点。各项指标均符合国家免清洗液态焊剂暂行标准的一级水平。该产品可用于波峰焊、浸焊流水线上各种电子产品的印制线路板的焊接。该焊剂有发泡均匀平稳，焊后板面干净无需清洗，焊点饱满，不拉尖等优点

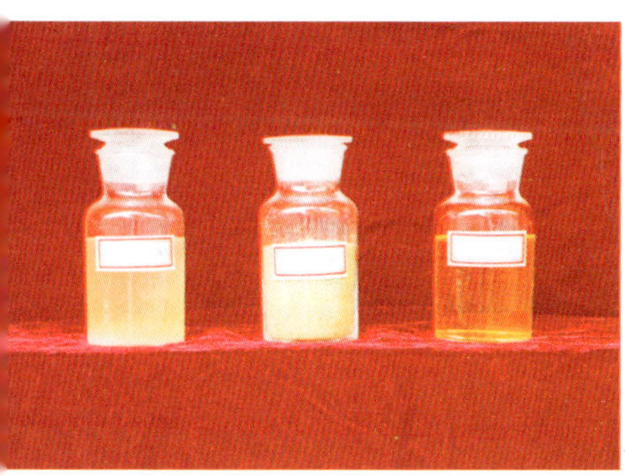

为开发低值鱼类资源，提高低值水产品的附加值，第二海洋研究所经过两年的研究，已成功地从鲲鱼等低值鱼类中提取出精制鱼油，并已投入生产。其各项指标均优于进口鱼油。同时在研究中，获得了实验室酶法制取鲲鱼食用水解蛋白质技术路线和有关实验参数

国家海洋局

杭州水处理技术研究开发中心

国家海洋局杭州水处理技术研究开发中心（以下简称“中心”）是专门从事分离膜研究、开发、应用的专业实体，现由中国工程院院士技术领衔，百余名水处理技术专家加盟，是国家液体分离膜工程技术研究中心依托单位。

“中心”自60年代起即致力于分离膜与膜分离的研究，曾荣获国家科技进步一、三等奖和国家新产品重大科技成果奖各一项，部省级科技进步奖30多项，国家专利20多项，在我国膜分离技术研究和应用领域独具电渗析（ED）、反渗透（RO）、超滤（UF）、微滤（MF）四大主流技术。产品广泛应用于海水、苦咸水淡化；工业给水软化、纯水、超纯水的制备；饮用水的净化及化工分离、浓缩、提纯等领域。市场业绩遍布电子、电力、化工、轻工、煤炭、环保、医药、食品等多个行业。

1995年，“中心”与香港汇丰直接投资管理有限公司共同投资组建了杭州（火炬）西斗门膜工业有限公司。公司自组建以来，进一步完善了电渗析（ED）、反渗透（RO）、超滤（UF）、微滤（MF）四条生产线，生产25个系列产品或单项产品，并最新开发了纳滤技术，取得了良好的社会效益和经济效益。公司曾先后为娃哈哈集团、上海正广和集团、顶新国际食品公司、维维集团、海南养生堂、广东今日集团等国内知名企业提供设计—成套—安装调试—技术培训全程服务，向国内外客户提供纯净水成套设备近百套。1996年，“中心”年产值6000余万元；1997年，“中心”年产值8000余万元，并分别在舟山嵊泗和山东长岛地区建成了国内首座大规模反渗透海水淡化示范工程和国内首座纳滤淡化海岛高硬度苦咸水示范工程，其中舟山嵊泗海水淡化示范工程日产淡水500t，年产淡水18万m^3，相当于该岛原水库总容量，极大地解决了当地海岛居民用水难的问题。

展望未来，“中心”将继续努力——“把您拥有的水，变成您需要的水。”

地址：浙江省杭州市文一路148号
传真：0571—8855231　8855041
邮编：310012
电话：0571—8866168　8855054

千吨级电渗析锅炉补给水制水工程

微机控制60m^3/h反渗透食用纯净水制取车间

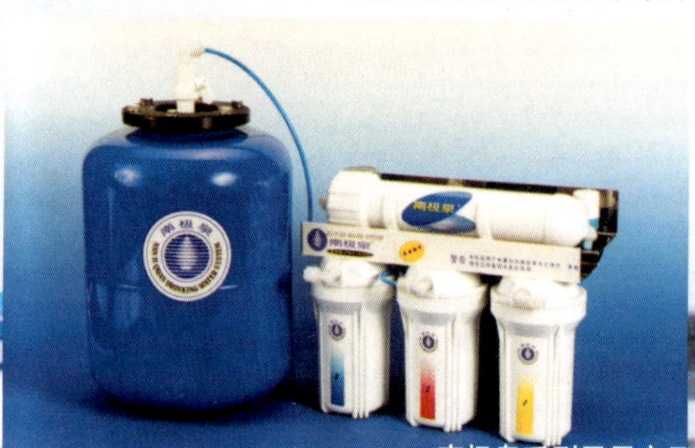

南极泉系列民用产品

日产500t反渗透海水淡化工程

国家海洋信息中心

地址：天津市河东区六伟路93号
邮编　300171
电话：（022）24300871　24305213
传真：（022）24304408
E-mail: webmaster@netra. nmdis. gov.cn

国家海洋信息中心是由国家海洋资料中心、海洋科技情报研究所（含海洋档案馆）、国际海洋学院中国业务中心、海洋空间信息研究开发中心四个科研业务系统组成的国家综合性海洋信息技术研究和公益服务部门。

国家海洋信息中心承担着多项国家“九五”攻关项目、国家重点课题和自然科学基金项目，取得了丰硕成果。国家海洋信息中心建成了我国海洋信息系统开发建设史上规模最大、技术含量最高、系统性最强的国家海洋信息系统。国家海洋信息系统是以中国海洋信息网为依托运行的。该系统研制开发的海洋信息产品已服务于海洋综合管理、开发利用等诸多领域，并取得了较好的社会效益和经济效益。

国家海洋信息中心已和世界上32个国家和地区的170多个单位建立了经常性业务和技术合作关系，真诚希望国内外朋友继续以各种形式进行合作与联合，共展海洋信息事业的鸿图。

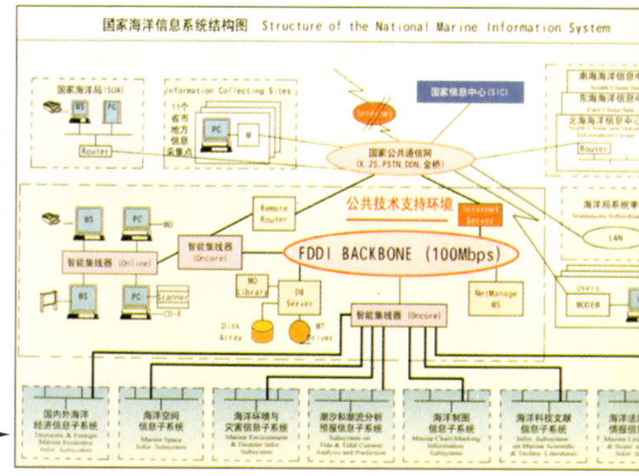

国家海洋信息系统结构图

国家海洋信息系统功能演示

网上查询

HY126—06项目技术专家组第二次会议

全国海洋厅（局）长参观国家海洋信息中心

海洋出版社

海洋出版既是出版工作的重要组成部分，又是海洋工作的重要方面。

建社以来，海洋出版社共出版图书4400种，出版期刊29种。在这些书刊中，获我国各种级别奖励的有120余种，为提高我国全民族海洋意识做了很好的基础工作。

多年来，海洋出版社坚持国家的出版方针，狠抓图书质量，坚持三审三校制度，严把政治关，书刊质量逐年提高，并逐步形成了本社图书在海洋、计算机、专业外语等方面的特色。

改革开放以来，海洋出版社率先进入国际图书市场，是我国较早开展对外版权贸易和国际合作的出版单位之一，在国际出版界树立了自己的形象。在北京首届国际图书博览会上，德国施普林格出版公司总裁葛茨博士对当时任副总理的李鹏同志说“我们同中国出版业的合作，是从海洋出版社开始的。”

中国海洋報

《中国海洋报》是国家海洋局主办的我国海洋界惟一一张全国性的综合性报纸。该报以宣传党和国家关于海洋工作的方针政策、发展海洋经济、介绍中国沿海地区的海洋管理、开发、研究、利用和海洋系统各行业工作成就与经验、传递国内外各种海洋信息、反映海洋工作者的呼声与建议、普及海洋知识、增强全民族的海洋意识、维护我国的海洋权益，发展海洋事业、振兴沿海经济为宗旨。

《中国海洋报》立足海洋、面向沿海、服务全国。重点宣传全国涉及海洋管理、渔业、航运、港务、造船、石油、盐业、科研、教学、军事、海关、环保等行业，是联系海洋各界、沿海与内地的桥梁，传递海洋各种信息的媒体和窗口。

《中国海洋报》设有海洋要闻、沿海经济、海洋水产、科技教育、管理法制、国际海洋、海洋大观、军事角、蔚蓝色等版块和众多各具特色的栏目。报纸栏目特色鲜明，版面设计活泼，文章精炼，信息量大、实用。文章具有一定的新闻性、指导性、服务性、实用性、知识性、可读性。适合涉海的各行各业人士及关心和热爱海洋的广大读者阅读。

《中国海洋报》为对开四版，每周二、五出版，国内外公开发行。邮发代号：1-149

编 委 会

第五届《中国海洋年鉴》编委会成立暨工作会议于1997年12月在杭州召开，国家海洋局副局长、编委会主任杨文鹤主持会议。编委会由各涉海部委局、沿海省区市政府海洋部门及高等院校的领导和专家组成。

主编杨文鹤（中）在主持会议，副主编孙志辉（左）、侯文峰（右）在主席台上

参加会议的编委会及编辑部全体人员

1997～1998
《中国海洋年鉴》编纂委员会
成　员　名　单

（均以姓氏笔画为序）

编 辑 说 明

《中国海洋年鉴》是由国家海洋局主办、我国各涉海部、委、局、省有关部门与单位协办并共同编写的综合性、资料性、史册性工具书。创办于1986年，至今已出版5卷，今后将每2年出版1卷。《中国海洋年鉴》的宗旨是全面、客观地反映中国海洋界各部门、各行业、各地区在海洋资源开发、海洋环境保护、海洋权益维护、防灾减灾及海洋科学技术等方面的最新进展和所取得的重大成就，以及发生的重大事件和重要活动，真实地留下编年的记载，为管理人员、科技人员和经营者了解中国海洋事业的发展史略提供丰实的资料，为发展我国的海洋事业、促进我国国民经济建设服务。

1997年12月，中国海洋年鉴编委会第四次工作会议在杭州市举行，会议对《1994～1996中国海洋年鉴》工作进行了总结，对98卷总体框架进行了修改。

本《年鉴》仍设10个篇目，它们是：(1)综合篇；(2)产业篇；(3)地方篇；(4)海洋管理篇；(5)海洋公益事业篇；(6)海洋科技与教育篇；(7)极地篇；(8)国际海底篇；(9)国际合作篇；(10)附录。全书收集了1996～1997年间海洋界的重要法规、文献和各种海洋事件、事实和资料。

1997～1998卷在内容上做了以下变动：一是地方篇增加了篇幅，突出了中国沿海11个省、市、自治区和台湾、香港以及4个计划单列市的海洋工作全貌；二是附录中增设了海洋机构介绍和国外海洋工作概况。

在内容编排格式上仍沿用前几卷的方法。

1998卷《中国海洋年鉴》所采用的稿件和统计资料由有关部门和单位提供，个别部分引用了其有关部门年鉴的资料。文稿中的数字由于统计口径不同或其他原因，与统计表中数字不一致者，以统计资料为准。由于涉海机构、部门交叉较多，资料汇总较困难，因此本年鉴有一部分内容只包括国家海洋局系统的情况或其他有关部门的情况。

本卷年鉴含资料的时间界限一般为1996～1997年，个别涉及到1998年初或1996年前遗漏的重要资料。

本《年鉴》是社会大协作的产物，是全国几十个部门、几百名海洋工作者共同努力的结晶。在整个组稿、审稿、编辑过程中，得到了国家各有关部门领导机关的支持，得到了各部门各单位的积极合作，得到了海洋界著名人士、专家、学者的热情指导和帮助。这里应特别指出的是，有些单位除了在工作上给以大力支持外，还在经费上鼎力相助，使得本《年鉴》得以顺利出版。除了国家海洋局拨一部分专款外，出资资助的单位还有：国家科委社会发展司、国家自然科学基金委员会、中国大洋协会办公室、国家海洋局极地办公室、胜利石油管理局、国家海洋局北海分局、国家海洋局南海分局、广东省海洋与水产厅、辽宁省海洋局、山东省海洋与水产厅、浙江省海洋局、厦门大洋股份有限公司、海洋出版社等24个单位(部门)，在此我们表示衷心的感谢。

鉴于《中国海洋年鉴》内容涉及面广，是跨行业、跨地区、跨部门的海洋出版物，资料的搜集难度较大，资料不够全面在所难免。欢迎关心、爱护《中国海洋年鉴》的各界专家、领导和广大读者批评指导，提出建设性意见，使我们今后的工作做得更好，共同为迎接21世纪的中国海洋事业做出新的贡献。

中国海洋年鉴编辑部

1999年7月

目 录

综 合 篇

特 载

专 文

大事记

海洋法规选编

沿海海洋经济概况

产 业 篇

海洋渔业

海洋油气业

海洋运输业

海洋盐业和盐化工

海洋船舶业

滨海旅游业

其他海洋产业

地 方 篇

海 南 省

广西壮族自治区

广东省

福建省

厦门市

浙江省

宁波市

舟山市

上海市

江苏省

山东省

青岛市

河北省

天津市

辽宁省

大连市

香港特别行政区

台湾省

海洋管理篇

海洋综合管理

海洋资源管理与保护

海洋环境保护

海洋技术监督

海洋公益事业篇

海洋环境监测、观测

海洋环境预报服务

海洋信息管理与服务

海洋新闻与出版

海洋科技与教育篇

海洋科技概况

海洋调查

海洋科学研究

海洋教育

极 地 篇

极地考察

国际海底篇

国际海底

国际合作篇

海洋国际合作

附 录

护封照片：胜利石油管理局海上油田

CONTENTS

Polar

International Seabed

International Cooperation

Appendixes

综　合　篇

General

特　　载
Special Contributions

迎接海洋新世纪

（宋健同志在第四次全国海洋厅（局）长会议上讲话，1996年8月28日）

今年上半年召开的八届全国人大四次会议上，批准通过了《关于国民经济和社会发展"九五"计划和2010年远景目标纲要》，这为我们"九五"工作和今后15年的经济发展和社会进步确定了明确的目标和任务。在这个背景下，国家海洋局召开这次厅（局）长会议，总结经验，研究确定今后一个时期海洋工作的指导思想、发展方向、基本任务，是非常及时的，也是十分必要的。我代表国务院对这次会议的召开表示祝贺，并借此机会向在海洋战线上勤奋工作并做出突出成绩的同志们表示亲切的慰问。

一、历史的回顾

十一届三中全会以来，我国取得了蒸蒸日上、举世瞩目的建设成就。我国改革开放政策就是从沿海地区率先搞起来的。沿海地区经济发展很快，这与我们海洋工作的开展是分不开的。海洋对我国现代化建设起到了非常重要的作用。从历史上看，凡是海洋事业发展得比较好的国家，都成为发达国家。1492年哥伦布从西班牙出海，发现美洲大陆，结果是带来西班牙200年的繁荣。后来，荷兰海洋事业发展起来，称雄一时。15、16世纪以后，瑞典、丹麦等也都开始发展海洋事业，经济实力迅速增强。18世纪以后，英国发展海上运输船队，建立强大海军，占领了遍布世界各地的许多陆地与岛屿，号称"日不落帝国"。从这些历史实践看，凡是海洋强国都成了发达国家，而发达国家必是海洋强国。中国从明代开始就有了郑和下西洋的壮举，组织了27 550多人的庞大船队，七下西洋，历时28年，使得当时的永乐年间也成为明朝最鼎盛的时期。但是时间太短，没有坚持发展海洋事业，1430年左右，明朝开始封关锁国，用小平同志的话讲，从此之后几百年，搞得中华民族"贫困落后，愚昧无知"。我建议领导干部，特别是海洋领导干部能研究一下近代史，研究海洋发展与一个国家、一个地区经济发展的关系，从中受到启发，提高对海洋事业的认识。

二、积极开发海洋资源，加速发展海洋经济

在人类生存的地球上，71%的表面积被海洋所覆盖。海洋是地球上富饶而远未得到开发的资源宝库。生命起源于海洋，人类未来也寄希望于海洋。过去，海洋对于人类的主要价值是"兴渔盐之利，行舟楫之便"。当今时代，在世界面临着人口、资源和环境的巨大压力面前，人们把眼光转向海洋，认真思考"重返海洋"，重新评价海洋的价值和作用问题。首先，海洋是未来社会物质生产的重要原料基地。在自然界已发现的92种元素中，有80余种在海洋中存在，其中能够提取的有60余种。可以说，海水是巨大的"液体矿床"。已经探明，海底富集着大量固体矿物，包括锰结核、钴结核、硫化矿物等等，估计约有6 000亿亿吨。海底石油和天然气资源非常丰富。据估计石油贮藏量约1 350亿吨，天然气约140万亿立方米。目前，已经开采的石油，已有30%来自海洋。能够开发利用的海洋可再生能源，包括潮汐能、海浪能、海流能、海水热能和盐度差能等，在70亿千瓦以上，相当于目前全世界发电量的十几倍。第二，海洋是人类所需食品的重要来源地。所有生物的祖先都出自海洋。海洋是地球一切生物发生和进化的摇篮。据生物学家估计，海洋中现在仍生存着20多万种生物。在地球上动物界的32个门类中，有23个仍然生活在海洋里。据推算，海洋的自然（初级）生产力每年有6 000亿吨，其中动物的生产力有562亿吨。最后形成人类可以利用的鱼类、贝类、虾类等，每年有6亿吨，现在每年捕捞2亿吨。海产品所提供的蛋白质，约占人类食用的22%。第三，海洋正在为人类的生存与发展提供新的空间。已有不少发达国家都在围海造地，建设海底仓库和机场，发展海上旅游，建设海上城市等，竭力扩大他们的生存空间。随着我国经济实力的增强，根据发展需要，我们也必将把生产和生活空间扩大到海洋。加大海洋开发步伐，加快海洋经济发展，已成为当今时代特征。1980年世界海洋经济产值为3 400亿美元，

1990年已达到6 700亿美元，预计2000年可以达到15 000亿美元。海洋经济已经成为推动世界经济发展的重要支柱。

开发利用海洋，发展海洋经济，对于我国的经济和社会发展具有非常重要的意义。我国人口多，陆地资源人均占有量少，比其他国家更需要开发利用海洋。我国人口已超过12亿，本世纪末将要达到13亿，到21世纪中叶可能达到16亿。解决这么多人口的吃饭问题是最要紧的事。中国人的吃饭问题，只能靠自己解决，我们也完全有能力解决。以人均粮食计算，考虑到对食品质量的需求，我们的粮食产量要比目前提高40%～50%，蛋白质产量增长一倍以上，才能满足人口高峰时的需要，光靠陆地不行，海洋是食品的重要来源。我们还要大力发展海洋石油、天然气和水资源、海洋运输、海洋旅游以及其他资源，以适应我国现代化建设的需要里，总计岸线长达32 000多公里；拥有12海里领海权的海域面积37万平方公里，200海里专属经济区内的管辖海域约300万平方公里。这片辽阔海疆，蕴藏的丰富资源，是中华民族未来赖以生存和发展的重要国土基础。据预测，我国海域石油储量约200亿吨，天然气约60 000亿立方米，其中近海油气资源量约占全国的三分之一，已探明的储量为5亿吨，目前年开采量仅为1 000万吨左右，潜力很大。开发国际海底和公海资源的潜力更大。中国是世界上人口最多的国家，最有权力利用这些世界共有的资源。

改革开放以来，我国的海洋经济发展很快，1980年海洋产业总产值仅为245亿元，1995年已达到2 200亿元。专家预测，2000年我国海洋产业的总产值可能达到4 000亿元。下个世纪，海洋将成为决定我国经济实力和政治地位的极其重要的因素。

开发海洋资源，发展海洋经济，要以渔业、交通、石油天然气、盐化工、旅游等涉海产业部门为主体，同时也是所有部门和沿海地区的共同责任和利益所在。海洋工作必须坚持以经济建设为中心，为海洋产业发展做贡献，以提高人民生活水平、提高社会生产力、提高国家综合实力为宗旨。这就要求科研和调查工作要不断发现新的可开发的海洋资源，提供开发理论、技术和方法；海洋防灾减灾和预报工作要为社会安全和海洋产业的顺利发展提供保障和服务；海洋综合管理工作很重要，要进一步加强。切实保护好海洋资源，保护好海洋生态，有利于海洋资源的永续利用。

我们的会议是沿海省市海洋厅(局)长会议。你们是沿海各省市政府管理海洋工作的职能部门，也是政府管理海洋工作的参谋和助手。现在就要组织各方面的力量，制定海洋开发战略和规划，形成政策，为政府的决策提供科学依据。

沿海各地发展海洋经济的任务是多方面的，各地可以有自己的重点。从全国的大农业发展目标来看，海洋水产业应该是当前全国发展重点之一。沿海各地都需要花力量抓“耕海牧渔”，抓海洋农牧化。1995年，我国海洋水产品总产量1 439万吨，人均不到15公斤。要赶上世界人均水平，产量还需翻一番，这是十分艰巨的任务。我国有2.4亿亩20米水深以内的海域，即使其20%可供“耕海牧渔”，就接近5 000万亩。还有3 000多万亩滨海滩地，如果能改造成农田，或者培育一批耐盐作物，用海水浇灌，形成海水农业，这将是重大的科学成就。

转变经济增长方式，是党中央对各行各业提出的共同要求。发展海洋经济，同样要转变增长方式。很多地方的海洋产业，特别是海洋水产业，大量存在个体养殖，小型渔船在近海捕捞，实力弱，生产力水平低，效益差，必须尽快转变这种粗放型经营方式，小平同志曾说过，中国社会主义农业的改革和发展，从长远的观点看，要有两个飞跃。第一个飞跃是废除人民公社，实行家庭承包责任制。第二个飞跃是适应科学种田和生产社会化的需要，发展适度规模经营，发展集体经济。在这方面，山东搞得很好。注意解决从家庭承包向规模经济过渡，实行分散生产，集中经营，发展股份合作制，公司带农户等等。海洋水产业的规模经营也有不少好经验，如建立“耕海牧渔”集团，水产品加工企业等。规模化的生产，必须调整产业结构，依靠科技进步，开拓市场，才能形成有发展能力的大产业。

三、发展海洋高新技术，实施“科技兴海”

按照中央提出的“科教兴国”战略，对海洋事业，就要“科技兴海”。从历史上看，每一个时代的海洋事业的发展都需要使用当时最先进的科学技术。实际上，历史上每一次重大技术革命都推动了海洋技术进步，从而给人类认识和开发海洋带来新的突破。现代天文学首先被用于航海。蒸汽机的发明引起了航海船舶的动力革命，出现了远洋客货轮船和机动渔船，推动了海洋运输业和海洋渔业的大发展。水声技术为海洋探测和捕捞生产开创了新的时代，等等。今后大规模开发海洋资源，必须更加依靠科技进步。对中国来说，目前首先要重视推广先进适用技术，改变落后的海洋开发方式和生产方式。其次，要狠抓科技攻关，解决海洋产业和各项海洋事业发展的关键技术问题，提高生产力水平。最后，也是最为要紧的是大力发展海洋高新技术，加速海洋传统产业的改造，引导海洋新兴产业的发展。海洋高技术的突破，会引起海洋事业新的产业的诞生，会大大提高海洋事业的效率，提高海洋产业的产值。

国务院已决定把海洋高技术研究列入国家高技术

研究发展计划("863"计划)。国家将加大投资强度,组织精干队伍,强化海洋探测技术、油气开发技术、海洋生物技术、水声技术等的研究开发。攻克、掌握和应用这些高技术,目标是实现产业化,发展海洋高技术产业,推动我国海洋经济的大发展和科技水平的提高。

国家科委和国家海洋局合作,正在制定"科技兴海"计划,准备召开全国"科技兴海"会议,推出这个计划。这是一项非常重要的事情。"科技兴海"计划应该充分利用各种科研成果,抓科技成果转化,抓先进适用技术推广,做好试验、示范工作,用先进典型引导和推动全国的海洋开发。"科技兴海"计划还应该重视培育一批依靠科技进步,产值上规模的海洋科技开发型企业。"科技兴海"的直接目标是发展沿海地区海洋经济。沿海各省市政府要积极参与这项计划的实施。海洋部门要同科技部门密切合作,切实抓好"科技兴海"计划的具体工作。

海洋开发是知识和技术密集型事业,需要大批高素质的人才。要加速海洋科技人才培养。要重视培养高级技术专家和经济、法律、管理专家,以适应现代海洋开发的需求。同时,要造就宏大的中等专业人才队伍。大力发展职业教育,提高广大从事海洋事业职工的素质。海洋科研院所和学校,要成为实施"科技兴海"的骨干力量。要根据国务院关于深化科技体制改革决定的精神,进一步建立有活力的机制,积极、稳妥地推进机构调整和人才分流。保留一支精干的海洋基础性研究队伍,引导大多数海洋科技人员进入海洋开发主战场,面向市场,发展海洋产业。积极推进科研院所和企业的结合与联合,壮大海洋产业的技术骨干力量。

四、加强综合管理,保证海洋资源环境可持续发展

江泽民总书记在第四次全国环保会议上指出:"在社会主义现代化建设中,必须把贯彻实施可持续发展战略始终作为一件大事来抓。"李鹏总理在这次会议上的报告中,全面阐明了我国实施可持续发展战略和贯彻执行保护环境的基本国策等重大问题。保持环境和资源的永续利用是中华民族生存和发展的基本条件。我们的发展只能是可持续的发展,既能满足当代人的需要,又不损害后人的生存和发展的需要。要坚决反对那种只顾眼前利益而牺牲长远利益的短期行为。在海洋开发方面,这个问题也很突出。我们东海和黄海的鱼类资源,30年代以前被日本人破坏过。大黄鱼、小黄鱼资源是60、70年代破坏的。这都是历史的教训。要严防历史悲剧重演,不能在开发过程中破坏海洋生态环境,不能走先污染后治理的老路。为了人民的长远利益和保证经济的持续发展,宁可暂时放慢经济增长速度,也不能再破坏海洋资源与环境。

保护海洋资源和环境,是我们各级海洋管理部门的职责。我们要把贯彻可持续发展战略作为海洋开发和保护工作的基本指导思想。海洋科研工作要重视发展生态环境保护技术,防止海洋环境恶化。污染的问题就是要管得厉害一点,形成一种社会风尚,树立海洋也不能随便污染的观念。要把海洋污染情况及时报告到省市一把手那里,引起各级政府的重视,采取措施,加强管理。海洋产业要搞清洁生产和节约资源的生产,保证海洋资源和环境的永续利用。海洋管理工作,要改变不适应形势发展的传统管理方式,建立健全现代综合管理体制,采取具体措施,完成海洋综合管理的各项任务。

海洋综合管理的任务很多:海岸带管理,沿海湿地保护,海洋自然保护区建设,海洋资源有偿使用,海洋环境监测监视,海洋环境预报和海洋灾害预警预报,保护海洋生态环境等等。所有这些工作都很重要。要制定海洋功能区划、海洋开发规划、海洋保护计划以及各种政策与法规,使海洋管理工作走上法制轨道。

开发和保护海洋必须有广大民众的积极参与和支持。要大力开展宣传教育工作和各种科普教育活动,如出版科普读物,利用各种宣传媒体报道海洋开发和技术信息,激发社会公众对海洋的热情和关心,提高全民族的海洋意识,特别是提高沿海地区广大民众参与海洋资源和环境保护的自觉性。

21世纪是人类全面开发利用海洋的新世纪。对中国来说,海洋事业是一项充满希望的伟大事业。我们要为海洋事业大发展创造条件、做好准备,要起动、要奋斗。有幸从事海洋事业的同志们是很光荣的。希望所有干部、科技工作者和广大职工,努力掌握邓小平同志建设有中国特色的社会主义理论,坚持党的基本路线,以经济建设为中心,面向发展海洋经济的主战场,为振兴中国的海洋事业做出历史性贡献。

增强海洋观点　建设海洋强国

（八届全国人大常委会委员张序三同志在八届人大常委会第 27 次会议上的书面发言摘要，1996 年 7 月）

世界上发达的国家或地区都靠海，但并不是所有靠海的国家都富强，原因何在？关键是利用不利用海洋，重视不重视海洋。随着现代科技的发展，海洋战略资源的相继发现和海洋认识的不断深化，人们的现代海洋价值观念发生了深刻变化。海洋对于人类生存和发展的重要性已日益受到重视，西方一些发达国家，如美、英、法、日等，为争夺海洋展开了激烈的角逐。一些发展中国家，如印度、智利、韩国、越南等，对海洋研究与开发也投入了相当可观的力量，并取得了显著的进展。据有关资料统计，1969 年世界海洋总产值仅为 130 亿美元，到 1990 年达到 6 700 亿美元，23 年增长了 50 多倍！预计到 21 世纪初，世界海洋产业总产值将超过 1.5 万亿美元。海洋经济在世界经济中的比重，将由 1970 年的 2%，上升到 21 世纪初的 10%左右，届时将成为世界经济的一大支柱。海洋开发的步伐正在全球范围内迅速加快，开发海洋将成为世界形势的主要特征之一。

《联合国海洋法公约》正式生效后，在世界范围内所产生的影响将是非常深远的。联合国环境与发展大会通过的《21 世纪议程》指出，“海洋是全球生命支持系统的一个基本组成部分，也是一种有助于实现可持续发展的宝贵财富。”

在这世纪之交，我们将能看到：经历了近 20 年改革开放并进入建立社会主义市场经济体制的中国将带着持续发展的经济奇迹迈向新世纪。而今后一二十年可能出现的太平洋地区共同繁荣的全球海洋经济增长，向我们提出了更大的挑战和更好的机遇。我们应该面向海洋，“抓住机遇，发展自己”，加大开发力度，争取更大效益。

在世界各国中，中国与海洋的关系非同一般。我国既是一个不同于内陆国家的濒海国家，又是一个不同于濒海小国的海洋大国。我国拥有辽阔的海域和丰富的海洋资源，再加上我国位居欧亚大陆东端和太平洋西岸，拥有联结最大的大陆和最大的大洋这一区域优势。海洋大国构成我国一个十分重要的基本国情。

立足我国国情，利用优势，发挥潜力，开发海洋，这是海洋大国的内在要求，也是经济和社会发展的迫切需要。在改革开放、发展社会主义市场经济和世界经济竞争日益激烈的形势下，在人口众多和人均陆地资源相对较少的情况下，我国海洋资源的利用，海洋产业的发展和海洋经济的振兴，有利于增强经济实力和增添发展后劲。从长远看，还将有利于拓展生存活动空间，有利于我国在地缘经济、政治和世界经济竞争中取得更大的主动权。

改革开放以来，我国沿海和海岛地区发展海洋经济、海洋开发出现了从未有过的强劲势头，海洋产业也得到了迅速发展。然而，我国在新兴海洋产业方面与发达国家相比，仍然存在相当大的差距。我国海洋经济总产值占国民生产总值的比重低于发达国家水平。这一事实说明，海洋开发滞后于全国经济的发展。要想成为经济强国，必须从海洋大国的国情出发，更加重视海洋开发事业，加快经济发展步伐。为了下个世纪我国在海洋开发上有所作为，必须从现在起就要抓紧，将开发利用海洋列为国家的发展战略。

建设海洋强国要有正确的战略，采取一系列有效措施。一是要把开发资源、建设海洋经济强国列入国家远景发展规划；二是要把国家主权和安全始终放在第一位，建立一支能够保卫我国海洋主权和权益、保卫我国远洋作业安全的强大的海上军事力量和执法力量；三是要实行依法治海，尽快制定和公海有关的海洋主权、海洋权益和海洋资源开发所急需的海洋法规；四是要尽快改革海洋管理体制，成立由国务院领导亲自主管的国家海洋管理委员会，加强海洋工作部门；五是要进一步转变观念，特别是决策层要站在 21 世纪持续发展的高度，树立新时期的海洋观。

加强海洋立法　保护开发海洋

（八届全国人大环资委副主任委员　杨振怀　1996年7月）

全国人大常委会批准我国加入《联合国海洋法公约》（以下简称《公约》），这是一件具有历史意义的重大决定。这对维护祖国的海洋权益，造福子孙后代以及中国21世纪国土海疆资源的开发利用，将产生巨大的现实意义和历史性影响。

《公约》确定了12海里的领海制度，200海里专属经济区和大陆架制度，提出了国际海底及其资源为全人类共同继承的财产以及公海管理制度等，这将使人们的海洋观念发生重大变革。一是占全球海洋面积35.8%的1.3亿平方公里的近海，将被沿海国以200海里专属经济区等形式划为有管辖权的海域，脱离公海的性质，向国土化的方向发展。二是沿海国家将制定国内法律、制度，陆续划定370多处国家间的海上边界。三是将对国际海底矿产资源逐步建立起国际社会共同管理的制度。实际上，海洋权益的再分配已进入新阶段，200海里以内海域及大陆架海域正逐步国土化。按照《公约》有关专属经济区和大陆架等制度，我国除拥有960万平方公里的陆上国土面积，还拥有近300万平方公里的管辖海域，这是全国各族人民，特别是各级领导都必须明确的重要观念，要像保卫领土一样，保卫我国有管辖权的海域，这是关系到我们子孙万代生存、生活空间和国家海洋权益的大事。

从地理概念上看，渤海7.7万平方公里，完全属于我国内海，黄海38万平方公里，东海77万平方公里，南海350万平方公里，都存在着与海岸相向或相邻的国家以国际法和《公约》等为基础，按公平原则经过协商划定自有管辖权的海域界限的问题。其中，以南海划界中的矛盾最多，也最为突出。南沙群岛总面积为82.3万平方公里，有520多个岛、礁、沙洲、滩和暗沙，其中露出海面的岛、礁36个。南海诸岛历史上从来都是我国的领土，是2000多年来中国渔民发现并传统捕鱼的场所。汉武帝时（公元前2世纪）中国人首先发现西沙、南沙群岛。明朝郑和率船队七下西洋，也在南沙群岛留有遗迹。清朝广东水师提督李准，当时曾率舰船巡视南沙群岛并立碑命名。1945年抗日战争胜利后，根据《开罗宣言》、《波茨坦宣言》，中国海军曾去西沙、南沙群岛从日本手中接收，并在岛上立碑、命名。同时在南沙群岛中的最大的岛——太平岛上驻军，一直到现在。30年代中国《申报》馆出版的地图和中国政府地图中，明确标明西沙、南沙群岛和其周围海域是中国国土，并划定断续国界。中华人民共和国1949年10月继续对西沙、南沙群岛行使主权和管辖。1956年，广东省海南行政区在西沙群岛永兴岛上设立西沙、南沙、中沙办事处。1974年以前，越南国家领导人的讲话中、越南的外交文件和出版的地图上，也都承认西沙、南沙群岛是中国领土这一事实。我国一贯立场是：中国对南海诸岛及其附近海域拥有无可争辩的主权。

但到1975年以后，由于国际上对开发海洋油气资源日益关注，并推测南沙群岛海域蕴藏着丰富的油气资源后，南沙群岛的岛礁就成为附近邻国争夺的目标。目前，南海已面临着我国领土被侵占、海域被瓜分、资源被掠夺、相邻国家妄图联手使南沙问题国际化，迫使我放弃南沙主权的严峻形势。为此，提出如下建议：

一、全国人大应加快海洋立法。

我国已先后制定了一批有关海洋的法律、法规，但尚未形成完整的海洋法律体系。建议全国人大抓紧海洋法律的制定工作，今后急需制定《中国专属经济区和大陆架法》、《海岛开发管理法》、《海域有偿使用法》、《海洋资源开发管理法》等海洋法律，同时借批准《公约》之机，加快中国海洋法规与国际海洋法规接轨，扩大海洋立法方面的国际合作与交流。

二、国务院应考虑研究组织统一的、强有力的海上执法队伍。

我国海洋资源的开发利用和保护，基本上是以行业和部门管理为主。由于管理部门分散，相互联系合作不够，形成政出多门、多头管理的局面，再加上部门间、地方间权益纷争，力量不集中，造成执法困难。60年代以来，国务院成立了国家一级海洋管理职能部门——国家海洋局，目前沿海省市中已有7个省市成立了独立的海洋管理机构。但尚未形成强有力的、比较完整的海洋管理体系。因此建议国家海洋行政主管部门需大大加强，像国家土地局、国家环保局那样成为国务院直属局，并发挥其海洋综合管理的行政职能和作用，以达到维护国家海洋权益，合理开发利用和保护海洋资源、环境、生态，促进海洋可持续发展的目的。同时建议国务院参考美国、日本等经验，在中国现有各部门执法队伍基础上建立起中国海域统一的、强有力的海上执法队伍。“海上一把抓，回来再分家。”使中国现有的海洋法律、法规得以贯彻执行。

建议国务院研究成立国家海洋管理委员会，并请一位副总理负责，以加强对海洋工作的领导，处理海洋开发利用与保护中的重大问题。协调各部门、地方间的合作与矛盾，促进海洋经济的发展。

三、国务院和沿海各级政府要制定有关政策和采取有效措施鼓励开发利用和保护海洋，维护我国的海洋权益。

其中包括建立海洋渔业风险基金，继续鼓励沿海渔民去南沙群岛捕鱼；优惠供应柴油数量，并切实落实到去南沙的渔船渔民头上；扶助渔船装备较先进的海上通信设备；在有争议的海域，特别是属于我国早已宣布的断续国界范围内的南沙海域，一定要有渔船前去，并保护我国渔民的合法权益不受侵犯等。应举国重视，群策群力，沿海各省、自治区应适当鼓励我渔船去南沙群岛海域捕鱼，如果现有南沙渔业都不能维持，后果不堪设想。因此建议国务院有关部门、沿海各级政府采取切实有效的政策和措施，逐年加大投入，以维护国家海洋权益，要支持在南沙群岛采用高新科技装备，如风力太阳能发电、淡化海水，重点建立渔船淡水、油料、冷藏设备补给基地和必要的居民点，同时加强南海海域地质地球物理勘探工作和科学考察工作。

专　文
Monograph

《联合国海洋法公约》和我国的海洋权益

陈炳鑫
（国家海洋局，北京）

1982年《联合国海洋法公约》（以下简称《公约》）是1973年召开的第三次联合国海洋法会议经过10年的艰苦谈判、斗争、妥协和平衡的产物。又经过12年国际社会的共同努力和调整，于1994年11月16日《公约》才正式生效。一部《公约》从制定到生效，前后经过22年，是当今国际社会少有的现象，这说明了这部《公约》的复杂性和重要性。这部国际海洋公约共有17个部分320条，连同9个附件共446条，对世界海洋的各个部分，如内海、领海、毗连区、专属经济区、大陆架、群岛水域、国际海峡、公海和国际海底的法律地位和法律制度都作了明确规定；对世界海洋事务，如海洋资源开发和养护、海洋环境保护与保全、海洋技术发展与转让、非海洋国家的海洋权益、海洋争端的解决等都作了具体规定。同时，强调和平利用海洋和"和平方式解决争端"，规定国家管辖海域以外的公海"只用于和平目的"，国际海底区域"专为和平目的利用"，建立海上和平区以及区域无核化等等。因此，《公约》的内容涵盖了海洋的一切资源和用途，涉及当代海洋法的所有领域。它是迄今为止，范围最广泛、内容最明确的一部海洋国际公约。《公约》建立起来的法律制度是全面管理海洋的国际法依据。联合国前任秘书长加利先生称《公约》是联合国宪章生效以来国际社会取得的最重要的成就，是我们时代最重要的国际文书。人们普遍认为《公约》是海洋宪法。

《公约》生效，标志着人类和平利用海洋和全面管理海洋的新的时期已经到来。《公约》建立起了新的国际海洋秩序。这个新秩序表现在诸多方面。但最主要的标志一是规定了12海里领海制度，打破了西方发达国家长期只承认3海里领海的旧法律制度，有利于广大沿海国家扩大领海主权；二是建立了200海里专属经济区制度，否定了"领海之外即公海"的旧制度，有利于广大沿海国家维护国家的海洋权益和管辖权；三是确立了国家管辖海域以外的国际海底及其资源是人类共同继承财产的原则，打破了发达的海洋大国对深海大洋的垄断，有利于所有国家、特别是内陆国家分享相应权利。由此可见，《公约》把占地球表面积70.8%的海洋（总面积约3.61亿km^2）从总体上划分为两大部分：即国家管辖海域（含内海、领海、专属经济区、大陆架、群岛水域等）面积1.09亿km^2，占海洋总面积30.3%；公海和国际海底面积2.517亿km^2，占海洋总面积69.7%。根据这两部分的法律地位，人们称前者为"国土"，后者为"公土"。实际上，所谓"海洋国土"在不同海洋区域是有区别的。内海是一国领土的组成部分，其法律地位与陆地领土完全相同，这部分海洋称之为一国国土是完全正确的。领海，是沿海国连接内海并从领海基线向外延伸12海里的一带水域。沿海国对其领海行使排他性主权，该主权及于领空、领水、海床和底土，但允许其他国家船舶无害通过其领海。这部分海洋称为沿海国国土也是正确的。专属经济区是沿海国从领海基线向海一侧起至200海里一带海域；大陆架是沿海国陆地领土向海洋的自然延伸，不足200海里的可延至200海里，超过200海里的最多可延伸到350海里或延到2 500米等深线以外100海里，以较近者为准。专属经济区和大陆架范围内，沿海国家行使其勘探、开发和养护自然资源的主权权利和环保、科研、人工构造物建造等管辖权，就此而言，把其称之为沿海国的"准海洋国土"是适当的，以区别内海和领海。

《公约》的生效和实施，给沿海国家带来扩大管辖海域的利益和维护海洋权益的法律依据，同时也使划分海上边界的潜在矛盾表面化，全世界沿海国家涉及管辖海域边界划分的有380多处，新一轮"圈地运动"已经成为当代海洋热点之一。其表现特点一是由少数大国之间对海洋的争夺转向广大沿海国家的广泛介入；二是由过去的以海洋的军事战略目标为主转向占有海洋资源、注重海洋经济利益与军事战略并重；三是在竭力扩大国家管辖海域的同时，美国等一些发达国家仍不放松海上战略区域的控制，甚至以保护航行自由为名，插手其他地区海上争端。因此，《公约》给世界海洋国家带来的是机遇与挑战并存的局势！

我国参加了《公约》制定的全过程，也是第一批在《公约》上签字的国家之一；90年代，又积极参与了由联合国秘书长主持的对《公约》第十一部分的修改，使《公约》能够被世界各国广泛接受。因此，我国对《公约》的形成、修订、生效都做出了重要贡献，受到国际社会的广泛赞誉。1996年5月15日我国人大常委会批准了《公约》，并于同年6月7日向联合国秘书长递交了批准书，按规定《公约》于1996年7月7日对我国正式生效，我国成为第93个《公约》缔约国。这表明我国将遵循《公约》的基本原则和法律制度处理海洋事务，调整海洋方面的内外关系。根据《公约》的规定，我国已经制定并颁布了《中华人民共和国领海及毗连区法》、《中华人民共和国专属经济区和大陆架法》。向世界宣布：我国实行12海里的领海制度和12海里的毗连区制度，应用直线基线法，公布了大陆(除南、北端)和西沙群岛领海基线，并保留在适当时机公布台湾岛、南沙群岛、中沙群岛和东沙群岛领海基线的权利；我国实行200海里专属经济区制度和《公约》规定的大陆架制度，并重申我国的某些历史性权利应予沿用。按照《公约》规定和我国历史上对有关海域的权利，我国的管辖海域约300万km^2，是过去只能拥有的内海和领海总面积37万km^2的8倍，大陆架面积约130万km^2。同时，作为人类共同继承财产的国际海底及其资源，12亿中国人应当享有相应的权利。我国根据《公约》第十一部分及其相关附件，已经在太平洋拥有一块以勘探开发多金属结核资源为目的的开辟区，最终将获得7.5万km^2具有商业价值的矿区。

但是，我国的海洋权益面临着严重的挑战。除了渤海是我国的内海，没有任何权益纷争以外，其他海域都与相邻或相向国家存在划界矛盾，同时与一些国家还存在着岛屿的主权争端。尤其是我国南沙海域，已经呈现岛礁被侵占、资源被掠夺、海域被瓜分的严重局面，维护我国海洋主权权益的形势十分严峻，问题十分复杂，斗争将是长期的。

我国海上权益斗争形势的特点是：(1)争议面积大。根据目前掌握的周边国家的海上划界主张，有争议区的面积接近我管辖海域面积的一半。(2)多种矛盾交叉。在每一个海区都存在两个或两个以上国家与我国有海上划界矛盾，甚至在某些海区存在着多国的重叠主张。例如东海的所谓日韩共同开发区是中、日、韩三国的主张重叠区；南海南沙海域的许多海区存在着同一区域内中国与其他2个甚至3个国家的主张重叠。(3)岛屿的主权之争与海域权益之争并存。在东海中日存在着钓鱼岛主权之争，日本非法占据中国固有的领土钓鱼岛。在南海，越南占据我国27个岛礁；菲律宾占据我国8个岛礁，并于1987年8月非法宣布"卡拉延群岛"为菲律宾所有；马来西亚占据我国3个岛礁，并将南安礁、曾母暗沙划为其管辖范围。这些非法侵占的岛礁又为周围海域划界带来了更大的复杂性。(4)少数大国或明或暗地插手我海域权益之争。在我与周边国家海上权益和岛屿主权之争的形势下，少数大国借口所谓确保"航行自由"，或明或暗地支持某些国家，企图插手其间，控制地区事务，扩大其影响，抵制中国。(5)我国在争议最严重的南海地区控制能力弱，呈现小国欺负大国的架势。我国在南沙驻守7个岛礁，连同台湾当局控制驻守的南沙最大岛太平岛，中国人共驻守8个岛礁，且远离我大陆，后方供应和支援都有很大困难。从控制南沙油气资源来看，我驻守区不很有利，因越南干扰而难以履行。相反，在南沙占据岛礁的国家，都大力采取措施强化占领，特别是增加已占岛礁的军事设施，加强实际控制，对别国船只活动进行限制、干扰，甚至武装驱赶。与此同时，加强资源勘探开发，保护和扩大既得利益。一些没有占领岛礁的国家，利用其地理优势在我南沙海域开采油气，获得巨额经济利益。

面对严峻的海上斗争形势，我们首先须认真贯彻中央关于解决海洋权益的方针政策，努力做好各方面工作。要处理好稳定周边、发展经济和维护好海洋主权权益两个大局的关系。按照公认的国际法、现代海洋法，包括《公约》在内所确定的基本原则和法律制度，通过和平谈判、友好协商，公平合理地解决与周边国家海上争端；坚决反对使用武力相威胁，反对外来干涉，反对国际化。但是原则问题不能让。遵照邓小平同志提出的"主权属我，搁置争议，共同开发"的方针，钓鱼岛和南海诸岛的主权属我不能变，主权问题不容谈判；我在南海和其他海区的历史性权利必须坚持。对于争议区一时谈判解决不了的，可以寻求共同开发，一时共同开发资源难以达成共识的，也可以进行双边或多边的区域合作。第二要巩固我国在南沙7个岛礁的驻守，加强在南沙和其他有争议海区的正常活动。第三要完善立法，依法维护我国海洋权益。我国将按照《公约》的法律制度和覆盖范围，完善国内的海洋法律体系。除了已经颁布的《领海及毗连区法》和《专属经济区和大陆架法》，我国还拟制定国际海底及其资源开发法。这是我国维护海洋主权权益的三项海洋基本法律，并要依照海洋基本法律和中国实际，拟定相配套的各种条例和规定，修订现行法规，以便和"公约"接轨。在加强立法的同时，要加强海上执法，做到依法管海。第四，加强海洋宣传，提高全民族的海洋意识。江泽民同志指出："我们一定要从战略高度认识海洋，增加全民族的海洋意识。”刘华清同志也指出：“是否具有海洋意识关系国家和民族的兴衰。”由于长期封建闭关锁国的政策，使人们的海洋意识极其淡薄。因此加强海洋意识宣传，建立现代海洋观念极其重要。海洋已经不仅仅是“通舟楫之便”、“兴渔盐之利”和“防御外敌入侵”的天然屏障，而且是人类生存和发展的基础条件之一和人类社会可持续发展的宝贵财富。人们已普遍认识到，海洋是解决人类所面临的人口、资源、环境三大难题的重要出路之一。

新的海洋观念应当包括“海洋国土”观念、海洋经济观念和海洋新防卫观念。海洋给我们人类社会的经济利益，不仅表现在海洋的资源开发和利用，同时还表现在靠海的区位优势给沿海地区经济和社会带来的效益。在当今世界，海洋防卫观念已经发生了深刻的变化。海洋已不再仅仅是作为防御入侵陆地的天然屏障。从领海延伸到国家管辖海域的资源主权权利和管辖权以及保卫国家的所有海上利益，是当今海空部队的神圣使命。我们应当以全新的海洋观念来认识海洋、开发海洋、保护海洋，为建立和捍卫新的国际海洋秩序做出中华民族的贡献！

可持续发展与海洋资源环境保护

——在香港’97国际太平洋海洋科技专题研讨会上的主旨发言

杨文鹤

（国家海洋局，北京）

可持续发展是全球也是我国当前和21世纪发展经济的主题，其核心内容是要求经济发展与资源、环境协调，强调人和自然的和谐发展。占地球表面积71%的海洋，不但蕴藏着大量人类迄今为止尚未认识和未加以利用的资源，而且对人类生存的环境和全球气候变化起着巨大的调节作用。在当今世界面临着人口日益膨胀、陆地资源日渐短缺和环境不断恶化的情况下，人们把眼光投向了海洋，人类把未来的希望寄托于海洋。为此，1992年联合国环境与发展大会把海洋列为实施可持续发展战略的重点领域，并且在大会通过的《21世纪议程》中指出：“海洋是全球生命支持系统的一个基本组成部分，也是一种有助于实现可持续发展的宝贵财富。”对于中国来说，开发海洋、走海洋兴邦之路更是我们迫切的需要。我国有18 000km长的海岸线，有面积大于500m^{2}的海岛6500多个，有约近300万km^{2}的管辖海域，是一个名符其实的海洋大国。因此，实施海洋的可持续发展应该是解决我国人口众多、陆地资源短缺的一条重要出路。

一、中国把海洋资源的可持续开发与保护作为重要的行动纲领

1992年联合国召开环境与发展大会以来，我国在高度重视环境与发展问题的同时，充分注意到海洋开发与保护对中国经济、社会发展与环境保护的重要作用，因而采取了一系列的重大行动：

1. 为使海洋成为人类生命系统的强大支柱，充分发挥沿海海域的主导功能和整体效益，1993年国家海洋局会同有关部门和沿海省、区、市政府组织选划了全国海洋功能区3 642个，其中开发利用2 482个，治理保护区529个，自然保护区221个，特殊功能区330个，保留区80个，从而为建立起海洋开发利用和治理保护活动的良好秩序提供了决策依据。

2. 1993年，在厦门建立了海岸带开发与管理综合示范区。这是联合国计划开发署、全球环保基金和世界海事组织共同在东亚海域实施的海洋污染预防和管理项目之一，旨在建立起以防止海洋污染为重点的进行海岸开发和管理的综合示范区。经几年实施，进展顺利，效果良好。

3. 在我国历时8年的全国海岛综合调查期间，在基本摸清海岛及其邻近海域资源、环境状况和社会经济条件下，进行了海岛开发试验工作。从1993年到1995年，先后批准了6个国家级海岛综合开发试验区，国家下拨引导性资金600万元，地方政府匹配了1 200万元。海岛开发试验获得了明显的成效。

4. 1994年，我国政府发布了《中国21世纪议程——中国21世纪人口、环境与发展白皮书》，把海洋资源的可持续开发与保护作为一个重要的行动纲领。为增强全国沿海地方政府对可持续发展战略的认识，提高实施《中国21世纪议程》的自觉性，国家海洋局在1995年举办了两期培训班。对来自沿海地方政府和国家海洋局系统主管规划、计划的负责人进行了培训。

5. 1995年6月，经国务院批准，编制和印发了《全国海洋开发规划》，要求沿海省市在“九五”计划和到2010年长远规划编制中贯彻实施。《全国海洋开发规划》提出了海洋开发要与环境保护、资源保护同步规划、同步实施、同步发展的要求，以确保海洋环境健康和资源永续利用。

6. 1995年，在国家计委、国家科委和国家21世纪议程管理中心的指导和支持下，国家海洋局会同国务院有关部门和沿海省、区、市海洋行政机构制订了《中国海洋21世纪议程》，并于1996年3月正式发布。《中国海洋21世纪议程》是《中国21世纪议程》的有机组成部分，也是实施海洋可持续开发利用的政策指南。为有效实施《中国海洋21世纪议程》，引导全国海洋开发活动遵循可持续利用的原则，同时还编制了《中国海洋21世纪议程行动计划》。

7. 1996年5月，第八届全国人民代表大会第四次代表会议正式批准通过的《中华人民共和国国民经济和社会发展“九五”计划和2010年远景目标规划》，把“加强海洋资源调查，开发海洋产业，保护海洋环境”作为实现全面发展的重要内容之一。

8. 为了发展海岸带综合管理能力，实现海岸带地区的可持续发展，国家科委将“海岸带资源与环境利用关键技术研究”列为“九五”期间国家科技攻关项目，内容包括海岸带综合管理技术和信息系统研究等。

在采取上述重大行动的同时，五年来，我国还强化了海洋环境管理和生态保护，完善了海洋倾废许可证制度，开展了海洋倾废监测试点工作。到目前为止，已选划了海洋倾倒区39个，有效地制止了海上任意倾倒现象。实施了海洋石油勘探开发防污报表制度，要求石油开发企业必须配备污水处理和监控装置以及必要溢油应急设备。建成了各种海洋类型自然保护区60个，总面积约130万公顷，其中国家级15个，地方级45个，从而有效地保护了中国海域典型海洋生态系统和珍稀濒危物种。

二、海洋资源环境保护的目标是实现对海洋的可持续开发利用

从五年来我国所采取的这些重大措施中可以明显地看出，我国对于海洋资源环境保护的总目标是明确的，那就是要建立起良性循环的海洋生态系统，形成科学合理的海洋开发体系，以实现对海洋的可持续开发利用，达到促进海洋经济快速、健康发展的目的。具体地讲，可以分为三个目标：

1. 防止海洋环境退化，恢复和提高海洋环境质量。随着沿海经济的高速发展，我国沿海环境形势十分严峻，不少河口、海湾以及大中城市毗连的近岸海域环境质量逐年下降，近海污染范围继续扩大，污损事件频发，环境灾害不断。为此，必须采取有力措施减缓近岸海域污染的趋势。如：控制陆源排污，实行污染物排放总量控制的管理机制，严格海上倾倒废物和排污，进一步减少污染物的入海量，健全政策法规，加大执法力度等等，以使部分污染严重的河口、海湾得到治理，并防止新开发区造成新的污染，从而减轻海洋环境灾害的发生。

2. 建设良性循环的海洋生态系统，有效保护重要的生态系、珍稀物种和海洋生物多样性。由于海洋资源的开发缺乏综合管理，海洋不合理开放利用和涉海行业之间的矛盾日益突出，海洋自然和生态破坏日趋严重。为此，必须加强综合规划和多种自然保护区的建设，以逐步形成符合可持续利用原则的海洋生物资源利用方式，达到恢复沿岸和近海的渔业资源、保护滩涂和浅海区生态环境的目的，并不断培养优良养殖品种，为海洋农牧化的大规模发展创造条件。

3. 优化海洋产业结构，使海洋产业群不断扩大和增殖。随着科学技术的发展，要不断扩大和加深开发利用海洋的范围和深度，改造和更新传统产业，不断地形成和发展一些新兴产业，从而推动海洋经济的快速增长，使海洋产业产值从目前约占国内生产总值的4%发展到2000年占5%以上。这个百分数大概约占沿海地区国内生产总值的30%左右。

上述三个具体目标表明，我国在开发利用海洋资源、适度加快发展海洋经济的同时，一定要保护好海洋生态环境，处理好资源再生和开发利用之间的关系，坚持可持续发展的决心。中国选择可持续发展道路，并把它作为发展国民经济的一大战略，既是经济发展和资源状况的现实需要，也是历史的必然，更是对中华民族子孙后代的一种责任。

三、海洋资源环境保护的基本对策

为实现海洋资源环境的可持续发展，我们的基本对策是：

1. 制定和完善海洋综合管理法规，建立和健全执法系统，提高执法人员素质，加大执法力度，做到对我国沿岸、近海及管辖海域的有效管理。

2. 根据海洋功能区划、海洋开发和保护规划，通过综合协调，引导海洋产业遵循可持续发展的原则，公平分配海域资源和空间，防止资源浪费，最大限度地提高资源利用率。

3. 要维护海岛的生态平衡，保护海岛及其海域的生物多样性。把海岛的开发利用和保护与整个沿海地区经济建设和可持续发展结合起来。

4.保护海洋生物资源。要建立珊瑚礁、红树林、海岛保护区以及海湾和沿岸鱼虾蟹产卵场、育肥场保护区，保护好物种和特殊生态系统；要管理好沿岸群众渔业，改进捕捞技术和方法，防止酷鱼乱捕，坚持休渔制度；要管理好滩涂浅海增养殖业，合理开发利用适合养殖的区域，发展人工增殖优质资源和海洋农牧化技术。

5.保护海洋环境，严格控制陆源和海上污染物的排放，重点海域要实行污染物总量监控制度。要制定和实施防治海洋污染应急计划，减轻污损事件对海洋生态环境的破坏；要加强海洋环境监测、监视，定期发布海域环境质量状况信息，实施对海洋环境的有效管理。

6.实施"科技兴海"战略。要依靠科技进步和发展高新技术来提高海洋资源开发利用的整体效益和水平，促进海洋开发由粗放型向集约型转变，提高科技进步在海洋经济发展中的贡献，推动海洋新兴产业的形成和发展。

7.加强海洋观测、预报和预警工作，完善海洋观测和预警系统，及时准确预报海洋自然灾害，提高防灾减灾能力，减轻海洋灾害损失。

8.加强海洋知识的普及教育和专业教育，促进公众参与海洋事务，形成全民族共同关心海洋、开发海洋、保护海洋的新局面。

9.加强国际合作。人类共有一片海洋，解决海洋的问题需要沿海国家的共同努力。我们应积极促进西北太平洋沿岸国家开展海洋开发和保护以及海洋环境监测、海洋灾害和海洋科技方面的合作和研究。

随着人类的进步和发展，和平利用海洋资源，科学保护海洋环境，有效实施海洋管理，使海洋实现可持续发展，已成为大家面临的一个重要课题。中国完全应该，而且也有能力为解决好这个问题做出自己的贡献。

依靠科技进步 提高海洋经济开发水平

——1997年海洋科技与经济发展回顾

张德山 许启望

（国家海洋信息中心，天津）

1997年，我国海洋产业界进一步深化改革，围绕实现"两个根本转变"，依靠科技进步，坚持海洋科技研究与经济开发相结合，推进了科技产业化和海洋经济持续发展。

一、海洋经济取得新成绩

1997年我国海洋经济持续快速发展。主要海洋产业总产值达3 104.43亿元，比上年增长7.6%；创增加值1 476.80亿元，比上年增长8%。其中，海洋渔业产量达2 176.42万t，总产值1 568.51亿元，比上年增长12.5%；海洋石油产量达1 968万t，天然气44亿m^3，石油工业总产值248亿元，比上年增长19.8%；海洋交通运量继续增长，货物周转量比上年增加1 700多亿吨千米，沿海主要港口货物吞吐量比上年增加5 000多万吨，总量达9.1亿t，运营收入216亿元，比上年增长11%；滨海旅游业增势不减，其国际旅游全年接待海外游客1 187万人次，外汇收入55.3亿美元（折合人民币458亿元），比上年增长9.3%；沿海修造船业狠抓转换管理模式和技术创新，扩大生产总量，提高造船水平，进一步增强竞争能力，工业总产值达228亿元，比上年增长19.7%；海盐生产2 114.3万t，完成国家计划134.5%，比上年增长9.5%；海滨采矿业产量有明显增加，其工业总产值达0.88亿元，比上年增长131.6%。同时，加大了产业结构调整力度，海洋三次产业结构正在从适应性调整向战略性调整过渡，向合理化、高级化方向演变。1997年，海洋第一产业全年实现增加值833亿元，比上年增长5.7%；第二产业增加值212亿元，比上年增长12.0%；第三产业433亿元，比上年增长10.8%。第一产业增长减缓，第二、第三产业增长较快。三者的比重由上年的58.8∶13.3∶27.9，调整为56.4∶14.3∶29.3。这说明海洋第三产业对整个海洋经济增长的贡献有所增强。另外，从各个海洋产业的内部结构看，也出现两个结构优化的特征：一是海洋渔业由于集约化、规模化生产的发展，海水养殖业增长速度继续高于捕捞渔业。1995～1997年，海水养殖产量平均每年增加126万t，而海洋捕捞量平均每年只增加119万t。这对于实现海洋渔业结构的战略性转变极为有利。二是第二产业中高新技术含量高的产业实力显著增强，1995年海洋石油产量只有928万t，1997年迅速增加到1 968万t，三年翻了一番，其增加值已占第二产业的60%；海洋造船业增加值的比重也上升到24%，两者已成为第二产业的主体。

在生产发展的同时，各海洋产业还加强了基础设施建设。海洋交通运输部门在"八五"建设成果的基础上，加大投入，使港口和海运基础设施建设继续保持较快发展。1996～1997年，沿海港口建成泊位70多个，新增吞吐能力1 000多万吨；同时安排了一批能源、集装箱、重要原材料和粮食装卸泊位等续建项目。海运支持保障系统完成了船舶交管系统、海监工作船码头、航标、海岸电台、大马力救助船等一批基建项目。从1997年开始在浦东新区以江南造船集团为基础建设外高桥造船基地。该基地占地面积210万m^2，岸线长1 500米，建大型船坞2座，建成后年造船能力180万t。产品定位在世界大型高科技、高附加值的大型油船、大型液化气船、大型集装箱船等先进船舶。计划在4年内建成。将使江南造船（集团）公司成为我国大型船舶中心和世界一流造船大企业。国家旅游局也投资3亿元，用于直属的18个滨海旅游项目建设和补助沿海各地多项旅游项目，其中包括建造12艘旅游船舶。

二、加大了科技开发力度

海洋科技开发面向市场，服务经济，围绕海洋经济建设打硬仗，已成为涉海部门和行业的共识和行动。近年来紧密结合各部门和产业发展中的重点、热点和难点，以增强技术创新能力为目标，增加投入，加大了海洋科技开发力度。据统计，1997年全国涉海部门和产业的海洋科研项目有3 200多项，比上年增加400多项。其中绝大部分紧密结合生产实际，87.3%的项目属于技术开发和应用研究，约30%的课题是属于高新技术的国家重点或科技攻关项目。这些科研成果有些已经投入生产应用，有些正在进行生产试验，有些取得阶段性进展，不仅有力推进了企业的技术革新改造，而且大大地增强技术创新能力。

海洋石油开发是技术和资金密集型的高科技产业。经过近20年的技术引进和开发研究，我国已经掌握了海洋石油开发的技术，大部分设备可以自己制造，大大提高了海上石油自主开发能力。中国海洋石油工业界开发生产的导管架、采油平台及辅助设备已在渤海和北部湾油气田开发中应用。中国船舶工业总公司制造的采油平台的生活模块、生产钻井用的隔水管与进口产品相比不相上下。在地震勘探技术方面，中海石油地球物理勘探公司与美国合作制造了四缆物探船“东方明珠”号，还拥有一艘三缆物探船和两艘二缆物探船。近年海洋石油总公司又提出了以“三新”（新思想、新技术、新方法）为技术开发的突破口，加快国产化进程，进一步围绕石油开发生产抓科技攻关，科技创新在油气田开发中发挥越来越大的作用。1997年在渤海优快钻井和西江油田的大位移水平井技术开发已取得令人瞩目的成果；海上石油开发的“863”高科技项目也开始起动。

海洋交通运输部门组织了跨行业的联合科技攻关，发挥人才、资金、信息优势，开展了4项重大科技攻关，取得了丰硕成果。其中，河口航道整治成套技术研究，为珠江口、长江口拦门沙航道整治工程提供了科学依据；2万t浅吃水肥大型运煤船研制、1 600t/h抓斗卸船机研制、耙吸挖泥船工况自动监测系统研制，为港口装卸、煤炭运输、航道疏浚等提供了一批先进的装备和关键技术，获得国家的表彰和奖励。此外，还有一批获交通部科技进步二等奖以上的研究项目，在国内都属先进技术，具有技术创新意义。与此同时，船舶科技也取得了新进展。如上海船舶工业公司系统通过科技开发，设计建造船舶新产品达20种41艘，计83.5万t，占造船总吨位的93.2%，新产品产值率达51.6%。其中1.65万m^3半冷半压式液化气船的总体性能、特殊结构设计、破舱稳性对策、液化装置国产化、液罐制造和吊装工艺等关键技术的突破，使我国成为国际上少数几个能建造该类高技术高附加值的新一代大型液化气运输船的国家。

在海盐及盐化工行业，1996～1997年先后投入了110项科研项目，它们全部都是属于开发和应用性的课题。其中，食盐加碘技术及设备研究列入“九五”科技攻关项目，已取得突破；列入国家火炬计划的“DXDⅡ型全自动加碘包装机”也获成功。还开发了一批盐化工新产品包括十溴二苯醚、无水亚硫酸钠、五溴二苯醚、高纯溴化氢、天然胡萝卜素饮品、天然胡萝卜素微胶囊干粉、天然胡萝卜素含片、高效增稠剂等。

海洋渔业部门围绕当前渔业发展和渔村经济建设的热点、难点和重点问题，开展科技攻关。渔业科技进步贡献率达到48%，比“八五”期末提高了两个百分点。重点抓了十个领域的课题，即名特优新水产品种质资源开发技术、暴发性流行病害防治技术、渔业水域开发和环境保护技术、水产功能食品和水产药物开发技术、渔业机械仪器和新型渔船开发技术、渔用饲料、远洋渔业、水产生物技术、工业化养殖技术、渔业经济和渔业信息研究等。据统计，1996年海洋渔业立项课题462项，1997年增加到508项，绝大部分课题属应用和开发性研究。例如，海水养殖方面的对虾养殖病害防治技术、名特优水产养殖病害防治技术，是当前的重点和难点，主要攻克规模化、集约化养殖条件下重大疫病的诊断与免疫技术，提出长期控制重大病害暴发流行的综合防治体系。经过几年研究，研制出2～3种快速灵敏实用的对虾病原检测技术并标准化，筛选出对虾免疫增强剂和药物，提出制备抗嗜水气单胞菌败血病疫苗的技术和工厂化生产工艺。同时，狠抓综合防治技术研究和防治体系建设，把科研新成果和群众性经验结合起来，提出一套综合防治技术方法，对对虾病害防治起到了很大作用。

三、大力推广先进技术

1997年,涉海产业坚持一手抓科研、一手抓先进科技成果推广,加快了科技成果转化步伐。例如,海洋交通运输部门,在科研立项和开发过程中,始终注意研究与工程建设结合,因此成果开发出来就具有非常好的实用性和应用性,重大成果的推广应用率很高。如水运全行业统计信息系统开发,既是交通部门的“九五”重点课题,也是重点推广项目,在课题立项时就要求技术成果推广覆盖面达60%~80%,到1997年,该项目已在江苏、广西、山东、辽宁等省(区)推广开来。这些省(区)的水运调度系统和各主要港口开通了信息传输通路,沿海大、中型港口和直属企业单位相继建立了不同层次的信息系统,主要业务基本摆脱手工作业,实现了计算机网络化。中远集团的信息系统建设也达到国内先进水平,他们为了适应集装箱运输业务发展,建立了连接全球109个港口代理机构的计算机网络,并在此基础上开发了中远集团全球跟踪信息系统。另外一些重点海运交通科研成果,如“土工织物在港口及航道工程中的应用”、“海上深层水泥拌和技术”、“SY—118型全功能GPS卫星定位测量系统”等也都在港口建设和海运生产中得到推广应用,提高了海洋交通运输业的现代化水平。轻工部门把一些关系国计民生的重大科技成果列入重点推广项目。如他们把“八五”攻关成果:防渗膜片材料的生产技术、全液压自行式运盐皮带机组、500~600t/h死碴盐收盐机、苦卤综合利用开发10 000t/a硫酸钾等,迅速推广,已在各盐场使用,取得显著的经济和社会效益。“九五”国家火炬计划“DXDⅡ型全自动加碘盐包装机”研制一获成功,就被列入轻工部的重点推广项目,迅速形成生产力。在海洋石油开发部门,在引进吸收国外先进技术的基础上,努力开发自己的技术装备,在石油平台和船舶方面取得了长足进步,推进了国产化的发展。目前中国海洋石油总公司使用的石油平台和船舶总数中,有1/3是我国自行设计制造的产品;中国天然气总公司使用的平台和船舶中大部分也是我国自己的产品。在海洋渔业方面,1997年广泛深入地开展“渔业科技推广年”活动,以“科技兴海”和“丰收计划”项目为龙头,大面积、大范围地推广先进适用新技术、新成果、新品种,促进高产优质高效渔业发展。例如,针对近年来对虾病害流行,重点抓了沿海12个示范区的试点工作,推广了“对虾病害综合防治技术”,不失时机地把对对虾病害综合防治研究的新成果、国外对虾养殖的适用技术以及群众总结的有效经验等,在全国沿海各省市进行普及推广,已经取得初步成效,使对虾养殖生产开始走出低谷。

四、沿海各地“科技兴海”深入发展

在国家“科教兴国”战略方针指引下,近年来我国沿海各地相继掀起“科技兴海”热潮。国家科委和国家海洋局因势利导,先后两次主持召开了全国“科技兴海”经验交流会,及时总结和推广先进典型和经验,积极引导“科技兴海”活动健康向前发展。并在总结经验的基础上,组织编制《“九五”和2010年全国科技兴海规划纲要》,把“科技兴海”列入国家中长期科技发展规划。随后,沿海许多省、区、市也相继编制了本地区的“科技兴海”规划,从而把沿海地区“科技兴海”推向一个新阶段。

山东省是“科技兴海”起步最早的地区之一。1997年该省海洋总产值已达570亿元,海洋经济成为全省国民经济新的增长点。最近他们又提出由海洋经济大省向海洋经济强省跨越,实现“海上山东”建设新突破的奋斗目标。为此,他们增加投入,建立“海上山东”建设专项基金,由省财政拨款5亿元作为起动资金,对骨干海洋企业、重点建设项目和重点资源开发、良种工程基地建设实行集中投入。同时,加大海洋科技开发力度,对海洋科研实行统一归口管理,加强科教力量的联合,围绕建设“海上山东”的关键科技问题,抓好海洋高新技术的联合攻关和成果转化。重点是海洋生物技术、海洋精细化工、海洋药物和保健品等领域的技术开发研究。并决定从1998年起从省高新技术研究和产业化开发资金中调拨2亿元作为海洋高新技术研究和产业化开发专用资金。广东省也是“科技兴海”先进地区之一。该省海洋经济连年保持在800亿~900亿元的水平,居全国第一。为了保持这个发展势头,该省确定在“九五”期间重点建设21个海洋开发项目,总投资216亿元。特别是为了加快发展海洋渔业,制定了一系列优惠政策,并决定每年投入8 000万元用于渔港建设。1996~1997年该省共设立海洋科研项目近500项。同时将湛江水产学院与湛江农专合并,组建湛江海洋大学,计划“九五”投资10亿元,按全国重点大学的目标建设,使之成为海洋高、中级人才培养基地。浙江省计划在“九五”期间筹资80亿元设立海洋开发基金,用于支持重点海洋开发项目。围绕“耕海牧渔”和海岛开发,加快把海洋资源大省转变为海洋经济大省的步伐。组织实施“科技兴海”工程,在海水增养殖、外海远洋捕捞、海洋生物技术、海水利用、海洋减灾防灾等8大技术领域,开展科技攻关。近期重点突破海水增养殖、海洋生物资源深度开发利用技术。由省科委牵头,在科技攻关、科技兴海示范区建设以及科技成果推广等方面,建立全省科技协作和科技信息服务网络,组织项目实施,省财政每年拨款150万元科技兴海专项经费予以支持。福建省做出"增创海的优势，大作海的文章，建设海洋大省"的重大决策。并确定发展海洋水产为支柱产业，"九五"期间安排3 000万元用于渔港建设。出台了一系列优惠政策，重点支持技术含量高的海水增养殖和远洋渔业及相关的科技研究。辽宁省也做出了加速"海上辽宁"建设的部署，加强组织领导，制订了海洋经济近期和长期发展目标。河北省急起直追，省委省政府多次召开"科技兴海"经验交流会，并组织编制科技兴海规划，做出了"建设海上秦、唐、沧，形成沿海经济带"的决策，增加海洋科技投入，加大科技开发和示范推广力度，争取在2010年前使科技进步对海洋经济的贡献率提高到55%，使海洋经济增加值达到1995年秦皇岛、唐山、沧州三市国内生产总值之和。其他沿海省(区、市)也都采取一些重大举措，"科技兴海"正在沿海各地更加广泛深入地展开。

"科技兴海"是通过抓海洋科技开发和成果转化，促进海洋产业实现"两个根本转变"，从而加快沿海地区海洋经济发展。因此，沿海各地根据本地区的资源优势和发展需要，抓好适合本地区海洋经济开发所需的适用新技术和高新技术，重点是海水增养殖技术、水产品深加工技术、海洋生物技术、海洋化工技术、海水资源综合利用技术等。他们通过加大投入，集中力量，组织科技攻关，解决一些海洋开发中重大关键技术，取得明显成效。据不完全统计，1996～1997年全国沿海各地开展了200多项"科技兴海"重大课题研究，研究成果均达到先进水平，其中有128项获省部级科技成果奖，16项获国家级科技成果奖。与此同时，按照"典型示范，以点带面"思路，狠抓科技成果的推广应用。到1997年，沿海各地在国家指导和支持下，已先后建立了20多个"科技兴海"示范区(或基地)和技术转移中心，组织实施了一批对海水增养殖、水产品加工、海洋化工等具有带动作用的新技术项目的示范、试验和推广，加快了科技成果转化。

五、科技体制改革进一步深化

近几年，按照国家关于"稳住一头，放开一片"的科技改革方针，涉海部门从适应社会主义市场经济着眼，不断深化科技体制改革。在组织机构、劳动制度、财务制度、综合管理等方面进行积极探索和实践，进一步明确了今后一定时期发展方向的基本思路和具体做法，取得可喜的进展。

海洋交通运输部门作为国家科技体制改革的试点部门之一对所属的科研机构进行大刀阔斧的改革。提出了"分流七个所，组建三个中心，放开一大片，稳住近千人"的基本思路，将在3年内将现有14个直属科研机构缩减一半，分流人员2/3，并组建公路、水路工程和船舶运输三个科研中心，使之成为国家重点科研机构。这对交通运输系统骨干科技力量的稳定和发展十分有利。

盐业部门所属的科研机构，也提出了"稳住一头，放开一片，机构重组，人才分流，大力兴办科技产业，实现科工贸一体化"的改革框架，并制订了"九五"科技体制改革具体方案，目前已取得阶段性成果。

中国海洋石油总公司是实行改革开放比较早的部门，一开始就注意学习和引进国外先进的技术和管理方法，以提高经济效益为中心建设高效精炼的机构和管理制度，多年来其职工总数始终控制在3万人以内，一个直接为海洋石油开发服务的科研机构人员也稳定在450人以内，从而使公司全员劳动生产率大幅度提高。这在国内是比较突出的，受到党和国家领导人的充分肯定和高度评价。近年该公司又提出了"九五"期间"创新制度，强化管理，建成实力雄厚、上下游一体化、国际化的集团公司"的奋斗目标。

中国水产科学研究院是农业部直属的唯一水产科研机构，下辖水产科研所20多个，有职工3 000多人。根据中央关于科技改革方针，经过积极探索和实践目前已逐步形成了适合水科院自身特点的改革思路，并确立在本世纪末初步"建立四大体系，实行一院两制"的体制改革构想。即通过改革，把现有科研机构调整为高水平的实验室研究体系、高效率的基础性工作和公益性研究体系、促进成果转化的工程技术实验体系及有活力的水产科技产业体系；搞好人才分流，实行科研与科技开发两种运行机制。几年来，按照这个基本思路，调整了研究方向与任务，科技体制改革取得明显成效：(1)新体制的建立极大地调动了科研人员的积极性。1996年新争取"九五"科研课题397项，落实科研经费2 000多万元，80%以上的科研人员已落实研究课题；当年水科院成果获国家科技进步奖3项，获农业部科技进步奖15项，获本院奖17项。(2)科技开发成绩显著。全院从事科技开发人员已达800多人，约占在职人数的30%。1996年创收7 100多万元，相当于国家事业拨款的1.7倍。一批科技主体产业也显示出强大的生命力。

上述情况表明，1997年我国海洋科技开发取得了新成绩，海洋经济呈持续增长势头。但是必须看到，海洋科技与经济发展中仍存在着一些问题。主要是经济结构调整比较缓慢，经济增长仍未摆脱粗放型的模式；高新技术产业化发展机制尚未形成；某些海洋产业经济效益不高等。如海盐生产仍面临着产大于销、库存积压严重、效益下降的局面；海洋交通运输量虽然继续增长，但因运价降低，运营收入比上年减少3.4%；滨海旅游业由于受东南亚金融危机影响，涉外饭店利润有所下降等。另外，沿海地区海洋环境堪忧，沿海工业废水直接排海量比上年增加23%，增长幅度提高1.3个百分点，因此近海水质总体水平下降；特别是渤海海域无机物超标率比上年增加50个百分点。因此海洋环境保护和治理仍是海洋科技与经济发展中必须引起重视的一个大问题。

海洋石油产业发展现状与展望

罗　明　林书新

（中国海洋石油总公司，北京）

海洋石油开采是我国50年代起步，80年代迅速崛起的技术密集型新兴能源工业。1982年2月15日，中国海洋石油总公司(CNOOC)根据国务院颁布的《中华人民共和国对外合作开采海洋石油资源条例》经国务院批准正式成立。总公司是注册资本为200亿元人民币，具有法人资格的经济实体，全面负责中华人民共和国对外合作开采海洋石油、天然气资源业务。主要从事海上油气勘探、开发、生产；炼油、石油化工和天然气的加工利用；产品销售以及提供有关服务。

中国海洋石油总公司成立以后，在改革开放方针指引下，遵照国家发展海洋石油的规划和政策，在国家有关部门和地方的大力支持下，经过3万职工的艰苦奋斗，开展了大规模的对外合作，加大了自营勘探开发的力度，海洋石油事业取得了长足的发展。“七五”、“八五”期间，海洋石油在形成涵盖海洋石油勘探、开发、生产等各方面十大配套技术的基础上，进一步增加科技投入，促进科研成果向生产力转化，初步具备了寻找复杂地质条件下大中型油气田、自营开发海上油气田、海上专业技术参与国际竞争和开发海外油田四大能力。逐步培养了一支懂得国际惯例、门类齐全配套的海洋油气勘探开发技术队伍，加速了合作与自营工作的开展，振兴了民族工业。使我国海洋油气开采的总体技术能力达到了当代国际水平。进入“九五”以后的1996、1997两年，海洋石油总公司认真贯彻“九五”发展战略，在油气勘探开发生产上，在上下游一体化领域的拓展上，在向海外发展的进展上，在海洋石油企业的改革上都做了大量创造性的工作，取得了明显的经济效益。海洋石油已成为我国石油工业中的一支生力军。

1996年海洋油气勘探坚持“油气并举、向气倾斜”的方针，加大天然气勘探力度。全年共完成地震测线163 411km；钻探井48口，其中自营40口、合作8口；获得原油探明地质储量1亿t、天然气探明地质储量685亿m^3。通过地质研究取得了对海洋油气资源前景的新认识。对石油资源，在渤海、东海的福山、迈陈、乌石凹陷及南黄海盆地确定了寻找新的石油储量的有利目标区。对天然气资源，明确了莺歌海、琼东南、珠江口珠三坳陷、东海西湖凹陷和渤海中部凹陷5个大型天然气富集区。

1996年是海洋石油历史上油气田开发建设项目最多、铺开面最大、工作任务最重的一年。海上有2个油气田投产，7个油气田正在建设，还有一批油气田处于开发准备和评价过程中。流花11—1油田3月29日投产，该油田开发生产难度很大，油稠、井浅、水深、储层复杂、海况恶劣。该油田采用了当今世界上先进的开发技术和装备，其中水下井口生产系统有7项新技术是世界上第一次采用，被国际石油专家誉为“明天的油田”。崖城13—1气田于1996年1月1日正式投产并向香港供气，由于成功地控制了项目的质量、进度和费用，总投资比计划大大降低。

1996年海上共有16个油气田在生产，海洋原油年产量首次突破1 000万t，提前116天完成了国家原油生产计划。年产原油达到1 500.8万t；年产天然气26亿m^3；液化气3.45万t；海外从印尼马六甲项目获得份额原油约38万t，折合油当量1 800万t，比“八五”期间1995年的原油年产量841万t增长了一倍多。1996年销售原油1 514万t，其中国内销售970万t；销售天然气24.5亿m^3、液化气3.3万t。

1996年是海洋石油对外合作签约的又一个高峰年，总公司共与外方签订了17个石油合同和协议，合同区总面积约为88 000km^2。外方承诺的二维地震义务工作量近7 000km；三维地震义务工作量为2 900km^2；初探井44口。勘探期第一阶段外方的勘探投资预计为2亿美元。

为适应海外发展的需要，海洋石油总公司经国务院批准成立海外石油天然气有限公司，并拥有了第一个海外油田——印尼马六甲油田，成为该油田最大的股东。在上下游一体化发展战略方针的指引下，南海大化肥、惠州石油化工和液化天然气项目开始起步。

1996年总公司实现销售收入139.7亿元，比上年增长68.2%，其中油气销售收入107.5亿元。总公司系统向国家纳税8.4亿元，比上年增长126.6%。整个海洋石油行业(包括中外合营、联营企业、合作区块及外国承包商)纳税21.6亿元。1996年总公司因经营而实现增加值77.5亿元，比上年增加60.9%，按人均年创增加值计算的全员劳动生产率为27.51万元，比上年增加10.44万元。年末总公司资产总值315.6亿元，净资产达144亿元，分别比1995年增加13.1%和46.9%，国有资产保值增值率为132.4%。

1997年是中国海洋石油总公司历史上又一个丰收年，各个领域都有骄人的成果。油气勘探、开发、生产取得全面进步。总公司海洋石油勘探继续发展，全年共完成海上地震测线200 646km，其中自营80 771km，合作119 875km。共钻探井37口，其中自营22口，合作15口。获油气发现13个，全海域探井成功率72%，当年新增石油探明储量1.77亿t，天然气探明储量86.9亿m^3。油气勘探取得的主要成果：一是海上油气勘探成功率是公司发展史上最高的一年，当年完成地震工作量也为历史最高。二是海上勘探在南海珠三坳陷、渤海湾盆地和东海盆地丽水凹陷实现新进展。三是珠江口盆地惠州油田生产区连片三维地震勘探效果明显，经钻探发现了惠州26—2含油气构造，对惠州32—5构造评价钻探也获得成功。四是其他重要发现，包括莺歌海盆地泥拱构造带浅层发现乐东8—1及乐东28—1含气构造；渤海湾盆地渤西地区沙东南构造带渤中13—1—1井及曹妃店18—1—1井等，展示了沙东南构造带是寻找天然气的有利地区。

1997年海上有6个油气田(区)建成投产：锦州20—2凝析气田中南平台于7月31日投产；歧口18—1油田于11月27日投产；绥中36—1油田J区于12月10日投产；歧口17—3油田于12月11日投产；渤西终端处理厂于11月27日接油，12月5日接气。歧口18—1油田和歧口17—3油田及渤西终端处理厂的投产成功，标志着渤西油田群一期开发工程的全面投产和海洋石油边际油田的开发创出了新路。海洋石油总公司与美国菲利普斯石油公司合作开发的西江24—1油田，位于南海珠江口盆地15/11合同区，距西江24—3油田东南8.2km。作业者菲利普斯石油公司利用西江24—3油田平台上的剩余井槽，向西江24—1油田钻大斜度长水平位移生产井。该井实际井深9 238m，水平位移8 062m，水平位移创世界记录。该井还在套管下深6 752m及一次性固井井段5 000m以上等作业上创多项世界记录。该油田于6月18日投产，产量计入西江24—3油田。总公司与美国西方石油公司合作发现的陆丰22—1油田位于南海珠江口盆地17/22合同区，距香港东南约275km，平均水深330m，是目前我国海上已开发油田中海水最深的油田。南海东部公司与现任作业者挪威石油公司经过大量艰苦的技术研究，采用了多项国际新技术、新工艺进行开发建设。该油田于12月27日投产。

海上正在进行开发建设的工程项目，包括渤海锦州9—3、渤海歧口17—2油田开发项目基本设计、东海平湖油气田开发项目、南海北部湾涠西南油田群整体开发工程。完成前期研究的项目有：东方1—1气田整体开发方案、锦州20—2气田二期开发工程方案、绥中36—1油田整体开发方案和秦皇岛32—6油田整体开发方案等。各下属专业公司以推行ISO9000国际标准质量体系为突破口，通过设备更改、人员培训、引进技术等途径全面提高企业素质，作业质量明显提高。

1997年海上有19个油气田在生产，油气产量再创历史新高。年产原油1 628.7万t，完成计划的135%；生产天然气40.49亿m^3；生产液化气3.3万t；海外生产原油约35万t。共折合油当量2 033万t。1997年销售原油1 604万t，其中国际销售577万t；销售天然气38.16亿m^3，其中国际销售29.46亿m^3；销售液化气3.1万t、凝析油16.85万t。

1997年中国海洋石油总公司共与外国公司签订5个石油合同和协议。合同区总面积为25 100km^2，外方承诺的二维地震义务工作量2 800km，三维地震义务工作量300km^2，初探井12口。在勘探期外方的勘探投资预计为5 700万美元。

1997年总公司实现销售收入149亿元，其中油气销售收入110.4亿元。总公司系统各单位向国家纳税9.7亿元，整个海洋石油行业(包括中外合营、联营企业、合作区块及外国承包商)纳税17.6亿元。总公司因经营业绩提高而实现增加值102.6亿元，按人均年创增加值计算的全员劳动生产率为37.4万元，比总公司成立之初的1983年增长33.5倍。年末资产总值达318.3亿元，净资产达191.2亿元，国有资产保值增值率达122.4%。

总公司1982年成立以来，坚持合作与自营并举，坚持以效益为中心的决策原则，取得了快速高效发展的成绩。截至1997年底，经过四轮国际招标和多次双边谈判，海洋石油总公司累计与18个国家和地区的67家公司签订了131个石油合同和协议，外商累计直接投资57.2亿美元，其中勘探风险投资33.1亿美元，外商投资占我国海上石油勘探开发累计投资的57.1%。整个海洋石油行业(包括中外合营、联营企业、合作区块及外国承包商)已累计向国家纳税80.4亿元。通过合作和自营，累计完成地震工作量101.6万km，完成探井工作量486口。累计获得石油地质储量16.6亿t、天然气地质储量3 510亿m^3。海上累计建成投产油田20个、气田2个。总公司系统各单位累计向国家上缴税收34.7亿元，等于同期国家给海洋石油总公司预算拨款的2.2倍，资产总值从28亿元增加到318亿元，等于1982年的11.3倍。

海洋石油总公司在对外合作中积极探索和建立与国际惯例接轨的管理模式，以"油公司集中统一、专业公司相对独立、基地系统逐步分离"的总体改革思路，创新制度，转换机制。企业改革朝着建立现代企业制度的方向迈出重要步伐，新的管理结构框架初步形成，在优化资源配置上进行了有益尝试，基地改革出路日见明晰。精神文明建设更加切合企业实际。渤海石油公司与北方钻井、测井、技术服务公司共同努力，创造的优质快速钻井技术使渤海地区打井的速度平均提高了3倍，通过对这一钻井群体的宣传，"优快"精神深入人心，在总公司产生连锁带动效应，有力地推动了海洋石油各项事业的发展。

1997年国务院研究室与中国海洋石油总公司联合召开"中国海洋石油工业改革与发展战略高级研讨会"，政府有关部门和海洋石油问题的专家学者群策群力，共同深入探讨海洋石油改革与发展战略问题，有力地推进了海洋石油事业的发展。

"九五"期间油气储量的增长目标是：探明原油地质储量4.6亿t、天然气地质储量3 000亿m^3。在认真调查研究的基础上，总公司提出实现"三个一千万吨"的跨世纪发展目标，即到2005年原油年产量，南海海域稳产1 000万t，渤海海域达到1 000万t，以南海西部为主全海域的天然气产能折合油当量达到1 000万t。开拓下游和发展海外是海洋石油工业新的经济增长点，在下游方面，与壳牌公司合资的南海大石化项目已开始启动，预计2003年投产。海南大化肥等下游项目正在推进。海外发展将迈出新的步伐。为实现这些目标，总公司本部不断加强战略决策、经营管理、产品销售和科研设计四个中心的职能。海洋石油总公司将进行国有独资公司的规范化改造，实行资本经营。通过逐步理顺内部产权关系，将所属地区油公司改组为分公司，专业公司改组为子公司，建设成以资产为纽带的企业集团。总公司还将积极扩大筹资融资渠道，实施资本经营。1997年总公司还以工资制度改革为主线对分配制度进行了多方面改革。设计出具有行业特点的岗薪工资制，岗位薪级工资按岗位设置，换岗换薪。为建立新的住房制度，加大了房改工作的力度，以实现住房商品化。

1998年，海洋石油总公司面临石油供大于求和亚洲金融危机导致国际油价比1997年同期下跌40%以上和国内石油体制改革，石油石化两大集团公司重组所造成的竞争格局变化的双重压力。1997年总公司盈利32.2亿元，而1998年即使油气产量与成本与上年持平全年仍将亏损3 000万元。在这种严峻形势下，总公司积极采取低成本战略和一系列扭亏增效的有力措施，眼睛向内，深入挖潜，以确保1998年原油产量继续增长达到1 650万t，实现利润7亿元。海洋石油总公司的发展战略是"油气并举，向气倾斜，增加储量，提高产量，开拓下游，发展海外，创新制度，强化管理，把海洋石油总公司建成实力雄厚，上下游一体化、国际化的集团公司"。在国内国际新的形势下，总公司正在审时度势，回顾和总结对外合作中的经验与教训，重新确立其市场定位，探索对外合作的新形式，以便及时调整发展战略，更好地培育和发挥自身特长和发展潜力，促进开拓和利用国内外两种资源、资金和市场，向以油公司为主体、上下游一体化的跨国集团公司方向迈进。

中国船舶工业的发展与展望

饶红践 义 文

（中国船舶工业总公司，北京）

改革开放以来，在国家的支持下，经过船舶工业广大职工的艰苦努力，中国船舶工业有了较快的发展，具备了同先进造船国家竞争的能力，成为国内发展较快的行业之一。

一、成就与差距

近20年，是中国船舶工业历史上重要的发展时期，这期间，取得了很大成绩，在国外产生了广泛和积极的影响，令国外造船界瞩目。

造修船生产迅速发展。经过近20年的努力，中国船舶工业的骨干力量——中国船舶工业总公司造船产量由1982年的42万t提高到1997年的220万t，年均增长11.7%，翻了两番多，占世界造船产量的份额由1982年0.8%，居世界第17位，提高到1997年底5%，居世界第三位；造船产值从1982年的8.2亿元增加到1997年的207亿元，有了较大提高；15年间，修船产值以年均17.2%的速度增长，显示了造修船生产的强劲势头。

船舶出口不断扩大。从1982年到1997年，中国船舶总公司累计承接出口船订单1 200万t，已完工交付近900万t。出口创汇不断增长，到1997年已达到15亿美元。出口船舶进入世界主要航运大国、经济发达国家和造船先进国家行列，在国际上树立了良好信誉。外轮修理和机电产品出口都有较快发展，已形成以船舶出口为主，外轮修理、海洋工程和机电产品出口为辅的多元化发展的格局。船舶工业已成为我国机电产品出口的支柱产品。

科技水平有了较大的提高。船舶设计与建造技术有了长足的进步。产品技术含量和档次逐步提高。主要骨干船厂进行了技术改造，造船周期不断缩短，管理水平不断提高。船用主机从依赖进口到基本立足国内制造，并且开始出口。一批技术先进的非船产品也形成了规模。

综合实力增强。经过基本建设和挖潜改造，船舶总公司的年造船能力由1982年80万t提高到1997年250万t；坞修容量由1982年38万t提高到73万t；非船产品产值比重由1982年15.8%提高到29%。三产营业收入1997年达到80亿元。从1982年到1997年，全公司净资产翻了一番，资产总额增加了3倍。形成了以大连、上海等沿海地区为主的造船基地。

经过十几年的努力，船舶总公司逐步实现了由军品为主到军民结合，由生产计划型到市场竞争型，由单一的国内市场到面向国内国际两个市场的三个历史性转变。船舶总公司已成为中国船舶工业参与国际竞争的国家队，成为中国重工业为数不多的能够与国际强手竞争的重要力量。

中国船舶工业虽然有了较快发展，取得了很大成绩，但与先进造船国家相比还有一定差距。

长期以来，船舶工业由于基础薄弱，投资不大，企业小、散、弱、集中度不高的局面还没有根本改变。企业冗员多，历史负担重，资产负债高。非船产品开发还不能适应市场变化，许多配套企业处境困难，特别是一批企业亏损，经济效益不理想。

二、面临形势

世纪之交，中国船舶工业发展进入了关键时期，既面临非常难得的发展机遇，也遇到了严峻的挑战。

从有利方面看，国际船舶市场需求保持较高水平，是我们加快发展的难得机遇。由于世界航运量增长和大量旧船需要更新，1997年世界新船成交量超过5000万载重吨，是1974年以来的最高记录。据预测，今后几年新船年均成交量可达4000万载重吨，大大高于90年代前半期水平。世界修船市场同样需求强劲，市场容量以年均10%的速度增长。海洋工程也出现了多年未见的需求回升。世界造船格局的变化趋势为我们提供了发展机遇。随着国际分工加快，世界造船中心继续东移。中国拥有发展船舶工业的诸多优势，有可能成为下一轮世界造船中心转移的聚焦点。

从不利的方面看，国际市场竞争加剧，特别是1997年以来发生的亚洲金融危机，对航运和世界造船市场造成严重影响，船价低迷，一些造船国家利用本国货币贬值的机会，大量低价接船，致使中国船舶工业的国际竞争力下降。由于世界造船能力的增长超过新船需求的增长，在今后相当长一段时间内，国际船舶市场都将处于供大于求、船价低迷的激烈竞争状态。发达国家的造船企业加速改组，加强联合兼并，强化技术优势，大量裁员，呈现出较强的国际竞争力。他们还利用雄厚的资金实力，向发展中国家扩张造船，一些独资、合资船厂正在中国兴建，与中国争夺市场和人才，对中国构成了严峻的挑战。

三、具体措施

面临竞争加剧和机遇难得的新形势，中国船舶工业只有采取有效措施，进一步转换经营机制，提高竞争力，才能开拓更为广阔的生存发展空间，得到持续健康发展。

——努力承接订单，积极扩大市场占有份额

要瞄准国内国际两个市场，坚持以质取胜和市场多元化战略，把市场放在重要位置，继续把承接出口船订单作为经营工作的主攻方向，大力承接船舶订单和生产任务。要紧紧抓住国际市场需求机遇，多接、接好出口船舶，保持以后几年的稳定持续发展。要继续开拓国际市场，积极为国内航运部门服务，要加强与国内船东的联系，主动走访用户，提高产品质量和服务水平，努力创造条件，争取承接更多的国内船任务。

在巩固传统出口国家和地区市场的基础上，要加强与各航运大国的交流，不断开拓新市场。要在船型开发上下功夫，不但要有计划有选择地按照市场需求开发高技术含量、高附加值船型，还要对有批量的常规船型，从技术性能上作好优化工作，形成建造长项和批量。要抓住近期VLCC更新需求高峰，承接VLCC订单。

——加快产业结构、产品结构调整

要在加快发展主业的同时，着力发展非船，尽快制止非船比重下滑局面，形成以产品为龙头，以骨干企业为核心，有竞争力、有效益的非船产品发展格局。

在产品结构方面，要在努力提高有市场潜力的产品，下决心淘汰技术落后、市场需求衰退产品的同时，高度重视新产品、高技术高附加值产品的开发，发展优势产品、特色产品、名牌产品，力争到2000年形成一批有优势、有特色、有规模、有效益的名牌支柱产品。在造船方面，要根据船厂的不同特点，有选择有重点地开发高技术含量、高附加值产品，特别是市场需求较大的中大型集装箱船、化学品船、液化气船、高速船等。

——进一步提高整体科技水平，提高国产设备装船率

要搞好科研开发和产品开发。结合调整产品结构，抓好高技术含量、高附加值船型及大型船舶的科研开发，为实船生产做好准备。要注重优化重点常规船型，形成可批量建造的标准、经济船型。要跟踪世界先进造船技术的发展趋势，重点加强船舶共性、关键技术研究。加强海洋工程、环保设备、冶金设备等新的增长点的技术攻关。对有市场潜力但技术落后的非船产品，通过技术开发更新换代。坚持技术引进与自主开发相结合，提高总公司整体技术水平。

提高国产船用设备装船率。组织力量进行船用关键设备的技术引进与开发，增强配套产品的市场竞争力，提高配套企业的管理水平，保证交货期，提高船用设备的质量和水平。要争取国家的支持，对船用设备进口进行调控，鼓励国内船东使用国产设备，力争到2000年，国产船用设备装船率达到60%以上。

——强化管理，降低成本

市场需求大，船舶价格低是当前国际船市的客观状况，中国船舶工业在降低成本、缩短周期、提高劳动生产率方面存在较大潜力，要依靠内部挖潜，靠严格控制和降低成本，提高经济效益。要强化对企业生产的内部管理，继续把转换造船模式作为加强管理提高经济效益的突破口，深化生产设计，强化工程管理，狠抓成本控制，理顺区域造船体制，把转换造船模式工作和生产设计、工程管理、产品开发、技术革新结合起来，以提高经济效益为中心，使造船技术、管理和效益有较大提高。

要特别把降低成本作为重大而紧迫的任务来抓，以国际市场船价确定目标成本，进行层层分解管理，构建企业成本责任体系，在三年内，使销售成本占销售收入的比重降低5%～6%，全员劳动生产率有大幅度提高。

国家自然科学基金资助海洋科学研究回顾与展望

王 辉

（国家自然科学基金委员会，北京）

国家自然科学基金委员会成立于1986年，其前身为中国科学院科学基金。其基本任务是根据国家发展科学技术的方针、政策和规划，遵照科学自身发展的规律，有效地运用科学基金，指导、协调和资助基础研究与应用基础研究工作，发现和培养人才，促进科学技术进步和经济、社会发展。科学基金制是我国科技体制改革的产物，它改变了过去计划经济时期的科研经费的拨款方式，引入竞争机制，使有限的资源得到合理配置。国家自然科学基金委员会始终坚持“依靠专家、发扬民主、公正合理、择优支持”的评审原则，以及“控制规模、提高强度、拉开档次、鼓励创新”的资助原则，十年来开展了卓有成效的工作，得到了科技界的肯定。国家也十分重视对科学基金的支持，经费投入逐年增加，1986年建委时总经费仅为8000万元，到1997年各类基金总额已达7.6亿元，1998年将超过8亿元。

一、国家自然科学基金对海洋科学研究的投入

1986～1997年间累计资助各类项目数452个，资助金额总数共计5 392.20万元。其中面上项目资助金额合计达3 363.70万元，占总资助经费的64%，面上项目数为434项，占总项目数的96%，重点、重大项目15项，总金额达1 655万元；优秀中青年、杰出青年基金4人次，金额210万元；先后受资助单位有44家，资助申请人332位；表1显示了1986～1997年期间逐年的资助项目数、资助经费、平均强度和资助率等情况。

面上项目资助强度从1986至1997年逐年增加，多年平均资助率为26.5%。

海洋学科资助范围主要包括8个二级学科，它们是物理海洋学、海洋物理学、海洋地质学、海洋化学、河口海岸学、工程海洋学、海洋监测与调查技术科学和海洋环境科学。面上项目（包括自由申请、青年基金、地区基金、高技术探索项目）按所属二级学科其经费所占比例情况由表2显示。

从表2可以看出，面上项目资助项目较多的4个二级学科是物理海洋学、海洋地质学、海洋化学和海洋环境科学，这也反映了目前我国海洋科学研究和整体水平的状况。

表 1 海洋学科资助项目年度统计

年 度	资助项目总 数	总资助金额(万元)	申请面上项目数	批准面上项目数	面上资助金额(万元)	单项强度(万元/项)	资助率(%)	备 注
1986	28	102.90	—	28	102.90	3.7		
1987	30	196.00	—	29	91.00	3.1		
1988	24	119.00	108	24	119.00	5.0	22.2	
1989	27	138.50	116	27	138.00	5.1	23.3	重大1项(项数按课题数计,下同)
1990	43	253.00	180	41	193.00	4.7	23.9	
1991	39	410.50	113	37	220.50	6.0	34.5	重点2项
1992	41	405.00	111	40	255.00	6.5	36.9	重点2项
1993	41	408.00	169	40	318.00	8.0	24.3	重点1项
1994	46	414.30	196	45	384.30	8.5	23.5	优秀中青年1项
1995	41	589.00	197	39	429.00	11.0	20.3	杰出青年1项
1996	45	704.00	193	43	524.00	12.2	23.3	重点3项,杰出青年1项
1997	47	1 589.00	165	41	589.00	14.4	28.5	重点4项,杰出青年1项
总 计	452	5 329.20		434	3 363.70			

表 2 海洋学科面上项目按二级学科的资助情况统计(截止于1997年)

二级学科	项目数	项目比例(%)	资助金额(万元)	资助金额比例(%)
物理海洋学	152	32.2	1 196.50	33.7
海洋物理学	24	5.1	156.00	4.4
海洋地质学	110	23.3	845.77	23.8
海洋化学	65	13.8	464.40	13.1
河口海岸学	37	7.8	260.95	7.3
工程海洋学	7	1.5	42.50	1.2
海洋监测技术	17	3.6	112.23	3.2
海洋环境科学	60	12.7	474.50	13.4
总 计	472	100.0	3 552.85	100.0

二、国家自然科学基金海洋科学资助领域

1.海洋科学资助主要范围

现代海洋科学是由物理海洋学、生物海洋学、海洋地质学和化学海洋学等四大基本学科,以及河口海岸学、工程海洋学、海洋监测调查技术(含海洋遥感)和环境海洋学等众多分支学科组成的一门综合性的海洋科学体系,国家自然科学基金主要资助构成这门科学体系主体的8个二级学科的相关海洋科学研究活动。

当代海洋科学面临着四大主要研究任务:(1)在海洋开发利用中,面临着如何解决在最低限度地反作用于环境的前提下,充分有效地持续开发利用海洋的资源;(2)在《联合国海洋法公约》颁布后,海洋科学研究面临着如何提供大陆架和200海里专属经济区划界的海洋科学依据;(3)在全球变化研究中,确切回答海洋在全球气候变化和全球生态系统变化中的地位和作用;(4)提供预报、预测海洋灾害和防灾、减灾的科学依据。这些任务为海洋科学学科发展提供了新机遇。

国家自然科学基金委员会提出了在今后一段时间内,逐步建立起具有中国邻近海域及西北太平洋特点的,为海洋开发利用服务的,与全球变化研究和国际减灾基础研究接轨的海洋科学体系的战略目标,国家自然科学基金将主要支持为实现上述战略目标而进行的海洋科学基础性研究项目。目前海洋科学主要资助属于前述8个二级学科的基础性研究项目。另外,根据国内外学科发展动态,每年还设置一些鼓励研究领域,以引导科学家关注学科前沿。

2.“九五”优先资助领域

优先资助领域的制定是基金工作的一项重要内容,它是遴选基金重大项目和重点项目的基础。在“九五”开始时,国家自然科学基金委员会就公布了“九五”优先资助领域,其中涉及海洋科学研究方面的主要优先资助领域是近海海洋科学,其主要资助重点包括:近海海洋环流动力学及其在气候变化中的作用;边缘海物质、能量的循环与通量;近海海洋生态系统动力学及预测研究;边缘海及潮滩动力学;中国近海主要类型生态系统动力学机制与持续发展的研究;沿岸海域(河口港湾)物种通量、循环及生物生产力研究;赤潮的发生与预防对策;以及海洋卫星遥感,海洋探测技术基础研究。此外,优先资助领域还包括:近海生源要素的生物地球化学过程研究;海岸带和河口复杂生态系统结构、功能及其利用与保护;海洋热液活动与成矿作用等。

三、“十五”期间海洋科学研究发展方向展望

“十五”期间正值21世纪初,中国海洋科学研究在进行近50年的发展之后,预计将进入一个新的发展时

期,这一时期的突出特点将是:学科交叉及综合性研究将成为主流;研究区域进一步扩大,全球海洋意识进一步提高,大洋研究将受到重视;近海研究将更加关注海洋资源的可持续利用与海洋环境保护,人们将更加关注自然变化和人类活动两方面对海洋的影响。基于上述分析并结合国内外海洋科学发展趋势,现提出一些下世纪初我国海洋科学研究发展方向展望,以供大家参考。

- 近海海洋过程研究
- 区域海洋学综合研究
- 南海海洋学
- 海洋生态系统动力学与生物资源持续利用
- 海洋年际、十年际变化
- 中国近海海洋生物多样性与生物海洋学
- 海岸带陆海相互作用研究
- 中国近海海洋环境变化及其预测
- 海洋变化与中国区域气候的关系
- 大洋研究
- 极地海洋科学研究
- 大洋钻探相关研究

表 3 "九五"期间有关海洋科学重大、重点项目一览表

类别	项目名称	负责人	主持单位	起止年月	备注
重大项目	渤海生态系统动力学与生物资源持续利用	苏纪兰 唐启升	国家海洋局第二海洋研究所	1997.1～2000.12	与生命联合
	中国沿海典型增养殖区有害赤潮发生动力学及防治机理研究	齐雨藻 邹景忠	暨南大学	1997.1～2000.12	生命与地球联合
重点项目	东海海洋通量关键过程研究	胡敦欣	中国科学院海洋研究所	1997.1～1999.12	
	南海海洋环流时空结构及其形成机制的研究	甘子钧	中国科学院南海海洋研究所	1997.1～1999.12	
	台湾海峡生源要素生物地球化学过程研究	洪华生	厦门大学	1997.1～1999.12	
	冲绳海槽及相邻陆架古环境演变的研究	秦蕴珊	中国科学院海洋研究所	1998.1～2000.12	
	黄、东海入海气旋爆发性发展过程的海气相互作用研究	袁耀初	国家海洋局第二海洋研究所	1998.1～2000.12	
	长江河口通量研究	沈焕庭	华东师范大学	1998.1～2001.12	
	黄海环流及营养盐物质长期输运研究	张庆华	国家海洋局第一海洋研究所	1998.1～2001.12	
	东亚古季风的海洋记录	汪品先	同济大学	1998.1～2001.12	
	南大洋海冰区碳循环的研究	董兆乾	中国极地研究所	1999.1～2001.12	

1996～1997年　大　事　记
Chronicle of Events

1996年

1月1日　中国目前最大的海上天然气田——南海崖13－1气田正式向香港和海南供气。

1月1日　“’96中国度假休闲游开幕式”在海南省三亚市亚龙湾国家旅游度假区新落成的中心广场举行。国务院副总理钱其琛、海南省省长阮崇武、国家旅游局局长何光韦、世界旅游理事会秘书长李普曼先生和部分国家驻华使节、中外记者及当地群众5 000多人参加了开幕式。

1月12日　李鹏总理视察浙江省舟山市并题词：扩大开放，繁荣舟山。

1月19日　国家海洋局副局长陈炳鑫接受日本《读者新闻》记者采访，就《联合国海洋法公约》和中国海洋开发与管理等问题发表谈话。

3月7日　全国人大代表杜碧兰同志，在八届人大四次会议上，向江泽民总书记就海洋工作提出三点建议：(1)提高海洋意识；(2)加快海洋立法；(3)加速海洋开发。

3月11日　第二届国际海底管理局第一期会议(第二期8月5日)在牙买加金斯敦举行，中国代表团如期出席会议，并以最大投资国之一的地位当选国际海底管理局理事会第一届成员，任期四年；中国专家还当选为法律和技术委员会以及财务委员会委员。

3月8～25日　中国人民解放军分别在东海、南海和台湾海峡特定海域进行了3次军事演习。

3月　国家海洋局发布《中国海洋21世纪议程》和《中国海洋21世纪议程行动计划》。

3月　全国人大八届四次会议、八届政协四次会议共收到涉海议案、提案36项，为历年之最。

3月　李鹏总理在我国《国民经济和社会发展“九五”计划和2010年远景目标纲要》中指出：“依法保护并合理开发土地、水、森林、矿产和海洋资源，完善自然资源有偿使用制度和价格体系，逐步建立资源更新的经济补偿机制”；“加强海洋资源调查，开发海洋产业，保护海洋环境”。

4月1日　交通部国际班轮运输10周年工作会议在江苏吴县召开。国务院总理李鹏为庆祝我国从事国际班轮运输十周年题词：发展班轮运输，开拓国际航运。

4月10日　中国交通部副部长李居昌与法国运输部部长蓬斯在巴黎分别代表本国政府签署《中法海运协定》。

4月23日　在德国举行的国际北极科学委员会1996年会上，中国当选为国际北极科学委员会正式成员国。

4月25日　国家海洋局局长张登义陪同国务委员宋健，在中南海紫光阁会见了法国海洋开发研究院院长皮埃尔·大卫一行，并续签了中、法两国海洋科技合作议定书。

5月15日　八届人大常委会第十九次会议批准《联合国海洋法公约》。张登义局长就有关国际海洋法问题答记者问。

5月15日　历时8年的“全国海岛资源综合调查”告一段落并在北京召开了总结表彰大会，共有22个先进单位和52名先进个人受到表彰。钱正英、宋健等国家领导人出席会议并作重要讲话。

5月29日　中国、朝鲜海洋科技合作10周年庆祝活动在北京举行。

5月31日　中国首次建造的15万吨级油轮在大连造船新厂下水。

6月9日　中国沿海14个大中城市和百余城镇同时举办海洋专题宣传活动。

6月18日　李鹏总理签发了国务院第199号令，正式发布《中华人民共和国涉外海洋科学研究管理规定》，并于1996年10月1日起施行。

6月20日　经交通部批准，连云港远洋运输公司建制划归青岛远洋运输公司。

6月25～27日　农业部召开《渔业法》颁布实施10周年及全国渔政渔港监督管理工作会议。

6月27日～7月5日　国务委员兼国家科委主任宋健在国家海洋局局长张登义等有关负责同志的陪同下到山东省对海洋工作特别是海洋产业发展情况进行了考察，就海洋工作的形势与任务、海洋高新技术与海洋产业的发展等有关问题发表了重要意见。

7月1日　中国船级社首次出任国际船级社理事会主席。

7月2日　大连港与新加坡合资建立的大连集装

箱码头有限公司开业。中共中央政治局委员、国务院副总理邹家华出席开业典礼。

7月8日 中国、德国海洋科技合作10周年庆祝活动在北京举行。

7月11日 广东湛江雷州水产局副局长兼渔政海监大队长钟进为钱渎职，见死不救，致使12名渔民在龙卷风中丧生，引起社会公愤。钟进等人均被绳之以法。

7月17日 中国与英国签署《中英海运协定》。

7月30日 ’96中国舟山开发海洋国际招商会在舟山举办，会期3天。

8月4日 第三十届国际地质大会在北京开幕。国务院总理、第三十届国际地质大会荣誉主席李鹏出席了开幕式并致开幕词。来自世界120多个国家和地区的近7 000名地学工作者出席会议。

8月16日 国务院总理李鹏在交通部部长黄镇东的陪同下视察秦皇岛港煤码头四期工程。

8月19日 交通部发布《台湾海峡两岸间航运管理办法》，10月31日又发布《关于实施“台湾海峡两岸间航运管理办法”有关问题的通知》。

8月28日 第四次全国海洋厅(局)长会议在北京召开。国务委员、国家科委主任宋健出席并作了重要讲话。

9月1日 《上海港防止船舶污染水域管理办法》正式施行。

9月6日 中国海上原油年产量首次突破1 000万t。

9月8日 台湾地区海洋代表团一行6人首次到内地访问。

9月11日 中国驻日本国特命全权大使徐敦信，就日本右翼团体一再登上中国钓鱼岛修建灯塔一事，向日本外务省事务次官提出严正交涉并阐明了中国政府的严正立场。

9月16日 “两岸南中国海海洋科学研讨会”在台湾台北市举行，内地有19位学者参加了研讨会。

9月16～25日 国际海底管理局秘书长南丹夫妇访问中国，考察中国大洋研究开发有关工作与设施，并在北京大学作了题为“21世纪的海洋与海洋法”的学术报告。

10月1日 《中华人民共和国涉外海洋科学研究管理规定》正式施行。

10月18日 国际海洋法庭在德国汉堡成立。中国著名海洋法专家赵理海当选联合国海洋法法庭法官。

10月18日 中共国家海洋局党组做出决定：授予国家海洋局东海分局霞浦北礵海洋站：“观海测浪、爱岗敬业标兵站”荣誉称号。

10月19日 以国家海洋局局长张登义为团长的中国海洋代表团一行7人，开始访问法国海洋研究开发机构并出席第二次工作会议。

10月18～20日 由中国大洋矿产资源研究开发协会主办的国际深海采矿技术暨环境保护研讨会在北京新大都饭店举行，来自有关国家的专家和国际海底管理局代表共30余人与会。同期，在北京国际会议中心举办了国际海洋开发技术设备展览会。

10月21日 经国务院批准，中国海上便利运输委员会成立。

10月22日 中国与波兰签署《中波海运合作协定》。

10月29日至11月1日 “’96中国国际渔业博览会”在青岛举行。

10月29日至11月8日 在伦敦国际海事组织总部召开“1972年伦敦公约”(全称为《防止倾倒废物及其他物质污染海洋的公约》)缔约国特别会议，审议并通过了“1972年伦敦公约/1996议定书”，并决定“1996议定书”将于1997年4月至1998年3月31日在海事组织总部开放签字。议定书的通过标志着海上的倾废管理进入更加严格的新时期。

10月31日至11月2日 第七届“中国十大杰出青年”颁奖典礼在上海举行，南沙守备部队副主任龚允冲获此殊荣。

11月6日 中国常驻联合国代表秦华孙代表中国政府签署了联合国《关于执行1982年12月10日联合国海洋法公约有关养护和管理跨界鱼类种群和高度洄游鱼类种群的规定的协定》。

11月15～19日 第24届世界海洋和平大会在北京隆重召开。20多个国家和地区的150多位社会活动家、法学家、海洋科学家参加了会议。国务委员、国务院秘书长罗干致开幕词，国家海洋局局长张登义主持大会，联合国秘书长加利为大会发来了贺电。会议讨论并通过了世界海洋和平大会历史上第一个宣言——《北京海洋宣言》。

11月18日 全国政协主席李瑞环亲切会见了出席第24届世界海洋和平大会的部分代表，并就海洋问题发表了重要讲话。他指出：中国海洋事业的现状与中国作为海洋大国的身份还很不相称，中国人应该并且能够把海洋上的事情办得更好，应该并且能够为世界海洋事业做出更大的贡献；21世纪是海洋事业大发展的世纪，也是海洋管理进一步强化的世纪。我们既要使海洋为当代人类的发展做出新的贡献，又要为我们的子孙后代留下一个能持续发展的海洋，这是我们这一代人的责任。

11月18日 第13次南极考察队从上海启程，执行南极科学考察任务。

11月19～23日 第二次全国“科技兴海经验交流会”在浙江省杭州市召开，浙江省省长万学远、国家科委副主任邓楠等出席并作重要讲话。

11月19～23日 海洋正式纳入国家“863”高技术计划。

11月28日 上海航运交易所举行隆重开业仪式。国务院总理李鹏在国务院副总理吴邦国、交通部部长黄镇东的陪同下视察了航交所。

12月6日 李鹏总理主持召开国务院第52次常务会议，讨论并原则通过了《中华人民共和国专属经济区和大陆架法(草案)》，并提交人大常委会审议。

1997年

1月 国务院副总理、国务委员宋健为北礵海洋站题词：岛上监海者，事业献心人。国家海洋局局长张登义题词：观海测浪当标兵，爱岗敬业做奉献。

1月30日 国家海洋局和中国航天工业总公司在北京组织召开了“海洋水色卫星立项综合论证报告评审会”，由陈芳允、任新民、陈述彭任主任和副主任委员的29名国内航天界和海洋界知名专家(其中有院士16名)组成的评审委员会，经过热烈讨论和认真评议，一致认为：“《海洋水色卫星立项综合论证报告》总体设想科学、论点明确、资料详实，达到立项论证要求，可以上报审批立项。”

2月20日 中国海军舰艇编队分别于2月20日至5月31日出访美国、墨西哥、秘鲁、智利四国五港；2月27日至3月30日出访泰国、马来西亚、菲律宾三国。

3月10日 《联合国海洋法公约》缔约国第六次会议在纽约举行。会议的主要议题是选举大陆架界限委员会。国家海洋局研究员吕文正首轮当选该委员会成员。

3月18日 “东亚及东南亚生态过渡带”国际研讨会在广西北海市举行，国内外20余名专家学者出席了会议。

3月30日 交通部部长黄镇东代表中国政府在耶路撒冷签署《中华人民共和国政府和以色列政府海运协定》。

3月 人大代表、政协委员关注海洋工作，“两会”期间共收到涉海提案、议案达53件。超过以往任何一次。

4月1日 国家海洋局局长张登义在北京接见了全球环境基金总裁默罕麦得·阿希莱。

4月4日 交通部部长黄镇东代表中国政府在温哥华签署《中华人民共和国政府和加拿大政府海运协定》。

4月22日 由全国政协副主席钱伟长率领的全国政协海洋工作专题考察组一行38人，对广西、海南沿海地区及部分海岛进行为期10天的海洋专题考察。

5月6日 外交部发言人发表谈话，对身为日本国会议员的西村真悟等人非法登上中国领土钓鱼岛，严重侵犯中国主权的行径表示强烈愤慨和抗议。

5月19日 由国家海洋局和联合国教科文组织联合举办的“国际海洋科学与综合利用海岸带管理研讨班”在大连开班。

5月20日至12月6日 “大洋一号”船执行中国大洋协会DY95—6航次任务。其重点任务是：在中国多金属结核资源开辟区进行深拖视像调查和环境基线调查，兼顾小区加密采样；6 000米自治水下机器人试验性调查；中太平洋富钴结壳预选靶区的前期调查。

5月20日～11月15日 海洋四号船执行中国大洋协会DY95—7航次任务。其重点任务是：在中国多金属结核资源开辟区东区进行加密站位地质取样和地球物理调查，东区大面积环境基线调查；西太平洋海山区富钴结壳预选靶区的前期调查。

5月31日 山东省委书记吴官正在潍坊、威海、烟台三市进行了为期10天的考察，对全省海洋工作作了重要指示，他指出，建设“海上山东”这一宏伟的跨世纪工程，是21世纪山东最重要的新的经济增长点，是山东人民生存与发展的新空间，是解决东西部大批劳力就业的好途径，是富裕山东人民的大举措，是功在当代、利在千秋的大事。

6月4日 全国海洋厅(局)长座谈会在天津市召开。

6月6日 国家科委主持召开了863计划海洋领域战略目标论证会，国务委员、国家科委主任宋健，国家科委副主任朱丽兰、邓楠出席了会议，并做了重要讲话。

6月6日 交通部烟台救助打捞局成功救助17万吨级塞浦路斯籍货轮“继承者”号，创中国救助史上救助船舶吨位的最高纪录。

6月16日 交通部决定广西钦州港于6月18日对外开放。

6月19日 交通部副部长刘松金访问加拿大和秘鲁，出席在加拿大召开的APEC会议并签署《中秘海运协定》。

6月30日 国防科工委正式下达了“关于海洋水色卫星立项的批复”，明确指出：“同意海洋水色卫星立项研制，列入‘九五’国防科工委军民用卫星研制计划，利用风云一号卫星02批第二颗卫星发射机会搭载发射”。

6月　投资51.16亿元的黄骅港建设工程正式开工。李鹏总理出席了开工典礼并宣布工程开工。江泽民、李鹏分别为黄骅港暨朔黄铁路工程题词。

7月1日　中国将严格控制海洋捕捞程度，实行渔船数量和功率的宏观双控制，即日起开始启用新的捕捞许可证。

7月16日～19日　中国大洋矿产资源研究开发协会第三届理事会第一次会议在拉萨市召开，会议选举组成了协会第三届理事会和常务理事会。

7月17日　共青团中央和国家海洋局在北礵岛为荣获全国“青年文明号”的国家海洋局东海分局北礵海洋站举行授牌仪式并慰问。

7月21日　交通部建设的中国沿海无线电指向标/差分全球定位系统第一期大连大三山、秦皇岛南山、天津北塘、青岛王家麦和上海大戢山5个台站自零时起正式拨发DGPS信号，为广大用户提供导航定位服务。

7月21日　国家科委、国家海洋局、国家计委、农业部联合发布《“九五”和2010年全国科技兴海实施纲要》。

8月6日　国际太平洋海洋科技专题研讨会在香港举行。中国代表团一行50人出席了会议。

8月19日　中国政府代表团出席了国际海底管理局三届二次会议，并向国际海底管理局秘书处递交了为期15年的中国大洋矿产资源研究开发协会勘探工作计划。8月27日，国际海底管理局理事会核准了该勘探工作计划。

9月10日　国务院任命王曙光为国家海洋局副局长。

9月28日　中共广西壮族自治区委员会、广西壮族自治区人民政府，追认国家海洋局东海分局原赴广西任科技副县长的何明海同志为“科技副职楷模”。

9月29日　上海组合港正式成立。国务院副总理吴邦国出席成立仪式并为组合港揭碑。

10月18日　中共中央政治局委员、全国人大副委员长田纪云，为国家海洋局举办的国际海洋年展示活动题词：“开发海洋资源，保护海洋环境，造福子孙后代”。

11月12日　国家科委在北京主持召开深海自治式水下机器人成果鉴定会。

11月15日　中国第14次赴南极科学考察队从上海启程。

11月17～28日　交通部副部长洪善祥率团赴英国伦敦出席国际海事组织第二十届大会，中国再次当选为该组织的A类理事国。

11月20日　国家海洋局局长张登义在北京会见美国国家海洋大气局局长贝克一行。

11月25～30日　由国家计委、国家科委和国家海洋局共同主办的大型综合性海洋展示会——“’97北京国际海洋资源开发利用和海洋技术设备展览会”在北京举行。邹家华副总理出席开幕式。王丙乾、钱伟长等参观了展览。

12月3日　国务院以第237号令发布修改后的《中华人民共和国水路运输管理条例》。

12月5日　山东省蓬莱港、东营港正式通过国家一类开放。

12月18日　秦皇岛港煤码头四期工程通过国家验收。

12月26日　由交通部组织实施的国家“九五”重点科技攻关项目“国际集装箱运输电子信息传输和运作系统及示范工程”通过国家计委验收。上海、天津、青岛、宁波4个港口和中远集团等5个电子数据交换中心示范工程同时验收合格。

12月　烟台海运总公司开通了天津—新港—大连—日本(大阪—神户—横滨)集装箱班轮航线。

海 洋 法 规 选 编
Selected Marine Laws and Regulations

关于批准《联合国海洋法公约》的决定

（全国人大 1996 年 5 月 15 日通过）

第八届全国人民代表大会常务委员会第十九次会议决定，批准《联合国海洋法公约》，同时声明如下：

一、按照《联合国海洋法公约》的规定，中华人民共和国享有二百海里专属经济区和大陆架的主权权利和管辖权。

二、中华人民共和国将与海岸相向或相邻的国家，通过协商，在国际法基础上，按照公平原则划定各自海洋管辖权界限。

三、中华人民共和国重申对 1992 年 2 月 25 日颁布的《中华人民共和国领海及毗连区法》第二条所列各群岛与岛屿的主权。

四、中华人民共和国重申：《联合国海洋法公约》有关领海内无害通过的规定，不妨碍沿海国按其法律规章要求外国军舰通过领海必须事先得到该国许可或通知该国的权利。

中华人民共和国涉外海洋科学研究管理规定

（国务院 1996 年 6 月 18 日颁布，1996 年 10 月 1 日起施行）

第一条 为了加强对在中华人民共和国管辖海域内进行涉外海洋科学研究活动的管理，促进海洋科学研究的国际交流与合作，维护国家安全和海洋权益，制定本规定。

第二条 本规定适用于国际组织、外国的组织和个人（以下简称外方）为和平目的，单独或者与中华人民共和国的组织（以下简称中方）合作，使用船舶或者其他运载工具、设施，在中华人民共和国内海、领海以及中华人民共和国管辖的其他海域内进行的对海洋环境和海洋资源等的调查研究活动。但是，海洋矿产资源（包括海洋石油资源）勘查、海洋渔业资源调查和国家重点保护的海洋野生动物考察等活动，适用中华人民共和国有关法律、行政法规的规定。

第三条 中华人民共和国国家海洋行政主管部门（以下简称国家海洋行政主管部门）及其派出机构或者其委托的机构，对在中华人民共和国管辖海域内进行的涉外海洋科学研究活动，依照本规定实施管理。

国务院其他有关部门根据国务院规定的职责，协同国家海洋行政主管部门对在中华人民共和国管辖海域内进行的涉外海洋科学研究活动实施管理。

第四条 在中华人民共和国内海、领海内，外方进行海洋科学研究活动，应当采用与中方合作的方式。在中华人民共和国管辖的其他海域内，外方可以单独或者与中方合作进行海洋科学研究活动。

外方单独或者与中方合作进行海洋科学研究活动，须经国家海洋行政主管部门批准或者由国家海洋行政主管部门报请国务院批准，并遵守中华人民共和国的有关法律、法规。

第五条 外方与中方合作进行海洋科学研究活动的，中方应当在海洋科学研究计划预定开始日期 6 个月前，向国家海洋行政主管部门提出书面申请，并按照规定提交海洋科学研究计划和其他有关说明材料。

外方单独进行海洋科学研究活动的，应当在海洋科学研究计划预定开始日期 6 个月前，通过外交途径向国家海洋行政主管部门提出书面申请，并按照规定提交海洋科学研究计划和其他有关说明材料。

国家海洋行政主管部门收到海洋科学研究申请后，应当会同外交部、军事主管部门以及国务院其他有关部门进行审查，在 4 个月内作出批准或者不批准的决定，或者提出审查意见报请国务院决定。

第六条 经批准进行涉外海洋科学研究活动的，申请人应当在各航次开始之日 2 个月前，将海上船只活动计划报国家海洋行政主管部门审批。国家海洋行政主管部门应当自收到海上船只活动计划之日起 1 个月内作出批准或者不批准的决定，并书面通知申请人，同时通报国务院有关部门。

第七条 有关中外双方或者外方应当按照经批准的海洋科学研究计划和海上船只活动计划进行海洋科学研究活动；海洋科学研究计划或者海上船只活动计划在执行过程中需要作重大修改的，应当征得国家海洋行政主管部门同意。

因不可抗力不能执行经批准的海洋科学研究计划或者海上船只活动计划的，有关中外双方或者外方应当及时报告国家海洋行政主管部门；在不可抗力消失后，可以恢复执行、修改计划或者中止执行计划。

第八条 进行涉外海洋科学研究活动的，不得将有害物质引入海洋环境，不得擅自钻探或者使用炸药作业。

第九条 中外合作使用外国籍调查船在中华人民共和国内海、领海内进行海洋科学研究活动的，作业船舶应当于格林威治时间每天 00 时和 08 时，向国家海洋行政主管部门报告船位及船舶活动情况。外方单独或者中外合作使用外国籍调查船在中华人民共和国管辖的其他海域内进行海洋科学研究活动的，作业船舶应当于格林威治时间每天 02 时，向国家海洋行政主管部门报告船位及船舶活动情况。

国家海洋行政主管部门或者其派出机构、其委托的机构可以对前款外国籍调查船进行海上监视或者登船检查。

第十条 中外合作在中华人民共和国内海、领海内进行海洋科学研究活动所获得的原始资料和样品，归中华人民共和国所有，参加合作研究的外方可以依照合同约定无偿使用。

中外合作在中华人民共和国管辖的其他海域内进行海洋科学研究活动所获得的原始资料和样品，在不违反中华人民共和国有关法律、法规和有关规定的前提下，由中外双方按照协议分享，都可以无偿使用。

外方单独进行海洋科学研究活动所获得的原始资料和样品，中华人民共和国的有关组织可以无偿使用；外方应当向国家海洋行政主管部门无偿提供所获得的资料的复制件和可分样品。

未经国家海洋行政主管部门以及国务院其他有关部门同意，有关中外双方或者外方不得公开发表或者转让在中华人民共和国管辖海域内进行海洋科学研究活动所获得的原始资料和样品。

第十一条 外方单独或者中外合作进行的海洋科学研究活动结束后，所使用的外国籍调查船应当接受国家海洋行政主管部门或者其派出机构、其委托的机构检查。

第十二条 中外合作进行的海洋科学研究活动结束后，中方应当将研究成果和资料目录抄报国家海洋行政主管部门和国务院有关部门。

外方单独进行的海洋科学研究活动结束后，应当向国家海洋行政主管部门提供该项活动所获得的资料或者复制件和样品或者可分样品，并及时提供有关阶段性研究成果以及最后研究成果和结论。

第十三条 违反本规定进行涉外海洋科学研究活动的，由国家海洋行政主管部门或者其派出机构、其委托的机构责令停止该项活动，可以没收违法活动器具、没收违法获得的资料和样品，可以单处或者并处 5 万元人民币以下的罚款。

第十四条 违反本规定造成重大损失或者引起严重后果，构成犯罪的，依法追究刑事责任。中华人民共和国缔结或者参加的国际条约与本规定有不同规定的，适用该国际条约的规定；但是，中华人民共和国声明保留的条款除外。

第十五条 本规定自 1996 年 10 月 1 日起施行。

台湾海峡两岸间航运管理办法

（中华人民共和国交通部 1996 年 8 月 18 日颁布，1996 年 8 月 20 日实施）

第一条 为了促进海峡两岸间航运事业的发展，维护正常航运秩序，发展两岸经贸关系，根据一个中国、双向直航、互惠互利的原则，制定本办法。

第二条 本办法适用于中国大陆港口与台湾地区港口之间的海上直达客货运输（以下简称两岸航运）。

第三条 两岸航运属于特殊管理的国内运输。

第四条 中华人民共和国交通部（以下简称交通部）是两岸航运业务的主管机关。

第五条 在中国大陆和台湾地区登记注册的符合下列条件的航运公司，经交通部批准，方可以其所有的或者经营的船舶，从事两岸航运业务：

（一）中国大陆或者台湾地区的独资航运公司；

（二）中国大陆和台湾地区的合资航运公司。

第六条 申请经营两岸航运业务的，在中国大陆注册的地方航运公司应当经所在的省、自治区、直辖市交通主管部门审核后转报交通部批准；国务院各部门所属的航运公司由有关主管部门核转交通部批准。

在中国台湾地区注册的航运公司应当委托其在大陆的船舶代理公司代为提出申请，经该船舶代理公司所在的省、自治区、直辖市交通主管部门审核后转报交通部批准。

第七条 申请经营两岸航运业务的航运公司，应当提交下列文件：

（一）申请书；

（二）船舶资料；

（三）海运提单样本；

（四）交通部要求的其他文件。

从事班轮运输的，除提供上述文件外，还应当提供港航间班轮运输协议和运价本。

第八条 交通部应当自收到申请文件之日起45天内，决定批准或者不批准，并书面通知申请人。

第九条 经批准经营两岸航运业务的航运公司及其船舶，由交通部核发《台湾海峡两岸间水路运输许可证》和《台湾海峡两岸间船舶营运证》。

前款证书有效期为一年。

第十条 非经交通部批准，外国航运公司不得经营台湾海峡两岸间双向直达的或者中转的货物运输和旅客运输。

第十一条 为两岸航运业务提供服务的大陆港口和船舶代理公司，由交通部批准并予公布。

任何大陆港口和船舶代理公司，未经批准，不得从事与两岸航运相关的服务。

第十二条 未经交通部批准从事两岸航运业务的航运公司的船舶，港务监督机构不得为其办理进出港口签证，港口不得为其装卸货物，船舶代理公司不得为其办理代理业务。

第十三条 不符合本办法第五条、第十一条的规定，未经批准擅自经营两岸航运及其相关业务的，由交通部给予警告、没收违法所得。

第十四条 港口经营人、船舶代理公司违反本办法第十二条的规定，为没有两岸航运经营资格的航运公司的船舶提供相关服务的，由交通部给予警告、没收违法所得；情节严重的，可以并处取消其从事与两岸航运相关服务的资格。

第十五条 本办法自1996年8月20日起施行。

海洋标准化管理规定

（国家海洋局1997年1月30日颁布施行）

第一章 总则

第一条 为了促进海洋经济发展和海洋科学技术进步，加强海洋资源开发利用的综合管理，保护海洋环境，提高海洋公益服务水平和海洋仪器产品质量，适应发展社会主义市场经济和促进国际交流合作的需要，根据《中华人民共和国标准化法》和《中华人民共和国标准化法实施条例》，制定本规定。

第二条 海洋标准化是指在维护国家海洋权益、协调海洋资源开发利用活动、保护海洋环境、发展海洋公益服务事业以及开展海洋科学技术研究等海洋工作中，制定所需的技术标准，组织实施标准和对标准的实施进行监督。

第三条 海洋标准化是国家标准化体系中的重要组成部分，是各项海洋工作中一项综合性技术基础工作，海洋标准化计划应纳入海洋事业和海洋科技发展计划。

第四条 凡在中国管辖海域从事海洋（包括海岸带）资源与环境的综合管理、海洋监察执法、海洋科学调查、海洋地质地理、资源、能源、环境以及海洋经济等信息的采集处理、专项海洋工程勘查设计、海洋灾害预报警报、海洋仪器和海水淡化处理设备研制生产等技术活动的单位和个人，应遵守本规定。

第二章 管理机构

第五条 国家海洋行政主管部门（以下简称“主管部门”）主管全国海洋标准化工作。

国家海洋局北海分局、东海分局、南海分局（以下简称“区管部门”）分别管理北海、东海和南海区域海洋标准化工作。

第六条 国家海洋标准计量中心负责全国海洋标准化技术归口，青岛、上海、广州海洋标准计量中心分别负责北海、东海、南海区域的海洋标准化技术归口（以下简称“技术归口单位”）。

技术归口单位主要任务是：(一)开展海洋标准化方针、政策研究和海洋标准体系设计等有关技术的研究；(二)负责搜集国内外有关资料，组织海洋标准化工作中采标技术和标准化效果评价技术的研究工作；(三)受主管部门委托组织或参与标准制(修)订工作，并负责海洋标准制(修)订项目和标准草案的标准化技术审查；(四)负责对海洋标准的实施进行技术指导；(五)负责标准的复审，并将复审结论上报主管部门；(六)负责标准化技术咨询和人员培训工作，开展标准信息服务；(七)负责企业标准的备案并受委托对企业标准化工作进行监督；(八)承担有关新产品、新资料和引进技术的标准化审查工作，负责海洋专用产品命名和型号管理等工作；(九)承担主管部门委托的其他标准化任务。

第三章　标准的制定

第七条　制定海洋标准的主要方面是：(一)海洋学技术术语、图形符号和代码；(二)海洋资源和环境调查、监测技术方法；(三)海洋地质勘测以及海洋工程勘察设计以及环境参数计算；(四)海洋环境及海洋灾害预测、预报、警报技术，海洋灾害评估分析和区划管理技术；(五)海洋生物、沉积物质量和海水水质以及相应的污染物分析检测技术；(六)海洋资料信息、能源、资源和环境管理及其综合开发利用技术；(七)海洋仪器和海水淡化设备产品型号命名、代号、性能及其质量要求；(八)海洋资源和环境分析、评价、评估技术；(九)海洋监察执法有关技术。

第八条　制定海洋标准应当符合下列原则：(一)符合国家法律和法规、方针、政策；(二)技术上先进、可行、有代表性，经济上合理，应有利于推动科技进步，提高效率和产品质量；(三)有利于维护国家海洋权益，促进海洋经济发展，合理利用海洋资源，保护海洋生态环境，实现社会效益与经济效益统一；(四)积极采用国际标准和国外先进标准促进对外技术交流与合作；(五)有利于相关标准的协调配套，形成科学合理的海洋标准体系和开展综合标准化工作。

第九条　对需要在全国范围内统一的海洋技术要求，应制定国家标准(含标准样品的制作)。制定项目由主管部门拟定后，向国务院标准化行政主管部门统一申报，并由国务院标准化行政主管部门编制计划，组织草拟，统一审批、编号、发布。

第十条　对没有相应的国家标准而又需要在全国海洋行业或系统内部统一的海洋技术要求，可制定海洋行业标准。海洋行业标准由主管部门组织制定并报国家标准化行政主管部门备案。

第十一条　在企、事业单位内部需要统一的海洋技术要求，应当由企、事业单位制定企业标准。企业产品标准须报当地标准化行政主管部门和主管部门备案。

第十二条　制定标准应充分听取标准主要使用部门、生产单位、科研机构、学术团体、其他有关部门以及有关专家的意见，保证标准的正确性、先进性和代表性。

第十三条　海洋标准制定管理办法另行规定。

第四章　标准的实施与监督

第十四条　海洋标准分为强制性标准和推荐性标准。下列方面的标准属于强制性标准：(一)海洋环境要素质量标准；(二)海洋资源和环境的调查、监测以及管理技术标准；(三)重要的通用技术术语、符号、代号(含代码)和制图标准；(四)海洋专用仪器设备生产、储运和使用中的安全标准；(五)海洋工程环境和安全方面的标准；(六)海洋防灾技术方面的标准。

除以上所列强制性标准之外，其他方面的标准是推荐性标准。

第十五条　海洋强制性标准一经公布，必须执行。推荐性标准可自愿采用。

第十六条　主管部门在国家标准化行政主管部门指导下负责组织全国海洋标准的实施与监督管理。

区管部门在主管部门统一指导下，负责组织管辖区域内海洋标准的实施和监督。

技术归口单位负责对海洋专用仪器产品和海洋资料产品的质量进行监督检验，并根据委托对海洋标准的实施进行监督检查。

第十七条　新研制的产品、改进的产品以及进行技术改造的产品均必须符合标准化要求；在设计、鉴定和定型时必须进行标准化审查，不符合标准化要求，不得定型和投产。

第十八条　生产具有海洋国家标准或行业标准产品的单位其产品质量及质量管理体系应接受主管部门或区管部门的监督检查。

第十九条　从国外引进的海洋技术和仪器设备，由各引进单位主管部门的标准化机构负责标准化审查。审查结果和审查材料须报技术归口单位备案并接受技术归口单位的标准化检查。

第二十条　标准实施后，主管部门应根据科学技术发展和海洋经济建设及海洋管理的需要组织有关单位适时进行复审。标准复审周期一般不超过五年。

第五章　奖励与处罚

第二十一条　为促进标准化工作，按有关规定对优秀标准化科技成果及质量评价技术成果进行评审和奖励。

第二十二条　凡有下列情形之一的，由标准化行政主管部门或主管部门责令限期改进，并可通报批评或给予责任者行政处分。(一)未按标准要求组织生产；(二)企业标准未上报备案；(三)产品未按要求附有标识规定；(四)新产品、改进产品和技术改造不符合标准化要求；(五)科研、调查、监测、设计、生产、服务和管理中违反有关强制性标准的规定。

第二十三条　生产、销售、进口不符合强制性海洋标准的产品，由标准化行政主管部门或有关行政主管部门依据有关法律、法规责令其停止生产、停止销售、封存没收或作必须的技术处理并对单位及责任者处以罚款；造成严重后果，构成犯罪的依法追究直接责任者的刑事责任。

第二十四条　获得认证证书的产品不符合认证标准而使用认证标志销售的，产品未经认证或认证不合格而使用认证标志销售的，由国家标准化行政主管部门令其停止销售、清除标志并处以罚款。

第二十五条　标准化工作监督、检验、管理人员有下列行为之一者，给予行政处分，构成犯罪的依法追究刑事责任：(一)因违反本规定而造成工作失误或损失的；(二)伪造、篡改检验数据的；(三)徇私舞弊、利用职权索贿受贿的。

第六章　附　则

第二十六条　本规定由国家海洋行政主管部门负责解释。

第二十七条　本规定自发布之日起施行。原《国家海洋局标准化工作管理条例》同时废止。

中华人民共和国水路运输管理条例

(1987年5月12日国务院发布，根据1997年12月3日
《国务院关于修改〈中华人民共和国水路运输管理条例〉的决定》修正)

第一章　总　则

第一条　为加强水路运输管理，维护运输秩序，提高运输效益，特制定本条例。

第二条　本条例适用于在中华人民共和国沿海、江河、湖泊及其他通航水域内从事水路运输和水路运输服务业务的单位和个人。

第三条　水路运输分为营业性运输和非营业性运输。

营业性运输是指为社会服务，发生费用结算的旅客运输(含旅游运输，下同)和货物运输。

非营业性运输是指为本单位或本身服务，不发生费用结算的运输。

第四条　交通部主管全国水路运输事业，各地交通主管部门主管本地区的水路运输事业。

各地交通主管部门可以根据水路运输管理业务的实际情况，设置航运管理机构。

第五条　水路运输在国家计划指导下，实行地区、行业、部门多家经营的方针。保护正当竞争，制止非法经营。

第六条　从事水路运输和水路运输服务业务的单位和个人，必须遵守国家有关法律、法规及交通部发布的水路运输规章。

第七条　未经中华人民共和国交通部准许，外资企业、中外合资经营企业、中外合作经营企业不得经营中华人民共和国沿海、江河、湖泊及其他通航水域的水路运输。

第二章　营运管理

第八条　设立水路运输企业、水路运输服务企业以及水路运输企业以外的单位和个人从事营业性运输，由交通主管部门根据本条例的有关规定和社会运力运量综合平衡情况审查批准。审批办法由交通部规定。

对水路运输行业管理影响较大的非营业性船舶运输的审批办法，由交通部会同有关部门另行规定。

第九条　设立水路运输企业必须具备下列条件：

(一)具有与经营范围相适应的运输船舶；

(二)有较稳定的客源或货源；

(三)经营旅客运输的，应当落实客船沿线停靠港(站)点，并具备相应的服务设施；

(四)有经营管理的组织机构和负责人；

(五)有与运输业务相适应的自有流动资金。

第十条 设立水路运输服务企业,必须具备第九条第四项规定的条件,并拥有与水路运输服务业务相适应的自有流动资金。

第十一条 水路运输企业以外的单位和个人从事营业性运输,必须具备第九条第一、二、三、五项规定的条件,并有确定的负责人。

第十二条 交通主管部门应当根据水路运输企业和其他从事营业性运输的单位、个人的管理水平、运输能力、客源货源情况审批其经营范围。

第十三条 交通主管部门对批准设立的水路运输企业和其他从事营业性运输的单位、个人,发给运输许可证;对批准设立的水路运输服务企业,发给运输服务许可证。

第十四条 取得运输许可证和运输服务许可证的单位和个人,凭证向当地工商行政管理机关申请营业登记,经核准领取营业执照后,方可开业。

第十五条 水路运输企业、水路运输服务企业和其他从事营业性运输的单位、个人停业,应当向交通主管部门和工商行政管理机关办理停业手续。

第十六条 交通部和省、自治区、直辖市交通主管部门负责对水路运输计划分级进行综合平衡。

需要进行综合平衡的重点物资、联运物资、外贸物资的运输计划,属于全国性的,由交通部按国家计划组织综合平衡;珠江、黑龙江水系干线省际间的,由交通部派驻水系的航运管理机构组织综合平衡;属于省、自治区、直辖市以内的,由省、自治区、直辖市的交通主管部门组织综合平衡。

第十七条 经综合平衡确定的运输计划以外的货源和客源,水路运输企业和其他从事营业性运输的单位、个人,可以在批准的经营范围内自行组织承运。任何单位和个人均不得实行地区或部门封锁,垄断客源、货源。

第十八条 营业性水路货物运输的承运方和托运方,必须按照《中华人民共和国经济合同法》和《水路货物运输合同实施细则》的规定,签订运输合同。

第十九条 水路运输企业和其他从事营业性运输的单位、个人,必须按国家有关规定计收运杂费用,并使用交通部规定的运输票据。

第二十条 从事营业性运输的个体(含联户,下同)船舶必须按照国家有关规定办理保险。

第二十一条 水路运输企业和其他从事营业性运输的单位、个人以及石油、煤炭、冶金、商业、供销、外贸、林业、电力、化工、水产部门,必须按规定向交通主管部门和统计主管部门提供营业性和非营业性运输统计表。

第二十二条 水路运输服务企业不得垄断货源,强行代办服务;不得超出规定的收费标准收取费用。

第二十三条 海、河民用港口应当按照国家港口管理规定和计划安排,向运输船舶提供港埠设施和业务服务。

船舶进出港口必须遵守港口规章,服从管理。

水路运输企业和其他从事营业性运输的单位、个人同港埠企业之间,可以根据自愿原则,按照有关规定签订业务代理合同。

第二十四条 水路运输企业和其他从事营业性运输的单位、个人必须按照国家规定缴纳税金、规费(港务费、船舶停泊费、航道养护费)和运输管理费;从事非营业性运输的单位和个人必须按照国家规定缴纳规费。

规费和运输管理费的计征办法由交通部会同国务院有关主管部门制定。

第二十五条 全民、集体所有制单位和个体船舶经营水路运输,其合法权益受国家法律保护,任何单位和个人均不得向其非法收取或摊派费用。

第三章 罚 则

第二十六条 违反本条例有下列行为之一的,由县级以上人民政府交通主管部门按照下列规定给予处罚:

(一)未经批准,擅自设立水路运输企业、水路运输服务企业,或者水路运输企业以外的单位和个人擅自从事营业性运输的,没收违法所得,并处违法所得1倍以上3倍以下的罚款;没有违法所得的,处3万元以上25万元以下的罚款;

(二)水路运输企业、水路运输服务企业超越经营范围从事经营活动的,没收违法所得,并处违法所得1倍以上3倍以下的罚款;没有违法所得的,处2万元以上20万元以下的罚款;

(三)违反国家有关规定收取运费或者服务费的,没收违反规定收取的部分,并处2万元以上15万元以下的罚款;

(四)未使用规定的运输票据进行营业性运输的,视情节轻重给予警告或者处1万元以下的罚款;

(五)未按照规定缴纳国家规定的规费的,责令限期缴纳;逾期仍不缴纳的,除责令补缴所欠费款外,处欠缴费款1倍以上3倍以下的罚款;情节严重的,并可以暂扣许可证;

(六)垄断货源,强行代办服务的,处1万元以上10万元以下的罚款;情节严重的,并可以暂扣或者吊销许可证。

第二十七条 当事人对交通主管部门的处罚决定

不服的，可以向上一级交通主管部门申请复议；对上一级交通主管部门的复议决定不服的，可以自接到复议决定书之日起15日内向人民法院起诉。当事人期满不起诉又不履行的，交通主管部门可以申请人民法院强制执行。

第二十八条　违反本条例应当受治安管理处罚的，由公安机关处理；构成犯罪的，由司法机关依法追究刑事责任。

第二十九条　水路运输管理人员违反本条例，由交通主管部门给予行政处分或经济处罚。

第四章　附　则

第三十条　本条例下列用语的含义是：

水路运输企业，是指专门从事水路营业性运输的企业。

水路运输服务业，是指从事代办运输手续、代办货物中转、代为组织货源的企业，但为多种运输方式服务的联运服务企业除外。

第三十一条　本条例不适用于国际航线水路运输和以排筏作为运输工具的水路运输。

第三十二条　本条例公布前已开业的水路运输企业、水路运输服务企业和其他从事营业性运输的单位、个人，应当于本条例公布之日起180天内申请补办审批手续。对不具备开业条件的，交通主管部门应当责令其停业或限期整顿；整顿无效的，由工商行政管理机关吊销营业执照。

第三十三条　本条例自1997年10月1日起施行。

海洋信息工作管理暂行办法

（国家海洋局1997年12月9日）

第一条　为加强海洋信息工作，逐步实现海洋信息工作规范化、制度化、科学化管理，不断提高海洋信息质量，更好地为各级领导决策和指导工作服务，推动海洋工作和海洋事业的发展，特制定本暂行办法。

第二条　海洋信息工作系统是海洋信息工作的基础。本工作系统的范围包括局属各单位（各部门）和各沿海省、自治区、直辖市及计划单列市海洋厅（局）。

第三条　国家海洋局新闻信息办公室负责本工作系统的日常管理和工作指导。负责组织开展信息联络员培训、信息工作经验交流和重大信息调研等工作。

第四条　国家海洋局新闻信息办公室根据国务院办公厅的信息需求和国家海洋局重点工作，负责组织重大海洋工作信息的报送，负责开展信息报送引导和刊用反馈工作。

第五条　参加本工作系统的各单位应明确信息工作的分管领导和负责部门，保障工作渠道通畅；并指派一名（个别单位两名）信息联络员负责此项工作。各单位要为信息联络员提供必要的工作便利和条件。

第六条　信息联络员在本单位信息主管部门（领导）的指导下开展工作。主要职责是：负责上报信息的采集、编写、报送、贮存，并组织、协调本单位海洋信息工作系统开展工作。

第七条　信息联络员可经本单位领导同意，列席本单位的重要会议，参加有关重大活动，及时了解工作情况，掌握工作动向，编报信息，同时可为新闻报道提供线索。

第八条　信息联络员报送的重大信息必须经主管部门领导审核、签发；必要时，报本单位领导审核、签发。

第九条　信息联络员应定期向国家海洋局新闻信息办公室报送信息。工作动态和一般情况每月至少报送一次；急事、要事和突发事件随时报送，不得漏报、迟报。

第十条　信息联络员报送的信息必须真实可靠、实事求是，信息中的事例、数字及单位应准确无误。

第十一条　海洋信息报送采用有偿管理制度。根据信息联络员报送信息的刊用情况以及信息的质量、数量，由国家海洋局新闻信息办公室付给信息费。

第十二条　海洋信息工作实行奖励制度，由国家海洋局新闻信息办公室负责考核评定：对于重视信息工作，成绩较为突出的单位和信息联络员，定期进行表彰奖励；对于具有重要价值，编辑、加工精良的好信息每一季度评出1～5篇（条）予以表扬奖励；凡被中办秘书局、国办秘书局、中央政策研究室、国务院研究室选登、选用的海洋信息，其作者或信息提供者年终给予一次性奖励（具体奖励办法另定）。

第十三条　鼓励除信息联络员之外的其他海洋工作者向国家海洋局新闻信息办公室提供时效性强、真实可靠的海洋信息和新闻线索，统一按有偿管理制度和奖励制度执行。

第十四条　本办法自一九九八年一月一日起实行，由国家海洋局新闻信息办公室负责解释。

沿海海洋经济概况
Survey of Coastal Economy

【综述】 **自然地理概况** 中国是一个太平洋沿岸国家。大陆海岸线长为18 000多千米。濒临的渤海、黄海、东海、南海四大海域跨越温带、亚热带和热带，海域总面积472.7万 km^2，有包括台湾、海南岛和南沙群岛在内500m^2以上的岛屿5 000多个。海域大陆架宽阔，气候多样，水文特征独特，海洋资源丰富，是世界主要的海洋国家之一。

渤海是中国一个近封闭的内海，海域面积7.7万 km^2，平均水深18m。海域的北、西、南三部分分别为辽东湾、渤海湾和莱州湾。有大小岛屿416个。渤海地处北温带，属过渡性季风气候。主要水团为渤海沿岸水和伸入渤海的黄海水团。年平均水温12.8℃，冬季沿岸有结冰现象。海水盐度低，年平均为30.0。海浪以小风浪为主。潮汐多属不正规半日潮，潮差较小，潮流活跃。渤海是多种经济鱼类的产卵场和育肥场，是中国的重要渔场之一。海底油气资源丰富，已核实石油地质储量8.6亿t，是中国主要海上油气田之一。渤海沿岸的辽宁、河北、天津、山东四个省、市，海洋经济比较发达，已初步形成环渤海经济圈。

黄海位于中国大陆和朝鲜半岛之间，是一个半封闭的大陆架浅海，海域面积38万 km^2，平均水深44m，最大水深140m。以中国山东的成山角与朝鲜半岛的长山串之间连线把黄海分为南、北两部分，北黄海较浅，南黄海略深。海底地形比较开阔平坦，地势从大陆向东南微倾。黄海北部为温带季风气候，中南部属亚热带季风气候。主要水团有黄海沿岸水、黄海中央水和南黄海高盐水。水温由南向北、由中部向近岸逐渐递减，冬季北部沿岸有结冰现象。盐度分布趋势与水温相同。海浪北部以风浪为主，南部则多见涌浪，平均浪高在1.5m以下。黄海大部分海域为规则半日潮，潮差较大，西部沿岸潮差一般为2～4m。黄海渔业资源主要有青鳞鱼、鳀鱼、黄鲫、银鲳和马鲛鱼等。南黄海有较好的油气远景资源。

东海为大陆边缘海，北以长江口北角与济州岛的连线与南黄海相连，南以南澳岛与台湾省南端的连线为界，海域总面积77万 km^2。海域大部分处在大陆架上，平均水深370m，最大水深2 719m。沿岸有众多的海湾和岛屿，著名海湾有杭州湾、三门湾、乐清湾、温州湾、三沙湾、兴化湾、湄州湾、厦门湾、拓林湾等；主要岛屿有台湾岛、舟山群岛、澎湖列岛、钓鱼岛、赤尾屿、马祖岛、金门岛、东山岛等。东海为亚热带季风气候。主要水团有东海沿岸水和外海水。水温较高，其分布随海流趋势。盐度平均为33，北部受长江冲淡水影响显著，盐度较低。海浪较大，曾观测到的最大浪高达17.5m。潮汐属半日潮，潮差较大，杭州湾内有世界著名的钱塘涌潮奇观。东海有丰富的水产资源，是世界主要渔场之一。海底油气资源比较丰富，现已开始开发。

南海是濒临中国南部和东南亚大陆的边缘海，也是中国沿海最大的海域，海域总面积350万 km^2，平均水深1 212m，最大水深5 559m。主要海湾有北部湾和泰国湾。有包括海南岛、东沙群岛、西沙群岛、中沙群岛和南沙群岛在内的大小岛屿1 174个。南海地处亚热带和热带，属季风气候，终年高温湿润，夏秋季多台风。主要水团有沿岸水和外海水。水温终年较高，表层水温多在23℃以上。盐度平均高达34.0。风浪较大，平均浪高在1.5m，最大浪高可达20m。大部分海区以不规则全日潮为主，潮差一般在2～4m。南海水产资源主要有蓝圆鲹、马面鲀、鲐鱼、带鱼、鲷、金线鱼、对虾等30多种。油气资源十分丰富，尤以北部大陆架和南沙群岛海域为最，其资源量超过中国近海其他海域的油气总资源量。中国已在珠江口和北部湾等近海进行油气生产。

海洋资源 中国海域辽阔，资源丰富，世界海洋中的各种资源，在中国海域几乎都有赋存，包括海洋渔业、港口、海底石油、滨海旅游、海滨砂矿、滩涂、海水、海洋能等资源。据初步调查勘探，中国海洋资源基本情况如下：

海洋渔业资源：近海有各种渔业资源2 728种，其中鱼类1 694种、甲壳类940多种、头足类92种。重要经济鱼类有150多种，主要有带鱼、鲐鱼、鲱鱼、大黄鱼、小黄鱼、鲆鱼、鲳鱼、鳕鱼、沙丁鱼、鲨鱼等；甲壳类动物中有磷虾类42种、蟹类600多种、虾类300多种，主要经济甲壳类有对虾、毛虾、鹰爪虾、青虾、龙虾、梭子蟹等；头足类主要捕捞对象有曼氏无针乌贼、金乌贼、日本枪乌贼、中国枪乌贼和太平洋斯氏从柔鱼等。

沿海港口资源：中国大陆沿岸有160多个面积大于10km^2的海湾和60多个大中河口，深水岸段长达400多千米。经初步统计，可供建设中级泊位以上的港址有164处。其中,黄海和渤海66处,占40.2%;东海48处,占29.3%;南海50处,占30.5%。

海洋油气资源:经初步调查勘探,估计中国近海大陆架有石油资源量约255亿t,天然气资源量139 800亿m^3。主要分布在渤海、南海和东海。此外,台湾浅滩、南沙群岛海域也有大量石油赋存。

滨海旅游资源:中国滨海旅游资源类型繁多,旅游景点数量丰富。初步统计共有滨海旅游景点1 500多处,滨海沙滩100多处,其中有国务院公布的16个国家历史文化名城,25处国家重点风景区,130多处国家重点文物保护单位以及15处国家海洋自然保护区。

海滨砂矿资源:中国有海滨金属和非金属砂矿60多种,累计探明储量16.4亿t(未含台湾),主要分布在福建、广东、广西、海南、辽宁、山东诸省(区)。

沿海滩涂资源:中国现有滩涂资源217.1万hm^2,主要分布在渤海沿岸和江苏沿岸。

海水资源:系指蕴藏在海水里的淡水和化学物质。海水中的淡水含量占海水总量的96.5%。海水中溶存有80多种化学元素,其中不少元素可供开发利用。

海洋能资源:主要包括潮汐能、波浪能、海流能、海水温差和盐差能等。中国沿岸有可供开发利用的潮汐能资源坝址424个,总装机容量可达2 179万kW,其中可装机容量200～1 000kW的坝址242个,装机容量为12.6万kW。潮汐能资源主要集中在福建和浙江沿岸,其可供开发的总装机容量占全国的88%。沿海波浪能的理论平均功率为1 285万kW,主要分布在台湾、浙江、福建、广东和山东五省,约占全国沿海波浪能的88%。据130个水道统计,全国沿岸潮流能理论平均功率1 395万kW,主要分布在浙江沿岸,占全国的一半以上。海水温差能主要集中在南海和台湾以东海域。据估计,南海温差能的理论蕴藏量为1.19×10^{22}～1.33×10^{22}J,台湾以东海域为2.16×10^{7}J。

海洋社会劳动者和海洋科技 1997年,沿海11个省(区、市)计有海洋社会劳动者人数393万人,比1996年增长0.38%,主要是从事海洋渔业的人数有所增加。按产业分,海洋水产劳动者人数仍是大头,有278万人,占劳动者总数的70%以上;其次是滨海国际旅游业约43万人;第三位是海洋交通运输业,劳动者人数为31.6万人;然后分别为海盐业15.6万人,造船业15.3万人,海洋环保4.5万人,海洋石油2.8万人,海滨采矿0.45万人。

1997个沿海地区有海洋科研机构108个,职工总数1.77万人,均比1996年有所减少,其中专业技术人员1.28万人,比上年稍有增加,反映科研机构改革中人员结构的微调。沿海各省还加大科技开发力度,1997年共投入研究课题3 258项,比1996年增加432项,增长15.3%。1996年获科技成果奖342项,1997年获332项。

海洋灾害和环保 1996年,我国沿海地区共发生风暴潮灾害3次,经济损失281亿元,1997年发生2次风暴潮,经济损失288亿元;死亡人数220人,与上年相比,风暴潮发生次数减少1次,经济损失有所增加,但死亡人数减少了一半。其中比较大的一次风暴潮发生在1997年8月21～23日,波及福建、浙江、江苏、山东、上海和河北部分沿岸,最大增水达261cm。受灾人口1 162万人,死亡人数214人,造成经济损失214亿元。

1996年沿海地区发生赤潮4次,主要发生在长江口海域,出现面积宽广,达50～700km^2。1997年沿海地区赤潮发生次数明显增多,从4月到6月共发生6次,其中3次发生在渤海,3次出现在长江口和杭州湾近海。5月31日在渤海发生的赤潮比较严重,面积达10km^2,海水呈酱红色。1997年与1996年相比,赤潮出现次数明显增多,但影响的范围则小得多。

在海洋环境保护方面,1996年沿海地区直接排海的工业废水总量达6.3亿t,大部分沿岸水质等级有所下降。1997年直接排海工业废水又增加到7.75亿t,比1996年增长23%,增长幅度提高了1.3个百分点。渤海、黄海、东海的无机物超标率均超过60%,特别是渤海海域,其无机物超标率比1996年增加50个百分点。因此,近海海域水质量总体水平呈下降趋势,必须引起重视。

【沿海海洋经济概况】 中国沿海有11个省、自治区和直辖市(未包括港、澳、台),其中有海岸线的沿海县(含县级市、县、区)共137个,人口9 700多万,约占全国总人口的8%。这些以海洋经济为依托的沿海市、县,1997年国内生产总值达22 443.32亿元,占沿海11个省(区、市)国内生产总值的52.4 %,占全国国内生产总值的30%。

1996年,中国主要海洋产业总产值达2 855.22亿元,海洋产业增加值为1 266.30亿元。其中,海洋渔业总产值1 445.27亿元,海洋捕捞693.73亿元,海水养殖299.15亿元,水产品加工446.65亿元,产业结构日趋合理;海洋石油工业总产值212.74亿元,其中原油194亿元,天然气17.1亿元;海盐工业总产值42.6亿元;海洋交通运输业运营总收入540.6亿元;滨海国际旅游业收入419.75亿元;沿海造船工业总产值达193.84亿元;海滨砂矿0.38亿元。海洋渔业、海洋石油业、沿海造船业和滨海旅游业的产值大幅度上升,而海洋交通运输业、海盐业和海滨砂矿产值下降。

1997年,中国主要海洋产业总产值达3 104.43亿元，比1996年增长7.6%；创增加值1 476.80亿元，比1996年增长8%。其中海洋渔业总产值1 568.51亿元，比上年增长12.5%；海洋石油工业总产值248.05亿元，比上年增长19.8%；沿海造船工业总产值227.71亿元，比上年增长19.7%；滨海国际旅游业收入457.58亿元，比上年增长9.3%；海滨采矿业工业总产值0.88亿元，比上年增长131.6%；海洋交通运输业运量继续增长，但由于运价降低，运营收入比上年减少3.4%，总产值为522.4亿元；海盐业产量完成国家计划的134.5%，比上年增长9.5%，但由于产大于销，库存积压，效益下降。从沿海11个省(区、市)的发展看，各地区主要海洋产业总产值均呈上升态势，但发展不平衡。各地区排名顺序与1996年相同，即广东省海洋总产值仍居榜首，达850亿元；其次是山东，达570亿元；第三位是上海，为353亿元；随后是浙江(313亿元)、福建(289亿元)、辽宁(263亿元)、江苏(165亿元)、天津(116亿元)，广西、河北和海南相对较低，在100亿元以下。

近两年来，沿海各地依据自身的资源优势和开发基础，因地制宜地实施“科技兴海”战略，进一步推进海洋经济发展，形成了各具特色的区域海洋经济格局。例如，广东省具有近海石油、海运、滨海旅游和海洋渔业资源优势，已形成四大支柱海洋产业，1997年其石油产值达193亿元，海运运营收入167亿元，滨海国际旅游业收入219亿元，三项海洋产业的产值均居沿海省(区、市)之冠，海洋水产也在第三位。山东省的渔业、盐业和近海油气资源比较丰富，他们以此为重点，全面推进“科技兴海”、建设“海上山东”。1997年山东海洋水产创产值448亿元，海盐业产值37亿元，两者位居沿海地区榜首，海洋油气生产也超过12亿元。上海市是中国经济最发达的地区，其海洋产业特别是海洋交通运输、滨海旅游、造船等也很发达，仅此三个海洋产业的产值就占整个沿海地区海洋总产值的17%。浙江省发挥水产、滨海旅游、海岛资源优势，加快海洋产业发展，培育新的经济增长点，已成为中国第二大海洋水产省份；1996年还加大海岛开发力度，推动了海岛经济新发展。

从海洋产业发展看，海洋水产仍是沿海地区的主导产业，1997年其产值已达1 568.51亿元，占整个沿海地区海洋总产值的50.5%。其中山东、浙江、广东、福建、辽宁五省是水产大省，其海洋水产业产值达1 298亿元，占整个沿海地区水产总产值的82.8%。1997年海洋交通运输业从运营收入看仍居沿海各海洋产业第二位，但由于运价降低，其收入较上年减少了3.4%。海运收入超过100亿元的有广东和上海，其他省还都在50亿元以下，主要有江苏、天津、山东、辽宁等。沿海旅游业和石油业是新兴产业，发展迅速，已大大超过传统的海盐业，他们在海洋产业中的地位上升到第三和第四位。滨海旅游业已以沿海遍地开花，但各地区发展很不平衡。以国际旅游为例，1997年沿海地区国际旅游收入达458亿元，比上年增长9.3%。其中广东国际旅游收入超过200亿元，上海也超过100亿元，在沿海地区遥遥领先；福建、浙江、天津、辽宁、山东等省市居中间，国际旅游收入只有几十亿元。其他省区则不到10亿元。海洋石油业在沿海海洋产业中居第五位，主要分布在油气资源丰富的珠江口和渤海，因此在广东、天津、山东和辽宁的海洋产业中，海洋石油业占有一定的地位；特别是由于南海油气田的大规模开发，海洋石油业在广东省已成为仅次于水产的第二大海洋产业。尽管海盐业和滨海采矿业在沿海地区逐年有所发展，但它们在整个海洋产业中的地位已大为下降。

(许启望)

表1　1996～1997年沿海地区国内生产总值

单位：亿元

地区	国内生产总值		第一产业		第二产业		第三产业	
	1996	1997	1996	1997	1996	1997	1996	1997
沿海省市总计	38 111.16	42 803.96	6 317.99	6 611.11	18 604.62	20 978.04	13 188.55	15 214.81
沿海县市合计	18 461.38	22 443.32	2 328.74	2 580.88	9 175.36	11 106.14	6 957.28	8 756.30
沿海城市合计	11 826.19	14 303.76	639.75	720.84	6 120.58	7 287.04	5 065.86	6 295.88
沿海县合计	6 635.19	8 139.56	1 688.99	1 860.04	3 054.78	3 819.10	1 891.42	2 460.42
辽　宁	3 157.69	3 490.06	474.09	485.38	1 537.68	1 743.87	1 145.92	1 260.81
沿海城市	942.90	1 084.40	50.55	63.45	484.56	559.34	407.79	461.61
沿海县	381.49	442.60	125.08	136.54	167.00	197.34	89.41	108.72
天　津	1 102.40	1 240.40	70.53	74.55	584.43	643.88	447.44	521.97
沿海区	170.00	185.35	4.30	4.33	103.99	109.48	61.71	71.54
河　北	3 452.97	3 953.78	700.94	761.76	1 664.61	1 934.38	1 087.42	1 257.64

续表

地区	国内生产总值		第一产业		第二产业		第三产业	
	1996	1997	1996	1997	1996	1997	1996	1997
沿海城市	360.01	414.66	14.03	14.49	203.21	238.98	142.77	161.19
沿海县	262.37	301.96	94.30	98.07	99.62	120.92	68.45	82.97
山　东	5 960.42	6 650.00	1 200.17	1 195.00	2 810.72	3 185.00	1 949.53	2 270.00
沿海城市	777.96	1 382.48	98.05	120.59	476.62	795.15	203.29	466.74
沿海县	1 158.12	1 260.57	328.60	308.49	511.54	588.64	317.98	363.44
江　苏	6 004.21	6 680.34	965.29	1 008.41	3 074.12	3 411.86	1 964.80	2 260.07
沿海城市	223.73	248.74	12.62	12.82	127.99	142.10	83.12	93.82
沿海县	664.98	796.36	237.09	273.44	238.26	285.35	189.63	237.57
上　海	2 902.20	3 360.21	71.58	75.80	1 582.50	1 754.39	1 248.12	1 530.02
沿海区县		511.26		44.56		268.20		198.50
浙　江	4 146.06	4 638.24	609.18	637.48	2 200.19	2 509.56	1 336.69	1 491.20
沿海城市	1 283.69	1 490.93	81.92	82.96	665.31	777.61	536.46	630.36
沿海县	1 612.88	1 766.09	260.65	257.52	930.30	1 025.73	421.93	482.84
福　建	2 606.92	3 000.36	560.47	576.63	1 089.57	1 293.50	956.88	1 130.23
沿海城市	750.16	1 008.26	32.57	52.14	353.11	471.60	364.48	484.52
沿海县	1 085.07	1 221.42	252.83	249.28	498.80	574.43	333.44	397.71
广　东	6 519.14	7 315.51	941.73	986.82	3 269.35	3 647.82	2 308.06	2 680.87
沿海城市	3 239.64	3 802.97	148.24	158.86	1 582.16	1 833.20	1 509.24	1 810.91
沿海县	1 035.21	1 367.93	255.84	351.02	439.01	575.74	340.36	441.17
广　西	1 869.62	2 065.20	580.47	658.00	710.13	771.10	579.02	636.10
沿海城市	123.30	142.41	48.70	53.45	29.30	37.27	45.30	51.69
沿海县	42.20	48.12	17.60	19.54	10.70	14.01	13.90	14.57
海　南	389.53	409.86	143.54	151.28	81.32	82.68	164.67	175.90
沿海城市	120.20	128.30	10.96	11.73	31.39	33.52	77.85	83.05
沿海县	222.87	237.90	112.70	117.25	55.56	59.26	54.61	61.39

表2　1996～1997年沿海地区工农业总产值和增加值

单位:亿元

地区	工业总产值		工业增加值		农业总产值		农业增加值	
	1996	1997	1996	1997	1996	1997	1996	1997
沿海省市总计	60 294.76	68 304.70	16 407.54	17 913.63	11 093.90	11 561.48	6 317.99	6 611.11
沿海市县合计	33 460.98	39 521.67	7 970.69	8 854.19	4 202.21	4 517.34	2 355.09	2 580.88
沿海城市合计	20 004.76	23 614.44	5 097.11	5 652.07	1 208.14	1 309.08	624.05	720.84
沿海县合计	13 456.22	15 907.23	2 873.58	3 202.12	2 994.07	3 208.26	1 731.04	1 860.04
辽　宁	5 602.18	6 941.04	1 379.07	1 567.56	892.64	920.26	474.09	485.38
沿海城市	1 503.29	1 950.05	423.98	494.72	96.52	107.10	50.55	63.45
沿海县	719.03	863.30	154.19	174.20	229.41	249.89	125.08	136.54
天　津	2 386.43	2 838.20	527.07	580.21	142.29	148.82	70.53	74.55
沿海区	292.27	603.24	85.99	129.13	10.13	9.32	4.30	4.33
河　北	5 045.43	6 364.07	1 463.18	1 701.42	1 298.04	1 437.28	700.94	761.76
沿海城市	493.42	542.84	174.97	201.32	25.98	26.67	14.03	14.49
沿海县	345.42	421.72	91.25	109.75	165.18	173.09	94.30	98.07
山　东	6 126.64	9 984.12	2 500.07	2 830.95	2 180.23	2 232.34	1 200.17	1 195.00
沿海城市	1 481.58	2 207.99	417.19	641.23	191.60	196.53	98.05	120.59
沿海县	2 142.30	2 584.85	460.94	595.71	610.76	546.53	328.60	308.49

续表

地区	工业总产值		工业增加值		农业总产值		农业增加值	
	1996	1997	1996	1997	1996	1997	1996	1997
江　苏	11 555.60	12 542.40	2 754.80	3 016.44	1 824.19	1 816.37	965.29	1 008.41
沿海城市	411.28	450.37	110.02	121.44	24.47	26.27	12.62	12.82
沿海县	1 046.06	1 326.06	202.27	243.90	484.28	537.26	237.09	273.44
上　海	5 066.57	5 606.27	1 439.14	1 580.38	200.96	204.41	71.58	75.80
沿海区县	2 015.15	2 183.24	608.41	580.44	110.77	114.79	42.05	44.56
浙　江	8 820.53	10 379.96	1 962.80	2 254.90	961.97	1 004.88	609.18	637.48
沿海城市	2 504.41	2 576.72	614.83	637.48	155.63	143.47	81.92	82.96
沿海县	3634.35	4 246.31	830.43	936.50	400.48	409.46	260.65	257.52
福　建	3 210.69	3 857.56	919.68		891.89	925.56	560.47	576.63
沿海城市	978.36	1 305.55			55.85	88.32	32.57	52.14
沿海县	1 531.90	1 595.09			414.79	420.60	252.83	249.28
广　东	10 530.92	12 330.56	2 788.82		1 577.89	1 656.46	941.73	986.82
沿海城市	5 022.83	5 948.15	1 352.59		215.14	258.99	132.54	158.86
沿海县	1 582.51	1 921.06	393.51		414.28	556.25	255.84	351.02
广　西	1 733.83	2 039.92	626.08		899.58	980.24	580.47	658.00
沿海城市	89.20	114.53	22.00	27.90	85.90	92.93	48.70	53.45
沿海县	38.60	46.71	9.20	12.36	31.00	34.35	17.60	19.54
海　南	215.94	231.04	46.83	47.19	224.22	234.86	143.54	151.28
沿海城市	67.39	73.77	15.32	14.80	13.80	15.57	10.96	11.73
沿海县	108.63	115.62	37.39	24.62	122.99	156.72	112.70	117.25

表 3　1996～1997 年沿海地区主要海洋产业总产值和增加值

单位:亿元

地区	年份	合计		海洋水产		海洋石油与天然气		海洋盐业		沿海造船		海洋交通运输		滨海国际旅游
		总产值	增加值	总产值	增加值	总产值	增加值	总产值	增加值	总产值	增加值	总产值	增加值	总产值
总计	1996	2 855.22	1 266.30	1 455.27	744.59	212.74	106.12	42.64	23.14	193.84	40.27	540.60	172.58	419.75
	1997	3 104.43	1 476.80	1 568.51	832.55	248.05	126.72	79.34	35.12	227.71	49.61	522.36	236.57	457.58
辽宁	1996	207.52	80.26	115.25	57.62	1.52	0.78	4.03	2.03	43.99	7.49	28.80	12.34	13.93
	1997	263.30	116.51	141.64	79.82	2.24	1.42	21.17	11.92	55.82	12.29	27.65	11.06	14.78
天津	1996	111.40	56.80	5.69	1.46	31.32	29.80	5.05	3.43	8.40	1.43	48.33	20.68	12.61
	1997	115.63	53.89	4.19		39.97	30.38	5.17	3.76	9.00	0.71	42.42	19.04	14.89
河北	1996	54.50	26.28	26.53	8.71	0.02	1.68	6.80	4.36	2.67	0.90	16.20	10.63	2.28
	1997	60.31	24.21	29.37	7.63			7.26	4.70	3.69	1.25	15.94		4.05
山东	1996	513.74	280.05	424.16	243.61	7.26	8.44	15.28	5.75	21.36	5.40	32.20	16.85	13.48
	1997	569.73	290.28	447.72	248.57	12.31	9.20	37.22	10.00	23.93	5.52	35.24	16.99	13.31
江苏	1996	124.61	66.13	88.71	47.42			6.10	5.49	7.37	3.03	20.44	10.19	1.99
	1997	164.56	51.71	99.38	21.08			6.17	3.82	8.34	4.08	46.40	22.73	4.27
上海	1996	336.85	68.36	15.12	7.23	0.31	0.05			68.70	13.92	155.56	47.16	97.16
	1997	353.31	55.67	14.59		0.45	0.05			84.63	15.40	144.73	40.22	108.91
浙江	1996	288.16	116.36	239.94	104.93			1.79	0.26	1.40	0.23	23.20	10.94	21.83
	1997	313.58	7.03	264.89				0.61	0.37	2.66	1.20	19.50	5.46	25.92
福建	1996	266.87	116.68	205.35	111.04			1.78	0.69	9.08		12.02	4.95	38.64
	1997	289.40	7.06	222.56				0.74	0.27	8.74	1.84			45.34
广东	1996	790.13	215.93	240.92	113.23	172.31	65.37	0.95	0.57	30.87	7.87	133.77	28.89	210.98
	1997	849.76	313.93	239.88	132.51	193.09	70.60	0.51	0.07	30.78	7.32	166.74	103.38	218.58

续表

地区	年份	合计		海洋水产		海洋石油与天然气		海洋盐业		沿海造船		海洋交通运输		滨海国际旅游
		总产值	增加值	总产值	增加值	总产值	增加值	总产值	增加值	总产值	增加值	总产值	增加值	总产值
广西	1996	76.14	39.68	55.86	31.67			0.33	0.17			19.68	7.84	0.27
	1997	77.65	0.18	73.24				0.24	0.11			3.60		0.30
海南	1996	43.02	20.19	27.74	17.67			0.53	0.39			8.12	2.11	6.58
	1997	47.20	2.30	31.05				0.25	0.08	0.12				7.23

注：1. 1996年总计栏中数据还包括其他地方的部分产值；

2. 增加值全国总计栏中海洋水产和滨海旅游为估算值，故分项之和与总计值不等；

3. 表中未列入的海滨砂矿数据为：1996年全国沿海地区海滨砂矿的总产值为0.38亿元，增加值为0.02亿元；1997年总产值为0.88亿元，增加值为0.65亿元；滨海国际旅游业1996年增加值为179.58亿元，1997年为196.00亿元。

产　业　篇

Marine Industries

海洋渔业
Marine Fishery

综 述
Summary

【概况】 1996年是“九五”计划的第一年，也是渔业受灾比较严重的年份，但国内渔业生产形势开局不错，渔业经济持续、稳定、健康运行，呈现了良好的发展态势。

一是继续保持了较高的发展速度。据统计，1996年全国水产品总产量达2 813万t，比上年增加296万t，增长11.76%，水产品总产量已连续七年位居世界首位。全国海产品总量达2 012.88万t，其中：海洋捕捞1 248.98万t，海水养殖763.9万t，海洋渔业总产值（按1990年不变价格计算）为649.69亿元；水产品人均占有量22.9kg，超过世界平均水平；人均渔民年收入3 826元，比上年增加474元，增长14%。

二是名特优新品种养殖规模扩大。1996年全国海淡水养殖面积568万hm^2，比上年扩大29.5万hm^2。养殖业发展继续快于捕捞业，养殖产量占总产量的比重由上年的53.7%提高到54.4%。养殖方式不断改革，集约化程度普遍提高，养殖品种结构进一步优化。沿海虾池虾量比上年增长13.3%。养鲍鱼1 219t，扇贝99.96万t，海参815t，分别比上年增长38.7%、9%和165%，人工养殖鲜活河豚鱼、鲈鱼、牙片鱼、石斑鱼、鲷鱼、鲻鱼等出口创汇，经济效益明显提高。

三是远洋和外海渔业开发取得新进展。中国在世界31个国家和地区开展了70多个远洋渔业项目，1996年投入远洋渔船1 381艘，比上年增加70艘；渔获量92.7万t，比上年增加7万t，增长8.1%。外海渔业资源开发、南沙渔业资源开发和东海灯光围中上层鱼的开发探捕，都取得了新进展。

1997年是中国渔业生产继续保持稳步发展的一年。年初，国务院批转了农业部《关于进一步加快渔业发展的意见》，对渔业的发展起到了极大的促进作用。水产品产量持续稳步增长，名特优新水产养殖和开发性渔业的规模继续扩大，远洋渔业平稳发展，水产品加工取得新的进展，产业结构和产品结构进一步走向合理，水产品市场继续保持良好的运行态势。据统计，全年全国水产品产量达3 601.8万t，比上年增长9.54%，其中海水产品2 176.4万t，增长8.12%；海水产品中，海洋捕捞产品1 385.4万t，海水养殖产品791万t，分别增长10.92%和3.55%。

综观1997年中国的渔业生产，有以下几个特点：

1.各地认真贯彻落实国务院文件精神，为进一步加快渔业发展奠定了良好基础。国务院要求各级人民政府和有关部门要牢固树立大农业、大粮食的观念，把渔业作为大农业中的一个大产业，摆上重要位置，采取有力措施，切实抓好，使各级领导对发展渔业的重要意义有了新的认识。

2.继续深化渔业经济体制改革，积极推进渔业产业化经营，提高渔业经济整体素质和效益。在稳定和完善以家庭承包及以船独立经营为主、多种经营方式并存的渔业生产体制的同时，不断深化渔业体制改革，正确引导和规范渔业股份合作制，因地制宜推进渔业适度规模经营。不少沿海地方的渔业股份合作制已成为渔业经济体制的主要形式和发展趋势。如浙江省99.6%的海洋捕捞渔船和31%的海水养殖业已实行了股份合作制，江苏省65%的海洋捕捞渔船也实行了股份合作制。

3.坚持以内涵发展为主，推动水产养殖业向深度和广度发展。各地积极完善配套设施建设，推广新技术，加强病害防治体系建设，挖掘内涵潜力，提高了养殖单产水平。海养单产达到每亩562kg，在海养面积只增14.1%的情况下，单产增长38.42%。品种结构得到优化，名特优新品种的产量比重逐步提高，1997年比上年增长41.88%。

4.加大水产科技推广力度，促进渔业经济增长方式的转变。停顿多年的海洋渔业资源调查等基础性工作又重新启动，“九五”期间的一些科研项目取得了阶段性成果。1997年是“丰收计划”安排对虾养殖病害综合防治示范区工作第三年，在全国沿海10个省、直辖市建立了12个虾病防治示范区，共落实养虾示范面积292.47hm^2，辐射区面积超过6 000hm^2。示范区平均每公顷产量达2 295kg，平均每公顷效益达7.15万元，远高于全国平均水平。

5.水产品市场体系建设步伐加快，水产品保鲜加工工作得到加强。各地坚持和不断完善产供销一体化的管理体制，加快水产品市场体系建设取得明显成效。

上海水产集团总公司实行的“配送”制、青岛海丰集团公司走经营国际化之路都对改革水产品流通体制加快水产品市场体系建设起到了示范和带头作用。

表 1 海洋水产业情况

项目	1996 年	1997 年
海水产品产量(t)	20 128 785	21 764 233
海洋捕捞产量(t)	12 489 772	13 853 804
按海域分:渤海	1 271 860	1 290 771
黄海	2 753 320	3 351 737
东海	4 337 919	4 999 711
南海	3 182 365	3 135 651
其他海域	944 308	1 075 934
按品种分:鱼 类	8 052 809	9 387 388
虾蟹类	1 917 431	2 094 639
贝 类	2 120 157	1 730 848
藻 类	15 163	18 427
其 他	384 212	622 502
海水养殖产量(t)	7 639 013	7 910 429
按水面类型分:浅海	3 245 932	3 718 829
港湾	368 323	484 020
滩涂	4 024 758	3 707 580
按品种分:鱼 类	182 155	254 979
虾蟹类	129 050	161 601
贝 类	6 406 595	6 510 978
藻 类	913 948	961 365
其 他	7 265	21 506
海水养殖面积(hm^2)	822 000	938 000
按水面类型分:浅海	114 000	168 000
港湾	175 000	180 000
滩涂	533 000	590 000
按品种分:鱼 类	66 000	67 000
虾蟹类	171 000	198 000
贝 类	544 000	620 000
藻 类	39 000	42 000
其 他	3 000	11 000
海水产品加工能力(万 t/a)	671	686
海水产品加工产量(万 t)	405	453

【渔业资源管理工作和渔业发展中存在的问题】 1996～1997 年海洋渔业资源管理工作进一步加强。一是坚持抓好伏季休渔工作。1997 年是东海、黄海海域实行全面伏季休渔的第三年,通过各级政府和有关部门,特别是各级渔业行政主管部门和渔政渔港监督管理机构及广大渔民的共同努力,伏休工作取得了明显成效。伏休期间,东海区渔船的违规率仅为 0.7‰。9 月 1 日开捕后,生产情况普遍好于往年,单船产值普遍提高,带鱼在渔获物中的比重提高,规格比上年同期增大;黄海北部通过伏休后渔业资源也有明显好转。二是认真贯彻《农业部关于“九五”期间控制海洋捕捞强度指标的实施意见》,严格控制海洋捕捞强度,并在农业部统一部署下开展了新版渔业捕捞许可证的换发工作。

1997 年渔业的发展也存在一些不容忽视的问题。一是渔业基础设施仍然比较落后,抵抗自然灾害的能力有待进一步加强。许多渔港、渔船年久失修,给广大渔民的生产、生活和生命财产等带来损失;二是“苗种、病害”仍是制约渔业发展的两大瓶颈,必须长抓不懈,水产良种繁育和病害防治工作仍需加强;三是违规捕捞,电、炸、毒鱼的现象仍然严重,特别是海洋法公约生效后,外海捕捞压力增大,近海资源保护形势严峻,必须加强宣传,加大执法力度,养护和合理利用渔业资源;四是水产品增产,但是价格下跌,造成渔民增产不增收,渔业经济效益下滑,挫伤了渔民生产积极性。

(农业部渔业局计划处)

表 2 沿海地区海洋水产业总产值

单位:万元

地 区	1996 年	1997 年
全国总计	14 452 691	15 685 084
辽 宁	1 152 491	1 416 422
天 津	56 863	41 915
河 北	265 281	293 672
山 东	4 241 612	4 477 153
江 苏	887 141	993 848
上 海	151 173	145 852
浙 江	2399 381	2 648 883
福 建	2 053 531	2 225 600
广 东	2 409 202	2 398 782
广 西	558 619	732 409
海 南	277 394	310 548

表 3 海洋水产业分类产值

单位:亿元

项 目	1996 年	1997 年
海洋水产总产值	1 445.27	1 568.51
海水产品产值	998.62	1 075.10
其中:海洋捕捞	693.73	
海水养殖	299.15	
海洋水产工业产值	446.65	493.41
海洋水产增加值	744.59	832.55

【《渔业法》颁布十周年】 《中华人民共和国渔业法》于1986年1月20日由第六届全国人民代表大会常务委员会第十四次会议通过，并于同年7月1日起实行。该法是新中国成立以来的第一部渔业法律。《渔业法》实施的十年，是中国渔业发展最快的十年，也是渔业法制建设取得全面发展的十年。《渔业法》以法律的形式把适合国情的渔业发展方针和政策确定下来，调整渔业生产关系，规范渔业生产行为，保护渔民合法权益，使渔业开始走上“依法治渔、依法兴渔”的轨道，推动了渔业持续快速发展。

1.《渔业法》的颁布实施，大大推动了中国渔业法规体系建设。十年来从中央到地方制定了一系列与《渔业法》相配套的渔业法规。农业部先后制定了《渔业法实施细则》、《渔业捕捞许可证管理方法》、《渔业行政处罚程序》等一批法规、规章，已初步形成了较完善的法规体系。

2.广大干部群众“依法治渔、依法兴渔”的法制观念逐步树立和加强。各地渔业行政主管部门及渔政渔港监督管理机构，采取多种形式进行普法工作，使《渔业法》逐步深入人心。1996年组织进行了《渔业法》执法检查，在人民大会堂召开了纪念《渔业法》十周年座谈会。同年6月又在全国开展了《渔业法》宣传月活动，进一步提高了全社会的渔业法制观念。

3.全面设置了渔业执法机构，促进了渔业执法队伍的建设。沿海各省、自治区、直辖市及重要渔港都建立了渔业船舶检验机构，组建了全国渔业环境监测网，增设了一批监测站。

4.渔业行政执法工作得到加强，渔业管理基本纳入法制轨道。一是渔业资源保护方面，为了控制近海捕捞强度，对渔船核发捕捞许可证，加强禁渔区、禁渔期的管理，开展增殖放流。严厉打击各种破坏渔业资源的违法行为，查处了一大批破坏渔业资源违法案件，维护了正常的生产秩序。二是加快水产养殖业发展，依法对可养殖的国有水面、滩涂确定使用权，核发养殖使用证，调动保护了生产者的积极性。三是加强了渔业水域环境监测和科研工作，为保护和改善渔业生态环境提供了科学依据。加强了渔业水域污染事故的调查处理。四是实行了水生野生动物捕捉、驯养、运输许可制度，并加强执法检查与监督管理。五是执行渔业船舶登记、进行渔港签证和渔业船员培训考核制度，保障渔船安全适航和渔港的正常秩序。为维护渔民合法权益，积极调查处理海损事故，十年来仅处理涉外海损事故，就为国内渔民挽回经济损失600多万美元。六是建立了以渔港为依托的渔业信息服务体系，无线电通讯导航设备比1986年增加2倍多，为提高生产效率保障渔船安全航行发挥了重要作用。七是执行渔船建造和年度检验、船用产品检验等一系列制度，渔船受检率逐年提高。通过安全性技术监督，保证了渔船设计、修造质量和营运安全性能。

5.加强涉外渔业管理，维护国家海洋权益。根据《渔业法》及有关国际公约、协定，加强外海及远洋渔业管理，促进南海等外海渔业开发，解决涉外渔业纠纷，打击外籍渔船的侵渔活动。

海水养殖
Mariculture Industry

【概况】 改革开放以来，中国渔业生产进入了一个飞速发展时期，全国渔业生产实现了持续、快速发展，全面超额完成了“八五”计划的各项经济指标，综合生产能力显著增强，在农业和农村经济中的地位显著提高。1995年，水产品产量达2 350万t以上，人均占有量达到了世界平均水平，水产品市场价格平衡，购销两旺，渔民收入有较大幅度的提高。

1996年是“九五”第一年，“九五”渔业的主要任务，一是要保持渔业持续、快速、健康发展，以1993年为基数再增产1 000万t水产品，全面实现渔民奔小康的目标，并为全国实现小康提供食物保障；二是要通过两个“转变”，提高产业素质和发展质量，为下世纪中国渔业的可持续发展和现代化奠定良好的基础。

1996年全国海产品总量达2 012.88万t，其中海水养殖产量764万t，1997年增加到791万t；1996年，海洋渔业总产值(按1990年不变价格计)为649.69亿元，比1992年增加266.39亿元，年均递增14%，海洋渔业总产值占农业总产值的比重也由1993年的4.3%增长为1996年的5.1%。为促进国民经济的发展，丰富城乡居民的“菜篮子”，增加农民收入，全面发展农村经济发挥了重要的作用。

1997年，海水养殖面积93.793万hm^2，比1996年扩大11.586万hm^2。

【海水养殖业的发展现状及特点】 **现状** 1.目标明确，效益明显。为加速发展海水养殖业，挖掘海洋潜力，各地分别制订了自己的发展战略。如山东、辽宁提出了建设“海上山东”、“海上辽宁”的口号，因地制宜，充分发挥山东半岛、北黄海、渤海湾的优势，利用浅海、滩涂积极发展海水养殖业，1996年，山东、辽宁两省海水养殖产量分别达到259.7万t和111万t，分别占海产品总量的54.5%和43%。

2.海水鱼网箱养殖前景诱人。1997年浙江省的桃花海洋渔业公司和象山港渔业公司又分别从福建省引进欧鳗和大黄花鱼种苗，进行大面积海水人工养殖，获得成功，经济效益显著。

表 4 1996～1997 年海水养殖情况比较

单位：t；hm^2

项 目	1996 年		1997 年	
	产量	面积	产量	面积
全国总计	**7 639 013**	**822 073**	**7 910 429**	**937 933**
其中：				
鱼 类	182 155	66 203	254 979	66 733
虾蟹类	129 050	170 539	161 601	198 009
贝 类	6 406 595	543 998	6 510 978	619 824
藻 类	913 948	38 763	961 365	42 186

表 5 沿海地区海水养殖产量

单位：t

地 区	1996 年	1997 年
全国总计	7 639 013	7 910 429
辽 宁	1 112 790	1 123 079
天 津	2 086	2 427
河 北	68 030	77 100
山 东	2 597 385	2 384 473
江 苏	134 047	139 243
上 海	678	922
浙 江	395 140	389 010
福 建	1 429 869	1 881 591
广 东	1 345 590	1 384 521
广 西	531 331	498 209
海 南	22 050	29 874

表 6 沿海地区海水养殖面积

单位：hm^2

地 区	1996	1997
全国总计	822 073	937 933
辽 宁	155 003	191 917
天 津	5 055	5 195
河 北	56 274	51 567
山 东	161 633	182 695
江 苏	99 040	105 760
上 海	743	605
浙 江	57 214	63 718
福 建	92 099	104 632
广 东	138 523	171 003
广 西	48 436	52 222
海 南	7 594	8 483

宁波市海水网箱养殖起步于 1987 年，近几年迅速发展，养殖品种从过去单一的石斑鱼发展到鲈鱼、真鲷、黑鲷、红鳍东方鲀、美国红等。1996 年，全市海水网箱养殖已超过 11 000 箱，实现产值 2 亿元。同时，他们还开辟了韩国、日本及香港地区等外销市场，年海水网箱养殖鱼类出口交货值在 2 000 万元以上，创汇 200 万元。

3. 浅海、滩涂海水养殖和海珍品增养殖取得显著成绩。1997 年，中国浅海养殖面积由 1996 年114 184 hm^2 发展到 167 852hm^2；滩涂养殖也取得了长足的进步，面积由 1996 年的 533 119hm^2 扩大到 589 650hm^2。浅海养殖为海水增养殖的第一大产业。其中扇贝、贻贝、牡蛎、海带等品种分别为 1 001 476t、398 192t、2 328 568t、786 557t。滩涂贝类增养殖正在向产业化方向发展。

4. 对虾病害防治工作有了新的突破。中国对虾养殖业自 70 年代后期由于人工育苗技术和养成技术的突破，取得了飞速的发展，创下辉煌的业绩。至 90 年代初，全国建成了 16 多万公顷的虾池，年育苗能力 1 000 多亿尾的育苗室，年产对虾 20 多万吨，总产值 50 亿元，年创汇达 5 亿多美元，成为中国海水养殖业中养殖面积最广、发展速度最快、产值最高、出口创汇最多、经济效益最好的产业，使中国成为对虾养殖生产的出口大国。1993 年，亚洲主要养殖国家虾病蔓延，中国也暴发了病毒性虾病，对虾养殖业遭到重创，步入低谷，产量迅速下降到 1994 年的 6 万 t 左右，1993～1996 年，全国对虾养殖总产量一直在 6～8 万 t 徘徊。近几年来，各级人民政府、渔业行政主管部门、科研、教育等有关部门和社会各界为恢复和发展对虾养殖业，特别是在攻克对虾病害、示范区方面积极探索，从改善养殖生态环境入手，改造虾池，改善进排水系统，严格做好虾病防治及检疫工作，取得了显著的效果。1995 年始，农业部连续三年在“丰收计划”项目中安排了对虾养殖病害防治示范区项目，三年累计安排示范区 46 个，总面积 1 247hm^2，平均亩产对虾 94kg，平均亩效益 2 800 多元，使虾农们看到了希望。天津市 20hm^2 的示范区，1997 年取得了亩产对虾 415kg，亩效益 1.59 万元的好成绩。1997 年，全国沿海对虾养殖总产量达到 10 万 t，产量和效益均有所恢复。对虾养殖业正在复苏。

特点 1. 养殖水域由浅入深，养殖面积不断扩大、养殖品种由单变多。山东长岛县的海水养殖区现已由近岸浅海扩展到深水大流海区，养殖品种由单一的海带、扇贝扩大到鲍鱼、海参、虾夷贝等海珍品系列养殖，养殖形式也由单一的筏式养殖转变为海上筏养、海底播养、陆上工厂化养殖等多种形式一起上的新局面。在列岛周围 4.67 万 hm^2 海域初步形成了上、中、下水层综合利用的“蓝色牧场”。1996 年，全县海产品总量达

30 万 t，其中海水养殖产量占 20.87 万 t，养殖收入 6.58亿元。浙江省在调整了渔业产业结构后，确定了以养殖业为主的发展思路，1996 年，全省海水养殖面积扩大到 5.72 万 hm^2，产量达到 39.51 万 t，列全国第六位。

2. 养殖成本不断降低，养殖潜力得到发挥。一些有条件的地方利用发电厂的热水或打深水井进行养殖，既降低了鱼类越冬成本，又实现了海水鱼养殖的人为控制，保证鱼类在最适温度下饲养，控制其生长、繁殖，以达到产量、产值显著增长，效益剧增。

3. 养殖单产水平不断提高。中国海水养殖单产整体水平不高。"七五"期间，海水养殖单产平均水平为亩产 221kg；"八五"期间，提高到亩产 338.5kg。1997 年，各地在挖掘内涵上下功夫，依靠科技，养殖单产最高达亩产 562kg。

【对虾养殖病害防治综合示范区】 在前两年对虾病害防治工作的基础上，农业部在 1995 年"丰收计划"中列项支持对虾养殖病害防治。1996 年"丰收计划"继续支持 20 个对虾养殖病害综合防治示范区。

示范区按照农业部"丰收计划"及部渔业局印发的《关于加强对虾养殖病害防治示范区管理工作的意见》的要求进行管理，明确规定了示范区的规模为 20～33.3hm^2，辐射面积 333.3hm^2 以上，产量经济指标为每公顷产对虾 2 250kg 以上，12cm 以上对虾占 60%以上，每公顷效益 2.25 万元以上；技术上全面执行《中国对虾养成技术规范》，推行健康养殖技术，达到对虾精养高产高效的目标。

1996 年共建立部级虾病防治示范区 20 个，示范区实施面积 464.5hm^2，辐射区面积 7 900hm^2，平均每公顷产 1 650kg，其中深圳等 7 个示范区单产和效益均超过农业部要求的经济技术指标，此外还有 5 个示范区完成亩效益指标。1997 年建立了 12 个示范区，示范区面积 292.47hm^2，辐射区面积超过 6 000hm^2，平均每公顷产量为 2 295kg，远远高于全国平均水平。

从示范区结果来看，虾病防治示范区的建立符合当今世界对虾养殖精养高产、集约化利用资源并保护环境的大趋势。示范区所采用的技术是比较先进可行的，是行政管理与科学研究、技术推广紧密结合的一种很好的形式。

【病害制约海水养殖业发展】 近年来，由于受综合因素的影响，海域生态环境不断恶化，渔业病害日趋严重。对虾、扇贝、鲍鱼、海带等均不同程度受到病害的影响，且危害品种有扩大蔓延之势。渔业病害已经愈来愈成为制约中国海水养殖业发展的瓶颈。近两年来发生的扇贝病害又使海水养殖业在继对虾之后受到了又一次沉重的打击。据 1998 年初步调查统计结果表明：占全国扇贝养殖总量（100 多万吨）84%的山东省扇贝死亡面积 16.5 万亩，死亡率平均达 60%以上，其中栉孔扇贝死亡率高达 76%（且在大部分地区几乎是颗粒无收），直接经济损失达 15 亿元之多。辽宁省养殖扇贝损失约 10 万 t。据初步估计，中国每年约有 8%～10%的养殖产量损失于病害。

纵观 1996～1997 年海水养殖业，对虾养殖在逐步走出低谷；扇贝养殖由于病害加剧而陷入困境；海水鱼养殖逐渐成为新的热点；海珍品养殖取得突破性进展，面积、产量均大幅度增加；养殖新品种、新技术得到推广，经济效益进一步提高，海水养殖业前景诱人。

面临中国人口增长、耕地递减的严峻局面，适度发展海水养殖，是开拓新的农业资源、增加食物总量、缓解供求矛盾、保障国内粮食安全的战略性措施。海洋渔业是海洋经济的传统产业，在海洋经济开发中占有举足轻重的地位，发展海水养殖业，对促进中国渔业持续、稳定、健康发展将起到积极作用。 （刘 晴）

海洋捕捞
Marine Fishing

【概况】 1996 年全国海洋捕捞产量为 1 248.98 万 t。1997 年为 1 385.38 万 t，比 1996 年增长 10.9%；远洋渔业产量 1996 年为 92.65 万 t，1997 年为 103.70 万 t，1997 年比 1996 年增长 11.93%；1997 年海洋渔业机动渔船 28.25 万艘，比 1996 年增加 0.22 万艘，总功率 1 121.88 万 kW，比 1996 年增加 46.37 万 kW。1996～1997 年全国海洋捕捞业的基本情况是：养护和合理利用近海渔业资源的迫切性得到了广泛的认同，远洋渔业在海捕产量中所占比重稳中有升，海洋捕捞产业稳步发展。"养护和合理利用近海渔业资源"是新时期渔业发展的重要内容。1997 年是中国东、黄海海域实行全面伏季休渔的第三年，在各级政府的重视和支持下，渔业主管部门加强协调和执法检查，通过渔业部门及广大渔民的共同努力，伏季休渔工作取得了很大的成效，使资源状况有所好转。海洋机动渔船总量增加不多，但 147～440kW 的渔船数目却比上年增加 1 349艘，扩大功率 29.8 万 kW，进一步增强了在外海及远洋作业能力，同时也是 1997 年海洋捕捞产量有较大增长的原因之一。从海洋捕捞海域情况看，1997 年产量的增加主要来自于黄海区和东海区，分别增加 59.8 万 t和 66.2 万 t；从各海区所占比重上看，东海区的产量居各海区之首，占到海洋捕捞总量的 36.09%。

从海洋捕捞品种上分析，传统的四大经济鱼类产量有所下降。从分地区的情况看，1997 年海洋捕捞产量均有不同程度的提高，有 7 个省、市的增长速度超过 10%，河北省达到 21.5%。这两年海洋捕捞存在的问题是：违规捕捞，电、炸、毒鱼的现象仍然严重，特别是海洋法公约生效后，外海捕捞压力增大，近海资源保护形势严峻，必须加强宣传，加大执法力度，养护和合理利用渔业资源。（农业部渔业局计划处）

表 7 沿海地区海洋捕捞产量

单位：t

地 区	1996 年	1997 年
全国总计	12 489 772	13 853 804
辽 宁	1 240 708	1 456 736
天 津	27 334	28 540
河 北	215 008	261 222
山 东	2 588 250	2 974 701
江 苏	660 951	711 395
上 海	144 304	160 895
浙 江	2 597 200	2 930 663
福 建	1 738 174	1 943 930
广 东	1 914 820	1 922 077
广 西	702 181	782 661
海 南	370 315	396 391

表 8 海洋机动渔船年末拥有量

项 目	单 位	1996 年	1997 年
机动渔船	艘数（艘）	280 352	282 504
	总吨位（t）	4 998 771	5 257 964
	总功率（kW）	10 755 063	11 218 769
其中：机动生产渔船	艘数（艘）	271 277	273 873
	总吨位（t）	4 729 704	4 979 852
	总功率（kW）	10 286 601	10 730 653
其中：远洋渔船	艘数（艘）	1 381	1 302
	总吨位（t）	442 595	386 414
	总功率（kW）	776 552	1 039 579

水产品加工和综合利用
Processing and Multipurpose Use of Aquatic Products

【概况】 “八五”期间是水产品加工业发展最快的时期，到 1997 年已形成了相当规模的加工能力，加工技术水平、行业素质有了较大提高，水产品加工产量、产值、出口数量、创汇额均达到最高水平。水产品加工业已发展成为包括水产制冷（含冷冻、冷藏、制冰）、干制、腌制、熏制、罐制（含软罐头）、鱼糜加工、调味品、水产药品与保健品、鱼粉加工与饲料加工、海藻加工（海带提出碘、褐藻胶、甘露醇）与海藻（海带、裙带菜、紫菜）食品以及鱼皮制革、水产工艺品等 10 多个专业门类的庞大行业，具有多种专业门类的水产品加工体系已基本形成。

1. 水产品加工业的整体实力明显增强。经过 5 年的快速发展，水产加工企业的数量、加工生产能力大幅度增加，行业技术水平、管理素质有了较大提高，整体实力明显增强。据统计，1996 年，全国水产品加工企业 5 362 家，水产品加工能力 1 032 万 t，水产冷库 4 241 座，水产加工品总产量 431.2 万 t，总产值 338.4 亿元。1997 年，水产品加工企业 5 866 家，水产品加工能力 907.2 万 t，水产冷库 4 518 座，水产加工品产量 498.4 万 t，折原料约 1 000 万 t，占水产品总产量的 27.8%。水产加工品产值，按 1990 年不变价为 301.1 亿元（按现行价为 382.1 亿元）。

2. 水产品加工技术有所提高。近年来，水产品加工行业积极组织研究开发新产品，推广应用新技术，并通过组织来料加工，引进技术和设备，进行技术改造。全行业现有以鱼糜、鱼片为主的冷冻条理食品生产线约 60 多条，烤鳗生产线 50 多条。紫菜精加工生产线 170 多条，干制品生产线 100 多条，盐渍海带、盐渍裙带菜生产线 50 多条。如大连市，近 5 年仅引进国外加工先进设备、单体冻结机以及速冻设备 257 台（套），占设备总台数的 20%。

3. 一批“龙头”水产加工企业相继涌现。所谓“龙头”企业，系沿海一些水产加工企业，抓住机遇，通过合作、合资、嫁接或兼并、联合、改制、改组等形式，引进资金、技术与设备，优化产业和产品结构，扩大生产规模，进行集约生产；同时树立品牌意识，狠抓产品质量，上档次，创名牌，拓展国内外市场，迅速发展成为以水产品加工为龙头，集水产（养殖、捕捞）、加工、贸易为一体，贸工渔一条龙的大型综合企业或集团公司。如广东金曼集团股份有限公司、中国水产舟山海洋渔业公司、辽宁省大连海洋渔业集团公司、青岛海丰集团公司、大连雁鸣企业集团有限公司和上海水产集团公司等数十家龙头企业相继涌现，并带动了当地经济的发展。

4. 水产加工品种结构进行了调整，产品向多元化发展。为适应市场的需求，水产加工产品结构逐渐得到优化，一改过去单一盐干鱼、大冻块产品为主的形象，转向以多层次、多品种、方便化的小包装冻品、制品和调理食品为主。许多大型水产品加工企业已由加工冻鱼为主的粗加工转向多品种的精细加工和综合利用，使水产原料多次增值，如中国水产舟山海洋渔业公司、辽宁省大连海洋渔业集团公司等以鱿鱼为原料生产十几种产品，畅销国内外市场，产值增加了几倍。广州市从1997年起大力推行海洋鱼加工、分割净鱼上市，目的是提高鱼产品的质量，增加花色品种，计划到2000年海洋鱼加工、分割净鱼的总销量达5.3万t，总销售额达5.1亿元，从目前占海鱼总销量的5.7%增加至50%。为适应人们生活节奏加快，方便的水产冷冻调理食品逐渐成为水产品加工发展的潮流，进入市场的品种越来越多，质量越来越好，如各种鱼丸、鱼排、鱼片和模拟食品等。1997年10月在北京举办的第三届中国农业博览会展出的各类水产加工品，有46种水产加工品被认定为第三届中国农业博览会名牌产品。许多水产品加工企业按照HCCP计划组织生产，狠抓质量管理，把创名牌、争优质，提高经济效益作为工作重点。

5.水产品外向型加工迅速发展。由于各地注意培植外向型水产品加工企业，不断开拓国际市场，使出口水产加工品数量大幅度增加，1997年，水产加工品的出口量、值高达进出口总量、值的约90%。水产品进口量为151.3万t，进口额为12.2亿美元，分别比上年增长9.1%和1.3%，尽管进口数量远远超出出口数量，但仍有19.2亿美元顺差。

目前，全国大约有3 000家合资和合作经营企业，其中有相当部分是水产品加工企业，这些企业的技术设备和管理水平以及产品质量一般都比较高，主要以来料、进料或国产水产品为原料，生产优质、高档的水产加工品，其中大部分出口。这些以国内出口为主的水产品加工企业，通过参与国际水产品贸易逐步了解了有关的国际惯例和质量标准，培养了一批专业人才，不仅带动了国内水产品加工业的发展，而且促进了水产品对外贸易的发展。

总的来讲，中国水产品加工业与世界先进水平相比，与国内外市场的要求相比还有较大差距，仍是渔业发展中的薄弱环节。当前存在的问题主要表现在：一是加工水平与生产水平不相适应。水产品加工业精、深加工和综合利用能力较低，特别是淡水鱼及海水低值鱼的加工还比较落后，一定程度制约了这类产品生产的进一步发展。二是从生产到市场的冷链建设不完善、不配套，造成水产品腐烂变质的浪费和运销范围不大。三是市场开拓与消费需求不相适应。部分企业仍然不适应市场经济的环境，对消费结构的变化不敏感，市场开拓手段乏力，市场占有率低，产品老化，发展后劲不足，经济效益低下。四是行业管理不适应。缺乏统筹规划和合理布局，部分项目过热，盲目发展，行业管理的法律规范很不配套，对企业管理、服务能力和手段不强，劣质水产品在市场上还占有一定数量。（张洪福）

渔业基础设施建设
Fisheries Infrastructures

【概况】 根据国务院文件的精神和渔业“九五”发展规划，农业部在渔业基础建设方面提出重点抓好“两个六工程”的建设和实施目标，即水产原良种体系、水产科教及标准化体系、水产技术推广体系、水产养殖病害防治体系、水产品市场体系、渔政管理和资源环境保护体系等六大体系的建设和商品鱼基地和综合性渔业开发、外海渔业开发、远洋渔业开发、水产品加工综合利用、渔港开发建设、渔船渔机工业技术改革等六大领域的开发。“八五”期间，农业部在沿海9个省、自治区、直辖市共安排21个一级渔港项目，总投资19 648万元，其中国家投资4 647万元，使渔港建设的落后面貌有了一定的改善，海洋渔业生产前后方严重不配套的被动局面正在逐步好转，对所在地区的渔业发展起到了重要的促进作用。“九五”期间，渔港服务功能不断健全，渔港建设和水产品批发市场、渔民新村建设相结合的现代化渔港建设方式正在推开。1997年底，中国一级渔港已建成和在建项目共41个，其中“八五”期间21个，“九五”期间20个，1997年新开工项目7个。

【渔政管理和资源保护体系建设】 渔政管理和资源保护体系的建设，在有效控制捕捞强度、防止渔业资源严重衰退、保证水域环境质量和保护大批濒危水生野生动物方面发挥了重要作用，一定程度上促进了中国渔业健康、稳定和可持续发展。近几年，国际渔业形势发生了急剧变化。中国1994年批准并成为《联合国海洋法公约》缔约国，并与日本、韩国、越南等周边国家展开了关于签订渔业协定的谈判。1997年11月，《中日渔业协定》确定了两国的管辖海域，并在海域划界的重叠区设立“暂定措施水域”，由双方共同管理。中韩渔业协定谈判也在黄海重叠区实行共同管理达成了共识。

在新形势下，中国渔业管理部门的职能变得更为复杂。在部分海域，渔政船需要担负执法巡逻任务，以维护国家主权和海洋权益，这对中国渔政队伍的素质和渔政管理体系建设提出了更高的要求。

【渔船检验工作】 中国是渔业生产大国，渔船数量庞大，渔船检验任务十分繁重。渔船检验就是通过对渔船和船用重要设备的监督检验，使渔船具备安全航行和作业条件，保障渔船和渔民生命财产安全。根据统一规划、分级管理的原则，各地相继设立了渔船检验机构。截止1996年底，沿海建立各省、自治区、直辖市渔船检验机构14个，重点渔港渔船检验机构49个，县级渔船检验机构263个；专兼职渔船检验人员1 300多人。各级渔船检验部门针对渔区生产管理体制变化和近海渔业资源衰退等情况，主动检验，提高了渔船受检率和检验质量。随着远洋渔业和外向型渔业的发展，各地渔船检验部门及时为远洋渔船和出国渔船办理检验手续，1996年检验远洋渔船1 346艘，有效地保证了渔船的顺利出航。

【渔业电信】 改革开放20年，全国渔业电信事业取得了迅猛发展，渔业电信为渔业安全生产、渔业资源管理、发展外海和远洋渔业起到了保障作用，为渔业经济的发展起到了积极的推动作用。到1998年全国渔业无线电通信设备已达25万多台，导航定位设备8万多台，分别是1978年40倍和160倍，名种渔业无线电通信网络已发展到2 000多个，无线电通信已广泛应用于生产指挥、安全保障、渔业管理、信息交流、科研考察等各个方面，为渔业生产提供渔情信息、气象预报、抢险救灾、鱼货销售、后勤补给、伤病救治等信息服务。通信技术也由过去单一的双边带莫尔斯电报发展为单边带无线电话、调频无线电话、卫星通信、数字通信、无线传真等并存的通信体制，雷达和全球卫星定位系统(GPS)等先进的导航定位设备已广泛装备于海洋渔船。1995年11月，国家无线电管理委员会对农业部渔业无线管理机构进行了授权，由此，渔业电信部门进入了自己行业管理的新时期，开展了核发渔船电台执照、收取无线电管理费及其他无线电管理工作。从1996年开始，在中国沿海建设"近海渔业安全救助通信网"，已在全国沿海建成了121座安全网岸站。研制开发了利用短波单边带通信和卫星通信的船位监控系统，已开始应用于全国渔政船指挥调度系统中。

（农业部渔业局）

渔业科技成果

Achievement in Fishery Science and Technology

【渤海渔业增养殖技术研究】 渤海渔业增养殖技术研究由以下4个方面的内容组成。

1. 渤海增殖生态基础调查研究。完成了渤海生态系统重要环节多学科的综合调查任务，取得了全面、系统的资料。研究了渤海物理、化学、初级生产力、浮游生物、鱼卵仔鱼、营养结构、渔业资源结构、种群替代、敌害生物等方面的基本特征及30多年来的动态变化，在此基础上综合评价了渤海的开发潜力。

2. 海珍品与藻类综合养殖技术。研究了海珍品之间、海珍品与藻类之间在时空分布、食性、代谢产物等方面的互补性。选择适宜的品种进行合理搭配，采用套养、轮养等综合措施，充分利用养殖水域的生产潜力，增加单位水体养殖产量。同时，由于一部分养殖生物的代谢产物被另一部分养殖生物所利用，从而减少了养殖的自身污染。设计、制作了皱纹盘鲍、藻类增养殖礁，在礁体上增殖海带，在礁体内放养皱纹盘鲍，减少了投入，缩短了养殖周期。

3. 渤海对虾放流技术研究。确立了有效、可行的种苗放流回捕率的估算方法，通过调查和试验确立了种苗放流的最佳规格和海区，提出直接放流体长大于10mm的种苗是可行的，这可大大降低种苗放流的成本费用。对亲体与补充量动态研究结果表明，亲体数量短缺对渤海对虾补充量有决定性影响，渤海沿岸生态环境的变化，特别是纳水和养虾业的发展对补充量也有重要影响。

4. 渤海主要经济鱼类、海蜇放流增殖技术的研究。改进了原有的育苗技术，通过亲体选育，强化饵料等措施，提高了苗种生产水平。培育梭鱼30mm放流苗种的成活率由30%提高到80%，真鲷由30%提高到62.5%，初步实现了放流苗种的规模化生产。通过挂标志牌，同时放流不同色型个体以及提早育苗、提早放流产生的放流群体回捕率达到0.08%，真鲷达到0.68%，海蜇达到1.02%～3.32%，牙鲆网箱养殖试验水面40～50m²，产量达到6～8kg/m²，养殖成活率达到70%～80%。

该项目获得了1996年农业部科技进步一等奖。

【沿海养殖水域温盐信息处理系统】 该系统(TSIPS)是一套为养殖渔业的需要而建立的关于温盐信息资料处理的微机应用软件，主要由四个部分组成：概念信息集、时间序列信息集、养殖种类适温盐信息集、温盐函数信息集。信息内容以养殖水域的温盐度为主，包括与养殖环境有关的其他信息。这些信息数据均来自国内权威单位、公开出版物或本单位积累的第一手观测资料。针对养殖生产管理和科研的需要，该系统建立了系统的信息管理和技术处理功能，包括信息更新系统、咨询系统、深加工技术处理系统、信息运行管理系统等。TSIPS在国内外专业性的信息系统中尚属首创。

该项目获1996年农业部科技进步二等奖。

【白令海和鄂霍次克海狭鳕渔业信息网络和资源评估调查】 该研究成果主要有：(1)对白令海和鄂霍次克海狭鳕资源分布规律、渔场海洋学特征、渔业生物学特征和资源波动规律等进行了较为全面、系统的研究，正确地预测了狭鳕资源变化趋势，该项研究填补了中国北太平洋狭鳕渔业资源研究的空白；(2)对白令海阿留申海盆区和鄂霍次克海公海狭鳕资源数量进行了声学评估，调查覆盖面积达76万km^2，首次在阿留申海盆区东北部发现当年生幼鱼密集分面区，为维护捕鱼国特别是中国的权益提供了有利的科学证据；(3)首次为中国远洋渔业建立了捕捞船—渔业公司—研究所—政府主管部门和国际合作国间的计算机捕捞信息网络和统计制度，并与国际接轨，及时将国内外生产船的捕捞信息和狭鳕资源信息汇总，反馈至生产部门、政府主管部门以及国际合作国，为提高中国渔船经济效益和国内国际渔业管理水平提供了科学依据。

该研究成果不仅及时为中国狭鳕渔业生产提供了渔情信息资料，为维护中国及非沿岸国家在白令海公海和鄂霍次克海公海捕鱼提供了重要科学依据，为维护中国的重大渔业利益和积极参与国际海洋生物资源的利用和管理发挥了重要作用。

该项目获1996年农业部科技进步二等奖。

【"南海贻贝观察"体系的研究】 1.研究、论证和建立了"南海贻贝观察"体系。从生物体与环境介质中污染物的相互关系、生物学有效性差异等方面论证和选择近江牡蛎等作为监测生物；从源强效应、季节效应和采样方法学效应等方面论证和设立采样方法和参数；分析污染源的组成、强度和分布，确定了优先污染物；采用中国规范的分析检测方法并发展和建立了部分新方法；论证和建立了"南海贻贝观察"体系的评价标准，为中国海洋生物污染评价和质量控制提供了有效手段；收集、整理和储存了国内外有关资料，使"南海贻贝观察"体系有连续性、系统性和可比性。

2.监测、研究和阐明南海北部沿海15种(类)污染物的时空分布特点和变化趋势。对南海北部沿海3种有机氯化物、8种痕量元素、总石油烃、放射性物质和微核细胞率的时空分布进行了4年监测和研究，论述和阐明其与污染强度变化的关系，分析和预测了变化趋势，深圳湾、香洲湾和唐家湾等水域是污染重点水域。有针对性地提出了污染防控措施和治理对策。

该项目获1996年农业部科技进步二等奖。

【南海海上油气田开发工程对周围海域渔业资源影响的评价与研究】 该成果主要内容有：(1)调查和论述了南海北部XJ30－2、LF22－1、YC13－1油气田开发区周围渔业资源和渔业生产的现状、功能和地位，从渔业人群、渔具渔法、海洋捕捞和海水养殖等四个方面论述了油气田开发区周围渔业生产的重要产业地位和良好开发前景；(2)采用工程分析和污染源分析的方法，重点阐述了含油废水、钻井泥浆和钻屑、事故性溢油等三类主要影响因子对海洋生物的毒性毒理效应；(3)采用数值模拟结果、相关资料综合分析和类比评价相结合的模式，评价不同海况条件下油气田正常排污和事故性排污对渔业资源影响的范围和程度；(4)从油气田环保设施、污染物的排放控制与管理、溢油事故防范等三个关键环节提出了强化渔业环境和渔业资源的保护对策与措施，反馈工程建设单位优化工程方案，取得了良好的环境、社会和经济效益。

该研究所建立的影响评价方法与模式，使中国海洋油气田开发工程对海洋渔业资源影响的评价由定性描述推进到半定量或定量的程度，是一次创新与突破，达到国际同类研究的先进水平。这一评价方法和模式已在南海近10个海上油气田开发工程环境影响评价中应用，并已在东海、渤海油气田开发工程影响评价中推广应用。

该项目获1996年农业部科技进步二等奖。

【具有简易电子海图的渔用GPS导航仪】 GPS全球卫星导航仪是高新技术产品，是渔船上必备的助渔导航装备。它利用美国发射的24颗通讯定位卫星进行全天候24小时的导航定位。该产品在研制过程中始终跟踪国际先进水准，吸收国际先进技术，结合中国渔业的特点，采用了大屏幕汉字显示，并具有简易的渔业电子海图、港口、灯标、渔区等标识，与国际同类产品相比，其性能、指标已达国际先进和国内领先水平。现已完成中试，累计生产、销售了近千台，已获国家科委支持200万元科技成果转化周转金，使该项成果开始进入产业化规模生产，为中国助渔导航仪的升级换代提供了先进实用的国产化产品。

该项目获1997年农业部科技进步一等奖。

【北太平洋柔鱼资源开发和捕捞技术及其装备研究】 该项目研究与开发相结合，应用国外基础资料和现场勘查及探捕，主攻渔具渔法、解决鱿钓船的适应作业和扩大生产，努力提高渔获物质量鲜度，使中国远洋渔业的北太柔鱼钓在短期内推广形成产业化，取得好的经济效益，仅1995年5个公司244艘钓船生产7.2万t鱿鱼，新增产值6.58亿元，实现利税1.72亿元。

该项目获1997年农业部科技进步二等奖。

【双船底拖网渔具性能及其优化设计】 该项目经过系统模型试验和海上生产试验，对中国沿海双船底拖网的结构参数的作用及最佳范围进行了全面深入的研究，从理论和实践的结合上，制定出主要结构参数，既有量化概念，又符合生产实际，是目前该领域最系统、最全面的研究。在辽宁、江苏、浙江等省渔船海上生产证明，优化设计的大网目拖网渔具不但提高了渔获物的产量和质量，还具降低能耗、降低幼鱼比例等优点，效益良好。整个研究达国内领先、国际先进水平。

该项目获1997年农业部科技进步二等奖。

【对虾细菌性疾病及几种常见病的防治技术研究】 该项目分离鉴定了能引起对虾败血病和黑鳃病的细菌12种，其中4种为国内首次报道。国内首次研究了病原胞外产物对对虾的致病机理，排除了细菌等生物病原为白斑病直接病原的可能性。摸清了对虾败血病、黑鳃病、白斑病、黑斑病和软壳病与水中有机物浓度、温度、底质以及营养之间的关系。开发了"免疫荧光抗体染色诊断技术"。研制的5种药物防治软壳病有效率可达70%。

该项目获1997年农业部科技进步二等奖。

【大型石油化工综合开发工程对大亚湾渔业环境和资源影响的预测研究】 该项目采用的现状分析、数值模拟、监测验证和相关资料类比评估相结合的评价方法与模式，是工程建设对渔业生态环境和渔业资源影响评价方面的创新。对石化厂废水、溢油、特大型爆破、航道挖掘等主要影响因子的影响途径、方式和影响程度进行了定量化的评估。研究具有开拓意义、实用和学术价值，达国际水平。

该项目获1997年农业部科技进步二等奖。

【《中国海洋渔业生物学研究》】 该项研究以中国近40年来海洋渔业资源调查为基础，从方法论的角度对中国陆架水域13种主要经济种群渔业生物学问题进行了全面的研究和系统的总结，包括对各个种群自身规律的研究；对各个种群涉及到的渔业问题的研究；对研究理论、方法和技术的评价研究。研究中，既使用了传统的生物学调查和生物学统计方法，也采用了现代的数学模型、产量方程、声学资源评估和计算机技术等。其研究结果不仅系统地提示了中国陆架水域主要经济种群的自然特征、变化规律和渔业特点，也从理论和应用两个方面形成了完整的中国渔业生物学学科研究体系。该项成果以专著的形式出现，其研究材料丰富，内容翔实、时间序列长，是40年来中国海洋渔业生物研究的结晶，填补了中国渔业生物学学科空白。

该项目获1997年农业部科技进步二等奖。

【《中国经济海藻超微结构研究》】 该书以中国主要栽培的具经济价值或代表性的海藻为对象，应用生物技术的电子显微镜技术，对这些藻类的细胞结构、细胞器及其生长发育过程，进行广泛深入研究，是国内外第一部系统研究经济海藻超微结构的科学专著。其研究内容及成果有以下两个特点：一是研究对象的广泛性，既有国内在养殖生产上有较大经济价值的藻类，也有在中国地理分布上具有代表性或有开发利用价值的种类共14属21种；二是研究内容的系统性，从单细胞、原生质体至无性繁殖的几类孢子，既有营养细胞的结构状况，又有生殖细胞的结构状况，还有在原生质体分离和组织培养过程中这些细胞结构的变化状况，都作了观察研究并摄制电镜照片。

该书是国内藻类学研究最为系统、深入的研究总结，所用的许多质量高、内容新的电镜照片是国内外尚未见过的，照片显示的内容许多属于首次发现，总体研究成果具有国际先进水平。

该项目获1997年农业部科技进步二等奖。

* 海洋渔业一部分资料引自《农业年鉴》。

海洋油气业
Marine Oil and Gas Industry

海洋石油地球物理勘探
Marine Petroleum Geophysical Exploration

【综述】 1996～1997 年是海洋地球物理勘探发展最快的两年;中国海洋石油总公司实行了地球物理勘探作业公开招标,强调公平竞争,不保护落后。通过招标竞争,引进了国外先进的多源多缆地震船,提高了作业效率,降低了单位成本;而且也促进了国内承包公司管理水平的提高和技术的发展。同时,强调了"地震先行"的原则,投入大量资金,力争补足历年地震工作量的欠账,两年间共完成地震勘探工作量 36.5 万 km,约占历年工作量总和的 30%。其特点是三维地震工作量显著增加,两年共完成三维地震工作量 32 万 km,是此前历年三维地震工作量总和(12.5 万 km)的 256%。三维地震覆盖面积达 8 000 多平方千米。

海洋地球物理勘探实用技术得到高速发展。在地震采集技术方面,发展了大面积三维地震采集技术,如 BH512 等地震船,已具备年采集 1 000km² 以上三维地震资料的能力。两年来,中国海洋石油总公司已分别在渤海湾盆地、珠江口盆地、琼东南盆地的油气勘探有利构造带完成多块单个面积在 1 000km² 左右的三维地震,取得了较好的地质效果,并为以后的钻探提供了可靠的基础资料。同时,进一步发展高分辨率地震勘探技术,中浅层高分辨率地震勘探技术更趋成熟;开始研究中深层高分辨地震勘探技术,并取得一定进展。该研究课题已列入国家"863"高科技海洋领域重大项目。在地震资料处理技术方面,重点发展、应用叠前深度偏移技术,成功地应用该项技术解决了因浅层气造成的构造歪曲变形的问题,探明了 LD22－1 气田。测井约束反演、储层预测等处理技术也得到发展。地震资料常规处理的水平也不断提高。

中国海洋石油总公司执行的"金轨工程",分期分批引进大量的计算机工作站,逐步形成强大的地震解释、地质研究的计算机辅助系统,发展了一套综合研究技术,包括:勘探数据库、地震解释、地震资料特殊处理、测井资料解释性处理、油藏描述、地质分析、绘图等及其综合应用。提高了油气勘探目标综合评价的水平。

【大面积三维地震】 由于能解决空间归位的问题,更重要的是能提供更丰富的地质信息,所以三维地震一直是地震勘探方法中最有效的方法之一。多源多缆地震船问世后,使大面积的勘探三维地震成为现实。多源多缆地震船解决了几个关键技术问题:(1)电缆控制,使用自动扫描技术,使船拖拽的电缆能偏离 250m 以上。(2)电缆定位技术,应用了 GPS 全球定位技术,每条电缆的尾标上都有一个卫星接收器,确定电缆尾部的精确位置;船尾配备有激光测距仪,确定电缆头部位置。同时还有水下声波定位系统,以确定各段电缆的相对位置。(3)综合控制系统,全面协调震源、电缆、导航、记录系统的工作和相互配合。(4)实时质量控制系统。(5)大规模的现场处理计算机及处理软件。(6)实用的设备(特别是电缆)现场维护系统以保证较高的设备完好率。多源多缆地震船施工效率极高,一条 16 条缆的地震船一天可完成 3 000 多千米的地震测线。500～1 000km² 的三维地震,其采集、处理、解释的周期可缩短到 6～8 个月。三维地震的单位成本也大大降低。这些技术进步使得大面积的三维地震得以实现。

中国海洋大面积三维地震始于 1996 年,首先是 CACT 作业集团在珠江口盆地惠州油田区采集了 600 多平方千米的三维地震;紧接着海洋石油总公司在珠三坳陷文昌 9 和文昌 8 构造带设计了 1 000 多平方千米的三维地震分两年采集完成,美国的阿科公司和雪佛龙公司联合在琼东南盆地崖城 26－1、崖城 21－1 构造带完成联片三维地震 1 400km²。从此以后,除个别新区或高分辨率的地震外,海上地震勘探以三维地震为主,地震勘探进入了勘探三维的阶段。

【海底电缆地震采集技术】 海底电缆地震采集技术是 90 年代发展起来的,其目的是为了解决浅水或障碍物较多,如平台密集的油气田开发区,拖缆地震难以施工的海域的地震采集问题。同时海底电缆技术也是海上多波地震、海上四维地震必须具备的基本技术。中国海洋石油总公司现已成立了海底电缆地震队,以解决渤海湾盆地浅水区的地震施工问题。

海底电缆地震采集要解决的几个关键技术是:(1)电缆的密封,特别是检波器等插接件的密封问题,目前国内尚在研究,现使用的设备靠进口解决。(2)海面虚反射(鬼波)的影响，采用了速度检波器和加速度检波器两种换能器同时接收地震信号，这两种换能器同时接收到反射波，但两者的极性正好相反，经室内适当处理，就可消除鬼波的影响。(3)海底电缆水下定位技术，采用水下声波定位，电缆上装置应答器，在活动炮船上不停地发射和接收声波，而炮船的位置则由 GDPS 来确定，经计算机处理后即可得到每段海底电缆的位置。另外还需配置动力定位的记录船等一套海上设备。

【海上中深层高分辨率地震】 中国海洋石油总公司自 1994 年试验高分辨率地震以来，中浅层(1.5 秒以浅)的地震分辨率已大大提高，为海上油气勘探做出了贡献，现在高分辨率地震正在向中深层发展，“海上中深层高分辨率地震勘探技术”已列入国家 863 高科技计划海洋领域重大项目。高分辨率地震需要有较高的地震波频率，拓宽地震波的频带是提高分辨率的关键，这需要研制既有较宽的频带，又有较强能量的地震震源。海洋石油总公司已研制出这样的震源，正投入试生产中。中浅层高分辨率地震技术的应用更趋成熟，应用高分辨率地震发现了莺歌海盆地乐东 22－1 气田。由于浅层气对地震速度的影响，乐东 22－1 构造被歪曲变形。但在高分辨率地震剖面上有明显的亮点和平点，是典型的含气特征；在构造不清的情况下，根据高分辨率地震的含气特征，钻了第一口井，发现了气田。

【叠前深度(时间)偏移技术】 中国海洋石油总公司引进了叠前深度偏移处理软件。并开发、应用这一技术，解决了莺歌海盆地泥底辟构造带的构造形态问题。

叠前深度偏移技术的关键是建立速度模型，在人工提供初始速度模型后，通过层析技术，逐层地把速度变化情况搞清楚，建立工区的速度场，以实现正确的深度偏移。

乐东 22－1 气田是一个多产层的气田，由于浅层气及气浸，形成浅层不规则的低速带，所以在时间剖面上根本看不到构造圈闭。应用高分辨率地震的亮点和平点发现天然气后，又利用叠前深度偏移技术，消除了浅层低速带的影响，恢复了构造的真实面貌，从而探明了气田。

应用叠前深度偏移技术，还探明了 DF1－1、LD22－1等中深层的构造共 9 个，为莺歌海盆地天然气勘探提供了较好的基础资料。在断裂系统特别复杂、叠前深度偏移难度太大的地区，也可以做技术难度相对简单一些的叠前时间偏移。北部湾盆地涠洲 12－1 油田，由于断块复杂，做了三维地震后还不能准确地描绘出其构造情况，钻开发井后，又出现许多原来未探明的新的油层。做了叠前时间偏移后，地震资料质量提高明显，断层断块反映清楚，不仅搞清了原油田内的地质情况，还在油田北部发现新的圈闭。

【测井约束反演技术】 地震勘探的分辨率是有限的，一般能分辨的地层厚度在 10～30m 之间不等，高分辨率地震对中浅层的分辨率也只能达到 5m 左右。但测井资料的分辨率则可达到几十厘米。如能将测井资料的分辨率引进到地震资料中，则可大大提高地震资料的分辨率，于是发展了测井约束反演、测井约束地震道拟合等技术。

中国海洋石油总公司应用测井约束反演技术，研究渤海湾盆地古潜山及其上覆底砾岩油藏，初步见到了成效。首先在详细解释地震剖面、分析沉积结构及构造变化的基础上，提供一个地质模型，然后用测井资料详细标定，找出测井资料与地震道的关系，然后将地震道反演成波阻抗道，并逐渐由井点向面上推广，以至反演出整条波阻抗剖面。其中，关键技术是建立地质模型。应用迭代反演、反复修改模型的方法，对 CFD18－1—CFD18－2 过井地震测线作了反演，其结果比较精细地反映了低速的、孔隙度较高的底砾岩的分布情况及其厚度的变化，为油气田的评价提供了依据。

【地震资料处理技术的发展】 随着计算机技术的发展，地震资料处理技术水平迅速提高，中国海洋石油总公司所属的两家专业地震资料处理公司均已装配了 8 个 CPU 以上的并行计算机，具备了处理 2 000km 以上整块三维地震资料的能力。

随着计算能力的增强，一些高技术的处理手段如 τ—P 域去多次波技术，已作为常规流程应用于实际生产。同时常规批量作业式的处理，已发展成为人机交互式的处理，这使得地震资料处理质量得到很大的提高。

【“金轨工程”】 中国海洋石油总公司十分重视地震解释工作，执行了“金轨工程”——分期分批地装备大量的计算机工作站用于地震解释和地质研究。“金轨工程”有以下特点：(1)硬件软件成批量地装配，形成强大的实际生产能力。所属的主要研究单位，配置的工作站都在 20～40 台套之间；(2)注重人才的培养。在引进软、硬件设备的同时，对人员进行轮番培训，现绝大部分物探人员都能与计算机一起工作；(3)多种技术配套成龙，从数据库—地震解释—测井资料处理解释—油藏描述—地质研究—开发方案的数值模拟等技术配套成龙，形成完整的流水作业线。

【油藏描述、储层预测技术】 油藏描述或储层预测技术，是用地震资料的多种信息，在有井标定的情况下，推断、估算储集层的展布、厚度及物性（主要孔隙度）的变化的技术，是油气勘探，特别是油气田评价中的重要技术手段。在测井资料标定的情况下，确定储层反射或波阻抗的特征，是亮点还是平点，利用三维资料沿层切片技术，可以很容易地圈出储层展布情况，对一些岩性油气藏，对沉积相分析这一技术是极有用的。如渤海湾盆地QHD32－6油田，应用沿层切片技术，很清楚地显示了砂岩分布呈现曲流河道的外形，证实分流河道沉积相的地质分析。在波阻抗剖面上，可以直接量出储层厚度，当储层厚度小于调谐厚度时，则利用反射波振幅与厚度的关系，估算出储层厚度。在有井标定的情况下，利用振幅与孔隙度的关系，或波阻抗与孔隙度的关系，或直接用神经网络技术，都可得到储层孔隙度平面变化的情况。

近两年来，中国海洋石油总公司成功地完成了DF1－1、LD22－1、QHD32－6等大油气田的油藏描述，配合钻评价井，探明了这些油气田的地质储量。

（何汉漪）

海洋油气勘探
Offshore Oil and Gas Exploration

【综述】 在国家对能源需求和油公司发展计划指导下，这两年海洋油气业有了很大的发展。

1996年是实施“九五”规划的第一年，海洋石油总公司在“油气并举，向气倾斜”的勘探战略方针指导下，莺歌海盆地和渤中地区油气勘探有重大发现，东海盆地也突破了第三系的出油关。

1997年是中国海洋石油总公司党组提出实现“三个1 000万t”奋斗目标的第一年，在环渤中凹陷地区、珠三坳陷和东海盆地南区，都有重要的油气发现，为实现该目标开了好头，打下了基础。

1996～1997年海上共完成地震采集36万km（其中三维地震采集32万km），钻探井、评价井84口，发现了22个含油气构造，发现石油地质储量2.76亿t，天然气地质储量786亿m^3。有19个油气田在生产，两年中共产出石油3 128万t，天然气67亿m^3。

主要油气发现与地质认识如下：

1.扩大了莺歌海盆地找气领域。莺歌海原中央泥底辟带，通过钻井和地震迭前深度偏移处理，于LD22－1构造获400多亿立方米天然气地质储量外，还认识到原泥底辟，很可能是一个由地下热流形成的热流底辟，并且CO_2含量低；同时在DF1－1构造中层勘探中，也获得低含量的CO_2；在1号断裂带的LD1－1构造也见到天然气流。这些都进一步扩大了莺歌海盆地找气的勘探领域。

2.环渤中凹陷地区是寻找大、中型油气田的有利地区。渤中QHD32－6含油构造，经评价井钻探证实，其石油地质储量达2亿t的基础上，相继在其西侧发现了NB35－2大型含油构造；南侧渤南低凸起上的BZ26－2和22－2构造，也发现了油气；东侧渤东地区的庙西凸起的PL14－3构造也见油气，于是从东、南、西三面，形成了环渤中凹陷油气聚集的大好局面。

3.珠三坳陷可望成为新的油气开发区。在深入进行石油系统研究基础上，于文昌A凹的WC9－1构造获得凝析油；于A、B凹之间的琼海低凸起东端，在WC13－1和13－2构造上，获得日产900～2 000t的高产油流。这样，可望在珠江口盆地惠州、西江两个油田之后，又出现一个新的文昌油田。

4.东海盆地台北坳陷油气获重大突破。四轮招标后，外国公司在东海盆地南部连续钻了13口干井，经过中方分析，认识到应在凹陷中近油源处，钻探新的构造类型。经过中外双方多次讨论，由德士古公司钻探WZ26－1构造获得油气发现；中方进一步研究下第三系生油层后，建议英国超准公司在生油凹陷附近，钻探LS36－1构造，终于获得日产28万m^3气的突破，这是最后一口合作探井的重大发现。其后为证实地质认识，中方于北侧自营钻探的WZ13－1－1井也见到油气显示，从而展示了台北坳陷的含油气前景。

（赖万忠）

【渤海海域油气勘探概述】 由于1996年渤中地区QHD32－6构造高产油流的发现，反映出在渤海这个油气勘探相对较高的地区，仍有很大的资源潜力，由此再次掀起了勘探高潮。

两年中，勘探工作量很大，如地震采集达11万km（其中65％为外国石油公司采集，它们大部分在辽东湾），占全海域地震总采集量的1/3，在11万km中有97％为三维地震资料；钻探井、评价井38口，也接近全海域钻井总数的一半，其成功率达到76.3％。本阶段特点如下：

1.1997年7月，海洋石油总公司在渤海石油公司召开了“海上石油勘探开发战略研讨会”，确定了海上近期找油的主攻方向，会议明确了渤海要在2005年建成年产1 000万t的石油生产能力。

2.1996年辽东湾东侧海区对外开放，2月海洋石油总公司分别与美国埃索和雪佛龙公司签订了面积达7 880km^2的石油合同，并立即开始了地震采集与研究工作。

3.在深入进行渤中凹陷研究基础上，环渤中地区的油气勘探见到成效：在南侧的BZ19－2、22－2、26－2，CFD18－1、18－2构造，西侧的BZ3－1、13－1和NB35－2构造纷纷见到油气。

4.PL14－3－1井见油气，开辟了渤东地区油气勘探新领域。

【完成QHD32－6油田评价工作】 该油田发现于1995年，是继辽东湾SZ36－1油田之后，在渤海中部海域发现的又一个储量上亿吨的海上大型油田。值得注意的是在中方发现前，已有三家外国公司在此区工作过10年之久，终因无大的发现而退出。中方接手后，进行了深入的地球物理综合研究，终于发现了该油田。

考虑到这是一个被断层复杂化的，受岩性、构造双重因素控制的，多油水系统油田，故采取了认真的多种技术方法进行油藏评价：钻评价井11口，详细了解地质情况；取全了油层段完整的岩心剖面；使用了高分辨率三维地震资料，进行构造解释和油藏描述；进行了广泛的储量咨询性评价工作。

该油田由上第三系明化镇和馆陶组多个油藏组成，其中明下段为主要含油层组，其储量占到80%以上。油田总储量在2亿t以上。

【NB35－2油田评价工作】 NB35－2构造位于渤中石臼坨凸起上，东距QHD32－6油田24km，其构造类型、含油层位等均与QHD32－6极为相似。为扩展QHD32－6成果，向其西侧追踪，于1996年钻NB35－2－1井，在明化镇和馆陶组地层中，获日产19～39m^{3}原油。1997年在见油井之西侧钻另一口预探井，也见到少量油气，初步明确为一油藏。

为落实该油藏的各项地质参数，以便确定储量和产能，又在南、北两侧钻了两口评价井，但均告失利。究其原因，一是由于对此大型披覆断鼻构造未做深入细致的构造分析，致使圈闭不落实；二是南侧主断裂的侧封性分析不细，造成了油气散失，在4井取出的岩心中，仅见到油浸砂岩就是证明。

【环渤中地区多个构造发现油气】 两年来围绕渤中凹陷在其西、南部分开展钻探工作，下列各构造均获得油气：

1.BZ26－2构造：位于渤南低凸起西端，是一个断层上升盘的潜山披覆构造。BZ26－2－1井于馆陶组、东营组和太古界混合花岗岩中获高产油气流，累计最高日产油275m^3，天然气42万m^3。这是一个多含油层系的复式油气藏，预计其地质储量在1 000万t以上。这一发现揭示了渤中凹陷具有丰富的油气资源。

2.BZ22－2构造：位于渤中凹陷南部渤南低凸起北侧，为斜坡上的半背斜构造，属菲利普斯公司(PHILLIPS)11/05合同区。BZ22－2－1井在上第三系馆陶组、下第三系东营组、沙河街组地层见到油气显示，裸眼测试从中生界－沙河街组地层获油气流，用19mm油嘴测试日产油20m^3，天然气19万m^3，证实了渤中凹陷有丰富的油气资源。

3.CFD18－2构造：位于渤中凹陷西侧，属沙垒田凸起东南裙边带上，是一个古潜山断背斜构造。1995年底完钻的CFD18－2E－1井，测试时从太古界混合花岗岩中获得高产油气流后，1996年又钻了一口评价井(为两个侧钻井底，即2D井、2DS井)，出现了复杂情况：2D井钻遇了CFD18－2－1井出油的沙二段砂砾岩，但不能自喷(可能位于气油界面以下)；2DS井之花岗岩中，日产油46m^3，天然气12万m^3。如此，气油界面的确定为构造评价的主要因素。

在此构造之东，钻探的BZ13－1－1井基岩测试不理想，为储层物性致密所致。

4.CFD2－1构造：位于渤中凹陷西侧，沙垒田凸起西北侧，在科麦奇公司(KERR－MCGEE)的04/36合同区块内，是一个潜山构造。沙河街组地层直接覆盖在奥陶系灰岩上，测试中获得日产近千吨的高产油流。外国公司于1997年钻探了三口评价井，其中3井落空，2、4井获得油气流。

5.BZ3－1构造：位于渤中凹陷西北侧，石臼坨凸起南面的一个潜山构造，西北距QHD32－6油田不远。BZ3－1－1井明下段和东营组经测试，平均日产油73～90m^3，天然气0.2万～1.2万m^3。

6.BZ19－2构造：位于渤中凹陷南部，在德士古公司(TEXACO)的11/19合同区西北角内。BZ19－2－1井在钻井过程中见到油气显示，中途测井解释有油层，经测试为油水同出或油水同层。说明其含油丰度低，但也证实了来自深部的油气，关键在于储层物性为成藏的主要影响因素。

7.CFD18－1构造：位于CFD18－2构造之西北，为同属沙垒田凸起东南裙边带上的古潜山构造。CFD18－1－1井录井有显示，取心见黄褐色原油，中途测试于太古界花岗岩中获日产油260m^3，天然气2.9万m^3。该构造的基底面比CFD18－2构造高近千米，后来对下部的层段进行测试，结果日产液量低，并且主要为水，没有油气。

为落实油气储量，钻探评价井CFD18－1－2D，该井录井见荧光显示，取心见油浸、油斑砂岩。经与邻井地层对比，确定其潜山面比1井低100m，后因故尚未测试。

【渤东地区油气勘探获重大突破】 1997年8月菲利普斯公司在渤海的11/05合作区块上，开钻了一口预探井PL14－3－1井，该井位于渤东庙西低凸起西南断层下降盘的PL14－3构造上。这个地区从未钻探过，该井首次在东营组获得高产油流，日产油 124m^3。这是一个重大突破，它开拓了渤海海域又一个新的有利勘探地区。

【**辽东湾签订两个对外合作石油合同**】 发现过上亿吨大油田，但又油气勘探相对沉寂多时的辽东湾，经国家批准可以对外招标。经过与外国油公司多次谈判，1996 年 7 月 30 日与美国埃索石油公司(ESSO)签订了辽东湾北部 02/16 区块的石油合同。该区块面积2 630 km^2，由外国公司承诺一定的勘探义务工作量。1997 年开始地震三维采集，到年底已完成 5 万多千米。

1996 年 8 月 31 日，又与美国雪佛龙公司(CHEXRON)签订了辽东湾南部 02/31 区块的石油合同。11 月该公司开始地震三维采集工作，到 1997 年年底已完成 2 万多千米的采集任务。

【**南黄海南部签订联合研究协议**】 1996 年 11 月赛墩公司(TRITON)与东海石油公司签订联合研究协议，确定在南黄海南部勿南沙隆起上的 24/10 区块进行 4 000km 地震资料的重新处理，然后再确定下步意向。该研究区面积 15 000km^2。

【**东海盆地油气勘探概述**】 该盆地在四轮招标后，连续钻探了 8 口空井，以后转入台北坳陷西带进行钻探。又在连续 13 口井落空后，于第 14 口探井 WZ26—1—1 井获得油气发现：钻井中见油气显示；取样获轻质油；电测解释有油气层，但未测试。这些至少证实了下第三系古新统具备烃源岩条件。

后经中外双方深入研究、总结，在“下凹陷、近油源、钻探下构造层”的地质认识指导下，连续在丽水凹陷西坡的 LS36—1 和 WZ13—1 构造见到油气，从而突破了丽水凹陷的出油关，又揭示了一个新的勘探领域。

【WZ26—1—1 **井钻获油气层**】 该井位于东海盆地南部的 33/19 区块，属德士古公司(TEXCO)的探井，为四轮招标的第 14 口探井，前 13 口均为空井。该井位于丽水凹陷东次洼的西南部，是在基底高断块背景上形成的一个半背斜构造。钻井中在 3 500m 以下见到近 500m 油气显示段；测井解释有油层 13 层 40m；重复地层测试(RFT)取样获得 300ml 轻质油和 0.048m^3(1.7 立方英尺)天然气，但未测试。这一结果初步证实了下古新统地层是一套好的烃源岩，钻探下构造层的勘探思路是正确的。

【LS36—1—1 **井获油气流**】 该井位于东海盆地 32/32 区块内，为超准公司(Primeline)1994 年 12 月与中方签订的石油合同。该井于 1997 年 7 月开钻，此构造位于丽水凹陷西次洼的西南部，是一个完整的背斜构造。在预计的重要目的层系古新统中，获得日产天然气 28 万 m^3，凝析油 18m^3。此井是丽水凹陷第一口油气产量井，是该区油气勘探工作的重大突破。

【WZ13—1—1 **井见油气显示**】 该井位于丽水西次洼西北部的斜坡上，是一口自营探井。西南距 LS36—1—1 井直线距离 30 多千米，为临近凹陷的第一排构造上，是一个晚白垩纪形成的继承性发育的断背斜构造。1997 年 10 月开钻后，钻至古新统录井见气测异常，槽面见气泡，也有荧光显示，在 3 700m 钻遇高压异常。测井解释有气层 7 层，已测试过的两层中，含 CO_2 高达 90%。1998 年将继续进行测试工作。

【**珠江口盆地油气勘探概述**】 该盆地是中国海洋石油总公司的主要对外合作区域，两年中共签订对外石油合同、物探协议、联合研究协议 9 个；钻探井、评价井 7 口，全部为外国公司所钻，探井成功率达 66%(一口正钻井除外)；地震采集共计 5.5 万 km，其中 85% 为外国公司所采集，且总数的 80% 为三维资料。

此阶段外国公司主要勘探活动是在珠一坳陷已开发油田附近，进行风险较小的勘探活动，以求扩大或弥补已开发油田的储量。

另外，也有两家外国公司，在珠一坳陷离已开发油田稍远的区块，进行新的油气勘探活动。如赛墩公司(TRITON)以惠州油田为中心，在其北部的 16/03 区块隔凹钻探 HZ13—2—1 井(此井正在钻探之中)。又在其北东部的 16/22 区块钻探 HZ23—2—1 井，但未获得油气发现；壳牌公司(CHELL)以西江油田为中心，在其北部的 15/23 区块钻探 XJ28—2—1 井，也未获得油气发现。上述探井失利的主要原因，在于对生油凹陷和储层的认识有待于深化。

【HZ26—1 **油田周围又有新的油气发现**】 HZ26—1 油田为 1991 年投产的合作开发老油田，目前采出程度已高达 35.9%，早已采出原方案制定的经济可采储量，尽管油田综合含水已达 60%，但仍能以 7% 的年采油速度，保持高速开采状况。

为了能使 HZ26—1 油田持续的开发下去，需要在已有采油设施附近寻找新的油气藏或油气层，以提高油田开发经济效益。1996 年 7 月在 16/08 区块作业的 CACT 集团(CHEVRON 雪佛龙、AGIP 阿及普、CNOOC 中国海洋石油总公司、TEXCO 德士古)在 HZ26—1 油田东南约 4km 处，钻 HZ32—5—1 井，这个背斜构造面积虽然只有几平方千米，但闭合幅度可达几十米。

HZ32－5－1井在珠江组上部钻遇新的浅层油藏，达7层63m，单井累计日产量达到1 100m³。此发现增加了该区找油的新领域，坚定了继续勘探的信心。

1997年9月在HZ26－1油田西北面7 000m处的HZ26－2小型背斜上（面积2.3km²，幅度70m），钻探井HZ26－2－1井，测井解释有油层100多米，测试最高日产量可达400多立方米，天然气近3万m³。为HZ26－1油田的高产、稳产提供了新的物质基础。

【珠三坳陷深入勘探效果明显】 该坳陷自中方接手后，加深了区域地质综合研究，尤以含油气系统的研究，明确了文昌A、B凹陷为成油、成气的两个主要凹陷，构成了两个含油气系统。这两年在各系统内部和两个系统双向供油气的琼海低凸起东南部分深入勘探，有了油气的发现。

【WC8－2构造勘探失利】 1995年WC8－3构造获高产油气流后，为扩大战果在其南侧断层上升盘，相距不到10km处，于1996年5月自营钻探WC8－2－1井，结果只见到油气显示，电测解释只有7m差油层。表明本区与断层有关的构造，其断层封闭性是形成油气藏的关键因素之一。

【WC19－1－6井评价成功】 1996年4月于WC19－1含油构造的北高点，钻探6号评价井，预期扩大韩江组及其以上的气储量，同时兼探珠江组含油情况。钻探结果在韩江组获日产气近8万m³，珠江组获日产油108m³，由此增加了北块的原油储量。

【WC9－1构造发现凝析油藏】 WC9－1构造位于珠三坳陷文昌A凹之南，也是在含气的WC9－2构造之南，为一断块构造。为扩大该区含气范围，于1996年7月钻探WC9－1－1井，在珠海组钻遇气层，日产气42万m³，石油170m³。

【WC13－1、13－2构造相继见油气】 在经过深入的含油气系统研究后，1997年7月，选择位于两个含油气系统交汇处——可能有双向供油气的部位——琼海低凸起东部倾没端上的WC13－1构造钻探井，该井录井见多层油斑、油浸、含油等直接油气显示，取心见含油砂岩，测试全井获日产2 000m³以上。11月钻探的WC13－1－2评价井，在其西南次高点上，测试日产油500多立方米，气5 000多立方米，证实了WC13－1构造两个高点都含油气。

9月在WC13－1构造西南4km处，钻探WC13－2构造，获日产近300m³的油和少量气。11月在其北块钻2号评价井，也见油气，仅比1井的含油规模小些。

该两个构造勘探成功，是珠三坳陷文昌13区勘探的重大成绩，对该区形成新的文昌油田，提供了丰富的物质基础。

【WC8－3评价失利】 WC8－3构造位于文昌A凹西南端，是琼海低凸起向凹陷的倾没延伸部位。1995年WC8－3－1井见高产油气流后，1997年又做了三维地震，认为该构造东块也有利，故钻探2号评价井，以期扩大含油范围。评价井失利的原因，在于1井所在的西块是一个滚动背斜，圈闭条件良好；而2井所在的东块是一个为断层切削的鼻状断块，再次证明了该区断层封闭性的重要性。

【琼东南盆地油气勘探概述】 此期间外国公司在此盆地共有5个合作区块：美国阿科公司（ARCO）3个（52/12、63/20、63/28）；美国雪佛龙公司（CHEVRON）2个（62/23、63/15）。这些区块主要进行地球物理采集和处理工作，外国公司总计采集地震资料近9万km。同时，中方自营采集长电缆地震资料近3 000km，其他二维地震资料2 000多千米。

在这些资料基础上，中外双方各自开展了深入的石油地质综合研究工作。

【莺歌海盆地油气勘探概述】 此阶段共采集地震资料1万km，钻探井、评价井21口，油气勘探范围从中央凹陷带扩展到莺东1号断裂带，并有所发现。

此期间共发现1个气田（LD22－1）和3个含气构造（LD28－1、DF29－1、LT1－1），并对DF1－1，LT1－1，LD8－1、22－1、28－1含油气构造进行了评价，从而落实了储量。更重要的是对莺歌海盆地中央凹陷带的中层，进行了含油气性的探索和研究。

【DF1－1气田浅层再评价新增储量】 1996年为了进一步分析该构造的储量潜力、边水活跃程度和CO_2的分布规律，在三维高分辨率地震资料重新解释基础上，于气田的南部、北部边缘，钻探了DF1－1－7、8、9三口评价井，新增储量近200亿m³，使整个气田的储量近1 000亿m³，成为海域里又一个大型气田。

【DF1－1中层勘探初见好苗头】 DF1－1构造莺二段上部1 300m以上见到气流后，在该组下部钻井中也见到气显示，所以引发了对中层气层的探索。1996年钻DF1－1－Z1井，除莺二段上部仍发现浅气层外，在莺二段下部地层见到好的气显示，1 900m以下测井解释差气层3层67m，测试获日产5 000多立方米的天然气，CO_2只含1.5%。此成果给以良好的启示，只要加强研究，中层获得天然气是很可能的。

【LD22－1气田实现当年发现，当年评价】LD22－1构造位于中央带东南端是一个背斜构造，其北东方向25km处就是LD15－1气田，东侧38km处为YC13－1大气田，位置十分有利。

1996年初钻探1号探井时，就曾获得优质高产气流，全井日产天然气达到122万m^3，且CO_2含量极低。为此开展了二维高分辨率采集和地震老资料迭前深度偏移处理，搞清了气田构造和储层分布后，到年底前连续钻探了5口评价井，基本探明天然气储量400多亿立方米，实现了当年发现，当年评价的高速勘探目的。

该构造在评价中，发现有三个地质特点：(1)发现了第四系地层中，390～600m的超浅气层；(2)低阻气层的电阻率很低，只有1.2欧姆米；(3)天然气甲烷含量高。

【LD28－1构造见天然气】 构造位于中央带最东南端，北距LD22－1气田25km，是一个背斜构造。1996年在构造高部位钻探LD28－1－1A井，在600～1200m气测显示好。由于钻遇高压层，使得主要目的层系的性质变差，加之测试不理想，未能获得天然气流。经过研究，认为1A井位置较低，遂钻探2号评价井，浅层气显示活跃，电测解释有20多米气层，测试获得日产40多万立方米天然气流。初步认为由于地震测线长度不够，加之构造幅度过低，影响了圈闭的落实，最终造成了勘探成果不理想。

【发现LD8－1含气构造】 LD8－1构造为中央带的一个背斜构造，早在1987年于构造东翼钻探莺2井，当时就见到气测异常和少量天然气。1993年底仍然在构造东翼钻1号探井，于上第三系莺黄组获得日产1万多立方米的气体(烃类气体占20%左右)。

经过分析，认为LD8－1具有构造面积大、含气层位多、多种储层发育等有利条件，于是钻探了2号井，它钻在构造西翼的高部位上，电测有气层，测试获得日产56万m^3的高产，初步认为是一个大型含气构造。随后钻的3号评价井其录井和测试均不理想。后来在构造高部位钻了5号评价井，日产气40多万立方米。目前钻后的评价工作正在进行之中。

【一号断裂带勘探突破出油关】 1996年初在莺东一号断裂带北段的LD1－1岩性圈闭钻探LD1－1－1井，于上第三系黄流组获得日产23万m^3天然气，其气层厚度只有3m。后来在加密二维高分辨率地震资料采集基础上，在其西北方向2km处，钻探了LD1－1－2评价井，未获得成功。分析其原因在于目前地震处理和解释方法，对薄层厚度的精确标定和油气检测尚待细化。

【北部湾盆地油气勘探概述】 近两年此盆地勘探工作量很少，自营勘探方面累计二维地震采集3 300km，1996年钻探井3口，1997年未钻井。在对外合作方面，1996年在乌石凹陷与美国凯恩公司(CAIRN)签订了23/10区块石油合同。1997年在迈城凹陷与美国圣太菲公司(SANTA FE)签订了23/28区块石油合同。1997年还与美国赛敦公司(TRITON)在雷洲半岛之东的雷东凹陷，签订了24/05区块的联合研究协定。

中国方面的油气勘探工作，主要围绕涠东地区的WZ12－1油田周围进行，以期形成以该油田为中心的、中小油田群体开发的系列。

【WZ12－1油田进行开发工程工作】 1995年底完钻的WZ12－1－4评价井，在1996年初进行测试，从涠洲组获日产原油近400m^3的高产油流后，随即进行了总体开发方案(ODP)设计，并于1996年底开始进行WZ12－1油田开发工程工作。规划将以此油田为中心，带动周围中、小油田群体的系统开发工作。

【发现WZ6－9含油构造】 该构造位于涠西南凹陷东部，是2号断层下降盘上的一个断块构造，东南方向距WZ12－1油田不到10km，预计其油藏类型、含油层位和油气性质应当与WZ12－1油田相似。1996年初钻探的WZ6－9－1井位于构造的北断块，涠二段测试日产原油最高93m^3，原油密度中等，但储层物性很差。后来在南块钻WZ6－9－2井，电测解释油层明显变薄，故未测试。

目前初步计算构造北块总储量可达700多万吨。

（赖万忠）

表1 中国海上油气探井成果表(1996～1997)

序号	盆地	区块	作业者	局部构造名称	井号	井别	井深(m)	完钻井深(m)	完钻日期	测试结果
1	渤海	自营	渤海石油公司	渤中13－1	BZ13－1－1	预	25.0	4 352.34	1997.3.9	油气流井
2	渤海	11/19	德士古	渤中19－2	BZ19－2－1	预	23.5	4 501.50	1997.9.24	油气流井
3	渤海	11/05	菲利普斯	渤中22－2	BZ22－2－1	预	26.1	4 348.50	1996.11.30	油气流井
4	渤海	自营	渤海石油公司	渤中26－2	BZ26－2－1	预	22.0	3 331.10	1996.5.15	油气流井
5	渤海	自营	渤海石油公司	渤中27－4	BZ27－4－2	预	22.3	4 000.00	1997.1.20	油气流井
6	渤海	11/19	德士古	渤中27－5	BZ27－5－1	预	20.3	4 136.00	1997.4.27	低产油气井
7	渤海	自营	渤海石油公司	渤中3－1	BZ3－1－1	预	24.8	3 438.57	1997.6.16	油气流井
8	渤海	自营	渤海石油公司	渤中3－1	BZ3－1－2	评	23.5	3 103.00	1997.11.19	低产油气流
9	渤海	11/05	PHILLIPS	渤中36－2	BZ36－2－1	预	20.95	2 588.00	1997.11.30	油气流井
10	渤海	自营	渤海石油公司	曹妃甸18－1	CFD18－1－1	预	24.75	2 869.40	1997.5.29	油气流井
11	渤海	自营	渤海石油公司	曹妃甸18－2	CFD18－2－2DS	评	24.4	3 976.00	1996.10.17	油气流井
12	渤海	04/36	科麦奇	曹妃甸2－1	CFD2－1－1	预	14.03	3 583.00	1996.5.6	油气流井
13	渤海	04/36	科麦奇	曹妃甸2－1	CFD2－1－2	评	12.05	4 000.00	1997.3.1	油气流井
14	渤海	04/36	科麦奇	曹妃甸2－1	CFD2－1－4	评	13.0	4 000.00	1997.11.16	油气流井
15	渤海	自营	渤海石油公司	南堡35－2	NB35－2－1	预	14.5	1 504.00	1996.6.10	油流井
16	渤海	自营	渤海石油公司	南堡35－2	NB35－2－2	预	12.6	1 750.00	1997.1.21	低产油气井
17	渤海	自营	渤海石油公司	南堡35－2	NB35－2－4	预	14.0	1 650.00	1997.5.28	未测试
18	渤海	11/05	PHILLIPS	蓬莱14－3	PL14－3－1	预	26.7	3 891.00	1997.9.17	油气流井
19	渤海	自营	渤海石油公司	秦皇岛32－6	QHD32－6－4	评	21.7	2 100.00	1996.4.28	油流井
20	渤海	自营	渤海石油公司	秦皇岛32－6	QHD32－6－6	评	19.5	1 630.00	1996.6.29	油流井
21	渤海	自营	渤海石油公司	秦皇岛32－6	QHD32－6－7	评	22.36	1 625.00	1996.7.10	油流井
22	渤海	自营	渤海石油公司	秦皇岛32－6	QHD32－6－8	评	19.6	1 650.00	1996.10.31	油流井
23	渤海	自营	渤海石油公司	秦皇岛32－6	QHD32－6－9	评	19.86	1 630.00	1996.10.4	未测试
24	渤海	自营	渤海石油公司	秦皇岛32－6	QHD32－6－10	评	21.3	1 960.00	1997.1.28	油流井
25	渤海	自营	渤海石油公司	秦皇岛32－6	QHD32－6－11	评	20.6	1 690.00	1996.9.26	油流井
26	渤海	自营	渤海石油公司	秦皇岛32－6	QHD32－6－12	评	22.0	1 685.00	1997.3.2	油流井
27	渤海	自营	渤海石油公司	秦皇岛32－6	QHD32－6－13	评	19.67	1 600.00	1996.9.11	未测试
28	渤海	自营	渤海石油公司	秦皇岛32－6	QHD32－6－14	评	20.6	1 940.00	1996.8.12	油流井
29	渤海	自营	渤海石油公司	歧口17－9	QK17－9－1	预	6.0	2 910.00	1996.6.26	油流井
30	东海	32/32	PNMELINE	丽水36－1	LS36－1－1	预	89.0	3 301.00	1997.9.21	气流井
31	东海	33/19	德士古	温州26－1	WZ26－1－1	探	90.0	4 099.00	1996.4.12	未测试
32	东海	25/31	麦克休斯	温州4－1	WZ4－1－1	探	83.0	2 844.00	1996.2.15	未测试
33	珠江口	16/08	CACT	惠州26－2	HZ26－2－1A	预	112.0	3 350.00	1997.9.14	油气流井
34	珠江口	16/08	CACT	惠州32－5	HZ32－5－1	预	112.6	2 730.00	1996.8.11	油流井
35	珠江口	16/08	CACT	惠州32－5	HZ32－5－2	评	114.2	3 241.00	1997.11.4	未测试
36	珠江口	16/08	CACT	惠州33－1	HZ33－1－3	评	117.0	2 628.00	1997.12.9	未测试
37	珠江口	自营	西部石油公司	文昌13－1	WC13－1－1	预	116.7	1 580.00	1997.7.30	油流井
38	珠江口	自营	西部石油公司	文昌13－1	WC13－1－2	评	117.0	1 603.00	1997.11.2	油流井
39	珠江口	自营	西部石油公司	文昌13－2	WC13－2－1	预	117.3	1 394.00	1997.9.21	油流井
40	珠江口	自营	西部石油公司	文昌13－2	WC13－2－2	预	117.88	1 453.00	1997.11.30	油气流井
41	珠江口	自营	西部石油公司	文昌19－1	WC19－1－6	评	123.0	2 430.00	1996.4.30	油气流井
42	珠江口	自营	西部石油公司	文昌9－1	WC9－1－1	预	119.0	4 025.00	1996.9.2	油气流井
43	莺歌海	自营	西部石油公司	东方1－1	DF1－1－7	评	67.0	1 580.00	1996.4.14	油气流井
44	莺歌海	自营	西部石油公司	东方1－1	DF1－1－8	评	69.4	1 580.00	1996.3.6	气流井
45	莺歌海	自营	西部石油公司	东方1－1	DF1－1－9	评	65.5	1 570.00	1996.6.15	气流井

续表

序号	盆地	区块	作业者	局部构造名称	井号	井别	井深(m)	完钻井深(m)	完钻日期	测试结果
46	莺歌海	自营	西部石油公司	东方1－1Z	DF1－1－Z1	评	68.0	2 410.00	1996.8.11	低产气流井
47	莺歌海	自营	西部石油公司	东方29－1	DF29－1－2	评	68.5	2 381.00	1996.1.26	气流井
48	莺歌海	自营	西部石油公司	乐东22－1	LD22－1－1	预	93.8	1 923.00	1996.2.7	气流井
49	莺歌海	自营	西部石油公司	乐东22－1	LD22－1－2	评	95.0	1 460.00	1996.6.23	气流井
50	莺歌海	自营	西部石油公司	乐东22－1	LD22－1－3	评	97.5	1 570.00	1996.8.9	气流井
51	莺歌海	自营	西部石油公司	乐东22－1	LD22－1－4	评	92.5	1 600.00	1996.10.6	气流井
52	莺歌海	自营	西部石油公司	乐东22－1	LD22－1－5	评	95.0	1 645.00	1996.11.15	气流井
53	莺歌海	自营	西部石油公司	乐东22－1	LD22－1－6	评	94.41	1 675.00	1996.12.21	气流井
54	莺歌海	自营	西部石油公司	乐东28－1	LD28－1－2	评	92.42	1 275.00	1997.3.17	气流井
55	莺歌海	自营	西部石油公司	乐东8－1	LD8－1－2	评	95.0	1 411.00	1997.4.14	气流井
56	莺歌海	自营	西部石油公司	乐东8－1	LD8－1－3	评	90.65	1 370.00	1997.5.13	气流井
57	莺歌海	自营	西部石油公司	乐东8－1	LD8－1－5	评	92.8	1 320.00	1997.6.20	气流井
58	北部湾	自营	西部石油公司	涠洲6－9N	WZ6－9－1	预	35.7	3 033.00	1996.2.27	油流井
59	北部湾	自营	西部石油公司	涠洲6－9	WZ6－9－2	预	34.0	2 920.00	1996.4.16	未测试

注：此表只包括中国海洋石油总公司油气探井

（李增坤）

海洋油气开发与生产
Marine Oil and Gas Development and Production

【概况】 中国海洋石油总公司海上油气开发生产，在坚持对外合作，坚持自营勘探开发，油气并举，向气倾斜的方针指导下，1996、1997年取得巨大成绩。

1996～1997年，海洋原油生产是中国海洋石油产业诞生40年、海上开始生产原油30年的最高产量年，也是90年代以来连年产量迅猛增长的高峰年，是中国海洋石油总公司成立15年的丰收年。

1996年，中国海上共生产原油1 500.7万t，1997年生产原油1 628万t，两年产油等于中国海上自1967年渤海海一井产油以来30年产量3 100万t之和，占全国原油产量的1/10。1996年生产天然气25.9亿m^3，1997年生产天然气40.5亿m^3，连同原油生产共折合油当量，1996年共1 759.7万t，1997年2 033万t。

两年间海上共有18个油田生产，其中，对外合作12个，自营6个。对外合作油田除渤海的埕北、渤中34—2/4两个油田外，惠州21—1、26—1、32—2、32—3，西江24—3、30—2、24—1，陆丰13—1、22—1和流花11—1等全为南海珠江口油田；自营油田有渤海绥中36—1和歧口18—1、17—3油田，北部湾涠洲10—3、10—3北、11—4油田。气田2个，有南海对外合作的崖13—1气田和渤海自营的锦州20—2气田。

这一时期在建的自营油田有渤海的锦州9—3、歧口17—2油田、北部湾的涠洲12—1油田和东海的平湖油气田等4个油气田。正在评价作前期准备的自营油田还有渤海的秦皇岛32—6油田、绥中36—1油田二期工程和北部湾的东方1—1气田；对外合作的有渤海渤中28—1油田伴生气再启动工程（1994年因亏损停产），还有拟开展对外合作的南海乐东22—1气田。

1996年原油产量提前116天完成国家计划1 000万t的150%，较上年增长78%。按海区分，渤海产油212.5万t，南海珠江口1 173万t，北部湾114.9万t。其中对外合作10个油田产油1 299万t，自营4个油田产油270.8万t。1996年共生产天然气25.9亿m^3，其中南海崖13—1对外合作气田生产22亿m^3。1997年原油产量提前103天完成国家计划1 200万t的135.7%，较1996年增长8.5%。按海区分，渤海生产210.8万t，南海珠江口1 295万t，北部湾122万t。1997年共生产天然气40.5亿m^3，其中对外合作的南海崖13—1气田生产36.8亿m^3，自营锦州20—2气田生产3.67亿m^3。

主力油田保持高产高速的势头 1996、1997年产量中，西江30—2和24—3，惠州32—3，26—1和32—2，流花11—1，绥中36—1，涠11—4，陆丰13—1等9个油田产量，占海洋原油年产总量的90%。其中年采油速度在4%～13%的惠州32—3、西江30—2、西江24—3、惠州26—1和32—2、陆丰13—1等6个油田产量，1996年占总产量的70%，1997年占62%。9个主力油田中，单井年平均日产量达到3 500～4 700t，其中4 000t以上的有：西江30—2油田1996年9 700t，1997年7 900t；惠州32—3油田1996年6 800t，1997年5 800t；西江24—3油田1996年6 700t，1997年

5 000t;流花 11—1 油田 1996 年 6 400t,1997 年5 000 t;绥中 36—1 油田 1996 年 3 200t,1997 年 4 000t;惠州 26—1 油田 1996 年 4 300t,1997 年 3 900t。

主力油田产量压力稳定,生产能力旺盛。西江 24—3、西江 30—2、惠州 32—3、绥中 36—1、涠洲 11—4 油田,都处于高产和相对稳定期,油田综合含水都低于 60%。除绥中 36—1 油田为注水开发外,其他 4 个油田都是靠天然水驱开发的油田。西江 30—2 是产量最高的油田,1996 年年产 237.7 万 t,1997 年年产 332.8 万 t,单井平均日产量高达 8 000～9 000t,1997 年油田综合含水 35.4%,采油速度 8.3%,地层能量充足。惠州 32—3 油田 1996 年年产 218 万 t,1997 年年产 235 万 t,单井平均日产水平 6 000t,油田含水上升缓慢,1997 年综合含水 27%,主力油层 K22 层保持良好开发效果,采油速度 12%。涠洲 11—4 油田已稳产 4 年,1997 年采出程度 14.6%,综合含水 41%,油田日产量稳定在 2 500t 水平。惠州 26—1 和陆丰 13—1 两油田 1997 年采出程度已达 64%和 62%,含水只有 65%。

工艺合理,减少停产,保持稳产 油井采用电潜泵机械采油是许多海上油田开采工艺的主要方式,因此,加强电潜泵检修管理是保持油田高生产时率的重要工作。1996 年涠 11—4 油田 28 口生产井泵故障修井仅 7 次,绥中 36—1 油田 48 口井泵修 15 次,全海洋油气井综合生产时效达 76%以上。1997 年前三季油井利用率达 90%,油井综合时效 84%。流花 11—1 油田经修井检泵,油井利用率由 65%提高到 100%。绥中 36—1、涠 11—4 油田经下泵、换泵,产量都有较大提高。埕北油田年产 40 万 t 已稳产 6 年,1994 年进入递减期,1995、1996 两年落实老井转抽油、转注水和检泵等大量工作,年产 30 万 t 又稳产 3 年,1997 年采出程度已达 22%,综合含水 82%,油田地层压力回升,为稠油油田开发积累了经验。

此外,各油田普遍都有设备计划停产检修、故障排除、鱼网拖坏管线、台风撤离等紧急停产抢修,由于加强了计划性和应急措施,使计划外影响产量减到最少。

1996 年产量大幅提高后,产运销矛盾十分突出,为此,各油田普遍加强了和运销部门的协作配合工作,防止舱满压产,降低提油频率,保持正常生产。

油气田作业 1996 年完钻生产井 36 口,完井 38 口。全年修井、检泵、转注、转抽作业 81 次,补孔、封堵、解堵、酸化、压裂 44 井次,测井、测压、测试、取样 526 井次。1997 年完钻井 44 口,完井 44 口。

1.优质快速钻井完井。1996 年歧口 18—1 油田 7 口井,平均井深 3 893m,平均井斜 46°,井眼轨迹复杂,生产层段多,射孔井段长,历时 45 天完成,提前 15 天,节约 300 万元。绥中 36—1J 区新钻生产井 15 口(其中注水井 3 口),历时 56 天,打破总公司钻井单项纪录 4 项。1997 年歧口 17—3 油田钻生产井 9 口,平均井深 2 534m,大多为 S 形多弯道井,平均建井周期仅 7.86 天。

2.大斜度长水平位移井。1997 年为西江 24—1 油田钻的唯一一口井西江 24—3—A14 井,用 24—3 油田平台剩余井槽,完钻井深 9 238m,水平位移8 062.7 m。水平位移创世界记录。该井还在 9—5/8″套管下深 6 752m,及一次性固井井段 5 000m 以上等作业创世界新纪录。西江 24—1 油田已于 1997 年 6 月 18 日投产,创中国海上一口井开发一个油田新纪录。

油气田开发 1996、1997 年共建成投产 4 个油田和辽东湾 2 个油气田二期工程,仍在建设的还有 3 个油气田。

1.歧口 18—1 油田。为渤海渤西油田群中心油田一期工程第一个油田,1991 年发现,距塘沽 41km,水深 10m,主要油层为下第三系,储量 1 076 万 t,1995 年开始建设,1997 年 11 月建成投产。

2.歧口 17—3 油田(包括歧口 18—5 油田)。为渤西油田群一期工程。油田距歧口 18—1 油田 17km,水深 5m,1971 年发现,1975 年建成海 4 油田投产,1985 年因平台严重腐蚀停产。1996 年复算储量 885 万 t,开发新方案中歧口 17—3 设计 7 口井,18—5 设计 2 口井,1996 年开始建设,1997 年 12 月建成投产。

3.陆丰 22—1 油田钻井作业。陆丰 22—1 油田水深 330m,储量 1 980 万 t,无法建平台,开发难度大,属边际油田,历经 10 年,三易作业者,都因经济效益不佳而放弃。1996 年挪威国家公司与中方合作,采用水下双定位卧式采油井口系统和生产处理储油轮开发方案,5 口平行水平井,在 2 000 多米水平段沿断层拐弯钻进,1997 年 12 月租船对接立管重力垂直安装完工,创国内海上一条船开发一个深水油田的先例。

4.西江 24—1 油田。距离 24—3 油田 8km,水深 98m,1985 年发现,1996 年在西江 24—3、西江 30—2 投产后正式启动,1997 年 7 月钻成西江 24—3—A14 大斜度长水平位移井后投产。

5.锦州 9—3 油田。1988 年自营勘探发现,水深 7m,1992 年批准地质储量 3 080 万 t。由于水浅和严重结冰区,三个平台基础采用沉箱加桩基结构。1993 年测算经济效益达不到开发标准,暂缓开发。1995 年再钻评价井,储量增加,效益变好,1996 年再次启动。开发总井数 47 口,其生产井 35 口,高峰年产 100 万 t。1997 年已完成西区沉箱打桩固定及 31 口井隔水套管,预计 1999 年建成投产。

6.涠 12—1 油田。该油田系 1989 年美国太阳公司发现，1995 年总公司自营钻涠 12—1—3 评价井测试创日产 5 424m^3 新纪录。油田控制储量 1 900 万 t，总体开发方案为半海半陆式，油气分输上涠洲岛陆上终端处理，总井数 15 口，其中生产井 9 口，高峰年产量 100 万 t，预计 1999 年建成投产。

7. 东海平湖油气田。1983 年地矿部发现，距上海 400km，水深 90m，石油储量 1 078 万 t，天然气储量 170 亿 m^3。为开发油气田，1992 年在上海成立由上海市、地矿部和中国海洋石油总公司联合组建的上海石油天然气公司。1995 年国家计委批准总体开发方案，由一座综合生产平台、生产井 13 口和两条 300 余千米的海底管线，以及上海南汇气体处理厂和浙江岱山原油中转站组成。油气田工程建设已于 1996 年开始，预计 1998 年建成投产，向上海供应洁净天然气燃料。

（刘春汎）

表 2　1996～1997 年海上油田开采综合数据表

油　田	1996 年							1997 年						
	总井数（口）	开井数（口）	平均日产油(t)	综合含水(%)	采油速度(%)	采出程度(%)	年产油量(万 t)	总井数（口）	开井数（口）	平均日产油(t)	综合含水(%)	采油速度(%)	采出程度(%)	年产油量(万 t)
428 西	4					22.87		4					22.87	
埕北油田	52	41	784	81.20	1.43	20.68	30.31	52	42	737	82.50	1.37	22.02	28.56
BZ28－110	10					9.53							9.53	
BZ34－2/4	26	14	846	23.20	1.45	10.47	22.15	41	8	437	27.90	0.82	8.64	24.11
JZ20－2	8	6	194		3.52	14.40	11.76	11	8	302		2.22	11.01	11.46
SZ36－1	48	40	3 239	11.30	2.27	6.12	148.38	61	54	4 087	14.40	1.84	6.22	144.29
渤　西								16	12	709				2.20
QHD32－6														0.27
CFD1－6	2							2						
渤海小计	150	101	5 063				212.60	197	124	6 272				210.89
WZ10－3	17	8	129	18.66	0.28	13.82	19.17	12	8	105	40.77	14.89	14.89	17.82
WZ10－3N	3	2	9	43.86	0.04	15.08	7.68	3	2	13	74.75	20.65	20.65	8.24
WZ11－4	29	28	1 042	30.19	1.82	11.15	83.81	29	29	888	46.30	15.51	15.51	90.97
YC13－1								6	6	161				5.54
北部湾小计	49	38	1 180				110.66	50	45	1 167				122.57
HZ21－1	15	10	390	83.30	0.90	28.80	35.83	15	10	1 182	58.90	31.07	31.07	34.99
HZ26－1	20	15	4 397	60.70	6.58	35.90	146.08	20	17	3 951	64.60	42.25	42.25	152.09
HZ32－2	7	7	1 710	62.70	7.01	13.05	66.63	7	6	1 231	71.20	19.45	19.45	53.42
HZ32－3	11	11	6 871	19.00	13.31	15.74	218.41	11	11	5 852	28.90	28.64	28.64	235.55
LF13－1	12	12	2 184	56.00	4.40	15.34	96.85	12	10	2 124	65.1	18.94	18.94	63.86
XJ24－3	12	11	6 787	32.50	9.90	15.20	193.54	13	13	5 010	51.1	22.22	22.22	181.54
XJ30－2	14	14	9 710	26.90	9.10	6.85	237.77	14	14	7 942	43.8	15.27	15.27	332.85
LH24－1								1	1	762	3.3	3.92	3.92	15.00
LH11－1	17	14	6 416	62.7	1.26	0.96	178.11	24	23	5 001	80.8	2.18	2.18	225.20
LF22－1								2	2					0.97
珠江口小计	108	94	38 465				1 173.23	119	107	33 355				1 295.47
总　计	307	233	44 708				1 496.49	366	276	40 794				1 628.93

海洋油气科技工作
Scientific & Technological Work in Marine Oil and Gas

【科技工作概况】　中国海洋石油总公司是一个高风险、高科技、高投入的新兴工业公司。公司十分重视科技投入。1996 年科技投入 9.2 亿元，1997 年 7.8 亿元。

科技成果　1996 年"渤海绥中 36—1 油田试验区开发工程"获国家科技进步一等奖，"锦州 20—2 海上凝析气田开采与集输"、"莺—琼大气区的发现及勘探技术"获国家科技进步二等奖；1997 年"大中型天然气田形成条件、分布规律和勘探技术"获国家科技进步一等奖，"南海东方 1—1 大气田勘探新技术及其应用"获国家科技进步三等奖。

1996年总公司共评选科技进步奖31项，其中一等奖1项，二等奖10项，三等奖20项。1997年共评选科技进步奖22项，其中一等奖2项，二等奖7项，三等奖13项。

重要科技发展 1.西江24—1油田一口井开发一个油田。南海珠江口盆地中外合作西江24—1油田距西江24—3油田8km，面积4km²，地质储量535万t。为开发这一边际小油田，1997年5月，利用西江24—3油田平台剩余井槽，完成西江24—3—A14高难度大位移水平延伸井，井深9 238m(垂直井深2 985m)，创水平位移8 062.7m、裸眼井为5 032m，随钻测井实时接收9 016m三项世界纪录，从而也创出中国海上一口井开发一个油田的新纪录。

2.优质快速钻开发生产井。1996年中海石油北方钻井公司钻绥中36—1油田J区15口平均1 876m生产井，平均建井周期3.7天，较该地区以往的12天提高3.8倍。1997年钻歧口17—3油田9口生产井，平均井深2 435m，应用三维多把技术，平均建井周期7.96天，达到国际先进水平。

3.陆丰22—1一条船开发一个油田。南海珠江口陆丰22—1油田面积小(9.8km²)、储量少(1 900万t)，但油田水深330m，属边际油田，接连换了三个作业者，都认为不经济未能开发。挪威国家石油公司作业后，确定采用水下井口系统和浮式生产储油轮，不建平台，租用生产储油轮方案，使油田得以开发，1997年12月已完成投入生产，成为中国第一个海上没有平台，用一条船开发的一个油田。

4.渤西石油勘探及油田群联合开发。渤海渤西地区自1987年恢复自营勘探以来，在富生油凹陷寻找油气富集区的理论指导下，确定以歧口凹陷为重点，先后发现歧口18—1、17—2、17—3等三个油田和13个含油构造，构成渤西油田群，共获石油地质储量11 198万t，天然气地质储量40亿m³。这些油田面积小、储量少，单个油田无法开采，但它们距离近，数量多，在用新思想、新技术、新方法和标准化、国产化、简易化的“三新三化”方针指导下，对这些油田采取联合开发的实施方案，油田大部分设备国产化，其中海上国产设备占72.4%，陆上终端国产化率达97.7%，从而使这些小油田得以开发，并获得良好经济效益。

5.涠西南油田群联合开发。北部湾盆地北部的涠西南凹陷1987年已发现涠10—3油田，以后南海西部公司又先后在这一地区发现涠11—4、涠11—4N、涠10—3N、涠12—1、涠16—1等8个小油田和3个含油构造，总石油地质储量近2亿t。这些油田与渤西地区一样，都是油田小、距离近，外国公司认为没有经济价值。为提高这些油田的开发效益，总公司多次召开会议，与中国科学院、清华大学、石油大学、大庆油田等单位的专家进行研讨，针对油藏特点进行论证和多方案对比，提出与已生产多年的涠10—3、11—4油田联合开发，充分发挥现有设备作用，天然气随油一起管输上涠洲岛，在岛上综合利用，伴生气在回收轻烃和发电后，剩余干气建一座年产9 000t炭黑厂。现油田正在加紧建设中，计划1998年投产。

海洋石油十大配套技术 经过10多年中外合作和自营勘探开发，引进、消化国内外先进科学技术，现在海洋石油总公司已拥有中国海上十大配套技术。

1.含油气盆地资源评价和勘探目标评价技术。掌握了一套具有国际先进水平的油气资源评价新方法和盆地模拟技术，为海上提供新的勘探目标，提高钻井找油找气成功率。在南海西部大气区地质研究，通过对莺琼盆地的模拟，给出了盆地的构造、温度、压力的演化史和天然气的生成、运移、聚集史，为天然气勘探提供了依据。

2.海上地震采集、处理、解释技术。在地震采集方面，通过引进技术与装备，实现了双缆、双震源采集，研制成功高分辨率地震采集系统，受到国内外勘探市场的欢迎。在南海大气区勘探中首次采用高分辨率地震技术，为东方1—1气田的评价提供了可靠依据。在地震资料处理、解释方面，已经掌握了三维处理技术，研制开发了面元均化、多项拟合去噪、道内插等配套技术，自行研制了地震模式识别和完善的地震储层预测软件，使资料解释达到国际先进水平。

3.水平井、大斜度井及复杂地层钻井技术。“八五”期间组织了攻关研究并用于生产，在涠11—4油田水平井钻井作业中，解决了油层上部构软、下部为底水等问题，克服了井漏和完井防砂等技术难关，用16.5天完成设计垂深989m，水平段长429m，最大井斜为93.4°的任务，创造了26口大斜度浅井、最大斜度69.3°、最大水平位移925m、中靶率100%的高水平，提前76天完成任务，节省费用3 300万元。在崖21—1—3超深高温高压钻井中，解决了井身结构设计、地层压力预报的难题，研制成功三种适应于高温高压井的防塌泥浆体系及相应的现场工艺技术，成功地完成了超深天然气井的钻井作业。

4.海上油气田完井及延长测试技术。针对绥中36—1油田稠油、出砂、油层厚度大、井段长等特点，研究成功保护油层的早期管内砾石充填防砂，负压射孔等关键技术，油井的实际产能比预计提高30%。为了解决海上边际油田开发技术难点，“八五”期间组织开展了简易生产设施和单井延长测试技术研究。1994年在渤海曹妃甸1—6油田浅水区域延长测试成功，这套设施具有生产储油和钻井能力，工艺流程简单、搬迁容易、可重复利用，与国外类似系统相比，有不少创新之处，为中小油田开发提供了一套新的开发模式。

5.数控测井与资料分析处理技术。“七五”期间研制成功并获得国家二等奖的HCS—III数控测井仪，“八五”期间已有三套应用于生产井测井作业及科研实验，取得明显经济效益。为了满足南海大气区高温高压测井的需要，测井公司研制成功了耐温230℃、耐压140兆巴的测井仪。南海东部公司研究开发的LES测井评价系统在珠江口裸眼井测井中应用，其解释结果与斯伦贝谢公司的解释软件达到同样效果。

6.油气田数值模拟和油藏评价技术。通过消化吸收和开发应用国外引进的油藏模拟软件，已可进行黑油、挥发油、凝析气藏、双重介质油藏等各种类型油藏研究。数值模拟技术也广泛地应用于油田评价、可行性研究及油田监测管理，可及时调整开发层系、开采井网，提高油田采收率。

7.海上复杂油气田开采技术。根据自营油气田的不同特点，采用了不同的开采方式。绥中36—1稠油油田，采用了砾石充填防砂措施和电潜泵抽油开采。锦州20—2凝析气田，构造复杂，有底油，地层压力异常，采用油管携带射孔，高比重完井液，以及加强井口监控等技术措施，保证了正常生产。

8.海上油气田工程设计、建造和安装技术。锦州20—2凝析气田生活动力平台导管架设计，在国外先进标准范围内，采用优化设计，选择合理的参数，减小结构尺寸，节省了投资。惠州26—1油田深水导管架的设计、建造和安装，应用国际先进技术和自己创新的技术，达到国际先进水平。其中平台公司研制开发的微机辅助工程设计软件系统，经专家鉴定认为，优于国外同类软件。

9.海上油气管道铺设技术。总公司已经可以依靠自己的力量从事近海油气管道设计和建设工程。海上工程公司的滨海109铺管船，可以承担40m水深以内海底管线的铺设。

10.海洋石油环境条件及预报技术。“七五”期间，与中国科学院、国家海洋局有关单位合作，开展近海石油开发区水文气象条件观测和工程地质调查。“八五”进一步扩大范围，采用国际上先进的模式进行联合概率和后报模拟研究，为海上作业和工程设计提供了更准确的设计参数。在北部湾开展了海洋环境条件区划研究，开发出一套方便实用的软件、数据库及环境条件图集，可以提供北部湾范围内各种环境条件参数，为海洋工程设计提供了系统数据，奠定了建立海域环境条件规范标准的基础。

在十大配套技术的基础上，“八五”末期已初步形成海上油气勘探开发生产的四大能力：一是寻找复杂地质条件下大中型构造油气田的能力。“八五”期间组织的油气资源再评价技术和盆地模拟研究，在自营勘探中已发现东方1—1、乐东15—1气田，提高了自营勘探能力和勘探成功率。二是自营开发海上油气田的能力。通过技术开发、组织攻关，完全依靠自己的力量，成功地完成了涠11—4、锦州20—2、绥中36—1等三个不同类型自营油气田的开发生产。三是专业公司初步形成承包海上技术作业服务的国际竞争能力。中海石油技术服务公司“八五”完成16项技术攻关课题，已能配套完成海上钻井作业的各种技术服务工作。中海物探公司“八五”完成46项科研技术改造项目，有23项达到国际水平或国内先进水平。四是初步具有了开拓海外石油资源的能力。1994年总公司成功地购买了印尼马六甲油田32.58%股权。总公司将进一步加强国外油气调研，进入国际石油市场，进行风险勘探，介入油田开发，向跨国油公司迈进。

十五届世界石油大会 1997年10月，第十五届世界石油大会在北京召开，中国海洋石油总公司直接参加了组委会工作，同时派出202人的代表团参加大会，参加了468m³的国家展览和商展，接待了世界各国代表和江泽民、李鹏、朱镕基、乔石等党和国家领导人的参观。海洋石油勘探研究中心接待了10个国家代表的技术参观。总公司总经理王彦等与国际跨国著名石油公司领导人进行了44次高层会谈。总公司举行了专门招待会，接待包括外国部长、公司董事长、总裁等外宾300多人。海洋石油学会还组织了石油地质、开发、钻井、工程等专业技术交流会，与外国同行研讨。所有这些活动，都取得良好效果。 （刘春汎）

胜利油田
Shengli Oilfield

【概况】 胜利油田浅海石油勘探开发区域，位于山东省北部的渤海湾内，西起四女寺河口，东至潍河口，海岸线长414km，面积5 100km²。1993年转入开发阶段，当年生产原油10万t。近3年来随着改革开放不断深化，胜利海洋石油工业得到了长足发展，已成为中国第一个浅海大油田。

海上钻井 依靠科技进步，推广8项新技术，提高了钻井进度，保证了工期质量。历年累计打井205口，进尺3.5万m。公司通过了ISO9002质量体系认证，进一步扩大了钻井作业市场领域，先后进入渤海湾大港、辽河、冀东、埕岛西等浅海钻井市场，积极参与国际反承包市场竞争，承担了美国科麦奇、阿帕契、EDC公司合作区块的钻井任务，先后打井14口，外部市场创产值超亿元。

海上开发 海上石油历经5年开发建设，先后投产油井126口，建成各类平台37座，其中中心采油平台2座，移动式平台2座、井组采油平台21座、单井采油平台12座、海底管线37km、海底电缆49km。1997年生产原油150万t，年创工业总产值10.5亿元。

海上运输 胜利海洋船舶是中石化和中石油系统唯一从事浅海极浅海水域作业的船舶专业队伍，承担海上原油运输、各类平台拖航、就位、物资供应、消防救生、特大笨重件海上拖运、海洋工程施工、安全守护、海上溢油回收等任务。拥有各类型船37艘，其中以大功率、浅吃水三用工作拖曳供应船为主力，其"胜利151"为500吨全回转自航浮吊船，可满足海上石油工程建设各类超大件吊装任务。

胜利油田拥有两个港口：龙口胜利码头及桩西黄河海港，为胜利海洋石油提供船舶、平台靠泊、检修、油水供应专用码头。其中，龙口胜利码头已建成5 000吨级泊位3个，3 000吨级泊位4个。1997年顺利通过国家派驻山东省口岸办联合检查验收，成为胜利油田第一个对外开放码头。

海洋井下修井作业 井下作业公司有4个队从事浅海试油和修井作业，共完成80多口井的试油、120多口开发井的投产及40多口井的修井任务。现有"胜利作业一"号和"胜利作业二"号两艘平台。

海洋测井 胜利测井公司现有7个测井(射孔)队，有引进的CLS—3700数控测井拖撬5部；引进E-CLIPS—5700成像测井拖撬1部；海洋开发测井、射孔拖撬1部。设备实现了数控测井和成像测井，技术手段达到了多项目功能的综合性测井以及特殊项目的高新技术测井的水平。可进行海洋探井、开发井裸眼全套测井、固放磁测井、水平井、大斜度井等高难度测井以及地层测试、地层倾角、介电、声电成像、电阻率成像、核磁共振等新技术测井；另外可进行有电缆、无电缆射孔以及电缆桥塞、工程爆破、钻杆切割等特殊工程作业。综合技术服务达到了国内领先水平。年平均测井70余口，射孔50余口，随着海洋石油勘探开发步伐的加快，"九五"期间胜利测井公司将建成10个海洋测井队，达到年完成100口海洋测井、100口射孔(取心)井的作业能力。

海工建设 胜利油建一、二公司参加海上油田开发建设的有7个分公司以及金属结构厂、管道预制厂、电气安装队、土方公司和供应公司等10多个施工单位，共有80多个工种，1 700多名职工。其中100多人获得美国和英国劳氏的6GR焊接证书。拥有2 000吨级船坞、5 000吨级滑道、50吨全旋转浮吊、400吨级滩海挖沟装置、180kW打桩锤和海底管线陆上预制发送设施，引进了微机下料等一批先进工艺和设备。可承担海上大型移动式采油平台、作业平台和固定式动力平台、储罐平台、单井平台、井组平台的安装检修以及各种规格的海底电缆、管线的敷设等海底工程施工任务。

海工设计 1.钻井工艺研究院海洋工程技术研究所成立于1975年，是胜利油田最早从事海洋装备研究的单位。在中国工程院院士顾心怿的带领下，先后成功地设计了胜利一号、胜利二号钻井平台、试油工程驳船、胜利开发一、二号移动式采油平台、胜利作业二号作业平台、埕岛中心一号生产平台、CB251等单井采油平台。有6项成果获国家及部级奖励，其中胜利二号极浅海步行式钻井平台获国家发明二等奖和1992年十大科技成就奖。其海工模拟实验室硬件条件居国内先进水平，其设计全部采用计算机辅助设计，为胜利浅海油田的勘探发展做出了贡献。

2.胜利油田勘察设计研究院可承担滩海油气田工程及配套工程的规划、勘察、设计、科研工作。先后设计了浅海固定式采油平台、浅海海底输油管线、浅海生产、生活、动力平台等工程。完成了埕岛油田150万t产能建设工程设计。研究推广了油、气、水混输技术、水力旋流除油技术、变压控制两相分离油井技术、海水处理技术、海上平台、35kV变配电技术、一变多控装置等。有12个项目获国家或总公司优秀设计奖。

3.采油工艺研究院浅海所是从事海上采油工艺及配套技术研究开发的专业研究所。依托胜利采油院的整体力量，专业从事海上石油完井、生产、测试等科研和技术服务，承担海上油田采油工艺方案编制、成套应用技术研究和现场技术服务。现已形成了具有自喷、电泵、螺杆泵等多种海上安全生产管理配套技术，并已基本实现了海上完井、生产、测试等工具和设备的国产化配套。

胜利浅海区油气资源丰富，其远景资源约12亿t，预测含油面积90km²，圈闭面积268.8km²，发展前景十分广阔。

(沙　秋)

海 洋 运 输 业
Marine Shipping

海洋运输
Marine Transport

【概况】 1996年，全国有沿海港口1 282个，其中万吨级港口406个。沿海港口货物吞吐量完成8.5152亿t，为上年的106.9%；其中外贸3.2143亿t。海洋运输单位成本为每千吨海里45元。全国从事沿海运输的船公司有1 300多家，运力1 080万t。其主要特点为：货物运输走入低谷，主要表现为国内运输需求相对不足，外贸运输行情由升转降，且竞争激烈；港口生产有增长，但增幅态势明显回落；国际集装箱继续保持高速增长，船舶运量和港口吞吐量分别比上年增长11.9%和26.6%。主要问题是港航企业经济效益继续下降，境外航运公司大举进入，竞争加剧。

1997年，全国有沿海港口1 330个，其中万吨级港口449个。沿海港口货物吞吐量完成9.0822亿t，为上年的106.6%；其中外贸为3.6679亿t。海洋运输单位成本为每千吨海里39元。其主要特点为：货物运输处于低谷，主要表现为国内运输需求相对不足，外贸运输竞争激烈。东南亚金融危机后，对近洋运输产生负面影响，旅客运输继续出现大幅度下降局面；港口生产有一定增长，外贸货物吞吐量比上年增长16%，带动了总吞吐量增长。港口生产环境比较宽松，压港压船现象已基本消除；煤炭运输下降，运力过剩，石油、矿石运输有一定增长；国际集装箱继续保持高速增长，船舶运量和港口吞吐量分别比上年增长12.5%和27.5%，但增幅进一步回落。主要问题是：航运企业效益不好，一些航运公司连年亏损；运力供过于求，货源不足。

1997年海洋交通运输业总产值为522.36亿元（当年价），比上年增长-3.4%，完成增加值236.57亿元。

【中远集团远洋运输生产】 1996年，集团完成海运量11 248万t，提前35天完成全年亿吨的计划指标；完成周转量5 382亿t·n mile，超计划指标382亿t·n mile，代理船舶净吨27 627万t；代理货运量20 567万t。

中远集团总部完成集装箱运量312.13万TEU，为计划的107.6%，比上年增加0.68%，其中重箱量为243.29万TEU；完成周转量1 359.8亿t·n mile。船舶营运率99.2%，载箱利用率59.1%，运费回收率85%。

中远杂货船队共完成运量1 345万t，比上年下降10.9%；周转量完成604.4亿t·n mile，下降16.6%；运费收入为30亿元，减少11.22%；平均营运率96.5%，增长3.8%；航行率43.3%，下降1.7%。

1997年中远集团累计完成海运量11 973万t，海运量比1996年增加6.45%。

中远集装箱船队全年完成箱运量324.6万TEU，比上年增长了4.0%。重箱量245万TEU，比上年提高0.7%。

中远散货船队全年完成货运量6 766.4万t。

中远杂货船队全年累计完成运量1 538.79万t。

表1 沿海主要港口货物吞吐量

单位：万t

港口	1996年		1997年	
	货物吞吐量	其中外贸	货物吞吐量	其中外贸
总计	85 152	32 143	90 822	36 679
丹　东	206	71	220	116
大　连	6 427	2 782	7 044	3 218
旅　顺	477		521	
营　口	1 493	776	1605	951
锦　州	438	151	504	224
秦皇岛	8 312	2 516	7 862	2 497
天　津	6 188	3 154	6 789	3 740
京　唐	452	36	435	67
龙　口	759	231	686	202
蓬　莱	548		627	4
长　岛	234		235	
烟　台	1 430	749	1 560	806
威　海	409	102	565	138
石　岛	81	6	79	8
青　岛	6 003	2 742	6 916	3 522
日　照	1 575	723	1 650	861
岚　山	163	125	194	110
连云港	1 583	998	1 652	1 015
上　海	16 402	4 136	16 397	4 713

续表

港口	1996 年		1997 年	
	货物吞吐量	其中外贸	货物吞吐量	其中外贸
乍　浦	203	11	241	11
宁　波	7 639	2 859	8 220	3 308
舟　山	1 187	453	1 384	535
台　州	516	22	540	25
温　州	611	43	617	42
福　州	1 247	384	1 371	551
三江口	30		20	
秀　屿	48	10	50	8
泉　州	804	227	1 006	316
厦　门	1 553	857	1 754	1 072
赛　岐	56	4	37	6
漳　州	134	11	151	26
汕　头	832	547	884	444
西　堤	60	36	34	24
汕　尾	48	16	44	7
深　圳	3 021	1 644	3 357	1 817
太　平	122	84	167	43
南　岗	188	169	164	81
广　州	7 450	2 328	7 158	2 308
南北台	121			
中　山	216	156	482	263
珠　海	579	417	714	531
江　门	279	52	213	86
会　城	175	29	167	31
阳　江	21	4	27	6
石觉头	3	2	5	1
博　贺	14		13	
水　东	732	732	579	103
湛　江	1 769	904	2 050	1 253
海　安	290		313	158
北　海	199	85	243	131
钦　州	18	4	41	12
防　城	509	488	650	626
洋　浦	54	23	49	14
海口新港	410	6	398	6
海　口	537	226	486	148
八　所	265	14	336	19
三　亚	31	4	30	6

沿海港口建设
Coastal Ports Construction

【概况】 1996 年，沿海港口没有新开工项目，均为续建工程。建成南通港狼山二期集装箱和多用途深水泊位各 1 个，营口港汽车轮渡码头 1 个，新增港口通过能力 90 万 t；建成地方沿海港口泊位 17 个，其中深水泊位 3 个，新增港口通过能力 234 万 t。

1996 年，沿海港口建设完成情况较好，其中交通部 11 个在建大中型项目超额 30%完成年度计划，一批国家重点建设项目工程进展顺利，但个别项目因资金到位差等问题影响了工程进度。沿海港口建设面临的主要问题是建设资金不足，现行投资体制与港口建设不相适应。针对上述情况，交通部在做好在建项目调整概算的同时(共有 8 个项目进行了概算调整)，会同国家计委、国家开发银行等有关部门积极开拓资金渠道，调整年度投资计划，保证了大中型建设项目的顺利进行。特别是国家重点建设工程和年内建成投产的项目，如秦皇岛煤码头四期工程和南通港狼山二期集装箱、多用途泊位工程。

1996 年，针对湛江港因受 9615 号强台风袭击造成的许多大型港口机械翻毁的事故，交通部在积极抗台救灾工作的同时，组织召开港口大型机械防台现场分析会，并颁布了《关于新建、扩建、改建的沿海港口码头及其大型港口机械配置防风抗台装置的通知》，要求各港口部门吸取教训，对现有大型港机设备的防风设施进行全面检查、修复，对不具备防风抗台能力的码头和大型机械采取必要的改进措施，避免发生类似的大型事故。

自 1977 年在上海建成第一个集装箱专用码头以来，集装箱码头的建设成绩显著，建成了一批能够接卸第三、四代集装箱船，装卸设备先进，集疏运条件较好的大型集装箱专用泊位，也建成了一批能够装卸集装箱船的多用途中、小型泊位，形成了“大中小型并举、齐头并进”的局面。截至 1996 年底，沿海主要集装箱港口情况为：(1)大连港：深水泊位 3 个，中级泊位 3 个，设计能力 242 万 t；(2)天津港：深水泊位 4 个，设计能力 400 万 t；(3)青岛港：深水泊位 4 个，设计能力 350 万 t；(4)上海港：深水泊位 8 个，设计能力 464 万 t；(5)广州港：深水泊位 2 个，中级泊位 5 个，设计能力 160 万 t。

1997 年，沿海港口基础设施建设好于上年，列入交通部计划的直属及双重领导主要港口共建成投产深水泊位 22 个，新增港口吞吐能力 6 705 万 t；地方沿海港口共建成投产深水泊位 15 个，新增港口吞吐能力 2 197万 t。国家批准新开工建设的项目有：广西防城港二期工程、烟台港西港池三期工程和秦皇岛港戊己码头工程(单项)。广西防城港二期工程建设 2.5 万吨级集装箱泊位和 3 万吨级散货通用泊位各 1 个；烟台港西港池三期工程建设 1.5 万吨级及 3 万吨级集装箱泊位各 1 个，1.5 万吨级及 2 万吨级杂货泊位各 1 个；秦皇岛港戊己码头工程(单项)建设 7 个通用散杂货深水泊位。另外，经国家计委批准开工建设的项目还有：福建湄州湾3.5万吨级煤码头、黄骅港一期工程(4个3.5万吨级深水泊位)、温州七里港一期工程(3.5万吨级煤炭卸船泊位1个，1.5万吨级和1 000吨级杂货泊位各1个)。

在建成投产的泊位中，秦皇岛港煤码头四期工程建设2个3.5万吨级和1个10万吨级煤炭装船泊位，设计年通过能力3 000万t；上海港罗泾煤码头一期工程建设3.5万吨级卸船泊位2个，设计年通过能力1 000万t。两个项目建成投产，新增煤炭装卸能力4 000万t，是中国设备最先进的专业化码头，为实现北煤南运、完善煤炭综合运输格局、缓解国民经济发展对煤炭生产与运输的需求之间的矛盾，将起到重要的作用。

表2　1996年沿海港口建成泊位一览表

项目名称	泊位数(个)				吞吐能力(万t)
	合计	深水	中级	小型	
双重领导沿海港口	**3**	**2**	**1**		
南通港狼山二期集装箱、多用途泊位	2	2			90
营口港汽车轮渡码头	1		1		19万辆
地方沿海港口	17	3	3	11	234
山东：龙口港客滚码头	1		1		50万人次 2.5万车次
龙口港杂货码头	2	2			90
龙口港煤码头	2	1	1		61
福建：连江琯头对台码头	1		1		20
罗源淡水码头	1			1	12
霞蒲三沙客货码头	1			1	13
浙江：定海盘峙岛码头	1			1	3
定海岙山岛码头	1			1	4
普陀白沙岛码头	1			1	4
普陀湖泥岛码头	1			1	8
普陀葫芦岛码头	1			1	5
岱山小衢岛码头	1			1	3
岱山江南岛码头	1			1	5
嵊泗绿华岛码头	1			1	3
嵊泗华鸟岛码头	1			1	3
总计	20	5	4	11	324

为研究探索长江口深水航道治理方案，交通部组织一大批专家、学者通过调查研究和模型试验，在“八五”科技攻关的基础上，对各种方案进行了多方面的分析研究，确定采用南港北槽建设双导堤和丁坝并结合疏浚的治理方案。项目共分三期实施，工期10年，整治目标为水深达到12.5m，以满足第三、四代集装箱船全天候进出港，并兼顾10万吨级散货船乘潮进出港的需要。该项目一期工程已列入1997年新开工项目。

表3　1997年沿海港口建成投产项目一览表

项目名称	泊位个数		通过能力(万t/年)
	深水	中级	
直属及双重领导主要港口	22	4	6 705
营口港鲅鱼圈二期	5		350
秦皇岛煤码头四期	3		3 000
烟台港西港池二期	6		340
青岛港前湾二期	3		180
上海港罗泾煤码头一期	2	3	1 000
张家港16号泊位	1		80
湛江港霞海一期工程	1	1	55
宁波港20万吨级矿石中转码头二阶段	1		1 700
地方沿海港口	15	20	2 197
福建：晋江围头对台码头万吨级泊位	1		35
泉州后渚港区二期泊位		2	50
泉州港石井港区多用途码头		1	35
泉州港石狮石湖港区万吨级泊位	1		40
福州港鳌峰洲三期工程		2	26
福州港散货(河沙)码头	1		98
福州港新港区二期	2		92
厦门象屿集装箱码头	1		100
厦门海沧集装箱码头	1		100
厦门海沧杂货码头	1		50
辽宁：锦州港5万吨级油泊位	1		310
绥中港杂货泊位		2	55
山东：东营港杂货码头		3	95
牟平港化工专用码头		1	20
河北：京唐港1港池3号泊位	1		300
广西：防城港0#泊位	1		53
防城港成品油码头	1		70
钦州港1#、2#泊位	2		90
钦州广连成品油码头		1	59
广东：深圳赤湾	1		200
南海三山二期码头		3	163
三水港工程		1	50
潮阳海门港		2	38
新会天马作业区		2	68
合计	37	24	8 902

【南通港狼山二期工程集装箱、多用途泊位投产】 南通港狼山二期工程共建设2.5万吨级集装箱、1.5万吨级多用途泊位各1个，新增吞吐能力90万t，其中集装箱吞吐能力40万t(5万TEU)。工程于1993年11

月正式开工建设，于 1996 年底基本建成并投入生产。

该工程两个泊位采用栈桥式顺岸布置，码头面高程＋6.10m，码头前沿泥面标高－10.5m，码头长 440m，宽 35m；4 座引桥宽度自上游向下游分别为 12m、8m、14m 和 12m。码头、引桥均采用高桩梁板式结构，底部采用抛石护底方案。

此工程由交通部三航设计院负责设计，由交通部三航局承担施工任务。

【秦皇岛港煤码头四期工程】 秦皇岛港煤码头四期工程是国家“八五”跨“九五”重点建设项目，也是利用第三批日元贷款建设项目，被交通部列为“重中之重”。工程于 1993 年 4 月由国家计委批准开工，1997 年 12 月 18 日通过国家竣工验收。

该工程共建设 2 个 3.5 万吨级和 1 个 10 万吨级深水泊位，设计年通过能力 3 000 万 t，总投资约为 17 亿元。码头水工采用透空沉箱重力式结构，码头全长 771.1m，其中 10 万吨级泊位长 341.1m，建设 6 条储煤堆场，总堆存面积 29.23 万 m^2，堆存量达 193 万 t，是国内最大的堆存场地。

该工程由交通部第一航务工程勘察设计院设计，主要施工单位是交通部第一航务工程局。随着秦煤四期的建成投产，秦皇岛港的煤炭年吞吐能力达到 1.1 亿 t，成为世界上设施最先进、吞吐能力最大的煤炭输出港，将为实现大秦铁路每年 1 亿 t 的运输能力、加快北煤南运、建设全国煤炭运输大通道发挥重要的作用。

【烟台港西港池二期工程通过国家验收】 烟台港西港池二期工程是国家“八五”跨“九五”重点建设项目，共建设深水泊位 6 个，其中 1.5 万吨杂货泊位 3 个、1 万吨级盐杂泊位 1 个、2 万吨级钢铁泊位 1 个、2 万吨级多用途泊位 1 个，设计年通过能力 340 万吨。工程概算总投资 76 858 万元，其中利用亚洲开发银行贷款 3 880万美元。工程于 1992 年 7 月开工，1997 年 8 月建成并投入试生产，1997 年 9 月 30 日通过国家竣工验收。

该工程码头平面布置为突堤式，南侧码头岸线长 557m，北侧码头岸线长 605.5m，端头码头岸线长 335.09m，南北侧码头采用小沉箱重力式结构，端部码头采用方块与小沉箱相结合的混合重力式结构。工程主体设计单位为交通部第一航务工程勘察设计院，主要施工单位为交通部第一航务工程局，监理工作由烟台港建设监理公司承担。

【营口港鲅鱼圈港区二期工程建成】 营口港鲅鱼圈港区二期工程是国家“八五”跨“九五”重点建设项目。工程于 1993 年 11 月经国家计委批准开工，于 1997 年底基本建成。主要建设内容为：1.5 万吨级深水泊位 5 个，其中顺岸码头 2 个，突堤码头 3 个，形成顺岸码头岸线长 424m，突堤码头岸线长 581m，突堤横头长 108m。码头结构采用重力式方块，顺岸码头结构预留发展为 3 万吨级码头的可能，突堤码头结构预留发展为 5 万吨级码头的可能。工程建成投产后，将新增港口吞吐能力 350 万 t。

【上海港罗泾煤码头一期工程通过国家验收】 上海港罗泾煤码头一期工程是国家“八五”跨“九五”重点建设项目，也是与秦皇岛港煤码头四期工程配套的建设项目。工程于 1993 年 12 月开工，1996 年 12 月建成并投入试生产，1997 年 7 月 30 日正式通过国家验收。

上海港罗泾煤码头一期工程共建设大小泊位 9 个，其中 3.5 万吨级卸船泊位 2 个，2 000 吨级装船泊位 3 个，500 吨级卸船泊位 4 个，设计年通过能力 1 000 万t。形成码头岸线总长 1 061m，引桥总长1 267 m，陆域总面积 50 万 m^2，煤堆场面积 17.1 万 m^2，可一次堆存 60 万 t 煤炭。

一期工程是利用世界银行贷款和国内配套资金建设项目，水工工程按照世界银行采购指南要求进行国际招标，由交通部第三航务工程局中标承建。

【上海国际航运中心建设初见成效】 上海浦东的开发开放是中央的一项重大决策。要把上海建成国际经济、金融、贸易中心，带动长江三角洲和整个长江流域地区经济飞跃，必须大力发展国际航运，尽快建成上海国际航运中心。

建设上海国际航运中心，就是要发挥上海经济、金融、贸易中心的优势，发挥宁波北仑深水港的优势，发挥上海和江苏集装箱货流大的优势，把上海建成国际航运枢纽，形成四通八达的国际国内交通运输网络。自 1996 年以来，建设上海国际航运中心已经启动并取得进展。1996 年 6 月 2 日，宁波北仑至美东航线开航；1996 年 11 月 28 日，经过近两年的筹建，经国务院批准，由交通部和上海市人民政府共同组建中国第一家航运交易所——上海航运交易所正式开业，国务院总理李鹏在交通部部长黄镇东和上海市主要领导陪同下考察了上海航交所，国务院副总理吴邦国随同考察。李鹏总理称赞上海航交所“初具规模，大有希望”，并欣然命笔为航交所题词：“规范航运交易，繁荣航运事业”。上海外高桥集装箱码头技术改造付诸实施，将使上海港集装箱吞吐能力进一步扩大；国务院批准了长江口深水航道治理工程正式立项，1997 年底正式开工建设，这项工程完成后，将使制约上海国际航运中心的深水航道问题初步得到缓解。1997年9月,上海组合港成立,标志着建设上海国际航运中心的工作又向前迈进了一大步。

截至1997年底,在上海地区注册的航运公司达到130多家,其中10家外国航运公司设在中国的独资子公司在上海注册;外国航运公司设在上海的航运代表外达到80多家;船舶代理、货运代理企业达到150多家。1997年8月,中国海运(集团)总公司总部进驻上海;年底,中国远洋运输(集团)总公司的集装箱船队移师上海。所有这些,必将极大地促进上海国际航运中心的形成。

安全保障系统建设
Construction of the Security Guarantee System

【概况】 1996年建成了广州港新沙港区和秦皇岛港煤码头四期工程交管系统;山东成山头交管系统基本建成,通过了设备验收并投入试运行。1996年继续对灯塔和航标设施进行重建、改造,使航标的白天目视效果和夜间的灯光射程均有明显改善。北方海区完成了环海寺灯塔重建,青岛马蹄礁和大公岛灯塔、大连险礁灯塔和小龙山灯桩、营口台子山灯塔、烟台北长山、北隍城、青鱼滩、靖子头灯塔和蓬莱港进出口灯桩、日照港灯塔改建,还对烟台、天津、秦皇岛港的航道导标进行了改造。1996年,北方海区基本实现了目视灯塔灯光成链。北纬38°以北海区,船舶在沿海12海里航行时基本上可同时见到3个灯塔的灯光,为航船提供了良好的安全保障。东海海区完成了鸡骨礁、七里屿、唐脑山、北渔山、半洋山灯塔的改建和改造,其中位于孤岛的唐脑山、半洋山灯塔由原来有人值守改造为无人值守。南海海区完成了大放鸡、鹿屿、南鹏岛和南亭灯塔的新建或改建,田尾、青栏头、围夹洲灯塔和龟屿、山狗吼灯桩及流沙导标的改造。建成海南兵马角和感恩角灯塔。

1996年还完成了全国海区无线电指向标/差分全球定位系统(RB/DGPS)11个基准台精确位置的联测。建成了大连大三山、秦皇岛、天津北塘、青岛王家麦、上海大戢山、海南抱虎角6个基准台,10月下旬投入试运行。

1997年建成了广州珠江干线船舶交管系统。广州港新沙港区一期工程船舶交管系统完工并通过初验。山东成山头、青岛港一期和黄岛港区、秦皇岛港煤码头四期工程船舶交管系统,1997年6月通过交通部验收后正式交付使用。1997年还完成了大连八斗银子灯塔、烟台崆峒岛灯塔、青岛团岛灯塔、福州车牛山灯塔、宁波桃花岛灯塔和上下栏山灯塔、汕头青州灯塔、珠江口桂山岛灯塔、湛江罗斗沙灯塔、海南白鞍岛灯塔和八所导标的改建和改造,使视觉航标的布局和效能得到进一步改善。到1997年底,中国海区各类公用航标已达3 061座,基本建成了多种手段的综合助航体系,为船舶航行提供了良好的安全保障。

【通信设施建设】 全球海上遇险和安全系统(GMDSS),1997年国际海事卫星B/M地面站话音、传真和MINI－M地面站话音已通过国际海事卫星组织的入网测试,投入试运行;低极轨道搜救卫星系统本地用户终端站(LUT)和搜救控制中心(MCC)建成,并进入国际MCC网试运行。中国低极轨道搜救卫星终端站接收遇险信号的覆盖半径达2 000km海域,对保障海上航行安全具有重要意义。

1997年天津海岸电台通信大楼已进入安装调试。湛江、三亚海岸电台9月18日和12月28日通过交通部验收后正式交付使用。广州华南海运通信调度中心大楼11月23日正式交付使用。

到1997年底,沿海港区电话网基本实现了自动化、程控化和数字化,港区移动通信网基本建成,并组织了各种专用通信网为港口生产调度、作业服务。

【广州船舶交通管理系统一期工程】 广州船舶交通管理系统一期工程是支持系统重点工作。1994年8月开始建设,将于1998年3月基本建成。

该工程由广州黄埔交管分中心和珠江沿线3个遥控雷达站、3个交管值班室组成,主要设备由德国引进,是国内规模最大的船舶交通管理系统。

广州船舶交通管理系统一期工程利用VHF、UHF、微波通信、雷达、工业电视和船舶数据处理及显示、记录及重放等设备收集管理区域内各类船舶数据航行计划信息和动态船舶交通信息,利用这些信息实施交通监视、组织交通、提供信息服务、助航服务和支持海上联合行动。在北起黄埔港、南至桂山岛全长约120km航道的水域范围内,对船舶实施宏观动态管理,对重点水域和航段实施监视管理,对小船密集的水域和航道强化现场管理。

海洋交通科技
Science and Technology in Marine Traffic

【完成的国家重点科技项目】 1.国家重点科技(攻关)项目——国际集装箱运输电子信息传输和运作系统示范工程。受国家计委委托,交通部于1997年12月

25～26日在上海召开了“国际集装箱运输电子信息传输和运作系统示范工程”项目鉴定、验收会。鉴定委员会认为，该项目在总体上达到了当前国际先进水平，为交通运输行业推广应用EDI技术奠定了良好的基础，一致同意通过鉴定；验收委员会一致同意通过验收，建议加快推广，使EDI技术在中国交通运输领域取得更广泛的应用和更大的经济效益。

该项目的主要成果归纳为：建立了符合中国国情并与国际接轨的集装箱运输EDI标准体系；开发了一套生成UN/EDIFACT国际标准报文的应用软件；建立了上海、天津、青岛、宁波口岸及中国远洋运输（集团）总公司等5个EDI中心，开通并投入运行；实现了中远（集团）EDI网络与国际公用数据网络的互联；形成了EDI和电子数据处理（EDP）有机结合的“应用报文系统”；建立了集装箱运输EDI报文运作的安全机制；制定了集装箱运输EDI法规体系；建成了完善的培训体系；完成了进出场站码头集装箱信息自动传输技术的研究。

2. 国家重点技术开发项目。交通部科学技术司在福州市主持召开了鉴定、验收会议，对国家重点技术开发项目“集装箱港口技术设备研究开发”中的4个课题成果予以鉴定和验收。鉴定、验收专家组一致同意通过鉴定，并同意验收。这4项成果是：JAJ52型大型岸边集装箱起重机，适用于第四代超巴拿马性集装箱船装卸作业；大型轮LJMJ50型胎式集装箱龙门起重机；DMQ40－32型多用途门座起重机；SJD40型集装箱吊具。

【实施中的国家重点科技项目】 1997年，由交通部组织实施的国家级重点科技计划有：

1. 国家重点科技攻关项目——深水枢纽港建设关键技术及示范工程。该项目针对中国港口建设向专业化、大型化码头发展，并向外海深水区、大江大河入海口发展带来的技术需求，解决水深大于13m，有效波高大于6m的海区深水枢纽港建设关键技术问题，最终形成中国深水枢纽港建设成套技术。

2. 国家重大技术装备研制和国产化计划项目——大型煤炭海运船舶及港口装卸成套设备研制。该项目针对华东、华南地区煤炭运输需要，研制5万吨级浅吃水肥大型运煤船以及配套的大型煤炭港口装卸成套设备。

3. 国家重点技术开发项目——进口散粮卸船成套设备开发。该项目针对中国粮食进口逐年增加，对港口散粮码头接卸设备和系统工艺的需求，以90年代中期国际港口散粮码头装卸技术与装备水平为目标，研制开发新型气力式卸船机、波形挡边皮带式卸船机、大型埋刮板式输送机等机械，研究除尘装置及粉尘防爆技术、散粮卸船系统工艺流程自动控制技术等。

此外，1997年交通部涉海重点软科学项目有：关于“APEC港口区域发展战略”的对策研究；国际海运法律制度与国内立法问题的研究；内地与台湾港口发展比较研究；沿海港口建设决策支持系统。

表4 1996～1997年海洋货物运量、货物周转量和旅客运输量

单位：货运量：万t；周转量：亿t·km；旅客运量：万人次；旅客周转量：亿人·km

部门和地区	1996						1997					
	货运量	其中远洋	周转量	其中远洋	旅客运量	旅客周转量	货运量	其中远洋	周转量	其中远洋	旅客运量	旅客周转量
全国合计	42 672	15 641	15 983	11 633	5 339	44.3	45 744	21 793	17 733	15 247	5 402	44
交通部直属	25 550	10 983	14 184	10 802	697	18.2	28 420	16 418	15 852	14 372	614	15
地方合计	17 122	4 658	1 799	831	4 642	26.1	17 324	5 375	1 882	875	4 788	28
辽宁	606	209	154.4	57.3	207	2.0	528	231	135.1	61.5	204	2.0
河北	439	82	79	35.1			363	74	70.8	36.4		
天津	317	130	50.4	29.7			382	243	62.1	48.1		
山东	1 424	455	173.1	111.2	734	3.3	1 530	593	179.2	110.8	914	4.0
江苏	,391	181	77.1	35.1			402	278	83.8	64.2		
上海	175	81	25.2	18.4	20	0.2	153	54	14.1	7.4	20	1.0
浙江	3 593	144	346.8	52.8	1 653	8.4	4 023	141	373.1	36	1 732	8.0
福建	2 540	553	301.5	103.5	289	0.9	2 770	650	320.2	113.6	289	1.0
广东	5 471	2 296	295.7	215.0	1 191	8.8	4 996	2 748	294.9	209.2	1 159	8.0
广西	253	128	28.9	26.8	37	0.7	236	143	41.0	39.6	35	1.0
海南	1 846	340	236.8	118.1	511	1.7	1 871	156	273.6	116.1	435	2.0
其他	67	59	29.8	28.4			71	64	33.7	32.3		

表 5　1996～1997 年沿海主要港口分货类吞吐量

单位:万 t

货　物　名　称	1996 年			1997 年		
	合计	出口	进口	合计	出口	进口
沿海港口合计	85 152	41 157	43 995	90 822	45 138	45 684
煤炭及制品	25 252	15 757	9 495	23 892	15 051	8 841
石油天然气及制品	15 053	6 836	8 217	17 499	8 155	9 344
其中:原油	8 627	4 049	4 578	9 342	4 522	4 820
金属矿石	8 772	2 500	6 272	9 842	2 598	7 244
钢　　铁	3 803	1 591	2 212	3 603	1 810	1 793
矿物性建筑材料	5 081	1 212	3 869	5 126	1 490	3 636
水　　泥	1 605	1 170	435	1 240	913	328
木　　材	736	334	402	826	405	421
非金属矿石	2 193	1 393	800	2406	1 637	769
化肥及农药	2 277	604	1 673	2 332	603	1 729
盐	492	236	256	472	231	241
粮　　食	3 396	1 253	2 143	3 717	1 982	1 735
机械、设备、电器	2 249	1 070	1 179	2 757	1 371	1 386
化工原料及制品	1 295	512	783	1 482	669	813
有色金属	212	84	128	204	126	78
轻工、医药产品	1 741	814	927	1 909	968	941
农林牧渔产品	1 333	459	875	1 398	453	945
其　　他	9 661	5 332	4 329	12 118	6 678	5 440

* 海洋运输业一部分资料引自《交通年鉴》。

海洋盐业和盐化工
Marine Salt Industry and Salt Chemical Industry

【综述】 1996～1997年，全国共产原盐6 094.7万t，平均年产3 047.35万t，盐产总量居世界第二位。其中海盐两年共产4 244.2万t，平均年产2 122.1万t，海盐产量仍居世界第一位(表1)。海盐产量在1993～1995年连续三年高产情况下，1996～1997年又连续两年居高不下，继续形成供大于求的局面。1997年全国海盐区海盐生产情况为：北方盐区，天津231.9万t，河北396.9万t，辽宁307.4万t，江苏293.5万t，山东836.8万t；南方盐区，浙江38.7万t，福建30.0万t，广东12.0万t，广西7.3万t，海南8.9万t。1997年海盐盐化工产品品种已达80种，产量达95万t。盐田水产养殖，近二年虾病蔓延得到控制，生产有所恢复。据统计，1996、1997年全国海盐工业增加值分别为23.14亿元和21.48亿元，职工人数分别为16.40万人和15.34万人。

1996年5月27日国务院颁布《食盐专营办法》，对食盐的生产企业实行"食盐定点生产"制度，对食盐批发企业实行"批发许可证"制度和对食盐的运输实行"准运证"制度。依法对食盐的生产、市场供应进行有效的监督管理。

为了加强盐政管理和盐业市场监督管理，各级盐业管理部门，层层建立责任制，完善管理体制和管理办法，推行碘盐分配送货制，彻底整顿食盐生产和销售市场，统一使用碘盐防伪标志，加强盐政执法力度，坚决打击劣质盐、非碘盐冲击碘盐市场的不法行为。全国建立起25 000人的盐政执法队伍，在执法过程中涌现了一批沈秀英、何伟等"食盐专营卫士"。1997年全国还组织了六部委对24个省(市、区)的食盐专营联合大检查。全国盐业战线的广大职工，在国务院有关部门和各级政府的领导和支持下，建立了"碘盐基金"，理顺、稳定了加碘盐价格，食盐专营体制得到加强，食盐市场供应稳定。1997年碘盐供应量提高到620万t，碘盐的覆盖率达到87%，碘盐合格率达到94.1%，达到和超过了《中国2000年消除碘缺乏病规划纲要》阶段目标的要求。

实行《食盐专营》后，对工业盐的管理由现行的计划分配，改为在国家总量计划指导下的合同定货。为了有效地保证两碱工业用盐，中国轻工总会盐业管理办公室、中国盐业总公司与化工部，每年联合举办1 000万t工业用盐订货会，确定工业盐中准价，供需双方产销见面，保证两碱工业用盐的供应。同时对1 000万t以外的工业用盐，也加强了管理。从而保证和防止工业盐对食盐市场的冲销。 (果文会)

【海盐生产】 随着海盐生产技术水平的提高，海盐生产抗御降雨损失能力的增强，再加上近两年北方沿海气象条件有利于海盐生产，使1996、1997年海盐生产再创高产，分别达到2 080.5万t和2 163.7万t，分别比前三年(即1993～1995年)平均产量增加5.10%和9.31%。连续几年的高产，使盐业产大于销的局面更加严峻，北方海盐区多数生产企业销盐不畅，库存积压，处境艰难。为此合理安排海盐生产，限制盲目超产，提高产品质量，增加经济效益仍将是海盐生产企业目前以至今后的指导方针。

表1　全国海盐产量及盐田生产面积

单位：万t，hm^2

年份	1996		1997	
项　目	海盐产量	生产面积	海盐产量	生产面积
全国海盐	2 080.5	367 820	2 163.7	368 315
北方盐区	1 888.6	329 262	2 066.6	331 048
辽　宁	232.5	52 537	307.4	51 998
山　东	714.2	92 911	836.8	94 413
河　北	369.6	78 729	396.9	80 611
天　津	226.7	37 927	231.9	37 597
江　苏	345.6	67 158	293.5	66 429
南方盐区	191.9	38 558	97.0	37 267
浙　江	60.1	10 794	38.7	10 085
福　建	75.5	12 412	30.0	11 985
广　东	28.0	8 165	12.0	8 106
广　西	10.3	3 444	7.3	3 405
海　南	18.0	3 743	8.9	3 684

(赵建国)

【海盐盐化工】 1996～1997年，中国海盐盐化工业仍未从根本上摆脱低迷态势，总体呈亏损局面。据中国盐业协会盐化工专业委员会最新一次调研显示，到1997年底，全行业盐化工产品总产量约95万t，年创工业总产值(按1990年不变价)约9.3亿元，占全行业工业总产值12%左右。北方海盐区，每年利用苦卤量为350

万 m^3，占总资源量的25%。盐化工从业人数约8.5万人，具有中高级以上技术职称的科技人员占1.4%。盐化工业已经成为制盐工业的重要组成部分，不但保护了海洋环境，利用了资源，有的产品满足或缓解了社会需求，有的还填补了国内空白，替代了进口或直接出口创汇，对盐业的综合发展和支援国民经济建设起着越来越重要的作用。

近两年，盐化工的发展呈现如下特点：(1)工业溴产量迅速增加，1997年已突破5万t大关；(2)硫酸钾生产开始启动，目前已形成5万t生产能力；(3)不断研究开发钾、溴、镁的系列产品，并取得一些阶段性成果；(4)积极探索引进技术和资金，大力开拓国内外市场；(5)盐化工产品总产量稳步增长，但增幅趋缓；(6)以苦卤综合利用为主攻方向的科研工作正逐步深化。

表2 海盐区主要盐化工产品产量

单位：t

地区		氯化钾	工业溴	氯化镁	无水硫酸钠
1996年	辽宁	3 551	296	25 422	13 002
	山东	802	36 275	38 248	16 478
	河北	7 010	1 525	64 626	
	天津	15 106	2 282	124 700	656
	江苏	9 842	1 016	81 351	
	广东			300	
	合计	36 311	41 394	334 647	30 136
1997年	辽宁	5 342	437	41 966	11 961
	山东		44 295	41 377	17 331
	河北	7 425	2 096	71 132	
	天津	15 752	2 745	130 331	
	江苏	8 847	992	91 240	
	广东			20	
	合计	37 366	50 565	376 066	29 292

（黄　伟）

【加碘盐】 为了实现“到2000年中国实现消除碘缺乏病的目标”，1995年2月25日由国家计委批准中国加碘盐项目的总体可行性研究报告，确定在全国范围实施食盐加碘计划。加碘盐工程项目总资金9.8亿元，其中世界银行贷款2 700万美元，开行贷款1.9亿元，碘盐基金1.9亿元，其余地方自筹。1996年10月20日国家计委批准加碘盐项目的总体开工，并下达1996年基本建设投资计划。截止1997年12月31日累计完成投资35.62%，形成605万t加碘能力，新增50kg机械包装能力81万t，新增0.5～1kg包装能力62万t。加碘盐工程涉及全国182个盐业生产和运销企业。主要设备通过国际竞争性招标和国内竞争性招标进行采购，并对0.5～1kg包装机进行技术引进、消化吸收。

科研 国家科委批准“九五”国家科技攻关项目“食盐加碘技术及设备的研究”，共11个专题，总资金1 615万元，“九五”攻关项目从1996年开始执行，到1997年底止已完成工作量的70%以上，完成阶段性成果：新产品5项，新技术新工艺8项，新设备5台，专利1项，商业化成果22项，为食盐加碘项目提供了技术支持。

培训 在1995年完成国家级加碘盐管理培训1 095人次的基础上，1996年进行了省级、企业级培训4 200人次。1997年在加碘机、包装机安装过程中，进行了设备使用操作、维修培训。

质检 为了加强质量检测工作，各省新建、充实完善了省质量检测站，加碘盐合格率1996年和1997年分别达到93.4%和94.1%。同时，在联合国儿童基金会、工业发展组织的援助下，建立质量信息网络。

宣传 为了推进加碘盐工作的顺利开展，提高人民群众食用碘盐的自觉性，唤起全社会对这项工作的重视，从1994年起，每年的“5月5日”定为消除碘缺乏病宣传日。1997年宣传日的主题是：“食用合格碘盐，严禁销售非碘盐”。此外，各地盐业部门还利用电视、广播、报纸等媒体，进行食用加碘盐、实行食盐专营、加强盐政管理的宣传工作，起到良好效果。

国际组织援助 联合国工业发展组织1997年底批准“为消除碘缺乏病支持中国盐业技术援助项目——技术转让和科技开发”项目，该项目从1998年开始实施，内容为加碘盐的稳定性、机械化包装，援助金额68.5万美元。1997年4月国家科委批准了“中国—西班牙食盐加碘科技合作项目”，该项目由西班牙政府赠款2.8亿比塞塔（折1 658万元人民币）用于建设一座3万t/a生产加碘盐的示范工厂，目前已进入设备安装阶段。

（任长安）

海洋船舶业
Marine Shipbuilding Industry

综 述
Summary

【概况】 1996～1997 年，中国船舶工业总公司系统 30 万职工在党中央、国务院的领导下，抓住契机，克服困难，扎实工作，各项工作取得了较好的成绩，销售收入、工业总产值、造船产量等主要经济指标连创历史最好水平，不仅在国内产生了积极的影响，也引起了国际造船和航运界的瞩目。

工业生产持续发展。1996～1997 年，全公司完成工业总产值 386 亿元，完工造船产量 420 万 t，完成船用大功率低速柴油机 141 万 kW，保持了工业生产的持续发展。与成立中国船舶工业总公司的 1982 年相比，1997 年总公司年造船产量由 42 万 t 提高到 220 万 t，翻了两番多，年均增长 11.7%，由占世界造船产量的份额 0.8%、居世界第 17 位，提高到 5%、居世界第三位。

外贸出口增势不衰。1996～1997 年出口创汇 27 亿美元，完工出口船舶 357 万 t。船舶出口在巩固和发展原有出口市场的基础上，实现了对日本、韩国、加拿大、希腊、马来西亚和中国台湾省等国家和地区出口船舶零的突破。从 1982 年到 1997 年，船舶总公司累计承接出口船订单 1 200 万 t，已完工交付近 900 万 t，出口船舶进入世界主要航运大国、经济发达国家和造船先进国家。军贸出口、外轮修理、机电产品出口也取得较好成绩，船舶工业已成为中国机电产品出口的支柱产业。

科技开发取得突破性进展。列入国家重大攻关项目的 15 万 t 油轮、5.2 万 t 多用途船、3.4 万 t 大湖型散货船、4.6 万 t 化学品船、1.65 万 m^3 液化石油气船、7 万 t 自卸船已经出口。列入国家技术开发项目的高速集装箱船、高速水翼客船已开工建造。

重点建设进展顺利。继“八五”完成四个 10 万吨级以上船坞的建设和改造后，列入国家“双加”工程建设项目的青岛北海船厂 10 万 t 浮船坞于 1996 年底竣工投产，填补了北方地区无大型修船坞的空白。上海外高桥造船基地已经国务院批准立项。大连造船新厂二期工程取得阶段性成果。渤海造船厂 10 万吨级船台主体工程已基本结束。山海关船厂 15 万吨级干船坞主体工程已大部分完成。经过基本建设和挖潜改造，船舶总公司造船能力由 1982 年的 80 万 t 提高到 1997 年 250 万 t；坞修容量由 1982 年的 38 万 t 提高到 73 万 t，综合实力大为增强。

（范 斌）

表 1 1996～1997 年沿海造船工业总产值和增加值

地 区	1996		1997	
	总产值	增加值	总产值	增加值
辽宁	43.99	7.49	55.82	12.29
河北	2.67	0.90	3.69	1.25
天津	8.4	1.43	9.00	0.71
山东	21.36	5.40	23.93	5.52
江苏	7.37	3.03	8.34	4.08
上海	68.70	13.92	84.63	15.40
浙江	1.40	0.23	2.66	1.20
福建	9.08		8.74	1.84
广东	30.87	7.87	30.78	7.32
广西			0.12	

船舶建造
Shipbuilding

【中国海军吨位最大的船舶远洋综合补给船交付使用】 1996 年 5 月 8 日，一艘现代化的大型远洋综合补给船“南运 953”号在大连造船厂码头交付海军，正式服役。该船原是三年前从国外购买的一艘半成品船，经中国船舶工业总公司 708 所消化、修改设计，大连造船厂续建完成。该船装载补给量大，可补给 20 000 多吨；自动化程度高，全船计有 46 个自动化系统；技术性能先进可靠，可全方位补给；续航力 12 000n mile、自持力 45 昼夜，是迄今为止中国海军吨位最大的船舶。

【中国首次向泰国出口补给船】 1996 年 8 月 12 日，由中国船舶工业总公司 708 所设计、沪东造船集团建造的出口泰国的新型综合补给船正式交船。这艘“锡米兰”号综合补给船是中国首次在国际军贸投标中击败荷兰、法国等多个海军装备出口国获得设计和建造权的。该船满载排水量 22 000t，航速高达 20kn。全舰采用电脑网络系统，全船重要系统均实现了计算机集中控制和管理，具备横向、纵向和直升机垂直补给等现代化补给手段，可以为包括航空母舰在内的各型舰船提供综合补给，一次对接即能补给各型舰船及其编队的续航能力。该船除可对海上其他舰船提供各种干货、液货的综合补给外，还具有可提供海上医疗、技术、救灾、疏散、救助和防污染控制功能，并具有全球安全航行的能力。

【大型旅游潜艇下水】 由中国船舶工业总公司七院719所设计、武昌造船厂建造的中国第一艘40客位大型旅游观光潜艇——“航旅一号”经过两年多的开发研制，于1996年11月8日顺利下水。该艇总长23.5m，型宽4.2m，最大高度5.4m，排水量125t，旅游下潜深度3.8m，水面最大航速5kn。艇内舱室采用了飞机内饰材料装修，高贵大方；左右舷侧各有10个直径分别为640mm的圆型舷窗，艇首还有一个直径850mm的大舷窗，视野非常开阔；舷窗之间装有大功率的水下照明灯，以便夜间或光线暗淡时也能如常观光；艇外安装水下摄像机，舱内安有与之相连的大屏幕闭路电视。该艇装备先进，配备了柴油机和蓄电池两套动力推进装置，续航时间为8～10h，艇上还配置了先进的观通导航系统、空调设备和救险装置，其安全与生存保障设施使潜艇坐沉水深10m的海底时亦可保证全艇人员24h内的生存需求。

【万吨级国防动员船服役】 中国第一艘具有平战结合功能的万吨级国防动员船“世昌”号于1996年12月28日交付海军。该船由国家计委和海军共同出资、708所设计、求新造船厂建造。该船拥有航海训练、直升机训练、医疗训练、国防动员演练以及运载300个标准集装箱等多种功能。通过加装各种集装箱模块，能迅速地把一艘民用运输船转换成各类战时使用的军辅船。该船可满足200人航海训练需要，设有两个大型海图作业室，可供60人同时进行航海作业，并设有必要的导航设备及闭路电视系统，供航海教学用。在加装集装箱医疗模块后，该船就变成“海上医院”，其规模相当于陆地上一个中心医院，可进行各种复杂手术，并可供100名医护人员海上医疗救护训练。在加装直升机舰载系统模块后，可携带直升机在海上进行飞行训练，飞行甲板可供两架直升机同时起降。通过功能的变换组合，可组成多种综合使用功能，如直升机编队和医疗救护人员上船实施直升机医疗救护、货物运输和直升机编队组成海上垂直补给等。

【5S50MC—C型低速船用柴油机】 世界首台新机型5S50MC—C型低速船用柴油机由沪东造船集团研制成功，于1997年11月19日正式通过由10个单位组成的专家组的技术型式鉴定，并取得了国内外12家主要船级社的认可。世界首台船用低速柴油机新机型由中国制造，标志着中国低速船用柴油机生产能力和技术水平跃上了世界水平。这台被国际造船界和航运界认可为当今世界上技术领先的超长冲程紧凑型船用柴油机，是由沪东造船集团引进丹麦MAN—B&W柴油机公司专利，通过消化吸收后自行制造的。鉴定认为，该机与国际同类型船用主机相比，不仅冲程增加4.7%，长度缩短了10.4%，主机输出功率增加了10%，而且在结构上化繁为简，零部件加工工艺更好，市场竞争力更强，成为国际新一代船用首选“心脏”。

【“中国沪东型”散货船首次打入西欧市场】 1997年11月，沪东造船集团与希腊沪东海事友谊公司签署的一艘74 500t巴拿马型散货船合同正式生效。这艘将被船东命名为“中国沪东型”的上海地区最大吨位的出口船舶，首次打入西欧市场。沪东造船集团在业已开发并研制的27 000t、36 000t、47 500t、70 000t、73 000t几个系列的散货船产品的基础上，跟踪国际船舶科技发展新动向，掌握船舶市场脉搏，组织工厂科技人员从选型、性能、总布置、规范强度计算等方面完成了新一代的“中国沪东型”74 500t散货船的开发、设计、评审工作，并推向市场。该型船集当今世界各种先进的船舶设计技术于一体，总长225m，型宽32.2m，型深18.7m，设计吃水12.5m。由于该船在开发中认真吸收世界先进造船技术，改进船体结构吃水，提高了船舶载重量和航运效益，在国际市场上具有较强的竞争力。

【北海船厂承修迄今国内最大船舶】 中国目前所承修的最大吨位船舶——香港海宏公司27.4万吨级“惠砂”号油矿两用船于1996年5月22日按期完工离开青岛北海船厂。该轮长335m，型宽52m，型深28m，船龄22年。北海船厂承修的主要项目有22个边柜框架换板及7个货舱甲板纵桁加强、1个艉尖舱的内部结构控换，总换板钢材达1 000余吨。该船修期短，工作量大，施工条件艰苦，全船修理任务只用了43天即完成。

【首艘长江高等级化学品船开工】 长江第一艘高等级化学品船于1996年5月在武汉青山船厂动工建造。该船总长114.8m，宽17m，航速13kn，载重量5 953t，有12个独立的不锈钢舱室。该船采用国外先进的涂装技术，防腐性能优越，船舱采用微机监控，自动化程度高，能装运各种化学品。

【中国首艘油轮模拟教学船建成】 国内第一艘油轮模拟教学船“海英”号，1996年8月在上海建成并通过验收。该船全长17m，型宽6.5m，型深4.5m，可模拟实船进行五大系统的操作——货油装卸系统、消防灭火系统、惰性气体保护系统、洗舱系统和集中遥控操作系统。它将作为华东地区油轮船员的上岗培训基地。

【中国第一艘公安武警边防艇建造成功】 中国第一艘公安武警边防工作艇由中国人民解放军2703工程指挥部建成，于1996年10月15日在黑龙江省佳木斯市举行了交船仪式。该艇由黑龙江水运规划设计院设计，具有船体结构轻、航速快、稳性及操作性优良等特点。该船的投入使用，填补了公安边防武警无界江高速浅吃水工作艇的空白。这艘艇将在中国最东端黑龙江和乌苏里江抚远航段的公安边防保卫工作中发挥特殊作用。

【中国气垫船首次进入国际市场】 由航天701所与南通渔轮厂联合创立的天通高速船公司研制生产的951型20座全垫升气垫船于1996年12月销往新加坡，这是中国气垫船首次打入国际市场。这种全垫升气垫船是运用流体力学原理和轻质铝合金结构等技术，以制造飞行器与船舶的特种工艺生产的一种高速水面交通运输工具。航行时，它利用船底四周的气囊不断充气、排气，靠强大的气流把船身托离水(地)面1m左右，不仅可以在深水中以60～80km/h的时速航行，还可以以同样的速度在浅滩、沼泽、冰面、雪地、草原等复杂环境下平稳地行驶。这种新型气垫船一诞生，就被国家列为首批“火炬计划”项目，先后研制生产了6种型号，被国家有关部门用来开辟上海宝山至崇明岛、黑龙江黑河至俄罗斯布拉格维申斯克等航线，彻底改变了上述地域受滩涂、航道多变和结冰期及化冰期车船不能通航所带来的不便。

【国内首艘地效翼船建成】 由中国船舶工业总公司702所设计，广西北海达洋翼船有限公司投资，空军5712厂建造的中国第一艘全铝合金掠海地效翼船于1997年2月建成。地效翼船是介于飞机与船之间的应用掠海地效技术研制而成的新型高速运载工具，它可以在水面起降，贴近水面航行，也可以进入一定高度做空中飞行，具有良好的总体、水动力和空气动力性能。该艇长19.9m，高5.3m，翼展宽12m，航行速度144km/h，可在水上0.5～2m低空掠水航行，适航于三级海况；起飞重量4t，乘员12名，航程400km。除发动机进口外，其余均为国产材料设备。该艇的建成，标志着中国地效翼船技术的发展进入了一个新的时期。

【中国首制穿浪型高速船】 由中国船舶工业总公司上海中舟高速船工程总公司为浙江省海运总公司建造AMD—180穿浪船建造合同于1997年2月18日正式签字。该船由广州海上巴士工程有限公司设计，为全焊铝质穿浪型高速客船，船长30m，型宽9.57m，型深4.5m，航速28节，乘客量200～220人，抗风9级。

船舶科技
Shipbuilding Science and Technology

【船舶优化设计及关键技术研究项目通过验收】 中国船舶工业总公司首次承担的85—407国家重点科技攻关项目——“船舶优化设计及关键技术研究”于1996年3月29日通过国家验收，使中国船舶设计水平和技术水平上了一个新台阶。该项目是国家计委部署，经中国船舶工业总公司组织进行可行性论证，于1991年5月通过评审，同年9月开始启动的。该项目国家拨款2 000万元，总公司自筹2 000万元，直接参加项目科技攻关的有702所、704所、708所、大连造船厂、沪东造船厂等16个单位，参与的科技人员600余人。攻关内容包括船舶航行性能和结构优化研究、高新技术船舶设计的关键技术研究、专用配套设备和特殊工艺技术研究等8个课题31个专题，旨在提高中国船舶优化设计和关键技术的总水平。经过5年努力，攻关成果取得了较好的实效。约有40%的成果已在“八五”后期实现了转化，创直接经济效益7 000多万元，间接经济效益2亿多元。另外的40%将在“九五”期间获得应用，还有20%属超前技术储备。该项目的完成，使中国造船工业具备了4 000TEU集装箱船、VLCC、大型化学品船、大型散装水泥船、液化气船、火车渡船等一批高技术、高附加值船舶的基础设计能力，使中国向成为世界造船大国的目标又迈进了一步。

【全面取消1∶1地板实尺放样工艺研究课题通过鉴定】 由大连造船新厂承担的“全面取消1∶1地板实尺放样工艺研究”课题于1996年5月通过专家鉴定，使该厂成为国内第一家实现全面取消1∶1地板实尺放样的造船厂。这项技术在船体线性处理、外板展开、内部结构放样、板材型材弯曲加工、分段胎架计算、锚台及挂舵臂等大型铸件放样等系列工作中，用计算机全面取代手工放样，实现了放样作业的计算机化。该技术经15万t散货船、15万t油船、5.2万t多用途船等多艘实船应用情况统计，每年节省材料、工时、能源等费用1 000多万元，为该厂取得显著经济效益。国内各主要船厂从70年代初开始进行数学放样研究，目前，一些船厂已把地板放样缩小到艏艉很小的区域，但距全面取消1∶1实尺放样尚有距离，该项技术的研究成功，是中国计算机辅助船体放样技术的一项重大突破，标志着中国船舶建造工艺技术水平又上了一个新台阶。

【6 000m水下机器人完成深海考察】 863计划项目——6 000m无缆自治水下机器人是由中国科学院自动化研究所、声学研究所、中国船舶工业总公司702所、哈尔滨工程大学等单位100多位科研人员联合研制的。自1995年8月完成试验样机后，经过一年多的工程化改造，该机器1997年5月20日～6月27日在太平洋东南海域完成了包括6 000m深水录像、拍照、海底地势与剖面测量、海底多金属结核丰度测定等多项洋底调查任务，至此中国成为世界上少数具有研制自治水下机器人能力的国家。

船舶工程建设
Ship Engineering Construction

【北海船厂10万吨级浮船坞投产】 “齐鲁第一坞”——10万吨级钢质浮船坞“泰山”号于1996年10月28日在青岛北海船厂竣工投产。该坞的投产，填补了中国北方地区无大型修船坞的空白，优化了中国修船业的布局。该浮船坞是中国自行设计、全新建造的大型船坞，它由上海船舶研究设计院技术设计，青岛北海船厂施工设计和建造，工程总投资1.98亿元。该坞举力28 000t，总长249m，型宽54m，内净宽43m，型深18m，坞最大沉深15m，最大坞修能力可达12万载重吨。该坞配有先进的沉浮遥控系统和自动监测系统以及齐全的坞修、能源等设施。针对海域作业的特殊环境，该坞还配有先进的防腐装置、防台风系坞抱桩装置和污水处理装置舱。该坞建造工程全面开工后，仅用10个月时间便竣工并试投产。经各项测试和检验结果显示，其综合性能及建造质量完全满足和符合设计要求，尤其是整体建造精度控制达到国内同类坞中一流水平。该坞可年修大型船舶41艘，创修船产值1.8亿元。

【广州文冲船厂10万吨级修船坞验收】 中国大陆最大的修船干坞——广州文冲船厂10万吨级修船干坞于1997年5月7日通过国家有关部门验收。这座船坞的建成，填补了中国没有10万吨级大型修船干坞的空白，标志着中国大型干船坞的建设能力和速度已进入国际先进行列。该船坞总长300m，宽62m，深11.9m，可满足15万吨级大型船舶修理，按国际惯例可称15万t修船干坞。该坞由中国船舶工业总公司第九设计研究院规划设计，交通部四航局负责水工工程施工，文冲船厂负责大型设备制造和安装。1992年6月28日正式开工，1995年3月8日试投产，建设周期两年八个月，创下国内建设大型船坞最快进度。该修船干坞的建成，大大增强了文冲船厂综合修船能力和在国内外修船市场的竞争能力。自试投产两年来，已先后有70个坞项、125艘船舶完成修理，修船产值达3亿多元，修理最大船舶为英国20万吨级货船“巴西之星”号。

【国务院批准建设外高桥造船基地】 1997年7月28日，国务院批准了《国家计委关于审批上海外高桥造船基地项目建议书的请示》。按照项目生产纲领，该基地年造船180万载重吨。这与1996年中国船舶工业总公司造船完工量大体相当；年产低速柴油机44.13万kW（60万马力），曲轴65根。“九五”期间先实施一期工程，为期3～4年，以形成年造船180万t和曲轴65根的生产能力。一期工程建成后，根据市场情况和资金筹措情况，再考虑二期工程，形成年产低速柴油机44.13万kW的能力。该项目一期工程总投资47.17亿元，其中固定资产投资44亿元，铺底流动资金3.17亿元。该项目由三方投资，项目资本金共13.2亿元，其中，上海市出资2.4亿元，宝山钢铁公司出资3.8亿元，其余7亿元由中国船舶工业总公司以土地使用权入股和国家计委安排国家基本建设基金非经营投资解决。一期工程完成后，这里将成为中国造船规模最大、设备最先进、管理一流、高效率运转的现代化造船总装厂。

【山海关船厂15万吨级干船坞工程项目批准开工】 1997年11月25日，中国船舶工业总公司“九五”重点建设项目山海关船厂15万吨级干船坞被国家计委正式批准开工。该项目总投资为4.14亿元，资金来源由银行贷款和企业自筹解决。

船舶工业国际合作
International Cooperation in Shipbuilding Industry

【首届中国国际船艇及船用技术设备展览会】 首届中国国际船艇及船用技术设备展览会于1996年4月8～11日在上海商城举行。参加本届展览会的有来自英国、美国、法国、德国、日本以及中国（包括台湾、香港)等10多个国家和地区的近百家厂商。展品以船艇为主,船用技术设备为辅,主要有水翼船、气垫船、消防救生艇、水上摩托艇、高速缉私艇等,还有各种适用于船艇的舷外机、电子导航设备、自动驾驶仪等产品的实物和图片资料,较全面地展示了当前国内外船艇及其设备制造的技术水平。

【中挪造船界签署合作协议】 1996年6白28日,中国船舶工业总公司和挪威克瓦尔纳(Kvaerner)集团在奥斯陆挪威船级社(DNV)本部正式签署了双方友好合作协议书。签字后,双方代表受到了前来参观挪威船级社的中国国家主席江泽民和挪威国王哈拉尔五世的接见。近几年来,中国船舶工业总公司向挪威出口船舶150多万吨,也从挪威进口了包括主机遥控装置、甲板机械、船用吊机等大量船用设备,并引进了挪威多项专利技术制造许可证。此次合作协议书内容包括建造高科技船舶、建立合资企业、培训员工以及开发生产非船产品等。

【中船总获得国际银团1.03亿美元贷款】 1996年9月20日,以日本住友银行、三和银行牵头的18家国际银行向中国船舶工业总公司提供1.03亿美元贷款协议在北京签字。该融资将被用于大连造船厂、江南造船厂和沪东造船厂建造的6艘出口马来西亚船舶。这是中国第二次在境外机构融资。1995年12月,中国船舶工业总公司曾与以加拿大皇家银行为牵头行的国际银团达成融资协议,贷款4 543万美元,用于大连造船新厂15万t出口油轮建造。此次境外机构融资的借款人为中国船舶工业总公司下属的惠通亚洲有限公司,中国进出口银行为其提供还款担保,中国船舶工业总公司为其出具反担保,具有强有力的还款保障。

【中意造船界签署合作协议】 1997年11月26日,意大利芬坎蒂尼造船集团与中国船舶工业贸易公司(CSTC)、大连造船新厂合作协议在北京签署。意大利芬坎蒂尼集团是世界上最大的造船集团之一,在建造大型客轮和渡轮的专有技术方面居世界领先水平,并拥有全欧洲最大的船舶设计所,集团年销售额达250亿美元。中意双方合作的主要内容包括利用芬坎蒂尼集团在造船技术和市场方面的优势与中国大连造船新厂在造船生产能力及低成本方面进行合作。

【'97国际海事会议在上海举行】 1997年12月2日,'97国际海事会议在上海开幕。该届展览会共有24个国家和地区的600多家厂商参展,其中中国、德国、法国、英国、日本、芬兰、挪威、丹麦、瑞典、荷兰等10个国家的著名厂商组成参展集团,以国家馆名义展出。中国船舶工业总公司(CSSC)展区共有169家企业设了展台,展示了一个造船大国应有的风采。

【中国首次参加OECD造船会议】 1997年12月7~16日,中国船舶工业总公司总经理徐鹏航参加了在巴黎举行的"OECD(欧洲经合组织)非正式造船政策研讨会",这是中国首次派团参加OECD造船会议。"OECD非正式造船政策研讨会"是世界造船界的重要会议,有欧洲及日本、韩国、巴西、美国等30多个国家和地区的代表参加。此次会议集中讨论3个问题:取消各国对造船的补贴,尽快通过国际造船协定;如何避免造船能力过剩,保护造船利益;加强国际造船合作。中国在会上主张,各造船国家相互尊重,加强对话,增进了解,扩大合作,共同促进世界航运业、造船业健康有序地发展,特别是主要造船大国应负起主要责任。

(范 斌)

滨海旅游业
Coastal Tourism

综　述
Summary

【概况】　1996～1997 年，中国旅游业继续保持良好的发展态势。

1996 年中国旅游业实现历史性突破，来华旅游入境人数达 5 112.75 万人次，国际旅游外汇收入达 102 亿美元，国际旅游业主要经济指标跃上新台阶，提前实现了本世纪末国际旅游外汇收入超过百亿美元的战略目标，并且来华入境旅游人数首次超过 5 000 万人次。1997 年中国旅游业接待能力进一步提高，来华旅游入境人数达 5 758.79 万人次，国际旅游外汇收入 120.74 亿美元，这两项旅游业主要经济指标分别居世界第 6 位和第 8 位。

国内旅游稳定增长，成为社会需求中新的消费热点。1996 年全国国内旅游人数达 6.39 亿人次，旅游收入达 1 638.38 亿元。1996 年国际和国内旅游业总收入达到 2 487.04 亿元，比 1995 年增长 18.5%；1997 年全国国内旅游人数达 6.44 亿人次，旅游收入达 2 112.70亿元。国际和国内旅游总收入达到3 112.20 亿元，比 1996 年增长 25.1%。旅游业的增长势头强劲，经济效益显著，已经成为国民经济新的增长点，在社会经济发展中的地位和作用进一步提高。

在此期间，滨海旅游业也有较大的发展，在海洋各产业中，滨海旅游业已成为主要创收大户。1997 年，滨海国际旅游总产值为 457.58 亿元(按当年价计算)，比上年减少 3.4%；增加值为 236.57 亿元。上海、广州、深圳、珠海、厦门、泉州、杭州、天津、大连等 9 座滨海旅游城市的国际旅游外汇收入超过 1 亿美元和接待海外旅游者人数超过 40 万人次，在旅游业中占据重要的产业地位。

滨海度假旅游在中国有着悠久的历史，发展至今已经具有相当的规模。近年来，随着国民生活质量逐步提高和国内旅游持续稳定发展，人们对度假旅游产品的质量提出了越来越高的要求。为了适应滨海度假旅游客源市场新的变化和需求，旅游度假产品的开发呈现以下特点：(1)滨海度假产品与观光产品相结合，提高了旅游度假胜地的产品质量。许多滨海旅游度假胜地，依托当地旅游资源特色，开发建设观光游览、文化娱乐、健身康体等多种旅游项目，如大连的“圣亚海洋世界”、秦皇岛的“野生动物园”、威海的“甲午海战纪念馆”、上海的“历史博物馆”、杭州的“宋城”、“未来世界”游乐园、广州的“海洋博物馆”、番禺“飞龙世界”、珠海的“圆明新园”；三亚成立了 7 家潜水观光旅游公司，拥有国内第一艘观光潜水游艇；中国的高尔夫球场大都分布在沿海城市近郊等，丰富多彩的旅游活动项目各具特色，集知识性、娱乐性、参与性于一体，充实和丰富了度假产品的内容。(2)滨海避寒度假产品日益走俏，显示出海洋旅游资源的优势。在海洋旅游资源中，旅游气候环境具有夏季北方地区气候凉爽宜人，适宜避暑度假旅游，而冬季南方地区气候温暖舒适宜于开展避寒度假旅游的特点，构成了滨海度假季节具有突出的互补优势，使滨海地带全年都有可供游人选择的度假季节。近两年来，随着人们生活质量的逐步改善提高，冬季到海南岛避寒度假的旅游者人数逐年增加。尤其是春节期间，随着假期的延长和海南岛拥有中国唯一的热带海洋资源，使海南岛海洋旅游资源孕育着极大的市场开发潜力。1996 年中国旅行总社首次推出的“春节海南度假游”旅游路线就早早地被定销一空；1997 年春节 10 天假期仅海南省旅游局就接待了游人 21 万人；春节期间著名的旅游景区、景点每天游人流量高达到 3 万人次，大大超过旅游旺季每天 1 万～2 万人次的流量的水平。1997 年 12 月海南国际旅行社推出的“西沙群岛游”颇受游人的青睐。避寒度假旅游产品逐步升温日趋走俏的态势，促进了海洋旅游资源的开发和利用。

为了促进和强化市场经济新形势下的行业管理，引导旅行社的经营向集团化、网络化转变，使旅行社行业走上市场经济和规范化、法制化的轨道。1996 年 10 月 5 日李鹏总理签署了国务院 205 号令，发布了《旅行社管理条例》，此后国家旅游局陆续发布了《旅行社管理条例实施细则》、《旅游企业法定代表人离任经济责任审计规定》、《旅行社质量保证金赔偿暂行规定》、《旅行社经理资格认证管理规定》、《旅行社办理旅游意外保险暂行规定》等部门规章。

为了强化旅游产品的全面质量控制，国家旅游局编制了 9 项旅游行业国家技术标准，其中近两年来国家旅游局编制、国家技术监督局批准发布实施了《旅游涉外饭店星级的划分及评定》、《旅游服务基础术语》、《 游乐园安全和服务质量》、《星级饭店客房客用品与配备要求》、《旅行社国内旅游服务质量要求》等5项国家技术标准，它标志着旅游行业标准化工作开始从初创走向成熟。

表1 沿海省市旅行社单位数

单位:家

地 区	旅行社总数	国际旅行社	国内旅行社
天 津	120	17	103
河 北	108	19	89
山 东	238	32	206
江 苏	226	56	170
上 海	264	39	225
浙 江	325	39	286
福 建	124	35	89
广 东	443	176	267
广 西	226	33	193
海 南	170	25	145

表2 1997年主要沿海城市旅游涉外饭店基本情况

城 市	饭店数（座）	客房数（间）	床位数（张）	客房出租率(%)
天 津	77	10 037	19 088	47.0
秦皇岛	26	4 038	8 573	34.3
大 连	75	11 277	19 848	60.0
上 海	127	30 763	55 118	62.6
南 通	16	2 732	5 348	57.6
连云港	16	1 154	2 362	44.4
杭 州	77	12 781	24 148	58.2
宁 波	48	5 460	6 303	57.3
温 州	30	3 322	6 303	57.3
福 州	32	5 275	10 115	56.4
厦 门	70	8 041	15 872	50.4
泉 州	16	1 965	3 721	56.8
漳 州	7	1 064	2 095	62.0
青 岛	70	9 282	18 741	49.3
烟 台	73	6 798	14 084	35.8
广 州	291	119 866	238 393	61.1
深 圳	243	25 991	50 870	57.3
珠 海	40	5 894	12 220	60.0
汕 头	31	3 329	6 466	53.4
湛 江	33	2 936	5 587	45.3
北 海	24	3 135	6 082	39.6
海 口	75	9 334	17 723	51.3
三 亚	48	5 285	10 240	43.1

滨海旅游
Coastal Tourism

【“'96中国度假休闲游”旅游年促销活动】 1996年国家旅游局在继前几年旅游系列主题促销活动的基础上，举办了“'96中国度假休闲游”旅游年促销活动。旨在进一步发挥旅游资源潜力，尽快将度假休闲产品推向市场，促进国内旅游产品由观光产品向观光与度假相结合的综合型方向发展，增强在国际旅游市场的吸引力。

1996年1月1日，“'96中国度假休闲游开幕式”在海南省三亚市亚龙湾国家旅游度假区新落成的中心广场举行。国务院副总理钱其琛、国务院外事办公室主任刘华秋、海南省省长阮崇武、国家旅游局局长何光韦、世界旅游理事会秘书长李普曼先生和部分国家驻华使节、海外旅行商、中外记者及当地群众5 000多人参加了开幕式。海南的文艺工作者和中学生表演了以“中国·海南——温馨甜蜜的家”为主题的大型歌舞；在海上进行了帆板、快艇等运动表演。

“'96中国度假休闲游”在坚持以面向国际度假旅游者为导向和坚持高中档相结合的指导思想下，推出了国内第一批符合国际度假旅游标准的度假单元68处，其中分布在海南省、山东省、辽宁省、浙江省、广西壮族自治区、广东省、上海市、福建省和河北省等沿海省市滨海和海岛上有36处度假区、度假村、俱乐部和风景区。

1996年9月27日，“'96世界旅游日”主会场庆祝活动在海南省琼山市火山口旅游区隆重举行。国家旅游局和世界旅游组织的领导及部分驻华使节等1 000余人出席了庆祝活动。开幕式上表演了热情质朴的民族歌舞。来宾们登高赏月并观赏了火山口燃放烟火奇观。

1996年6月28日在福建省东山岛百亿新城水上活动中心举办了“96中国度假休闲游福建东山岛水上活动开幕式”。开幕式上表演了富有地方民族传统特色的舞蹈和沙滩文艺表演；由106名鼓手表演的威风锣鼓气势非凡；水上摩托艇编队、帆板、拖曳伞表演、游艇编队表演异彩纷呈，规模宏大。

1996年8月中旬与第六届青岛国际啤酒节结合，在青岛市石老人国家旅游度假区举办了“'96中国度假休闲游青岛啤酒节”。啤酒节主会场设在青岛啤酒城，汇泉湾的音乐广场、文化公园、黄金海岸大酒店和即墨市横田度假村设立了分会场。来自海内外的31家啤酒厂，近100种品牌的啤酒参加了展销活动。啤酒节期间，接待了海内外游客120万人次。另外还举办了多种形式的经贸洽谈会、交易会以及青岛旅游发展战略研讨会。

为了推动各地增强开发特种旅游产品的意识，旅游度假在进一步完善1993～1995年推出的旅游专线的基础上，以观光产品带动度假产品开发，推出了“'96中国度假休闲游专项旅游产品”有12项。其中分布在沿海省市的有：“自行车旅游”在山东、江苏、天津、福建境内大城市骑自行车参观游览；“漂流旅游”有广州的韶关九曲十八滩、温州的楠溪江、福建的武夷山九曲溪；“狩猎旅游”有福建罗源湾帝苑狩猎俱乐部；“滑沙旅游活动”有河北昌黎黄金海岸；“汽车拉力赛”有海南环岛亚太汽车拉力赛和散客汽车自助游、广东深圳—北京拉力赛和广东境内团体驾车旅行；“中国烹饪研修之旅”在广州、上海、青岛、杭州、福州等城市拜名厨为师，学做中国名菜，探讨中国饮食文化发展；“华侨、华人学生修学旅游”在上海师大、复旦大学、厦门大学海外学院、福建武夷山举办汉语讲座，学习、研讨中国文化、语言、艺术等；“气功、武术特异功能之旅”在河北保定气功医院和上海武术馆设有保健康复项目，观看气功、武术、特异功能表演和接受气功师、特异功能师的健体技能传授等；“蛇文化”旅游在广东番禺“飞龙世界”、大连蛇岛、武夷山蛇园、广西梧州蛇场探讨“蛇文化”的渊源，学习蛇的知识，品尝蛇肉，观看驯蛇表演。

表3 主要沿海城市国外旅游情况

单位：人次；万美元

城市	人数		收入	
	1996	1997	1996	1997
合计	10 758 032	11 870 242	505 723	553 320
天津	233 258	280 377	15 191	18 099
河北	89 779	118 013	2 746	4 902
唐山	21 692	22 376	952	1 163
秦皇岛	68 087	95 637	1 794	3 739
辽宁	176 664	218 164	16 787	17 874
大连	162 483	205 043	16 001	17 002
丹东	6 590	7 132	446	482
锦州	2 612	1 982	150	154
营口	3 018	1 933	79	74
盘锦	1 030	1 150	49	60
锦西	931	924	62	102
上海	1 431 877	1 653 502	117 060	131 698
江苏	63 572	97 241	2 393	5 167
南通	54 344	89 543	1 813	4 547
连云港	4 932	4 852	353	387
盐城	4 296	2 846	227	233
浙江	690 369	752 779	26 301	31 341
杭州	462 313	504 276	16 739	20 078
宁波	88 517	100 507	2 900	3 432

续表

城市	人数		收入	
	1996	1997	1996	1997
温州	29 467	31 969	1 900	1 993
嘉兴	20 104	23 200	914	1 265
绍山	32 247	34 720	1 212	1 503
舟山	46 519	50 036	2 177	2 485
台州	11 202	8 071	459	585
福建	965 008	987 994	46 557	54 827
福州	120 563	129 148	6 908	6 655
厦门	337 092	385 826	22 160	24 149
莆田	73 955		4 069	
泉州	400 518	428 102	11 183	20 735
漳州	28 727	44 918	2 154	3 288
宁德	4 153		83	
山东	409 239	394 524	16 236	16 088
青岛	178 334	197 890	7 557	9 803
东营	1 074	1 272	69	41
烟台	98 749	88 622	4 550	3 152
潍坊	14 809	17 367	438	481
威海	108 237	80 052	3 390	2 400
日照	8 036	9 321	232	211
广东	6 400 683	7 025 424	254 197	264 309
广州	2 591 578	2 944 452	93 922	102 156
深圳	2 337 771	2 261 919	90 598	93 006
珠海	461 931	614 489	30 868	32 907
汕头	113 961	146 435	8 733	9 914
潮州		39 570		1 176
揭阳		16 501		543
江门	199 866	167 680	6 754	7 085
湛江	11 018	9 890	844	910
茂名	5 436	4 592	158	168
惠州	97 171	110 685	2 480	2 632
阳江	7 090	6 299	264	286
东莞	299 285	292 775	79	84
中山	268 259	400 614	6 464	6 721
汕尾	7 316	9 523	6 358	6 721
广西	7 832	10 474	327	364
北海	7 351	7 848	287	248
防城港	481	1 683	40	63
钦州		943		53
海南	289 751	331 750	7 928	8 741
海口	226 775	214 742	6 821	6 000
三亚	62 976	117 008	1 107	2 741

【“'97中国旅游年”旅游年促销活动】 1997年国家旅游局和国家民航总局联合举办了“'97中国旅游年”大型旅游年促销活动。适逢香港回归和党的“十五大”

召开两大历史盛事,以"'97中国旅游年"为龙头,完善、提高文化观光型、商业型与度假相结合的不同类型的产品,推出一批适应国际旅游市场不同层次需求的旅游"拳头"产品系列,全面、深层次地开发国际旅游市场,吸引更多的海外游客来华旅游。

1996年12月31日江泽民主席在中央电视台新闻联播中,对海内外听众和观众发表了题为"为创造美好未来而共同努力"的新年贺词,他在贺词中宣布,中国将于1997年举办中国旅游年。欢迎更多的朋友来亲眼看看中国,了解中国。1997年1月1日在首都机场举行了欢迎首批抵达中国游客的活动。晚间中央电视台播放了"'97中国旅游年"开幕晚会和旅游资源展示片。

1996年4月在北京和上海分别举办了太平洋亚洲旅行协会(PATA)年会、分会大会和交易会。在会议上国务院总理李鹏向世界各国旅游界人士全面阐述了中国政府高度重视发展旅游业的政策和举措,国务委员罗干还作了"大力发展旅游业,共创美好未来"的主题发言。11月在加拿大江泽民主席出席了"中国—加拿大旅游合作协定"签字仪式。党中央和国务院对旅游业的高度重视,在国际上使中国旅游业的形象进一步突出,在国内促进了各省市政府更加重视旅游业的发展。

1997年6~7月在喜迎香港回归的历史性庆典中,各地旅游部门开展了生动活泼、意义独特的系列旅游活动,有效地进行了旅游产品的促销,生动形象地宣传了国家形象,形成了"'97中国旅游年"的高潮。

1997年9月27日"'97世界旅游日"主会场庆祝活动在上海这座充满现代化的国际性大都市隆重举行。国家旅游局局长何光韦、上海市副市长龚学平、世界旅游组织秘书长费朗加利以及来自全国各省、自治区、直辖市的旅游局局长与海内外近千名客人参加了这次旅游盛会。

"'97世界旅游日"的主题是"旅游业——21世纪保护环境和创造就业的先导产业"。这表明旅游业的产业推动作用和环境保护意识在不断增强,旅游业对社会经济发展和人类生存环境将承担起更加严肃和重要的责任。世界旅游组织秘书长费朗加利说,如果旅游业能把握好它的方向,旅游业就会将其对环境的不利影响降低到最低限度,而它在创造就业机会方面的积极影响将会得到充分发挥。

在上海浦东新区陆家嘴开发中心绿地举行了都市旅游主题报告会,探讨90年代以来,随着上海向国际经济、金融、贸易中心城市的目标迈进,上海以都市旅游为定位,加快旅游业发展的步伐,从而逐步把上海建设成为一个富有特色的国际性文化旅游城市。

"'97上海桂花节"芳香四溢,使上海显得更加容光焕发,生机勃勃。夜晚的南京东路步行街灯火辉煌、流光溢彩,把庆祝活动推向高潮。

1997年8~10月在北京、上海、广州分别举办了旅游商品精品展;9~10月广州举办了中国旅游艺术节。

在"'97中国旅游年"的主题下,将前五年主题旅游年推出的旅游产品全面组合,命名了"五绝、五奇、五美、二十胜"等35个国家王牌旅游景点,其中包括滨海旅游城市景观如"三亚海滨"、"北海银滩"、"海上大连"、"上海黄浦"、"海河清风"、"湄洲妈祖"、"厦门鼓浪"等。推出了16条中国旅游专线,其中"神州掠影游"的上海黄浦闹市夜景、南浦大桥和深圳新貌;"长城游"的河北秦皇岛老龙头、山海关、角山长城和天津蓟县黄崖关;"奇山异水游"的福建武夷山和厦门鼓浪屿、日光岩;"江南水乡游"的浙江杭州西湖风景区,嘉兴富春江农家乐、新安江渔民婚礼,绍兴鉴湖风景区、大禹陵、鲁迅故居、水上乌篷船等城市风貌景观和著名的旅游区、旅游点分布在沿海省市地区。

旅游资源保护
Conservation of Tourist Resources

【旅游业可持续发展研讨会】 1996年12月16~17日,国家旅游局计划统计司、国家科委社会发展司和中国科学院资源环境与技术局在北京联合组织召开了"旅游业可持续发展研讨会",中共中央办公厅研究室、国家计委、林业部、国家环保局、国家文物局、联合国开发计划署以及来自全国各地20余所院校、科研单位的60余位代表参加了研讨会。

随着中国旅游业的迅速发展和旅游产业地位的不断提高,旅游业的可持续发展已引起人们的广泛关注,与会代表从中国旅游业的发展状况与趋势、旅游业可持续发展理论与实践、旅游资源普查与评价、旅游承载力与环境容量、旅游科技发展战略、旅游产品文化内涵、生态旅游发展与组织、区域旅游业可持续发展等方面对中国旅游业可持续发展进行了多角度、多层次的深入研究,总结传统发展模式所带来的严重教训,积极寻求在数量、速度迅速发展的同时,更加重视发展的质量、效益和可持续性的主题。

特别是关于旅游资源、旅游生态环境以及旅游科技、旅游文化等方面的讨论,反映了当前的最新成果,提供了不少新的思路和认识。专家们一致认为:中国高速发展的旅游业也面临着日益严重的人均旅游资源相当短缺、生态环境遭到破坏、旅游文化品位不高、科技水平低、基础管理薄弱等问题。在旅游业中贯彻实施可持续发展战略，对于保障中国旅游业持续稳定快速发展具有重要意义。有专家指出，就旅游资源而言，中国是总量大国、人均小国、利用弱国，应该具有旅游资源的"忧患意识"；加强旅游资源管理、提高旅游建设项目的策划、规划水平是中国旅游业持续发展的关键问题之一。专家们还提出在旅游业的发展中，既要重视资金的投入，又要重视科学与文化的投入，切实贯彻"科技兴旅"战略。专家们呼吁尽快制订中国旅游业的《21世纪议程》，同时加强"可持续发展"思想的宣传，使各级旅游管理部门的领导者、企业的决策者和广大人民群众都树立起可持续发展的意识，为旅游业的可持续发展尽自己的责任。

这次研讨会共收到论文50多篇。"旅游可持续发展研究组"编写了"中国旅游业可持续发展的若干问题与对策"主题报告。

【"旅游业与新的经济增长点"座谈会】 1997年3月29日，国家旅游局和国家计委联合在北京召开了"旅游业与新的经济增长点"专家座谈会。在座谈会上来自国家机关、科研单位及大专院校的数十名专家学者和管理工作者进行了深入的讨论，并达成共识：中国旅游业能够也应该成为新的经济增长点；旅游业成为新的经济增长点尚需各方面支持，政策配套。

与会专家指出：旅游业作为新的经济增长点具备市场前景广阔，创汇能力强、换汇成本低、消耗能源少，关联带动功能很强，提供就业机会多等许多优势。近十多年来，中国国际旅游业凭借着丰富的旅游资源和日趋完善的旅游基础设施一直以高居世界前列和适度超前于国民经济发展的速度发展。"八五"期间中国接待入境旅游者人数和旅游创汇分别跃居世界旅游业的第五位和第九位。近年来，随着国内旅游业的迅速发展，国际、国内两大旅游市场开始融合，互补互促的大旅游、大产业的局面正在形成。国际和国内旅游总收入分别在国内生产总值、第三产业总值和非贸易外汇收入中所占比例逐年增长。中国旅游业初具规模，开始逐步成为国民经济中发展速度最快、消耗资源最少、投资回报可观、最具有活力的一个产业和新的经济增长点。专家们普遍认为：目前中国正处在产业结构调整时期，对旅游业的发展来说无疑是一次机遇。旅游业应当抓住机遇，更新观念，培育市场，寻求发展。专家们就旅游业宏观规划，宏观建设以及如何加强管理和发展具有中国特色的健康向上的旅游市场提出了建设性建议。

【全国首届旅游规划培训班】 1997年10月7～11日，由国家旅游局主办，杭州之江国际旅游度假区承办的"全国首届旅游规划培训班"在杭州举行。来自全国各省、市旅游局及国家旅游度假区的规划工作负责人及专家约150人参加本次培训班。世界旅游组织(WTO)旅游规划专家应邀到会授课。

为了帮助全国从事旅游开发工作的同志学习国内外先进的规划理论，借鉴国内外高水平的规划成果，逐步培养和造就一大批懂规划、会规划的人才队伍，此次培训班主要讨论了旅游资源调查与评价，旅游规划编制、实施和旅游市场营销，以及旅游业可持续发展等课题。国家旅游局局长何光韦在培训班开学典礼上讲话，针对当前旅游业发展的基本状况，要求在旅游规划管理上首先抓好四个重点：(1)进一步完善、提高传统旅游产品，使中国旅游产品在保持传统特色的基础上丰富完善，更贴近旅游市场的需求。(2)规划适应市场需求的新产品，使中国旅游业在未来的国际旅游市场竞争中立于不败之地。(3)抓好旅游规划管理，合理引导社会资金的流向。(4)进一步高举邓小平同志理论的伟大旗帜，认真学习和贯彻十五大精神，解放思想，开拓进取，大胆工作。

（李　亮）

其他海洋产业
Other Marine Industries

海水综合利用与淡化技术
Technologies for Seawater Multipurpose Use and Desalination

【脱盐净水技术产业初具规模】 中国脱盐净水技术的发展始于1958年研究离子交换膜，1965年开始反渗透技术的研究，特别是1967～1969年国家科委和国家海洋局组织了全国电渗析、反渗透和蒸馏等方法的海水淡化会战，为脱盐净水技术的进一步发展打下了坚实基础。90年代继离子交换和电渗析技术之后，反渗透、纳滤、超滤和微滤等以压力驱动的膜技术由于大型工业化组器的研制成功而获得了突破性进展，已在沿海和岛屿、内陆矿区、沙漠油田等建立了大面积试验区，在电子、化工、电力、医药、食品、饮料和环保等领域兴建了一大批示范工程。这标志着中国脱盐净水技术已开始全面步入大规模工业应用阶段。

技术进步及其推广应用带动了产业的发展，近年来科研单位通过有偿技术转让和创办经济实体，建设中试生产线，与产业部门引进、消化吸收相结合，形成了一支以膜法水处理为核心的新兴企业群体，产品包括各类功能膜、组器件以及成套工程技术。据不完全统计，至1997年，国内生产上述产品的企业和事业单位近200家，年产值超过5亿元，初步形成了一支脱盐净水新兴技术产业。但与国际上发达国家相比，尚有较大差距。

1. 电渗析：美国于50年代开发成功电渗析(ED)，用于苦咸水脱盐，60年代日本开发ED，用于海水浓缩制盐，70年代美国还开发成功频繁倒极电渗析(EDR)可用于高硬度水淡化。目前ED淡化水总量约为107万m^3/d，日本海水浓缩制盐160万t/a，离子交换膜产量约为100万m^2/a。美国还于60年代开发成功了全氟离子交换膜，70年代日本将其用于制碱工业，现正在逐步取代落后的水银阴极法。目前离子膜制碱达1 000万t/a以上。国际上ED与离子交换膜年产值约10亿美元。

国内从事ED研究、设计和生产的单位约有70多家，年产电渗析器1 000多台，离子交换膜40万m^2，离子交换树脂1 000多万吨，总工程额达数亿元。中国已制定了ED技术国家标准，膜、电极和隔板全部国产化。80年代已开发了EDR，90年代又解决了水回收率低和运行周期短两个难题，使其广泛用于苦咸水淡化、纯水制备、工业料液的纯化和浓缩以及工业废水处理再用等领域。

2. 反渗透：60年代初反渗透(RO)在美国获得突破性进展，70年初实现工业化，发展十分迅速。80年代复合膜的研制成功使RO成为海水、苦咸水淡化和纯水、超纯水制备的最经济的技术。1994年统计，国际上RO海水淡化产量达120万m^3/d，苦咸水淡化产量达600万m^3/d，年产值约10亿美元。

国内从事RO开发和生产单位有近10家，1993年前国产RO膜组器及工程额已达数千万元，已初具规模。由于国产组件与国外先进的复合膜组件有较大差距，近年来，用国外组件进行RO成套工程迅速发展，每年约需8英寸RO元件5 000多支，工程合同额达数亿元。

3. 超滤：超滤(UF)膜于60年代在美国开发成功，到70年代膜的应用开发已经成熟，膜品种很多，截留分子量从10^3～10^6，孔径从1～100nm。组器业已工业化。UF已广泛用于电子、电泳漆、饮料、食品、化工、医药和环保等各领域，年产值约10亿美元。

国内从事UF开发和生产的单位100多家，主要生产聚砜和聚丙烯腈中空纤维和管式UF组器，已用于饮料净化、终端过滤、电泳涂装和废水处理等行业，年产值约亿元。UF基础较好，膜品种比较齐全，虽然目前产值较低，只要大力开拓新应用领域和工艺过程，UF发展潜力很大。

4. 微滤：在膜技术中微滤应用最早，始于40年代，但那时膜品种单一，应用面窄。到60年代随着聚合物材料的开发，微滤膜品种迅速扩大，现国际上已商品化的膜品种有10多种，膜孔径范围0.1～75μm，已在制药、医疗、饮料、生物工程、超纯水、饮用水、食品、石化和环保等领域大量使用，年产值约20亿美元。

国内从事微滤开发和生产的主要单位十多家，另外还有百余家家庭式小厂，主要生产CN－CA、CA、尼龙、PVDF和PS微孔膜及褶筒式滤芯，拉伸PP和PE中空纤维微孔膜及滤芯，年产值约亿元。国外的微滤及滤芯虽也有进口，但国产膜在国内市场上仍占有主导地位。

表 1　脱盐净化技术主要研究生产单位

单　位	主要技术和产品
国家海洋局杭州水处理中心	ED、RO、UF、MF、NF
中国科学院大连化学物理所	UF
中国科学院生态环境中心	UF
天津纺织工学院	RO、UF、MF
国家海洋局海水淡化与综合利用研究所	UF、MF、蒸馏
兰州甘肃膜科所	RO、UF
北京工业大学	RO、UF
浙江大学	UF、MF
北京化工大学	RO、NF
中国科学院长春应用化学所	RO
上海原子核所	UF
上海有机所	离子交换膜
上海医工院	MF
核工业部北京化工冶金所	UF、离子交换膜
核工业部上海八所	UF、MF
上海化工厂	离子交换膜
常州能源设备总厂	RO、UF
湖州水处理设备厂	RO、UF
湖州欧美设备有限公司	RO
北京顺义水处理设备厂	RO、ED、离子交换膜
航天部武汉仪表厂	RO、UF
沙市水处理设备厂	RO、UF
江西庆江化工厂	MF
辽宁 8271 厂	RO
无锡超滤设备厂	UF
杭州临安有机化工厂	离子交换膜
深圳新世纪公司	ED
蓝星水处理技术有限公司	RO、MF
上海集美过滤器材厂	MF
北京绿色源泉环境科技公司	UF
北京化工管理干部学院膜材厂	MF
北京迪克机电技术有限公司	UF
北京天元恒业水处理工程公司	UF
徐州帝元超滤净化设备厂	UF
山东招远膜工程设备厂	ED、UF
南开大学	离子交换树脂
上海树脂厂	离子交换树脂
浙江争光化工厂	离子交换树脂
天津大学	蒸馏、UF
上海 704 所	蒸馏

5.蒸馏：根据国际脱盐协会(IDA)1992 年调查报告统计，全世界规模在 $100m^3/d$ 以上的已建和在建的海水淡化装置共计 8 886 台，造水总量 1 560 万 m^3/d。其中多级闪蒸(MSF)占 60%，RO 25%，ED 4%，多效蒸发(MED)3%，蒸汽压缩(VC)3%。容量在 4 $000m^3/d$ 以上的装置中 MSF 占 70%，RO 20%。但到 1995 年以后 RO 超过了蒸馏而占了主导地位。

国内蒸馏技术开发始于 60 年代，中国船舶工业总公司及其有关单位研制和生产了 1 000 多台各式船用蒸馏淡化器，产水能力单机达到日产近百吨，装置形式涉及真空沸腾、多级闪蒸、压汽式蒸馏、立式多级闪蒸等。压汽式蒸馏技术是近十多年来在国内外发展最快的蒸馏技术之一。目前压汽式蒸馏技术的研究和生产已进入技术成熟期，日产 20～50t 甚至更大的装置已进入医用蒸馏器市场。淡化高盐度沙漠苦咸水也获得成功。

另外，由于脱盐净水技术的推广，大大促进了国内超纯水、纯水、饮料、食品、电力、电子、化工、医药和环保等产业发展和技术进步，带动相关产业年增产值超过 100 亿元，成为国民经济新增长点。

国内脱盐净化技术主要研究开发单位和企业单位见表 1。

【舟山日产 $500m^3$ 淡水反渗透海水淡化示范工程】
嵊山岛是浙江省舟山市 13 个严重缺水的岛屿之一，受地理、地形的制约，淡水资源开发难度很大，平常年全岛可供淡水 21 万 m^3，需水量为 40 万 m^3，供需矛盾十分突出。为此，浙江省科委于 1997 年初将“日产 $500m^3$ 淡水反渗透海水淡化示范工程”作为省重大科技项目立项，国家海洋局杭州水处理中心为该项目总负责，承担了工程设计、设备研制和装置调试工作。嵊山岛镇政府为项目的实施单位，承担了土建及配套设施的设计和施工。

由于嵊山海域潮位和风浪都较大，且台风多，取水设备易遭破坏。该工程采取海滩打沉井方法，以多级离心泵潜水泵取水。海水预处理部分由 NaOCl 发生器、自动投药设备、多介质过滤器、活性炭滤器及滤器反冲洗设备组成。海水经预处理后污染指数小于 4，游离氯含量小于 0.1mg/L。反渗透海水淡化系统有保安过滤器、反渗透装置和辅助设备组成。系统实行计算机、可变程自动控制。该工程于 1997 年 10 月建成，一次调试获得成功，投入正常运行。膜元件脱盐率大于 99%，可将含盐量 27 000mg/L 海水淡化至 200mg/L 以下，日产淡水 $535m^3$，每制取 $1m^3$ 淡水耗电 5.5kW·h。

嵊山日产 $500m^3$ 淡水反渗透海水淡化示范工程是目前国内建造的最大的反渗透海水淡化站。工程技术和经济数据接近国际先进水平。这一示范工程的建立将为海岛和沿海城市反渗透海水淡化技术的推广应用产生重要影响。

(鲁学仁)

【饮用纯水】 在自来水发现三氯甲烷及它们的不良影响以来，消除饮用水消毒副产物和水塔及水箱对自来水的二次污染一直是水处理领域的热门课题。特别是随着人们生活水平不断提高，人们迫切需要饮用安全优质的水。因此，近年来饮用纯水应运而生，并得以迅速发展。1997年8月上海市率先公布了饮用纯水的地方标准。在标准中对饮用纯水的色度、浊度、臭、味和肉眼可见物等感官要求；对pH值、电导率、高锰酸钾耗氧量、三氯甲烷、余氯、四氯化碳、亚硝酸盐、氰化物、铅、砷、铜和Ames致突变试验等理化指标；对菌落总数、大肠菌群、霉菌和致病菌等微生物指标都作了规定。

饮用纯水系指以符合生活饮用水卫生标准的水为原水，采用反渗透法、蒸馏法、电渗析法、离子交换法及其他适当的加工方法去除水中矿物质、有机成分、有害物质及微生物等加工制得的，且不含任何添加物，可直接饮用的水。

国家海洋局杭州水处理中心对反渗透法制取饮用纯水工艺进行了深入研究，仅1996～1997年先后为娃哈哈、养生堂、正广和、康师傅、乐百氏和维维豆奶等单位和集团公司设计和制造了150套反渗透法饮用纯水生产设备，总制水能力为每天3万m^3，为饮用纯水的发展作出了重要贡献。

【反渗透复合膜中试放大设备】 国家海洋局杭州水处理中心自行设计研制成功了中国第一条反渗透复合膜中试放大设备。该设备能连续制备1m宽反渗透复合膜干膜。该设备1995年通过国家科委验收，1996～1997年在试生产中又进行了进一步技术改造，使之更完善。

该设备的特点是：建立了洁净度为千级的制膜净化空间，温度湿度在一定范围内根据制膜工艺需要可以调节。在电气控制方面采用了先进的交流变频恒线速同步控制，磁粉恒张力控制，光电自动纠偏等控制手段。使用结果表明，性能稳定可靠。制膜漂洗机涂布装置可实现多方向高精度的调节，不但可制备复合膜的支撑膜，还能适用于相转化法成膜的超滤膜和不对称反渗透膜的制备，膜的凝胶和漂洗时间长而彻底。复合机不仅可用于界面聚合膜的制备，也可适用于涂层法和浸涂法等复合纳滤膜的制备。因而，这些主要设备有一定的通用性。在超滤层单面涂布及反应程度控制等方面具有一定的特色，在干燥过程中采用了独特的内循环加热方式解决了温度场均匀性的问题。

（鲁学仁）

【纳滤进行高硬度海岛苦咸水软化获得成功】 纳滤是介于反渗透和超滤之间的一种新型的膜分离过程。利用纳滤膜特殊离子分离性能，可以实现二价离子与一价离子的相对有效分离，从而去除水中硬度。国家把纳滤研究列入"九五"攻关重点项目。为加速纳滤工艺过程的开发和推广应用，国家海洋局杭州水处理中心1997年4月在山东省长岛南隍城建成$144m^3/d$高硬度海岛苦咸水软化示范工程。长岛地区井水属典型的高硬度海岛苦咸水，总硬度高达1 400mg/L。总溶解性固形物含量为3 000mg/L。由于当地居民长期饮用该水，致使老年人极易患骨质硬化和肾功能减退等"海岛"病。纳滤软化工程建成后，经一年多实际运行证明，软化后产品水的总硬度为27mg/L，脱除率达98%；总溶解性固形物含量为335mg/L，脱除率达88.8%。卫生防疫部门和水利部门确认软化水不但符合，且优于国家规定的饮用水标准。 （张国良）

【超滤技术在电泳涂装中的应用】 在电泳涂装中超滤是必不可少的设备，其主要作用是控制电泳槽电导值，保证电泳正常进行；回收电泳漆；超滤水作为淋洗用水可实现闭路循环。

70年代中期上海医药工业研究院、上海机电设计院和上海汽车厂首先研制成功了外管式醋酸纤维素膜阳极电泳漆超滤器。该超滤器由江苏昆山和湖北沙市水处理设备厂批量生产，并获得广泛应用。但该超滤器占地面积大，只适用于中、小型电泳槽。为满足大型电泳槽应用，1996年天津纺织工学院研制成功了MTA型阳极电泳漆中空纤维超滤装置，膜有效面积$40m^2$，截留率98%，产水量1 000L/h。该超滤器具有设计合理，结构紧凑和占地面积小等特点。

自80年代中期以来阴极电泳漆逐渐替代阳极电泳漆。由于阴极电泳漆含固量高、粘性强，对超滤膜极易污染。针对阴极电泳漆的特点，80年代末期国家海洋局杭州水处理中心和南京汽车厂经多次反复试验，研制了HNA型荷电膜外管式超滤器。HNA型荷电膜与阴极电泳漆大分子树脂具有同电性，因此膜杭污染能力强，使用寿命长。国家海洋局杭州水处理中心将荷电膜技术转让给无锡市超滤设备厂和沙市水处理设备厂。在此基础上，无锡市超滤设备厂开发了套管式荷电膜超滤装置，沙市水处理设备厂开发了内管束式荷电膜超滤装置，并分别于90年代初期投入批量生产，经中国第一汽车制造厂和中国第二汽车制造厂等单位实际应用，截留率大于96%，产水量大于$20L/m^2 h$。1996年天津纺织工学院和国家海洋局杭州水处理中心又分别开发了荷电中空纤维和宽流道卷式荷电膜阴极电泳漆超滤装置。目前，荷电膜已在阴极电泳涂装中获得广泛应用。

（鲁学仁）

【超滤技术处理印钞擦版废液】 印钞擦版液是含油墨、表面活性剂和石蜡等的强碱性废水，它的处理一直是印钞行业急需研究解决的重要课题。1988年成都印钞公司和四川省环境科学研究院首先对印钞擦版液进行了试验研究，在取得大量试验数据基础上，认为用国产超滤膜处理印钞擦版液是可行的。随后于1993年选用中国科学院生态环境研究中心生产的中空纤维超滤膜组件在成都印钞厂进行了生产性试验，效果良好。该技术在1995年召开的第十二届太平洋印钞会议期间引起国内外同行的极大关注和兴趣。随后，北京、西安、上海等印钞厂先后采用中空纤维或板式超滤装置处理印钞擦版废液均获得成功。

应用实践证明，超滤法处理进口凹印机擦版液可使80%～90%废水回用，处理国产凹印机擦液可使50%～70%废水回用。从而节约了用水，减少了排污量，并回收了NaOH和表面活性剂等有用物质，取得了较好的社会效益和经济效益。

【超滤法处理含油污水】 油田含油污水量较大，大约占油田总水量的2/3，如此大量含油污水一般经过常规的浮选、过滤或凝聚沉淀等机械方法处理后回注采油。但由于处理后的水质难以达到油田注水的技术指标，特别是对于低渗透油田影响更严重。因此，目前国内外都在寻找更好的方法除去污水中微量油、细菌等污染物以符合油田注水标准。

超滤法处理含油污水纯粹为物理过程，不需加药处理，不产生含油污泥，浓缩液可烧却处理，只需压力循环污水，设备操作费用低，除油和除菌效果好。但超滤法处理含油污水有两个难题需解决：其一是超滤膜组件耐温问题，料液温度一般为65～90℃；其二是超滤组件易污染使用寿命短，需研究有效的膜清洗方法。为此，天津纺织工学院研制成功了耐温型中空纤维超滤膜组件处理含油污水取得了较好结果，并对膜清洗方法做了较深入的探讨，有望获得实际应用。

乳化油废水也是一种常见的工业废水，近年来中国科学院生态环境研究中心，中国科学院上海原子核研究所，江苏无锡化工研究院等单位对超滤法处理这类废水作了大量研究和试验工作，取得了较好试验结果，为工业化应用打下了基础。

【新型电渗析工业装置】 频繁倒极电渗析技术（即EDR）在美国已经商品化，并获得了广泛应用。国内不少单位也进行了研究和应用，但其水平一般，特别是水的利用率不高，运行周期短。为了提高EDR技术的水平，扩大该技术的应用，浙江省科委将“新型电渗析工业装置（EDR）的研究和提高”课题列入浙江省“八五”攻关项目。国家海洋局杭州水处理中心承担了该任务，并于1996年5月通过省级鉴定和验收。该项目研制成功了800mm×1 600mm，280对膜新型电渗析器。这种电渗析器在200mg/L NaCl溶液中、25℃时产水量30～35m^3/h，脱盐率50%～60%，压力降0.04～0.06MPa。其主要技术进展为：在隔板设计方面采用了搅拌效果好、效率高的双层网式隔板，它具有产水量高、脱盐率高和压力降低的特点。在电极设计方面，采用了可拆卸夹套式电极。这种电极结构新颖，具有耗水低、自身消除结垢方便等特点。延长了倒极时间，提高了脱盐率和水利用率，降低了能耗。

新型电渗析工业装置是在可解体清洗条件下已连续运行一年以上，水回收率高达85%～90%。该电渗析装置解决了目前电渗析过程水利用率低和检修周期短两大难题。

【电渗析处理赤泥碱性废水】 氧化铝生产过程产生的工业废渣赤泥是一种严重的碱性污染源。赤泥湿法排放，每吨赤泥伴有3～4m^3废碱液，其浓度（以Na_2O计）为2～6g/L。赤泥附液损失的碱量约占氧化铝生产总耗碱量的16.5%。赤泥结合碱，不能直接转移到液相，赤泥堆场，堆积如山，碱化周围与地下土壤及水源，影响了氧化铝工业的可持续性发展。

目前，国外氧化铝厂部分采用赤泥混合浆液注入深海，多数采用从赤泥堆场表面取废碱液至赤泥洗涤流程的方法解决污染和回用部分碱，但不能根本解决问题。“八五”期间国家把治理赤泥碱性废水列入国家重点攻关项目，旨在废渣、废液综合治理。国家海洋局杭州水处理中心承担了该任务，研究表明：活性氧化钙赤泥脱碱并同时去除可沉淀离子的工艺方法，可以制取满足电渗析工艺要求的进料液。在进料液Al_2O_3低于150mg/L条件下，电渗析装置能够稳定运行。电渗析处理赤泥废碱液，可回收碱和工艺用水，而低含碱赤泥可用作生产水泥的原料，为实现氧化铝生产零排放工程开发了一条技术上、经济上完全可行的新颖工艺路线。应用实践证明，国产异相离子交换膜在浓度低于2mol NaOH溶液中可连续使用半年以上。回收1tNaOH（即2mol浓度的NaOH 12m^3）与回收80m^3工业用水，电渗析耗电1 400kW·h。

该项目于1996年通过国家验收。（鲁学仁）

海洋药物和保健食品开发
Marine Medicines and Health Care Foods Development

【综述】 1996～1997年,中国海洋药物与保健食品研究与开发得到较大发展。在海洋生物活性物质、海洋药物、海洋中药及中成药、海洋保健食品等研究开发方面都有许多成果,尤其是对甲壳质资源的研究、开发及应用形成了热点。在这期间,运用海洋生物技术研究开发海洋生物活性物质引起了国家及各研究机构的高度重视,并设立了一些重大研究项目,如“海洋863”计划中“海洋生物技术”领域,“九五”攻关部分重大项目等;成立了一些相关学术团体,如“中国生物工程学会海洋生物工程专业委员会”,“中华航海医学会海洋生物工程专业委员会”等。此外,中国药学会第二届海洋药物专业委员会于1997年6月成立,同时在青岛召开了第一次会议,管华诗院士和关美君研究员分别为第一、二主任委员,委员共32名,其中1/3以上为新增青年委员。

1996年11月由中国药学会生化药物专业委员会、中华航海医学会海洋生物工程专业委员会等在厦门举办了“全国首届海洋生命活性物质与天然药物学术讨论会”,论文集收录论文近200篇;1997年11月由中国药学会海洋生物专业委员会,中国海洋湖沼学会药物学分会在青岛联合举办了“中国甲壳资源研究开发应用学术研讨会”,共有320多名代表与会,收录论文86篇。

以上这些学术会议及学会动态,反映了中国海洋药物的研究开发趋势:

1.海洋天然产物及海洋生物活性物质的基础研究受到前所未有的重视,尤其对海洋无脊椎动物及其共生微生物(细菌、真菌、微藻)的次级代谢产物研究将是此后研究重点。

2.海洋生物技术的运用将给海洋生物活性物质及海洋药物的研究开发带来突破性进展,尤其对转基因海洋生物、药用微藻大规模培养等方面将有重大成果出现。

3.从事海洋天然产物、海洋生物活性物质及海洋药物研究、开发的研究人员日益增多,且青年人才的人数、素质、水平大幅提高,显示了国内该领域强劲的发展势头和广阔的发展前景。

【海洋生物活性物质研究】 海洋生物活性物质的研究中,最值得注意的是中山大学苏镜娱等从软珊瑚(*Sarcophyton tortuosum*)分离到的扭曲肉芝甲酯和异扭曲肉芝甲酯。这是一种结构新颖的大环四萜化合物,该类结构在国际上也是首次发现,并提出了其生合成途径,目前正在进行生物活性方面的研究。同时从海绵(*stelleta tenuis*)中分离得到一种具强细胞毒素的三萜色素 *stelletin*。在海绵中还发现15个新的具有双高碳架的新的二倍半萜,从软珊瑚中发现各种类型的二萜,生物活性测试表明一些二倍半萜对KB细胞或P—388细胞有中等抑制活性。第二军医大学林厚文、易杨华等从中国产总合草苔虫(*Bugula neritina*)中分离出一种新的草苔虫素,命名为*Bryotatin* 19,是一种新型大环内酯类化合物,其对单核细胞白血病细胞株μ973具极强的杀灭作用,同时对早幼粒细胞白血病HL60和红白细胞K562等细胞株均有显著的抑制活性。广州化学所邓松文等从南海海绵(*Rhabdasttrella* sp.)中得到两种新化合物,其中一种甾醇衍生物具较强的心血管活性;另一种(13E,15E,17E,22E,24E)－3,12－二氧－13,15,17,22,24五烯－26异臭椿酸具有强的抗肿瘤活性。北京医科大学付宏征等从青岛产黄海葵(*Anthopleura xanthogrammica* B)中分离得到11种成分,其中3种甘油酯为新成分,目前正在进行药理活性的研究。

关于海洋毒素的研究,这两年也取得显著成果,上海复旦大学黄伟达等经多次研究和实践,最终选择出华氏酵母作为表达青岛黄海葵强心多肽的宿主,为基因工程生产奠定基础。北京防化科学技术研究院陈冀胜等从中国桶形芋螺(*Conus bttulinus*)中分离纯化得到两个全新芋螺毒素 *Conotoxin* BeⅢA、B,经初步生物活性研究表明,两者均可引起小鼠后肢麻痹。北京医科大学林文翰等从中国虫纹东方河豚肝脏中又发现两种新的次级代谢产物,其作用特点正在研究中。

海洋大分子活性成分的研究仍然是国内海洋药物研究的热点之一,其中有关海洋多糖的研究报道最多。青岛海洋大学管华诗、耿美玉等研制的新型海洋硫酸多糖989对大鼠能明显缩小MCAO 24小时造成的脑梗塞范围,减少脑水含量,有望成为一种新型抗脑血栓药物。中山大学许实波等发现鲍鱼多糖在小鼠体内有显著的抑瘤作用及抗氧化作用,并对环磷酰胺有较明显的增效作用。中国科学院海洋研究所李智恩、徐祖洪等研究表明褐藻多糖硫酸酯对静脉血栓形成有明显的抑制作用。青岛海洋大学林华英等从海洋生物中提取得了一种活性组分“KEMH”对人体各种癌细胞有杀伤作用。广州药物所周清凯等研究发现海参多糖能提高机体免疫功能并具有抗病毒作用。山东大学宋剑秋等发现海带硫酸多糖对小鼠免疫细胞有增强作用。福建师范大学郑怡等报道纯顶螺旋藻多糖对枯草杆菌和青霉菌均有很强的抑制作用。青岛海洋大学薛长湖等报道低分子岩藻聚糖硫酸酯具有显著降低高血脂症大鼠的血脂作用。沈阳药科大学刘玉兰发现螺旋藻多糖具抗衰老作用。广州华南师范大学技术研究所徐明芳等报道马尾藻中褐藻胶具有肿瘤抑制作用。

关于大分子蛋白肽类活性成分的报道也比较多。第二军医大学王路等对中国姥鲨软骨中抗癌活性新生血管抑制因子进行了研究，发现其具极强溶菌酶活性，体外可抑制血管内皮的增殖，并能有效地抑制小鼠S180肉瘤生长，并对其N－末端22个氨基酸序列进行了测定和分析。海军医学研究所沈先荣等对鲨鱼软骨中肿瘤抑制生长因子在细胞水平上对肿瘤抑制作用进行了研究，证明合适浓度时对正常细胞无抑制作用，且有促进作用。青岛海洋大学顾谦群等从栉孔扇贝中分离出一种具肿瘤抑制作用的糖蛋白成分，并对其化学组成和抗肿瘤作用关系进行研究。国家海洋局一所孙虎山、李光友等对栉孔扇贝血淋巴中超氧化物酶和过氧化氢酶的活性及其性质进行了研究。浙江大学王勇等采用MTT法和流式细胞技术对藻蓝蛋白的抗癌活性进行研究，结果发现体外对*Hela*细胞有较好的抑制生长作用。海南华康生物制品研究所梁国栋等从墨鱼墨囊中得到几种水溶性大分子组分，进行体外抑瘤实验，发现其中分子量28 000的抑瘤率最高。锦州医学院贾玉海报道魟鱼骨素不但具有肿瘤抑制作用，还有免疫调节作用。

此外还有一些海洋生物的粗提物显示出强的药理活性，中国科学院沈阳生态研究所胡江春以海洋放线菌MB－97中发现具有广谱抗菌作用的成分。厦门大学苏文金等从台湾海峡海区潮间带分离的401株放线菌中筛选出6株具强的抑瘤作用的放线菌，北京302医院蔡光明等从被囊动物中提取分离到一种有显著抑瘤作用的有效组份。中国科学院海洋研究所刘志强从海洋生物中得到一种活性物质NDH，具有降血脂作用。青岛大学医学院王春波等从栉孔扇贝提取的多肽有抗皮肤老化作用。大连医学院研究所陈珊等发现鼠尾藻提取液对肾上腺素及四氧嘧啶所造成高血糖大鼠均有降糖作用。以上这些研究有待进一步深入。

【甲壳质研究与开发】　国内甲壳聚糖研究开始于50年代初，但是80年代后才受到重视，特别是近年来发展较快。中国的甲壳质资源丰富，在沿海地区有30多家甲壳素生产厂家，1997年甲壳质产量已经突破2 500t，但产品品种仅限于生产甲壳质和甲壳胺。1996～1997两年，国内甲壳质研究开发得到迅速发展，取得了众多成果。

据1996～1997年《中国海洋药物》所载，青岛海洋大学李八方等报道了甲壳质及其衍生物降低香烟焦油及烟碱含量，将甲壳质或其衍生物添加到烟丝中或制成过滤嘴，具有明显降低香烟中焦油含量作用，且不影响香烟的尝味；中国科学院兰州化学物理研究所王爱勤等报道了水溶性甲壳质的制备及其在人工泪液中的应用，临床应用结果表明，改性甲壳质人工泪液对无泪液、干燥性角膜炎和结膜炎患者疗效优于以羧甲基素为原料的人工泪液，同时研究了羟基化壳聚糖衍生物的制备及其抗凝血性能，结果表明，羟乙基壳聚糖（HE－CTS），羟丙基壳聚糖（HP－CTS）和二羟基壳聚糖（DHP－CTS）均有抗凝血作用，但HP－CTS的抗凝血性能最好；青岛海洋大学刘万顺等报道了羧甲基壳多糖的毒理研究，小鼠皮肤毒性试验的LD50大于2 200mg/kg，急性经口毒性LD50大于5 001mg/kg，经大鼠长期口服表明，对鼠肝肾功能及其组织学检查均无异常；于广利等报道了水溶性甲壳胺的制备及其对铅离子的螯合作用，表明不同羧甲基甲壳胺对铅离子的螯合作用不同，可添加到食品中，预防重金属对人体的伤害；高怀生等利用核磁共振、质谱等方法测定了壳聚糖结构，利用氚标记研究了壳聚糖在大鼠体内的组织分布，结果表明，经背部皮下注射后7d左右，壳聚糖浓度达到峰值，且在肾脏中含量最高。

据1996年10月大连“中国首届甲壳质化学学术会议”论文集所载，孟祥英等报导了甲壳胺纺丝纤维原液的制备及其流变性研究。孙秀珍等、路振生等分别报道了甲壳素可吸收缝合线的研究情况，曾名勇等研究了壳聚糖在草莓保鲜中的应用；孙多先等研究了壳聚糖对血脂和胆固醇的吸附作用；于广利等报道了水溶性羧甲壳胺，羟丙基甲壳胺以及脂溶性已酰化甲壳胺和N－苄基已酰化甲壳胺对卵磷脂和亚油酸甲酯的抗氧化作用，为进一步拓宽甲壳质在食品、医药及化妆品中的应用提供了理论依据。

据1997年11月青岛“中国甲壳资源研究开发应用学术研讨会”论文集所载：中国科学院大连化学物理研究所张虎等采用球孢白僵菌降解壳聚糖；浙江大学生物化工系郑连英等研究了壳聚糖酶，纤维素酶及混合蛋白酶对壳聚糖的酶解作用；烟台师范学院化学系曲荣君等以甘油环氧树脂（B－63）为交联剂合成了交联壳聚糖树脂并研究了它们对Cu，Ni，Co和Zn离子的吸附作用；北京医科大学付朝宏等报道了壳聚糖医用生物药膜在临床中应用，该膜以甲壳质、壳聚糖和明胶为基质，配伍蒲黄及抗生素等制成；青岛海洋大学陈西广等以壳聚糖为原料，研制成了CX－1型微载体，研究了鱼BB细胞在微载体上贴壁生长的试验，结果表明细胞可很好地转移至CX－1型微载体上并很好地在微载体上附着贴壁生长、繁殖，利用微载体进行动物细胞规模化培养，以提取制备生化药物和细胞活性因子具有易于放大规模、可高密度培养细胞、自动化程度高等显著的优点；魏涛等研究了壳聚糖降血脂、降血糖及增强免疫作用，结果表明壳聚糖具有显著的降甘油三酯和血清高密度脂蛋白胆固醇作用，对四氧嘧啶所致的高血糖小鼠具有显著的降血糖作用，并具有增强体液免疫功能、细胞免疫功能、巨噬细胞吞噬功能和NK细胞活性的作用；何德庆等研究了甲壳质、甲壳胺延缓衰老抗疲劳作用，实验结果表明能明显降低大鼠血清中LPO的含量，减少LPO对生物体组织细胞的与干扰细胞的功能，呈现出抗氧化作用；有明显抑制小鼠心肌细胞中脂褐质(LF)的形成，降低过氧化物聚积在细胞内，起到延缓细胞衰老的作用，可以对抗或阻缓自由基对细胞的攻击并可加强消除自由基的能力；李运曼等研究了D－氨基葡萄糖抗肿瘤作用，结果表明，D－氨基葡萄糖对小鼠移植肉瘤S－180瘤重有显著的抑制作用，赵朝晨等利用甲壳质甲壳胺，联合放化疗治疗癌症，丁华等研究了甲壳质衍生物(916)对家兔实验性动脉硬化的预防作用，结果显示，“916”有明显的降低血清甘油三酯(TG)、总胆固醇(TC)以及低密度脂蛋白胆固醇(LDL－C)及血清丙二醛(MDA)含量，显著升高血清高密度脂蛋白胆固醇(HDL－C)含量，显示“916”有较好的调整血脂作用，可有效地减轻家兔实验性高脂血症，从而有效防止动脉粥样硬化形成。

【海洋中药及中成药研究开发】　植物类海洋中药

1.昆布：宋剑秋等人从海带中提取海带硫酸多糖，并对其对小鼠腹腔巨噬细胞的激活作用进行了初步研究。林华英等报道从海带中提取活性碘成分制成口服液，并进行药效学、毒理学研究。黄兆胜等探讨了昆布抗动脉硬化的作用机制，研究表明，昆布改善脂质代谢、抗动脉粥样硬化的作用除可能与降血脂有关外，还可能与提高LCAT活性，升高HDL2－C及降低血清中LPO含量等作用密切相关。

2.海藻：季宇彬等对羊栖菜多糖(SFPS)抗肿瘤作用机理进行了研究，认为SFPS提高RBC膜唾液酸含量作用可能是提高淋巴细胞白血病P388小鼠红细胞免疫功能的又一机制。胡永明等对海蒿子的脂肪酸部分进行了研究，结果表明其不饱和脂肪酸含量大大高于饱和脂肪酸含量。陈珊等实验发现鼠尾藻是一种理想的降糖海产药物。徐明芳等从亨氏马尾藻中制取褐藻胶，其对S180肉瘤和艾氏腹水癌的抑制率分别为30.45%及31.26%。卢睿春等首次采用酶法从亨氏马尾藻中提取马尾藻多糖，提取率高达5.84%。崔征等对马尾藻科七种海藻进行了毒性、抗血小板聚集、抗肿瘤、免疫药理实验，并采用UV－可见分光光度法测定了碘含量，采用原子吸收分光光度法测定了铁、钙、锌、铜、铅、镉等含量。

动物类海洋中药　王顺年等以海鞘为原料制成肝健口服液及注射剂，应用于临床治疗病毒性肝炎，疗效明显。张尔贤等试验结果表明牡蛎有较强的抗氧化能力。王颖等报道牡蛎提取物抗肿瘤作用可能通过增强宿主免疫功能，特别是天然杀伤细胞活性而抑制肿瘤生长。窦德昌等研究表明毛蚶水解液具有降血糖、降血脂作用，对小鼠实验性肝损伤具有显著保护作用。张广钦等报道文蛤肉水解液具有明显降血脂、降低血液粘度及抑制血小板聚集作用。罗运满等也对文蛤肉等低温浸提物进行了药效学研究。贻贝多活素(MSM)是从紫贻贝中提取的活性物质，刘赛等发现MSM可通过降低血小板的聚集功能从而抑制动脉血栓的形成，并研究了MSM对实验性心肌缺血保护作用及其机制，邵伯芹等报道MSM在治疗量范围内毒性极微。周清凯等从黑海参中分得海参多糖制成胶囊剂，用于治疗乙型肝炎。李海棠等也以海参多糖为主要原料制成海康胶囊制剂，用于治疗慢性乙型肝炎，并探索了用琼脂电泳扫描法测定海参多糖含量。佟丽等报道海蛇提取物对溶血性贫血模型小鼠的红细胞有较好的保护作用。张朝晖等从尖海龙中分到四个甾并观察其对小鼠病体心肌细胞的作用，另还对粗吻海龙的抗肿瘤有效部位进行筛选。许东晖等对斑海马甲醇提取物抗血栓作用进行研究，并发现其有效成分为多种不饱和脂肪酸。李亚伟报道海马水煎物有明显的抗炎作用。

矿物类海洋中药　陆宏祺等证实珍珠粉具有镇静安定、部分免疫功能作用，并对抗肿瘤作用作了一些探讨。巫炳元等应用珍珠层粉制成肌肉注射液及静脉注射剂，治疗病毒性肝炎。

海洋中成药　1.双海止咳膏由汤剂经剂型改革而得。原为闽南沿海民间渔民常用于治疗慢支的经验偏方，以海带根、羊栖菜为主，配以紫菀、半夏、麻黄等。黄哲元等将该方制成药膏，穴位敷贴，进行初步疗效探索。

2.牡石胶囊以牡蛎、石决明等为主要组成。刘凤美等报道该药可以降低高血压患者血压，改善紊乱和血压昼夜节律。

3.复方褐藻胶囊由褐藻酸、木香、黄芪、白术、三七、大黄、甘草组成。钟慧闽等用于治疗幽门螺杆菌相关性胃病，疗效较好。

4.金蓝宝以海湾扇贝为主配以部分中药。关宁等证实其为免疫增强剂，并进行毒理和病理试验。

5.复方海龙口服液由刁海龙、海燕、海胆和蜂蜜加工制成。赵鲁青等的药效学研究表明，该药具有提高机体免疫功能、降低血脂、延长凝血时间、延长机体耐缺氧时间和改善阳虚的作用。

6.海珍玉液是由鲜刺参、黄芪、枸杞、栀子、甘草组成的复方口服液。刘伟等进行的血液流变学试验表明，该药能降低总胆固醇及甘油三酯水平，同时降低全血比粘度及红细胞压积。

7.珍珠精母口服液以马氏珍珠贝的生殖液为原料制成。胡德荣等研究表明，该药具有明显的止血作用，并推断其治疗子宫出血的作用机制。

【新研制及生产的海洋药物和海洋保健食品】 1.青岛第六制药厂与海军青岛制剂中心、青岛四方区医院无菌制剂室联合推出抗癌新制剂“海洋素”，属从海洋生物中提取的糖肽类物质。已获山东省“制字号”文字。

2.青岛药物所研制开发出“喜多安”(几丁聚糖)，1997年获国家卫生部健字号证书。

3.上海中洋海洋生物保健品有限公司生产的海豹油胶丸(或剂)具有调节血酯作用。

4.上海百嘉营养保健品有限公司生产的鲨力精粉具有免疫调节、抑制肿瘤作用。

5.辽宁成大制药有限公司生产的“兴京牌雪蛤胶囊”具有调节血脂作用。

6.青岛华仁生物技术有限公司生产的“海福康之侣口服液”，具有免疫调节，抑制肿瘤作用。

7.山东海星特生物食品有限责任公司生产的海星特，具有免疫调节，延缓衰老作用。

8.广东昂泰企业集团生物工程有限公司生产的海之鳗，具有调节血脂作用。

9.武汉海藻营养保健品有限责任公司生产的海桑加能素，具有促进生长发育，延缓衰老作用。

10.广东省汕尾市金海宝有限公司生产的“海马滋养液”，具有免疫调节作用。

11.广东省汕尾市金海宝有限公司生产的虫草鲍鱼精，具有免疫调节、耐缺氧、抗氧化作用。

12.山东海蓝宝生物食品有限公司生产的海蓝宝螺旋藻片(胶囊、营养液)，具有免疫调节作用。

13.深圳海王同爱制药有限公司生产的金碘口服液，具有补碘功效。

14.黑龙江中健天然保健品有限公司生产的鲑鱼籽营养液，具有调节血脂、调节细胞免疫作用。

15.海南海脉冲海洋生物有限公司生产的海脉冲营养素胶囊，具有调节细胞免疫作用。

16.福州南海岩生物工程有限公司生产的鳗钙，具有补钙作用。

17.河北省故城县康宁微藻生物工程有限公司生产的“日惠螺旋藻片”，具有调节细胞免疫、调节血脂作用。

18.中外合资成都通联药业有限公司生产的维格尔海洋牡蛎钙加维生素D片，具有补钙及维生素D作用。

19.南京三济医药研究所生产的海富康软胶囊，具有调节血脂作用。

20.北京美天康生物保健品有限公司生产的美天康鱼油胶丸，具有调节血脂、改善记忆作用。

21.上海强生微藻发展中心生产的爱绿宝螺旋藻胶囊，具有免疫调节、抑制肿瘤、抗辐射、调节血脂作用。

22.清华大学生命科学与工程研究院研制成功增效鲨鱼软骨制剂，具有较好的抗癌功能和免疫功能。

23.烟台长岛经济开发有限公司生产的“一点碘”褐藻口服液，具有补碘作用。

24.福建岱江集团东方螺旋藻有限公司生产的施瑞安螺旋藻片剂，具有抗辐射、调节血脂、抑制肿瘤、免疫调节作用。

25.山东天地保健生物工程有限公司生产的“四世同堂”海狗鞭特补酒，具有抗疲劳、延缓衰老作用。

26.珠海经济特区海泰滋补品有限公司生产的海胆王片，具有抗疲劳作用；牡蛎皇片，对化学性肝损伤有一定保护作用。

【新成立一批海洋药物教学、研究机构和生产企业】

1.青岛海洋大学在原水产品贮藏与加工硕士点、博士点基础上，新增生药学(海洋药物)硕士点，于1996年1月获准，并于1997年开始招生。

2.以青岛海洋大学为技术依托的“国家海洋药物工程技术研究中心”进入实质性建设阶段，其中，设在山东无棣的富施特螺旋藻养殖基地于1997年7月建成，通过了国家科委组织的鉴定。已开始7余种产品的生产。

3.新成立一批研究机构，如清华大学1997年成立“海洋生物技术研究发展中心”；江苏省设立“江苏省海洋药物工程研究中心”，于1997年建成，附设于南京中医药大学。

4.新成立一批生产厂家，如烟台绿叶制药有限公司，生产EPA产品；莱州海墨特生物制品有限公司，生产海墨特产品；烟台海特生物药业有限公司，生产神龙康产品；上海共胜生物制品实业公司，生产透明质酸钠制品等。 (管华诗　王长云　顾谦群　刘红兵　耿美玉　于广利　毛文君　徐家敏)

海洋能源开发
Ocean Energies Development

【中国海洋能利用进展】 “八五”期间，由国家科委支持的海洋能源利用项目波浪发电、潮流发电和全贯流式水轮发电机等研究项目,在 1995 年底和 1996 年初陆续完成,并通过验收。

由华中理工大学研制适应潮汐发电的低水头全贯流水轮发电机组,三台样机于 1995 年安装在广东省梅县祥兴寺河川型水电站,1996 年完成调试并投入营运。设计水头 2.8m,额定功率 140kW,轮缘密封性能参数为每米密封长度功率损耗 0.3kW,漏水量 0.1 L/s。有意向为江厦潮汐电站预留的 6 号机坑研制一台全贯流水轮发电机组。全贯流水轮机组用于低水头电站,比常规水轮机造价可降低 15%～20%。

由中国科学院广州能源研究所研制的 20kW 岸式波力实验电站,于 1995 年底在珠江口大万山岛完成机组的安装调试。该电站建在崖石上,采用振荡水柱(OWC)波浪能转换原理。对称翼型空气透平直径为 1m,与变速恒频交流发电机直联,与柴油发电机并网运行。于 1996 年 1 月 19 日开始试发电,在实海况下断续运行了两个多月,在平均波高 $H_{1/10}=1.5$m,平均周期 $T=4\sim5$s 时,平均输出电功率 $N=4\sim5$kW,最大输出功率 $N_{max}>14.5$kW,总效为 18%～40%,达到设计要求。该研究对波浪载荷的理论计算及保护措施进行探讨,提出了过渡气室、破浪锥、导气管和安全阀等新设计,使电站结构经受了台风巨浪的考验,是中国首座海上波浪发电实验基地。

中国科学院广州能源研究所研制的 5kW 后弯管式波力发电船,长 6.6m,宽 5.1m,排水量 19.6t,装有一套直径为 0.8m 的对称翼型空气透平波力发电机,于 1996 年 1 月 18 日投放在珠江口桂山岛附近海域进行试验。在 19.5 天的海上试验中,累积发电 116kW·h,记录到最大输出电功率为 5.7kW。该试验未将电输送到岸上。由于试验结果表明该装置有较高的波能转换效率,日本波能专家益田善雄先生有意与中方合作,出资支持继续研究,以求达到实用化。

"八五"期间完成的波力发电装置还有国家海洋技术研究所在青岛小麦岛研建的摆式波力试验电站。借助天然礁石,将入射波聚集推动活动摆,带动发电机发电。发电机为三端换能电机,可以将不规则的机械运动转换成规则的电能。

1996 年底,国家科委将 100kW 岸式波力发电站、舟山潮流发电站列入"九五"海洋能利用重大项目,分别由中国科学院广州能源研究所、国家海洋局技术研究所和哈尔滨工程大学承担,1997 年开始了选址和前期研究工作。

中国科学院广州能源研究所每年为交通部海上安全部门提供约 50 台导航浮标用波力发电装置。多年来与广州海上安全监督局航标导航处合作研制的后弯管波力发电导航浮标,于 1997 年 8 月在广州通过成果鉴定:自 1996 年 8 月 29 日至 1997 年 5 月 21 日在珠江口上横档岛水域试验,日均发电量为 2.8A·h/d,证明该型号后弯管波力发电导航浮标,在河口浅水微浪水域,可以满足一般航标灯用电需要,进一步扩大了波力发电灯浮标的应用水域。 (高祥帆)

地 方 篇

Local Management

海 南 省
Hainan Province

综 述
Summary

【自然概况】 海南省行政区域包括海南岛及周围岛屿、西沙群岛、中沙群岛、南沙群岛的岛礁及其海域，是中国面积最大的省。全省陆地总面积虽然只有3.5万km^2，但所辖海洋国土的面积约200万km^2。海南省海域北面是琼州海峡，与广东省和广西壮族自治区海域分界，南至曾母暗沙，西与越南民主共和国海域交界，东、东南与菲律宾、文莱和马来西亚海域为邻，处于印度洋与太平洋之间，是亚洲大陆与澳洲大陆、中东国家之间的交通要冲。尤其是南沙群岛及其海域，地理位置十分重要，是扼守太平洋与印度洋的咽喉，是世界各国海上往来的重要交通要道，具有重要的军事、政治、经济战略地位。

海南省既是海岛省，也是海洋省，海岸线长达1 811km(含岛岸线)，海岸线系数0.0477，在中国沿海省区中首屈一指。海南省海域岛屿多，岸线曲折，自然形成的港湾多，且水文地质条件良好，可开发成为港口的港湾达84处。至1997年已有18个港湾开辟为港口，还有60多处潜在的港口资源。在建的港口中洋浦港规模最大。八所港是全省目前已投入使用的规模最大、功能最齐全的现代化港口。

海南省海域地处热带气候带，光照充足，雨量丰沛，干湿明显，气温年差较小，常年风大，夏、秋季热带气旋和台风活动频繁，具有典型的热带气候带特征。

由于受气候、河流、地域等影响，海南省海洋水文状况较为复杂。潮流分正规日潮流、不正规全日潮流和不正规半日潮流3种类型，环海南岛交错分布，大部分海区是不规则全日潮。海洋潮流一般为0.5～15m/s，潮差一般小于2m，属弱潮海洋。海南省海域海浪以风浪为主，波高1.00～1.75m。海区表层水温在25℃～28℃之间，水温高居中国四大海区之首。海水盐度一般为32以上，海南岛沿岸平均盐度为32.64左右。海南省海区常年风大，一般风速3m/s，较为频繁地出现热带气旋和台风，最大风力12级以上。海区平均降水量1 009～2 141mm。

海南省海岸大部分为珊瑚礁海岸和红树林海岸，属生物种类富集海岸。海域广阔，平均水深1 212m，海水容积252多万立方千米，为渤海、黄海和东海海水总量体积的5～6倍。海南省目前工业项目不多，1997年全年工业排放的污水约9万t，大大低于中国其他沿海省区，加上季风性海流的作用，海流水体交换充分，海水自净能力强，海区海水水质优良，沿岸海域总体上符合国家海水一类标准，海洋环境质量堪称世界一流。

海南省海洋资源储量丰富。调查资料表明，除港口资源外，有种类繁多、储量巨大的生物资源，堪称一流的海洋、海岛旅游资源，人称“第二中东”的海洋油气资源，取之不尽、用之不竭的没有污染的海洋能资源，巨大的海水和海水化学资源，储量可观的滨海砂矿资源和广阔的空间资源等。

凭借丰富的资源和优越的环境条件、先进的海洋管理体制，1997年海南省海洋事业发展迅速，海洋经济取得突破性的进展，海洋综合管理逐步到位，海洋公益事业蒸蒸日上，科技兴海方兴未艾。

【海洋资源开发与海洋经济】 1997年海南省海洋经济发展迅速，向着产业基地化、生产规模化、企业现代化、市场经营化的方向发展，海洋经济成了海南经济发展新的增长点。1997年海南省率先于全国开展海洋产业情况普查。调查结果表明：海洋经济发展迅速，全省以海洋和海洋资源为依托从事海洋产业的企业948家，固定资产投资的总规模达137.74亿元，从业人员达5.8万人。全省沿海13个市、县涉海乡镇103个，人口217.72万人，临海村庄995个，人口75.42万人。初步形成了以海洋油气加工业、海岛、滨海旅游业、海洋水产业和海洋运输业为主导的四大海洋支柱产业。

1997年全省海洋产业总产值达116.49亿元，首次突破百亿元大关，比1996年增长32.60%。其中海洋水产业产量41.85万t，产值29.54亿元，比1996年增长6.5%；滨海旅游接待的中外旅客达508.6万人次，产值52亿元，比1996年增长16.8%；海洋油气加工业产值23.31亿元，比1996年增长256%；海洋运输业产值8.50亿元，比1996年增长27.71%。海洋产业产值按三类产业划分，第一产业产值29.54亿元，第二产业产值26.45亿元，第三产业产值60.50亿元，分别增长6.5%、303%和15.30%。

1997年海洋产业固定资产投资力度加大，重大项目建设速度加快。经海南省海洋厅和有关部门勘察、论证、设计的海洋产业重大建设项目及海洋产业重大相关项目达20多个，协议合同投资266.83亿元。

【海洋公益事业】 1997年海南省成立了专门从事海洋环境监测预报工作的正处级事业机构——海南省海洋监测预报和开发研究中心，内设海洋预报台、海洋环境监测中心、信息资料等技术保障和服务部门。1997年投资13万元改造了省海洋预报台和省海洋环境监测中心；开展了海洋灾害中长期预报工作；实行了海洋防灾减灾工作检查制度；拓宽了海洋水质监测领域；恢复了对洋浦、三亚两个海湾的定期水质监测；增加了对清澜、东方等港口的水质监测；开展了对海口市假日海滩滨海浴场海水水质的监测；编制了海南省海洋监测预报台站的网络规划。1997年该中心从事海洋环境监测预报的技术人员已达80人。

1997年8月海南省海洋厅和省旅游局联合发出了《关于开展海水浴场海洋环境调查监测工作的通知》，根据该通知的精神，省海洋环境监测中心于当年12月底对海口市假日海滩海域开展水质监测调查工作。海南省海洋厅和省旅游局组成联合小组对三亚市的大东海、亚龙湾、海口市的白沙门、琼山市的桂林洋等著名的海水浴场进行海域环境水质监测调查，这是海南省海洋环境监测部门为地方经济服务的新举措。

【海洋科技培训】 1997年海南省海洋厅对海洋科技干部培训工作较为重视，通过选送培训和办班培训的方式提高海洋环境预报技术和海洋管理的科技水平。1997年省海洋厅选派10名同志参加全国业务培训班，8人次参加省内科技培训班。海南省海洋厅专门举办了为期1个月的海洋监察员培训班，参加培训的有海口市、三亚市、澄迈县等9个市、县和国家级三亚珊瑚礁自然生态保护区、国家级万宁大洲岛自然生态保护区的工作人员45人，经考试，均取得了海洋监察员的上岗证。另外，省海洋厅积极支持、推荐年轻的在职科技干部攻读硕士、博士学位，1997年已有1人取得博士学位。

【海洋国际合作】 1997年海洋领域招商引资项目和开发成果十分喜人。据初步统计全年协议投资达19.03亿元人民币，到位资金9.588亿元，外商投资1.408亿美元，到位资金7 477万美元。

继1997年1月东方海洋天然气化肥厂投产后，由中国海洋石油总公司投资155.8亿元兴建、位于洋浦的以海洋天然气为原料的海南大化肥项目3月份在北京签署了协定。此外，亚龙湾海底世界观光项目建设已获加拿大政府贷款490万美元；"海肤康"扩大生产项目获比利时政府贷款200万美元；海南东方集团与挪威RFA公司合作的深海潜网养殖项目签订协议，项目计划投资6 000万元，其中一期工程投资2 000万元。海南省海洋厅与联合国UNDP组织合作的南中国海北部海岸带综合管理建设项目1997年6月正式实施。

随着沿海海洋开发项目的实施，海南以海洋油气加工业、海洋水产业、海洋旅游业、海洋运输为主体的海洋产业体系正在形成，海口地区和三亚、东方、琼海、洋浦等地的海洋产业逐步形成了规模化经营。

【海洋立法与管理】 **实行海洋工程项目用海审批制度** 1997年初，省海洋厅总结推广了文昌市海洋管理局对工程项目"用海三不批"的原则，即破坏海洋珊瑚礁、红树林等海洋生态环境的项目不批；对改变海域属性而未经专家论证的项目不批；对不符合海洋开发规划和海洋功能区划的项目不批。在此基础上省海洋厅制定了《海域使用项目论证暂行规定》、《海域使用技术规范》等管理制度。1997年海南省海洋厅审批大、中型用海项目20个，用海项目大纲20份，项目可行性报告30份。省政府审批重大用海项目3个，使用海域面积260hm²，收取海域使用金160.35万元。

海洋管理执法 1997年5月份，省政府发出了《关于开展海域开发利用专项检查的通知》，6月份省政府组织海洋、公安、司法、环保、土地、水产等部门的有关人员组成的检查组开展全省用海专项检查。发现违章损海事件39宗，纠正32宗，处罚27宗。在国家海洋局的支持下，海南省海洋厅组织了两次海、陆、空联合检查执法监视活动。全年出动飞机、船只152个航次，检查各种违法违章的可疑船只122艘，查处79艘，没收海上炸鱼、炸礁、毒鱼的雷管、导火线、药品一批，罚款6万元。

海洋环境管理 海南省海洋厅把保护海洋环境作为重点，加强了海洋石油钻井平台海洋倾废和海洋管道路由的管理。省海洋厅和有关部门查处了临高、琼山等地发生的毁坏红树林挖塘养虾的事件；组建了三亚珊瑚礁自然保护区亚龙湾海洋监视站，履行对亚龙湾片区的监视和保护；申报建立琼海市珊瑚礁麒麟菜保护区；草拟了《西沙群岛七连屿国家海洋特别保护区建设方案》。

东方市海洋综合管理试点 经省政府批准，海南省海洋厅选定涉海行业复杂、用海企业较多、海洋产业发展较快的东方市作为海洋宏观管理试点地区，开展海洋综合管理试点。试点工作的主要任务是：从立法入手，建立完整的海洋综合管理法规体系，建立和健全各级海洋管理机构体系，并根据法规进行海洋开发治理整顿，制定海洋开发规划，促进区域海洋经济的发展。

省海洋厅会同东方市政府成立了海洋管理立法小组，制定了《东方市海洋综合管理暂行规定》、《东方市海域使用管理暂行办法》、《东方市海滩开发利用管理暂行办法》和《东方市海岸带管理暂行办法》，并于1997年8月20日正式颁布实施。市政府建立了东方市海洋管理委员会，沿海乡镇组建了相应的海洋管理机构。临海村庄制定了管海、护海的乡规民约。东方市在依据颁布的"一规三法"开展对海洋国土整治的同时，着手编制全市海洋开发规划。　　(陈家博)

广西壮族自治区
Guangxi Zhuang Autonomous Region

综 述
Summary

【沿海行政区划】 广西壮族自治区是中国唯一临海的少数民族自治区。广西沿海地区处于北纬 20°54′～22°28′，东经 107°29′～109°46′。沿海地区从东到西行政区划分为三个市，其陆地面积为 20 289km²，占广西全区土地面积 23.6 万 km² 的 8.5%。1997 年末人口 520.4 万人，占广西人口 11.23%。广西沿海三市的北海市辖银海区、海城区、铁山港区、合浦县，总面积 3 337km²，总人口 136.5 万人。钦州市辖钦南区、钦北区、钦州港区、浦北县、灵山县，总面积 10 602.4km²，总人口 308.4 万人。防城港市辖防城区、防城港口区、东兴市(县)、上思县，面积 6 350km²，人口 75.5 万人。

表 1 广西沿海市县一览表

地级市名称	县、县级市(区)名称
北海市	海城区、银海区、铁山港区、合浦县
防城港市	防城区、港口区、东兴市、上思县
钦州市	钦南区、钦北区、灵山县、浦北县

表 2 1997 年广西沿海地区人口及从业人员情况

(万人)

地区名称	年末人口			从业人员	
	总人口	农业	非农业	总数	职工数
北海市	136.49	101.2	35.29	81.78	13
北海市市区	49.19	30.2	18.99	25.65	7.82
防城港市	75.54	58.43	17.11	44.92	6.89
防城港市市区	46.08	34.46	11.62	29.43	4.39
钦州市	308.37	276.90	31.47	172.18	13.09
钦州市市区	112.86	96.08	16.78	68.72	6.93
三市合计	520.40	436.53	83.87	298.88	32.98
全区合计	4 633	3 793	795	2 454	340

【海洋自然概况】 广西拥有大陆岸线 1 595km，直线距离 185km，海岸线曲直比高达 8.6∶1。广西拥有 1 005km² 滩涂，20m 水深以内的浅海 6 488km²，10km² 以上海湾 8 个(含与广东省交界的英罗港)，500m² 以上的岛屿 651 个。沿岸潮汐类型为非正规全日潮和正规全日潮，最大潮差 6.25m，平均潮差 2.42m，近海海水盐度 19.31～32.09，pH 值为 8 左右。

广西沿海沿岸从东到西有 123 条中小河流，总流域面积为 50km²，它汇成 21 条干流流入大海，年总径流量为 250 亿 m³，南流江、钦州江、大风江、茅岭江、防城河、北仑河是广西沿海最大的 6 条入海河流，年径流量为 182 亿 m³。

广西海岸线曲折、港湾众多，使广西沿海有天然港群之称。据初步估计，广西可建成 120 个以上的万吨级深水泊位，开发后年吞吐量达 1.4 亿 t 的能力。其中钦州港、防城港埠江口、北海铁山港可建 10 万吨级的泊位，具备与世界各大港直接往来的条件。

广西沿海地区地处低纬，气候处于南亚热带过渡区域，已近似热带气候，是全国光热水资源最丰富地区之一。该区域年平均气温为 21.8～22.6℃(全国平均气温为 5～25℃)，年平均降雨量在 1 600mm 以上，其中防城港市东兴一带，年降雨量可达 2 800mm 左右，为中国降雨量最多的地区之一，≥10℃年积温为 7 800～8 300℃(全国为 2 000～8 500℃)，全年基本无霜。

北部湾不仅是中国著名的渔场，也是中国海洋生物种资源的宝库，这里栖息着鱼类 500 多种、虾类 200 多种、头足类近 50 种、蟹类 20 多种，还有种类众多的贝类、藻类和其他种类，其中有儒艮、中国鲎、文昌鱼、海马、海蛇等珍稀或重要药用生物。举世闻名的合浦珍珠也产自这一海域。分布于广西沿海滩涂、面积占全国 40%左右的红树林，以及分布于涠洲岛周围浅海、处于中国成礁珊瑚分布带北部边缘的珊瑚礁，作为重要的热带海洋生态系，具有极大的科研和生态价值。

油气资源有前景，以建材为主的非金属矿在广西有优势。在北部湾东南部海域已发现北部湾盆地和莺歌海盆地两个海底油气盆地。初步预测其油气资源量为 12.59 亿 t。目前北部湾盆地的涠 10—3 油田已经开采，涠 11—4 油田已被列为国家"八五"期间开发的十个重要的近海油田之一。在广西沿海地区已发现的 28 种矿产中，玻璃用石英砂在全国海岸带有优势，钛铁矿、石膏矿、陶土矿等在广西有一定的优势。

广西沿海地区是广西重要的旅游资源分布区，对外国人开放的旅游景点有 17 处，占广西全部对外开放景点数的 12.2%。北海市的南湾至涠洲岛海滨风景区被列为广西22个自治区级风景名胜区之一。该区域还有9处自治区级重点文物保护单位，占广西同类总数的10.5%。北海22km长的白虎银滩、有“大小蓬莱”美誉的涠洲岛和斜阳岛、合浦被列为国家级海洋自然保护区的“海底森林”、千岛点缀的洪潮江水库、钦州“龙径环珠”的钦州湾“七十二径”和龙门诸岛等景观都是国内少见的旅游资源。

【海洋机构】 为适应海洋事业的发展，广西海洋机构改革取得了一些进展，在原有的基础上，1996～1997年，自治区政府及沿海各级政府对海洋机构职责职能进一步明确和加强。自治区成立了广西壮族自治区海洋局，与广西壮族自治区海洋开发保护管理委员会办公室合署办公。

沿海各市的海洋机构也不同程度地得到加强，1997年钦州市政府给市海洋办增加编制10人，并批准成立钦州市海洋局。钦州市钦州港成立了海洋局。防城港市1997年给予定编5人，成立了防城港市海洋局。

广西壮族自治区海洋机构：(1)广西海洋开发保护管理委员会、委员会办公室；(2)广西海洋局；(3)广西海洋监察大队；(4)广西海洋监测预报中心；(5)广西海洋预报台；(6)北海市海洋管理办公室；(7)合浦县海洋管理办公室；(8)钦州市海洋局；(9)钦州港区海洋局；(10)防城港市海洋局；(11)防城区海洋局；(12)东兴市海洋管理办公室；(13)合浦山口国家红树林生态自然保护区管理处；(14)广西壮族自治区北仑河口海洋自然保护区管理站；(15)广西红树林研究中心。

（杨　菲）

【沿海经济与社会发展】 90年代以前，因受种种因素的影响，广西沿海地区经济发展缓慢，属经济落后地区。“八五”期间，随着改革开放的深入发展，特别是边贸的兴起和出海通道的建设，使该地区经济成功起步，实现了跨跃式的发展。1997年该地区的国内生产总值284.96亿元，占全区14.14%，全社会固定资产投资35.41亿元，占全区19.69%，地方财政收入12.48亿元，占全区地方财政收入7.31%，城乡居民储蓄存款余额131.84亿元，工业总产值229.22亿元，占全区12.39%，实际利用外资1.16亿美元，占全区9.16%。

（韦　忠）

表3　1997年广西沿海地区经济发展状况一览表

地区名称	国内生产总值(当年价)(亿元)				人均国内生产总值(元/人)	工业总产值(当年价)(亿元)	农林牧渔业生产总值(当年价)(亿元)	固定资产投资(当年价)(亿元)	地方财政收入(亿元)	城乡居民储蓄存款余额(亿元)
	合　计	第一产业	第二产业	第三产业						
广西全区	2 015.2	631.62	759.54	624.04	4 356	1 849.99	980.24	479.80	99.16	1 013.14
沿海三市合计	284.97	111.96	79.69	93.32		229.22	184.92	35.42	12.49	131.84
三市占全区的比例(%)	14.14	17.73	10.49	14.95		12.39	18.87	7.38	12.6	13
北海市	109.41	34.00	33.00	42.41	8 048	105.28	60.01	13.59	5.61	61.99
北海市区	61.29	14.46	18.99	27.84	12 623	58.56	25.66	8.96	4.19	43.41
防城港市	48.23	18.88	12.95	16.40	6 391	38.24	29.39	9.19	3.04	28.74
防城港市区	30.39	12.03	8.08	10.27	6 628	24.94	21.13	5.67	1.99	19.33
钦州市	127.33	59.08	33.74	34.51	4 154	85.70	95.53	12.64	3.84	41.11
钦州市区	50.74	26.96	10.20	13.58	4 522	31.02	46.14	8.44	2.00	21.62

（杨　菲）

海洋资源开发与海洋经济

Development of Marine Resources and Marine Economy

【海洋经济概况】 广西“九五”头两年海洋经济增长迅猛。1996年全区海洋产业总产值达69.45亿元，比1995年增长18.96%；1997年全区海洋产业总产值达79.5亿元，比1996年增长13.14%。海洋产业结构变化不大。海洋水产(含捕捞、养殖、加工)产值占92.12%左右，海洋交通运输占4.5%，滨海旅游占3%左右，海洋盐业占0.3%，滨海砂矿占0.01%～0.05%。广西沿海三市的海洋经济发展不平衡，从西往东，逐渐发达。1997年，海洋产业总产值北海市为40.93亿元，钦州市为23.18亿元，防城港市为15.41亿元。

（蒋明星）

【海水养殖】 1997年，海水养殖总面积、总产量、总产值有较大幅度的提高。全区海水养殖面积52 222 hm²，产量498 209t，产值322 198万元。分别比上年增长7.8%、12.9%、59.2%。

名特优养殖品种发展迅猛。全区对虾、泥蚶、名贵鱼类、珍珠等名特优品种养殖面积18 077hm²、产量

45 723t、产值 162 902 万元，分别比 1996 年增长 11.9%、75.9%、82.5%。名特优品种的养殖面积、产量、产值已占整个海水养殖业的 34.6%、9.1%、50.6%。

对虾养殖生产获得丰收。1997 年对虾养殖面积 6 683.3hm²，产量 9 336t，平均亩产 93.2kg，创养虾历史的最好成绩。平均单产排在全国前列。

泥蚶人工育苗获得成功。进行了广西首次泥蚶人工育苗试验，获得成功。1997 年共培育出壳长 450～1 000μm 稚蚶 1.37 亿粒。

高位池对虾养殖技术开始在该区应用。1997 年防城港市引进先进的养殖技术，采用高密度增氧封闭或半封闭的管理模式，建设高位养虾池 53.3hm²，开创了该区高技术养虾的先河。

池塘静水育珠试验成功。北海市利用盐场蓄水池进行静水育珠试验，吊养珍珠贝 70 万只，收珠139.5 kg，平均万贝收珠 1.99kg，比传统的海区育珠平均万贝收珠提高 32.7%，经济效益可观。为珍珠养殖生产开辟了一条新途径。　　（陈玉琛）

【海洋捕捞】　1997 年，全年海洋捕捞产量 782 661t，比上年增长 11%，产值 35.1 亿元，比上年增长 16%。

1997 年渔汛普遍好转，北部湾内带鱼、马面鲀、海蜇、鱿鱼等品种旺发，二长棘鲷、竹荚鱼、小公鱼等品种资源较丰厚，大眼鲷、蛇鲻、蓝圆鲹等品种数量保持稳定。

广西开发南沙群岛渔场力度加大。以北海海洋渔业总公司为骨干、以群众渔船为主体的开发南沙渔场的劲头比往年更加大，增加了航次和投网率，提高了效益，全年投入南沙生产的渔船 98 艘，作业 223 航次，产量 7 091t，产值 2 906 万元。

外省 600 多艘大功率拖网渔船，违反农业部有关跨海区作业的规定，进入北部湾生产，增加了北部湾渔场的压力，使海洋鱼类资源进一步恶化。

（杨友林）

【海产品加工】　1996、1997 年广西海产品加工业得到了长足发展，全区海产品加工企业由 1996 年的 18 家增加到 1997 年 41 家，海产品加工总量由 1996 年的 10.4 万 t 增长到 1997 年的 12.6 万 t，海产品加工产值由 1996 年 3.32 亿元增长到 1997 年的 4.25 亿元，企业加工能力从 1996 年的 10 万 t/a 增长到 1997 年的 15 万 t/a。研制、生产出一批科技含量较高的精、深、新产品，如珍珠系列医药品、保健品、日用品的开发，有力地带动了广西珍珠贝类的生产，为广西的渔业发展探索出一条希望之路。

针对广西水产加工业基础差、底子薄、起点低、规模小、技术装备落后等现实，广西已明确了海产品结构调整政策。广西区水产局对此进行统一规划、合理布局，针对海产品加工的薄弱环节，明确提出“九五”期间，海产品加工业要以优势企业为龙头，以资产为纽带，通过资产重组，实现加工业结构的整体调整，从而促进大企业、大集团的形成和发展，集中技术、资金、管理、资源等各方面的优势，重点发展广西五大系列海产加工品：(1)海水珍珠系列加工品；(2)鱼糜及其系列加工品；(3)大蚝综合加工品；(4)冷冻系列加工品；(5)海洋保健、医药、日用系列加工品。　　（赖定凡）

【港口与运输业】　广西沿海港口建设进一步加快，1997 年完成投资 5 943 万元。中央和地方建设项目主要有北海港二期工程、北海国际客运码头、北海涠洲岛客运码头、防城港中级码头、钦州港滚装码头、钦州港起步码头。

1997 年，三港的货物吞吐量分别为：北海港 243.1 万 t，防城港 650.1 万 t、钦州港 40.7 万 t。

以北海—海南航线为主的沿海陆岛客运持续稳定发展。1997 年完成客运量 29 万人次，比上年增长 26.09%。陆岛运输旅客、车辆乘船过海难的问题基本得到解决。

沿海货物运输经营困难。近年来边贸不振，广西、广东西部沿海地区及海南对煤炭的需求减少，运价下跌，经济发展水平较低的广西沿海难有充足的货源。1997 年，从事沿海运输船舶 520 艘，23 613 载重吨，3 394客位，全年完成货运量 92 万 t，货物周转量 1.45 亿 t·km，分别比上年减少 26.4%和 30.29%。

远洋运输举步维艰。国际航运市场连年疲软，运价大幅下跌而成本不断上升导致运输经营困难，1997 年从事远洋运输船舶 352 艘，206 216 载重吨，270 客位，544 个标准集装箱。完成客运量 1.2 万人次，客运周转量 559 万人·km，货运量 143.4 万 t，货物周转量 395 998万 t·km。　　（韦华文）

【海洋盐业】　广西现有 7 个国有盐场和一部分集体盐场，盐田面积 5 000 多公顷，其中有效生产面积 3 757hm²，生产能力 15 万 t，平均年产原盐 12 万 t 左右。由于降雨频繁、雨量大，生产不稳定，最高年产 1977 年达 27 万 t，低产年份仅 8 万 t 左右。现有在职职工 3 702 人，离退休人员 1 685 人，合计 5 387 人。所产的盐主要作食用盐和食品加工用盐，数量约占广西食用盐的 50%。

广西是碘缺乏病重病区，病区人口达 2 700 多万人，为消除碘缺乏病危害，1997 年在全区分别建起了北海、防城港、博白三个食盐定点厂，形成了 12 万 t 食盐生产能力，并顺利通过国家有关部门的验收，在全国率先高标准、高质量、高速度地完成了食盐加碘项目的建设。为保证广西全民食用合格碘盐，消除碘缺乏病危害做出了贡献。（高景增）

【滨海旅游业】 1997 年，广西北海、钦州、防城港三个滨海城市共接待海外游客 10 474 人次，旅游外汇收入 1 055 万美元。共接待国内游客 375 313 人次，国内旅游收入 14 434 万元人民币。

旅游规划方面：1997 年 6 月，《北海市旅游业发展与布局总体规划》通过了国家旅游局、国家计委、国家海洋局、国家环保局、中国科学院等单位专家的评审。《北海海洋文化公园预可行性研究》先后获市计委、自治区计委批准立项。

景点建设方面：1997 年，北海市完成银滩广场建设和大门改造，银滩公园内的夜景泛光工程初步实施；涠洲岛海底观光项目开始了前期调研和初步规划。防城港市投入 1.3 亿元，建设江山半岛大平坡海滨体育中心、京岛海堤、京族表演馆、度假别墅群等。钦州市兴建、续建、完善了一批旅游景点，其中钦南区投资 70 多万元完善了麻蓝岛风景区的各项配套设施，钦州港开发区投资 1 500 万元，兴建逸仙公园。

旅游市场促销及节庆活动方面：1997 年，北海市举行了'97 中国旅游年（北海）开年仪式，举办了沙滩文艺联欢及大型沙滩高空焰火晚会等活动；5 月 1 日，北海市在银滩公园、海滩公园等处开展了大型沙滩运动会，拉开了“银滩之夏”的序幕。防城港市采取“走出去，请进来，多媒体，多渠道”的方法，加大市场宣传促销力度。钦州市借助广西电视台、《特区时报》等媒体加大对麻蓝岛风景区等旅游景点的宣传报道。

旅游线路方面：1996 年，防城港市开始推广滨海旅游线路：仙人山—胡志明小道起点—港口—月亮湾—大平坡白浪滩—怪石滩—珍珠港—沥尾金滩。1997 年，北海市开通到越南下龙湾和海防的海上旅游航线，并先后试航成功。（程大兴）

海洋公益事业
Marine Public Welfare Facilities

【海洋环境观测】 1996 年、1997 年，广西北海中心海洋站下设北海海洋站、涠洲海洋站、防城港海洋站。设有潮汐、海水温度、盐度、海发光、风等海洋水文、气象观测项目，提供海洋水文和气象每日的实时资料及月报资料。

经国家海洋局批准，1996 年防城港海洋站，纳入国家海洋局系统观测网，从 1996 年 1 月 1 日正式开始观测，提供潮汐、海水温度和风的每日观测实时资料和月报资料。

1997 年，根据国家海洋局“关于实施《海洋台站微机数据通讯规程》的通知”要求，北海中心站与北海海洋站、防城海洋站建成微机数据通信网系统，观测资料数据由微机实行自动化传输，使测报工作逐步完善和自动化。（程大兴　黄　强）

【海洋环境监测】 1996 年共监测 33 个站次，取得监测数据约 800 组（个）。化学耗氧量质量指数为 0.34～0.79（以一类海水水质标准作参照，下同），无机磷质量指数为 0.24～3.33，北海港超标 11.1%（质量指数大于 1）。无机氮质量指数为 0.90～5.20，北海港超标 88.9%，钦州港超标 100%。油类质量指数为 0.65～5.19，北海港超标 66%，钦州港超标 100%。重金属本底良好。

1997 年共监测 33 个站次，取得监测数据约 800 组（个）。化学耗氧量质量指数为 0.19～0.64。无机磷质量指数为 0.16～1.70，北海港超标 11.1%。无机氮质量指数为 0.79～3.69，北海港超标 88.9%，钦州港超标 100%。油类质量指数为 0.44～3.79，北海港超标 44.4%。重金属本底良好。

监测结果表明，北海、钦州两港区已受到无机氮、油类的严重污染，受到无机磷的轻度污染，其他项目本底良好。北海港 04 站（港务局附近）是重污染区。（张春华）

【风暴潮预报】 风暴潮灾害是广西沿海主要自然灾害之一，1996 年影响北部湾和广西沿海的热带风暴（台风）集中在 7～9 月，其中 9606、9612、9618 号台风造成广西沿海的风暴潮增水 40～100cm，过程最高潮位在 500cm 以下；9615 号强台风造成了广西沿海近十年来最严重的风暴潮灾害，其过程增水值达 150～200cm，铁山港最高潮位达 700cm 以上，北海港风暴潮最高潮位 544cm，龙门港最高潮位 567cm。

1997 年有三个热带风暴（台风）影响北部湾和广西沿海，9710 号风暴潮造成最大增水 55cm，东段沿海（北海代表站）过程最高风暴潮水位 495cm，西段沿海（防城代表站）过程最高风暴潮水位 457cm；受 9713 号台风影响，风暴潮最大增水 66cm，东段沿海风暴潮高水位 373cm，西段沿海风暴潮最高水位 352cm；受 9618 号台风影响，风暴潮最大增水 49cm，东段沿海过程风暴潮最高水位 467cm，西段过程风暴潮最高水位 433cm。

广西海洋预报台曾对 1996 年和 1997 年度海洋灾害进行预测预报，并在台风风暴潮发生期间，都做了具体跟踪预报服务，监视结果表明，预测与实况基本符合。

风暴潮预测预报均通过“广西防灾减灾预警预报系统”和传真、电话等通信工具及时地送到自治区政府办公厅和区防总以及沿海市县防汛有关部门，为各级党委、政府的防灾抗灾决策提供了及时、重要的依据，为该区防灾减灾做出了贡献。

【海浪预报】 北部湾及广西沿海，1996年由台风引起的大浪(≥2.5m)有8天，冷空气大风和其他原因引起≥2.5m大浪23天；1997年台风引起≥2.5m大浪6天，冷空气和其他大风引起≥2.5m大浪31天。广西海洋预报台开展了海浪预报服务，对于台风大浪，除采取了预报单传递外，还经电视台广播同时发布，其余常规海浪预报均通过电视广播发布。海浪预报服务为海上交通运输、海洋旅游业、海洋渔业等海上经济活动提供了重要的安全保障。

【潮汐、海温预报】 1996～1997年广西海洋预报台通过广西电视卫星台、北海市电视台，北海邮电局968大众信息信箱发布广西沿海主要港口潮汐及海温公益服务预报15 140组次，预报准确率在80%以上。有效的潮汐及海温预报，方便了沿海港口作业、浅海滩涂养殖、海盐等行业生产活动。 （莫栋梁　郭芝兰）

海洋灾害与防御
Marine Disasters and Defence

【海洋灾害】 **9615号台风** 1996年9月9日11时在广东吴川－湛江一带沿海登陆，并以30～40km的时速掠过广西沿海，9日傍晚进入越南北部，强度减弱。该台风的特点是移速快，强度强，破坏力大，是1982年以来影响广西沿海最强的一个台风。桂南有16个市(县)出现了8级或以上的大风，其中北海、涠洲、合浦、钦州等地出现了12级的阵风；有15个市(县)出现了暴雨，其中有4个市(县)为大暴雨。这次台风是建国以来广西最大的一次台风灾害。其中北海市受灾人口近百万人，死亡数十人，失踪88人，受伤168人，倒塌房屋3.11万间，损坏38万间，沉船170多艘，损坏907艘，竹排和小艇350多只，损坏中型水库一座，小二型水库4座；冲毁路基177.5km，桥涵34座；海河堤决口372处；农作物受灾71 894hm²，养殖18 924hm²；损失牲畜2 484头；致使全市工矿企业203家停产，477家部分停产；直接经济损失22.55亿元。钦州市直接经济损失达12亿元以上。

9607号台风 1996年7月27日凌晨在福建晋江县沿海登陆，以后向西北偏西行进，逐渐减弱成低气压，28日低压中心进入桂东北。由于这个低气压和高空槽的共同影响，造成广西35个市(县)大范围暴雨天气，并有3个市(县)出现了8级大风，但广西沿海风雨较小。

9606号强热带风暴 1996年7月22日晚上8时在海南省万宁县沿海登陆，23日穿过北部湾，24日上午在越南北部再次登陆。受其影响，桂西南下了大到暴雨，局部大暴雨或8级大风。但没有造成大的灾害。

9713号台风 1997年8月22日中午在广东雷州市沿海登陆，下午进入北部湾，23日凌晨在越南鸿基市再次登陆。台风中心距广西海岸线仅几十千米，给桂南尤其是沿海地区造成严重的风涝灾害，受灾人员185.21万；倒塌房屋13 237间，损坏房屋84 861间；受灾农田12.43万hm²；道路损坏356km，桥梁损坏103座；堤防决口704座5.11万m，水利设施损坏196处86.8km，水库倒塌65座；供电损坏1 184处76km，通信损坏135处12.8km；企业停产537家；船舶翻沉24艘，损坏153艘；珍珠贝损失1.9亿只，文蛤损失433hm²，经济损失9.21亿元。 （黄香杏）

【防灾减灾预警预报系统】 1996年由海洋、气象、水文、防汛组建了广西防灾减灾预警预报系统。根据广西沿海防灾减灾和海洋经济发展的需要，区海洋预报台1996年正式发布海洋要素预报，1997年12月24日，广西海洋预报台的海洋预报在广西电视卫星台正式开播，通过大众传播公开发布区沿海港口及主要岸段潮汐、海浪、海温预报和北部湾及邻近海域海浪、海温预报，为广西的海洋经济活动提供更形象、更直观的海洋预报服务。 （满桂喜）

海洋科技与教育
Marine Science and Technology & Marine Education

【海洋科技】 海洋经济的持续、快速发展促进了海洋科技事业的发展。各级政府对海洋科技的重视程度不断加强。1997年全区科技部门用于海洋科技发展的经费310万元，比1996年增加50万元，增幅达19%，下达各类海洋科技项目近30项；继续加大力度实施广西海洋农牧场示范工程，1997年下达海洋农牧场示范工程近十项。海洋科技工作取得显著成效，鉴定验收项目5项(其中2项获区直厅、局奖)，取得直接、间接经济效益近1亿元，科技投入与产出比达1∶32。

积极争取国家支持广西海洋科技事业。1997年向国家科委申请成立全国科技兴海技术转移广西中心并获批准，同时下达科技兴海技术转移项目“珍珠多倍体育苗和养成试验”，申报并获国家科委批准下达年度地方重大科技攻关项目“珍珠后处理技术研究”；落实“全国第二次海洋污染基线调查”有关前期准备工作等。

【海洋教育】 全区中、高等海洋教育事业稳步发展。在1996年基础上，1997年广西航运学校增设了轮机驾驶专业(大专)，广西水产学校增设轮机驾驶专业(中专)，招生90人。至1997年，广西全区共有中、高等涉海专业7个：轮机驾驶、海水养殖、船舶驾驶、交通运输管理、渔政管理、水产贸易、水产加工等，在校生近1 000人。 (覃立团)

海洋国际合作与交流
Marine International Cooperation and Interflow

【南中国海北部海岸综合管理能力建设项目】 在国家海洋局的支持下，联合国开发计划署确定广西防城港为三个示范区之一，并提供30万美元的无偿援助。广西海洋局与防城港市政府按照联合国项目工作手册及项目工作计划的要求，建立了示范区协调与管理委员会及办公室，推荐管理人员参加国外培训考察，确定了示范区环境剖面编写大纲，申报了受援仪器清单。

【海洋开发国际合作与交流】 1997年11月，希腊思隆达水产养殖集团(SELONDA AQUACVLTVRE S.A.)执行总裁和董事长应广西海洋局的邀请，对广西钦州、防城港等地的海水养鱼情况进行了考察，并与两市的分管领导和有关部门进行了座谈交流。考察后思隆达集团的董事长认为：广西的条件非常优越，可在进一步了解情况后，决定公司在华投资。

应澳中科技文化交流中心的邀请，由广西海洋开发保护管理委员会办公室率领的“广西海洋管理与海洋开发”代表团一行9人，于1997年对澳大利亚东部沿海的维多利亚州、新南威尔士州的海洋管理、环境保护以及渔业资源的开发利用情况进行考察，并与有关专家、学者、管理人员进行了广泛的座谈与交流，对澳大利亚在海洋管理、环境保护、渔业资源开发利用等方面所取得的成就留下了深刻的印象。

【保护区对外交流合作】 广西海洋部门先后派出了3个由红树林研究中心、红树林保护区和广西海洋开发保护管理委员会办公室人员组成的考察团，到马来西亚、香港和美国进行红树林的考察培训。1997年，山口红树林生态自然保护区与美国鲁克列湾国家河口研究保护区建立了姊妹保护区关系，并初步达成了在红树林生态系恢复和营造、红树林区水质监测、红树林区生态养殖和旅游等方面的合作意向。还先后接待美国国家海洋大气局、香港自然保护基金会有关广西红树林生态的考察，并协助国家海洋局成功地在北海举办了“第六届东亚及东南亚红树林研讨会”。通过这些活动，扩大了广西红树林及其保护管理的影响，加强了与国内外在红树林保护管理上的合作与交流。

(梁　群)

海洋立法与管理
Marine Legislation and Management

【海洋立法】 1996～1997年，广西壮族自治区发布的涉海法规、规章共有3项。1996年7月26日，广西壮族自治区人民政府发布《关于加强我区盐业管理的通知》，1997年4月29日，广西壮族自治区人民政府以第3号主席令颁布《广西壮族自治区海域使用管理办法》，1997年9月18日，广西壮族自治区人民政府发布《关于实施蓝色计划，促进海洋经济发展的决定》。

【海洋倾废】 1997年7月10日，广西海洋监察大队依据《中华人民共和国海洋倾废管理实施办法》和国家海洋局对广西的授权，为钦州市交通局划定钦州沙井港疏浚物临时倾倒区，该区位于东经108°32′40″～108°33′15″，北纬21°47′22″～21°47′55″，距钦州港6.5 km，倾倒量为10万m^3。1997年12月12日，广西海洋监察大队为北海市城建局组织的北海市城市污水深海排放工程中的北海市红坎污水处理厂划定疏浚泥临时倾倒区，位于东经108°57′30″～108°58′05″，108°56′00″～108°56′35″，北纬21°25′28″～21°26′00″，21°23′28″～21°24′00″，距北海港16km，倾倒量为8万m^3。

1996～1997年，广西海洋监察大队共签发倾倒许可证7本，批准倾倒量49万m^3。

【海洋环境监视】 广西海洋环境监视网每年都组织各成员单位进行定期或不定期的海洋环境监视。对监视中发现的违法、违规事件予以制止、取证和通报。广西海洋监察大队和各地海洋局(办)1996～1997年共进行大规模的监视活动16次，巡航监视300多人次，调查处理违法、违规事件10多起，发《广西海洋通报》8期。1996年12月北海市按照广西海洋环境监视网办公室的安排和要求召开了全市(含合浦县)海洋环境监视工作会议。1997年1月23日，钦州市在市政府的支持下也召开了全市海洋环境监视工作会议。

【海域使用管理】 由于各级海洋管理机构的努力，通过耐心细致的宣传、教育，公正诚恳的协调，热情周到的服务，克服了许多困难，赢得了广大海域使用者和政府有关部门愈来愈多的理解与支持，在沿海地区初步树立了海域为国家所有、应实行海域使用许可制度和海域有偿使用制度的观念。广西壮族自治区财政厅批复了北海市、钦州市的海域使用金征收标准，1996年5月北海市人民政府出台《北海市人民政府关于实施海域使用管理的若干规定》，钦州市、防城港市、合浦县、防城区也出台了或以政府市长办公会议决定形式明确了各地实施海域使用管理制度的有关规定。1996～1997年，广西海洋管理部门代表政府颁发海域使用证240本，批准使用海域1 867余公顷。

【海底电缆管道铺设管理】 1997年8月，广西海洋监察大队依据《海底电缆管道铺设管理规定》及其实施办法和国家海洋局对广西的授权，批准北海市红坎污水处理厂进行城市污水深海排放管道路由调查。1997年12月12日又发放了铺设施工许可证，批准进行管道铺设施工。 （刘　斌）

广 东 省
Guangdong Province

综 述
Summary

【概况】 广东省面临南海,大陆海岸线长 3 368km,沿岸 10m 等深线以内的的浅海滩涂面积 126.7 万 hm^2,海域面积 45 万 km^2。广东省岛屿众多、气候适中,非常适宜于海洋生物的生长繁殖,而且,南海区油气资源和滨海砂矿资源丰富,很多具有工业开采价值。海洋渔业、滨海旅游业、海洋油气业、海洋交通运输业、盐业、船舶制造业等是广东省海洋经济的支柱产业。

1996 年,广东海洋工作贯彻落实第二次全省海洋工作会议精神,加快发展海洋渔业,并以此推动整个海洋经济的发展,落实兑现《关于加快发展海洋渔业的决定》。1997 年召开的全省第三次海洋工作会议提出了"一手抓开发,一手抓管理"的思路。

两年来,广东省紧紧抓住发展海洋经济这一中心,积极实施"科技兴海"和可持续发展两大战略,加快海洋开发利用步伐,加强了海洋综合管理,海洋开发与管理工作有重大进展。

【海洋产业情况】 1996 年,全省海洋产业产值 386.2亿元,1997 年海洋产业增加值达到 450 亿元,连年居全国首位。1997 年海洋产值占全省国内生产总值的6.2%。海洋产业全面发展,1997 年与 1990 年比较,全省海洋渔业产值 240 亿元,增长 4.5 倍;海洋交通运输业产值 166.7 亿元,增长 3.1 倍;海洋盐业产值 0.5 亿元,增长 20%;滨海旅游业产值 292 亿元,增长 3.6 倍;海洋油气业产值 193.2 亿元;海洋修造船业 30.8 亿元,增长 3.2 倍。海洋产业群不断增殖扩大,在沿海地区经济结构中已占有重要地位,成为广东省经济发展一个重要的增长点。

海洋开发的基础设施建设加快 一是新建和扩建了一批港口工程。1997 年末,全省拥有沿海港口 55 座,年货物吞吐量 16 926 万 t,完成货运量 8 993 万 t,拥有泊位 59 519m。渔港建设也得到加强,1994～1997 年全省共投入渔港建设资金 3.5 亿元,共有 37 个渔港动工整治,已有 15 个渔港完成了首期工程,其中 3 个渔港基本完成十年整治计划。二是沿海公路、铁路、桥梁、通讯等基础设施有较大改观,汕头海湾大桥、南澳环岛公路、海陵岛环岛公路、深汕高速公路、广深高速公路等一批重点工程已经建成,初步改变了沿海地区特别是海岛交通、通信落后的面貌。三是供水、供电设施进一步改善,一批重要的水电工程相继投入使用,有力地加快了沿海地区的城市化步伐。

海洋资源开发与海洋经济
Development of Marine Resources and Marine Economy

【海洋渔业】 海洋渔业分布于沿海 38 个市县。1997 年,全省海洋渔业产量 330.7 万 t,产值 240.9 亿元,分别比 1995 年增长了 67%和 14.7%。海水养殖成为广东海洋渔业新的增长点,整个海洋渔业经济的质量和结构发生了深刻的变化。海洋渔业的科技含量和产业化经营水平不断提高。两年中,推广应用了一批先进实用的养殖、捕捞、加工技术,如工厂化养鲍技术、高位池养虾技术、健康养殖技术、外海和远洋捕捞技术、贝类加工技术、营养保健食品开发技术等,大大提高了海洋渔业的开发能力,促进了渔业商品生产基地的建设和发展。湛江市的高位池养虾,不仅遏制了病害,而且经济效益比传统的养虾高出 1～2 倍,显示出强大的生命力,该市高位养虾已达 1 333 余 hm^2,开发成一个新的养虾基地。渔工贸一体化经营水平也有所提高,据初步统计,1996 年全省水产品加工企业 1 500 多家,其中亿元以上的 6 家,千万元以上的 20 多家,还有一大批水产流通企业,有效地把生产、加工、流通连接起来。

1.海洋捕捞业生产力水平显著提高。1997 年,广东海洋捕捞生产渔船达 5.27 万艘、213.29 万 kW,其中,机动渔船达 4.88 万艘,占 92.6%;基本实现渔船机动化。许多渔船装备了雷达、卫星导航仪、定位仪、探鱼仪、对讲机等先进的助渔导航设备。广东渔船装备的总体水平已经接近香港渔船的水平,在国内处于领先地位。

2.海水养殖开发的广度和深度有了很大发展,1997 年海水养殖面积 17.1 万 hm^2,比 1995 年扩大了 6.5 万 hm^2。全省浅海滩涂的开发利用率达 15%,比

表 1　1996 年广东省沿海国内生产总值一览表

单位:亿元

项　目	国内生产总值			
	合　计	第一产业	第二产业	第三产业
全省总计	6 507.86	941.92	3 272.03	2 293.91
沿海市县合计	4 377.49	443.21	2 052.46	1 881.82
沿海城市合计	3 239.64	148.24	1 582.16	1 509.24
广州市	1029.15	26.17	450.85	552.13
深圳市	950.04	15.70	478.13	456.21
珠海市	175.42	4.43	94.37	76.62
汕头市	170.31	5.61	77.28	87.42
惠州市	23.48	1.77	14.87	6.84
汕尾市	17.79	6.89	4.01	6.89
东莞市	245.11	28.85	130.83	85.43
中山市	181.15	21.95	93.87	65.33
江门市	111.36	2.12	53.28	55.96
佛山市	35.35	0.71	24.53	10.11
阳江市	17.79	6.70	6.99	4.10
湛江市	132.93	14.40	65.90	52.63
茂名市	79.05	7.59	44.98	26.48
潮州市	33.59	1.13	19.56	12.90
揭阳市	37.12	4.22	22.71	10.19
沿海县合计	1 137.85	294.97	470.3	372.58
番禺市	193.49	19.10	106.79	67.60
新会市	83.80	14.33	37.27	32.20
台山市	74.96	16.82	34.30	23.84
潮阳市	98.15	19.85	43.20	35.10
廉江市	45.13	18.02	11.78	15.33
恩平市	41.99	8.41	18.52	15.06
澄海市	41.14	10.89	17.38	12.87
吴川市	29.13	5.48	13.56	10.09
惠阳市	64.98	8.96	34.63	21.39
雷州市	48.46	25.93	9.53	13.00
斗门县	31.90	7.18	13.02	11.70
饶平县	41.81	14.57	13.66	13.58
南澳县	4.06	1.52	1.19	1.35
惠来县	32.89	15.45	11.73	5.71
遂溪县	43.33	19.05	12.41	11.87
徐闻县	22.25	11.85	3.55	6.85
电白县	79.79	19.38	35.14	25.27
惠东县	54.41	15.63	21.77	17.01
海丰县	40.02	11.76	13.01	15.25
陆丰县	28.08	10.38	10.21	7.49
阳东县	16.97	8.87	3.58	4.52
阳西县	21.11	11.54	4.07	5.50

注:1. 沿海城市仅统计市区数据(下同)。

2. 沿海城市和沿海县除分别统计合计值外,并统计分城市和分县数据(下同)。

1995 年增加了 2.1 个百分点。海水养殖改变了粗放经营的生产方式,建立和发展了网箱养鱼、池塘精养对虾、筏式吊养牡蛎、高位池养虾、咸淡水养鱼、沉箱养鲍等生产基地。使海水养殖的生产水平和经济效益大幅提高,走出了一条具有广东特点的海水养殖发展路子。

3. 远洋渔业等外向型渔业初具规模。广东远洋渔业从 1993 年起进入了调整时期,到 1997 年,广东省外派远洋渔船 153 艘,主要分布在西非、西南太平洋等多个国家和地区。全省远洋渔业产量达 7.5 万 t,经济效益尚好。

4. 渔业社会化服务水平明显提高。渔港建设大为加强,渔业生产条件得到有效的改善。此外,还配套建立了一大批渔船修造、渔具加工和冷藏运输设施,基本满足了海洋渔业生产发展的需要。

5. 渔民生活显著改善。1997 年渔民人均收入达 4 800元,比 1995 年增加 14%。

广东沿海渔民温饱问题已得到解决。相当部分渔民居住条件有了较大改善,有的达到小康水平。沿海渔区社会稳定,渔民安居乐业。

表 2. 广东省海洋开发资料统计表

统计项目		1996 年	1997 年
海洋捕捞产量(万 t)	鱼　类	142.12	160.77
	贝　类	26.82	25.44
	虾蟹类	17.48	18.15
	其　他	4.66	7.21
海水养殖产量(万 t)	鱼　类	10.48	16.12
	贝　类	120.42	116.31
	虾蟹类	3.35	4.14
	其　他		1.62
海洋货物运输量(万 t)	总　量	10 280.1	8 762.4
	其中远洋	5 203.9	4 332.7
海洋旅游运输量(万人次)		1 419.3	1 527.7
沿海主要港口货物吞吐量(万 t)	广州港	7 450.1	7 518
	湛江港	1 768.8	2 050
	汕头港	831.9	884
海盐生产	面积(hm^2)	4 686.4	4 640.9
	产量(t)	204 700	82 828
海洋化工产量(万 t)	$MgCl_2$		20
	其　他		6 380
滨海城市旅游接待能力	饭店个数	810	833
	客房间数	171 456	174 037
	床位张数	342 263	345 452
滨海城市国际旅游收入(万美元)		249 263	264 364
滩涂可养利用情况(万 hm^2)	总面积	20.42	20.42
	已利用面积	13.8	17.1

【盐业生产】　1996 年,广东海盐生产战胜自然灾害

袭击，实现产量 28.03 万 t，工业总产值 5 622.1 万元，产品销售率 98%，其中供应加碘食盐 20.74 万 t，出口盐 2.72 万 t，全行业实行利税 6 845 万元。1997 年，生产海盐 12.02 万 t，实现工业总产值 3 432.3 万元，产品销售率 129.3%，全省总购进 47.26 万 t，总销售 51.53万 t，其中加碘食盐 24.46 万 t，出口盐 2.72 万 t，年末库存 10.78 万 t，全行业实现税利 5 593 万元。

1996～1997 年，省政府颁布了《广东省食盐专营实施细则》，省食盐专卖部门，完成了《食盐批发许可证》和盐政执法《稽查证》的审批核发工作，协调有关部正式执行《食盐运输准运证》。各级食盐专卖部门依法行政，加大盐政执法力度，开展专营工作大检查，有效地保证了全省加碘食盐的推广供应。在此期间，生产企业综合改革不断深化，企业结构进一步完善。1997 年，省盐业总公司按照解困发展的三年规划和短期安排，派出工作组深入各个省属盐场，开展综合改革，主要包括调整经济结构、推广新技术、盘活资产及分流冗员等措施。同时，改革调整企业组织结构，对全省市、县两级有行业管理职能的行政型单位，全面进行企业改造，并组建了省盐业进出口集团公司，建立多元化的经济实体，内外贸相结合，盐与非盐经济综合发展。

（江　毅）

【海上运输及港口生产】　**海上运输**　1996～1997 年，沿海运输市场运力供过于求，市场竞争激烈。广州海运（集团）有限公司克服重重困难，使营运收入、货运量、营运率都超额完成了年度各项指标。主要作法是：(1)强化成本效率观念，积极占领航运市场。1996 年南海海洋石油产量增幅大，总产量首次突破千万吨大关。广州海运（集团）有限公司运出一程海洋油 681 万 t，二程海洋油 462 万 t，取得了良好经济效益和社会效益。(2)狠抓安全管理体系建设。1997 年共有 62 艘船舶获得 SMC 资格。(3)开发运用新技术，努力拓展通信业务。(4)处理不良资产，优化船队结构。1997 年根据煤运市场发展趋势，全年共淘汰成本大而不适应市场要求的散货船 11 艘，新造及融资购入船舶 5 艘，新增运力 205 800 载货吨。

表 3　沿海运输主要经营指标

项　目	1996 年	比上年增长	1997 年	比上年增长
货　运　量	5 203.94 万 t	8.89%	5 435.43 万 t	4.45%
货物周转量	818.42 亿 t · n mile	1.04%	899.22 亿 t · 海里	10%
吨船年产量	25 589 t · n mile		27 682 t · 海里	8.18%
船舶营运率	91.42%		94.18	3.22%

远洋运输方面，1997 年，国际航运市场持续萧条，广州远洋运输公司完成货运量 1 299 万 t，比 1996 年 1 443.8万 t 下降 10.03%；货运周转量 604.8 亿 t · n mile，比 1996 年 691.14 亿 t · n mile下降 12.49%；实现利润比上年增长 29.66%。　（郑　意）

港口生产　1997 年港口货物吞吐量完成 20 358 万 t，比上年 19 585 万 t 增加 773 万 t，增长 4.0%，其中广州、湛江、深圳、汕头等 4 个沿海主要港口完成吞吐量 12 384 万 t，比上年 11 863 万 t 增加 521 万 t，增长 4.4%。1996 年，基本建设和技术改造完成投资11.7 亿元，新增码头泊位 46 个，岸线长度 4 968m，新增吞吐能 1 144.5 万 t，旅客 111 万人次。1997 年，省交通厅系统完成港口建设投资 22.76 亿元，新增泊位 44 个，增加岸线长度 2 830m，年吞吐能力 691 万 t，旅客 110 万人次。1997 年集装箱货物吞吐量持续增长，企业经济效益好转，但是客运生产继续滑坡。（陈建毅）

【船舶制造与海洋油气】　1997 年，广东省船舶工业的 43 家公有制企业，完成工业总产值 34.16 亿元（不变价，下同），比上年 29.68 亿元增长 15.1%。其中出口产品产值 17.75 亿元，比上年增长 8.9%。广州船舶工业公司系统属下三个大船厂，合计完成工业总产值 24.62 亿元，工业增加值 6.69 亿元，总产值比上年增加 1.78 亿元。省市系统即广东省船舶工业联合（集团）公司 32 个成员单位，完成工业总产值 6.23 亿元，比上年 5.26 亿元增长 1.54%，水产系统即广州渔轮厂完成工业总产值 4 524.97 万元，比上年 1.13 亿元减少 6 775.03 万元。交通部属下的五厂合计完成工业总产值 2.38 亿元，比上年 2.61 亿元减少 0.23 亿元。

1997 年，中国海洋石油南海东部公司在珠江口盆地海域生产石油 1 297.2 万 t，占全国海洋石油总产量的 80%，比上年增长 9.5%。南海东部油田已成为全国海上最大的原油生产基地。（潘惟忠　汤发龙）

【滨海旅游】　1997 年，从广东省各口岸入境的旅客人数为 4 545.37 万人次，比上年 4 002.7 万人次增长 13.6%，全省旅游业收入 812 亿元人民币，比上年 762.21 亿元增长 6.8%。1997 年 4 月，为配合'97 中国旅游年活动，省人大常委会组织了部分全国人大和省人大代表共 30 人视察旅游业，对广州、佛山、中山、珠海、深圳、东莞、汕头等地进行了 7 天的旅游工作综合视察，人大代表视察活动对研究解决沿海旅游业面临的困难和问题，改善广东省的旅游大环境，推动当地旅游业的发展起到了重要作用。

1997 年，广东省沿海各地站在大旅游、大区域、大产品、大市场的高度，确定旅游发展战略和策划旅游线路。广州、深圳、珠海、东莞、中山5市推出“珠三角缤纷游”。江门开发侨乡山水风情资源，重新包装推出“侨乡风情游”。1996年，针对全省一度出现人造景观建设过热、项目雷同、盲目投资的现象，各级旅游主管部门加强了景区建设管理，严格项目审批制度，加强量区规划，并根据广东省特点，着重抓了岭南文化、近现代史迹、海滨、农业和生态旅游资源的开发；大力培育“绿色游”、“生态游”等，开发了以海滨沙滩风光，以中山“海上庄园”为代表的绿色旅游；以潮汕文化游等为代表的生态旅游等等。

海洋立法与管理
Marine Legislation and Management

【概况】 这几年，省委、省政府对海洋开发特别重视，每两年召开一次海洋工作会议，全省上下的海洋意识大为增强。沿海各地从本地实际出发，把发展海洋产业放在十分重要的地位，按照省委、省政府的要求，对当地海洋产业发展作出规划，特别对海洋综合管理作出新的安排。不少地方的党政领导亲自抓海洋工作，认真解决海洋开发、管理中面临的各种问题，为海洋经济发展创造了一个良好的外部环境。

随着海洋经济的发展，海洋开发利用的广泛深入，海洋资源环境保护开始摆上重要的议程。1993年以来，广东省海洋与水产厅着重抓好海洋渔业资源、海湾资源、海水资源的保护，坚决制止乱围垦、乱填海、乱倾废和电、炸、毒鱼作业；严格控制近海捕捞强度，坚决清理外海区违规入粤生产的渔船，加大保护管理的力度，保证了广东省海洋经济的可持续发展。

【地方海洋立法】 1996年4月1日，省政府颁布了《广东省海域使用管理规定》，这是中国第一部省级海洋管理规章，对广东省海域使用的范围、体制、原则、办法等做出了具有法律效力的规范，奠定了广东省海域使用管理的基本制度，为依法治海提供了重要的法律保障。随后，省政府又颁布了《广东省禁止电炸毒鱼规定》，加大了对海洋渔业资源的保护力度。地方海洋立法的不断加强，对于保证广东省海洋开发活动的健康有序进行，合理利用海洋资源，保护海洋生态环境，促进海洋经济发展，必将发挥重要的作用。

【海洋综合管理】 一是健全省、市、县政府直接领导下的海洋综合管理机构，明确了各级海洋管理机构的综合管理职能，形成了一个比较符合广东省情的海洋管理体系。二是加强了海洋综合管理。一方面按照国家有关规定，各级海洋管理部门为推动海域使用证制度和海域有偿使用制度做了大量卓有成效的准备工作；另一方面依法加强了海洋资源环境管理。各级海洋管理部门密切配合，加大了海洋资源环境管理的力度，开展了打击电、炸、毒鱼和清理外海区违规入粤生产渔船的专项活动，严肃查处乱倾废的违规行为，加强海洋污染事故的调查处理，加强海洋环境的监测监视和海洋自然保护区的工作，在一定程度上遏制了广东省海洋生态环境恶化的势头，为广东省海洋经济的健康发展创造了有利条件。三是编制了《广东省海洋产业“九五”和2010年发展规划》。

“科技兴海”工作 各地、各部门切实把发展海洋产业转到依靠科技进步上来，一方面积极储备海洋开发技术，为进入21世纪大规模开发海洋时代的到来作准备；另一方面加快海洋科技经济一体化进程，有选择地研究开发了一些高新技术，如海洋资源开发技术、海洋生物工程技术、海洋环境保护技术，还有一批重大的海洋科技成果得到推广，加强了海洋科技的国际合作和人才培养，组建湛江海洋大学等。

【海洋渔业资源保护】 1996年，在全国人大财经委和省人大的组织下，对粤西、粤中和粤东地区进行了《渔业法》执法检查。1997年，采取上下结合，分区分片，集中力量，突出难点的办法，先后组织了打击电、炸、毒鱼作业，清理外海区违规入粤作业渔船、珠江口禁渔期联检和渔航安全联合检查等专项活动，有力地促进了渔业生产秩序的好转。全省共查处电、炸、毒鱼案件1 776宗，清理浙江、福建等违规跨海区作业渔船332艘(次)、违规船舶21万艘(次)。在海洋渔业资源增殖方面，1985～1998年，全省放流海洋对虾14.65亿尾，海洋鱼苗93万尾，海水贝苗529t，总价值达4 300万元。

【海洋环境保护】 1997年，在加强大中型用海项目环境评估、海洋环境监测和资源养护，依法查处海上污染案件，加强海上自然保护区建设等方面取得明显成效。先后组织参加了14个建设项目环评会议，直接或参与处理了9宗较大的海上污染案件，各级海洋与水产部门依法查处了一批违规倾废船。1997年，省海洋与水产厅等部门联合组织了’97广东省海域海空联合执法检查活动，查处违规倾废案件10宗。

【加强海洋资源的保护和管理】 近几年，广东省从建立健全海洋管理机构、加强海洋法制建设、制定海洋开发规划等方面入手，在全省范围内逐步实行了海域使用证制度和海域有偿使用制度，全面开展海洋监察和海洋资源环境保护工作，依法查处乱围垦、乱填海、乱倾废案件，把海洋管理纳入法制化、规范化的轨道，在一定程度上遏制了海洋生态环境不断恶化的势头，开创了广东省海洋综合管理的新时期。

海洋灾害
Marine Disasters

【台风风暴潮灾害】　1996年9月间，在广东省中部至西南沿海先后发生了两次台风风暴潮过程，均由9615号强台风和9618号强热带风暴登陆时造成。

9月9日11时左右，9615号强台风在湛江市吴川县沿海地区登陆，受其影响，从珠江口至湛江市沿海的潮位比正常的天文潮位升高了100cm以上，其中个别港口的风暴潮位超过或者接近当地的警戒水位。

在9615号强台风的影响下，全省有6个市27个县受灾。其中，湛江、茂名、阳江3市的灾情特别严重。农业受灾面积44.4万hm²，估计损失粮食44 276t。水产养殖受损面积2.36万hm²，损坏水库60座、堤坝63km、水闸344座，冲毁塘坝539座。在风暴潮、巨浪的共同作用下，撞沉撞坏船只2 286艘，其中沉毁1 175艘，死亡142人，失踪100多人，受伤2 300人。9月20日8时30分，9618号强热带风暴在除闻县登陆。受风暴影响，湛江市的除闻县、雷州市、坡头区等4个市、县(区)27个乡镇93.5万人受灾，农业受灾面积12.88万hm²，水产养殖受灾面积0.21万hm²，损坏水库49座，损坏堤防设施24.11km，渠道决口194处、长15.7km，直接经济损失7.96亿元。

1997年8月，广东省中部至西南部沿海发生了两次由台风引发的风暴潮过程。它是由9710号台风和9713号强热带风暴登陆时造成的。

9710号台风于8月1日2时生成于南海西沙群岛附近海域，8月2日20时30分在香港登陆。这是继1983年以后第一次正面袭击珠江口的台风。受该台风的影响，汕尾港至珠江口沿岸发生一次风暴潮增水过程。汕尾、梅州、潮州、揭阳、惠州、深圳、江门等市(县)遭受到不同程度的损失。海丰县海城、附城、联安和陶河镇水浸超过3m，损坏房屋5 216间，倒塌房屋1 867间，受浸农作物1.71万hm²，冲毁损坏公路169处、长12.36km，损坏水利设施316处。潮州受灾农作物1 013hm²，有753间工厂企业受浸而停产，损坏水库8座、堤围45处。揭阳受浸农作物面积2 220hm²，损坏房至3 460间，倒塌房屋270间，损坏水库4座、水闸37座。惠州受浸农作物6 333hm²。

9713号强热带风暴8月20日2时生成于南海东沙群岛以南海域。于8月22日13时30分在广东省雷州东部沿海地区登陆。强热带风暴登陆时最大风力11级，强热带风暴横扫雷州半岛后，于当日17时进入北部湾。由于强热带风暴登陆时正遇上天文大潮期，致使湛江港和雷州半岛海岸潮位出现1980年以来最高潮位。在该强热带风暴直接影响下，广东省沿岸均不同程度地出现潮位比正常潮位偏高现象。湛江、茂名、阳江、江门等4个市、19个县(市、区)、198个乡镇受灾，受灾人口565.7万人，损坏房屋11.373万间，倒塌房屋1.869万间，死亡19人。受灾最严重的是湛江市。另据广东省“三防”指挥部灾情统计，茂名、阳江、江门农作物受灾面积32.88万hm²(其中粮食作物13.01万hm²)，毁坏耕地2 110hm²，水产养殖损失1.346万hm²，共1.527万t。全停产工矿企业4 300个，冲毁公路桥涵114座，毁坏公路462km。损坏大中型水库6座，损坏堤防407.6km(其中万亩堤围69.7km)，堤围决口229处、长19.83km，损坏桥函122座、水闸111座、护岸160处，冲毁塘坝1 877座、渠道决口10 658处、总长106.21km，损坏渡槽9座。

【海洋污染】　**油田溢油**　1996年3月14日，在珠江口东部的CACT作业者集团的惠州26－1油田，直径30.48cm的海底输油管线破裂，往海面溢油达6 900桶，造成重大溢油事故。此次溢油，造成溢油点至离岸20n mile之间海域严重污染，给渔业资源及渔业生产带来难于估量的经济损失，也给作业者集团造成几百万美元的经济损失。

漏油事故　1996年11月4日，在珠江口舢板洲附近海域，福建籍“芗油11”号油轮与广东南海“南航油2”号相撞，造成“南航油2”号油轮泄漏重油127t，油污面积达50km²。该事故造成鱼虾死亡达40t，直接经济损失32万元，间接经济损失96万元(依据《水污染事故损失计算方法规定》测算)。

1997年2月15日晚11时左右，新加坡籍“海成”轮在湛江港201码头卸油过程中，因海底阀出现故障而漏出大量所载原油。初步调查表明，“海成”轮泄入海域的原油污染湛江港海域面积达120km²。该海域是黄花鱼及其他重要经济鱼、虾类繁殖生长的保护区，漏油污染给渔业资源，渔业生产和渔业生态环境造成了很大的破坏，造成的直接经济损失达310.618万元。另外，造成湛江港渔业资源中长期损失为1 294.13万元，两项合计1 604.748万元。

1997年5月8日上午5时50分，在大万山岛东南偏南约19km处，装载有400t97号汽油的广东湛江“明辉”号油轮与巴拿马籍“顺利发”商船发生相撞，“顺利发”船的船首撞破“明辉”船左舷第二油舱，立即泄漏出大量汽油并起火燃烧。油轮有4个油舱破裂，所载的油类一直持续不断地泄漏入海，估计该船所载的400t汽油，有2/3已漏入海中。事故地点周围海域已受漏油的严重污染，从碰船点至大万山岛和白沥岛一带的海面已形成一条长而宽的油膜带，受污染面积达154km^{2}以上。造成经济损失1 754万元，其中损失：网箱养鱼133万元，鱼苗捕捞320万元，刺钓渔业443万元，水产养殖苗种生产21万元，海洋水产资源837万元。

1997年8月23日，“幸运海”号货轮由黄埔港装载5 000多吨硫铁矿开往韩国，途径大亚湾水产资源自然保护区碧甲海面时倾斜沉没，漏出大量燃油污染了大亚湾桑洲至大辣甲一带海域。根据监测结果，此次溢油严重污染大亚湾海域的范围约64km，直接经济损失达412.008万元。

1997年9月17日晚，福建籍“闽海油3”号油轮与佛山“禅油306”油轮在珠江口内沙田泥洲水面相撞，致使“禅油306”号油轮下沉，大量重油泄入珠江，珠江口虎门南面以北、麻涌漳澎以南约100km^{2}的水域受到严重的油污染，给这一海域的渔业资源入渔业生产造成较大的影响。本次溢油事故所造成的直接经济损失达37.5万元，造成珠江渔业资源的中长期损失150万元，两项合计187.5万元。

乙烯厂排污 1996年9月，茂名30万t乙烯厂投产以后，在晏镜岭、澳内海的乙烯厂排污管附近，时而出现少量死鱼。1997年5月底至6月初，澳内海至王村港沿岸海面出现少量死鱼，死鱼的海域范围呈扩大的趋势。1997年6月9日晚10时左右，澳内海海面有大量死鱼漂浮。中国水产科学研究院南海水产研究所、农业部南海区渔业环境监测站等单位联合调查显示：死鱼的原因是底层海水严重缺氧。而底层海水严重缺氧的主要诱因是茂名30万t乙烯厂排污。污染面积13万km^2，渔业资源损失量约27t，造成直接经济损失、中长期经济损失分别为27万元和135万元。

1997年3月14日，在珠江口东部的惠州26－1油田，直径30.48cm的海底输油管线破裂，往海面溢油达6 900桶，造成重大溢油事故。此次溢油，造成溢油点至离岸20n mile之间海域严重污染，给渔业资源及渔业生产带来难于估量的经济损失，也给作业者集团造成几百万美元的经济损失。

赤潮发生 1996年4月26～30日，深圳西部蛇口至赤湾近海发生了单相型赤潮，受灾面积约20km^2。赤潮发生的主要原因是该海域的无机磷、无机氮的含量过高，超过国家三类水质标准，水质处于高富营养化水平。

1997年11月26日，饶平县柘林镇附近海域发生赤潮。11月29日，南海监测中心和暨南大学研究人员到达柘林海域时，海面呈暗红色，大量水母状的物体覆盖着海面，面积约4km^2，厚度和密度不一。在东南风的吹动下，在靠近岸边的的海面，几乎全部被胶质状的赤潮生物所覆盖。据鉴定，引起此次赤潮的赤潮生物是蓝藻类的铜锈微囊藻。 (李福顺)

表 4 1996 年广东省人口及从业人员情况

（万人）

项 目	年末总人口	农业人口	非农业人口	从业人员	职工总数
全省总计	6 896.77	4 788.97	2 107.80	3 641.30	904.17
沿海市县合计	3 270.17	2 001.87	1 266.11	1 961.07	606.6
沿海城市合计	1 398.17	550.34	847.84	1 053.3	470.2
广州市	390.18	73.04	317.14	238.80	170.82
深圳市	103.38	24.48	78.91	255.50	77.52
珠海市	36.80	2.52	34.28	48.30	24.40
汕头市	106.44	28.61	77.83	62.19	35.98
惠州市	33.30	7.55	25.75	25.73	25.82
汕尾市	39.85	24.46	15.39	16.19	4.22
东莞市	145.25	109.11	36.14	87.77	17.50
中山市	126.84	90.00	34.84	100.83	16.22
江门市	41.22	9.31	31.91	23.05	14.23
佛山市	45.18	5.74	39.44	29.70	22.47
阳江市	50.99	22.79	28.20	27.79	7.35
湛江市	124.63	70.12	54.51	67.37	24.21
茂名市	62.86	35.12	27.74	33.02	12.11
潮州市	32.27	7.80	24.47	10.27	9.92
揭阳市	58.98	39.69	19.29	26.79	7.43
沿海县合计	1 872	1451.53	418.27	907.77	136.4
番禺市	86.66	53.92	32.74	55.37	14.48
新会市	85.25	59.10	26.15	52.87	11.39
台山市	101.08	68.63	32.45	59.53	7.04
潮阳市	213.34	176.36	36.98	100.9	8.95
廉江市	137.16	113.34	23.82	68.59	9.04
恩平市	45.27	29.22	16.05	25.00	4.98
澄海市	80.26	64.05	16.21	44.97	4.31
吴川市	84.18	67.15	17.03	40.52	4.86
惠阳市	58.05	40.12	17.93	39.86	9.72
雷州市	123.62	102.32	21.30	56.78	8.87
斗门县	28.57	18.24	10.33	14.94	3.33
饶平县	92.29	71.44	18.65	49.62	4.69
南澳县	7.25	4.72	2.53	4.78	0.97
惠来县	88.51	72.88	15.63		5.05
遂溪县	83.99	68.35	15.64	44.50	6.96
徐闻县	62.44	51.47	10.97	28.19	5.38
电白县	147.70	118.82	28.88	69.00	5.94
惠东县	64.96	46.97	17.99	46.02	5.71
海丰县	67.82	51.17	16.65	33.40	3.27
陆丰县	120.79	95.32	25.47	45.47	6.38
阳东县	43.81	35.09	8.72	27.46	2.23
阳西县	49.00	42.85	6.15		2.85
揭东县					

表 5 1997 年广东省人口及从业人员情况

（万人）

项 目	年末总人口	农业人口	非农业人口	从业人员	职工总数
全省合计	7 051.15	4 877.65	2 173.50	3 701.90	897.32
沿海市县合计	3117.04	2002.56	1114.47	1558.59	589.2
广州市区	395.65	68.92	326.73	249.53	165.77
番禺市	88.01	54.46	33.55	73.61	15.92
深圳市	109.46	24.66	84.80	25.72	91.18
珠海市区	38.22	2.62	35.60	52.98	25.17
斗门县	29.12	18.50	10.62	16.02	3.28
汕头市区	109.23	28.35	80.87		35.61
潮阳市	215.56	30. 89	38.18	97.41	8.91
澄海市	81.02	199.13	16.43	45.26	4.37
南澳县	7.29	78.45	2.56	4.88	0.97
惠州市区	34.54	7.17	27.37		19.97
惠东县	66.06	47.28	18.78		5.78
惠阳市	60.38	41.66	18.72		10.55
汕尾市区	40.72	24.42	16.30		4.57
海丰县	68.60	51.63	16.98	34.90	3.53
陆丰县	122.42	96.56	25.86	53.74	5.33
东莞市				87.61	16.50
中山市				102.77	16.22
江门市区	41.97	9.28	32.69	26.92	13.96
新会市	85.74	59.21	26.52	51.35	10.02
台山市	101.17	68.48	32.69	59.97	6.93
恩平市	45.66	29.39	16.27	25	5.04
阳江市区	51.57	22.46	29.11		7.32
阳东县	49.01	42.41	6.60	28.05	2.85
阳西县	44.29	35.40	8.89	27.2	2.30
湛江市区	128.38	71.64	56.74		23.86
徐闻县	63.24	51.49	11.75	29.25	5.52
遂溪县	85.41	69.17	16.24	42.39	6.68
廉江市	139.19	114.87	24.33	67.4	8.85
吴川市	85.48	67.65	17.83	40.92	4.88
雷州市	125.62	103.59	22.03	58.26	8.93
茂名市区	64.61	35.34	29.27		12.03
电白县	149.88	119.72	30.16	72.33	6.10
潮州市区	33.05	33.05			9.62
饶平县	90.91	90.91		43.18	4.70
揭阳市区	61.35	61.35			8.07
揭东县	110.23	110.23		96.36	2.86
惠来县	94.00	94.00		45.58	5.05

表 6 1997 年广东省沿海国内生产总值、工农业总产值一览表

单位:亿元,万人

项目	国内生产总值	第一产业	第二产业	第三产业	工业总产值		农业总产值		
					现价	90 年不变价	现价	90 年不变价	增加值
全省合计	7 315.51	986.82	3 647.82	2 680.87	12 372.68	8 128.86	1 656.46	883.08	986.82
沿海市县合计	5 170.9	509.88	2 408.94	2 252.08	6 733.81	7 078.73	868.37	491.33	509.25
广州市区	1 161.61	26.05	495.10	640.45	1 386.57	1 003.18	47.46	23.06	26.05
番禺市	216.16	20.63	116.48	79.04	457.29	401.55	38.02	20.06	20.63
深圳市	1 130.01	15.80	556.63	557.58	1 664.45	1 460.18	27.09	10.46	15.80
珠海市区	201.00	4.37	108.10	88.52	393.08	420.39	4.14	1.90	2.26
斗门县	34.20	7.88	14.26	12.07	67.88	65.39	15.15	8.59	9.75
汕头市区	197.78	5.62	89.95	102.21	245.75	233.67	8.32	3.95	5.32
潮阳市	118.18	21.88	53.52	42.78	226.53	204.39	37.09	19.59	21.88
澄海市	50.20	12.00	22.60	15.59	112.85	106.01	22.01	11.00	12.00
南澳县	4.21	1.62	1.26	1.33	4.86	3.78	5.55	4.06	1.62
惠州市区	88.81	1.86	64.97	21.98	320.34	348.72	5.51	2.50	3.54
惠东县	64.09	18.56	27.24	18.30	75.54	63.66	27.47	13.45	18.56
惠阳县	88.98	14.79	45.58	28.61	130.04	104.02	21.56	9.16	13.11
汕尾市区	19.31	7.17	4.39	7.76	19.94	14.94	14.38	8.19	7.20
海丰县	45.14	12.72	13.58	18.84	44.29	37.36	20.99	7.40	12.72
陆丰县	30.86	12.02	10.74	8.10	35.95	31.94	20.90	15.68	12.02
东莞市	294.70	30.00	155.86	108.84	600.92	491.92	51.44	26.32	30.00
中山市	220.95	23.05	112.78	85.12	510.95	491.43	32.76	24.72	23.05
江门市区	119.83	2.38	55.76	61.70	206.83	214.46	4.27	2.29	2.12
新会市	85.50	15.28	39.15	31.08	207.31	197.40	31.10	16.58	15.28
台山市	84.95	18.09	37.56	29.30	222.79	210.79	37.23	20.22	17.59
恩平市	39.10	8.63	15.70	14.77	55.74	51.22	15.59	7.69	8.63
阳江市区	48.52	12.76	18.86	16.89	38.34	41.38	18.36	14.07	12.58
阳东县	23.48	12.85	4.56	6.07	13.94	11.58	18.65	10.35	12.85
阳西县	18.69	10.13	3.72	4.84	11.55	10.87	17.20	12.12	10.13
湛江市区	144.36	16.28	69.26	58.81	206.07	131.83	24.03	15.42	16.28
徐闻县	25.27	14.36	3.74	7.17	10.21	7.97	22.42	14.98	14.36
遂溪县	44.37	19.70	12.51	12.16	31.48	27.53	34.39	21.85	19.70
廉江市	50.05	19.74	12.95	17.36	42.13	34.23	40.52	24.39	19.74
吴川市	32.37	6.85	14.92	10.61	52.61	48.00	12.79	8.21	6.85
雷州市	52.14	26.86	10.21	15.07	29.57	23.87	42.40	27.06	26.86
茂名市区	86.14	7.74	48.29	30.11	178.14	91.46	15.40	9.88	9.93
电白县	94.45	24.94	40.50	29.01	97.94	92.52	40.15	26.23	23.42
潮州市区	38.74	1.17	21.57	16.00	76.71	92.72	2.13	1.22	1.17
饶平县	47.54	16.34	15.79	15.40	58.12	49.05	30.77	16.07	16.34
揭阳市区	51.22	4.61	31.68	14.93	10.06	92.68	7.84	4.98	5.01
揭东县	80.01	17.48	45.24	17.29	139.11	125.34	26.54	13.80	17.48
惠来县	37.98	17.67	13.93	6.39	48.86	41.30	26.75	14.83	17.42

福　建　省
Fujian Province

综　述
Summary

【概况】　福建是中国东南沿海主要海洋省份，拥有200m等深线海域面积13.6万km^2，比全省陆地面积大12%左右。大陆海岸线北起福鼎沙埕港，南至诏安宫口港，总长3 051km，直线长度535km，曲折率达1：5.6，岸线长度居全国第三。沿海有大小港湾125处，有可建天然深水良港6处，约占全国1/6。全省有大潮高潮时面积大于500m^2的岛屿1 546个，居全国第二，岛屿岸线总长度2 804.40km，岛屿总面积1 400.13km^2，有人居住的岛屿101个，人口136.7万人。全省滩涂面积为2 068km^2。沿海从北至南主要有赛江、闽江、晋江、九龙江等河流入海，也带来了大量的陆上有机物，因此海洋生物资源非常丰富。海洋矿产资源丰富，海洋新能源理论蕴藏量居全国首位。此外，福建省有面临着台湾海峡的地理优势，有较强的海洋科研力量，有多个涉海高校和科研机构，中高级海洋科技人才数仅次于山东省，居全国第二位。

福建沿海从北到南行政区划分别为宁德、福州、莆田、泉州、厦门、漳州六个沿海地(市)，共27个沿海县(市)，是福建经济最发达地区。1997年末，全省总人口3 282万人，沿海六地(市)总人口2 394万人，全年全省工农业总产值4 783.12亿元，其中工业总产值3 857.56亿元，农业总产值925.56亿元，沿海六地(市)工农业总产值为4 024.45亿元，其中工业总产值3 362.76亿元，农业总产值661.69亿元，分别占当年全省工农业总产值的84%、87%和71%。

1996～1997年，福建的海洋经济得到了较快的发展。省委省政府高度重视海洋开发，提出了“加快海洋开发，发展蓝色产业”的战略方针和继续实施“科教兴海”的战略决策，全省掀起了一股新的海洋开发热潮，海洋经济得到了较快发展。1997年全省海洋产业总产值达289.40亿元，其中海洋渔业为222.56亿元，海洋交通运输业为12.02亿元，滨海旅游业45.34亿元，海洋盐业为0.74亿元。海洋产业结构调整取得初步成效。新兴海洋产业如海洋旅游业发展迅速，海洋矿产业已逐渐往深加工方向发展，海洋产业中第三产业比重逐渐上升。

（游建胜）

表1　福建省沿海市、县人口，经济发展一览表

单位：万人，亿元

地　区	人　口	国内生产总值		全部工业总值		农林牧渔业总产值	
年　份	1997	1996	1997	1996	1997	1996	1997
福州市	574.85	629.81	752.53	716.81	893.59	184.12	194.31
福清市	116.89	117.92	143.00	168.86	213.02	456.41	47.17
长乐市	67.17	56.72	63.61	82.15	100.22	20.44	22.07
连江县	61.10	47.14	52.50	29.09	32.98	29.58	33.15
罗源县	25.19	18.11	22.60	24.16	31.50	12.14	14.18
平潭县	37.56	18.26	23.17	4.32	4.63	16.62	18.30
厦门市	124.67	306.35	370.30	430.32	525.83	32.25	34.04
同安市		50.35		85.27		16.19	
莆田市	289.10	152.57	140.09	228.95	126.64	59.92	52.39
莆田县	158.09	73.62	49.82	105.34	50.60	29.46	23.19
仙游县	95.96	38.41	32.05	51.61	19.77	20.54	14.25
泉州市	650.13	629.01	746.28	919.47	1090.5	112.18	123.18
石狮市	29.07	61.22	72.50	82.44	105.46	6.92	7.51
晋江市	99.46	185.81	219.47	287.60	341.55	18.04	19.16
南安市	147.15	118.01	136.70	185.02	217.01	19.84	22.86
惠安县	125.73	78.53	70.77	136.71	116.47	29.41	24.10
漳州市	438.76	299.59	368.52	426.87	561.66	148.92	157.18
龙海市	76.56	64.74	73.26	112.53	123.06	28.18	28.01
云霄县	39.69	23.79	31.00	33.91	46.24	9.95	12.58
漳浦县	77.95	47.76	58.04	75.26	103.53	26.84	26.14
诏安县	55.12	27.57	30.24	29.98	36.21	19.61	20.35
东山县	19.89	20.70	25.30	27.76	37.42	12.45	13.90
宁德地区	316.50	145.06	172.20	134.29	164.61	91.04	100.59
宁德市	40.24	23.22	28.06	15.49	18.45	12.74	14.58
福安市	58.29	27.74	34.69	34.28	45.24	14.08	15.98
福鼎市	54.24	23.54	28.26	23.92	30.55	13.66	15.06
霞浦县	50.01	23.11	26.35	18.63	21.01	19.38	20.64

（苏国华）

1996～1997年，福建海洋工作坚持“两条腿”走路，即海洋综合管理和“科教兴海”并举的方针，取得显著成效。海洋管理工作重点是修改完善《福建省海域使用管理办法》(送审稿)，已上报省政府法制局，有待于颁布实施。1997年6月，福建省海洋局和国家海洋局厦门中心海洋站共建了福建海洋预报台，向全社会开播海洋预报服务；开展了海域使用管理试点工作，霞浦县被列为试点，成立了霞浦县海域管理办公室；海洋统计和海洋信息工作完成了预定的任务；完成了海洋污染基线调查前期工作；组织参加了'97 北京国际海洋展。"科教兴海"工作也取得进展。总之，两年来全省海洋工作逐渐走上了法制化的轨道，海洋经济也得到了进一步的发展。（游建胜）

海洋资源开发与海洋经济
Development of Marine Resources and Marine Economy

【海洋水产资源开发】 福建省海域辽阔、海岸线漫长曲折，港湾众多，浅海滩涂面积大，海水水质肥沃，海洋生物资源非常丰富。1996～1997 年，福建省海洋水产业迅速发展，1997 年 5 月，省政府制定了《关于加快培育和发展水产支柱产业的决定》，给水产业的发展带来良好的机遇，水产品产量连年增产增收，1996、1997 年全省水产品产量 284.79 万 t 和 429.31 万 t，分别比上年增长 10.7%和 19.8%，其中海洋捕捞 173.77 万 t 和 194.39 万 t，分别比上年增长 7.3%和 11.8%。全省人均水产品占有量达到 86.8kg 和 131kg，继续居全国前列。水产业总产值继续保持大幅增长的势头，全省水产业总产值为 313.5 亿元和 412 亿元，分别比上年增长 19.37%和 31%，其中水产品产值为 235 亿元和 278 亿元，分别增长 16.4%和 18.3%。全省渔区人均纯收入达 3 450 元和 3 815 元。由于水产品总量的增加，市场供给充足，价格稳中有降。

1996～1997 年，全省着重以拓展生产领域为突破口，促进养殖业进一步向优高方向发展。海水养殖主要是推进浅海养殖向纵深方向发展，并大抓滩涂传统品种养殖的稳步提高。1997 年全省水产养殖面积达18.8 万 hm^2，比上年增加 16 360hm^2，其中海水养殖面积 10.46 万 hm^2，产量 188.16 万 t。1997 年全省新增海水养殖面积 1.05 万 hm^2，名优养殖规模迅速扩大。漳州市以东山湾海区优势为依托，掀起"养鲍热"，1997 年养殖面积 14 多公顷，产商品鲍 442t，创产值 2 亿元。全省鲍鱼养殖面积达 18hm^2，产量 459t，分别比 1996 年增长 80%和 283%。全省大黄鱼养殖面积达545.47hm^2，产量 4 193t，分别比 1996 年增长283.4%、738%。此外，欧鳗、泥蚶、黑斑红鲈、中华绒蟹、斑点叉尾等名优品种养殖规模也进一步扩大。

1996～1997 年，海洋捕捞业结构调整步伐加快，海洋捕捞稳步发展。在作业结构调整上，近内海发展了一些优高作业，在渔场开发上，针对近内海渔业资源衰竭的状况，致力于闽东北外海、台湾浅滩外海和远洋渔场的开发。1996～1997 年全省外海渔业产量达 57.81 万 t 和 68 万 t。1996 年全省远洋渔船数 178 艘。在资源利用上，针对底层鱼类利用过度、中上层鱼类太有潜力的状况，采取措施，合理利用渔业资源，取得了成效。1997 年，虾蟹类、墨鱼、马面鲀产量达到 25.3 万 t、6.18万 t、5.4 万 t，分别比 1996 年增长 100%、34.3%、200%。

水产品加工达到新的水平，到 1997 年底，全省已拥有水产加工厂、冷冻厂、水产饲料厂 1 123 家。全年水产品加工产量达 51 万 t，水产品加工产值达 64.6 亿元，分别比 1996 年增长 24.4%和 45.45%。全省深加工产量 10 万 t，产值达 30 亿元，分别占加工总产量、总产值的 19.6%和 46.4%。渔用饲料是全省水产品加工的拳头产品。海洋药物加工已开始起步。目前水产品加工已发展成为包括冷冻、冷藏、腌干制品、调味熟制、海藻加工、鱼粉鱼油等 10 多个专业门类的行业。全省水产品加工无论总体能力还是加工深度、产品质量，在全国均处于领先地位。

开放型渔业取得新的突破。在 1997 年的中国投资贸易洽谈会上，全省现场签约水产项目 16 项，吸引外资 7 885 万美元。全年利用外资项目达 43 个，合同利用外资 8 500 万美元。远洋渔业知难而进。1997 年新开辟了缅甸捕鱼项目，与缅甸签订了 135 艘入渔协议，入渔 60 艘。1997 年全省投入生产的远洋渔船达 196 艘，新增 54 艘，产量达 6 万 t。

表 2 福建省海洋水产业状况表

年 份	1996	1997
水产品产量(万 t)	245.66	382.55
养殖产量	71.90	188.16
其中:鱼 类	146.01	151.57
虾蟹类	21.49	27.42
贝 类	113.82	164.16
藻 类	24.55	30.94
养殖面积(万 hm^2)	6.14	6.98
海洋捕捞产量	57.81	68

【海洋运输与港口建设】 1996～1997 年，全省海洋运输轮驳船货物运输量完成 2 525 万 t、301.4 亿 t・km 和 2 764 万 t、320.15 亿 t・km，分别比上年增长 21.6%、减少 3.9%和增长 9.7%、6.3%。旅客运输量完成 289 万人、936 万人・km和 289 万人、9 219 万人・km。全省重点国有海运企业省轮船总公司、厦门轮船总公司全年完成海洋货物运输量 829 万 t、142.53 亿 t・km 和 792 万 t、139.03 亿 t・km，完成旅客运输量（即福州一香港航线）8 万人、4 320 万人・km 和 7 万人、3 388 万人・km。旅客运输受到航空等其他运输

方式影响再次下滑，国有海运企业面临严峻挑战。

1997 年，海峡两岸试点直航取得重大突破。1997 年 4 月，福建省开始实施福州、厦门至高雄间试点直航，厦门轮船总公司所属的盛达轮从厦门至台湾高雄的首航成功，结束了海峡两岸 48 年不直航的局面。至 1997 年底，两岸各 6 家公司 12 艘集装箱船已顺利营运 8 个多月，集装箱运量突破 10 万 TEU，多数船公司在较短的时间内实现了保本和微利。试点直航的成功，突破了两岸“三通”，增强了两岸航运界要求台湾当局进一步开放两岸货物“通关入境”实现全面直航的信心。

海上集装箱运输发展迅猛，1996～1997 年，全省拥有 40 艘 51 210 标准箱位和 43 艘 5 672 标准箱位的海上集装箱运力，全年完成集装箱运输量 14.78 万 TEU、货运量 146.04 万 t 和 23.96 万 TEU、货运量 223.7 万 t，呈逐年上升态势，并增开了多条国际航线。

1996 年和 1997 年全省沿海港口货物吞吐量达 3 959万 t 和 4 484.57 万 t，分别比上年增长 14.4%和 13.3%。厦门港是中国主枢纽港之一，经过 20 多年的建设，目前已成为福建省重要的外贸口岸，1997 年全港外贸吞吐量达 1 071.69 万 t。1996～1997 年港航建设又有新的进展，其中，1996 年 5 月福州港总体布局规划通过审查，1996 年 7～8 月，湄洲湾对台客运码头和霞浦三沙客货码头主体工程完工。1997 年 9 月，湄洲湾煤码头开工建设。该工程是省重点工程之一，建设规模为 3.5 万吨级和 1 000 吨级泊位各 1 个，设计年吞吐能力 150 万 t，总投资 555 万元。

表 3　福建省沿海主要港口货物吞吐量(万 t)

年　份	1996	1997
总　计	3 959.75	4 484.57
福州港	1 247.44	1 371.39
厦门港	1 553.20	1 753.71
泉州港	803.92	1 006.20
湄洲湾港	85.77	78.09
赛岐港	135.76	124.12
漳州港	133.66	151.06

【滨海旅游资源开发】　1996 年和 1997 年全省旅游部门千方百计抓住机遇，开拓思想发展大旅游，全年接待境外旅游者首次突破百万，分别达 104.57 万人次和 115.04 万人次，全省旅游创汇达 5.5 亿美元和 6.1 亿美元，分别比上年增长 13.5%和 10.9%。全年接待国内旅游者 1 400 万人次和 1 900 万人次，国内旅游收入达 77.59 亿元和 110 亿元。

1996～1997 年福建省旅游工作重视市场开发，根据 1996 年中国休闲度假游这一主题，1996 年 6 月 28 日省旅游局与当地政府在东山岛推出重点旅游节活动，举办东山水上运动表演，有 10 多个国家和地区的游客及国内来宾和群众 1 万多人参加开幕式。7 月 3 日还举办了东山首届文化艺术节、东山建县 80 周年成就展和东山旅游度假产品交易会等活动。厦门在鼓浪屿举办 1996 年厦门鼓浪屿旅游休闲文化节，内容包括远古图腾展示会及日光岩歌会、月光钢琴音乐会、诗歌会等体现鼓浪屿特色的高雅文化活动。1997 年 5 月，莆田市在湄洲岛举办第二届妈祖文化旅游节暨首届旅游经贸洽谈会，台湾妈祖金身护驾团和来自美国、英国、东南亚等 11 个境外旅游团近 2 000 名中外来宾、1 万多名群众参加了这次活动。首届旅游经贸洽谈会推出 160 个旅游项目，签订旅游项目 71 个，总投资 47 812万美元。1997 年围绕’97 中国旅游年主题，厦门还举办了厦门首届台胞回乡旅游购物节、’97 惠安渔区文化节等活动。1996～1997 年，福建省还开展星级饭店评定和创建优秀旅游城市活动，加强旅游业的软硬件建设。到 1997 年底全省有涉外饭店 171 家，其中五星级 1 家、四星级 5 家，三星级 45 家，二星级 48 家，客房 12 736 间，床位 24 825 张。厦门、福州、泉州、武夷山 4 个城市，围绕提高和改善旅游环境、秩序、质量的总体目标，把创建优秀旅游城市与当地精神文明建设、城市形象改造及建设工程相结合，取得较大进展。

湄洲岛国家旅游度假区建设取得进展，1996～1997 年全年接待海内外游客 100 万人次和 118 万人次，全社会旅游收入 4 000 万元和 5 000 多万元，分别比上年增长 60%和 25%，全年农民人均纯收入达 2 428元和 2 553 元，比上年增长 11%和 6.1%。旅游基础设施进一步完善。1997 年环岛公路、宫下主体码头等一批基础设施竣工投入使用，候船综合楼主体结构已经完成，妈祖文化工程首期项目动工并完成投资 200 万元。跨海供水工程经省计委批准立项，陆岛交通码头通过省有关部门审批，文甲旧码头改造工程前期工程按进度进行，新添置了天妃一号轮渡等服务设施，旅游接待能力和服务水平有明显提高。

表 4　福建省旅游接待人数(人次)

年　份	1996	1997	增长率(%)
海外总计	1 045 658	1 173 932	12.3
华　侨	36 151	37 398	3.5
港澳同胞	461 999	501 074	8.5
台湾同胞	271 798	312 767	15.1
外国人	275 710	322 693	17.0
国内旅游人数	1.4×10^7	1.9×10^7	35.7

【船舶工业】 1996和1997年是福建省船舶工业发展的重要时期，全行业实现工业总产值10亿元和12亿元，出口产值占90%以上。1997年省船舶工业集团公司直属企业实现工业总产值6.18亿元，比上年增长22.7%。造船产品产量36艘，4.6万t，增长63.6%与35.8%；修船产品产量69艘，2 636万元，增长25.4%和122.2%，实现利润773万元，增长53.5%。全年建造出口船舶24艘，销往德国、加拿大、日本、新加坡和香港、台湾等地。厦门造船厂引进的2万吨级浮船坞和马尾造船厂的1.5万吨级干船坞相继投产，结束了福建省福厦两港大型船舶长期无保修能力的历史。

船舶工业技改工作上新台阶，1996年全年共投入技改资金是"八五"投资的16.6倍。1997年继续加大技改力度，是船舶工业技改史上完成技改投资金融和建成投产项目最多最好的一年，全年共完成总投资15 060万元，比上年增长35.3%，竣工投产项目19项。按照福建船舶工业的产业布局和发展重点，紧紧围绕优势企业和主导产品进行技改，一是扩大马尾造船厂修造配套能力，二是加快厦门新厂建设速度，三是因厂制宜搞技改。1997年船舶新产品开发也取得了一定成绩，马尾造船厂开发的660箱多用途集装箱货轮被鉴定为国际水平，获省级优秀新产品二等奖、省科技成果二等奖。 （苏国华）

海洋国际合作与交流
Marine International Cooperation and Interflow

【概况】 1996～1997年，省委、省政府坚持以邓小平建设有中国特色社会主义理论为指导，根据党的十五大精神，提出新一轮创业的部署。针对对外开放中的新情况、新问题，及时提出思路，制定配套政策，加强功能开发，构造良好环境，强化招商引资，大力推进闽港、闽台经济合作，推动全省对外开放和外贸工业不断跃上新水平。1996年和1997年全省外贸进出口总额达167.44亿美元和192.24亿美元，分别比上年增长13.8%和15.11%，其中出口100.3亿美元和115.62亿美元，出口继续保持在全国各省市、自治区第5位。全省新签外商直接投资项目1 987项和2 298项，合同外资金额66.70亿美元和45.38亿美元，实际利用外商直接投资40.8亿美元和41.97亿美元。截止1997年底，全省共批准外商直接投资22 836项，合同外资金额496.77亿美元，外商实际到资220.06亿美元，已开业投产的外商投资企业13 101家，全年新签对外承包工程和劳务合作合同2 876项，比上年增长15.5%，合同金额4.27亿美元，比上年减少11.5%，完成营业额4.83亿美元，比上年增长13.2%，年末在外劳务人数5.54万人，增长14.5%。

1997年新批台资项目456个，比上年增长9.1%，协议台资金额5.99亿美元，比上年下降73%，台商实际到资12.3亿美元，比上年增长4.7%。截止1997年底，全省累计批准台商投资项目5 032项，协议台资金额96.33亿美元，台商实际到资55.93亿美元。全省已开辟24个对台贸易口岸，27家对台小额贸易公司经营对台小额贸易。1997年对台贸易26.04亿美元，比1996年增长2%，其中对台直接小额贸易2 217万美元。1997年新批对台渔工劳务合作项目2 034个，合同金额897万美元，在外人数3 933人。

1997年，各地各部门高度重视投资软环境建设，把改善投资软环境建设作为新一轮创业重要内容。省政府及时研究制定了《福建省进一步鼓励外商投资的若干规定》、《福建省外商投资企业新建、改建、扩建工程项目审批程序规定》，使审批环节由原来的28个减少到16个，审批时限由原来的517个工作日减少到205个工作日。全省各地也简化外商投资项目申报手续，明确规定申办程序、审批机关和办理时限。

精心组织'97中国投资贸易洽谈会，营造全国性对外招商口岸。已连续成功举办10届的福建投资贸易经贸洽谈会，1997年初经外经贸部批准正式升格为全国唯一以投资促进为主的经贸洽谈盛会——中国投资贸易洽谈会。该届洽谈会规模大，档次高，成员单位达36个省、自治区和直辖市，还有11个省、市和国家有关部委组织了非正式成员单位代表团。与会的海内外客商近5万人，其中境外客商6 000多人。洽谈会共签订外商投资项目合同16 683个，总投资62.19亿美元，合同外资46.32亿美元。福建省在中国投资贸易洽谈会期间签约的项目和合同利用外资金额约占全省全年利用外资总量的60%以上。中国投资贸易洽谈会已成为福建省招商引资的龙头，在营造声势、促进招商、改善环境等方面起着重要推动作用。

加快开发区建设，着力培植新经济增长点，到1997年，福建省经国务院和省政府批准设立的各类开发区共有123个，其中国家级的经济技术开发区、台商投资区、保税区、旅游度假区、高新技术产业开发区14个，省级旅游经济开发区4个、高新技术产业开发区6个，外商投资开发经营成片土地99片。1997年各类开发区新批外商投资项目410个，占全省当年新批外资项目数的19.3%。协议外资金额12.46亿美元，占全省当年协议外资总额的29.8%，实际利用外资8.6亿美元，占全省当年实际利用外资的21.5%。

【厦门经济特区】　1996～1997 年，厦门进一步发挥经济特区和对台的区位优势，紧抓 1997 年福建投资洽谈会升格为中国投资贸易洽谈会的先机，大力拓展对外交流与合作，较好地发挥了特区窗口作用和招商功能。1996 年和 1997 年，全年批准外商投资项目 375 项和 460 项。1996 年，投资总额 18.49 亿美元，协议外资 16.5 亿美元，新开业投产企业 519 家，实际利用外资 13.5 亿美元；1997 年，实际利用外资 13.78 亿美元。经过 10 多年的改革开放，厦门市不断总结经验，调整、完善招商策略，实现了招商区域、投资领域、投资组合的 3 个转变，一是招商区域从以往的港、澳、台、东南亚拓展到欧、美、日发达国家，使引资的国家和地区达到 26 个，二是投资领域从加工业扩大到基础产业、基础设施和第三产业等领域，三是投资组合由单体投资向系列开发、规模经营转变。

对外贸易持续稳步增长，1996、1997 年全年实现外贸进出口总值 66.45 亿美元和 77.6 亿美元，分别比上年增长 10.1%和 16.81%，其中出口创汇 37.02 亿美元和 42.5 亿美元，分别增长 6.4%和 14.83%，进口 29.43 亿美元和 35.1 亿美元，分别增长 15.3%和 19.39%。1997 年，三资企业进出口总值 38.54 亿美元，比 1996 年增长 26.15%，占全市外贸总额的 49.7%，拉动了全市经济的较快增长。厦台经贸合作与交流活跃，全年对台贸易总额 10.53 亿美元，其中出口 1 132 万美元，增长 85.7%。

【福州经济技术开发区】　福州市经济技术开发区于 1996 年初制订了《福州市经济技术开发区、福州市马尾区国民经济与社会发展“九五”计划和 2020 年规划纲要》。制订并实施了迈向 21 世纪的五大经济发展战略，即开放型经济战略、口岸经济战略、拓展闽台经贸战略、科教兴区战略和区域共同发展战略。

1996 年，全年全区实现社会总产值 102 亿元，比上年增长 34.6%。国内生产总值 43 亿元，增长 32%，工业总产值 67.11 亿元。农业总产值 8.5 亿元，第三产业增加值 16.19 亿元。对外开放进一步扩大，1996 和 1997 年全区新批准外商投资企业 81 家、100 项，项目总投资分别为 3.29 亿美元和 3.1 亿美元，合同利用外资 2.99 亿美元和 2.65 亿美元，实际利用外资 1.36 亿美元和 1.56 亿美元。1997 年，三资企业生产规模不断扩大，全年新增资项目 17 项，增资额 5 903 万美元，三资企业实现工业产值 80.3 亿美元，比 1996 年增长 52.5%。外商投资项目质量普遍提高，表现在：一是项目投资规模大，二是科技含量高，三是投资领域进一步拓宽。福州保税区稳步发展，1997 年，保税区新批项目 88 项，总投资 9 255 万美元，全年进出区货物总值 7.76 亿美元，比增 47.8%，其中出口货物总值 6 108 万美元，比增 267.73%。

对台贸易取得新突破，1997 年 4 月，两岸试点直航以来，台商投资持续升温，开发区全年新批准台资项目 15 个，总投资 7 884.59 万美元，比增 804%。台资项目普遍规模较大，平均投资 525.64 万美元。两岸试点直航以来，目前马尾轮船公司闽台一号轮船于 4 月 30 日正式首航台湾高雄港，已往返闽台两岸 70 个单航次，平均装载率达 74.08%。台商投资区二期报批工作进展顺利，已完成可行性报告和规划。对台农业合作进一步拓展，经国务院外经贸部、农业部和台办批准，马尾被列为海峡两岸农业合作实验区，并已初步完成示范区规划。

（苏国华）

海洋灾害与防御
Marine Disasters and Defence

【概况】　1996 年台风（热带风暴）特点是：活动密集，7 月 27 日至 8 月 10 日，7 号、8 号和 10 号台风相继登陆；风势猛，局部出现罕见的连续 3 天的大暴雨，其中 7 号台风 7 月 27 日在晋江市登陆，8 号台风 8 月 1 日在福清市登陆，10 号台风 8 月 7 日在龙海市登陆，台风暴雨和风暴潮引起的灾害造成 55 人死亡，全省直接经济损失 73.9 亿元。尤其 8 号台风登陆时恰逢农历 6 月天文大潮，台风增水 0.89～1.38m，沿海 7 个潮位站高潮位均超过历史最高潮位；7 月 31 日福鼎市沙埕站高潮位 11.26m，超危险水位 0.76m，为本世纪实测最大值，长乐市梅花站超危险水位 0.55m，8 月 1 日连江县琯头、长乐市白岩潭、惠安县崇武、龙海市石码等站分别超危险水位 0.70m、0.36m、0.31m、0.44m，东山站超警戒水位 0.69m。沙埕、崇武、石码、东山站为设站以来实测最大值。8 号台风期间，由于预警报及时，使各级政府及早采取措施，保住万亩海堤，减灾效益超亿元。

1997 年重要海洋灾害：9710 号台风 8 月 2 日在香港登陆，受其影响，漳州、龙岩、泉州、厦门 4 地市普降暴雨，局部大暴雨，全省过程降水量≥100mm 的有 23 个县市；≥200mm 的有 10 个县、市，以东山县 272mm 为最大，漳州九龙江出现大洪水。台风造成的损失 4.8 亿元，其中漳州损失最重，为 4.3 亿元。接着 9711 号台风 8 月 18 日在浙江省温岭登陆，受其外围影响，福建中北部沿海有 12 个县市出现 9～10 级大风，风速 21～26m/s，由于正值七月天文大潮，沿海潮位普遍超过危险潮位，助长台风的危害，台风造成的直接经济损失达 4.03 亿元。9714 号台风于 8 月 29 日 16 时 30 分在福清市沿海登陆，登陆时风力11级，受其影响，全省有21县市过程降水量≥100mm，≥200mm的有5个县市，以拓荣的296mm为最大。台风登陆期间，全省沿海出现9～10级大风，福州市29日中午出现11级大风，全省造成10多亿元的经济损失。

海洋公益事业
Marine Public Welfare Facilities

【概况】 为适应全省沿海经济发展和海洋开发需要，促进海峡两岸通航，福建省海洋局和国家海洋局东海分局厦门中心站在认真调研协商和科学论证的基础上，提出了采取共建方式建立"福建省海洋预报台"的方案，得到了省政府的批准。1997年6月26日，"福建省海洋预报台"正式在厦门中心海洋站挂牌，其职责是负责发布福建邻近海域的海水温度、潮位和海浪预报及海洋灾害的预警报服务，并在6月下旬开始每天通过福建电视台、福建日报、福建省广播电台和东南广播电台向社会公众开播海洋预报服务。

海洋立法与管理
Marine Legislation and Management

【海洋管理综述】 1996～1997年，全省海洋管理主要开展以下几个方面工作：

组织有关法律和海洋专家编写、出版了《福建省海域使用管理人员培训教材》，全书共4万多字，分海域使用管理必要性和可行性、管理内容、任务程序、相关技术与相关法律四大部分，是一部有关海域使用管理方面较为系统的培训教科书，对全省海洋使用管理将起到重要作用；

完成了《福建省海域使用管理办法》的制定草拟工作，已报省人民政府审批；

开展海域使用管理试点。经过深入实地调查研究分析，较全面了解全省海域使用情况，已把霞浦县列为全省海域使用管理工作的试点，年底已完成了三洋乡等13个行政村调查摸底造册工作，较全面地掌握了该乡海域使用现状，为下一步登记发证打好基础；

完成了全省海洋统计资料收集方案中21个表格的资料数据收集工作，如期上报国家，为全国、全省海洋经济发展提供科学依据；

为首批海洋监察员配置了执法制服，为持证上岗执法做好必要的准备工作。

【科教兴海工程】 1996～1997年，全省各地认真贯彻省委、省政府提出的"再创海的优势，发展蓝色产业，建设海洋大省"战略部署，实施"科教兴海"工程，主要开展以下几个方面工作：

由省科委牵头组织制定的《福建省科教兴海"九五"计划和2010年发展规划》正式下发，成为全省"科教兴海"工作的指导性文件，召开了首次全省科教兴海工作会议，研究和布置了本年度全省科教兴海工作；

全省"科教兴海"工程进展顺利，完成了《福建省科教兴海工程实施方案》的制定，编制了科教兴海工程布局图，经实地调查、分析研究，在申报单位报来约200个项目中，筛选了33个项目进行研究、开发，形成了"科教兴海"工程重大项目表，为制定《福建省科教兴海九五计划和2010年长期规划》奠定基础；

根据沿海各地区优势和资源特点，把海洋资源丰富、海洋开发潜力大的霞浦县、莆田县、漳浦县作为科教兴海示范县。在示范县、试验区的建设方面，进一步巩固和发展霞浦县科教兴海示范县的建设和连江黄岐半岛综合开发试验区的建设，新建莆田和漳浦两个科教兴海示范县，宁德三都澳、莆田南日岛和漳州东山湾3个海洋综合开发试验区的建设开始起步；

为促进全省大黄鱼产业化进程，形成规模效益，省科委和省水产厅联合下发了《关于依靠科技进步，促进大黄鱼养殖产业化的意见》，并在闽南、闽中和闽东开辟推广示范基地。全省大黄鱼养殖规模发展迅速，据统计，1997年全省共培育大黄鱼人工苗种1亿尾，新增16 000个网箱，养殖网箱达2万个，土池养殖66.7hm²，初步实现了大黄鱼人工养殖产业化，取得了显著的经济效益，并逐步成为全省水产支柱产业的龙头项目；

完成了历时8年的海岛资源综合调查和开发试验工作。海岛资源综合调查和开发试验是国家"八五"重点攻关课题，根据《中国海岛资源综合调查地图集编辑大纲》和《中国海岛资源综合调查地图集图式》规定，历经3年，现已全部完成了《中国海岛调查图集》(福建分册)13个专业19种图组出版工作，并组织有关科技人员深入海岛调查、了解、收集资料，编纂完成了《福建省海岛资源综合调查海岛志》。此外，还完成了《福建省海岛资源综合调查研究报告》115万字的出版工作，海岛调查档案资料已全部移交全国海岛办，并于5月份参加了在北京举办的全国成果展示会，受到国务院、国家有关部委领导、国防科工委等领导的高度评价。

【全省第二次海洋污染基线调查】 为进一步加强海洋环境保护工作，全面准确掌握本世纪末全省海洋环境质量状况和"零点"资料，全省第二次海洋污染基线调查正式启动，完成了《福建省海洋污染基线调查方案》的制定工作，并上报省人民政府，为1998年开展外业调查奠定了良好的基础。

【'97北京国际海洋展福建省参展工作】 为展示改革开放尤其"八五"以来全省海洋资源开发利用、保护治理及海洋技术进步方面取得的成就，按照参展组委会的统一要求和布置，由省科委牵头会同省直有关部门和沿海地、市计22个单位，共同完成'97北京国际海洋资源开发利用和海洋技术设备展览会福建省参展工作，制作展板45块，编印全省海洋开发成就简介数千份，制作45分钟电视专题片，得到参观者的良好评价，并获组委会颁发的优秀组织奖和展区设计奖。同时，为配合'98国际海洋年的活动，组织学生参加由国家海洋局举办的全国海洋知识竞赛第二赛区的预赛，获第二赛区比赛第二名，取得了1998年参加全国海洋知识电视决赛的资格，并获得优秀组织奖。

（苏国华）

厦 门 市
Xiamen City

综 述
Summary

【概况】 厦门市位于福建省南部、九龙江入海处，陆地面积1 516km²，海域面积340km²，海岸线234km，有大小岛屿31个，人口125万。厦门市下辖鼓浪屿、思明、开元、湖里、集美、杏林、同安七个区。厦门海岸地貌具有海岸曲折、湾中有湾、湾中有岛的特征，厦门气候属南亚热带海洋性季风气候类型、湿热同季，日照充足，年均气温20～22℃，年均降水量900～2 000mm，年平均风速3.4m/s，年平均水温21.3℃，年平均有5～6次台风影响该区，厦门海域潮汐类型属于正规半日潮，平均高潮位5.68m，平均潮差3.98m。

厦门自然条件优越，海洋资源丰富，各类海洋生物近2 000种，其中具有经济价值常见的鱼类157种，软体动物89种，甲壳类动物127种，藻类139种，拥有国家一类保护动物中华白海豚和文昌鱼；厦门港口资源丰富，拥有深水岸线27km，可建40个万吨级以上的深水泊位；厦门滨海旅游资源丰富，拥有鼓浪屿—万石山国家级风景名胜区等一批自然景观和人文景观；厦门市海洋科技力量雄厚，海洋科技实力较强，为厦门发展海洋经济创造了良好的条件。

厦门海域地处东海至南海、东北亚至东南亚的海上交通要冲，区位优势十分重要。1996～1997年厦门市充分发挥对外开放优势，围绕实现社会主义现代化国际性港口风景城市为目标，大力发展海洋经济，取得了良好的经济效益。以港口为依托大力发展外向型经济，实施"科技兴市"、"以海兴城"战略。1997年厦门国内生产总值371亿元，其中海洋产业产值占国内生产总值比重约为17%，人均国内生产总值2.8万元；港口货物吞吐量1 753.71万t，进入全国沿海十大港口行列，集装箱吞吐量达54.6万标箱，跃居全国第六位，全市接待境外游客38万人次，创汇2.3亿美元，接待国内游客548万人次，创收53.3亿人民币。

海洋资源开发与海洋经济
Development of Marine Resources and Marine Economy

【概况】 改革开放以来，厦门市充分发挥对外开放优势，以港口为依托，大力开发海洋资源，海洋经济得到了长足的发展。目前，厦门市已形成以临海型城市经济为主体，包括港口航运业、滨海旅游业、海洋水产业和海洋高新技术产业四大体系的海洋经济，成为全市国民经济的重要组成部分。1996年全市海洋产业增加值为49亿元，占全市国内生产总值的16%，1997年全市海洋产业增加值为63亿元，海洋产业产值占国内生产总值比重约为17%。有关统计参见表1、表2：

【港口航运业】 厦门港口资源丰富，拥有深水岸线27km，可建40个1～10万吨级的深水泊位。厦门特区建设以来，根据特区外向型经济发展的需要，加快了港口资源的开发和利用，先后进行了东渡码头一、二期，象屿码头，海沧2、3号泊位，博坦油码头等的建设。目前全市已拥有大小码头81个，与世界上40多个国家和地区60多个港口通航。1996年货运吞吐量1 553万t，集装箱吞吐量40万标箱。完成进出口贸易66.5亿美元。1997年海港货物吞吐量达1 753万t，进入全国沿海十大港口行列，集装箱吞吐量达54.6万标箱，跃居全国第6位。完成进出口贸易77.6亿美元，居全国大中城市的前列。同时港口运输、仓储、保税等业务也取得了较大的发展，特区建设以来港口运输仓储业以年均20%以上的速度增长。

表1　厦门市海洋开发资料统计

统计项目		1996年	1997年
海洋捕捞产量(t)	鱼　类	36 191	41 976
	贝　类	20	328
	虾蟹类	3 573	3 357
	合　计	39 784	45 661
海水养殖产量(t)	鱼　类	24 211	4 131
	贝　类	1 821	138 803
	藻　类	2 692	625
	虾蟹类		2 971
	合　计	28 724	146 530
海洋货物运输量(万t)	沿　海	8 569.40	1 753.71
	远　洋	696.26	
海洋旅客运输量(亿人·km)			0.8
厦门港货物吞吐量(万t)		1 527.48	1 753.71
海盐生产	面积(hm²)	38.51	28.45
	产量(万t)	1.09	0.31
滨海旅游人数(万人次)	国　内	425	548
	国　外	33.71	38.67

表2　厦门市社会经济资料统计

单位:亿元,万人

统计项目		1996年	1997年
工　业	总产值	403	
	增加值	143.69	168.26
农　业	总产值	131.80	
	增加值	20.55	22.43
国内生产总值		329.43	371.82
第一产业		21.84	22.43
第二产业		171.90	191.40
第三产业		135.69	157.98
年末总人口		124.67	123
农业人口			68
非农业人口			55
从业人员		96.15	94.23
职工人数		49.16	48.24

【滨海旅游业】　厦门气候宜人,海洋水文气象条件良好,海水清洁,山海风光秀丽,海岛清幽,有众多优美迷人的岛屿和礁石等自然景观,沙滩连绵,林木葱茏,风光旖旎,景色优美,使厦门成为以海岛风光为特色的中国东南沿海重要的旅游城市和旅游口岸。1996年全市接待境外游客33.71万人次,创汇2.2亿美元,约占福建全省旅游创汇额的一半,进入全国旅游城市前10名;接待境外旅游船98艘次、8.35万人次,居全国之首;接待国内游客425万人次。1997年全市接待境外游客38.67万人次,创汇2.3亿美元,接待国内游客548万人次。

【海洋水产业】　厦门市可利用水域、滩涂和围垦进行水产养殖共有1.66万hm^2,现68%已被利用。厦门海域具有较高经济价值的海洋生物有60多种,可作为海水养殖对象的20多种,主要有牡蛎、缢蛏、花蛤、文蛤、对虾、锯缘青蟹、真鲷等,藻类有139种。厦门市积极发展新型海洋水产业,生产设施实现基本配套,综合生产能力大大增强,参与国际市场竞争能力不断提高,已形成了由水产养殖业、海洋捕捞业、水产品加工及流通业和水产辅助业、服务行业等组成的较完善的产业体系,形成了产、供、销一条龙,渔、工、贸一体化的新体制。1996年海水产品产量7.3万t,海洋捕捞产量4.0万t;1997年海水产品产量19.2万t,海洋捕捞产量4.6万t。厦门市现有渔业乡、渔业村的渔业户2.5万户,10.3万人,全市人均水产品占有量170kg。水产已发展成为厦门市农村经济的支柱产业和海洋经济的重要产业。

【海洋新技术产业】　经过改革开放十多年以来的迅速发展,厦门的临海工业逐步向海洋新技术产业靠拢,已形成了以海洋资源为原料的工矿企业、依托海运的加工工业以及为海洋开发服务的加工工业三大类型。拥有海洋医药、生物工程、石油化工、港口火力发电、修造船、港口机械、港口钢铁、海洋精细化工、建材、渔业机械、通讯导航设备、盐化工等门类较为齐全产业,形成了一批在全国同行业、同类产品中具有重要地位的大中型骨干企业和龙头产品,如聚酯切片及化纤、叉车、鲎试剂、鱼肝油、平板玻璃等,成为与海洋相关联的城市经济的重要支柱产业。

海洋公益事业
Marine Public Welfare Facilities

【海洋环境保护】　厦门市在抓好海洋资源的开发和利用的同时,按照实施可持续发展战略,加强了海洋环境和资源的保护,实现了海洋经济的长足发展,海洋污染防治和生态保护不断加强。1997年城市污水处理率达到52.55%,生活垃圾处理率达到94.8%。目前,厦门大部分海域的水质、底质以及生物体的环境质量都较好。主体海域海水水质达到国家一类水质标准,厦门已成为联合国UNDP东亚海域海洋污染预防和管理的示范区。中国政府发表的《中国海洋事业的发展》白皮书指出:"自1994年起,中国政府与联合国开发计划署等机构合作,在厦门市建立了海岸带综合管理示范区,取得了良好的效果，受到国际组织的好评，为中国和其他国家进行海岸综合管理提供了经验。”厦门海洋环境资源的保护、开发与经济、社会协调发展的成果得到了国家有关部门的肯定，厦门先后被评为“国家卫生城市”、“国家园林城市”和以可持续发展战略为核心的“国家环境保护模范城市”。

制定海洋开发与保护的总体规划，做到提前规划，防患未然。在开展海洋保护与开发的实际工作中，坚持“以防为主，防治结合”的方针，超前制定有关海洋开发与保护的规划，改变单纯治理的局面。一是对全市发展的产业进行合理引导，禁止兴办污染严重的企业，对有一般污染的项目，也引导到划定区，并坚持项目建设与环保配套设施同时设计、同时施工、同时投入使用，减少产业项目对海洋的污染。二是对开发建设中可能产生的海洋环境污染，预先采取防治措施，如配合海沧、杏林的大规模开发建设，除着手建设污水处理厂外，还对西海域的环境保护进行了全面规划和设计，并邀请全国著名专家进行论证，为西海域环境保护提供了科学的依据。三是编制《厦门市海域功能区划》，对各海域的利用进行主要功能规划，做到合理开发和利用海洋资源，实现海洋经济的可持续发展。四是加强海洋环境科学研究和监测，组织厦门大学、国家海洋局三所、福建省海洋所、水产所、厦门市环科所、市环境监测站等单位，开展厦门海域环境科学研究，先后完成了厦门海域环境质量现状综合评价、厦门西海域环境容量研究和厦门海域环境规划研究；同时开展厦门海域经常性监测，掌握各海区环境质量状况及变化趋势，开展“赤潮”监视性监测，及时通报情况。通过监测、调查和研究，为海洋环境管理提供准确可靠的数据和资料。

厦门海洋环境预报台每天通过报纸及电视向社会预报厦门海域高潮、低潮时间、表层水温、各海区的浪高情况以及台风暴潮特殊情况的海洋警报，为厦门市海洋交通运输、海洋开发、渔业活动以及本地区的经济活动、人民生活，特别是在减轻海洋灾害方面做出了贡献。厦门市在每年向社会发布的环境质量年报中专章刊登厦门海域环境质量。经过努力，厦门海洋公益事业有了一定的发展。

【海洋经济规划】　为了合理利用海洋资源，厦门市制定了海洋经济发展规划。《厦门市海洋经济发展规划》是通过专家评审，并经厦门市人民政府同意于1997年10月印发执行，该规划确立的厦门市海洋经济发展的指导思想是：全面贯彻“以港立市”、“科教兴市”的全市跨世纪发展战略，以实现“现代化国际性港口风景城市”的战略目标为根本方向，坚持和继续扩大对外开放，以功能性开发为主导，实施“科教兴海”，努力把海洋经济的增长转变到依靠科技进步的轨道上，实现海洋资源的集约开发、综合管理、永续利用，努力把厦门的海洋经济建设成为以外向型港口经济为龙头，高层次、高水平、高效益的综合性、外向型经济体系。《厦门市海洋经济发展规划》全文共分5部分：(1)厦门市发展海洋经济的基本条件和现状；(2)厦门市海洋经济发展的总体思路；(3)海洋产业发展规划；(4)完善海域环境保护和防灾减灾体系；(5)实施对策。主要目标：到2000年全市海洋经济增加值达到115亿元，占全市GDP的比重达到20%；到2010年全市海洋经济增加值达到800亿元，占全市国内生产总值的35%。

海洋科技与教育
Marine Science and Technology & Marine Education

【概况】　厦门市海洋科技力量雄厚，拥有一批国家、省、市级海洋科研、教育机构，包括国家海洋局第三海洋研究所暨厦门海洋研究开发院、福建省海洋研究所、福建省水产研究所、厦门市水产研究所、厦门大学海洋与环境学院、集美大学水产学院、航海学院、集美水产学校等十多家科研单位和大中专院校，拥有专业人才1 000多人，其中高级人才200多人，海洋科技实力位居全国前列，为厦门市的海洋研究、开发与管理提供了智力、人才和教育保障。这几年，厦门市充分发挥海洋科技优势和教育优势，积极推动海洋产业的科技进步，努力促进海洋科技成果转化为现实生产力，逐步转变海洋经济增长方式。为此，厦门市围绕海洋经济四大产业体系的发展以及海洋环境的保护和治理的需要，正在加快发展海洋工程、海洋生物工程、远洋渔业综合开发、海洋食品加工、海洋药业、海洋精细化工、海水综合利用、海洋开发服务。海洋环保、海洋能源、新型滨海旅游业等类海洋技术开发，使厦门不但在海洋科技基础研究方面，而且在科研与经济发展相结合方面取得长足的发展。

在进一步加强各大中专院校海洋科学各专业、学科教育的同时，市政府与厦门大学合作建立海岸带可持续发展培训中心，邀请国内外著名专家、学者对全市各级领导、在职人员进行培训、辅导，以加强“科教兴海”的观念。1997年举行海岸带可持续发展培训，全市各级领导有400多人到会听课，取得了较好的成效。与此同时，厦门市通过各种形式多方面、多层次地开展海洋宣传教育活动，增强全社会的海洋国土意识、海洋资源国有化意识，提高爱护海洋资源与环境、保护海洋的责任感，以形成社会公众参与海洋开发和海域环境保护的机制，为厦门实行“以港立市”发展战略创造良好的科技教育基础。

海洋立法与管理
Marine Legislation and Management

【概况】 这几年，厦门从实际出发，合理应用全国人大赋予的制定地方性行政法规和规章的权力，市人大和市政府先后制定了《厦门市海域使用管理规定》、《厦门市海域环境保护规定》、《厦门浅海滩涂水产增养殖管理规定》和《厦门市海域功能区划》等涉海法规、规章，现已基本形成国家法律体系下的以海域使用管理和环境保护为基础，以海上交通、渔业、自然保护、规划管理等相配套的地方性海洋法律框架。在此基础上，厦门市建立政府及其部门之间、管理与科研之间相协调的海洋综合管理机制，建立海洋综合管理的科学体系以及海洋综合管理的公众参与机制，创建了厦门市人民政府海洋管理办公室和厦门市海洋管理监察大队，开展了海洋综合管理与协调工作，形成了海上综合执法制度。经过努力，厦门初步形成了海洋综合管理体制与协调机制的基本框架，在全国居于领先地位。

近几年来，厦门市先后出台涉海法规有《厦门市环境保护条例》于1994年10月11日施行；《厦门市沙、石、土资源管理规定》于1995年9月29日施行；《厦门市大屿岛白鹭自然保护区管理办法》于1995年12月1日起施行；《厦门市海域使用管理规定》于1997年4月1日起施行。出台的规章有《厦门市海域环境保护规定》于1997年1月1日起施行；《厦门市浅海滩涂水产增养殖管理规定》于1997年4月1日起施行；《厦门市中华白海豚保护规定》于1997年12月1日起施行；《厦门市文昌鱼自然保护区管理办法》于1992年9月29日印发执行；《厦门市环境功能区划》于1996年2月29日印发执行；《厦门市海洋经济发展规划》于1997年10月28日印发执行；《厦门市海域功能区划》于1997年12月10日印发执行。基本形成了厦门海洋综合管理的法律框架，使厦门市海洋综合管理走上了法制化、规范化的轨道。

厦门市海域使用管理规定 1997年1月16日经厦门市第十届人大常委会第二十七次会议通过，自1997年4月1日起施行的《厦门市海域使用管理规定》，全文共30条。该规定的宗旨是为加强海域使用管理，保护海域生态环境，实现海域资源的可持续开发利用，提高海域使用的经济、社会效益。其内容主要包括以下几个方面：(1)海域使用的原则；(2)禁止使用海域的情况；(3)海域使用申请制度；(4)海域有偿使用制度；(5)违反海域管理相关法律、法规行为的处罚规定。

厦门市海域功能区划 1997年12月10日经厦门市人民政府批准《厦门市海域功能区划》并开始施行。该区划共分4章，第一章：海域概况；第二章：社会经济发展概况与海域开发利用现状；第三章：海域功能区划；第四章：海域功能区划的实施。整个功能区划的指导思想是：从厦门海域的自然环境、自然资源状况与开发利用现状出发；按照厦门市经济与社会发展的总体规划，把厦门建设成为社会主义现代化港口风景城市的目标要求；根据可持续发展战略，充分发挥厦门海域优势，科学地制定功能区划，合理地开发利用资源，切实加强资源与环境的保护与管理，保障海洋资源永续利用，海洋经济持续发展，造福子孙后代。在区划中强调了科学性原则、超前性原则以及可操作性原则。

根据厦门市的实际情况，该功能区划将厦门市的海域划分为厦门西部海域功能区，厦门岛东部海域功能综合区，同安湾海域功能综合区以及大嶝海域功能综合区等四个海域并确定每个海域的主导功能、兼顾功能和治理保护限制功能等三大类型，然后再具体分列出各类功能区。

厦门市海域环境保护规定 1996年11月26日经厦门市人民政府批准，并于1997年1月1日起施行的《厦门市海域环境保护规定》全文共分4章41条，该规定的指导思想是为保护海域环境，防治海域污染，提高海域使用的社会、经济和生态环境效益，促进全市经济和社会的协调发展。其内容主要有以下3个方面：(1)确定相关管理机构的职责；(2)海域环境污染与破坏的防治；(3)对污染与破坏海域环境行为的处罚规定。

厦门市浅海滩涂水产增养殖管理规定 1996年11月25日经厦门市人民政府批准并于1997年4月1起施行的《厦门市浅海滩涂水产增养殖管理规定》，全文共有35条，该规定的目的是为加强浅海滩涂渔业资源的保护、开发和合理利用，保护渔业生态环境，促进养殖业的健康发展。其内容主要有以下3个方面：(1)浅海、滩涂水产增养殖管理权限及范围；(2)申请浅海、滩涂水产增养殖的具体条件、方式、期限；(3)对违反浅海滩涂水产增养殖的处罚规定。

厦门市人民政府海洋管理办公室 1997年2月17日经厦门市人民政府批准成立的厦门市人民政府海洋管理办公室是市政府海洋事务综合管理的职能部门。其主要职责是：(1)负责《厦门市海域功能区划》的管理和协调工作；(2)负责《厦门市海域使用管理规定》的实施和协调工作；(3)负责厦门海洋类型保护区的规划、建设和管理工作；(4)协调解决厦门市岛屿规划、开发、保护及管理方面的有关问题；(5)参与制定厦门涉海管理有关法规和规章；(6)督促各海洋行政管理部门履行各自职责；(7)办理市政府交办的其他事项。

厦门市海洋管理监察大队　1997年2月17日经厦门市人民政府批准成立的厦门市海洋管理监察大队是市政府主管海洋管理监察的职能部门，归口厦门市人民政府海洋管理办公室管理。其主要职责是：(1)保障国家和厦门市各项海洋管理法律、法规、规章以及厦门市海域功能区划的贯彻实施；(2)依法监察管理海洋开发利用行为，维持海域使用秩序，保障海上作业安全，保护海洋资源和生态环境；(3)制止、纠正和处理海上违反法律、法规、规章和海域功能区划的行为；(4)完成市政府和上级下达的海上紧急任务以及处理解决群众来信、来访、投诉等所涉及海洋管理方面的问题；(5)完成市海管办交办的各项工作任务，通过日常的执勤、监督、协调、表彰、处罚等方式落实各项海洋管理工作。

（厦门市海洋管理办公室）

浙 江 省
Zhejiang Province

综 述
Summary

【概况】 浙江省位于东海之滨，是一个陆域面积不大、海洋资源丰富、经济比较发达的省份。全省陆域面积仅10.18万km^2，1997年国内生产总值为4 638亿元，在各省市自治区中居第4位。浙江省大陆海岸线的长度为2 253.7km，与海相接的地级或副省级市有嘉兴、杭州、绍兴、舟山、宁波、台州、温州等7个；因行政区划调整，1997年沿海县及县级市、区有平湖、海盐等33个(见表1)。其中舟山市及所辖的嵊泗县、岱山县、定海区、普陀区以及温州市的洞头县均由海岛组成，台州市的玉环县大部为海岛。

表1 浙江省沿海市、县(区)一览表

年份	沿海地级市	沿海县级市	沿海县(区)
1996	杭州市、宁波市(计划单列市)、温州市、绍兴市、嘉兴市、舟山市、台州市	余杭市、萧山市、余姚市、慈溪市、奉化市、瑞安市、乐清市、平湖市、海宁市、上虞市、临海市、温岭市	上城区、江干区、宁海县、象山县、鄞县、镇海区、北仑区、平阳县、苍南县、洞头县、瓯海区、海盐县、岱山县、嵊泗县、普陀区、定海区、椒江区、路桥区、三门县、玉环县、
1997	杭州市、宁波市(计划单列市)、温州市、绍兴市、嘉兴市、舟山市、台州市	萧山市、余姚市、慈溪市、奉化市、瑞安市、乐清市、平湖市、海宁市、上虞市、临海市、温岭市	宁海县、象山县、鄞县、镇海区、北仑区、平阳县、苍南县、洞头县、瓯海区、海盐县、岱山县、嵊泗县、普陀区、定海区、上城区、江干区、滨江区、椒江区、路桥区、三门县、玉环县、

浙江省是海岛最多的省份，按照海岛资源综合调查中的量算，陆域面积在500m^2以上的海岛有3 061个，分布涉及5个市、24个县(市、区)。其中陆域面积在10km^2以上的有28个，合计面积为1 358.1km^2，占全省海岛总面积的79.3%。浙江省的海洋自然资源，具有较大优势的主要有港、渔、景、油、海洋能等。全省有在常规工程条件下可建万吨以上泊位的深水岸线290.4km；有全国生产力最高的舟山渔场；有在中国东部沿海各省中居首位的滨海和海洋旅游资源；前景良好的东海陆架油气资源紧靠浙江；海洋能的蕴藏量在3 600万kW以上。丰富的海洋自然资源，深受浙江省委、省政府的重视，早在80年代初，中共浙江省委和省政府就提出了要念好“山海经”，进入90年代以后，为加快实施海洋开发战略，省政府于1993年召开了第一次全省海洋工作会议，嗣后又印发了《浙江省海洋开发规划纲要(1993～2010)》，明确提出了建设“海洋经济大省”的跨世纪宏伟目标，同时大力改善沿海和海岛地区的基础设施条件，实施“科技兴海”工程，有力地推进了浙江省的海洋开发和海洋经济的发展。海洋渔业、交通运输等传统海洋产业持续稳定增长，海洋旅游、生物资源深加工、滨海工业以及内外贸易等海洋新产业迅速起步，并已开始向规模生产发展。据不完全统计，浙江省主要海洋产业(港口海运、海洋渔业、水产品加工、盐业、滨海旅游、船舶修造)1996年的增加值已达到142亿元，在浙江省当年的国内生产总值中占3.4%；1997年主要海洋产业的增加值为160亿元，占全省国内生产总值的3.4%。1993年以来主要海洋产业产值的年递增幅度为27.5%。

为加强对海洋开发的综合管理，省委、省政府于1996年正式成立副厅级的省海洋局，由省计划与经济委员会管理，沿海市(地)及部分县(市)也相继建立或确定了海洋管理机构，一个综合管理和行业管理相结合的海洋管理体制在逐步形成。 (冯志高)

海洋资源开发与海洋经济
Development of Marine Resources and Marine Economy

【港口海运】 1996～1997年，浙江省加快了沿海港口的建设，两年总投资16 777万元(不包括宁波港)新增吞吐能力53万t，170万人次，其中包括海门港1号5 000吨级煤炭码头改建。新增货运码头吞吐能力约150万t。完成陆岛交通码头23个，其中新建1 000吨级码头2个，500吨级2个，300吨级17个，200吨级1

个，车渡1座，新增能力109万t、304万人次，总投资8 400万元。保障了海岛人民的交通安全和促进了海岛经济发展。1997年，全省海洋货物运输量为4 021万t、373亿t·km；海洋旅客运输量1 732万人次、8.3亿人·km；全省港口货物吞吐量1.15亿t，集装箱吞吐量29万TEU，比上年有增有减。（齐潮生）

表2 浙江省海洋开发资料统计

统计项目		1996年	1997年
海洋捕捞产量(万t)	鱼 类	172.2	194.32
	贝 类	16.04	22.84
	藻 类	0.12	0.13
	虾蟹类	70.23	74.63
	合 计	259.72	293.07
海水养殖产量(万t)	鱼 类	0.7	0.71
	贝 类	35.78	35.25
	藻 类	1.67	1.61
	虾蟹类	1.36	1.33
	合 计	39.51	38.90
海洋货物运输量(万t)	沿海	3 449.47	3 881.2
	远洋	143.68	140.7
海洋旅客运输量(万人次)		1 652.97	1 732.8
沿海主要港口货物吞吐量(万t)	乍浦港	683	721
	宁波港	7 639	8 220
	舟山港	1 187	1 384
	海门港	516	540
	温州港	611	617
海盐生产	面积(hm^2)	10 792	10 085
	产量(万t)	60.3	38.8
海盐化工产量(万t)	氯化镁	833t	700t
	加碘盐	23.5	27.0
	其 他	270t	317t
滨海旅游人数(万人次)	国 内	3 273 (519.27)	3 658 (607.57)
	国 外	69.04 (6.48)	65.98 (7.17)

说明：滨海旅游人数中，括号内数字是指具有海洋旅游资源特色的景区、景点的接待人次；括号外数字是滨海市(地)、县(市、区)旅游接待人数。

【海洋渔业】 1996～1997年，浙江省认真贯彻执行国家新时期渔业发展方针："加快发展养殖，养护和合理利用近海资源，积极扩大远洋渔业，狠抓加工流通，强化法制管理"。继续大力推进渔业股份合作制，1996年度全省海洋捕捞渔村99.6%实行了股份合作制，同时积极向海水养殖地区推进，至1997年底，海水养殖实行股份合作经营的面积已占总面积的31%。发展思路的调整、经营机制的转换，保证了海洋渔业产量产值的持续增长。在海洋水产品连年大幅增长的基础上，1996年全省海洋渔业总产量达到299.23万t，比上年增加7.37%；1997年海洋渔业产量增加到331.97万t，增幅达10.94%。海洋渔业产值(现行价)1996年达到161.82亿元，比上年增长4.66%；1997年为175.17亿元，比上年增长8.25%。海洋渔业产量、产值的持续增长，使海洋渔村的人均收入也得以相应提高，1997年海洋渔村人均收入达到5 260元，比1995年增长7.87%。

海洋捕捞业 为保持浙江海洋捕捞传统优势，1996、1997年，全省各地继续把顺应资源变化，调整捕捞作业结构，开辟新渔场、开发新资源作为稳定海洋捕捞的首要任务，利用伏季休渔有利时机，恢复灯光围网生产，大力发展灯诱敷网、疏目拖网、深水流钓等作业，开发利用鲐鲹鱼、鳀鱼和头足类等资源。经过合理调整，一个拖、张、流、围多业并举，使用多种捕捞工具、开发多种渔业资源的海洋捕捞生产新格局已基本形成。

远洋渔业 1996年以来，全省继续加大远洋渔业开发力度，以舟山、宁波国有远洋渔业公司为龙头，以441.3kW力以上冷冻艉滑道渔轮为骨干，带动地方群众235.4kW渔轮共同参与远洋渔业开发，发展速度明显加快。1996年全省有307艘远洋捕捞渔船赴西北太平洋、南太平洋、西非、新西兰、印度尼西亚等海域生产，远洋渔业捕捞产量达到13.4万t，船只数和捕捞产量分别比1995年增加70艘和9.21%。1997年全省远洋渔船达到332艘，远洋捕捞产量15.35万t，分别比上年增长8.14%和14.55%。但与此同时，因未办妥入渔手续即进入他国海域生产引起涉外渔事案件也明显增多，有关部门已引起重视。

海水养殖 "九五"期间省渔业重点项目之一——海水养殖"246"工程(即20万亩围塘增效工程、40万亩滩涂精养工程和60万亩浅海开发工程)从1996年起正式实施，推进了名优水产品养殖、抗风浪、抗潮流养殖和养殖苗种培育。1996年全省海水养殖面积达5.72万hm^2，比上年增加12.62%；养殖产量39.51万t，比上年增加24.70%；1997年海水养殖面积达到6.37万hm^2，比上年增加11.36%，但养殖产量因受9711号台风严重影响，减收5.51万t，仅为38.90万t，比上年减产1.54%。

海洋渔业资源保护 1996、1997年浙江渔船认真执行国家伏季休渔制度，通过采取强化组织、搞好宣传、堵疏结合、严管重罚等措施，取得了明显成效，对保护以带鱼为主的近海渔业资源起到了重要作用。同时，继续在象山港和舟山南部海域进行中国对虾放流，两年共放流体长3cm左右中国对虾暂养苗9 066万尾，回捕产量约60t，并为对虾人工育苗提供约6 000尾自然亲虾。

（纪志康）

【滨海和海洋旅游】 1996～1997年,浙江省的海洋旅游业又有了长足的发展,据不完全统计,1996、1997年,全省海洋旅游共接待国内游客1 126.84万人次,接待国际游客13.65万人次,总计回笼人民币33.249亿元,创汇5 639万美元;旅游资源开发和旅游有关设施建设投入5亿多元人民币。由于近几年来海岛和大陆沿海地区交通等基础设施的不断改善,如舟山机场的通航,甬台温高速公路建设,金温铁路通车等,已为海洋旅游业跨入21世纪后的发展打下了良好的基础。今后,海洋旅游业发展的总体思路是:确定旅游业在海洋经济发展中支柱产业的地位,理顺管理体制,加强管理职能,加强海洋旅游规划,进一步扩大开放,加大投资力度,重点开发、全面发展,逐步把浙江海洋旅游资源开发成适应未来旅游市场,特色鲜明,环境优美,清洁卫生的海洋旅游度假、休闲、观光旅游区。

(侯 斌)

【温东海洋油气勘探及开发】 东海温东海域油气勘探,从1994年到1996年,先后进行了两个轮次作业共打了14口初探井,其中有5口井分别有油气显示或发现油气层,证实了这个地质结构具有良好生油条件,蕴藏着大量天然气。第3轮次勘探获突破性进展。1997年7月25日,英国超准石油公司"LS(丽水)36－1－1"探井开钻。当钻到2 250～2 300m,发现有50m厚油气层,其中有20m左右为丰富油气层。在穿过2 600m第一目的层后,又陆续有油气显示。经试油测试证实,这口井可日产天然气27.96万m^3,凝析油18.67m^3,预测天然气贮量150亿m^3。据专家乐观估计,贮量可达400亿m^3,可能超过平湖油气田。超准"LS36－1－1"井的重大发现,是东海对外合作区地质勘探的战略性突破。1997年10月,东海公司投资5 000万元,打"WZ13－1－1"自营井,历时90d,最后完成井下测试,这口井钻至3 000m时,有很好的油气显示。在继续往下钻时,遇到高压气流,最高达60 795kPa。但气体主要成分为二氧化碳。有关专家分析,这个地层构造具有良好生油条件。经过德士古"WZ26－1"井、超准"LS36－1－1"井和"WZ13－1－1"自营井初探,证实温东海域台北坳陷丽水次凹地层构造,具有丰富且有商业开采价值的油气资源,开发前景乐观。另外,天然气利用前期工作正着手进行。"LS36－1－1"井距温州陆地最近点约120km,离洞头不足100km,温州投资环境较好,海洋石油公司和超准公司已初步确定"LS36－1－1"井天然气开发就近在温州登陆。1997年9月,温州市政府建立天然气利用规划小组,跟踪东海石油勘探开发进展情况,制订油气利用规划,向省政府提出建议,争取纳入国家计划。

(张岩峰)

【海洋盐业】 浙江省现有盐田生产面积10 085hm^2,分布在沿海的舟山、宁波、台州、温州4市的19个县(市、区),其中岱山、定海、普陀、洞头、嵊泗、玉环6个海岛县(区)的盐田面积约占全省的50%。省内盐业的产销原则是:食盐自给,合理储备,工业盐及其他用盐省外调剂。1996、1997年全省累计产盐98万t,出场调拨110万t,其中本省销售100万t,销往上海、安徽、江西等传统销区10万t。浙盐主要用作口食、食品蔬菜加工、小工业用盐等。

控产压田 进入90年代以来,由于海盐连年丰产,库存积压严重,产销矛盾突出,全省从1995年开始实施控产压田、调整结构三年规划。至1997年底,全省累计废转小型、分散、低产盐田2 000hm^2,削减年生产能力6～8万t,盐田结构布局更趋合理。各级盐业部门为鼓励盐区废盐转产开发,给予废转盐田每公顷1 000～3 000元的补助。废转盐田大多用作水产养殖、农业种植、房地产开发、科技工业园区建设。在压田的同时,通过实施以销定产、淡季保滩不晒盐,分流劳力,减人增效,生产计划与买方预付盐资挂钩,计划外盐销往省外价格随行就市等控产措施,两年少产盐15万t,使全省盐业实现了产销紧涨平衡的目标。

食盐加碘 经过充分的前期准备工作,1996年全省食盐加碘项目正式开工兴建,国家核定浙江食盐加碘能力为38万t,分布在4个定点厂17个分厂,其中:舟山市12万t、宁波市9万t、台州市8万t、宁波盐业站9万t。项目总投资2 750万元,固定资产投资2 500万元。资金来源:国家开发银行贷款855万元,国家碘盐基金借款640.8万元,其余自筹。至1997年底,共完成投资2 100万元(含仓库、厂房改造折值),建成单班机械加碘能力28万t,手工小包装能力26万t,厂房、仓库10 500m^2,配备加碘机26台,完成项目工程总量的3/4,全省口食盐已全部供应加贴防伪标识的小包装碘盐。

(娄 栋)

【洞头五岛相连工程起动】 洞头具有"渔、港、景、油"等海洋资源优势及地处瓯江口处的区位优势,但由于岛屿分散,制约了海岛经济进一步发展,为了发挥海洋优势,改变海岛分散落后状况,洞头县委、县政府作出了"小岛变大岛,大岛变半岛"的决策,计划在"九五"期间,实施"五岛相连"工程。洞头五岛相连工程是温州市"九五"规划建设的温州(洞头)半岛工程的组成部分,其工程布局是:用6座跨海桥梁连接洞头5个大岛(洞头本岛、三盘、花岗、状元岙、霓屿岛),工程线路总长14.82km,其中6座桥梁全长2.3km,按照二级公路标准设计,工程动态总投资1.45亿元。五岛相连工程已于1996年底开工建设,至1997年底已完成投资

2 000万元，计划至 1998 年完成投资 6 500 万元，建设完成深门大桥、窄门桥、浅门桥及公路线路 10km，实现状元岙岛和霓屿岛相连。计划至 1999 年建设完成三盘大桥，花岗大桥，实现三盘与洞头岛相连，花岗岛与状元岙岛相连。全部工程计划于 2001 年建成。

五岛相连后，可以有效改善洞头县海岛间交通，扩大海岛区域经济规模，增强区域经济功能；可以减少重复投资，提高基础设施建设的共享性和有效性；可以促进海岛资源的综合开发；可以有效地推进半岛工程的建设进程，使洞头乃至温州经济发展产生新的飞跃。

（齐潮生）

【潮间带滩涂围垦】　1996 年 3 月，省政府在围垦大县上虞市、慈溪市召开全省造地改田大会，提出“九五”时期全省造地 3.33 万 hm^2，其中围垦海涂 1.67 万 hm^2 的目标，明确省级造地改田资金主要用于围涂造地，1996～1997 年下达省级围垦资金为 8 000 余万元，全省累计投入围垦资金约 4 亿元。开工建设上虞市九六丘 4 000hm^2 治江围涂、绍兴县九七丘一期 867hm^2、临海市洞港 333hm^2、海宁市尖山促淤围垦 733hm^2、瓯海区永兴南片 433hm^2（复工）、慈溪龙山 1 400hm^2 等大型围涂工程；完成瑞安丁山一期 607hm^2，乐清胜利塘 300hm^2，慈溪四浦灶海涂水库 867hm^2，镇海北仑电厂灰库 333hm^2 等大型续建工程。全省 1996 年围成 3 000hm^2，1997 围成 4 533hm^2，创十多年来最高纪录。全省建国以来围垦面积累计已达 16 万 hm^2。据统计测算，1996、1997 年全省围垦区年工农业总产值突破 600 亿元，其中农业产值 50 亿元。　（刘柏良）

【全省涉海企业调查】　为摸清浙江省涉海企业家底，了解省海洋产业结构状况，为合理开发利用海洋资源提供决策依据，省海洋局从 1996 年起开始对沿海 7 个市（杭州、宁波、舟山、台州、温州、嘉兴、绍兴）从事与海洋直接相关门类行业的企业的基本情况进行调查，到 1997 年上半年调查工作结束。共调查到 539 家不同性质和规模的企业。对调查企业进行分析的结果表明，浙江省的海洋产业规模小，结构也不合理。海洋第一、二、三产业之比为 1.000：0.025：0.170，一产比例过高，二产幼稚，三产落后，离合理的海洋产业结构还相距很远，需要各级政府加强海洋产业的宏观指导和调控，重视发展海洋高新技术产业和加快传统产业的技术改造，有计划地对海洋产业结构加以调整，增加对海洋开发的引导性投入。

（张元和　方康保）

海洋公益事业
Marine Public Welfare Facilities

【台风暴潮试预报】　在国家海洋局东海分局、第二海洋研究所的支持下，1997 年浙江省海洋局海洋环境监测预报中心（筹）首次开展了台风暴潮试预报工作。5 月份发布了“1997 年浙江省海洋灾害预测”，第三季度对影响浙江省的 4 次台风进行跟踪，对其引起的风暴潮发布了 10 期试预报，尤其是成功地预报了 9711 号台风暴潮。试预报人员自 9711 号台风在关岛以东洋面上生成开始，即对 9711 号台风的初始场及发展动态进行了分析，认为该台风范围大、风力强，又正值天文大潮时期，无论是否在浙江省登陆，浙江沿海都将出现大潮位。因此从 8 月 16 日起，正式开始对 9711 号台风暴潮进行试预报。8 月 16 日 18 时发出“风暴潮消息”，17～18 日又先后发出“风暴潮预报”、“风暴潮警报”、“风暴潮紧急警报”等 4 个预报传真，发出了乍浦、定海、镇海、海门、龙湾 5 个测站 17～19 日最高潮位将超过当地警戒水位以及浙江中部、北部、杭州湾的高潮位和潮时的预报。台风暴潮的试预报工作得到了社会和有关部门的关注，对防台、减灾发挥了重要作用。

（朱华潭）

海洋灾害与防御
Marine Disasters and Defence

【台风暴潮】　1996～1997 年间对浙江造成较大灾害的台风及台风暴潮有 2 次，即 9608 号台风及 9711 号台风，其中 9711 号台风在浙江省温岭市登陆，造成的灾害更为严重。

9608 号台风　9608 号台风于 7 月 24 日生成，26 日发展为台风，7 月 31 日 23 时至 8 月 1 日 2 时左右穿过台湾岛，同日 10 时 30 分左右在福建省福清县附近登陆，浙江省的南部及中南部沿海亦遭到了台风的正面侵袭，出现了 10～12 级的大风和 20～60 年一遇的特高潮位，苍南还出现了超过历史记录 0.13m 特高潮位。9608 号台风给浙江全省造成的直接经济损失为 33.5 亿元。其中风暴潮损毁海塘 127km，导致海水倒灌淹没农田 4 000hm^2，水产养殖塘 2 000hm^2。

9711 号台风　9711 号热带风暴生成于 1997 年 8 月 10 日 8 时，至 11 日 8 时发展为台风，8 月 18 日 21 时 30 分在浙江省温岭市石塘镇登陆，19 日上午 8 时 30 分左右离开浙江进入安徽省境内，登陆时台风中心气压 955hPa，风速 40m/s。9711 号台风范围大、强度强，登陆时又正值农历7月16天文大潮和晚高潮，因此不仅给浙江造成了大范围的暴风雨和洪水，还使浙中—浙北沿海全面出现了50～140年一遇的超历史特高潮位，超过的幅度最小为0.25m，最大为1.05m。9711号台风使浙江省11个市（地）的86个县（市、区）、1 530个乡镇、1 890.1万人不同程度受灾，有28个县级城市进水、227万人一度被海潮或洪水围困，紧急转移安置145.7万人；死亡人数236人；直接经济损失高达197.7亿元。沿海地区受灾最重的为台州市，其次为宁波市和舟山市，直接经济损失分别为93.3亿元、34.6亿元和19.5亿元。风暴潮造成的损害，主要有：损毁海塘776km，海水倒灌受淹农田6.2万hm^2，沉没捕捞渔船140余艘，毁损养殖池塘10 105hm^2、网箱6 700只，冲毁盐场35个、淹没盐田3 000hm^2、溶化存盐20.3万t。（沈水土等）

【千里标准海塘】 浙江省海岸线（包括岛屿岸线）长达6 500km，沿岸建有海塘（堤）2 068km，其中钱塘江和杭州湾海塘336km，浙东海塘1 732km。钱塘江南北岸海塘保护浙苏沪60多万公顷农田，千万余人口；浙东海塘保护650万人口，近30万公顷农田，1.5万多公顷盐田；以及沿海的重要城市及基础设施。为提高海塘防御台风暴潮的能力，适应沿海经济发展的需要，从80年代起，浙东沿海人民开始按《浙江省海塘工程技术规定》要求进行标准海塘建设。所谓“标准塘”即按当时的财力、物力所确定设计重现期为10～20年防御标准的海塘。9417号台风以后又对标准塘的结构形式作了改进。从1994到1997年，全省已建成20～50年一遇的标准海塘260km。这些海塘在防御台风暴潮中发挥了重要作用。

9711号强台风后，根据多年来对台毁现场的调查分析结果，重新确定海塘建设的技术要求，即：按照保护对象的重要程度，确定不同的设计标准，主要城市和重要地段100年一遇标准，3 300hm^2以上保护区50年一遇标准，700～3 300hm^2保护区20～50年一遇标准，700hm^2以下10～20年一遇标准。塘顶高程按设计潮位加风浪爬高，再加安全超高确定，同时考虑地基和越浪量情况；同时特别注重塘身结构标准，形成“三面光”结构。按形成防御风暴潮基本防线的要求，以闭合区为单元确定海塘工程的加固项目。按照浙江省委、省政府9711号台风后提出的“建千里海塘，保千万生灵”的要求，计划用3～4年时间对浙东和钱塘江南岸近1 000 km重要海塘按新的要求进行全面加固建设。目前千里标准海塘建设计划正在实施中。

（沈水土　方康保）

海洋科技与教育
Marine Science and Technology & Marine Education

【“科技兴海”产业化工程】 1997年，浙江省科委在省级科技兴海示范区内共安排科技兴海产业化工程项目5个，通过项目承担单位的认真实施，取得阶段性的进展。玉环县浅海抗风浪网箱养殖技术开发项目，经受了9711号台风的考验，全县已有300多只网箱投放海区，并引进了10余个养殖新品种；平阳县南麂岛海珍品浅海养殖技术开发项目中的栉孔扇贝南移养殖技术，已通过省科委组织的技术鉴定；温岭市高品位低污染几丁质系列产品开发项目，已初步形成年产50t氨基葡萄糖盐酸盐、氨基葡萄糖硫酸盐和年产20t康舒达生物半流体膜敷料的生产能力，实现销售收入1 000万元，创汇100万美元；象山县连片虾塘综合养殖示范项目，实施改造虾塘20hm^2，对虾及其他养殖品种共计产值107万元；普陀海水工厂化养殖技术开发项目，完成一期工程投入970万元，放养海珍品10多种。据统计，5个产业化项目，共计投入2 500万元，其中浙江省科委引导资金90万元。这些项目开发成功，将会产生较大的经济效益和社会效益。

【浙江渔场及邻近海域头足类资源调查与开发研究】

浙江渔场及邻近海域头足类资源调查与开发研究是浙江省重点科技攻关项目，于1995年1月开始，至1997年12月基本结束。通过调查，掌握了浙江渔场及邻近海域头足类的种类组成，其中群体数量较大、经济价值较高的种类有剑尖枪乌贼、太平洋褶柔鱼、金乌贼、神户乌贼、虎斑乌贼、短蛸、长蛸、条纹蛸等；同时查明了浙江渔场及邻近海域头足类和主要种类数量的季节变化及时空分布，主要种类的洄游分布状况，初步了解头足类的生物学特征，从而掌握了头足类主要种类的渔场渔期，为进一步开发利用提供可靠的资料和图件；并评估了头足类的资源量和可捕量，提出可持续发展的管理意见和利用前景，推进了对头足类资源的开发利用。（韩梦力）

【海洋水产养殖区赤潮监测及其短期预报试验性研究】 由国家海洋局第二海洋研究所承担的浙江省重点科研项目“海洋水产养殖区赤潮监测及其短期预报试验性研究”已通过了鉴定。

该项目利用卫星遥感技术，配合海上现场观测来监测赤潮。它提出了多要素赤潮监测和预报方法，并成功地监测和预报了发生在浙江、福建和广东沿海的赤潮，开创了国内赤潮灾害预报的先例。该成果的应用实践表明，在易发赤潮水域建立起赤潮观测系统，不仅为赤潮的预测预报提供必要的科学资料，同时还对制定旨在保护海洋环境的环境质量标准提供基础数据。

（刘令梅）

【海洋教育】 多年来，浙江省各级党委、政府把发展海洋教育事业、培养海洋开发人才作为整个海洋开发战略中的基础一环，摆上重要议事日程，并取得显著效果，初步形成了具有海洋特色和浙江特点的初、中、高等海洋教育体系。

海洋高等教育 浙江海洋高等教育起步较早，在50年代就成立了面向海洋的高校和专业。目前，有以海洋高等教育为主的高校1所，即浙江海洋学院；有涉及海洋高等教育的院校3所，分别是：宁波大学、杭州大学、民办东海学院。有3个涉海的省重点扶植学科，即浙江海洋学院的海洋渔业专业、宁波大学的海水养殖专业、杭州大学的港口及航道专业。（详见海洋科学与教育篇）

海洋中等和职业教育 浙江省的海洋职业教育主要在沿海的舟山、宁波、台州、温州和嘉兴等地开展，许多中专和职业学校都开设了涉及海洋的专业。

浙江省海洋中等专业学校主要有：舟山航海学校（舟山水产学校）、浙江水产学校、宁波海洋学校、杭州船舶工业学校等4所，目前，共有教师930名，在校生5 600余人。

浙江省的职业学校主要有：舟山市职教中心、舟山市应用职校、普陀区技校、六横职校、岱山县职技校、岱山县岛斗职校等。目前该类专业的在校生有676人。

海洋科普教育 多年来，浙江省十分重视在全社会特别是沿海市、县的广大青少年中进行深入的海洋意识和海洋国土观念教育，广泛开展“爱祖国、爱海洋”活动，把爱国主义同热爱海洋、开发海洋结合起来，引导人们增强海洋国土意识、海洋开发意识、海洋经济意识、海洋文化意识、海洋保护和法律意识，编写了许多海洋教育教材，并纳入课程内容。如舟山市编写了《舟山地理》、《舟山历史》、《舟山生物》、《基础海洋知识》等海洋劳技教材，把海洋、岛屿、海产等有关海洋教育的基础知识糅合到基础知识和基本技能的教育中去。一些地方还开设了富有特色的海洋教育课程，如舟山市在渔区初中普遍开设了渔业劳技课，开辟海洋教育的第二课堂等。一些高校也充分发挥自身优势，积极开展海洋科普活动。如杭州大学涉海专业的师生经常向社会开展海洋知识宣传活动，举行海洋科普展览，深受市民欢迎，收到良好效果。

（金一斌）

【第一次海洋夏令营】 为迎接'98国际海洋年的到来，以多种方式宣传国际国内的海洋形势，提高全民海洋意识，浙江省海洋局与团省委少年工作委员会于1997年7月联合举办了第一次“手拉手，爱海洋”夏令营。本次活动于7月17日开营，7月23日闭营，历时7天，来自杭州市、舟山市和青田县的30多所中小学校的70多名营员和辅导员参加。开营式在杭州市青少年活动中心举行，原省委老领导铁瑛、省关心下一代工作委员会主任王耀亭参加并致词，省海洋局副局长周玉成、省少工委主任陈金标讲了话。《浙江日报》、《中国海洋报》、浙江电视台、浙江教育电视台、西湖明珠电视台等新闻媒体作了报道，浙江少儿TV派出摄制组随营参加活动。夏令营期间参观了镇海招宝山海防遗址纪念馆、沈家门渔港、省海洋水产研究所标本室、海军舰艇部队，举办了海洋知识讲座、海洋知识竞赛、“我爱海洋”演讲比赛，游览了朱家尖、普陀山海岛风光，并开展了游泳、沙滩游戏、篝火晚会等活动。通过夏令营活动，使孩子们对大海有了初步认识，激发了他们热爱祖国大好河山、热爱海洋的热情，同时受到了一次深刻的爱国主义教育。

（傅国君 方康保）

海洋国际合作与交流
Marine International Cooperation and Interflow

【国际渔业合作】 由于近年来国内渔业资源日趋衰退，作业渔场逐渐缩小，浙江省正在努力发展远洋渔业，积极开展国际渔业合作。1996年至1997年底，经国家外经贸部批准的国际渔业合作项目共有4项：

1.印尼海域渔业合作项目。经外经贸部批准，1996年舟山市远洋渔业(有限)总公司和舟山普陀远洋渔业有限公司分期分批派遣了72艘渔船赴印尼海域阿拉弗拉海进行渔业捕捞。1996年初生产形势很好，但到了9月份，由于印尼合作方与其政府发生矛盾，中国渔船遭受印尼海军的大检查，且大部分中国渔船被驱赶回国，使合作项目中断，中国有关渔业公司，包括舟山的两家远洋渔业公司蒙受了巨大损失。但鉴于印尼阿拉弗拉海渔业资源丰富，且距浙江省航程较近，舟山远洋渔业(有限)总公司遂要求更换印尼合作伙伴，重新启动该合作项目。1997年经外经贸部批复，同意其更换外方合作伙伴，现舟山远洋渔业(有限)总公司又有54艘渔船在印尼海域进行渔业合作，目前生产情况良好。

2.缅甸海域渔业合作项目。1996～1997年，浙江奥林特远洋渔业有限公司与舟山东海远洋渔业有限公司经外经贸部同意，先后派遣了16艘渔船赴缅甸海域进行作业。

3.新西兰海域渔业合作项目。1996年舟山海洋渔业公司和舟山远洋渔业(有限)总公司派遣8艘渔船到新西兰海域进行渔业合作,钓金枪鱼。其中,舟山海洋渔业公司作业一段时间后,因效益不好而中止。

4.阿根廷鱿钓项目。1996年经外经贸部批准,同意舟山普陀远洋渔业有限公司派遣10艘渔船赴阿根廷海域开展鱿钓项目,1996~1997年该公司已先期派遣2艘渔船前往作业,至今生产经营情况一直很好。

(张可华)

【涉海项目的外资利用】 据统计,1996~1997年,浙江省共批准设立涉及海洋经济开发建设的外资项目8个(其中一个为外商增资项目),其中中外合资项目5个,中外合作项目2个,外商独资项目1个。外商投资的合同金额为2 987.7万美元。前来投资海洋经济开发利用的境外客户主要来自美国、日本和香港地区。投资项目涉及范围包括海水产品养殖加工、外海捕捞、港口码头基础设施建设、租用船只及运输、海洋生物和海洋保健品开发生产、跨海大桥设计施工及经营管理等。

(沈 政)

海洋立法与管理
Marine Legislation and Management

【编制市县大比例尺海洋功能区划和海洋开发规划】

为了贯彻落实《浙江省海洋开发规划纲要(1993~2010)》,切实加强对海洋资源开发利用的指导和管理,实现海洋资源利用合理化和可持续发展,1997年开始,浙江省海洋局和省计经委联合组织开展全省市县级大比例尺海洋功能区划和海洋开发规划的编制工作。该项工作采用专家指导、上下结合、以点带面、逐步推开的形式进行。省海洋局成立了由10位专家组成的"浙江省市、县级海洋功能区划技术指导组"负责技术指导。至1997年底已有3个县(市)完成了海洋功能区划编制工作。

(张元和)

【第二期海洋监察员培训班】 为了规范海洋行政执法,持证上岗,提高海洋系统管理人员的业务水平,建立一支高素质的海洋行政执法队伍,经国家海洋局批准,浙江省海洋局于1997年6月中旬至9月下旬举办了全省第二期海洋监察员培训班。本次培训班由国家海洋局宁波海洋学校承担教学与考核任务,讲授的科目有《海洋综合管理》、《海域使用》、《海洋环境保护和监察》、《海洋监察管理》和《海洋法律知识讲话》等,其中后两门课程为考核科目,考核采用闭卷考试的方式进行。培训班的学员为各沿海市(地)、县(市)海洋局(处)的有关领导和业务人员,共31人。经过培训全部通过了考核。到目前为止,培训班学员基本上都领到了由国家海洋局颁发的《海洋监察证》,在参加当地政府的综合法律知识培训合格后,将由省政府颁发《行政执法证》,执证上岗。

(朱家立 陆州舜)

【《浙江省南麂列岛国家级海洋自然保护区管理条例》】 浙江省南麂列岛国家级海洋自然保护区是国务院于1990年批准建立的首批五个海洋类型自然保护区之一,总面积为196km²,主要保护对象为海洋贝藻类及其生态环境。南麂列岛海洋自然保护区面积大,居岛人口多,而且临时性居岛人口更多,又处于浙南渔场中间,海域开敞,渔船往来频繁,制定和颁布针对南麂情况的地方性法规,走依法治区的道路,是搞好南麂保护区保护、管理和建设的根本。为此,1991年省海洋局(原省海洋管理处)、省政府法制局等部门在深入南麂调查研究、听取各方面意见的基础上,经反复论证修改,拟订了《浙江省南麂列岛国家级海洋自然保护区管理条例(草案)》。省政府常务会议审议并通过了该草案,于1996年4月提请省人大常委会审议。1996年6月29日浙江省第八届人民代表大会常务委员会第28次会议审议通过了该条例,同年10月1日起施行。该条例共34条,分别对保护区的范围、管理机构及职责、保护管理和奖惩等作了规定。《条例》规定,保护区管理局为隶属于平阳县人民政府的专门管理机构,业务上接受省海洋管理部门的管理。保护区坚持保护为主、适度开发、开发服从保护的原则,实行专群结合的保护管理体系。并规定保护区总体规划是保护区保护、建设和管理工作的依据。此外,《条例》还就各级保护区的保护管理、开发作了具体规定。保护区管理局依据《条例》实施管理,取得了良好的效果。

【南麂保护区】 为了搞好南麂列岛自然保护区的有效保护和促进当地社会、经济持续发展,从1997年10月开始,南麂保护区管理局和南麂镇党委实行"两块牌子,一套人马"的管理体制,岛上保护、开发等所有工作均由一套班子把握,统筹考虑。按照省、市编委的要求和实际需要,局内分设党政办公室,党群办公室,经济办公室,民政综合治理办公室,海洋监察管理科,海洋开发建设科及监察队和研究所。平阳县有关部门在岛上设置的单位均实行双重领导,即行政上受保护区管理局领导,业务上受主管部门的指导。

新体制的建立,为全面实施《浙江省南麂列岛国家级海洋自然保护区管理条例》、正确处理开发与保护的关系、加速保护区的建设,提供了组织保证。

(朱家立)

【海域使用调查登记试点基本完成】 海域使用调查登记试点是为了解掌握海域使用的现状，摸索海域使用管理的经验和路子，制订海域使用管理的制度和方法，最终实施海洋综合管理而设立的试点基地。浙江省海洋局根据全省海域使用的现状和海洋管理系统的自身情况，确定以舟山市、玉环县为海域使用调查登记试点。经过1997年一年的努力，两试点的调查登记工作都已基本结束，初步达到了预期的目的。通过这次调查登记，较全面、准确地掌握了海域使用状况。

（朱家立　陆州舜）

【省人大颁布《浙江省滩涂围垦管理条例》】 1996年11月2日浙江省八届人大常委会第32次会议审议通过了《浙江省滩涂围垦管理条例》，于1997年1月1日起实施。依据《条例》，省围垦局制定了《浙江省滩涂围垦许可证发放管理办法》，对新上项目实施了围涂工程建设许可证制度，《全省滩涂围垦总体规划》编制工作全面展开。

（刘柏良）

表3　浙江省沿海城市、县(市)人口及从业人员情况一览表

单位：万人

项　目	年末总人口		农业人口		非农业人口		从业人员		职工人数	
年　份	1996	1997	1996	1997	1996	1997	1996	1997	1996	1997
全省合计	4 400.09	4 422.28	3 570.17	3 557.19	829.92	865.09	2 625.06	2 619.66	445.35	482.26
沿海合计	2 362.03	2 259.1	1 798.24	1 734.6	550.53	524.5	2 078.26	1 482.65	329.71	284.67
沿海城市小计	712.66	642.3	398.75	343.7	313.77	298.6		504.25	194.77	164.57
沿海县(市)	1 649.37	1 616.80	1 399.49	1 390.9	236.76	225.9		978.4	134.94	120.10
杭州市(市区)	166.73	169.4	37.97	37.6	128.76	131.8	420.32	114.3	77.91	74.9
萧山市	112.05	113.0	92.53	92.2	19.52	20.8		70.5	11.52	10.8
余杭市	90.23		75.73		14.50				10.98	
宁波市(市区)	116.20	117.8	50.83	50.3	65.37	67.5	413.60	146.1	38.79	38.8
余姚市	82.89	83.1	63.37	69.6	19.52	13.5		51.2	7.99	7.6
慈溪市	99.41	100.1	87.89	88.1	11.52	12.0		66.8	6.9	6.9
奉化市	48.56	48.7	41.28	41.3	7.28	7.4		32.6	4.69	4.4
象山县	53.04	53.2	44.96	44.7	8.08	8.5		33.7	10.26	9.9
宁海县	57.46	57.6	52.35	52.0	5.11	5.6		32.6	3.98	3.8
鄞　县	72.52	72.7	63.66	63.7	8.86	9.0		48.7	6.51	6.5
温州市(市区)	114.29	115.2	66.55	65.5	47.74	49.7	406.98	82.0	26.88	16.1
瑞安市	116.36	116.5	100.25	100.4	16.11	16.1		73.6	6.90	6.4
乐清市	110.14	111.4	100.54	101.5	9.60	9.9		59.8	4.46	4.6
平阳县	78.95	79.0	67.56	66.9	11.39	12.1		42.0	5.99	5.6
苍南县	116.78	117.4	99.03	97.4	17.75	20.0		63.2	5.05	4.8
洞头县	12.5	12.5	11.26	11.2	1.24	1.3		7.2	1.07	1.0
嘉兴市(市区)	77.31		52.81		24.50		147.70		14.65	
平湖市	47.95	48.1	39.64	39.6	8.31	8.5		30.1	4.68	4.7
海宁市	63.68	63.9	52.14	51.9	11.54	12.0		38.8	6.87	6.7
海盐县	36.21	36.4	30.01	29.9	6.2	6.5		22.6	4.15	4.1
绍兴市(市区)	31.17	31.90	21.75	22.80	9.42	9.10	282.01	21.75	12.25	14.17
上虞市	76.98	77.3	66.78	66.6	10.20	10.7		52.2	7.00	6.6
绍兴县	96.64	97.2	21.64	85.0	11.75	12.2		48.6	5.65	5.6
舟山市(市区)	68.04	68.3	50.07	49.7	17.97	18.6	66.42	47.9	11.99	8.0
岱山县	21.80	21.8	18.19	18.1	3.63	3.7		12.7	2.4	2.2
嵊泗县	8.61	8.6	6.48	6.4	2.13	2.2		4.9	1.02	1.0
台州市(市区)	138.78	139.7	118.77	117.8	20.01	21.9	341.23	92.2	12.30	12.6
临海市	107.44	108.0	95.90	96.0	11.54	12.0		67.6	5.99	6.1
温岭市	111.58	112.2	100.84	101.2	10.74	11.0		71.4	6.07	6.0
三门县	39.47	39.7	36.31	36.4	3.16	3.3		25.3	2.29	2.3
玉环县	38.23	38.4	31.15	30.8	7.08	7.6		22.3	2.52	2.5

说明：“从业人员”中1996年一栏为全市合计数

表 4 浙江省沿海城市、县(市)国内生产总值、工农业总产值(当年价)一览表

单位:亿元

市县名称	年份	国内生产总值				工业		农业	
		合计	第一产业	第二产业	第三产业	总产值	增加值	总产值	增加值
全省合计	1996	4 150	609.18	2 200.19	1 336.69	8 820.53	1 962.80	932.85	609.18
	1997	4 638.24	637.48	2 509.56	1 491.20	10 379.96	2 254.90	1 004.98	637.48
沿海合计	1996	2 966.32	355.33	1 626.31	985.17	5 893.64	1 422.04	561.12	355.34
	1997	3 094.52	324.37	1 713.74	1 056.41	6 653.71	1 556.94	531.12	326.43
沿海城市	1996	1 282.68	81.92	665.11	536.46	2 249.96	558.17	126.42	81.93
	1997	1 398.36	69.56	724.14	604.69	2 397.32	620.44	121.31	68.91
沿海县市	1996	1 683.64	273.41	961.20	448.71	3 643.68	863.87	434.70	273.41
	1997	1 696.16	254.81	989.62	451.72	4 256.39	936.50	410.00	257.52
杭州市区	1996	456.57	11.09	224.88	220.61	617.69	193.40	7.92	11.09
	1997	523.88	13.01	253.80	257.07	670.60	213.23	19.87	13.00
萧山市	1996	133.20	16.24	74.88	42.08	277.70	67.90	10.96	16.24
	1997	155.48	16.96	88.18	50.34	327.27	81.12	23.02	16.96
余杭市	1996	175.32	45.66	7.93	14.56	89.94	14.56	50.52	24.86
	1997								
宁波市区	1996	294.61	13.32	138.84	142.45	458.46	112.41	19.42	13.32
	1997	329.79	12.80	157.71	159.28	548.48	134.82	18.13	12.18
余姚市	1996	102.73	17.34	57.94	27.45	176.63	52.39	23.87	17.34
	1997	113.81	16.71	66.40	30.70	350.63	62.37	23.68	16.71
慈溪市	1996	110.08	14.27	68.31	27.50	332.82	59.89	9.80	14.27
	1997	120.49	13.06	75.94	31.49	389.75	69.21	17.99	13.06
奉化市	1996	41.34	8.03	23.54	9.77	113.48	21.84	6.23	8.03
	1997	43.44	7.79	23.60	12.05	104.97	22.56	11.50	7.79
象山市	1996	53.13	15.71	24.89	12.53	115.94	22.09	10.05	15.71
	1997	56.46	14.45	28.23	13.78	148.39	25.42	28.66	14.45
宁海市	1996	42.40	10.09	24.54	7.77	124.75	22.12	7.44	10.09
	1997	46.46	8.04	29.52	8.90	147.28	27.04	11.63	8.04
鄞 县	1996	106.62	14.19	67.44	24.49	308.42	62.44	10.55	14.19
	1997	114.61	12.40	75.18	27.03	349.45	70.49	17.85	12.40
温州市区	1996	168.65	5.71	105.22	57.72	383.49	81.45	5.23	5.71
	1997	232.04	5.75	141.70	84.59	475.52	120.01	10.35	5.76
瑞安市	1996	103.60	8.40	63.10	32.10	205.04	58.69	7.87	8.41
	1997	122.81	8.89	78.85	35.07	244.70	70.24	16.29	8.89
乐清市	1996	86.01	9.78	51.73	24.51	156.02	47.02	7.05	9.78
	1997	110.00	11.79	65.01	33.20	203.71	60.03	18.51	11.79
平阳市	1996	43.06	5.62	24.99	12.45	86.03	21.73	5.17	5.62
	1997	50.63	5.86	29.63	15.14	104.13	26.95	10.36	5.86
苍南县	1996	44.38	6.54	23.16	14.68	89.75	20.54	8.08	6.54
	1997	54.54	7.91	28.38	18.25	112.36	25.38	14.71	7.91
洞头县	1996	6.06	2.05	2.34	1.65	9.55	2.35	5.06	2.40
	1997	7.12	2.40	2.70	2.02	9.55	2.36	5.06	2.40
嘉兴市区	1996	84.56	13.12	45.53	25.91	165.67	39.20	20.90	13.13
	1997								
平湖市	1996	48.11	9.51	27.31	11.29	104.30	24.50	13.85	9.51
	1997	56.20	9.64	32.80	13.76	127.68	29.96	14.26	9.64

续表

市县名称	年份	国内生产总值				工业		农业	
		合计	第一产业	第二产业	第三产业	总产值	增加值	总产值	增加值
海宁市	1996	83.05	11.60	51.41	20.04	178.33	47.45	16.36	11.60
	1997	87.67	11.59	52.76	22.95	216.95	49.14	17.18	11.96
海盐县	1996	42.75	7.36	25.30	10.09	87.39	23.00	10.84	7.36
	1997	48.31	7.84	30.78	9.69	100.73	27.17	11.96	7.84
绍兴市区	1996	62.21	2.71	34.32	26.19	112.66	29.45	3.98	2.71
	1997	69.93	2.71	36.11	31.12	117.72	31.70	3.88	2.71
上虞市	1996	110.14	15.20	70.59	24.34	272.03	64.13	22.29	15.20
	1997	120.00	16.34	77.20	26.46	326.23	72.36	24.61	16.34
绍兴县	1996	155.17	13.48	98.14	43.55	367.11	86.10	19.27	13.48
	1997	173.81	14.41	111.14	48.26	392.69	99.86	20.33	14.41
舟山市区	1996	57.08	15.14	20.55	21.39	59.91	16.18	35.65	15.14
	1997	61.21	16.49	21.84	22.88	66.58	17.27	37.53	16.49
岱山县	1996	15.51	7.66	3.43	4.43	10.34	2.89	15.72	7.66
	1997	16.88	8.23	3.62	5.03	10.51	2.96	16.05	8.23
嵊泗县	1996	9.99	4.78	1.91	3.30	5.33	1.33	9.46	4.78
	1997	11.07	4.95	1.89	4.23	4.30	1.18	9.60	4.95
台州市区	1996	159.00	20.83	95.97	42.19	452.08	86.06	33.32	20.83
	1997	181.51	18.80	112.96	49.75	518.42	103.41	31.55	18.77
临海市	1996	67.89	13.68	34.94	19.27	135.20	28.50	20.97	13.68
	1997	57.44	12.43	27.43	15.58	114.86	21.84	19.09	12.43
温岭市	1996	121.41	25.10	60.37	35.93	280.17	53.93	45.84	25.10
	1997	130.50	26.17	64.44	39.89	315.71	58.81	46.03	26.17
三门县	1996	17.61	7.98	5.96	3.67	21.98	5.08	12.92	7.98
	1997	14.07	4.68	5.13	4.26	119.91	4.54	8.08	4.68
玉环县	1996	49.46	14.24	24.26	10.96	111.08	22.61	23.11	14.24
	1997	54.29	14.61	26.92	12.76	124.55	25.53	23.55	14.61

宁 波 市
Ningbo City

综 述
Summary

【概况】 宁波简称"甬",位于中国大陆海岸线中段、长江三角洲南翼,毗邻上海、杭州,自古以来,素以鱼米之乡、文化之邦和对外经济贸易口岸而著称。1984年以来,宁波相继被中国政府列为进一步对外开放城市、计划单列市、较大的城市、历史文化名城、综合配套改革试点城市、金融试点城市。宁波全市辖余姚、慈溪、奉化、鄞县、宁海、象山6个县市及海曙、江东、江北、镇海、北仑5区及149个乡镇。全市陆域面积9 365km²,海域面积9 758km²,总人口533万。其中市区面积1 033km²,人口118万。宁波市具有良好的港湾航道资源,全市岸线总长1 562km,具有建港条件13处,仅北仑港可开发港口岸线就达121km,可建泊位285个,水深10m以上深水泊位153个,其航道水深一般均在30～100m以上,20万吨级船舶可全天候通行,30万吨级船舶可候潮进出。宁波沿海岛屿均离大陆较近,面积大于500m²的岛屿有531个,占浙江省的1/6,占全国8.2%,具有近岸、近港口航道、近岸经济技术开发区或口岸、近海渔场的区位优势。海岛岸线长774km,周围具有丰富的海洋资源。

宁波位于中纬度地带,属典型的亚热带季风气候,其东部港湾濒海地区,港湾深入内陆约60km,水体调节作用强,热量条件好,适于海洋生物的栖息、生长、繁殖、育肥。其渔业资源种类多、数量大,恢复力强。目前已被浙江省列为八大海水养殖综合基地之一。全市拥有潮间带滩涂面积约10万hm^2,直接可利用于养殖的滩涂约1.86万hm^2,居全省首位。滩涂类型多、完整性好,近期可供围垦的海涂面积约2.7万hm^2,成为传统农、盐、渔业及建设濒海工业区的重要后备土地资源。

1996～1997年,宁波市的海洋经济得到了较快的发展,在市委、市政府的"以港兴市、以市促港"的发展战略方针指引下,港口建设、海上航运、临港工业、港口贸易、海洋水产及滨海旅游业等都有了长足的发展,特别是濒临宁波港的沿港经济带迅速崛起。国家级宁波经济技术开发区、宁波保税区、大榭开发区已具相当规模。1996年宁波港完成货物吞吐量7 638万t,居全国大陆港口第三位。1997年宁波港完成货物吞吐量8 200万t,居全国大陆港口第二位,全市海洋水产的产量达61.5万t,产值369亿元。海盐总产量达11.343万t。1996～1997年共接待境外游客19万人次,旅游创汇6 300万美元。至1997年底,全市共围垦滩涂面积累计达4万hm^2。其中用于农作物种植1.8万hm^2。1997年,全市海洋产业总产值达166.83亿元,实现增加值66.2亿元,占全市国内生产总值的7.35%。

(陈 勃)

表1 宁波市海洋开发资料统计

统计项目		1996年	1997年
海洋捕捞产量(万t)	鱼 类	34.4513	37.6115
	贝 类	2.1667	3.6916
	藻 类	0.1050	0.1230
	虾蟹类	7.1178	7.9420
	合 计	43.8408	49.6381
海水养殖产量(万t)	鱼 类	0.3766	0.3084
	贝 类	5.8710	6.4716
	藻 类	0.4571	0.3829
	虾蟹类	0.3820	0.4113
	合 计	7.0867	7.5762
海洋旅客运输量(万人次)		455	500
海盐生产(万t)		18.1864	11.0343
海盐化工(万t)	盐 酸	1.7210	1.8411
	烧 碱	5.2752	5.4602

海洋资源开发与海洋经济
Development of Marine Resources and Marine Economy

【港口】 港湾航道资源是宁波最大的优势资源,在中央和省委、省政府的关心支持下,经过几年的努力,宁波港已建设成为以北仑港为核心的多功能综合性港口。至1997年底,宁波港已建成500吨级以上生产性泊位61个,其中万吨级以上泊位24个,包括中国目前最大的20万吨级兼靠30万吨级的铁矿码头和25万吨级的原油码头,5万吨级的商业散装液体化工专用码头,可停靠并能接卸国际第五代集装箱船舶的专用码头和接卸设备。1997年完成对北仑二期900m集装箱码头的技术改造,新配备4台现代化的集装箱桥吊和9台轮船龙门吊,使集装箱年处理能力达到50万TEU。宁波港与世界84个国家和地区的518个港口有运输和贸易往来。目前,港区已启动应用EDI管理系统。1997年全港货物核定吞吐能力位8 400万t,1997年货物吞吐量达8 220万t,位居全国大陆港口第二位,其中集装箱吞吐量25.69万TEU,接卸进口铁矿石进1 900万t,占全国的35%,煤炭1 182万t,液体化工产品50万t,杂货1 111万t。1997年全港旅客吞吐量为501万人次。

【港口集疏运网络体系初具规模】 以港口为中心的集疏运网络体系经过近几年的建设,已初见成效。到1997年全市公路里程4 429.6km。其中二级以上占13.8%;铁路161km,其中萧甬线142.3km,设计年通过能力1 200万t;全市内河航运总里程1 478km,海运总运力50.9万净载重吨;宁波栎社机场已开通至全国各地26条航线,每周137航班。在港口与城市间已形成7条疏港通道,北仑铁路、洪镇铁路、江南公路、通途路、宁镇公路、骆霞线、宁穿公路,规划中以港口为起点、以宁波市区为中心的全放射状的集疏运网络已初具规模。

【临港工业】 宁波港口岸线内侧有广阔的陆域面积,镇海、慈溪一带沿海有广阔海涂工业备用地,可以建设大型的工业群和仓储群。按照国家、省对宁波发展港口重化业基地的一系列规划要求,市委、市政府围绕上述要求,经过近几年的大力建设,临港地区集中布局建设了一大批能源原材料等资金密集的大型项目。一条延伸近20 km的临港化工产业带已初具规模。至1997年底已建成的能源、原材料项目有:(1)镇海炼化800万t炼油,30万t合成氨,52万t尿素;(2)镇海电厂(105万kW)30万kW燃汽机组(基本建成);(3)浙江腈纶厂3万t腈纶;(4)北仑电厂一期2×60万kW;(5)北仑水泥厂70万t水泥;(6)浙太公司年产2万t环氧丙烷;(7)浙江善高化学有限公司32万t烧碱;(8)宁波麦芽公司年产20万t麦芽;(9)兴洋毛毯150万条拉舍尔毛毯。

此外,宁波市充分利用港口优势、区位优势和日益完善的交通集疏运网络以及广阔的腹地、潜在的市场,外向型经济获得了迅速的发展。1997年,外贸自营进出口额达到了49.8亿美元,其中自营出口达32.6亿美元。宁波保税区的保税贸易额达20多亿美元，宁波经济技术开发区、宁波保税区、大榭岛开发区“两区一岛”功能不断完善，截止1997年底，“两区一岛”共吸引30个国家和地区的来甬兴办企业达750余家，合同利用外资达35亿美元。

【海洋渔业】 “八五”期间，宁波市海洋渔业产量以年均25%以上的速度递增，渔业产值占全市农业总产值的比重已从“七五”末的不到1/5上升到“八五”末的近1/3。渔业经济已成农村经济新的增长点，近几年来，市委、市政府制定了渔业发展规划，建立了渔业发展基金，财政每年安排200万元扶持渔业的发展，各级党委、政府也都出台了各种扶持政策和措施，鼓励农民渔民及机关团体、企事业单位参与水产养殖，加大对浅海滩涂的开发，1997年全市渔业总产量61.5万t，产值36.9亿元。海水养殖面积已发展到1.8万hm^2，象山港海水网箱养殖达1.5万箱，大目涂围塘养殖达666万hm^2，宁海县把发展海洋渔业的“蓝色工程”列入营造实力工程计划，形成了对虾、青蟹、泥螺、蛏、牡蛎、泥蚶等6个万亩以上的水产品养殖基地。海水养殖面积超过了0.66万hm^2，成为著名的“养殖大县”。慈溪市则加快“百里海水养殖带工程”建设，从1992年相继建成了六大海水养殖基地，海水养殖面积、产量连年翻番，1997年海水养殖面积达0.36万hm^2，产量9 133t。其中低坝高网养殖模式颇具特色。1997年全市共育出各类虾苗12.36亿尾，其中新开发刀额新对虾苗300万尾，与福建水产科技人员合作繁育出大黄鱼苗近185万尾，象山大目涂公司采取塑料大棚培育对虾早苗获得成功，使中国对虾发病普遍推迟20天。

随着近年来海洋渔业资源的衰退，宁波市加大了捕捞结构调整力度，加快了对中上层鱼资源的开发利用。全市拥有1 800余艘250马力钢质捕捞渔船，1997年捕捞产量达49.65万t，其中全国有名的“捕捞大县”象山县1997年海洋捕捞总产量达37.6万t，占全市的75.7%。与此同时宁波市还积极慎重地探索发展远洋渔业，在巩固南北太平洋鱿钓的基础上，加强了与印尼、柬埔寨等地的合作联系，1997年全市投入远洋渔业生产船只52艘次，产量达8 245t。同时，宁波市利用已有的3艘活鱼直销运输船和7艘冰鲜鱼船，向韩国、日本等国运销鲈鱼796t，创汇476万美元，使宁波市水产品流通迈出了新步子。

【滨海旅游】 宁波市的滨海旅游独具特色。目前已形成以象山县松兰山、石浦港等景点为中心的象山海滨休疗养旅游区，以“海上丝绸之路”起点余姚河姆渡、镇海招宝山海防历史遗迹为特点的海洋文化旅游区以及现代化北仑港和区位优势独特的大榭岛工业观光区。由江泽民总书记亲笔题名的总投资2 000多万元的镇海口海防历史纪念馆已经开馆，而以滩面宽阔、沙质纯细、海水清澈闻名的松兰山已列入开发计划。同时，受海洋文化影响颇深的宁波饮食、服装也显示出了巨大的吸引力。目前，全市拥有各类旅游涉外饭店53家，床位15 000余张，其中星级22家，床位6 600余张，国际国内旅行社48家，其中国旅5家。1997年，全市共接待外国、港澳台和华侨游客10.05万人次，全年旅游外汇收入3 402万美元。 （陈 勃）

海洋公益事业和海洋灾害
Marine Public Welfare Facilities and Marine Disasters

【海洋灾害概况】 台风是宁波主要海洋灾害性天气，影响宁波市的台风一般在7～10月，全市平均影响几率为1.8次/a，各县市分布比较均匀，其中以宁海、象山、镇海和北仑等靠海地区影响次数较多，每年2或3次以上。季节分配主要集中在8～9月。据统计，过程雨量大于50mm的台风全市每年平均1.5次。过程雨量大于100mm的台风全市每年平均0.9次。

1996年台风 1996年，9607、9620号台风未达到有影响的台风的标准。9608号台风较为明显，8月1日，奉化、宁海普降大到暴雨，石浦最大风速达32.1 m/s，镇海口为27.5m/s，沿海海面风力为10～12级。受其影响，损坏海塘49处，受淹360hm^2，全市经济损失1 000多万元。

1997年11号台风 9711号台风因风、雨、潮三碰头，影响极大。台风使宁波沿海的大部分海塘冲毁，海水倒灌，受灾乡镇137个，死亡19人，失踪26人，其间曾紧急转移29.3万人，倒塌房屋2.6万间，农作物受淹14.6万hm^2，其中成灾面积10.9万hm^2，绝收2.5万hm^2，水产养殖受灾1.03万hm^2，牲畜死亡9.3万头，有3 402家工厂企业停产，冲毁桥梁123座，毁坏公路路基220.1km。毁坏供电、通信线路11 028杆，毁坏堤防633.2km，堤防决口3 379处，计219.7km，全市直接经济损失达45.43亿元。 （石人光）

【防灾与海塘建设】 宁波全市海塘长达613.7km，其中保护面积在万亩以上的335km。自1991年至1996年底，按浙江省水利厅提出的标准，全市共建成保护面积万亩以上标准海塘285km，但由于防御标准不一，大部分海塘设计的标准仍在10～20年一遇，加上海塘结构不够完善，管理工作又未跟上，一次防潮能力仍然较低。9711号台风过后，全市沿海各级政府立即组织广大干部群众投入到生产自救、恢复家园工作中，经过一个多月的艰苦努力，全市损毁海塘除部分特别严重的外，基本上堵住了决口，有效地防止了8月大潮汛的再次侵袭。到12月底沿海乡镇以修复水毁海塘、兴建标准海塘为重点，宁海、象山、鄞县、北仑、奉化等县市区已完成修复水毁处计25km。根据市委、市政府的要求，下决心通过几年的努力把全市一线海塘建成“沿海长城”。针对海塘严重受损的实际情况，在充分调查研究的基础上，重新对海塘建设进行规划。规划重点：对海塘的塘身结构做全面的加强以适应超标准风暴潮条件下越浪的要求，其中一级海塘57.9km，二级海塘214.33km，三级海塘115.25km，四级海塘70.15km，总长度458km。到1997年底已开工28条，完成土石方99.6万m^3，占8.95%，已投入资金1 833万元，占计划的4.2%。（董书庭）

【渔业互保协会成立】 宁波是一个渔业生产比较发达的海滨城市，近几年来，由于渔船数量的大量增加，渔船作业航区不断扩大，生产资料大幅上涨，使渔民投资风险不断增加，本着“取之于渔、用之于渔、互助而不盈利”的原则，为实现“自我保障、自我服务”的目的，自1996年成立了“市渔业互保协会”，经过两年时间的努力，至1997年底，全市渔船保险64艘，保险金额达4 184万元，保险费56.48万元，渔民平安保险507人，保险金额1 119万元，保费11.15万元，合计总保费69.61万元，总保额达5 414.5万元，共理赔10起，赔款7万元，其中1997年共理赔8艘渔船，理赔死亡1人。由于上述事件理赔定损及时合理，渔民反映强烈，为下一步工作开展打下了良好的基础。（陈 勃）

海洋科技与教育
Marine Science and Technology & Marine Education

【全国科技兴海技术转移宁波中心成立】 1997年浙江省科委经过反复研究后决定，全国科技兴海技术转移宁波中心在宁波大学成立，此中心从1997年开始到2000年建成，历时四年。主要负责海洋养殖有关技术的培训、推广及有关技术的引进和开发。

【宁波市海洋生物工程实验室成立】 1997年市科委决定在宁波大学建立宁波市海洋生物工程实验室。主要从事藻类与生物饵料、海洋生物工程、海洋动植物病害防治与检测等研究，为宁波市海水养殖筛选海洋药物、开发海洋功能食品提取海洋活性物等提供服务，实验室采用开放式。总投资250万元，其中市科委下拨140万元，宁波大学自筹110万元。

【宁波市水产养殖苗种培育中心成立】 该中心于1997年9月成立。主要研究与服务方向：海水优良养殖对象苗种繁殖及驯养技术、水产养殖苗种培育技术、进行海水养殖优良品种养殖生态学、养殖技术及病害防治技术研究。中心成立后，年生产各种虾苗1.5亿尾、贝苗2亿颗、蟹苗1 500万只，并基本摸清青蟹、海水网箱养殖鱼类病害发病病因、病原和流行规律，推广防治技术。该中心的建立将缓和宁波市水产养殖优良苗种的供需矛盾，推动养殖技术提高及病害防治技术，对促进渔业生产的发展具有重要作用。中心由市科委拨款140万元，宁波市水产研究所自筹85万元，中心建设历时4年。

【象山、宁海两县被确定为科技兴海示范县】 1997年象山县被浙江省科委确定为科技兴海示范县，并以项目支持该县的科技兴海工作。此次被支持的项目有“象山港万只网箱养殖基地”，“大目涂万亩对虾综合养殖基地”，“象山港泥蚶暂养基地”等三个项目。同时宁海县被市科委确定为市科技兴海示范县，被支持的项目有“筏式养殖牡蛎”。省科委和市科委第一笔支持款项已经到位。（陈 勃）

表2 宁波及各县市区人口及从业人员情况一览表

地名	年末总人口(万人)		农业人口(万人)		非农业人口(万人)		从业人员(万人)		职工人数(万人)	
	1996年	1997年	1996年	1997年	1996年	1997年	1996年	1997年	1996年	1997年
宁波	530.08	533.31	410.57	409.81	119.51	123.50	80.8317	79.5388	79.1185	77.8354
市区	116.2	117.87	50.83	50.34	65.37	67.53	39.9064	39.9542	38.7808	38.7690
余姚	82.89	83.14	69.60	69.64	13.29	13.50	8.1032	7.6990	7.9884	7.5960
慈溪	99.41	100.04	87.89	88.09	11.52	11.95	7.0624	7.0498	6.8990	6.9068
奉化	48.56	48.74	41.28	41.32	7.28	7.42	4.7327	4.4259	4.6918	4.3790
象山	53.04	53.18	44.96	44.68	8.08	8.50	10.3224	9.9527	10.2618	9.9240
宁海	57.46	57.62	52.35	52.00	5.11	5.62	4.0206	3.8353	3.9826	3.7645
鄞县	72.52	72.72	63.66	63.74	8.86	8.98	6.6840	6.6219	6.5141	6.4961

表 3 宁波地区国内生产总值、工农业总产值一览表(当年价,亿元)

地 名	年份	国内生产总值				工 业		农 业	
		合 计	第一产业	第二产业	第三产业	总产值	增加值	总产值	增加值
宁 波	1996	795.8607	92.9595	450.4437	252.4575	1 675.1743	353.1992	138.6469	92.9235
	1997	897.4306	85.3903	511.2524	300.7879	2 039.2352	411.9077	129.4420	84.6281
市 区	1996	249.081	13.3237	138.8392	142.4452	458.4640	112.4129	19.4179	13.3237
	1997	329.1683	12.1796	157.7137	159.2750	548.7797	134.8177	18.1279	12.1796
余 姚	1996	102.7336	17.7418	57.9382	27.4536	283.5855	52.3924	23.8695	17.3418
	1997	113.8163	16.7095	66.4039	30.7029	350.6331	62.3718	27.6785	16.7095
慈 溪	1996	110.0818	14.2731	68.3078	27.5009	332.8226	59.8925	19.5859	14.2731
	1997	120.4940	13.0641	75.9368	31.4931	389.7404	69.2136	17.9881	13.0641
奉 化	1996	41.3374	8.0337	23.5384	9.7653	113.4813	21.8436	12.2073	8.0337
	1997	43.4322	7.7875	23.5974	12.0473	104.9660	22.5515	11.5048	7.7875
象 山	1996	53.1311	15.7064	24.8907	12.5340	115.9438	22.0916	29.0904	15.7064
	1997	56.4633	14.4523	28.2326	13.7784	148.3936	25.4228	28.6625	14.4523
宁 海	1996	42.4040	10.0912	24.5414	7.7713	124.7531	22.1244	14.5822	10.0913
	1997	46.4765	8.0352	29.5182	8.9231	147.2765	27.0422	11.6349	8.0352
鄞 县	1996	106.6215	14.1895	67.4448	24.9872	308.4227	62.4418	19.8902	14.1895
	1997	114.6156	12.3997	75.1815	27.0344	349.4461	70.4881	17.8453	12.3997

舟 山 市
Zhoushan City

综 述
Summary

【概况】 舟山市是中国唯一以群岛组成的地级市,辖定海、普陀两区和岱山、嵊泗两县,共 63 个乡镇。全市由 1 390 个岛屿组成,占浙江省岛屿总数的 45.41%,区域总面积 2.22 万 km²,其中海域面积 2.08 万 km²,为陆地面积的 16.7 倍。市政府所在地舟山岛总面积为 476.17km²(不含潮间带),是中国的第四大岛。1997 年末,全市总人口 98.58 万人,分居于 98 个岛。舟山还有 10 多万人侨居海外,分布在世界 38 个国家和地区,是浙江省的重点侨乡之一。

舟山地处长江、钱塘江、甬江的入海口,背靠沪、杭、甬等大中城市群和长江三角洲辽阔腹地,面向太平洋,具有较强的地缘优势。岸线总长 2 447.9km,占浙江省海岛岸线总长的 51.07%,其中 -10m 以上深水岸线 183.2km,-20m 以上深水岸线 82.8km,港域面积达 1 000km²,且水深流顺,岸滩稳定,口门众多,航道畅通,避风条件好,可建码头泊位岸线达 1 500km,是中国沿海中部建设大型深水港的理想港址。1997 年港口货物吞吐量达 1 555.22 万 t,比 1996 年增加 220 万 t。舟山渔场资源丰富,有海洋生物 1 163 种,其中鱼类 317 种,经济价值较高的鱼类品种有 40 余种,为中国海洋资源蕴藏量丰富的海区及重要的海水商品鱼生产基地。1996 年渔业捕捞量达到 105 万 t,产值 50.8 亿元,1997 年为 108.41 万 t,产值 53.76 亿元,分别增长 9.6% 和 4.1%。舟山拥有两个国家级风景名胜区和两个省级风景名胜区,各类景点资源 1 000 余个。与旅游相适应的各类旅馆、饭店 365 家,其中涉外宾馆 31 家、床位 5 261 张,占全市旅馆总床位数的 42%。1997 年旅游接待量达 325.49 万人次,接待国际游客 5.26 万人次,分别比 1996 年增长 13.8% 和 13.2%。全年旅游外汇收入达 2 492 万美元,比上年增长 14.4%。

舟山地处中纬度,受季风环流和海洋环境影响大,境内气象能源和海洋能源丰富。年平均风速为 5.6 m/s,风能密度在 200W/(m³·h)以上,是浙江风力资源最富集地区之一。1991 年 5 月,在嵊泗县泗礁山上安装了总装机容量为 426kW 的中型发电机组风力田,已累计发电 340 万 kW·h。星罗棋布的岛屿,使舟山海域潮流能理论功率达 481.39 万 kW,占浙江省 45 处水道潮流能总理论功率的 92%。

改革开放以来,特别是 1991 年 10 月江泽民总书记作出"开发海洋,振兴舟山"重要题词以来,舟山的海洋开发事业得到了迅速发展,海洋经济占全市国民经济的比重约为50%。1997年国内生产总值达89.15亿元,其中第一产业29.67亿元,第二产业27.35亿元,第三产业32.13亿元,分别比上年增长7.8%、3.6%、5.7%和13.6%;工业总产值81.33亿元,比上年增长7.8%,渔农业总产值达到63.18亿元,其中渔业产值实现53.76亿元,比上年增长4.1%。 (何仁义)

表1 舟山市沿海县(区)资料统计

市区县	年份	工业(亿元)		农业(亿元)		国内生产总值(亿元)				年末总人口(万人)			从业人员(万人)	
		总产值	增加值	总产值	增加值	合计	第一产业	第二产业	第三产业	合计	农业人口	非农业人口	合计	其中职工人数
舟山市合计	1996	75.570	9.6662	60.837	28.506	82.583	27.579	25.890	29.115	98.468	74.741	23.728	66.42	15.52
	1997	81.387	5.8169	63.184	2.3464	89.153	29.668	27.350	32.136	98.583	74.161	24.422	66.24	14.416
市区	1996	59.908	7.5839	35.654	16.093	57.076	15.139	20.55	21.385	68.038	50.071	17.967	48.820	12.6
	1997	66.58	5.7453	37.528	1.8725	61.21	16.491	21.845	22.876	68.224	49.664	18.560	52.592	11.286
定海区	1996	19.571	2.2895	10.728	6.116	30.515	5.71	12.28	12.52	35.438	25.312	10.126	0.6152	0.6027
	1997	19.665	0.0943	9.4238	−1.304	34.250	5.2075	13.780	15.263	35.622	25.015	10.607	15.34	0.5594
普陀区	1996	18.602	2.4986	2.0815	8.2882	26.136	9.64	8.72	7.78	32.600	24.760	7.8406	20.05	4.13
	1997	18.072	−0.531	21.696	0.8806	28.536	11.504	8.9938	8.039	32.602	24.649	7.9530	19.83	2.7499
岱山县	1996	10.337	1.2810	15.720	7.6325	15.514	7.66	3.43	4.43	21.820	18.193	3.6269	12.80	1.90
	1997	10.511	0.1746	16.052	0.3326	16.880	8.2284	3.6188	5.0326	21.751	18.081	3.6698	12.65	2.1467
嵊泗县	1996	5.3256	0.8013	9.463	4.780	9.9928	4.78	1.91	3.30	8.6109	6.4767	2.1342	4.80	1.02
	1997	4.2983	−0.103	9.6045	0.1413	11.063	4.9486	1.91	4.2279	8.6075	6.4156	2.1919	0.9976	0.9831

海洋资源开发与海洋经济

Development of Marine and Marine Economy

【渔业捕捞和水产养殖】 渔业是舟山的传统产业。1997年末,全市拥有机动渔船11 991艘,比1996年减少1.3%;渔船总吨位66.21万t,总功率121.21万kW,分别增长0.7%和1.5%。通过逐步调整捕捞结构,积极发展海水养殖,使渔业产量再创佳绩。1997年,水产品总产量达到117.49万t,比1996年增长11.7%,再次名列浙江省地市前茅。其中地方渔业产量108.41万t,增长9.6%。全市实现渔业产值53.76亿元,比1996年增长4.1%。远洋渔业仍保持稳中有进,产量达12.26万t,比1996年增长19.7%。养殖业在舟山起步较晚,但随着舟山渔场资源的衰退,近几年有了长足发展,已形成了围塘对虾养殖基地,枸杞的贻贝养殖基地,朱家尖、嵊山、长峙等地的梭子蟹暂养基地,六横、岱西的蛏、蚶、蛤、泥螺等贝类养殖基地,桃花等地的海带、裙带菜为主的藻类养殖基地,佛渡、台门港的鲈鱼、美国红鱼、大黄鱼、石斑鱼等海珍品网箱养殖基地,桃花岛的欧鳗、朱家尖岛的牙鲆等工厂化养殖基地,养殖品种达20余种。1997年养殖面积达5 128 hm^2,比上年增长12.9%,养殖产量2.51万t,比上年减少11.0%。 (何仁义)

【港口建设】 **舟山港跨入千万吨级大港** 舟山港自1987年正式对外开放以来,市政府制订了"以港兴市"战略,推出了"谁投资谁使用、谁得益"的政策,向国内外招商引资。10年来,共吸引国内外资金1.2亿美元,开发建设码头泊位159个,其中25万吨级油码头1座,1万～8万吨级码头7座;1996年货物吞吐量由开港时的204万t增至1 187.4万t,1997年又增加到1 384.25万t,递增率为16.9%。舟山港国家级大港的地位进一步巩固。

随着改革开放的深化,综合运输能力不断提高,据1997年全国港口普查,舟山市年吞吐货物万吨以上的码头就有381座,名列浙江省沿海港口前茅。1997年全市以各种运输方式完成货物运输量2 457万t,比上年增长22.9%;货物周转量102.93亿t·km,增长21.5%;全年旅客运输量6 670万人次,比上年增长2.4%;港口货物吞吐量1 555.22万t,比上年增长16.6%。客货交通运输收入5.11亿元,比上年增长9.4%。舟山港正以其独特的优势,优惠的政策推动着海洋产业结构的调整和海洋经济的快速发展。

马迹山港区一期工程完工 为满足宝钢和长江中下游钢厂进口矿石的需要,选址在泗礁山西南面的马迹山岛上兴建大型矿石中转港。该工程总投资为2.7亿元,建设规模为25万吨级(兼顾30万吨级)卸船泊位1座,2.5万～3.5万吨级装船泊位2座,初期按设计卸船和装船能力各1 000万t配备相应设备。建成后将成为舟山港继老塘山、岙山港区之后的又一个深水港区。1997年已完成一期工程项目,建成2万吨级后勤供需码头1座，通过铁墩山、中柱山、中中柱山连接嵊泗本岛公路的长3.818km、宽7.5m的跨海运输公路建成。

表2　舟山市海洋开发资料统计

项　目		1996年	1997年
海洋捕捞产量(万t)	合　计	102.36	116.28
	鱼　类	61.912	72.259
	贝　类	5.5433	9.237
	藻　类		0.3226
	虾蟹类	34.475	34.460
海水养殖产量(万t)	合　计	2.6322	2.2562
	鱼　类	0.0717	0.1149
	贝　类	1.7780	1.4738
	藻　类	0.5759	0.3764
	虾蟹类	0.0953	0.2911
	面积(hm^2)	4 111	4 319
海洋水产品总产值(亿元)		54.076	53.819
沿海主要港口货物吞吐量(万t)	合　计	1 334	1 555
	舟山港	1 187	1 384
	高亭港	16	21
	六横港	6	4
	菜园港	9	9
	沥港港	33	49
海盐生产	面积(hm^2)	4 344.7	4 318.5
	产量(万t)	25.73	19.024
加碘盐产量(万t)		2.63	3.21
滨海旅游人数(万人次)	国　内	281.5	320.2
	国　外	4.65	5.26
滨海砂矿产量(万t)	石　料	363	338
	砂	12	9

六横岛六万吨级船坞在建　被列为省"九五"期间重点建设项目的普陀龙山船厂6万吨级船坞工程，总投资为6 050万元，1995年12月动工兴建，至1997年底船坞坞底、坞门门墩、西坞墙的混凝土浇注等第一期工程基本结束。造价为300万元的高11m、宽6m、长40m的船坞坞门，仅用5分钟时间一次试用成功。该项目的土建工程已进入扫尾阶段，附属设施建造全面展开。

岙山石油中转基地完成一期扩建工程　中化兴中石油转运(舟山)有限公司岙山基地，自1994年4月经国家工商行政管理总局批准正式成立以来，以它逐年递增的油品吞吐量和不断扩大的生产规模，成为舟山港口货物中转的龙头企业。

在一期工程建成后，为进一步利用岙山港口的深水岸线，又投资2 100万美元进行一期扩建工程，扩建四座5万m^3油罐和一座8万吨级码头。为进一步扩大经营规模，1997年先后与新加坡、韩国等石油企业签订了租罐协议，相继开展了航煤、原油、汽油等油品的国际中转业务。1997年底，岙山基地已建成一期、一期扩建、二期一阶段和成品油基地等四项省重点建设工程项目。拥有25万吨级、8万吨级和1万吨级油品中转码头各一座，储罐总量达到90万m^3。1996年油品吞吐量达到519万t，1997年增加到783万t，占整个舟山港吞吐量的55%，全年营业利润达到1 033万元。

【海洋药物生产】　浙江海力生制药厂以开发生产纯天然海洋药物为主的企业。1996～1997年，连续两年荣获浙江省医药行业"双十佳"企业称号，成为省内七强制药企业之一。"海力生"商标也成为浙江省著名商标。该厂先后开发研制出软胶囊、硬胶囊、片剂、水剂四大系列20余种科技含量高、适销对路的产品，多烯康胶丸、角鲨烯胶丸、贝特令、氨糖美辛片剂等主导产品，经浙江省卫生厅和有关专家评审鉴定，居国内领先水平，并多次获奖，其中多烯康胶丸荣获全国海洋药物优秀创新一等奖。1997年完成产值8 470万元，销售额达7 658万元，实现利税2 370万元。产品远销北京、上海、天津、杭州等大中城市，市场占有率不断扩大。1996年研制的新一代抗肿瘤药物鲨威胶囊，正在预临床使用中。

【普陀海水工厂化养殖初成规模】　普陀区积极探索发展海水工厂化养殖路子，1997年全区工厂化养殖企业已由上年的6家增至15家，有效养殖水体由上年的7.8万m^2增至15.36万m^2，产量由1996年的352t增加到1 615t，产值由3 004.6万元增至10 895万元，一跃成为全省规模最大的海水工厂化养殖基地。朱家尖镇养殖公司的梭子蟹暂养基地，1996年暂养活梭子蟹34.67hm^2，销售活梭子蟹800余吨，产值近8 000万元。1997年暂养面积33.3hm^2，产量900 t，产值达8 000万元，两年均获利600万元。桃花渔业集团鸿丰养殖有限公司，1997年在4.9万m^2的有效养殖水体中，养出1 000t商品鳗，实现产值6 000余万元，获利1 050万元。特别是用海水在土池养殖欧鳗的成功，开创了海岛工厂化养殖的新路。

【舟山普陀山民航机场通航使用】　舟山普陀山民航机场位于普陀山国家级风景名胜区内的朱家尖岛上，1997年建成，同年8月8日正式通航。机场占地面积247hm^2，飞行区能满足MD82、B737等类飞机使用，站坪面积为24 600m^2，可同时停放飞机三架。至1997年底，已开通舟山至杭州、温州、上海、厦门、晋江等航班，共起降飞机562架次，旅客吞吐量达42 405人次。每周保持了十余个航班航行，其中舟山至厦门和舟山至晋江航线客位率最高达到100%。通航以来，还运送鲜活水产品60余万吨，为增加舟山水产品附加值创出了一条途径。

与机场相配套的朱家尖跨海大桥即将建成 与舟山普陀山民航机场相配套的朱家尖跨海大桥是浙江省第一座大型跨海桥梁，总投资规模为2.6亿元。通过71个桥墩，连接舟山本岛329国道线与民航机场，大桥宽12m、长2 730m，包括连接公路全长10.27km。1997年3月大桥工程全面动工。至年底总工程量完成50%，桥墩浇灌结束，两侧引桥部分完成，大桥基础工程宣告结束，大桥上部结构施工逐步展开，20多米高的主墩墩身已屹然矗立，全长1 238m的主跨连接结构开始逐段浇注，计划于1998年底前建成通车。

（何仁义）

【东海平湖油气田岱山原油中转站】 经国家海洋地质勘察局勘察、钻探发现的平湖油气田，是中国在东海发现的第一个以天然气为主的复合型油气田，由放鹤亭、八角亭、双照亭等构造组成。总面积为240km²，平湖油气田首期开发约20km²（属放鹤亭构造）。1995年9月，国家正式批准上海石油天然气总公司开发东海平湖油气田，从油气田铺设两条海底输送管线，其中，一条直达上海南汇，届时向上海每天提供120万m^3的优质天然气；另一条油管线到达浙江省岱山岛。项目规划在岱山岛建一个总投资为1.2亿元的原油中转站，包括2万吨级原油中转码头1座、2 000吨级工作船码头1座和5万m^3的原油贮区及5km长的陆上输油管线。1996年12月11日，国家重点工程东海平湖油气田岱山原油中转站建设在岱山岛南峰村正式动工。1997年5月底2 000吨级工作船码头完工，并于同年10月启用；1997年底2万吨级原油中转码头基本完成；两个2万吨级和一个1万吨级储油罐初展雄姿，整个工程已完成60%。 （何仁义 邬杨杰）

海洋灾害与公益事业
Marine Disasters and Marine Public Welfare Facilities

【1996年舟山旱情严重】 1995年～1997年，舟山连续干旱。1996年9月30日统计，全市实有水量仅为637万m^3，仅占蓄水能力1.23亿m^3的5.1%。1996年工农业产值损失12.5亿元，减少利税1.8亿元。

1996年9月20日起，实施人工降雨。9月21日，第一艘从长江装运1.8万t淡水的"宁安2号"轮抵舟山，以后又陆续从上海、宁波装水，最高时日外运水量达3.4万t，外运总水量达200万t。同时决定投资近亿元，新建蓄水为627万m^3的岑港水库，扩建城北、陈岙等水库和开展舟山岛东片河道的整治，发动群众开挖新井，修建老井。1997年6月，居民生活用水和工农业用水紧张状况得到缓解。同时，舟山市委、市政府决定实施大陆引水应急工程方案。 （周中楠）

【舟山遭受9711号台风袭击】 1997年8月17～19日，舟山遭受9711号台风袭击。8月18日22时30分，定海潮位站实测最高潮位10.68m（舟山假定高程），换算黄海高程为3.14m，超过了历史最高潮位0.38m，使得大量海水倒灌，两县两区县城受淹：沈家门最深达3.0m，定海城区达1.5m，岱山高亭和嵊泗菜园达1.0～1.5m。8月20日8时，台风过程降雨，定海城北为235.7mm，沈家门为111.5mm，岱山高亭为127.4mm，嵊泗为301.6mm。

舟山虽未受台风正面袭击，但由于该台风强度大、范围大、风力大，又正值农历七月十五日大潮汛，"风、雨、潮"综合作用给舟山造成了严重损失。据统计，全市4个县区，65个乡镇，820个村受灾，受灾人口达76万人，损坏房屋5 738间，倒塌房屋1 600间，海塘损坏长度217.95km； 闸损坏106座、286孔；渠道冲毁47km；冲毁机耕桥18座；晚稻受淹面积7 667hm²；受淹蔬菜面积2 333hm²、经济作物4 840hm²、棉花1 000hm²；林木受损10万株；毁坏耕地178hm²。2 000余家商店、企业、仓库受淹，25座码头沉没，船只受损210条，沉船7条，损坏海水养殖设施400hm²，损毁淡水养殖2 032hm²；损失原盐70 236t。通讯、供电线杆倒伏3 806根；死亡5人，重伤6人，直接经济损失达25.68亿元。 （何仁义）

【嵊泗县开通海上"110"】 舟山市公安边防分局为打击处理和预防海上违法犯罪、制止海上渔事纠纷，保障社会治安稳定和舟山经济发展，由1997年4月在嵊泗县设立"海上110"试点，同年5月20日正式开通，并取得了显著成绩。至1997年底，共接警117起，有效出警109起，查处治安案件73起，破刑事案件19起，有效制止大规模海上械斗4次，营救非法劫持船只1艘、渔民10人，找回被盗船只4艘，抢险救灾31起，抢救遇难落水渔船民15人，挽回经济损失145万元。广大渔船民的安全感明显得到提高。

嵊泗县"海上110"，为浙江省首支服务于海上的处警队伍，它有力地维护了渔场的安宁，为优化舟山市海上治安积累了宝贵的经验，受到了地方党委和政府的高度评价，得到了公安部边防局的充分肯定。舟山市公安边防分局在认真总结试点经验的基础上，正在着手筹组"舟山海上110指挥中心"和其他县、区的"海上

110"处警服务系统。 (胡霞亮)

【海上交通高速化】 自1991年舟山第一艘高速客轮投入营运起至1996年初,共有高速客轮10艘,412客位,高速客轮航线2条。1996年发展高速客轮11艘,416客位,新开通定海西码头至岱山高亭、泗礁至大洋、泗礁至嵊山、普陀山至朱家尖等高速客运航线4条;沈家门至普陀山航线增加高速客轮8艘,176客位。1997年又更新发展了13艘,1 104客位(含外省、市新增投入舟山陆岛交通的高速客轮3艘,844客位),新开通普陀山(沈家门)至宁波穿山、沈家门至金塘、沈家门至桃花、沈家门至虾峙、沈家门至台门、沈家门至殆头、金山至定海、金山至普陀山、镇海至普陀山、镇海至金塘至芦潮港等10条高速客轮航线。投入陆岛、岛际客运的高速客轮已达到30艘,2 728客位,共有高速客运航线18条,全市12个主要经济大岛已开通高速客轮。使以上客运航线的航行时间比常规客运普遍缩减了一半以上。 (翁以然)

海洋科技与教育
Marine Science and Technology & Marine Education

【中国第一套日产500t反渗透式海水淡化装置在嵊山建成】 位于嵊泗县嵊山镇大玉湾的中国第一座日产500t反渗透式海水淡化示范工程,是浙江省科委1997年重大科技计划项目,由舟山市科委和国家海洋局杭州水处理技术开发中心共同承担。项目总投资616万元,于1997年4月立项兴建,同年10月一次调试成功。该项目采用以压力为驱动力的膜分离技术,实行计算机可编程序自动控制,解决了海水取水设施、杀菌、混凝阻垢等技术关键,能使海水脱盐99%,并能排除其他杂质,达到国家饮用水标准。试运行以来,每吨水耗电、单位膜产水量、脱盐率等技术经济指标等均达到设计要求,并达到国际先进水平,水质经浙江省防疫站化验优于国家饮用水标准。目前,该海水淡化装置已直接进入嵊山镇自来水系统,相当于在嵊山镇建造了一座年蓄水量近20万t的水库。

嵊山反渗透式海水淡化装置的建成,为中国沿海地区及岛屿解决淡水匮乏问题提供了成功的经验,被浙江省评为1997年十大科技事件之一。

(何仁义)

【大黄鱼育苗成功】 大黄鱼曾是东海四大经济鱼类之一,捕捞产量仅次于带鱼,是人们极为喜食的鱼类。浙江舟山的岱衢洋曾是大黄鱼的主要渔场。但由于捕捞过度,近20年来资源急剧衰退,特别是近几年来,舟山渔场的大黄鱼自然资源已接近枯竭。舟山海区具有大黄鱼养殖的各方面优势。1997年5月12日,舟山市水产研究所从福建省宁德引入大黄鱼受精卵,并在浙江率先立项进行大黄鱼人工育苗研究,育出大黄鱼苗种35万尾。浙江省人民政府把该项目列为省重大科技攻关项目,并把普陀区作为浙江省大黄鱼养殖基地。目前,已有50万尾鱼种和20万尾鱼苗放养,进展顺利。

(倪梦麟)

【海洋科技开发】 根据浙江省科技兴海工程和舟山市科技兴海设想与近期实施项目要求,突出以技术层次较高、产品新、且社会、经济效益较明显的项目,列入科技项目。1996～1997年共安排涉海科技项目73项,包括省级17项,省重大1项,省重点4项,市级科技兴海项目占市本级科技项目总数的60%。安排了科技三项经费400万元,科技贷款近千万元,科技总投入近3 000万元,这些项目进展顺利,有些已取得突破性进展。如建在嵊泗县嵊山的日产500t淡水的反渗透海水淡化站已经建成;鳀鱼资源开发利用项目已取得重大突破,1997年2月17日至12月中旬就收购加工鳀鱼30 000t,鱼粉6 000t,鱼油1 000t,创综合产值5 000多万元;大黄鱼人工育苗技术研究、普陀工厂化海水养殖技术开发、渔船无冰保鲜技术研制、六横岛综合开发科技示范及鲨鱼软骨制剂和天然海洋动植物保健食品开发等一批高、新省级科研项目进展顺利,逐步发挥效益,成为舟山渔业及水产加工业经济发展的又一新的增长点。 (李 健)

【舟山市开展防潮警戒水位核定研究】 舟山人多地少,人口密度高达789人/km²,高于浙江省平均人口密度近1倍,高于全国近6倍,是世界人口最稠密的群岛之一。舟山处于海洋灾害多发区域,尤其是台风及由其引发的风暴潮危害最为严重。由于一直没有建立海洋灾害预警系统,所以给抗御风暴潮灾害带来了较大的被动,如9711号台风,出现了没有预计到的超历史最高记录的高潮位,使许多部门陷入了困境,造成直接经济损失达25.68亿元。为此,舟山市从本辖区的实际情况和现实条件出发,确定对定海港、沈家门港、岱山高亭港、嵊泗菜园港和六横台门港等五个主要岸段进行系统的防潮警戒水位核定研究,以便尽早为政府和社会公众提供防潮减灾的科学依据。项目自1997年7月正式启动以来,经过国家海洋局上海海洋预报台和国家海洋局第二海洋研究所有关专家的努力,至同年底,已完成了大量的外业调查及分析研究工作。

(翁良才)

【海洋科普教育】 随着人们对海洋国土意识的不断增强,舟山市委、市政府越来越重视对科技与教育的投人，科技队伍日益壮大。1997年末地方国有企事业单位共有各类专业技术人员20 596人，其中高级职称人员483人，比1996年增长12.3%，中级职称技术人员5 230人，增长10.9%。拥有县级以上国有独立科学研究和技术开发机构9个，从事科技活动人员198人。

近两年来，宣传海洋，开发利用海洋资源，已成了海洋经济发展的热点。1996～1997年，科协系统共召开国内学术会议86次，参加人数4 742人；接待国外科技团组16个，接待人数为138人；组织科普讲座492次，听讲人员达到62 227人；科普展览294次，观展人数达96 033人；组织科技夏令营12次，参加人数859人；组织青少年科技竞赛25次。还连续几年在九、十月间举办大型科普宣传活动，并开展了渔农民技术人员职称评定，1997年新评定295人，累计达到5 342人。其中，渔农民高级技师92人，占浙江省高级技师746名的12.33%，占全市有职称渔农民技术人员的1.72%，高于浙江省0.4%的平均水平。92名高级技师中渔民为68人，占浙江省的68%。 （钟来琪）

【浙江海洋学院成立】 1997年，国家教委明确在舟山建立浙江海洋学院，该学院由浙江水产学院和舟山师范专科学校合并而成，是继青岛、湛江海洋大学后，中国第三所海洋类普通本科院校。目前，该学院共有9个系15个专业，其中文科专业4个，理科专业3个，工科专业8个。已设置的海洋类专业有：海洋渔业、海洋船舶驾驶、船舶制造与维修、船舶机械制造与维修、船舶电气工程、轮机管理、海洋捕捞。学院现有教工440余名，其中教授、副教授40余名，讲师100余名；在校学生1 900余名，学院校舍面积60 503m²，各类教学仪器设备总值1600万元，各类图书40余万册。发展目标：到2000年在校舍、教育设施、师资等方面达到2 000人规模的办学要求；到2010年将全面完成3 500人规模的建设任务，使该学院逐步成为在海洋开发及应用技术方面有全国性影响的现代化高等院校。

（孙秋海）

海洋国际合作与交流
Marine International Cooperation and Interflow

【'96中国舟山开发海洋国际招商会】 1996年7月31日至8月2日，由国家海洋局和舟山市政府联合举办的"'96中国舟山开发海洋国际招商会"在定海举行。来自美国、日本、加拿大、菲律宾、挪威、泰国、法国、韩国、新加坡、香港、台湾11个国家和地区的海外客商和沪、京、甬等国内客商近200余人参加了招商会。国家海洋局局长张登义和浙江省政府副省长张启楣出席了会议；国务院副总理邹家华和全国人大常委会副委员长陈慕华及有关单位发来贺词、贺电；美国里士满市政府、菲律宾伊慕斯市政府、日本气仙沼市政府以及香港同乡会等为大会敬献了花篮。

这次招商会是舟山市的第一次国际性会议。共与外商签订了12个项目，协议利用外资4 200万美元。会议期间还分别与上海锦江集团和上海建筑装潢有限公司签订了普陀山锦江娱乐中心和白泉大厦两项合作项目，引进资金约5 000万元人民币，其中舟山飞机维修工程有限公司外方投资额达2 390万美元。

（何仁义）

海洋立法与管理
Marine Legislation and Management

【舟山市海洋局】 为加速舟山开发海洋步伐，加快海洋经济发展速度，1995年9月始舟山市海洋局由市科委的内设科室改升副处级行政机构，由科委管理划归计划委员会管理。舟政办[1996]23号文又明确了舟山市海洋局"三定"方案，确定三个职能处室，12名行政编制。1996年7月31日举行了舟山市海洋局挂牌仪式。国家海洋局局长张登义、浙江省海洋局局长黄庆明及舟山市委书记于辉达等领导及两县、两区政府、市属有关部门领导参加了海洋局的挂牌仪式。于辉达在会上讲了话；张登义、黄庆明在讲话后还为舟山海洋局成立写了"强化海洋管理，保护海洋环境，促进经济发展。"和"加强海洋综合管理，振兴舟山海洋经济"的题词。 （何仁义）

【舟山市海域使用管理示范区工作启动】 1997年8月，国家海洋局、财政部下发了《关于开展海域使用管理示范工作的意见》，舟山市被明确列为全国海域使用管理示范区。目前，该项工作已有了实质性进展：在对1996年年产值在200万元以上的184家涉海企业进行全面调查的基础上，完成了定海、岱山、嵊泗三个县（区）的海域使用调查登记工作。经初步统计，共调查登记940个项目，计海域使用面积671 829hm²，使用岸线长度186km。较全面地掌握了全市（除普陀区）的海域使用现状；开展了海洋功能区划的编制方案准备，并组织人员着手编制，为有序、合理开发利用海洋资源和加强海洋综合管理奠定了基础；起草了《舟山市海域使用管理暂行办法（征求意见稿）》。通过市法制局征询了市属有关部门的修改意见并反复讨论修正，目前已修改完成送审稿，即将报市政府审批。 （马苏群）

【舟山开展海域使用调查登记工作】 舟山市为全面准确地掌握本辖区海域使用现状，加强政府对海域使用的宏观调控和实施对海洋的综合管理，根据浙江省海洋局《关于开展海域使用调查登记试点的通知》精神，于1996年10月成立了领导小组及其办公室，并抽调各部门100余人组成专业调查组，通过业务培训，于1997年4月开始对舟山(除普陀区外)的海域(包括岸线)某一固定区域内三个月以上的排他性开发活动项目进行了调查登记，至年底基本结束。调查结果表明，共有用海项目940项，实际使用海域面积约67.18万hm^2(未包括围筑海塘面积)，使用岸线长度185.88km(未包括围筑海塘和海底管线长度)。调查各类码头347座，其中万吨级以上11座，5 000吨级～1万吨级4座，1 000吨级～5 000吨级41座，200吨级～1 000吨级228座，200吨级以下63座。为有效贯彻实施《国家海域使用暂行规定》作了基础准备。

【舟山市涉海企业调查】 为摸清涉海企业家底，舟山市海洋局组织力量对1996年产值在200万元以上的涉海企业进行了调查。据不完全统计，这次被调查的企业有184家，总年产值达406 811万元。年产值在1亿元以上的有8家，计产值229 172万元，占56.3%；5 000～10 000万元之间的有7家，产值49 087万元，占12.1%；1 000～5 000万元之间的有36家，产值69 526万元，占17.1%；1 000万元以下的有133家，产值59 026万元，占14.5%。

年产值比重按企业类型分：水产品捕捞加工类企业(84家)276 803万元，占68.1%、运输类企业(32家)54 499万元，占13.4%、船舶修造拆洗类企业(37家)32 586万元，占8.0%、盐业类企业(12家)4 157万元，占1.0%、其他类企业(19家)38 766万元，占9.5%。其中，国有企业年产值比重占49.5%(201 313万元，36家)；集体所有制企业年产值比重占35.5%(144 305万元，92家)；合资经营企业年产值比重占12.5%(50 774万元，30家)；私营企业年产值比重占2.5%(10 439万元，26家)。

从调查结果可知：(1)公有制企业占有主导地位。(2)海洋水产业占据较大份额。(3)港口相关产业发展总体较为缓慢。(4)新兴海洋产业处在起步阶段。(5)海水直接利用及海洋化工业接近空白。

(何仁义)

上 海 市
Shanghai City

综 述
Summary

【概况】 上海,位于31°14′N,121°29′E。它北界长江,东濒东海,南临杭州湾,西接江苏、浙江两省。上海地处长江三角洲东缘,位于中国南北海岸的中心,长江由此入海,交通便利,腹地广阔,地理位置优越,是一个良好的江海港口。上海地区属亚热带季风气候,四季分明。上海市的海岸线长356.13km,有大于500m²的海岛13个,总面积1 276km²,滩涂面积24万km²。全市面积6 300多平方千米,人口1 300多万。人均GDP已超过3 000美元。上海市的主要海洋产业总产值1996年为337亿元,1997年为354亿元,主要包括海洋运输、沿海修造船、滨海旅游及海洋水产等。一批跨世纪涉海工程正在兴起,如浦东国际机场、长江口航道整治、东海油气田开发等,对21世纪上海海洋事业可持续发展有重大意义。 (谢以群)

表1 上海市沿海区县一览表

年 份	沿海区县
1996	浦东新区、宝山区、奉贤县、南汇县、金山县、崇明县
1997	浦东新区、宝山区、金山区、奉贤县、南汇县、崇明县

海洋资源开发与海洋经济
Development of Marine Resources and Marine Economy

【海洋渔业】 上海海洋渔业现已拥有各类海洋渔船850艘以上,海洋捕捞产量1996年为14.4万t,其中远洋捕捞5.3万t;1997年为16.1万t,其中远洋捕捞7.3万t。由于近海经济鱼类资源捕捞量严重超过其资源的再生能力,使经济鱼类资源急剧衰竭。近年来,上海市加大了禁渔期的执法力度,加强了近海渔业资源的保护和管理。

1996年海水养殖面积743hm²,产量678t;1997年海水养殖面积607hm²,产量922t,其中奉贤县海水养殖规模最大,约占全市的60%～70%。(谢以群)

【海洋运输】 上海港是河口港和海港兼而有之的特大型港口。目前,上海港与世界五大洲约170个国家和地区的500多个港口通航。上海港货物吞吐量1996年为16 402万t,占全国沿海港口货物吞吐量的19%;1997年为16 397万t,占全国的17%,预计到2000年上海港的货物吞吐量可望达到2亿t。上海港是中国最大的集装箱运输港口,国际标准集装箱吞吐量1996年为197万TEU,占全国的27%;1997年为253万TEU,比上一年增长约28%。

【滩涂资源的开发利用】 上海滩涂资源的开发利用,主要是为缓解上海市人多地少的矛盾而进行的围垦滩涂增地,以补偿工农业建设和城镇发展不断被占用的土地。1997年滩涂总面积为24万hm²,已利用面积约8万hm²,主要用于种植和养殖业。随着海洋经济的不断发展,浦东国际机场等重点项目已成为滩涂开发利用的重头戏。

(戚建人 谢以群)

表2 上海市海洋开发资料统计表

统计项目		1996年	1997年
海洋捕捞产量(万t)	鱼 类	10.62	11.23
	贝 类	1.55	2.50
	其他类	0.22	0.14
	虾蟹类	2.04	2.22
	合 计	14.43	16.09
海水养殖产量(万t)	鱼 类	0	0
	贝 类	0	0
	其他类	36	313
	虾蟹类	642	609
	合 计	678	922
海洋货物运输量(万t)	沿 海	7 290	6 755
	远 洋	3 594	4 201
海洋旅客运输量(万人次)		232	457
上海港货物吞吐量(万t)		16 402	16 397
滨海海外旅游人数(万人次)		143.19	165.35

海洋公益事业
Marine Public Welfare Facilities

【海洋环境监测】 上海海域包括长江口和杭州湾北岸海域。海域主要污染物是无机氮、无机磷和油类。1996年，长江口无机氮全部超标，标准指数为13.96；无机磷超标率为96%，标准指数为1.54；油类超标率为13%，标准指数为0.71。1997年，长江口无机氮仍全部超标，标准指数为14.68；无机磷超标率为94%，标准指数为1.89；油类超标率为13%，标准指数为0.62。根据监测结果分析，无机氮、无机磷污染均呈上升趋势，油类污染程度1997年比1996年有较明显的下降趋势。沿岸排污口附近海域污染严重，但在离岸3km以外的海域，环境指标很快接近开阔海域的一般水平。重金属和其他环境指标，均符合国家Ⅰ类海水水质标准。　　（叶　敏）

【海洋预报服务】 1996～1997年，上海海洋预报台采用先进的SLOSH风暴潮数值预报模式、新型混合型波浪数值预报模式和LAGFG－NWM海浪数值模式，进行灾害性风暴潮、巨浪的数值预报，不仅完成各类专项预报及每天在上海广播电台和上海电视台发布海洋环境预报，而且还在汛期前发布海洋灾害预测，严格履行上海市防汛职责，当沿海潮位接近或超过当地警戒水位时，及时向各级政府和防汛部门发布风暴潮预报。9711号风暴潮是建国以来特大的风暴潮灾，上海海洋预报台提前发布了超历史最高潮位的正确预报，为政府、防汛部门的指挥决策提供了科学依据，为减少海洋灾害损失做出了重大贡献。　　（周根元）

【海洋计量检定】 根据1997年技术监督工作会议精神和上海市海洋局、国家海洋局东海分局1997年业务工作安排，为了更好地面向基层，做好海洋仪器计量检定和服务工作，上海市海洋局、国家海洋局东海分局组成了以国家海洋计量站上海分站为主的6人工作小组，历时20余天，行程3 000多千米，到福建沿海为海洋台站和涉海部门现场检定、校准，维修各种仪器200余件，取得了较好的社会和经济效益。

通过现场检定服务，既解决了各单位仪器检定、维修等实际问题，又大力宣传了计量法规，增强了执法意识，扩大了海洋计量工作在社会上的影响，还摸清了台站的仪器状况，为今后检定、校准制度化管理打下了良好的基础。　　（沈幼元）

表3　上海市及沿海区县工农业总产值、国内生产总值（现行价）及人口情况一览表

市区县	年份	工　业（亿元）		农　业（亿元）		国内生产总值（亿元）				年末总人口（万人）			从业人员（万人）	
		总产值	增加值	总产值	增加值	合　计	第一产业	第二产业	第三产业	合　计	农业人口	非农业人　口	合　计	其中职工人数
上海市	1996	5 045.93	1 439.14	200.96	71.58	2 902.20	71.58	1 582.50	1 248.12	1 304.43	372.29	932.14	792.93	456.75
	1997	5 606.27	1 580.38	204.41	75.80	3 360.21	75.80	1 754.39	1 530.02	1 305.46	362.43	943.03	788.25	435.27
宝山区	1996	559.47	204.95	10.57	2.97					72.28	21.22	51.06	21.13	5.91
	1997	573.85	164.21	10.69	3.00	80.44	3.00	39.08	38.36	74.09	20.60	53.49	21.50	5.90
浦东新区	1996	786.16	189.96	11.27	4.57					151.11	37.27	113.84	37.84	12.43
	1997	904.29	212.31	11.30	4.95	182.23	4.88	99.38	77.97	153.40	34.20	119.20	37.11	12.09
南汇县	1996	199.41	57.85	27.24	9.41					70.04	54.53	15.51	42.75	6.84
	1997	225.44	60.83	29.61	10.74	82.20	10.00	46.10	26.10	69.82	53.43	16.39	43.49	6.75
奉贤县	1996	171.14	47.25	20.24	6.50					51.88	38.34	13.54	29.00	5.31
	1997	183.17	49.33	21.89	7.06	67.10	7.05	39.90	20.15	51.70	37.79	13.91	28.97	5.09
金山区	1996	208.04	82.37	16.92	7.62					55.08	37.09	17.99	29.82	5.35
	1997	211.31	73.35	17.20	6.45	55.91	8.15	26.76	21.00	54.51	36.22	18.29	29.91	5.83
崇明县	1996	90.93	26.03	24.53	10.98					71.30	53.85	17.45	37.41	4.94
	1997	85.18	20.41	24.10	11.47	43.38	11.48	16.98	14.92	70.55	53.19	17.36	36.84	4.67

海洋灾害
Marine Disasters

【风暴潮】 1997年度海洋灾害是建国以来最严重的年份，主要是9711号台风引起的台风暴潮、巨浪和本世纪最严重的厄尔尼诺事件。

9711号台风于1997年8月10日在关岛以东西北太平洋上生成，8月18日在浙江椒江登陆。受9711号台风影响时，适逢台风、暴雨和天文大潮三碰头，8

月19日凌晨前后，上海市沿海、沿江各验潮站先后出现了超过历史最高记录的高水位，其中外高桥和黄浦公园分别为5.98m和5.72m(相当于该站330年和500年一遇)。受9711号台风暴侵袭，东海海面出现了10～12m狂涛区，上海市沿海实测最大波高5.1m，沿海一线海塘多处溃决，金山、奉贤、崇明等地海塘损坏30多千米，黄浦江内河防汛墙溃决94m，金山、松江10多千米江泖堤防漫溢，受淹农田近5万hm^2，成灾近2万hm^2，死亡7人，直接经济损失6.3亿元。

尽管9711号台风暴潮来势凶猛、惊险，对上海造成严重威胁，然而遭灾损失现状却呈重灾基准、轻灾结果。这较为理想的减灾实效与上海市防御工作扎实、各项措施到位分不开。"八五"期间上海市政府注重防汛工程建设，加大投入，并相继建成高标准防洪挡潮体系(市区防御标准为千年一遇，沿海防御标准亦百年以上一遇)；新建和改建了市政排水设施系统；准确及时的预报信息为领导指挥决策提供了可靠依据；各级领导高度重视、亲临指挥、精心组织、果断决定，提前关闭市区1 300多个防汛通道闸门；全市人民齐心协力、顽强拼搏等是夺取抗灾佳绩的重要保障。

(翁光明　周根元)

【赤潮】 由于海洋经济迅猛发展，加之人们海洋环保意识薄弱，大量的污染物直接排海，导致赤潮频繁发生，赤潮危害越来越严重。两江口崇明岛东北海区是赤潮的多发区之一，每年在该海域发现赤潮约16次。1996年6月14日，在31°41.91′N，122°31.93′E(崇明岛以东约100km)发现块状、褐色、面积约30km^2赤潮；1997年5月23日和31日分别在31°45.0′N，122°30.0′E和31°42.62′N，122°22.00′E先后两次发现较大面积赤潮，面积分别为约10km^2(条状、红色)和约10余平方千米(条状、酱红色)。两次均及时发布了《东海巡航通报》，通报给有关部门，采取预防措施，以避免损失。

(蒋博文)

海洋科技
Marine Science and Technology

【主要科研项目】 "东海平湖油气田开发工程研究"是上海市科委下达的"八五"重点科技攻关项目，由上海石油天然气总公司负责组织完成。该项目包括东海平湖油气田复合油气藏地质特征及油藏工程研究、东海丛式井定向钻井技术研究、东海平湖油气田复合油气藏开采和测试工艺技术研究、深水远海油气综合生产平台研究、海底长距离管道输气动态监测研究、海底管线铺设技术研究等6个子课题。上海市科委于1997年3月组织了对该课题研究成果的鉴定。

"底层生物资源评估调查研究"，中国水产科学研究院东海水产研究所，任务来源：国家专项HY126－02－02。

"贝类净化技术研究"，中国水产科学研究院东海水产研究所，任务来源：中华农业科教基金。

"海洋渔业遥感信息与资源评估服务系统技术及系统集成、示范试验"，中国水产科学研究院东海水产研究所，任务来源：国家科委。

"中国海洋生物资源开发保护战略"和"中国与周边国家的渔业关系及渔业资源的区域管理研究"，上海水产大学，任务来源：国家专项HY126－05。

"冰后期琼港辐射沙洲的形成和演变"，同济大学海洋地质与地球物理系，任务来源：国家自然科学基金会。

"海洋电磁测深方法理论及应用研究"，同济大学海洋地质与地球物理系，任务来源：国家自然科学基金会。

"晚第四纪钱塘江口古河各充填模式和海陆相互作用"，同济大学海洋地质与地球物理系，任务来源：国家自然科学基金会。

"洋陆过渡带的壳幔演变对我国表层系统的制约"，同济大学海洋地质与地球物理系，任务来源：国家教委。

"国际海洋古全球变化(IMAGES)第三航次调查"，同济大学海洋地质与地球物理系。

"中国第十二次南极考察"(1995年11月～1996年4月)，"中国第十三次南极考察"(1996年11月～1997年4月)，国家海洋局东海分局、上海市海洋局、中国极地研究所等。

上海市科技节"海洋资源展"，1997年11月，上海市海洋局制作展出了"生活新空间——海上人工岛"模型，受到市领导及20万观众的好评。　(袁超英)

【上海组团参加'97北京国际海洋资源开发利用和海洋设备技术展览会取得圆满成功】 由国家计委、国家科委、国家海洋局联合举办的"'97北京国际海洋资源开发利用和海洋技术设备展览会"于1997年11月25～30日在北京举办，国务院副总理邹家华出席开幕式并剪彩。徐匡迪市长为本次展览会开幕发出了贺信。市计委、市科委、市海洋局牵头组织了20多家单位参加了这次展览会。展览会通过综述、把上海建成国际航运中心、海洋工程、勘探和监测技术、海洋生物资源的开发和利用、海岛的可持续发展、展望未来等6方面来展示上海海洋经济的发展和海洋技术设备成果。在26

日晚的专场展览会上，全国人大常委会副委员长王丙乾、全国政协副主席钱伟长、全国人大环境资源保护委员会副主任杨振怀等参观了上海馆，并询问了浦东国际机场、上海国际海底光缆、长江口航道整治等有关情况。在这次展览会上，上海馆的高新技术产品倍受关注，不少单位表示了购置或合作意向。另外，上海馆也以其独特的设计和丰富的高科技内容，赢得了展览组委会、参展单位和参观者们的一致好评，并获得了"最佳展区设计奖"和"优秀组织奖"。 (谢以群)

海洋国际合作与交流
Marine International Cooperation and Interflow

【赴日本考察交流】 1997年8月28日～9月7日，上海市灾害防御协会赴日本观摩日本防灾演习并进行考察交流的代表团一行13人对日本进行了为期11天的考察访问，旨在通过加强中日两国在防灾工作上的合作与交流，提高上海市灾害防御及应变能力。

(施星平)

【中日东海特定海区河流入海环境负荷及其对海洋生态系的影响项目】 1997年3月，国家海洋局和日本国环境厅根据两国政府间1993年3月签署的环境保护合作协定，并基于这一协定召开的中日两国政府环境保护合作联合委员会第一、二、三次会议所达成的共识，就东海特定海区河流入海环境负荷及其对海洋生态系的影响项目合作调查研究签订了实施协议。

该项目的目的是，通过合作调查研究，提出海区可允许纳污总量的一般计算方法及其主要污染物数量构成，并研究海区环境负荷变化对生态系的影响，为海区生态环境和资源保护以及环境管理提供科学依据。

项目的内容包括调查研究海区水动力场、生物群落和沉积物沉积过程及其对污染物质稀释、自净、扩散、转移、转化中的作用；调查研究海区中尺度围隔生态实验、生态环境质量评价模型、纳污总量及计算方法、环境总量预测及管理对策。

根据协议，1997年10月在长江口绿华山北海域进行了'97航次的海上调查。调查船为"中国海监49"船，中方和日方共18名科学家参加了调查。此次海上调查成功地完成了生物围隔实验和海区15个站位的生物、水质、水文、沉积物调查作业，共获得样品3 985个，现场实测数据2 124个，总航程810n mile。

(叶 敏 施星平)

海洋立法与管理
Marine Legislation and Management

【海洋倾废管理】 1996年和1997年，重点加强了对海洋倾倒活动的监督检查和对海洋倾倒区的管理，并结合海洋污染监测对长江口区的海洋倾倒区进行了监测。1996年度上海地区共签发海洋倾倒许可证179份，批准的疏浚物倾倒量为695万 m^3，批准的Ⅲ类废弃物倾倒量为3.7万t，批准的骨灰倾倒量为380盒。1997年度上海地区共签发海洋倾倒许可证185份，批准的疏浚物倾倒量为980万 m^3，批准的Ⅲ类废弃物倾倒量为31.3万t，批准的骨灰倾倒量为652盒。两年中对海洋倾倒区的监测结果分析，倾倒区内各主要环境要素均未发现异常现象，倾倒区及其周围海洋生态环境及水质状况基本处于良好状态。1996～1997年，共处理海洋倾废违章案件4起，罚款5 200元。

(叶 敏)

【海洋监察】 海洋监察管理围绕"权益、资源、环境、防灾"八字方针展开。1996～1997年，国家海洋局东海分局、上海市海洋局对上海沿岸及两江口海域加大了海上和空中监察力度，加强了宣传教育工作，共发布《东海巡航通报》、简报30期。

船舶监察 1996年，共派出"中国海监"船舶67航次，累计283d，巡航808h25min，航程7 917.4n mile。还4次对骨灰撒海活动实施了随航核实。

1997年，船舶巡航监察共73航次，出海486d，航行1 921.5h、18 352.8n mile，登检涉嫌违章船只61次，查获违章倾废事件4起，罚款5 200元。另外，还6次对骨灰撒海活动进行随航核实。

为保障国际海底光缆通信的安全畅通，自1996年10月开始，依据《铺设海底电缆管道管理规定》及其实施办法的规定，常年安排海监船舶对海底光缆路由进行专项监视。一年多来，在海缆路由两侧各两海里范围内，查获锚泊、拖网捕捞等危及光缆安全与使用效能作业的渔船252艘次，其中，经法规教育后驶离的238艘次；经教育后仍拒不改正违章行为的14艘，当场对其采取了强制措施，并对情节恶劣的11艘渔船予以立案查处。

航空监察 1996～1997年，"中国海监B－3807、3808"两架飞机以上海虹桥机场为工作基地，共飞行90架次，历时303d，累计航时259h4min。海监飞机多次对进入中国管辖海域进行海洋科学调查、海洋开发活动的外国船舶实施专项监视；对国际海底通信光缆路由监视共40架次，在路由两侧各两海里的安全范围内，15次发现上百艘次渔船正在进行违章捕捞作业。

对海洋环境状况的重点监视监测中，虽未发现重大海洋污染损害现象，但仍发现多例无主漂油事件，3次发现赤潮现象，说明两江口环境保护工作有待进一步加强。另外，还对金山海洋生态保护区、崇明岛东滩、上海港口建设现状和上海市南区（南干线）、竹园（东干线）、西区（西干线）三个排污口进行了航空监视和航空摄影。获得资料135彩色胶卷44卷，VHS录像带素材2h6min，IR/UV资料3卷。

【海洋权益】　1996年6月12日，接上海市人民政府紧急通知，一艘"世界绿色和平组织"船只，未经中国政府批准擅自进入中国管辖海域，急需派遣海监飞机前去进行监视取证，以便采取进一步的管理措施。中国海监B—3808飞机紧急起飞，利用机载SLAR进行大面积搜索，于10:20发现目标，降低高度至100m进行照相摄像取证，并查明该船悬挂荷兰国旗，船舷号为"GREEN PEACE"，其后甲板为直升机平台，但未发现直升机。此时，该船航向270°，航速18kn，正驶向长江口。海监飞机所取得的证据，成为中央工作组及市政府有关部门果断作出依法驱逐该船的主要决策依据。13、14日，海监飞机对"GREEN PEACE"船锚泊和驶离中国管辖海域的情况进行了进一步的跟踪监视。

随着外国船舶参与东海区海洋开发活动不断增加，维护国家海洋权益已成为海洋监察部门的主要任务之一。1996～1997年，依据中国法规的规定，在严格报告制度的同时，先后安排海监飞机、船舶，对进行中日海底光缆故障维修作业的日本国"KDD Ocean Link"船、进行光缆敷设的新加坡籍"ELBE"和"OCEAN EAST"两船、进入中国管辖海域进行科学调查的韩国籍"Eardo"船、进行天然气管道敷设的新加坡等三国的"CASTORO 5"、"WINGGINS TIDE"、"NATUNA PANTHER"船和进行海洋调查的韩国"ONNURI"船实施监督管理。

【海洋监察队伍建设】　为提高海洋监察员的依法行政水平，根据海人发[1996]031号文"关于下发国家海洋局'九五'海洋监察员培训计划的通知"，国家海洋局东海分局、上海市海洋局会同宁波海洋学校成人教育中心于1996～1997年，举办了"'96东海分局第一阶段第一期海洋监察员培训"。结合海上和空中海洋监察岗位的特点，进一步组织了专项法律知识和专业技能等的补充培训。同时，加强了"海洋监察证"的管理，对已颁发的"海洋监察证"进行了审查。对已离开管理岗位和不符要求人员所持监察证予以注销；对审查合格并通过考试的在岗人员，有证的予以换证，无证的报经上级批准后颁发新证。这不仅提高了海洋监察队伍的综合素质，壮大了海洋监察管理队伍，而且为提高办案质量和管理效益打下了坚实基础。

另外，所有海洋监察员还参加了上海市政府法制办公室组织的《中华人民共和国行政诉讼法》、《中华人民共和国行政复议条例》、《国家赔偿法》、《中华人民共和国行政处罚法》等行政执法基本法规的培训，并全部通过考试，取得了上海市海洋行政执法证书。

（蒋博文）

【保护区立法】　"上海市金山三岛海洋生态自然保护区"于1993年6月正式建成，为更好地保护其优良的自然环境、繁多的生物物种和良好的自然植被，经过多年努力，制定了《上海市金山三岛海洋生态自然保护区管理办法》，并经1997年2月上海市人民政府第68次常务会议通过，自1997年5月1日起施行。

（奚永德）

江　苏　省
Jiangsu Province

综　述
Summary

【概况】　江苏省位于中国沿海中部，海岸线北起苏鲁交界的绣针河口，南到长江北支，全长950多千米。所辖海域3.75万km^2，水深15m等深线以内浅海域面积2.5万km^2。沿海滩涂面积5 100多平方千米，约占全国海涂总面积的25%，且每年还以13km^2的速度不断淤涨，是江苏省重要的后备土地资源。江苏省从1997年起，所辖沿海三市及16个县(市、区)都分别建立了海洋管理机构，使全省的海洋管理工作走上了正规化，海洋经济工作也有了飞跃发展。全省海洋总产值1996年为150亿元，1997年为219亿元，比上年增长了46%；1996年全省国内生产总值为6 057亿元，人口为7 110.16万人；1997年为6 680.34亿元，人口为7 147.86万人。

江苏省沿海分属连云港市、盐城市、南通市。

连云港市位于江苏省东北部，1996年国内生产总值210亿元，人口432.96万人，1997年国内生产总值238.5亿元，437.25万人，下辖赣榆县、东海县、灌云县、灌南县、连云区、云台区、新浦区、海州区，其中沿海县区为赣榆县、东海县、灌云县、灌南县、连云区、云台区，是《全国海洋开发规划》确定的三个海洋特殊开发区之一。陆域海岸线162km，岛屿岸线28km，沿海滩涂7.3万hm^2，为江苏省仅有的基岩岸线40km、砂质海岸30km，具备建设亿吨大港的自然条件。

海洋生物资源丰富，海洋生物约有110多种，主要经济鱼虾类30多种；海洲湾是中国八大渔场之一，前三岛是江苏省海珍品保护区。可利用的渔业资源达50万t以上，具有发展海洋捕捞、海水增养殖、海洋生物工程、海洋药物及食品的有利条件。日照充足，蒸发量大，发展海盐及海洋化工条件良好，其中淮北盐场是中国四大海盐产区之一，连云港地区的盐田面积占全省的63%。滨海旅游资源丰富、种类繁多、地区特色突出，兼具“海、石、神、幽、奇”五大地方特色，是全国重点旅游城市之一。

盐城市位于江苏省沿海中部，1996年全市国内生产值381.2亿元，人口786.1万人，1997年全市国内生产总值421.5亿元，人口780万人，下辖响水县、滨海县、射阳县、建湖县、阜宁县、大丰市、东台市、盐都县和城区，其中沿海县(市)为响水县、滨海县、射阳县、大丰市、东台市。总面积为1.5万km^2。盐城市拥有海岸线582km，约占全省61%左右。射阳河口以南为淤泥型海岸，射阳河以北为侵蚀型海岸。沿海自然条件十分优越，现有滩涂面积683万亩，占江苏省滩涂面积的

表1　江苏省海洋开发资料统计

统计项目		1996年	1997年
海洋捕捞产量(万t)	鱼　类	36.33	38.36
	贝　类	11.63	11.55
	虾蟹类	9.92	9.14
	其　他	8.21	11.95
	合　计	66.09	71.00
海水养殖产量(万t)	鱼　类	0.33	
	贝　类	12.20	
	藻　类	0.51	
	虾蟹类	0.35	
	合　计	13.39	
海洋货物运输量(万t)	总　量	532.22	570.0
	其中远洋	248.45	194.0
海洋旅客运输量(万人次)		285.7	205.3
沿海主要港口货物吞吐量(万t)	连云港港	1 583	1 651.6
	射阳港	205	215.0
	陈家港	21	130.0
	南通港	1 711	1 910.0
	启东港	12.4	125.0
	合　计	3842.4	4031.6
海盐生产	面积(万hm^2)	6.72	6.64
	产量(万t)	264.01	293.4
海盐化工产量(万t)	氯化钾		0.8897
	工业溴		0.0992
	氯化镁		9.274
	其　他		79.873
滨海城市国际旅游收入(万美元)		2 392.33	5167
滨海城市旅游接待能力	饭店数(个)	43	45
	客房数(万间)	4 685	5 214
	床位数(万张)	9 370	10 453
浅海滩涂开发利用情况(万hm^2)	总面积	64.49	65.21
	已利用面积	28.89	29.14

70%左右，是江苏省建设百万亩新的粮棉油基地。其沿海王港、射阳港、滨海港、陈家港已具备建立大中型港口的条件，中小渔港遍及沿海各县(市)。生物资源种类繁多，陆上脊椎动物146种，其中列为国家一、二级保护动物的有丹顶鹤、白鹳、天鹅、麋鹿等近30种。野生植物数百种，潮间带动物较为丰富，主要有文蛤、泥螺、四角蛤、青蛤等，近海水域浮游动植物资源也十分丰富。位于盐城市大陆架的南黄海新生代油气沉积盆地面积达10万km^2，其储油量超过亿吨，是潜在的石油基地。沿海的丹顶鹤、麋鹿自然保护区也是近来新兴的旅游热点。

南通市东濒黄海、南倚长江，与上海市隔江相望。1996年国内生产总值530.4亿元，人口785.2万人，1997年国内生产总值577.5亿元，人口786.3万人，下辖启东市、海门市、通州市、如东县、海安县、如皋县、崇川区、港闸区，其中沿海县(市)为：启东市、海门市、通州市、如东县、海安县。全市总面积8 000km^2，海岸线全长206km，海岸带面积约为1.3万km^2，15m等深线以内浅海面积1万km^2左右，其中滩涂面积约1 160km^2。南通市的海岸带地貌特征还具有：(1)淤积型海岸，约长13km；(2)侵蚀型海岸，约长28km；(3)稳定型海岸，约长47km等三种类型。南通沿海大陆架广阔，长江径流入海带来大量有机物，加之咸淡水混合、浮游生物数量、品种繁多，繁殖极快，成为多种鱼类的产卵场和幼鱼肥育场，近海鱼类有130多种。著名的吕泗渔场和长江口渔场位于该海域。滩涂贝类资源居全省之首，贝类资源蕴藏量达8万多吨，适宜藻类生长的面积约30多万亩。位于南黄海的大陆架，蕴藏着丰富的油气资源。南通市海岸条件特殊，一般不宜建深水大港，但经专家多年论证，在如东市洋口，启东市吕泗具有良好的建港条件。滩涂旅游是南通的特色旅游之一，如“海上迪斯科”、“海滨放风筝”等。

海洋资源开发与海洋经济

Development of Marine Resources and Marine Economy

【海洋水产资源开发利用】 1996年，海洋水产业总产值达88.7亿元，其中海洋渔业为62.8亿元，海洋水产工业为25.9亿元，海洋水产增加值为56.7亿元。海洋渔业捕捞总量为66.1万t，其中远洋捕捞为749t。海水养殖面积为9.9万hm^2，产量为13.4万t，海洋水产加工总量为14.3万t。海洋机动渔船有202艘，总吨位为28.8万t。1997年海洋水产业总产值达99.4亿元，海洋渔业捕捞总量为74.9万t，海水养殖面积为11万hm^2，产量为13.9万t，海洋水产加工总量为43.3万t，海洋机动渔船有2.3万艘，总吨位为38.0万t。由此可见，海洋水产业在全省海洋经济中占有重要地位，海洋水产资源的开发利用，以稳住传统捕捞、养殖品种为基础，新增养殖四角蛤、青蛤、泥蚶、紫血蛤、缢蛏以及大黄鱼等深受市场欢迎的品种，新的产业化格局已经形成。

【海盐资源开发利用】 素有全国四大盐区之一的江苏盐场，分布于连云港、盐城、南通三市所辖区域，1996年共有盐田面积9万hm^2，生产面积6.7万hm^2，产量264万t，职工3.7万人；1997年共有盐田面积9万hm^2，生产面积6.6万hm^2，产量293.4万t，职工3万人。江苏省盐业公司为国有大型企业，拥有八大直属盐场，是全省海盐产业中支柱企业。

【海洋旅游业】 江苏省海岸线全长近千公里，以淤泥质海岸为主，自然景观和人文景观独具特色，有连云港市云台山国家级风景名胜区、南通狼山风景名胜区，滩涂的“海上迪斯科”、“海滨放风筝”，盐城丹顶鹤和麋鹿自然保护区，新近开发了赣榆海滨浴场和连岛浴场。滨海旅游业已成为全省海洋经济中发展最迅速的行业。1996年全省滨海旅游总收入为19.56亿元，接待海外旅游者6.42万人次，创汇2 392万美元；1997年全省滨海旅游总收入为69.7亿元，接待海外旅游者9.9万人次，创汇5 165万美元，增长十分迅速，其中连云港市1996年国内外游客60多万人次，1997年国内外游客达250万人次。沿海各市1996年涉外饭店43家，1997年涉外饭店45家。一批新的旅游项目正在实施之中，将使江苏省的滨海旅游迈上一个新的台阶。

【海洋交通运输及修造船业】 海洋运输业在全省海洋经济中占有重要比重。沿海地区的远洋运输公司规模较小，而内陆地区的远洋运输企业相对规模较大，全省海洋运输企业营运收入1996年为14.06亿元，1997年为24.5亿元；全省沿海港口营运收入1996年6.38亿元，1997年21.88亿元，增长迅速。交通部所属的连云港和南通港，是沿海两个大型港口，1996年连云港吞吐量为1 580万t，南通港吞吐量为1 728万t，1997年连云港吞吐量为1 652万t，南通港吞吐量为1 910万t，万吨级泊位11个。另有一批海港通过专家论证并经交通部批准开工建设，如：位于滨海县境内废黄河入海口的滨海港，位于大丰市境内的大丰港，这些港口的建成将有力地推动“海上苏东”建设步伐。

据国家海洋局口径统计，全省沿海修造船业1996年总产值为7.37亿元，1997年为8.34亿元。江苏省沿海修造船企业规模均较小，而且处于内陆地区的江扬船厂、江都船厂、江阴船厂、靖江船厂、金陵船厂等大型企业的数据均未在统计范围之内。随着海洋经济的发展，国家一些大型企业在江苏沿海地区已投入巨资建立一批大型修造船企业。

海洋公益事业和海洋灾害
Marine Public Welfare Facilities and Marine Disasters

【海洋公益事业】 **海洋环境观测与监测**　江苏省的海洋公益事业处于起步阶段，由于历史的原因，江苏省的海洋环境常年观测监测由国家海洋局东海分局负责，随着国家体制改革的不断深入，江苏省将逐步建立对海洋环境的常年观测、监测。1997年根据国家海洋局的部署，全国第二次海洋污染基线调查正式启动，这次调查项目众多、要求严格，江苏省的二次污染基线调查工作由河海大学、南京师范大学、南京大学和中科院地理所有关专家参加，将于1999年全部结束。

海洋环境预报服务　江苏省海洋环境预报服务，过去由于种种原因未能开展，根据目前实际情况，江苏省科委海洋局与国家海洋局上海海洋预报台达成协议，采取联合发布的形式，将由江苏卫视台于1998年正式播出江苏海洋预报。

海洋信息管理与服务　江苏省现已建立了海岛资源数据库，海岸带管理数据库建立工作已立项实施，根据全省海洋经济发展的需要，海洋信息中心建设已提上议事日程。

【海洋灾害与防御】　1997年江苏省连云港市海堤已按国家海洋局要求完成了警戒水位的测定工作。1997年9711号台风虽未正面袭击江苏地区，但在8月19～20日东海北部和黄海仍出现6～8m的狂浪区，连云港海洋站实测最大波高6.9m，在狂风巨浪、暴雨和海潮的共同袭击下，经济损失十分严重，尤其全省江海堤防损失严重，沿江沿海防护工程损毁达331km，沉船110艘。全省经济损失达数十亿元。仅连云港一市，损失就达7亿多元。

海洋科技
Marine Science and Technology

【实施科技兴海方案】　根据江苏省“九五”及到2010年海洋经济发展规划编制的“江苏省科技兴海实施方案”，其总目标是：加强海洋科技工作的纵深部署和科技资源的合理配置，促进海洋科技与海洋开发的紧密结合，壮大与提高海洋传统产业，培育与形成海洋新兴产业，研究与开发海洋未来产业，加快海洋科技成果向现实生产力的转化，形成以科技为先导的陆海并重、多业并举、综合开发、可持续发展的海洋开发新格局，确保科技进步因素在海洋经济增长中的比重由1995年的45%增长到2010年为60%，为建成“海上苏东”做贡献。

“江苏省科技兴海实施方案”将从加快适用技术和科技成果的转化、培育海洋高新技术成果两个方面入手。“九五”期间围绕海洋渔业、滩涂农业、海洋化工、海洋生物制药和海洋食品加工等5个重点产业，选择6大系列支柱产品开发，7项科技攻关和9项技术推广，通过组织和实施科技兴海工程来实现方案和目标，具体内容是：

1.建设一个特殊开发区——连云港海洋特殊开发区。开发区将利用国家和省政府在连云港实行的特殊政策，以沿海经济带和陇海—兰新沿“桥”经济带结合部的区位优势、亚欧大陆桥区域国际经济合作为契机，实行“以港兴市”的战略，实施“海陆、港城、城乡三个一体化”开发，构成“一桥二翼四个区”的连云港海洋经济发展模式。

“九五”期间，建设鱼虾贝藻海洋农牧场。潮上带、潮间带、浅海各养殖6 700hm²，坑道鲍鱼养殖1万m²；建设5个亿元水产加工创汇基地；建设云台山风景名胜区，开发海洋和海岛旅游，建设连岛等海洋公园；改造苦卤化工技术，重点开发钾、溴、镁等系列产品；建设沿海港口工业区。

2.建立一个海洋综合开发科技示范带——启东科技兴海试验示范带。以吕泗港镇等沿海一带9个乡镇为基地，以启东盖天力制药股份公司等4个海洋工业集团企业为龙头，建立启东科技兴海试验示范带。建成长江水系中华绒螯蟹原(良)种繁殖基地，应用分子标记技术，鉴别原种，提纯复壮。建200hm²亲蟹培育场和1万m²蟹种育苗室，同时建1 500m²紫菜育苗室，建立条斑紫菜“种子”库；建成紫菜、贝类、鳗鱼和滩涂特种水产四大海水养殖、加工示范区；建立南黄海渔业资源增殖放流区，其中建工厂化育苗室2万m²，年培育放流各种苗种14亿尾；建设临海精细化工、海洋医药、渔船修造等工业开发区；建立吕泗港旅游观光风景区和寅阳园陀角自然风景区等。

3.建立一个辐射沙洲浅海及滩涂开发示范区。江苏省12.67万hm²的辐射沙洲有丰富的海洋资源，是水产捕捞、养殖、土地匡围等后备基地。“九五”期间建立2万hm²贝类资源护养增殖示范区、鳗苗资源保护区等。

4. 建设海洋药物、海洋食品和盐化工三个开发中心：

海洋药物研究开发中心。经省政府批准，以南京中医药大学为依托，建立江苏省海洋药物研究开发中心。利用现代生物技术，研究开发抗衰老、降血脂、防癌和抗癌的新型抗菌素等新药。"九五"期间争取开发 2～3 个国家二类和三类新药产品及 3～4 个健字号药品，争取在海洋生物制药技术方面形成产业。

海洋食品研究开发中心。在苏州轻工设计研究所的基础上建立江苏省海洋食品研究开发中心。应用超低温冷冻技术、膜工程技术等先进技术，分离提取海洋生物活性物质，制成功能食品、保健食品。"九五"期间向市场推出 8～10 个新产品。

盐化工工程技术中心。以化工部连云港设计院为技术依托，建立江苏省盐化工工程技术中心，重点围绕制盐工艺及卤水资源综合利用，包括提高制卤能力的综合技术和提高苦卤综合利用率技术，卤水系列产品开发的节能降耗新工艺和设备。

5. 培育 4 个海洋开发试验示范基地：

连云港海珍品养殖试验示范基地。"九五"末海珍品养殖规模争取达 1 300hm²，其中鲍鱼 100hm²，太平洋牡蛎 266.67hm²，羊栖菜 200hm²，海参、西施舌、牙鲆等 233.33hm²，前三岛海珍品养殖面积达 533.33hm²。

大丰海涂现代生态农业试验示范基地。运用现代农业技术，建立生态农业体系，全面提高土地生产率、投入产出率，实现生产过程无害化，开发绿色食品。"九五"末建成 2 800hm² 无公害优质稻米及水产品养殖示范园，266.67hm² 无公害果树、中药材园，266.67hm² 特种水产养殖园。

射阳滩涂综合开发试验示范基地。发展名、特、优、新产品的种植、养殖、加工、出口，逐步形成一个以深度加工为特色的沿海产业走廊。"九五"末，水产增养殖河蟹、紫菜、贝类、虾类及特种经济鱼类 2.47 万 hm²，芦苇 1.2 万 hm²，中药材 0.33 万 hm²，出口啤麦 0.67 万 hm²，无公害粳稻 0.33 万 hm²，精细蔬菜和出口蔬菜 2 万 hm²。

如东海水养殖试验示范基地。围绕"立体开发、综合开发、规模开发、外向开发、全面推进"的指导思想，建设五场（海水育苗场、养殖场、淡水养殖场、甲鱼养殖场、河蟹养殖场），三厂（饲料厂、烤鳗厂、保健食品厂），一站（风力发电站），一中心（管理服务中心）。

1997 年省科技主管部门按照规划批准设立了启东科技兴海示范带、辐射沙洲滩涂及浅海开发区、四个示范基地及医药、食品两个中心、赣榆、启东和大丰三个科技兴海示范县，国家同意并批准了全国科技兴海技术转移连云港中心及大丰科技兴海示范基地。

海洋国际合作与交流
Marine International Cooperation and Interflow

【参加'97 北京国际海洋资源开发利用和海洋技术设备展览会】 为迎接'98 国际海洋年，国家海洋局、国家计委、国家科委于 1997 年 11 月 25～30 日在北京举办了"'97 北京国际海洋资源开发利用和海洋技术设备展览会"。全省共组织了 100 多个项目参展，占地面积 150m²，共获得大会组委会颁发的最佳组织奖、优秀设计奖、先进个人奖，充分展示了江苏省在海洋资源开发利用及海洋技术设备上所取得的成就。

【国际交流】 从 1994 年开始，由省人大和省科委海洋局组团前往日本考察，与日本海洋产业研究会正式建立了联系，在中国已开过 3 次有关海洋药物、海洋食品、南通过江通道的研讨会，最多一次，日方来华研讨的专家、学者有 13 人。在南通召开的中日南通过江隧道研讨会，会议对南通过江隧道表现出了浓厚的兴趣，如中国国家计委能够立项，日方愿出 90 亿日元贷款做前期工作。为推进此项工作，江苏拟在 1998 年 11 月份组团前往日本考察及继续研讨南通过江通道，日方海洋产业研究会将安排中方代表团参观青函隧道、东京湾隧道等大型隧道。

海洋立法与管理
Marine Legislation and Management

【海洋立法与管理】 根据国家海洋局颁布的《国家海域使用管理暂行规定》，1996 年全省开始签发海域使用证，已批准海域使用面积 1 220.33hm²。海域使用证制度的建立，使全省的海洋管理工作走上了规范化和法制化的轨道。

【海洋统计】 江苏省根据国家海洋局的文件精神，顺利完成了 1996 年度、1997 年度的海洋统计工作。在以往的工作基础上，将连云港市、盐城市、南通市的海洋机构吸纳进省海洋统计网，并每年召开海洋统计网工作年会，定期举办沿海市、县海洋统计工作人员培训班。1997 年在国家海洋统计报表基础上，经省统计局批准，正式建立了江苏省海洋统计报表制度，该制度的建立是对国家海洋统计报表制度的补充，为省政府制定建设"海上苏东"方针、政策、规划提供了决策依据。

【海洋管理机构建设】　1997年，在全省范围内，首次完成了海洋管理机构的建设，虽然规格和名称叫法不一，但是从行政管理的角度而言，江苏省从省到市、县完善了机构的设置。连云港市设连云港市海洋局（正县级）与市科委合署办公，下辖沿海六县、区均设立海洋局；盐城市海洋局设在市科委内（正科级），下辖沿海五县（市）均成立海洋局；南通市海洋管理处（副县级）设在市科委内，下辖沿海五县（市）均成立了海洋局（办）。

表2　江苏省沿海市、县国内生产总值、工农业总产值（当年价）一览表

单位：亿元

市县名称	年份	国内生产总值				工　业		农　业	
		合　计	第一产业	第二产业	第三产业	总产值	增加值	总产值	增加值
南通市	1996	108.60	2.73	66.21	39.66	198.33	55.84	5.23	2.73
	1997	118.47	2.39	72.30	43.78	211.19	61.18	5.58	2.39
连云港市	1996	67.06	5.48	36.13	25.45	128.32	32.01	10.54	5.48
	1997	81.16	6.10	45.18	29.88	147.54	39.34	11.86	6.70
盐城市	1996	47.80	4.41	25.65	18.01	84.63	22.17	8.70	4.14
	1997	49.11	4.33	24.62	20.16	91.64	20.92	8.83	4.33
通州市	1996	90.52	22.52	39.00	29.00	162.15	32.40	42.71	22.52
	1997	101.53	20.28	47.66	33.59	196.94	38.15	37.65	20.28
启东市	1996	85.12	23.76	36.44	24.91	123.42	31.81	53.67	23.76
	1997	93.42	24.68	38.68	30.06	147.53	33.06	50.24	24.68
海门市	1996	80.01	14.78	37.04	28.19	133.45	31.28	26.87	14.78
	1997	89.40	15.63	41.04	32.73	144.26	36.10	29.13	15.63
东台市	1996	61.50	26.70	18.00	16.80	99.21	15.60	58.69	26.70
	1997	68.11	28.08	21.41	18.62	115.12	18.91	61.63	28.08
大丰市	1996	56.10	20.62	21.54	13.94	93.88	18.92	48.61	20.62
	1997	59.04	22.23	20.82	15.99	110.43	18.96	48.86	22.23
海安县	1996	50.11	17.09	15.87	17.15	67.71	12.90	31.54	17.09
	1997	55.10	17.85	17.45	19.80	76.45	14.09	31.77	17.85
如东县	1996	63.01	26.85	19.11	17.05	84.48	15.00	49.23	26.85
	1997	64.48	25.29	20.40	18.79	86.45	17.01	46.30	25.29
赣榆县	1996	47.33	21.40	15.57	10.37	108.88	14.04	41.03	21.40
	1997	50.70	20.58	17.94	12.18	126.40	15.96	39.98	20.58
灌云县	1996	36.19	18.70	7.27	10.20	43.74	5.73	34.52	18.70
	1997	42.15	19.17	9.09	13.89	55.22	6.87	35.02	19.17
灌南县	1996	15.01	9.33	3.07	3.21	16.64	2.54	18.60	9.33
	1997	18.50	10.13	4.11	4.26	22.32	3.47	18.44	10.13
东海县	1996	44.00	22.07	12.72	9.22	90.06	11.33	40.59	22.07
	1997	46.03	21.50	13.80	10.73	92.45	12.16	39.02	21.50
响水县	1996	15.72	7.26	4.08	4.38	16.75	3.04	16.73	7.26
	1997	17.88	8.69	3.97	5.22	21.69	3.58	18.16	8.69
滨海县	1996	28.13	14.40	6.52	7.21	28.89	4.96	28.44	14.40
	1997	33.09	15.61	8.79	8.69	37.55	6.88	28.49	15.61
射阳县	1996	51.26	23.01	17.82	10.43	83.50	16.59	52.24	23.01
	1997	56.93	23.72	20.19	13.02	92.95	18.70	52.57	23.72
沿海合计	1996	947.47	280.84	382.25	285.18	1 564.01	326.16	567.94	280.84
	1997	1 045.10	286.26	427.45	331.39	1 776.43	365.34	563.53	286.86
全省合计	1996	6 057	975	3 094	1 988	11 555.60	2 777	1 824.19	975
	1997	6 680.34	1 008.41	3 411.86	2 260.07	12 542.40	3 016.44	1 816.37	1 008.41

表 3 江苏省沿海市、县人口及从业人员情况一览表

单位:万人

年份	1996					1997				
统计项目	年末总人口	农业人口	非农业人口	从业人员	职工人数	年末总人口	农业人口	非农业人口	从业人员	职工人数
南通市	62.21	17.78	44.43	42.20	26.52	63.2	17.4	45.8	41.9	25.3
连云港市	58.17	15.48	42.69	35.69	23.36	59.4	15.5	43.9	35.2	23.0
盐城市	56.93	27.62	29.31	27.91	16.35	58.2	27.2	31.0	28.8	15.3
通州市	145.57	109.89	35.68	83.60	10.92	145.7	109.2	36.5	83.9	10.3
启东市	113.20	69.51	43.69	81.30	8.93	116.8	93.9	22.9	86.1	8.8
海门市	103.46	69.16	34.30	64.20	8.01	103.2	68.3	34.9	65.9	7.7
东台市	117.37	94.82	22.55	55.53	10.41	117.2	94.4	22.8	54.5	10.2
大丰市	74.00	59.68	14.32	38.43	7.70	74.2	59.4	14.83	38.9	7.6
海安县	99.00	66.30	32.70	59.10	9.62	99.2	66.6	32.6	59.0	9.7
如东县	113.20	69.51	43.69	67.10	9.33	112.9	68.5	44.4	64.4	5.2
赣榆县	100.89	92.71	8.18	47.84	5.02	101.6	93.1	8.5	48.4	5.2
灌云县	98.44	91.44	7.00	45.71	6.93	99.2	85.5	13.7	45.5	6.9
灌南县	68.39	61.39	7.00	35.29	4.03	69.4	62.2	7.2	35.3	3.9
东海县	107.07	97.86	9.21	54.35	5.72	107.6	98.1	9.5	54.6	5.7
响水县	54.63	46.42	8.21	24.60	4.55	55.0	46.5	8.5	22.8	4.6
滨海县	106.68	94.28	12.40	40.99	5.89	107.2	92.9	14.3	41.2	5.9
射阳县	102.31	86.98	15.33	41.42	9.42	103.0	87.2	15.8	40.7	9.4
沿海市县合计	1 581.52	1 170.83	410.69	845.26	172.71	1 593.0	1 185.9	407.1	847.1	164.7
全省合计	7 110.16	5 261.52	1 848.64	3 647.09	905.52	7 147.86	5 257.13	1 890.73	3 658.0	893.74

(江苏省海洋局供稿)

山 东 省
Shangdong Province

综 述
Summary

【概况】 山东省濒临黄海、渤海，陆域面积 15.7 万 km^2，1997 年人口 8 785 万人。共辖 17 个市地、139 个县市区，沿海有 7 个市地、36 个县市区(见表 1)。海岸线长 3 121km，沿岸有 326 个海岛，岛陆面积 136km^2，岛屿岸线总长 737km。水深 20m 以内浅海面积 2.9 万 km^2，滩涂(潮间带)面积 3 200km^2。全省有县级以上海洋科研单位 39 个，其中国家级 7 个；有海洋科技人员 1 万多名，约占全国的 40%。1995 年 11 月 16 日，山东省海洋与水产厅正式挂牌成立。到 1997 年，沿海所有的市地、县市区海洋与水产局均告成立(见表 2)。

表 1 山东省沿海市县一览表

沿海市地	沿海县级市	沿海县
青岛市	胶州、即墨、胶南	
烟台市	莱阳、海阳、蓬莱 龙口、招远、莱州	长岛
威海市	荣成、文登、乳山	
潍坊市	寿光、昌邑	
日照市		
东营市		垦利、广饶、利津
滨州地区		无棣、沾化

省委、省政府高度重视海洋资源开发。近年来，加强了对海洋工作的组织领导，增加了海洋科技开发投入，全省海洋经济持续快速发展。1997 年，海洋产业总产值达 709.5 亿元，海洋产业增加值达 365.9 亿元，海洋产业产值占国内生产总值的比重达到 5.5%。

海洋综合开发步伐加快。1997 年，海洋水产品总产量达到 535.9 万 t，海洋水产业总产值达到 447.7 亿元，约占海洋产业总产值的 62%；1996 年，海水养殖面积达到 16.16 万 hm^2，产量超过了海洋捕捞产量，初步实现了海洋渔业以养殖为主的重大战略转变。由盐碱联合成立的山东海洋化工集团，为在市场经济条件下优化资源配置、增强竞争能力、寻求共同发展开拓了一条成功之路；海洋石油工业发展迅速，1996 年产量首次达到 100 万 t，1997 年跃升至 150 万 t；海洋交通运输业、海洋矿产业及滨海旅游业等也均取得较快发展。山东省海洋开发资料统计见表 3。

表 2 山东省沿海市地、县市区海洋机构

沿海市地海洋机构	沿海县、市、区海洋机构
青岛市海洋与水产局	城阳区海洋与水产局、崂山区海洋与水产局、胶州市海洋与水产局、即墨市海洋与水产局、胶南市海洋与水产局
烟台市海洋与水产局	莱山区海洋与水产局、蓬莱市海洋与水产局、龙口市海洋与水产局、长岛县海洋与水产局、芝罘区海洋与水产局、福山区海洋与水产局、莱州市海洋与水产局、招远市海洋与水产局、牟平区海洋与水产局、海阳市海洋与水产局、莱阳市海洋与水产局
威海市海洋与水产局	荣成市海洋与水产局、文登市海洋与水产局、乳山市海洋与水产局、环翠区海洋与水产局
潍坊市海洋与水产局	寿光市海洋与水产局、昌邑市海洋与水产局、寒亭区海洋与水产局
日照市海洋与水产局	东港区海洋与水产局
东营市海洋与水产局	东营区海洋与水产局、河口区海洋与水产局、广饶县海洋与水产局、垦利县海洋与水产局、利津县海洋与水产局
滨州地区海洋与水产局	无棣县海洋与水产局、沾化县海洋与水产局

海洋开发促进了滨海经济带的形成，推动了沿海农村产业化和城镇化建设。全省沿海已有 22 个经济实力较强的渔业公司兼并了 38 个弱村，按照城镇化布局统一规划，实行企业化管理，合并后人均收入成倍增长。海洋产业的高收入吸引了内陆地区尤其是贫困地区的劳力到沿海参加海洋开发。目前到沿海地区从事海洋开发的内地劳力已达 20 多万人。海洋水产业的兴

起，带动了机械、电子、建筑、化工、医药、运输等相关行业的发展，形成了新的海洋产业群，不仅推动了山东半岛滨海经济带的形成，使这一地带成为对内辐射带动、对外参与国际竞争的最有生机的新型经济区，而且促进了内陆经济的发展，从而推动了全省社会经济的快速发展。 （王铁民）

表 3 山东省海洋开发资料统计

统计项目		1996 年	1997 年
海洋捕捞产量（万 t）	鱼 类	179.4	210.5
	贝 类	32.2	40.1
	虾蟹类	35.1	32.3
	其 他	12.0	14.6
	合 计	258.8	297.5
海水养殖产量（万 t）	鱼 类	1.5	1.6
	贝 类	214.4	197.0
	藻 类	41.9	37.9
	虾蟹类	1.8	1.9
	其 他	0.1	0.1
	合 计	259.7	238.4
海洋货物运输量（万 t）	总 量	1 228.0	1 455.1
	其中远洋	248.0	378.8
海洋旅客运输量（万人次）		687.8	715.2
沿海主要港口货物吞吐量（万 t）	青岛港	6 002.8	6 916.0
	日照港	1 575.4	1 650.0
	烟台港	1 215.6	1 350.0
	龙口港	759.3	686.2
	威海港	409.0	461.3
海盐生产	面积（万 hm²）	8.9	11.1
	产量（万 t）	1 119.5	796.7
滨海城市国际旅游接待人次数（万人次）		36.9	39.7
滨海城市旅游接待能力	饭店数（个）	166	206
	客房数（万间）	1.8	2.5
	床位数（万张）	3.7	5.1
浅海滩涂开发利用情况（万 hm²）	总面积	67.5	67.5
	可利用面积	47.1	47.1
	已利用面积	35.3	14.8

【“海上山东”建设】 省委、省政府主要负责同志在全省性工作会议上多次讲到要重视和加快“海上山东”建设。1996 年 10 月，省委副书记、省长李春亭在市长专员会议上说：“‘海上山东’建设，要以科技为先导，建成一批以海洋产业为主体的企业集团。到本世纪末，全省海洋产业增加值占国民生产总值的比重达到 8%左右。”1997 年 6 月，省委书记吴官正到烟台、威海视察了“海上山东”建设情况，就建设“海上山东”的重大意义作了重要指示。他指出，建设“海上山东”这一宏伟的跨世纪工程，是 21 世纪山东最重要的新的经济增长点，是山东人民生存与发展的新空间，是解决东西部大批劳力就业的好途径，是山东人民走向富裕的大举措，是功在当代、利在千秋的大事。

1997 年 8 月，省委副书记、副省长宋法棠和副省长邵桂芳主持召开了省直涉海部门负责人会议，就“海上山东”建设的有关实质问题作了专题研究。会议决定，成立由宋法棠任组长、有关部门负责人参加的“海上山东”建设领导小组，“海上山东”建设日常工作由省海洋与水产厅负责。

1997 年 10 月，省八届人大常委会第 30 次会议听取了省海洋与水产厅关于全省海洋与水产工作的汇报，委员们对海洋与水产工作给予了充分肯定，并就加强全省海洋工作提出了重要建议。 （王铁民）

海洋资源开发与海洋经济
Development of Marine Resources and Marine Economy

【海洋水产业】 1996～1997 年，山东省海洋水产业稳步发展。1996 年，全省海洋水产品总产量 518.6 万 t，海洋水产业总产值 426.0 亿元。1997 年海洋水产品总产量 535.9 万 t，海洋水产业总产值 447.7 亿元。1996 年，海水养殖面积 16.16 万 hm²，产量 259.7 万 t，超过了海洋捕捞产量，实现了以养殖为主的重大战略转变。威海、烟台两个沿海地级市和荣成、长岛等 16 个沿海县（市、区）渔业产值在大农业中居第一位，全省沿海地区年收入超千万元、利税超百万元的渔业公司有 120 多家，其中年收入过亿元、纯收益过千万元的公司有 60 多家。

1997 年，全省海洋捕捞产量 297.5 万 t，比 1996 年增加 38.7 万 t，产值 158.0 亿元，但优质经济鱼类资源呈下降趋势。近海捕捞强度过大，海洋渔业资源日益枯竭，经济鱼类资源越来越少。全省海洋捕捞工作会议作出了及时调整海洋捕捞作业的决定，确立了“控制近海，拓展外海，发展远洋，加强增殖，走可持续发展之路”的方针。鳀鱼资源开发力度加大，成为海洋捕捞业发展的重要增长点。1997 年鳀鱼产量 87.1 万 t，比 1996 年增产 33.4 万 t，占全省海洋捕捞总量的 29.3%。

调整优化海水养殖品种结构，大力发展名优高效渔业。1996 年，在“以市场为中心，依靠科技，调整养殖模式，提高经济效益”的思想指导下，海水养殖效益明显提高。1997 年，继续把发展名优高效水产养殖作为优化养殖品种结构、转变海洋水产业经济增长方式的重要手段。两年来，养殖品种结构调整取得显著成效，初步形成了以鲍鱼、海参、虾夷扇贝、对虾、鲈鱼、牙鲆等名优品种为龙头、多品种全面发展的新格局，海洋水产养殖正在由产量型向效益型转变。1997 年，海水养殖面积 18.27 万 hm^2，产量 238.4 万 t，产值 99.7 亿元；全省鲍鱼工厂化养殖面积 12.5hm^2，底播增养殖面积 2 666.7hm^2，总产量 1 700t，产值 4.3 亿元；工厂化养殖牙鲆 16.1hm^2，产量 3 000 余吨，产值 2.5 亿元。但是，由于浅海养殖结构失调，特别是扇贝养殖密度过大，致使病害频发，再加上厄尔尼诺现象及 11 号热带风暴的影响，1997 年浅海扇贝养殖受灾严重，损失达 11 亿元。浅海养殖布局结构已是非调整不可了。1997 年底，山东省人民政府办公厅向沿海各市地发出《关于调整我省海水养殖布局结构的通知》。沿海各养殖单位按照通知要求制定了相应措施，落实海区调整工作。

狠抓海洋水产品精深加工，海洋水产业经济效益有较大突破，海洋水产品加工质量有所提高，开发了一系列名牌产品。通过发展海洋水产品精深加工，进一步拉长了海洋水产业产业链，实现了海洋水产品的二次、三次加工增值，使海洋水产品加工向系列化、多样化和高附加值方向发展。威海市一方面在低值水产品的精深加工上下功夫，如海带加工已扩大到食品、调味品、保健品、工业用品等 30 个花色品种，其中海带丝、海藻营养液、海带营养口服液等产品被批准为全国首批海洋绿色食品；另一方面在高、精、尖新产品研究开发上下功夫，在海藻宝、珍贝类等产品形成规模生产的基础上，着手研究开发鱼油胶囊、生物活性蛋白等新产品。“荣成海洋功能食品加工基地”项目成为全国首批 8 个科技兴海示范区之一。

表 4 山东省海洋水产开发情况

项 目		1996 年	1997 年
海洋水产品产量(万 t)		518.6	535.9
海洋捕捞产量(万 t)		258.8	297.5
海水养殖面积(万 hm^2)		16.16	18.27
海水养殖产量(万 t)		259.7	238.4
海洋机动渔船	艘数(艘)	45 960	45 431
	总吨位(万 t)	62.9	66.8
	总功率(万 kW)	118.7	120.5
海洋水产总产值(亿元)	总产值	426.0	447.7
	海洋渔业产值	240.3	257.7
	海洋捕捞	138.1	158.0
	海水养殖	102.2	99.7
	海洋水产加工产值	183.8	116.5
海洋水产增加值(亿元)		243.6	215.6

（辛荣民）

海洋水产业配套服务设施不断完善，社会化服务程度进一步提高，形成了各环节相互衔接的产业链，加快了海洋水产产业化进程。1997 年，海水苗种场发展到 460 处，对虾育苗 51.2 亿尾，扇贝育苗 726.1 亿粒，鲍鱼育苗 7 218 万粒，海带育苗 67.9 亿株。全省有县级以上渔船修造企业 80 余家，渔港 204 个，码头 4.1 万 m，海洋渔船总计 5.2 万艘，机动渔船 4.6 万艘，其中生产渔船 4.5 万艘。各地结合本地实际成立了水产协会，在信息服务、产业指导等方面发挥了积极作用。

【海洋交通运输业】 山东沿海有众多天然优良港湾，具有发展海洋交通运输得天独厚的地理优势。改革开放以来，沿海港口综合能力有了很大提高，初步形成结构合理、能基本适应各类货物运输及客运需要的海运网络和支持保障系统。至 1997 年底，全省沿海港口发展到 26 个，205 个生产泊位，吞吐能力 1.20 亿 t，其中万吨级以上泊位 60 个，最大泊位 20 万 t。全省沿海有 12 个一类开放港口，5 个二类开放港口，初步形成了大、中、小港口配套布局较为合理、内外贸并举的港口群体。1997 年完成港口吞吐量 1.34 亿 t。

拥有海洋运输船舶 430 艘，总吨位 65.5 万 t，总载重量 82.3 万 t，载客量 1.19 万客位，标准箱位1 586 TEU。其中山东省国际海运公司、青岛海运总公司和烟台海运总公司海洋运输船舶总载重量 28.3 万 t，是山东海运的骨干企业，沿海外运可直达 26 个国家和地区，先后开辟了烟台至大连、烟台至韩国釜山、青岛至日本下关等省际、国际间滚装航线 13 条。1997 年，海洋货物运输量 1 455.1 万 t、货物周转量 433.8 亿 t·km，沿海主要港口国际标准集装箱吞吐量 113.4 万 TEU，国内集装箱吞吐量 3.4 万个。

1996～1997 年是山东航运改革力度较大的两年。通过实行政企分开，全省海上交通安全管理体制和港航管理体制基本理顺关系。1997 年 9 月 3 日，经省政府同意，省经贸委等 5 部门批准组建山东航运集团。为了适应市场经济的需要，全省航运系统加快了股份制改革、改组、改造的步伐，各企业努力探索公有制的多种实现形式。烟台海运总公司成立了烟台汽车轮渡股份公司。通过多种形式的合作、联合，省属港航企业与国内外企业组建港航合作企业 30 家。利用国内、外贷款 20.2 亿元。海洋交通运输行业管理职能和海上交通安全管理工作得到了加强。在全省实行了四级航管体制。全省海运市场得到较快发展，截至 1997 年，全省沿海从事海洋运输的企业 57 家注册营运，其中有 25 家经营国际航线。行政执法部门坚持严格执法，热情服务，狠抓海上交通安全管理，确保海上交通安全。船检部门严把船舶检验关，保证了船舶建造质量和营运船舶的适航性。港监、海务航政部门认真进行船员培训、考试和发证工作，为海运企业提供了合格的专业人才。

青岛、威海、潍坊3个船员考试培训中心两年来共组织5 600人次参加培训和考试,发证1 241本,其中B类1 005本,C类236本。（刘殿东）

【滨海旅游业】 1996～1997年,山东省沿海城市加大旅游工作力度,滨海旅游业取得突出成绩。1996年3月25日,国务院副总理朱镕基视察了青岛海滨和崂山风景区,对旅游工作做了重要指示。按照指示精神,青岛市就整改崂山风景区环境及全市旅游业发展提出了具体措施。6月6日,亚太经合组织(APEC)第二届国际经贸展览会在烟台召开,沿海地区旅游企业积极参展,烟台旅游部门推出十大旅游项目,受到各国参展人员欢迎。截至7月10日,沿海城市中的威海、青岛、烟台正式申请创建“中国优秀旅游城市”,占全省申报总数的1/2。8月14日,’96山东(青岛)旅游交易会在青岛召开,来自美国、日本、韩国以及国内近10个省、市的旅游界人士参加了交易会。同月,占地5.4hm²、投资9 600万元的青岛黄海游乐城建成。

1996年,山东省旅游交通有了新的发展。4月12日,潍坊—上海定期航班开通。4月26日,青岛—威海假日旅游列车开通。

1997年,山东旅游业推出’97中国(山东)旅游年精选旅游线路12条,其中涉及沿海城市的有8条,涉及青岛、烟台、威海、潍坊及东营五个沿海城市。烟台市政府决定每年拿出200万元建立旅游发展基金。3月13日,省政府批复成立蓬莱旅游度假区。至此,沿海城市有青岛石老人国家级旅游度假区1个,烟台金沙滩、威海环翠、乳山银滩、荣成石岛湾及天鹅湖、牟平养马岛、日照山海天、青岛薛家岛、青岛琅琊台及蓬莱省级旅游度假区9个,占全省旅游度假区总数的77%。各旅游度假区总体规划基本形成,基础设施建设逐步完善。5月,沿海城市中的青岛海天大酒店、华侨饭店、威海威海卫大厦入选’96年度全国“百优”、“五十佳”星级饭店,占全省入选总数的1/2。

1997年,蓬莱风景区管委会投资约150万元对蓬莱阁、蓬莱水城小海进行了维修;投资180万元的青岛胶南海洋生物陈列馆建成;全长12.8km的青岛沿海公路建成,成为青岛一道新的风景线。截至年底,山东三联集团已在青岛田横岛投资约2.7亿元,建成度假村及多种游乐设施。

截至1997年,青岛市有各类游船136艘,总吨位5 751t,其中小型游艇115艘,大船6艘,游钓船9艘,其他船只6艘。烟台市有各类游艇161艘,游船7条,总吨位3 500t。1996～1997年,青岛市接待国际游船23个航次1 940人,烟台市接待国际游船19个航次6 568人。

表5 1997年沿海城市接待旅游者情况

项目	国际		国内	
	人次数(万人次)	创汇(万美元)	人次数(万人次)	创收(亿元)
总计	39.0	15 517.96	2 837.3	128.95
青岛	19.8	9 803.72	962.8	54.05
烟台	8.9	3 152.37	655.0	35.40
威海	8.0	1 955.40	432.0	21.34
潍坊	1.7	480.86	440.0	13.20
日照	0.5	84.74	347.4	4.96
东营	0.1	40.87	—	—

（王明波）

【海洋矿产业】 山东省海洋及近岸矿产资源丰富,已发现矿产85种,其中探明储量的35种,包括能源矿产5种,金属矿产14种,非金属矿产14种,水气矿产2种。探明储量的矿产主要有石油、天然气、金矿、地下卤水、煤矿(储量4.2亿t,资源量数十亿吨)、油页岩(储量2.9亿t)、玻璃用石英砂矿、型砂矿、锆英石砂矿(伴生铪及钛铁矿)、贝壳砂矿(可采量达1亿t,资源量约3.6亿t)、建筑用砂、花岗岩、菱镁矿、滑石和石墨等,是山东省矿产资源的重要组成部分,有的在全国占有重要地位。据1996年底保有储量统计,金矿、石油、铪矿、滑石、菱镁矿和饰面用花岗岩等矿产储量位居全国前三名。

沿海市地探明矿产保有储量潜在总值约5 226.0亿元,占全省矿产资源潜在总值的11.6%。各市地按矿产资源潜在总值大小顺序排列及主要矿产种类为:东营市(石油、天然气),烟台市(金矿、煤矿、菱镁矿、滑石),潍坊市(地下卤水),青岛市(饰面用花岗岩、晶质石墨、建筑用砂),日照市(蛇纹岩、花岗岩、建筑用砂),威海市(铪矿、铁矿、晶质石墨、玻璃用砂、地热),滨州地区(地下卤水、铜矿、金矿、贝壳砂矿)。1996年,沿海市地新开展地矿勘查项目227个,1997年新开展225个,勘查目标矿产20种,其中3种能源矿产(地热、石油、天然气)、4种金属矿产(金、铍、铜、钛)、11种非金属矿产(石墨、灰岩、白云岩、方解石、重晶石、钾长石、透辉石、高岭土、花岗岩、榴灰岩、砂质页岩)、2种水气矿产(地下水、矿泉水)。

1996～1997年,省矿产资源委员会审查批准沿海地区矿产储量报告10份,包括金矿储量报告3份,非金属矿产储量报告7份;按储量规模分,大型矿床2个,中型矿床3个,小型矿床5个。

1996年,沿海市地共开采矿产55种,其中能源矿产4种,金属矿产5种,非金属矿产44种,水气矿产2

种；开采矿山总数 5 114 个，其中国有矿山 120 个，集体、私营矿山和个体采矿 4 994 个；实现矿业产值 255.2亿元，约占全省矿业总产值的 47.4%。

1997 年 1 月 1 日，修改后的《中华人民共和国矿产资源法》开始施行，该法对中华人民共和国领域及管辖海域矿产资源的勘查、开发利用和保护工作做了具体规定，同时增加完善了探矿权、采矿权依法登记取得等 6 项制度。为配合其实施，省政府组织起草了《山东省实施〈中华人民共和国矿产资源法〉办法(草案)》。海洋矿产资源勘查、开发的全程统一管理将逐步规范并加强。 （乔恩光）

【海洋油气业】 胜利石油管理局海上油田位于渤海湾南岸－15m 以内浅海水域。海洋油气勘探始于 70 年代，1975 年 8 月起进行地震勘探，1978 年 11 月 6 日钻探第一口海上探井，1988 年 5 月发现埕岛油田。至 1990 年底，国内浅海第一个大油田——埕岛油田已初步探明和控制近亿吨石油地质储量。

进入 90 年代，海上油田开发步伐加快。1993 年开始局部试采，当年产油 10 万 t，实现了海上原油生产零的突破。1994 年成立了浅海油田专业化开发公司——海洋石油开发公司，当年产油 30 万 t。1995 年产油 54 万 t，1996 年产量达到 105 万 t，1997 年突破 150 万 t。

遵循海洋石油勘探开发“简易、经济、安全、可靠和注重环保”的原则，制定了“先易后难、先高产后低产”的开发方案，优选油层发育好、储量丰度高、连通面积大的区块布井，取得井少高产效果。在生产方式上，开发初期，采用自己建造的一系列简易平台，配之以船舶拉油外输的生产模式。开发步伐加大后，确定了“卫星平台—中心平台—陆地接转站”的开发建设模式。截至 1997 年，建造各类采油平台 32 座，其中固定中心平台 1 座；井组平台 19 座；单井平台 10 座，可移动式平台 2 座；油井 127 口。海底输油管线 27 条，37.9km，海底电缆 27 条，49.9km，海 4 联合站 1 座，接转站 3 座，形成年产 180 万 t 原油的生产规模。

在技术装备配套上，从实际出发，自力更生，组织各单位联合攻关，并吸收国内外先进的装备技术工艺，满足了浅海油田生产发展的特殊技术需要，设备国产化率达到 90%以上，实现了生产工艺流程低成本与先进性的统一。至 1997 年底，累计探明含油面积102.7 km^2，石油地质储量超过 3 亿 t，生产原油近 350 万 t。

1996～1997 年，海上油气勘探力度加大，发现一批含油构造。(1)钻探埕北 30 井后发现东营组、中生界、古生界和太古界四套含油气层系，试油获日产油 97.3t。(2)在胜海古 2 井完钻电测见油层，试油获高产工业油流，可控制含油面积 6.2km^2，石油地质储量 1 100万 t。(3)在垦东潜山被覆构造带完钻 5 口钻井，均见油层，有 4 口获工业油流，上报控制含油面积 14.4km^2。(4)埕岛被覆构造中、深层勘探有新发现，埕北 8 井、埕北 2 井、胜海古 3 井获高产油气流。

1996～1997 年，海洋油气业的主战场——埕岛油田开发建设步伐加快。建立了适合海上石油开发的储量分级管理制度，即对地质储量分为上报储量、实钻储量、可动用储量、动用储量四个级别进行管理，坚持以可动用储量为基础编制开发方案。确立了以“卫星平台—中心平台—陆地接转站”为主，以“蜜蜂采油”和“穿梭油轮”为辅的产能建设模式。成立了气象海况分析小组，研究气象海况变化规律，基本掌握了海区风暴、海浪、气象季节及年际变化规律和特点，掌握了原油生产主动权。建立和规范了海上采油系统管理制度，坚持每周海工例会制度和每日生产例会制度，强化海上施工现场质量监管。 （刘崇惠）

【海洋盐业及盐化工业】 山东省海盐资源丰富，可利用滩涂面积 3 223.6km^2，尤其是从莱州市虎头崖往西经昌邑、寒亭、寿光、广饶、垦利的 6 个县(市、区)滨海滩涂有丰富的地下卤水资源。最低浓度 7Be，最高 19Be，平均 12Be，是海水浓度的 6～8 倍，资源量约 82 亿 m^3；地势平坦，气象条件优越，年平均蒸发量2 200 mm，年平均降水量 600mm 以下，特别适合于盐业生产。山东省海盐、盐化工生产均居全国首位，1996 年实现工业总产值 15.3 亿元，1997 年实现 37.2 亿元。

山东省海盐生产工艺和科学技术达到国内先进水平，大中型企业盐田结构趋于合理，直接生产作业基本实现机械化。1996 年，全省有海盐生产企业 91 家，海盐生产面积 10.7 万 hm^2，产盐 1 119.5 万 t。1997 年，海盐生产企业增至 109 家，海盐生产面积达 11.1 万 hm^2，产盐 796.7 万 t，年销售量达 800 余万 t，均占全国的 1/4 以上。产品平均含纯率 96.3%，优级品率达 83%。为实现 1998 年全省消除碘缺乏病的目标，投资 6 348.8 万元实施山东省加碘盐工程，重点改造羊口盐场、菜央子盐场等 7 个生产企业，并按照合理布局、保证质量的原则，确定了 16 个定点生产企业，在全省形成 56 万 t 食盐生产能力，食盐品种齐全，包括精制盐、再制盐、洗涤精制盐、食品工业专用盐、强化营养盐、保健盐、低钠盐等。

近年来，山东省海盐化工业实施大企业集团带动战略，走联合创新、集团化、规模化发展之路，获得迅速发展。盐化工生产能力达 20 万 t，1996 年生产 13.0 万 t，1997 年生产 17.8 万 t。制溴技术和管理水平居国内领先地位，先后建设了无棣、广饶、卫东、菜央子、岔河、寒亭二厂、灶户、敖里盐场等 25 家以溴及溴的二次产品为主的盐化厂，生产能力达到4.35万t。1996年生产3.60万t，1997年生产4.43万t，产量和市场占有率均为全国的85%。纯碱和烧碱生产能力达到124.5万t和85.5万t，分居全国第一、二位。相继开发了一批包括1211、氢溴酸、溴化锂、四溴双酚A、十溴联苯醚为代表的制冷剂、灭火剂、阻燃剂、医药和农药中间体、燃料中间体、无机溴化物6个系列50多个品种。盐碱联合的山东海化集团有限公司成为全国最大的海洋化工生产企业，并成为山东省8大骨干企业集团之一。

（赵玉科）

海洋公益事业
Marine Public Welfare Facilities

【海洋环境整治】 山东省入海河流众多，地表径流携带大量陆源污染物入海，严重污染近岸海域环境，陆源污染成为海洋环境恶化的首要原因。海水养殖、海洋运输、海洋油气、海洋化工、海洋矿产等海洋产业的发展，对近岸海域环境也造成不同程度的影响。

海洋环境整治引起各级政府的高度重视。烟台市制定实施了《烟台市近岸海域环境功能区划》，加强地方海洋环境监督管理的法制化、科学化和规范化。青岛市颁布实施了《青岛市近岸海域环境保护规定》，加大监督检查力度，近岸海域环境污染得到有效控制。

注入莱州湾的小清河流经18个县市，全长约237km。在治理之前，沿岸共有各类企业3万多家，年排工业废水3亿多吨。自60年代起，河水开始遭受人为污染。至70年代，河口渔业资源遭到破坏，传统的溯河产卵的银鱼几乎绝迹。80年代起，滩涂和浅海贝类资源受到破坏，贝类受污染死亡和虾池污染事故频频发生，海洋生物几乎绝迹。1996年，省委、省政府决定投资10多亿元根治小清河，自源头到入海口全线清淤、拓宽。1997年底，小清河治理一期工程完工，清除了多年淤积物，拓宽了河道，严格控制废水排放，依法关、停、整治了沿岸排污大户，入海河水变清了，河口生态环境得到一定程度的恢复，部分绝迹生物重新出现。

【海洋污染基线调查】 按照国家海洋局的总体部署及山东省政府对国海监发(1997)301号文《关于开展第二次全国海洋污染基线调查的通知》的批示，山东省海洋与水产厅制定了"山东省第二次海洋污染基线调查方案"，并成立了领导小组及其办公室。到1997年底，前期工作已部署完毕，各沿海市地已做好进入实质性工作的准备。

【山东省海洋预报台建立】 1997年7月，山东省海洋与水产厅与国家海洋局北海分局联合建立了山东省海洋预报台，标志着山东省海洋公益服务事业实现新的突破。海洋预报台7月中旬开始正式运行，把海洋预报、警报信息及时、准确地传送到省政府、省直涉海部门和沿海市地海洋与水产局。从8月1日开始，通过山东卫星电视定时向社会发布海洋预报，覆盖全国和周边国家与地区。8月中旬，山东省海洋预报台提前48小时发布了9711号台风及风暴潮警报，使有关方面及时采取了防范措施，减少了人员伤亡和经济损失，充分显示了海洋预报在海洋防灾、减灾中的重要作用。

【海洋自然保护区管理】 对全省海洋自然保护区基本情况进行了认真调查，摸清了地方级海洋自然保护区的基本现状。日照"前三岛"省级海洋自然保护区申建工作进展顺利，形成了可行性报告。荣成市省级海洋自然保护区建设开始启动。青岛市2处市级海洋自然保护区的建立正在报市政府批准。 （徐国强）

海洋灾害与防御
Marine Disasters and Defence

【海洋灾害与防灾减灾】 山东省季风性气候显著，海洋灾害类型多，发生频繁，影响范围广。沿海地区年平均大风日在138天以上，风暴潮平均4年一遇，台风平均每年2.2次，最多年份5次。山东半岛最东端的荣成成山头地势险峻，浪大流急，险象丛生，并且一年四季多为迷雾天气，被称为"中国的好望角"。

1996年，由于海损事故和海洋灾害，海洋渔业沉船78艘，冲毁养殖池2 000hm²，死亡85人，失踪和重伤85人，直接经济损失3.62亿元。10月30日，位于东营海港东北16m水深处的胜利浅海石油勘探开发联营公司8号油井泄漏，溢油达41h，溢油量80多吨，污染面积达400km²，直接经济损失2 000多万元。

1997年，由于海损事故和海洋灾害，海洋渔业沉船1 892艘，冲毁养殖池17 958hm²，死亡95人，失踪和重伤62人，直接经济损失13.99亿元。海洋交通运输业(不包括交通部属三大港监辖区)共发生海损事故27起，沉船2艘，死亡8人，经济损失2 398万元。5月13日，烟台海运总公司"鲁渤渡2"轮在旅顺口老铁山航道沉没，6名船员死亡，1名旅客失踪。8月19日，第11号台风袭击了山东省沿海地区，风力平均7级，日照、青岛等地达到9级；海浪平均高2～3m，日照、青岛在5m以上。沿海7市地受到不同程度的损失。青岛、威海两市共冲毁防潮堤坝3 700m，渔港码头两处，失踪渔船5艘、人员9人，冲毁虾池226.7hm²。

山东省沿海地区经济发达，海洋减灾防灾任务艰巨。两年来，海洋预报部门加强海洋灾害监测和预报工作，海洋产业部门积极开展减灾防灾基础设施建设，全社会在灾情发生后全力投入抢险救灾工作，最大限度减少灾害损失。1997年，省气象部门、省海洋预报台对11号台风提前做出了准确预报，使有关方面及时采取了防范措施，减少了人员伤亡和经济损失。烟台、威海等地建立了海洋气象台，除常规天气预报外，还通过电视、无线电广播、电话答询、超短波警报广播等形式向社会及时发布海上灾害性天气预报和警报，为海洋产业部门提供多种专业海洋气象服务。（徐国强）

海洋科技与教育 Marine Science and Technology & Marine Education

【概况】 为了加快"海上山东"建设，山东省委、省政府把科技兴海作为一项重大战略措施来抓。1996～1997年，山东省重点实施"四0"工程（在海洋技术攻关、开发、推广和高新技术研究开发四个方面各选择10个重点项目集中力量研究、开发），促进了海洋科技成果的产业化，推动了海洋高新技术产业的发展，培植了一批海洋新兴产业的龙头和骨干。海洋科技进步在山东省经济发展中的贡献率已达到45%，明显高于工业和农业。

【海洋科技研究开发】 1996～1997年，省科学技术发展计划重点安排海洋水产增养殖及捕捞、加工技术研究开发，海洋药物、海洋化工、海洋环境服务技术与海洋装备技术研究开发，海洋生物工程技术研究开发等项目240余项，累计直接投入科研经费800多万元，取得研究成果130余项，其中80余项达到国内外先进水平。开发转化200多项海洋科技成果，培育了海水养殖、海洋化工、海洋药物和海洋食品工程四大海洋高新技术产业。建立了潍坊海盐及盐化工基地、青岛海水增养殖高效优质苗种繁育基地、荣成海洋功能食品研究开发基地、长岛海珍品增养殖基地4个国家级科技兴海基地。

【海洋科研重点项目与海洋科教队伍建设】 自1996年以来，驻鲁海洋科研单位通力合作，在沿海省市率先承担了国家攀登计划B"海水增养殖生物优良种质和抗病力的基础研究"并已取得重要进展，目前已在国内外学术杂志发表有关论文70余篇。山东省申报的"海洋生物细胞工程育种技术研究"已列入国家863计划并开始启动。

1996年，山东省海洋与水产厅和省社科院共同组建了山东海洋经济研究中心。1997年，山东省海洋与水产厅、青岛海洋大学水产学院等25个行政、企事业单位联合成立了青岛海洋大学水产学院董事会。

海洋科研、教学机构进一步完善，海洋科技队伍不断壮大。截至1997年，拥有中央驻鲁和省内海洋科研、教学机构50个，其中县级以上海洋科研机构39个，国家级海洋科研机构7个。拥有海洋科技人员1万余名，占全国的40%。（辛荣民）

海洋国际合作与交流 Marine International Cooperation and Interflow

【概况】 截至1997年，山东省已同世界各国建立了70多对友好省、友好城市关系，许多友好省、友好城市的海洋界已同山东省建立了稳固的合作关系。1997年10月21～29日，山东省海洋与水产厅邀请了加拿大新斯科舍省哈利法克斯达尔豪斯大学海洋管理研究生部主任皮特·里基兹(Peter·Ricketts)来鲁就海洋管理有关问题在济南、烟台两地举办了专题讲座，省、市、县三级海洋管理部门的有关人员160多人听了讲座，了解了加拿大海洋管理基本制度和濒海发达国家海洋管理的最新动态，开阔了思路。11月25～30日，'97北京国际海洋资源开发和海洋技术设备展览会在北京展览馆举行，山东省组团参展获得圆满成功。山东展团以规模大、内容齐全、展面丰富、模型制作精致等特点充分展示了山东省海洋开发与管理成就，引起了国内外参展、参观客商的极大关注和好评，获得国家海展组委会最佳组织奖、最佳设计奖和最佳模型奖。国务院副总理邹家华在山东省副省长邵桂芳的陪同下详细参观了山东展区，给予了高度评价。

【海洋水产】 一批实力较强的海洋水产企业已从近岸捕捞走向远洋。到1997年底，全省获得远洋渔业企业资格证书的企业已达10家，远洋渔船总数92艘，累计派出191艘次，作业渔场已进入世界三大洋的11个国家和地区。1997年全省远洋捕捞产量达16.6万t，国外经营总收入7 611万美元，盈利1 272万美元。国际鲜活水产品运销渔船已发展到243艘，占全国的80%以上，运销鲜活水产品2.3万t，创汇9 710万美元，实现利润6 287万元，开通了山东水产品直接出口的海上"黄金通道"。1997年，全省水产三资企业新增72家，已达689家，累计引进外资2.7亿美元。1996年全省出口海产品 29 万 t,创汇 6.5 亿美元。1996 年 10 月,'96 国际渔业博览会在青岛成功举行,山东省在展团规模、参展商和成交额三方面名列全国第一,贸易洽谈金额达 2.3 亿美元,全方位展示了自身实力与发展前景。

【海洋交通运输】 到 1997 年底,全省海港已发展到 26 处,205 个生产泊位,吞吐能力 1.2 亿 t。沿海有 12 个一类开放港口,5 个二类开放港口,国际航线连接 70 多个国家 300 多个港口,初步形成了大中小港口配套、布局较为合理、内外贸并举的沿海港口群体,海上运力大幅度增加。1997 年,拥有远洋运输船舶 28 艘,总吨位 19.2 万 t,总载重量 27.0 万 t,远洋运输标准箱位 1 181TEU,远洋货物运输量达 378.8 万 t,沿海主要港口外贸货物吞吐量达 5 105.3 万 t。1996 年 5 月 8 日,威海船厂与德方签订向德国出口 6 艘 820TEU 船舶合同,1997 年开始建造,第一艘船将于 1998 年 7 月交付出口。1996 年 5 月 21 日,青岛海运总公司、烟台海运总公司与德方签订了利用德国政府贷款建造 4 艘 559 箱集装箱船的合同,利用贷款 1.6 亿马克,第一艘船将于 1998 年上半年交付使用。

【滨海旅游】 沿海城市涉外旅游饭店建设速度加快,旅游接待能力大增。1997 年,新增涉外饭店 40 个,达到 206 个;新增客房 7 198 间,达到 25 366 间;新增床位 14 437 张,达到 51 343 张。沿海城市接待海外旅游者 39.7 万人次,比上年增加 2.8 万人次;国际旅游外汇收入 1.61 亿美元,比上年增长 0.12 亿美元。

(徐国强)

海洋立法与管理
Marine Legislation and Management

【概况】 省、市、县三级海洋行政主管部门成立后,形成全省统一的海洋管理体制。1996 年,在加强海洋宣传、增强全社会海洋意识、建立海洋管理队伍、举办海洋专业培训等方面做了大量工作,为搞好海洋综合管理奠定了基础。1997 年,山东省海洋管理工作开始走上正规并取得重大进展。

海域使用管理立法工作 1997 年,《山东省海域使用管理规定(草案)》列入省政府立法计划,并先后完成立法调研、修改文稿、征求涉海部门意见及协调会签,8 月份报省政府法制局审查、修改,拟提交省政府常务会议审议通过。10 月,《青岛市海域使用管理暂行规定》由第 78 号市政府令发布施行。

海域使用管理示范区工作 烟台市是中国海域使用管理四个示范区之一。1997 年 7 月,依据国家海洋局与财政部印发的《关于开展海域使用管理示范区工作的意见》,烟台市制定了示范区工作实施方案,并由市政府印发各沿海县市区政府及市直有关部门。9 月,国家海洋局组织驻京各大新闻单位记者赴烟台现场采访海域使用管理,《中国海洋报》连续发表了该报特约记者王铁民采访的《海域使用管理非抓不可》和该报记者李文军采写的《烟台海域使用管理扫描》两篇长篇专题报道并配发了评论,中央电视台、法制日报等新闻媒介也都作了及时报道。

海域使用情况 1997 年 6 月,山东省海洋与水产厅印发了《关于开展海域使用基础调查工作的通知》,沿海市地海洋行政主管部门据此制定了调查工作方案,积极开展调查工作。到年底,调查工作基本结束,为海域使用管理两项制度的实施奠定了基础。初步查实,沿海市地使用海域共 8 种类型,占用岸线2 270km,使用海域面积 61.5 万 hm^2,使用海域的单位5 300余个。

海洋开发规划编制和海洋功能区划图绘制工作 1997 年,《全省海洋开发规划》完成初稿,全开双拼全省海洋功能区划图完成清样。《青岛市海洋产业规划》通过专家论证。《烟台市海域使用规划》和大比例尺图纸的编制工作基本完成,待通过专家论证。

海洋渔业资源管理工作 近年来,由于近海海域捕捞强度过大,受纳陆源污染物过多,再加上海上不断发生的泄漏油事件,近海海域生态环境和渔业资源受到严重危害,大宗优质鱼类、虾蟹类海洋水产品产量呈减产趋势,有的品种已很少见。针对以上情况,山东省采取了近海海洋渔业资源保护和开发相结合的措施,加强渔场资源管理,维护渔业生产秩序,实行伏季休渔管理;加强渔业资源增殖放流,提高经济和社会效益;改革企业管理和作业手段,把发展远洋渔业作为主攻方向。

(王铁民)

表 6 山东省沿海城市、县(市)人口及从业人员情况一览表

沿海城市、县(市)	年末总人口(万人)		农业人口(万人)		非农业人口(万人)		从业人员(万人)		职工人数(万人)	
	1996 年	1997 年	1996 年	1997 年	1996 年	1997 年	1996 年	1997 年	1996 年	1997 年
合计	1 950.40	2 119.50	1 261.30	1 461.60	689.10	657.90	1 032.10	933.30	238.00	320.40
沿海城市	726.00	898.70	312.30	476.40	413.70	422.30	362.70	499.20	128.20	211.60
沿海县(市)	1 224.40	1 220.80	949.00	985.20	275.40	235.60	669.40	434.10	109.80	108.80
青岛市区	223.90	227.20	53.70	56.00	170.20	171.20	62.80	135.20	18.80	78.10
胶州市	74.10	74.70	54.30	53.90	19.80	20.80	42.90	42.90	8.80	9.10
即墨市	105.40	105.70	88.30	88.20	17.10	17.50	57.00	57.30	8.60	8.60
胶南市	83.30	83.50	67.50	66.10	15.80	17.40	39.80	39.50	6.60	6.70
烟台市区	151.20	154.40	68.80	74.40	82.40	80.00	94.70	37.90	38.10	37.40
莱阳市	89.70	89.50	72.10	74.10	17.60	15.40	54.80	6.40	6.10	6.10
海阳市	70.30	70.20	58.50	59.30	11.80	10.90	37.90	5.50	5.30	5.30
蓬莱市	48.80	48.90	37.20	37.20	11.60	11.70	26.80	4.40	4.20	4.20
龙口市	61.10	61.50	40.20	38.90	20.90	22.60	38.00	7.90	7.90	7.60
招远市	57.60	57.70	41.20	41.10	16.40	16.60	31.60	6.90	6.80	6.70
莱州市	87.50	87.60	56.40	60.40	31.10	27.20	48.50	8.50	8.70	8.30
长岛县	4.40	4.40	2.60	2.50	1.80	1.90	3.00	0.90	1.00	0.90
威海市区	46.10	48.50	23.20	23.30	22.90	25.20	12.90	31.40	3.70	16.30
荣成市	68.50	68.30	47.70	55.90	20.80	12.40	35.90	35.70	8.10	7.80
文登市	67.00	66.70	49.40	53.50	17.60	13.20	35.30	35.50	7.90	7.90
乳山市	61.70	61.60	51.60	52.80	10.10	8.80	36.50	36.40	7.20	7.10
潍坊市区	123.70	125.90	65.20	64.00	58.50	61.90	73.10	72.10	28.20	29.70
寿光市	102.90	97.40	84.10	85.70	18.80	11.70	52.10	51.30	6.80	5.80
昌邑市	67.20	67.90	52.40	59.70	14.80	8.20	38.50	5.60	4.80	4.80
日照市区	111.20	272.00	78.60	233.00	32.60	39.00	72.20	176.00	10.20	20.00
东营市区	69.90	70.70	22.80	25.70	47.10	45.00	47.00	46.60	29.20	30.10
垦利县	20.80	20.80	15.50	16.80	5.30	4.00	11.20	10.70	1.70	1.80
广饶县	46.30	46.70	37.50	41.60	8.80	5.10	25.60	26.70	2.80	3.60
利津县	28.80	28.80	23.90	25.20	4.90	3.60	19.70	19.80	1.80	1.90
滨州地区										
无棣县	41.20	41.10	35.70	37.60	5.50	3.50	17.20	18.20	2.80	2.80
沾化县	37.80	37.80	32.90	34.70	4.90	3.10	17.10	14.00	1.90	1.80

表 7 山东省沿海城市、县(市)国内生产总值、工农业总产值(当年价)一览表

单位:亿元

市县名称	年份	国内生产总值				工 业		农 业	
		合 计	第一产业	第二产业	第三产业	总产值	增加值	总产值	增加值
合 计	1996	1 936.08	426.65	988.16	521.27	3 623.88	878.13	802.36	426.65
	1997	2 643.05	429.08	1 393.79	830.18	4 792.84	1 238.94	743.06	418.14
沿海城市	1996	777.96	98.05	476.62	203.29	1 481.58	417.19	191.60	98.05
	1997	1 382.48	120.59	759.15	466.74	2 207.99	623.23	196.53	110.50
沿海县市	1996	1 158.12	328.60	511.54	317.98	2 142.30	460.94	610.76	328.60
	1997	1 260.57	308.49	588.64	363.44	2 584.85	615.71	546.53	307.64
青岛市区	1996	153.07	19.32	84.12	49.63	358.22	75.69	34.94	19.32
	1997	450.42	18.54	234.13	197.75	795.25	204.83	37.65	19.45
胶州市	1996	70.78	17.51	34.28	18.99	135.36	31.99	32.65	17.51
	1997	77.53	15.20	39.13	23.20	166.98	36.81	27.75	15.20
即墨市	1996	64.17	21.37	24.96	17.84	89.83	22.16	36.43	21.37
	1997	68.89	16.49	30.97	21.43	121.61	28.45	29.01	16.49

续表

市县名称	年份	国内生产总值				工业		农业	
		合计	第一产业	第二产业	第三产业	总产值	增加值	总产值	增加值
胶南市	1996	60.06	20.93	22.88	16.25	80.39	20.41	36.07	20.93
	1997	68.02	20.21	28.02	19.79	98.23	25.52	31.58	19.30
烟台市区	1996	133.49	19.56	70.50	43.43	369.67	60.31	42.42	19.56
	1997	234.43	16.59	130.34	87.50	378.76	57.75	32.82	16.59
莱阳市	1996	57.07	15.55	24.00	17.52	109.48	21.20	28.29	15.55
	1997	58.08	10.70	26.50	20.88	114.42	25.00	20.36	10.70
海阳市	1996	39.20	16.32	14.47	8.41	63.97	13.74	32.63	16.32
	1997	39.75	14.18	16.87	8.70	68.02	47.60	28.03	14.18
蓬莱市	1996	60.00	15.01	26.48	18.51	108.11	25.11	28.35	15.01
	1997	58.20	12.90	26.00	19.30	114.51	25.10	24.37	12.90
龙口市	1996	91.33	14.31	48.66	28.36	231.63	45.68	26.66	14.31
	1997	93.06	15.33	48.93	28.80	266.30	46.02	26.27	15.33
招远市	1996	71.44	11.87	39.46	20.11	136.35	34.35	21.93	11.87
	1997	69.67	8.25	42.53	30.12	166.42	22.92	16.33	8.25
莱州市	1996	103.01	23.46	49.39	30.16	137.12	45.40	45.60	23.46
	1997	101.13	20.48	50.53	18.89	163.30	40.40	37.28	20.48
长岛县	1996	12.80	8.01	1.40	3.39	4.36	1.14	14.08	8.01
	1997	13.31	8.57	1.32	3.42	3.36	0.99	14.70	8.57
威海市区	1996	55.97	15.00	22.11	18.86	93.81	19.19	27.25	15.00
	1997	118.07	16.79	60.32	40.96	207.51	48.00	28.65	16.79
荣成市	1996	124.90	41.37	53.52	30.01	272.88	47.80	65.65	41.37
	1997	143.90	43.10	63.80	37.00	356.78	57.60	70.66	43.10
文登市	1996	114.01	25.80	58.24	29.97	248.06	53.36	43.15	25.80
	1997	140.32	27.54	76.08	36.70	314.45	70.30	43.20	27.54
乳山市	1996	63.52	20.13	23.64	19.75	93.74	20.03	30.30	20.13
	1997	75.30	20.69	30.10	24.51	121.07	25.40	31.28	20.69
潍坊市区	1996	169.21	12.93	102.64	53.64	302.52	89.99	29.44	12.93
	1997	197.27	13.54	116.50	67.23	336.31	101.30	25.69	13.54
寿光市	1996	73.95	23.45	28.56	21.94	147.12	26.08	63.12	23.45
	1997	87.95	27.54	34.06	26.35	179.57	40.17	52.18	27.55
昌邑市	1996	48.57	12.87	20.40	15.30	121.29	17.13	32.35	12.87
	1997	53.50	13.50	22.44	17.56	122.90	61.45	30.20	13.55
日照市区	1996	70.56	23.97	24.35	22.24	94.02	18.52	44.29	23.97
	1997	157.00	47.00	56.00	54.00	197.00	54.00	58.00	36.00
东营市区	1996	195.66	7.27	172.90	15.49	263.34	153.49	13.26	7.27
	1997	225.29	8.13	197.86	19.30	293.16	157.35	13.72	8.13
垦利县	1996	13.51	5.10	6.29	2.12	24.57	5.61	8.98	5.10
	1997	14.90	4.85	7.44	2.61	29.93	6.60	8.37	4.85
广饶县	1996	32.54	11.15	14.28	7.11	61.95	12.99	19.36	11.15
	1997	39.00	10.85	17.36	10.79	79.54	15.43	19.00	10.85
利津县	1996	17.35	8.19	6.61	2.55	29.06	5.77	14.32	8.19
	1997	20.99	7.97	10.01	3.01	38.62	9.13	14.15	7.97
无棣县	1996	21.72	6.93	9.63	5.16	30.43	8.00	13.74	6.93
	1997	22.27	5.04	11.85	5.38	44.80	9.64	10.97	5.04
沾化县	1996	18.19	9.27	4.39	4.53	16.60	2.99	16.10	9.27
	1997	14.80	5.10	4.70	5.00	14.04	3.18	10.84	5.10

青 岛 市
Qingdao City

综 述
Summary

【概况】 青岛市位于亚欧大陆和太平洋的海陆交汇地带，是中国的重要港口和山东省沿黄流域的主要出海口岸之一，是亚欧大陆桥的东方桥头堡。青岛三面环海，海岸线长 730km，自然港湾 49 处，海岛 69 个，滩涂面积 212km²，20m 等深线以浅水域面积为 3 255km²。管辖海洋（内水）面积 1.38 万 km²，大大超过陆上面积，海洋资源非常丰富。其环抱的胶州湾是中国少有的半封闭型深水港湾，湾内水深域阔，不淤不冻，可建大量深水泊位，具有建设大型港口的潜力。湾内栖息的生物种类繁多，其中：底栖生物 330 种，潮间带生物 128 种，藻类 112 种，鱼类 113 种，主要经济鱼类 49 种，为发展海洋生物增养殖提供了丰富的资源条件。青岛还是全国闻名的“海洋科技城”，海洋科技密集程度居全国之首。全市共有 25 个海洋科研、教育、管理机构，海洋专业技术人员 5 000 多人，占全国同类人员的 40%，其中高级专业技术人员 1 100 余人，占全国同类人员的 35%，现有中国科学院院士 5 名，工程院院士 3 名。

表 1 青岛市沿海市区及海洋管理机构

市区名称	海洋管理机构
胶南市	胶南市海洋与水产局
胶州市	胶州市水产局
即墨市	即墨市水产局
崂山区	崂山区海洋与水产局
城阳区	城阳区海洋与水产局
黄岛区	黄岛区农业经济发展局

青岛海洋大学是中国最大的综合性海洋高等学府。青岛海洋科研、教育学科门类比较齐全，设备比较完善，在海洋生物、海洋水产、海洋地质、海洋化学、物理海洋、环境海洋、海洋腐蚀与保护等学科的研究与教学方面，居全国一流水平。另外，青岛风景秀丽，气候宜人，拥有众多的自然旅游资源和人文景观，是极富盛名的滨海风景旅游城市。

为进一步推动全市经济发展，青岛市把发展海洋经济作为全市新的经济增长点，加速发展。1996 年，青岛市海洋产业产值达到 964 094.6 万元（现价），其中：海洋水产业完成 611 749 万元，占 63.5%；交通运输业完成 125 499.4 万元，占 13%；滨海旅游业完成 91 827 万元，占 9.5%；修造船业完成 70 430 万元，占 7.3%；盐业完成 64 859 万元，占 6.7%。海洋产业增加值完成 488 788.4 万元，占全市国内生产总值的 6.9%。1997 年 2 月，青岛市委、市政府召开了全市海洋与水产工作会议，提出以改革开放为动力，以经济效益为中心，积极推进两个根本性转变，认真实施“科教兴海”和“可持续发展”两大战略，加快“海上青岛”建设的步伐。在此方针指导下，青岛市的海洋经济取得了快速发展。1997 年，青岛市海洋产业产值达到 979 674.6 万元，其中：海洋水产业完成 607 641 万元（统计口径调整），占 62%；交通运输业完成 139 644 万元，占 14.2%；滨海旅游业完成 101 969.6 万元，占 10.4%；修造船业完成 66 280 万元，占 6.8%；盐业完成 64 279 万元，占 6.6%。海洋产业增加值完成 572 996.7 万元，占全市国内生产总值的 7.2%。

表 2 青岛市海洋开发资料统计

项目		1996 年	1997 年
海洋捕捞产量（万 t）	鱼类	16.5809	21.4866
	贝类	9.8197	11.75
	藻类	0.0139	0.0484
	虾蟹类	6.2194	6.499
	合计	32.6339	39.784
海水养殖产量（万 t）	鱼类	0.2769	0.4243
	贝类	53.9541	50.9274
	藻类	0.5315	0.3617
	虾蟹类	0.3395	0.2957
	合计	55.102	52.0091
海洋旅客运输量（万人次）		513	548
青岛港货物吞吐量（万 t）		6 002.8	6 916
海洋货物运输量（万 t）	沿海	264	244.7
	远洋	210	299.3
海盐生产面积及产量	面积（hm²）	7 778	7 474
	产量（万 t）	44.8	32.8
海盐化工产量（万 t）	烧碱	7.3	8.45
	纯碱	46.91	50.55
滨海旅游人数（万人次）	国内	902.00	962.82
	国外	13.2823	19.789

海洋资源开发与海洋经济
Development of Marine Resources and Marine Economy

【海洋水产业】 自1996年以来，青岛市海洋水产业发展一年一个新台阶，逐渐步入了以提高经济效益为中心的新阶段。1997年，全市共完成海产品总产量87.88万t、总产值44.2亿元，分别比上年增长了3.55%和9.7%。实现工业总产值12 730万元，销售收入39 320万元，比上年增长35%。

海洋捕捞生产稳步增长 1996年，青岛市召开了全市海洋捕捞结构调整现场会，明确提出"三控三上"，即：控小上大、控近上远、控木上钢。通过政策扶持和股份合作制等形式，大力发展大马力渔船。截止到1997年，全市更新改造大马力渔船315艘，促进了捕捞生产全面发展，1997年全市完成捕捞总产量35.8万t，比去年增长20.54%，为使青岛海洋捕捞逐步走上以外海、远洋为主的路子创造了一个良好的开端。

科技进步推动海水养殖发展 近年来，青岛市依靠科技，发展海水养殖取得显著成效。1996年，青岛实施的罗氏沼虾池塘连片养殖、韩国牡蛎育苗养成、南美白对虾育苗、对虾病害防治示范区等项目达到全国或全省领先水平，低盐度养虾、罗非鱼海水室内驯化及养成、扇贝和海参混养试验成功，引进名特优品种7个。1997年，青岛市组织水产科技立项10个，实施6个推广项目，全市水产养殖病害防治网络开始发挥作用，乡镇渔技推广机构"三定"工作全部到位，对虾病害综合防治示范区形成生态和高位池养殖新模式，扇贝养殖已发展到30m水深，并实行贝藻间养和轮养，引进新品种10个，坑道鲍鱼和水库养殖大银鱼成为名特优养殖的主要品种，建成鱼鸭、贝参、虾参、鱼虾混养和塑料大棚培育虾蟹苗种等一批新技术推广示范点。全市海水养殖总面积达到2.33万hm^2，比去年增加973hm^2，增长4.4%，产量达到52万t。

基础设施建设上了一个新台阶 自1996年以来，青岛市通过进一步完善和发展股份合作制，做到了发展一个项目，形成一个产业，繁荣一方经济。黄岛区以海水鱼育苗越冬基地建设推动了网箱养鱼。胶州市以蟹类养殖为龙头，带动养殖业向规模化发展。城阳区通过发挥水产品批发市场功能，促进滩贝增养殖和捕捞生产。全市新建名特优养殖基地8处，即墨女岛和城阳河套两处渔港建设的主体工程已经完工，海水鱼网箱发展到1 800个。

企业改革促进了渔业对外开放 为推动全市水产企业改革走向深入，1997年青岛市成立了青岛海丰(集团)股份有限公司，使其成为山东省第一家改制的国有水产企业，不仅在企业改革中发挥了龙头带动作用，也促进了水产外向型经济迅速发展。截止到1997年，全市水产三资企业已发展到184家，比上年增加7家；累计引进外资9 776万美元，比上年增加2 121万美元。全市出口水产品达到7.6万t，创汇1.54亿美元。

【港口建设与海上运输】 港口运输业是青岛海洋产业发展的龙头，港口建设对青岛市的经济发展显得尤为重要。近年来，青岛通过加快港口基本建设和技术改造，使青岛市的港口运输业走在了全国的前列。1997年，青岛港拥有码头10座，码头长9 177m，泊位40个，其中万吨级以上24个，有20万t专用油码头、10万t矿石码头、杂货码头及停靠第四代集装箱的码头。港口年吞吐能力达到8 430万t，年吞吐量6 916万t，居全国第六位；集装箱运输突破100万大关，完成103万国际标准箱，居全国第二位。与世界130多个国家和地区的450多个港口通航，是山东省和沿黄流域对外贸易、能源输出和集装箱进出口的综合性枢纽港。随着港口基本建设的改善和服务功能的日益提高，青岛市的海洋运输业也取得了较快发展。1996年，全市拥有海洋运输船舶217艘，净载重量为306 673万t，总功率达194 340kW，航线遍布世界各地，全年完成货运营业收入43 428万元。1997年，全市海洋运输船舶增至234艘，净载重量达到310 988万t，总功率达到201 674kW，完成货运营业收入43 060万元。

【滨海旅游资源】 青岛市依山傍海，湾岬相间，气候宜人，旅游资源非常丰富，每年都吸引大量的国内外游客前来观光旅游。沿海有景色壮丽的崂山和风光优美的海滨，市区山峦起伏，建筑风格独特，既有德国特色为主的现代欧式建筑，又有雄伟壮观的现代建筑，错落有致的庭院楼阁倚山傍海，构成碧海、蓝天、红瓦、绿树的特色景色。青岛冬无严寒，夏无酷暑，年平均气温12.3℃，是著名的旅游度假胜地。有各级文物保护单位198处，有国内闻名的胶州三里河文化和龙山文化，平度岳石文化，有道教"第二丛林"之称的崂山道教文化，有著名的即墨故城址和胶南琅琊台古址，有田横岛汉初齐王田横部属500壮士就义遗址，还有商代的霸王台、战国时代的齐长城，天柱山北魏摩崖刻石、六曲山汉墓群等历史遗迹，闻名遐迩，享誉中外。滨海旅游业是青岛市旅游业的重要组成部分。随着旅游业的快速发展，青岛相继开发出了前海旅游观光风景区、国家级石老人旅游度假区、省级薛家岛旅游度假区、海岛旅游度假村等各具特色的旅游区。前海旅游观光风景区风光绮丽、景观荟萃，是青岛旅游资源最丰富、开发最充分的区域。区内拥有栈桥、小青岛、海滨公园、鲁迅公园、海水浴场、海上皇宫、海上广场等风景名胜。国家级石老人旅游度假区总面积 10.8km^2，区内环境优美，景色宜人，建有大型海洋娱乐城、海豚表演馆、封闭式海水浴场等娱乐场所。美丽的海滨风光和优质高效的服务，使青岛市的旅游业发展一年一个新台阶。1996 年，青岛市共接待海外游客 132 823 人次，实现外汇收入 6 578万美元，比上年增长 90%。1997 年接待海外游客达 197 890 人次，实现外汇收入 9 804 万元，增长 49%。

【盐业生产】 青岛市地处暖温带，年蒸发量是年降水量的 2 倍，其气候非常适合盐业生产。青岛市产盐区主要分布在胶州湾内，主要有东风、南万、东营三个大型盐场和胶州、龙泉两个中小盐场，其他沿海地区还有即墨大桥、金口盐场和胶南尹家山黄海盐场等。1996 年，全市盐田总面积达 8 520hm^2，其中生产面积达 7 778hm^2，总计产盐 36.4 万 t，完成盐业及盐加工业产值 64589 万元，比上年增长 0.4%。1997 年，全市盐田总面积达 8 539hm^2，生产面积达 7 474hm^2，总计产盐 32.8万 t，完成产值 64 279 万元，比去年减少 0.4%。随着制盐业的发展，青岛市的盐化工加工业也取得了较快发展，在全市逐步形成了种类较为齐全的盐业生产体系。

【海洋药物和保健品生产】 青岛市依靠海洋资源和科技优势，大力发展海洋药物和海洋保健品生产，研制生产了 PSS、海力特、降糖乐、藻酸双酯钠片、排铅奶粉等海洋药物和保健品，深受广大群众的欢迎。1997 年，青岛市海洋药物和保健品产值完成 22 603 万元，实现利税总额 1 885 万元，海洋药物和保健品这门新兴海洋产业，已成为青岛市海洋产业中大有希望和潜力的产业之一。

海洋公益事业与海洋灾害
Marine Public Welfare Facilities and Marine Disasters

【海洋公益事业】 **海洋自然保护区建设和海洋预报工作** 本着资源、环境、效益相统一的原则，1997 年，青岛市通过综合调查完成了《青岛市长门岩岛、大公岛海岛生态系统自然保护区可行性论证报告》和建区报告，为下一步建区奠定了良好基础。另外，青岛市充分利用山东省海洋预报台驻青优势，及时发送海洋预报，使青岛沿海地区的防灾、减灾工作取得显著成效。1997 年袭击青岛的 11 号台风，由于预报及时，措施得力，从而使灾害损失降到了最低程度。

海洋环境监测与调查 青岛市自 1995 年起在胶州湾城阳区所辖海域和鳌山湾设立站位，定期开展水质监测，共设站位 31 个，其中城阳区海域设点 9 个，鳌山湾设点 22 个，收到了较好的效果。

海洋监察 1997 年 1 月，青岛市组织有关部门，对胶州湾及前海团岛至沙子口沿岸的围海、填海、乱占海域及违章倾倒废弃物等现象进行了重点巡视，共查出违章事件 45 起，其中胶州湾内 31 处，前海 14 处，并依法给予处罚。为此，市政府召开专题调研活动，对填海等行为实施严格控制，要求凡重点填海项目必须经过科学论证方能实施。

【台风灾害】 1996～1997 年，在青岛地区登陆的台风较多，其中最为严重的是 1997 年的 11 号台风。此次台风袭击青岛沿海时，正值高潮位，加之狂风暴雨，形成了势头强劲的风暴潮，由于来势猛、持续时间长，造成的危害也极大。这次风灾范围之广、破坏性之大是青岛建国以来少见的，据不完全统计，此次风灾对青岛海洋与水产业造成直接经济损失达 4.48 亿元。具体为：浅海养殖受灾面积 2 115hm^2，占总面积 1.034 万 hm^2 的 20.5%，损失 22 376.7 万元，其中：扇贝受灾面积 1 707 hm^2，占总面积 4 417hm^2 的 38.7%，损失 18 989.2 万元；贻贝受灾面积 300hm^2，占总面积 814hm^2 的 36.9%，损失 1 383 万元；海参、鲍鱼受灾面积 21hm^2，损失 1 344.5 万元；海水鱼受灾面积 133hm^2，损失 160 万元；另有 167hm^2 兼养藻类受损，损失 500 万元。滩涂贝类受灾面积 1 150hm^2，占养殖总面积 6 367hm^2 的 18.1%，损失 4 260 万元。对虾受灾面积 3 977hm^2，占总面积 6 012hm^2 的 66.1%，损失 12 458万元。养鱼网箱损失 419 个，损失 404 万元。淡水养殖受灾面积 197hm^2，损失 1 105 万元。渔船损坏 1 970艘，其中 29.42kW 以上 44 艘，损失 1 762.7 万元。网具冲走 1 929 条，损失 88 万元。码头受到不同程度破坏的共有 19 处，冲垮堤坝 17 处，损失 1 521 万元。育苗设施损坏 7 处，倒塌房屋 78 间，卷走仓储物资 654.5t，损失 840 万元。

海洋立法与管理
Marine Legislation and Management

【概况】 为了切实加强海洋综合管理，1996 年 10 月，青岛市委、市政府按照市级机构改革实施方案，撤消青岛市水产局，组建了青岛市海洋与水产局，主管全市海洋事务和水产行政工作，为实施海洋管理提供了强有力的组织保障。

海洋立法取得较大突破 1997年青岛市政府颁布实施了《青岛市海域使用管理暂行规定》，并配套制定了青岛市《海域使用金征收办法》、《海域使用界定办法》和《海域使用报批程序》，为实行海域使用证制度和海域有偿使用制度提供了法律依据。《青岛市海洋渔业管理条例》已报山东省人大批准，《青岛市海洋渔业安全管理条例》也已经市政府颁布实行，使青岛市渔业管理实现了有法可依。另外，青岛市政府召集有关部门共同编制完成了《青岛市海洋产业发展规划》及《青岛市海岛开发规划》和《青岛市海洋渔业发展规划》等10个子规划，已经市政府批准实施。这些法规和规划的颁布实施，为青岛市海洋管理走上有序开发、有偿使用提供了有力的保障。

开展海域使用现状和海洋质量调查 为查清全市用海单位、类型、空间分布和海域开发程度，1997年，青岛组织40多个涉海部门和单位统一实施全面调查登记工作，初步掌握了全市海域使用情况，全市用海类型共分九类用海，单位610个，面积46.9万hm^2，约占全市海域总面积的34%。同时，提出评估计划和实施方案，组织开展了海岸污染源、胶州湾陆源排污入海总量和全国第二次海洋污染基线调查，为摸清海洋环境质量状况奠定了基础。

加强海上执法队伍建设和海洋宣传教育工作 为加强海上执法队伍建设，强化全社会的海洋意识，1997年青岛市举办了海洋监察和渔政管理培训班，并组织了由22家涉海单位参加的1997海洋宣传教育活动和海洋知识电视大赛，都收到了明显效果。

表3 青岛市沿海市、县人口及从业人员情况一览表

单位:万人

年份	1996					1997				
统计项目	年末总人口	农业人口	非农业人口	从业人员	职工人数	年末总人口	农业人口	非农业人口	从业人员	职工人数
青岛市	690.3	487.6	202.7	381.5	118.4	695.4	435.7	259.7	388.7	117.1
胶州市	74.1	61.6	12.5	42.1	8.8	74.7	53.9	20.8	42.9	9.1
即墨市	105.4	95.8	9.6	57.3	8.6	105.7	88.2	17.5	57.3	8.6
胶南市	83.3	73.2	10.1	42.8	6.6	83.5	66.1	17.4	39.5	6.7

表4 青岛沿海市县国内生产总值、工农业总产值(当年价)一览表

单位:亿元

市县名称	年份	国内生产总值				工业		农业	
		合计	第一产业	第二产业	第三产业	总产值	增加值	总产值	增加值
青岛市	1996	710.20	132.81	328.49	248.90	795.63	289.99	231.74	132.81
	1997	797.70	116.97	382.01	298.72	1 370.47	340.00	204.77	116.97
胶州市	1996	70.78	17.51	34.28	18.99	72.71	18.15	32.65	17.52
	1997	77.53	15.20	39.13	23.20	166.98	36.81	27.75	15.20
即墨市	1996	64.16	21.37	24.96	17.83	38.99	8.81	36.43	21.37
	1997	68.89	16.49	30.97	21.43	121.61	28.45	29.01	16.49
胶南市	1996	60.06	20.93	22.88	16.25	42.45	11.92	36.07	20.93
	1997	68.02	20.21	28.02	19.79	98.23	25.52	31.58	19.30

注:1996年是乡及乡以上工业,1997年是全部。

(青岛市海洋与水产局供稿)

河　北　省
Hebei Province

综　述
Summary

【概况】　河北省东临渤海，大陆岸线487km，从北向南，由岩岸、沙岸到泥岸，地貌复杂多样，资源丰富。河北省海岛岸线178km，海岛数量多，面积小，离岸近，绝大部分为无人居住的砂质岛，冲淤变化大。河北沿岸潮差小，浪高一般在三级以下，气候属暖温带半湿润大陆性季风气候。

河北省沿海北段是秦皇岛市的3个区和两个县，唐山市的4个县(中间为天津市)，南段是沧州市的两个县和两个县级农场。除此之外，还有大小近百个盐场和6个国营林场。秦皇岛港是中国最大的能源输出港。京唐港1993年已实现国内国际正式通航，黄骅港在建设中，渔港有12个。

河北省委、省政府高度重视海洋工作，1996～1997年，河北省加强了海洋工作的力度。1996年河北电视台播出电视专题系列片《蓝色的希望》。1997年省委书记程维高、省长叶连松对民革河北省委员会提出的《关于加速发展我省海洋经济的几点建议》的政协提案作出重要批示。省人大常委会于1997年7月下旬视察了全省的海洋工作，并于省八届人大第二十八次常委会上听取并审议了省政府《关于我省海洋工作情况的报告》。河北省人民政府分别在1995和1997年召开了全省的“科技兴海”座谈会和经验交流会，在沿海地区实施了科技兴海工程，推动了海洋经济快速增长。

河北省从完善现有海洋法规入手，加强海域的综合管理，对京唐港倾废、沧州石油平台泄漏的监管已经到位。河北省抓住秦皇岛海域环境这个难点，集中力量，现场办公，及时发现处置了浴场漂油问题。河北省加强了海洋经济的基础建设。沿海公路全线贯通；唐港高速公路建成通车；1997年12月秦皇岛港煤码头四期工程通过国家验收，使秦港的年通过能力达到1.27亿t；京唐港一号港池8个泊位都已建成，形成年780万t的吞吐能力，二号港池的7个泊位已开工建设。1997年11月25日，中国西煤东运的第二大通道黄骅港暨朔黄铁路的建设正式拉开序幕。李鹏总理出席开工仪式，江泽民总书记为工程题词：“搞好朔黄铁路和黄骅港建设，促进中西部地区经济发展。”港口及其配套产业的建设，将有力地推动河北沿海经济的发展。

河北省大力调整海洋经济的产业结构，发展优势产业，扩大规模。河北省的海洋资源开发向着深度和广度发展，大力研究推广采用新技术、新设备、新工艺，开发新产品，努力提高经济效益。水产捕捞由内海向远洋发展，渔业由捕捞向养殖业转变，养殖由单一养虾向鱼、虾、蟹、贝发展，并大力引进新品种，采用新技术。河北省利用科学技术改革养殖方式，引进抗病新品种，对虾病进行综合防治，初步解决了阻碍养虾业发展的虾病问题。

河北省的海洋经济1996～1997年有较大的发展。海洋水产、滨海旅游、盐及盐化工、海洋运输、修造船、石油及天然气等主要海洋产业产值已由1993年的49.91亿元增加到1996年的105.45亿元，年均增长28%。1997年海洋主要产业产值达119.89亿元，取得了良好的社会、经济、环境效益，海洋经济已成为河北省经济发展的一个新的增长点。

表1　河北省沿海市县一览表

沿海市	沿海县级市及县、县级单位
秦皇岛市	山海关区、海港区、北戴河区、抚宁县、昌黎县
唐山市	丰南市、滦南县、乐亭县、唐海县
沧州市	黄骅市、海兴县、中捷友谊农场、南大港农场(两农场为县级单位)

海洋资源开发与海洋经济
Development of Marine Resources and Marine Economy

【海洋渔业】　1996年河北省海洋渔业产值达26.53亿元，海水养殖面积达5.3万余公顷，产量达6.4万t；海洋捕捞产量21.5万t，全省到外海、远洋捕捞作业船只达400余条。河北省对虾养殖曾创造过全国“六个第一”，最高年产达3.6万t。1993年由于病害使对虾养殖业一度走入低谷，近年来通过采取稳定规模、优化模式、调整结构、综合防治等技术措施，对虾养殖业逐步走出低谷，重新成为海水养殖业支柱产业。1996年对虾产量11 329t,比上年增长27%,创近年最好水平。同时滩涂贝类、稻田养蟹、浅海扇贝和海带、河豚鱼等其他养殖产业已具有相当规模。其中“烟杂一号”海带在秦皇岛养殖成功,填补了省内空白;唐海县已成为全国最大的河豚鱼养殖基地。此外,水产品加工已逐渐向精深加工、小包装方向发展,生产规模化、产业化、商品化程度加深,营运、销售网络逐步健全,鲜活产品出口活跃。

【港口建设】 河北省沿海具有良好的港址资源,已形成了由秦皇岛港、京唐港、黄骅港、新开河港等大中型港口组成的港口群。1996年港口运输业产值16.16亿元。秦皇岛港是中国第二大港口,最大的能源输出港,多年来吞吐量稳定在每年8 000多万吨。京唐港1993年已实现国内国际正式通航,1996年吞吐量达450万t,已成为唐山市经济发展的龙头。作为西煤东运的第二条大通道的出海口黄骅港经国家批准已正式开工建设,第一期工程2003年建成,年吞吐能力达3 000万t。适宜建设深水大港的曹妃甸港址也已进入港址论证阶段。河北省沿海港口群的形成,对于以港兴市,建设沿海产业带,发展外向型经济,促使沿海地区经济腾飞具有重要战略意义。

【原盐生产和盐化工】 河北省沿海具有发展原盐生产得天独厚的气候条件,盐田面积7.85万hm^2,年生产能力486万t,1996年原盐产量396.6万t,产值6.8亿元,居全国第二位。河北省“长芦盐”享誉中外,大清河盐场是亚洲最大的盐场。近年来,盐场还积极开发精制加碘盐、微量元素营养盐、保健盐等深加工产品,提高了综合效益。

盐化工产品已达20余种,其中氯化钾、氯化镁、工业溴等产量位居全国前列。唐山碱厂年产量60多万吨,是目前国内两个最大的碱厂之一。1996年全省纯碱产量74万t,烧碱产量32万t,产值12.68亿元。盐化工业的迅速发展,对充分利用本省丰富的原盐和卤水资源、调整盐业生产结构,具有重要作用。

【滨海旅游】 河北省沿海山、海、沙滩等独特的旅游景观和长城文化吸引了大批国内外游客,近年又开辟了南戴河、黄金海岸、滑沙场、石臼坨岛、金银滩等新的旅游景点,旅游交通条件也得到了很大改善。随着人民生活水平的提高,旅游人数逐年增多,发展潜力很大。目前,河北省沿海已初步形成以滨海为依托,辐射内地的滨海旅游带,仅秦皇岛市1996年旅游收入就达23.68亿元。同时滨海旅游业也带动了其他第三产业的兴起,有力地促进了当地经济的发展。

海洋灾害与防御
Marine Disasters and Defence

【概述】 河北省沿海海洋灾害发生频繁,其中尤以热带风暴潮造成的直接经济损失最为惨重。1997年8月20日,“9711”号热带风暴潮袭击河北沿海,使沿海人民群众的生产、生活造成巨大损失。唐山、沧州岸段受灾损失最为严重。据统计,全省经济损失约10亿元。其他灾害如海冰、赤潮等。

【9711号风暴潮】 1997年8月20日受11号台风和天文大潮的共同作用而形成的“9711”号风暴潮入侵河北省沿海各地,这次风暴潮最大时风力11级、风速20m/s,给沿海地区人民群众的生产生活造成巨大损失。据统计,这次风暴潮使唐山、沧州岸段受灾严重,共淹没虾池5 260hm^2,冲毁海挡76.5km、坝23万km^3,冲毁闸涵站116座和盐池、虾池、小闸门数千个。其中唐山全市8个县42个乡镇69.67万人受灾,农作物受灾面积82.06万亩,果树受灾面积8.9万亩,倒折树木11 380多棵,毁坏房屋286间;乐亭县损失桥梁85座,海挡15km,虾池1 133hm^2,391只船受损;滦南县40万m^3卤盐受损。秦皇岛市文蛤冲走2 150t,扇贝损失4 415台。黄骅50km的海挡被冲,沿海2 000hm^2虾池全部淹没,冲毁船只26只,淹没盐场13个。据统计,全省受灾经济损失达10亿元。

这次风暴潮还使海防公路、地方铁路、电线杆、高压线及邮电线路、电缆等交通通讯设施遭到一定程度的破坏。

【确定警戒水位线】 1997年12月6日,河北沿海部分地区防风暴潮警戒水位标准经省政府批准由河北省海洋局、河北省防汛抗旱指挥部办公室确定发布。根据国家海洋局北海分局[1997]010号文件精神和省政府批示,河北省海洋局牵头组织、国家海洋局秦皇岛中心海洋站负责具体技术实施,历时半年,对河北唐山、沧州岸段进行了大面积实地调查。广泛收集了两地沿海码头、防潮堤坝、永久性建筑、大型企业和重要经济发育区典型代表高程,查阅历史上风暴潮灾害损失情况,综合两地海区潮汐、海流、风浪等海洋动力学特性,分析其对历次成灾的影响,在广泛征询海洋专家、学者和涉海单位意见的基础上,充分考虑两地防灾部门历史上沿用的警戒水位标准,结合沿海经济高速发展的现状,采用现代计算手段,通过专家论证,报经河北省人民政府同意,确定了防风暴潮警戒水位标准。

唐山岸段:

唐山岸段有效范围：滦河口—陡河口一线警戒水位为1985国家高程基准2.000m。

沧州岸段：

沧州岸段有效范围：岐口—大口河一线警戒水位为1985国家高程基准2.910m。鉴于秦皇岛岸段目前尚未制定防风暴潮警戒水位，昌黎、抚宁、北戴河沿海可暂时参照唐山岸段标准执行。

【防灾减灾】 1997年12月15日河北省灾害防御协会年会在石家庄市召开，河北省灾害防御协会理事会成员单位河北省海洋局向大会递交了《加强技术措施建设，提高海洋防灾减灾能力》的专题报告。报告全面地总结了一年来海洋发生的灾害以及采取的防御措施。

为沿海地区和涉海企业提供海洋信息为主的海洋公益服务系统——河北省海洋预报中心(台)的建设思路和方案已确定。目前，已进入实施阶段，预计1999年初可向社会发布河北省沿海三市常规海洋预报。河北省海洋预报中心(台)的建成不仅能为政府在防灾减灾方面提供决策依据，而且还能为涉海企业提供特别的海上预报项目。

海洋科技
Marine Science and Technology

【概述】 河北省委、省政府对科技兴海工作非常重视，省委书记程维高、省长叶连松等领导同志都作出重要批示，要加快海洋经济的发展，科技兴海工作在河北省已上升为政府行为。1996年省政府把科技兴海列为全省“抓转化、促转变”的重点工作之一，并从1996年起，每年拿出300万元科技专项资金用于扶持科技兴海工作。1996年8月，省科委在唐山召开了科技兴海现场经验交流会。1997年8月，省政府又在唐山市召开了科技兴海经验交流会，国家海洋局张登义局长、刘作田副省长、全国科技兴海办公室王志雄主任参加了会议并讲了话。通过这次会议，有力地推动了科技兴海的发展。为科学合理地开发海洋资源，实现海洋经济的可持续发展，目前，省科委、省计委、省海洋局正在抓紧制定河北省的“海洋产业经济发展规划”、“科技兴海规划”，规划到2010年海洋经济总量达到或超过目前秦、唐、沧三市的国内生产总值，实现再建“海上秦唐沧”的宏伟目标。各市县也把发展海洋经济作为事关当地经济发展的大事来抓，纷纷制定科技兴海规划，成立科技兴海领导小组，加大了科技兴海工作力度。

【实施五大科技项目】 本着科技含量高、实现资源的可持续利用与发展的原则，省海洋局精心组织实施了一批科技兴海项目。1996年重点实施五大项目，即：对虾病害防治研究与开发、贝类增养殖、名贵鱼新品种引进与培育、河北省海水养殖苗种工程技术中心、河豚毒素镇痛药物攻关，共计15个子课题。1997年主要安排了一批示范开发项目、一个科技兴海示范县和河豚毒素药物攻关，计19个子课题。两年的项目中包括了海洋生物工程、海洋食品、海洋药物、海洋农牧化、海水淡化与直接利用等高新技术，为加快海洋经济的发展提供了有力的技术服务保障。目前，全部项目进展顺利。

1996～1997年，着重抓了四个方面工作：(1)攻克海水养殖难点。虾病是困扰海水养殖业的一大难题。为了攻克这一难关，河北省科技工作者积极开展了对虾病害防治研究，进行了药物防治、健康养殖、立体混养、二茬轮养等研究试验，取得了明显成效，使对虾养殖连续两年未发生大面积病害。(2)调整优化养殖结构。各地积极开发引进新的海水养殖品种，秦皇岛引进了烟杂1号海带，沧州引进了日本车虾，唐山引进了南美白对虾、太平洋牡蛎、日本纯种红鳍东方豚等，初步改变了河北省海水养殖品种结构单一的状况，形成了鱼、虾、蟹、贝、藻多品种养殖、全面发展的格局。(3)围绕“增转化”，依靠科技培育发展了一批优势支柱产业。如唐海、丰南的稻田养蟹，黄骅的车虾，海兴的卤虫，滦南、昌黎的滩涂养贝，山海关的海带等都已具有相当规模，正在形成各具特色的优势支柱产业。(4)科技兴海试验示范区取得了明显成效。全省建立了鱼、虾、蟹、贝、藻等八个不同类型的养殖试验示范区，加快了科技成果的转化推广，较好地发挥了示范带动作用。海水养殖苗种工程技术中心已列入“九五”全省中试基地建设计划，建成后，将成为北方最大的苗种繁育基地，起到带动全省养殖业发展的龙头作用。在全国科技兴海示范县评比中，经专家评审，河北省唐海县以较大优势入围，1997年10月8日国家正式将唐海县列入国家级科技兴海示范区，这对河北省的科技兴海将产生积极的影响。

海洋国际合作与交流
Marine International Cooperation and Interflow

【概述】 随着科技兴海的逐步深入发展，各地进一步加快了对外合作步伐。省水产所与日商合资建立了水产品养殖公司，唐海与日本、比利时、美国和国内的一些科研单位合作开展了虾病防治研究，滦南利用联合国粮农组织贷款发展泰式养虾项目，已通过验收，起到了很好的示范带动作用。此外，河北省先后派出三人到香港米埔、美国佛罗里达自然保护区培训学习，提高了河北省昌黎黄金海岸国家级自然保护区的管理水平。1997年11月25～30日由国家海洋局、国家计委、国家科委联合主办的“'97北京国际海洋资源开发利用和海洋技术设备展览会”在北京开幕。河北省组团参展，展示了河北省改革开放以来在海洋开发、环境保护、海洋管理等方面的科技成果，展示面积81m²，国务院副总理邹家华等领导同志为河北团题词，河北省秦唐沧三市及沿海市县有关人员到会参观。这次参展，国家组委会认为河北省参展工作组织周密，各项工作完成及时，展区设计新颖、简洁明快、信息量大，受到好评，河北省展团获得优秀组织奖和优秀设计奖。通过开展国内外的合作，增强了河北省海洋科技开发能力，推动了海洋经济的快速发展。

海洋立法与管理
Marine Legislation and Management

【概述】 河北省从完善地方海洋法规入手，大力抓好海域使用、监察执法、海岸带资源性资产基价评估试点和环境保护等工作。1996年主要用海单位如秦皇岛热电厂、山海关船厂、大港油田办理了海域使用证。至1997年底，共发放海域使用证31个，批准使用海域4 600余公顷，征收海域使用金180余万元。

省海洋监察大队 1996年省海洋监察大队独立设置，健全了领导机构，培训了人员，建立了一系列的规章制度，并配备了通讯交通器材。海监大队定时进行较大规模的海上巡航监视，对京唐港倾废、沧州石油平台原油泄漏进行重点管理，并开展群众性的日常监视监测活动，探索出了一条海洋监察管理与服务相结合的路子。

保护区管理 1996年3月27日昌黎黄金海岸市政公司在未经请示保护区管理处的情况下，擅自挖沙运走80多方，河北省海监大队执法人员发现后，会同管理处工作人员依据《昌黎黄金海岸国家级自然保护区管理办法》对该公司进行了查处。

完善地方海洋立法 河北省加强了地方海洋立法与海域使用管理工作。1997年在清理地方性法规中，由于《河北省海域管理规定》在规范海域开发、加强海洋环境保护方面的不可替代性，省政府决定予以保留。同时决定保留的还有《河北省昌黎黄金海岸国家级海洋类型自然保护区管理办法》。对以上两个法规的处罚部分，依据《行政处罚法》的有关规定作了适当修改，使其更加完善。

中国海监202船 经国家海洋局和省海洋局批准，将滦南海洋监察船命名为“中国海监202船”，正式编入国家海监船序列，为依法管理海洋，保护海洋环境，维护海洋开发秩序，增添了新的力量，命名仪式于1997年5月6日在河北省滦南举行。

暑期秦皇岛现场办公 省海洋监察大队在全面加强海洋执法的同时，突出重点，1997年暑期(6～9月份)在秦皇岛市设立了办公室，对秦皇岛海域重点进行巡航监视、监测，监察执法，确保北戴河浴场免受污染损害。在7月8日、10日，东山浴场、北戴河中直浴场相继出现块状原油漂浮的事件中，及时组织人员调查、取证，追查油源，并首次在河北使用了油指纹鉴别技术(由国家海洋环境监测中心实施)，查清了油源，向有关单位和部门通报了事故情况，采取了有效措施，避免了石油污染海域事件的再次发生。上级领导机关也非常重视，河北省委、省政府领导专门听取了汇报，并作了相应的指示。国家海洋局管理司领导专程到秦皇岛听取了汇报，并对此项工作进行了指导。

污染基线调查 为彻底摸清污染底数，1997年下半年，河北省在国家统一进行的污染基线布站调查的基础上，编写调查方案。方案规定增设16个站点，加大调查取样的密度，使资料更加详尽可靠，为有关部门制定环保政策和安排生产布局提供科学依据。

表 2　河北省沿海市、县(市)人口及从业人员情况一览表

单位:万人

年份	1996					1997				
统计项目	年末总人口	农业人口	非农业人口	从业人员	职工人数	年末总人口	农业人口	非农业人口	从业人员	职工人数
唐山市	160.3	44.5	115.8	99	65	162.8	43.7	119.1	100.2	63.8
丰南市	52.0	40.8	11.3	36	5	52.2	40.7	11.5	28.7	5.3
滦南县	55.8	51.7	4.2	34.9	3.5	56.2	51.8	4.4	29.1	3.6
乐亭县	49.6	44.1	5.4	26.1	4.4	49.6	44.0	5.6	28.3	4.2
唐海县	13.6	10.9	2.7	8.3	6.1	13.7	11.0	2.7	7.5	6.1
秦皇岛市	64.6	19.4	45.2	40	28	66.4	19.3	47.1	41.5	27.6
昌黎县	54.1	48.2	5.9	28.3	3.1	54.0	48.0	6.0	29.0	3.2
抚宁县	50.0	46.3	3.7	26.7	5.3	50.1	46.2	3.9	26.5	2.7
沧州市	41.4	11.4	30.1	19	14	42.2	11.5	30.7	20.0	14.8
黄骅市	37.3	33.5	3.8	19	3	46.9	39.1	7.8	33.5	3.1
海兴县	20.0	18.0	2.1	9.5	1.1	20.3	18.2	2.1	12.1	1.1

表 3　河北省沿海市、县国内生产总值、工农业总产值(当年价)一览表

单位:亿元

市县名称	年份	国内生产总值				工　业		农　业	
		合　计	第一产业	第二产业	第三产业	总产值	增加值	总产值	增加值
唐山市	1996	205.71	9.21	134.09	62.41	313.57	122.07	17.11	9.21
	1997	240.91	9.46	159.96	71.49	346.39	140.68	17.52	9.46
丰南市	1996	58.01	19.37	23.12	15.51	87.85	21.70	33.38	16.37
	1997	66.91	20.85	26.77	19.29	119.76	24.79	35.70	20.85
滦南县	1996	52.00	20.58	18.87	12.56	67.76	16.32	35.87	20.58
	1997	51.40	17.16	20.60	13.64	68.38	18.89	29.91	17.16
乐亭县	1996	38.12	19.38	8.56	10.18	33.49	8.56	34.41	19.37
	1997	46.42	23.30	10.24	12.88	37.13	8.12	41.51	23.30
唐海县	1996	18.20	6.06	8.15	3.99	22.36	7.87	12.06	6.06
	1997	20.35	6.40	9.08	4.87	29.93	8.77	13.12	6.40
秦皇岛市	1996	110.73	3.49	44.56	62.68	124.73	33.71	6.14	3.49
	1997	122.97	3.80	49.70	69.47	137.20	37.80	6.87	3.80
昌黎县	1996	26.05	12.14	6.72	7.19	28.61	6.07	20.45	12.14
	1997	31.01	13.14	9.54	8.33	39.84	8.70	23.05	13.14
抚宁县	1996	25.19	7.89	11.01	6.29	40.36	9.82	14.22	7.89
	1997	30.15	8.90	13.62	7.63	42.01	12.07	16.17	8.90
沧州市	1996	43.57	1.33	24.56	17.68	55.12	19.19	2.73	1.33
	1997	50.78	1.23	29.32	20.23	59.25	22.84	2.28	1.23
黄骅市	1996	38.89	6.99	20.65	11.25	56.75	18.86	11.46	6.99
	1997	49.04	6.63	27.93	14.48	74.89	25.57	10.47	6.63
海兴县	1996	5.91	1.89	2.54	1.48	8.24	2.32	3.33	1.89
	1997	6.68	1.69	3.14	1.85	9.78	2.84	3.16	1.69

(河北省海洋局供稿)

天 津 市
Tianjin City

综 述
Summary

【概述】 **行政区划** 天津市是中央直辖市。全市辖18个区、县，136个乡，84个镇和130个街道办事处。其中沿海区3个：塘沽区、汉沽区、大港区。全市常住人口950万人。地处38°34′°～40°15′N，116°43′～118°04′E，属于国际时区的东八区。南北长189km，东西宽117km。总面积11 919.7km²。天津市疆域周长900km，其中海岸线长约153km，陆界长700多千米。另有滩涂370km²，按现行规定，管理海域面积3 000km²。

表1 天津市沿海区人口及从业人员情况

单位：万人

沿海市区	年份	年末总人口	农业人口	非农业人口	职工人数
天津市	1996	93.35	22.70	70.65	41.25
	1997	93.69	22.31	71.38	40.45
塘沽区	1996	45.05	7.22	37.83	20.05
	1997	45.18	7.15	38.03	19.69
汉沽区	1996	16.72	4.61	12.11	6.00
	1997	16.74	4.59	12.15	5.90
大港区	1996	31.58	10.87	20.71	15.20
	1997	31.77	10.57	21.20	14.86

自然概况 天津陆地是在漫长历史时期由茫茫大海随着海退陆进而形成的。

天津市地处华北平原的东北部、海河流域下游，东临渤海，北依燕山，是海河五大支流南运河、子牙河、大清河、永定河、北运河的汇合处和入海口，素有“九河下梢”、“河海要冲”之称。天津腹地广阔，是华北、西北广大地区的出海口，是欧亚大陆桥中国境内距离最短的东部起点。

天津地区地质构造由太古界、元古界、古生界、中生界及新生界地层组成，在中国地质构造体系中，处于燕山纬向构造体系与新华夏构造体系的交接部位。天津地貌特征是从北部山区向南部平原逐步下降；西南向东缓缓倾斜，形成北高南低、西高东低形态。天津位于中纬度欧亚大陆东岸，夏季受海洋影响，冬季承内陆作用，四季分明。介于大陆性与海洋性气候的过渡带上，属暖湿带半湿润季风型气候。

天津自然资源丰富。全市土地总面积为119.33万hm²，已探明的金属矿、非金属矿资源和燃料、地热资源有30多种。海洋资源主要有海盐、石油和鱼类等。长芦盐场原盐年产量200多万吨。渤海海底蕴藏着大量的石油和天然气，它是华北盆地上的胜利、大港、辽河等油田向海洋延伸部分。海洋水产资源丰富，仅鱼类就有70多种。

【滨海新区】 邓小平同志视察天津时指出：“你们从市区到港口中间有那么多荒地，我看你们的潜力很大，要胆子再大些，步子再快些”。据此，天津市委、市政府提出了从1994年起用10左右的时间实现天津经济的战略东移、充分利用开发海岸带、建立滨海新区的重要举措。经过几年的运行，以天津港、经济技术开发区、保税区为龙头的滨海新区加大开发开放力度，推进两个根本性转变，保持了强劲的发展势头。

1996年按照市委、市政府确定的“统一规划、分区、分步实施”的原则，编制了《滨海新区国民经济和社会发展十年规划和2010年远景目标纲要》，科学地界定了新区性质、区域功能、产业布局、经济发展速度、经济发展目标等。与此同时，滨海新区正集中各方资金，建立公路网络，锁定功能分区，提高配套能力，保障经济发展，新区基础设施建设出现了新的局面。

1996年滨海新区实现国内生产总值320.29亿元，按可比价格计算，比上年增长28.3%，增长幅度高于全市平均水平14个百分点，占全市国内生产总值的比重由上年的26.3%提高到29%。1997年滨海新区实现国内生产总值385亿元，占全市国内生产总值的比重为30%。

【海洋机构】 1996年4月，天津市委、市政府正式批准成立天津市海洋局，规格为副局级。内设机构有综合处、海洋资源环境处、海洋监察监测处、海洋科技处4个处。所属两个事业单位：天津古海岸与湿地国家级自然保护区管理处、天津市海洋监察大队。

天津市编委1996年6月批准建立天津古海岸与湿地国家级自然保护区管理处，下设两个监理所，编制40人。现在管理处已经组建，工作开始启动，两个监理所正在筹建中。

天津市海洋监察大队是天津市海洋局与国家海洋局北海分局在塘沽海洋监测站基础上共建的单位。海洋监察大队全面开展了海洋执法检查工作，发挥了应有的作用。

海洋资源开发与海洋经济 Development of Marine Resources and Marine Economy

【海洋经济与社会发展状况】 1997年9月国务院确定了天津的发展定位：天津是环渤海地区经济中心，现代化港口城市、北方重要的经济中心。这一定位，与天津所处的临海区位优势紧密相连，这一跨世纪的宏伟目标，将极大地推动天津经济特别是海洋经济的快速发展。

天津市港口、盐业、交通、旅游、海洋油气、海洋化工、渔业等海洋产业稳步发展。1996年海洋产业产值(国家统计局口径)121.18亿元，比1995年增长4.9%。增加值61.13亿元，占全市国内生产总值的5.5%，海洋产业增加值比上年增长13.2%。1997年海洋产业产值(国家统计局口径)124.85亿元，比1996年增长3.0%，海洋产业增加值64.65亿元，占全市国内生产总值的5.2%。比1996年增长5.8%。

表2 天津市海洋开发资料统计

统计项目		1996年	1997年
海洋捕捞产量(万t)	鱼类	1.42	1.37
	贝类	0.49	0.76
	虾蟹类	0.79	0.71
	合计	2.70	2.84
海水养殖产量(万t)	鱼类	0.083	0.091
	虾蟹类	0.13	0.15
	合计	0.213	0.241
海洋货物运输量(万t)	沿海	141.62	139
	远洋	822.8	1 039.1
海洋旅客运输量(万人次)		54.4	52.82
天津港货物吞吐量(万t)		6 188.3	6 789.0
海盐生产	面积(hm^2)	36 120	37 597
	产量(万t)	218.65	232.0
海盐化工产量(万t)	盐酸	22.75	22.5
	烧碱	31.0	33.25
	氯化镁	12.47	13.03
	加碘盐	7.03	5.93
滨海旅游人数(万人次)	国内	2 453.0	2 586.27
	国外	23.33	28.04

水产业 1997年海洋捕捞、海水养殖产量分别比1996年增长4.4%、16.35%，海水养殖面积增长2.77%，海洋机动渔船和生产渔船拥有量都比上年分别增长2.33%、3.20%。1996年海洋捕捞比1995年增长13.5%，海水养殖比1995年增长17.3%，海洋机动渔船和生产渔船分别比1995年增长5.5%和5.8%。

盐业 1997年各项指标均比上年稳定增长，盐田总面积，增长5.6%，海盐产量增长6.10%，工业总产值增长2.42%，增加值增长9.76%，利税增长4.31%。

港口、交通运输 天津港作为中国最大的海港之一，呈现良好的发展态势。1997年实现增加值9.66亿元，比1996年增长6%，营运收入、利税总额也都比上年有不同程度的增长；同时，海洋货运量比1996年增长22.16%，客运量增长18%，港口货物吞吐量增长9.71%。

旅游业 1997年旅游业营业收入、接待人次数、天数、饭店、客房数比1996年有较大增长，各项增幅均为6.42%～20.2%。国际旅游外汇收入折合人民币14.94亿元，比1996年的12.61亿元增长18个百分点。1996年涉外饭店个数，客房、床位数与1995年相比增长幅度均为28.7%～36.8%；国际旅游外汇收入比1995年的11亿元增长14.5%。与其他行业的横向对比中可以看出，旅游业增长幅度较大，增幅较稳，有较好的发展前景。

海洋化工 海洋化工在天津市海洋产业中所占比重较大。1997年除利税总额外，其他指标年总产值、增加值分别增长近15%。在三项海化产品中，聚氯乙烯产量增长最高为21.3%。

1997年天津实现了盐碱联合，组建了天津渤海化工集团公司，它是全国首批123家特大型企业集团之一，也是国家计划单列企业集团之一和重要的化学工业生产基地和天津市经济发展的支柱产业之一。

归纳以上各产业经济指标可以看出，1997年海洋产业有一个明显的特点，即：产值、增加值普遍有不同程度的增长，而利税总额普遍有所下降。

从总的情况看，天津市港口、交通、旅游、海洋化工等产业发展前景较好，传统海洋产业也呈稳步增长的趋势。

海洋立法与管理 Marine Legislation and Management

【概述】 1996、1997两年来，天津市海洋局本着边组建、边工作的原则，日常工作逐步走上正轨，较好地履行了职责。海洋管理向着规范化、法制化方向发展，促进了经济工作。依法对临港工业区、美国道化学投资项目、2 000 万 t 原油上岸项目及时给予支持。运用 GPS 先进的卫星定位技术进行倾废管理。自然保护区条例等地方法规已列入立法计划,可望不久出台。定期进行海上执法巡航,妥善处理各种问题。科技兴海工作全面启动,召开全市科技兴海工作会议,制定了科技兴海规划,推动天津塘沽国家级海洋高新技术开发区的发展,成功申请了国家级科技兴海示范基地。加强了国际间的交流与合作。天津古海岸与湿地自然保护区与美国切萨皮克湾国家河口保护区合作项目正在积极洽谈中,保护区建设方案 1996 年经市政府、国家海洋局批准,正在实施中。另外还开展了天津汉沽区大神堂浅海特别保护区的选划工作。 (孙连友 刘晓惠)

【天津古海岸与湿地国家级自然保护区建设】 **基本情况** “天津古海岸与湿地国家级自然保护区”是 1992 年 10 月国务院批准建立的国家级海洋类型自然保护区(国务院 国函(1992)166 号),保护对象为贝壳堤、牡蛎滩和七里海湿地生态系统,是古海岸变迁的极其珍贵的海洋遗迹。

保护区位于渤海湾西岸,天津地区的东部。范围跨越塘沽、汉沽、大港、东丽、津南、宁河六个区县,总面积 9.9 万 hm^2。保护区的核心区共选 7 处,贝壳堤为 5 个区域:塘沽区青坨子(第Ⅰ道)、津南区邓岑子(第Ⅱ道)、大港区上古林(第Ⅱ道)、津南区巨葛庄(第Ⅲ道)、第Ⅳ道待选,牡蛎滩选宁河县俵口,湿地为宁河县七里海。上述核心区、缓冲区面积约 1 万 hm^2,涉及 10 个乡镇(宁河县:俵口乡、造甲乡、淮淀乡、任凤乡、潘庄镇,津南区:八里台乡、葛沽镇,大港区:上古林乡、待定,塘沽区:北塘街)。

1996 年 6 月,市政府、市编委批准建立保护区管理处(市编委 津编二字(1996)28 号),定编 40 人,设有综合办公室、科研开发科、公安派出所和第一第二监理所。保护区管理处隶属天津市海洋局行政主管,接受国家海洋局业务指导。

国家海洋局和天津市政府的领导非常关注保护区的建设,1996 年 7 月,天津市副市长曲维枝陪同国家海洋局局长张登义考察了保护区,并对保护区的建设管理作重要指示。

保护区建设管理 1. 1996 年市政府办公厅批复同意实施《天津古海岸与湿地国家级自然保护区建设方案》(市政府办公厅 津政办函(1996)13 号),同时也得到国家海洋局的同意(国家海洋局 国海管发(1996)545 号)。

2. 1996 年经市政府同意、国家海洋局批准(国家海洋局 国海管发(1996)530 号)确定了保护区边界界线。

3. 该保护区列入天津市总体规划和滨海新区规划,1997 年列入《天津市实施中国海洋 21 世纪议程行动计划》。

4. 进行了保护区地面标志的设计、制作和埋设工作。从 1996 年到 1997 年已完成大部分埋设。

5. 保护工程经费:市计委于 1997 年正式将该工程列入 1998 年基建项目计划。

6. 1997 年,进行了七里海水库增容协调保护工作,避免水库增容导致的环境生态破坏。

7. 宣传工作:1996 年,新华社将该保护区图片列入对外供稿计划,编发后得到海外媒体的关注,香港《大公报》和《明报》均以显著版面予以报道。1996 年将保护区录像片译制成英语片对外宣传。1997 年 10 月,北京电视台拍摄保护区专题片,并在第一套节目黄金时段播放。

8. 1996 年津南区发布政府保护公告并成立区保护领导小组。

9. 保护区调查和研究:1996～1997 年完成《贝壳堤、牡蛎滩分布和资源调查》和《天津七里海地区保护和开发利用规划研究》项目。1996 年完成《保护区航拍及摄像》。

保护区国际合作与交流 1996 年,经中美两国政府海洋部门磋商,初步达成与美国切萨皮克湾自然保护区建立伙伴保护区的意向。美方 1997 年 5 月底派出代表团考察了七里海湿地。在国家海洋局的领导下,在保护区总体规划和生态旅游开发研究两方面与美方初步达成合作意向。

1996 年 8 月,接待了第 30 届国际地质大会的近 20 名国外代表参观考察上古林贝壳堤。

【汉沽浅海生态海洋特别保护区选划工作】 据有关资料表明,70 年代,天津市汉沽区蔡家堡至大神堂村以南约 100km^2 海域,是扇贝、牡蛎等生物资源主要栖息场所,不仅是天津市唯一的天然扇贝等贝类底栖生物的海洋生态区,而且是渤海湾比较典型的生物多样性生态区。进入 90 年代,由于近海开发速度加快,捕捞量超过贝类的自然增殖量,使生态环境受到严重的破坏。

为保护海洋生态环境、生物资源和生物多样性,汉沽浅海生态特别保护区的选划工作列入天津市科技九五和 2010 年计划,同时列入国家海洋特别保护区建设规划。市海洋局会同市水产局、汉沽区政府有关部门于 1997 年 9 月组织专家正式启动选划工作。此工作得到当地政府部门和群众的热切关注。

专家组于 1997 年 9 月开始进行了多次社会调查

和海上外业调查工作，通过社会调查，确定了建区的必要性和可行性。国家海洋局非常重视天津选划工作，并派主管特别保护区选划工作的同志专程来津参加调研。选划工作计划于1998年完成，拟申报为市级海洋特别保护区。 （刘旗开）

【天津古海岸与湿地国家级自然保护区管理办法】 1994年开始组织制定《天津古海岸与湿地国家级自然保护区管理办法》，参考了有关国家级保护区的法规，结合天津的实际，已于1996年底完成第五稿，送交市科委上报市政府法制办。争取1998年以市政府令形式发布。

【天津市海域使用管理办法】 市财政局、市海洋局开展实地考察和立法调研工作，起草了《天津市海域使用管理办法》，在征求有关单位意见基础上进行了两次修改，该法规已列入全市立法计划。

【海洋执法队伍】 经市编委批准，天津市海洋局与国家海洋局北海分局在塘沽海洋监测站的基础上成立了天津市海洋监察大队，对全市153km海岸线的3个区、6个乡镇，十几个企业进行综合执法监察管理。落实了海域使用许可证和使用金制度，截止1997年底共批准和登记海域使用面积662.4hm^2。1996、1997年办理12个海域倾废许可证，疏浚量近千万立方米，批准京津两地播撒骨灰484具，并处理海洋污染、行业纠纷等事宜。

【GPS海洋倾废航行记录仪的使用】 1996年5月在国家海洋局海洋技术研究所的支持下，在全国率先安装了海洋高科技产品——GPS海洋倾废航行数据记录仪，实现了用现代化手段监测疏浚船舶向指定海域倾废疏浚物，达到国内领先水平，使疏浚到位率大大提高。1997年底前，天津航道局的自航式疏浚船全部安装了数据记录仪。国家海洋局发文向全国推广倾废数据记录仪。

【进口原油接转码头临时倾废区】 为解决华北地区进口原油接转问题，拟定天津港南疆港区内建15万吨级进口原油接卸码头工程，市海洋局根据其需向海抛泥3 400万m^{3}左右，且强度最高可达1 500万m^3/a，为其选划并批准临时倾倒区，并制定临时倾倒区监测计划，监视倾废作业和倾废区，报国家海洋局备案。该倾废区已经启用。

【申报围海造陆工程】 美国道化学60万t乙烯项目需在天津临港工业区围海造陆12km^2。市海洋局根据市计委的申请，向国家海洋局专门请示，国家海洋局批复支持，可以申报。目前该项目已经市海洋局审查同意，并附市政府意见，上报国家海洋局，待国家海洋局审查通过，报国务院批准。 （张士琦）

表3 天津市沿海区国内生产总值、工农业总产值一览表

单位：亿元

市、区	年份	国内生产总值				工业		农业	
		合计	第一产业	第二产业	第三产业	总产值	增加值	总产值	增加值
天津市	1996	170.00	4.30	103.99	61.71	292.27	85.99	10.13	4.3
	1997	185.35	4.33	109.48	71.54	336.19		9.32	4.06
塘沽区	1996	79.06	1.49	34.54	43.03	72.01	24.76	3.89	1.49
	1997	88.62	1.28	35.76	51.58	76.69		2.82	1.19
汉沽区	1996	17.25	1.70	10.25	5.30	33.52	8.82	4.05	1.7
	1997	19.27	1.90	11.28	6.09	36.63		4.38	1.9
大港区	1996	73.69	1.11	59.20	13.38	186.74	52.41	2.19	1.11
	1997	77.46	1.15	62.44	13.87	222.87		2.12	0.97

辽 宁 省
Liaoning Province

综 述
Summary

【自然概况】 辽宁省位于中国大陆海岸线最北端，南部辽东半岛呈楔形嵌入黄海和渤海之间。西衔河北省，东与朝鲜半岛隔江相望。土地面积 147 500km²，人口 4 077.1 万。全省海岸线总长 2 920km，其中大陆岸线长 2 292.4km，岛屿岸线长 627.6km。在黄海和渤海的近岸海域中，有面积在 500m² 以上的海岛 266 个，其中有人居住的海岛 30 个，岛屿面积 191.5km²，岛上有居民 9.7 万多人。省管辖的近岸海域面积达 6 万多平方千米，滩涂面积 2.7 万 km²。辽东湾和海洋岛两大渔场，面积达 600 多万 hm²，在全省渔业养殖和海洋资源开发中具有重大意义。沿海 6 市土地面积 57 672km²，占全省土地面积 39%。人口有 1 687.1 万，占全省人口的 41%。

【行政区划】 辽宁省有省辖市 14 个，县级市 17 个，县 27 个，区 56 个。其中滨海的省辖市有丹东、大连、营口、盘锦、锦州、葫芦岛 6 个市；滨海县级市有东港、庄河、普兰店、盖州、瓦房店、凌海、兴城 7 个；县有长海、盘山、大洼、绥中 4 个；区有金州、甘井子、旅顺口、老边、鲅鱼圈、龙港 6 个。

丹东市 位于辽宁省东南部，濒临黄海，北接吉林省，东隔鸭绿江与朝鲜民主主义共和国相望。全市土地面积 14 910km²，人口 239.9 万人。辖东港市、凤城市、宽甸满族自治县、元宝区、振安区、振兴区。其中东港为滨海市，大陆海岸线 93km。

大连市 位于辽东半岛的南端，东侧临黄海，西滨渤海，全市土地面积 12 745km²，人口 540.4 万。辖瓦房店市、普兰店市、庄河市、长海倒、中山区、西岗区、沙河口区、甘井子区、旅顺口区、金州区。其中滨海市县区有瓦房店市、普兰店市、庄河市、长海县、甘井子、旅顺口区、金州区。大陆海岸线长 1 646km。

营口市 西临渤海的辽东湾。全市土地面积5 401 km²，人口 221.8 万。辖大石桥市、盖州市、站前区、西市区、老边区、鲅鱼圈区，其中滨海的市区为盖州市、老边区、鲅鱼圈区。大陆海岸线长 96km。

表 1 辽宁省沿海行政区划表

省辖市	县级市	县	区
大 连	庄河、普兰店、瓦房店	长海	金州、甘井子、旅顺口
丹 东	东港		
营 口	盖州		老边、鲅鱼圈
盘 锦		盘山、大洼	
锦 州	凌海		
葫芦岛	兴城	绥中	龙港

注：大连市为计划单列市。

表 2 沿海县(市、区)人口及从业人员情况

单位：万人

沿海县(市、区)	年份	年末总人口	农业人口	非农业人口	从业人员	职工人数
辽 宁	1996	672.40	540.60	131.80	328.90	75.50
	1997	675.20	540.30	134.90	281.80	53.10
长 海	1996	8.80	6.70	2.10	4.30	1.30
	1997	8.90	6.70	2.20	4.00	1.00
瓦房店	1996	101.50	71.50	30.00	62.00	13.00
	1997	101.70	71.50	30.20	45.00	13.00
普兰店	1996	81.80	65.80	16.00	50.00	6.00
	1997	81.90	65.50	16.40	37.00	6.00
庄 河	1996	88.00	73.00	15.00	33.00	7.00
	1997	88.10	72.10	16.00	31.00	6.00
东 港	1996	65.10	55.10	10.00	30.00	6.00
	1997	65.40	55.00	10.40	31.40	6.30
凌 海	1996	61.80	52.80	9.00	28.00	6.00
	1997	62.00	52.50	9.50	26.20	3.90
盖 州	1996	87.50	70.50	17.00	36.00	9.00
	1997	87.50	70.10	17.40	35.10	8.50
大 洼	1996	35.80	27.50	8.30	17.10	13.30
	1997	36.60	28.20	8.40	13.50	1.00
盘 山	1996	27.00	22.80	4.20	10.50	6.00
	1997	27.70	23.60	4.10	5.80	0.00
绥 中	1996	60.70	52.50	8.20	30.00	3.90
	1997	60.80	52.50	8.30	30.30	3.80
兴 城	1996	54.40	42.40	12.00	28.00	4.00
	1997	54.60	42.60	12.00	22.50	3.60

盘锦市 位于渤海辽东湾的北岸。全市土地面积

4 071km²,人口 117.0 万。辖盘山县、大洼县、双台子区、兴隆台区。其中盘山、大洼为滨海县。全市大陆海岸线长 118km。

锦州市　南接渤海的辽东湾。全市土地面积 10 301km²,人口 303.5 万。辖凌海市、北宁市、义县、黑山县、古塔区、凌河区、太和区。其中凌海市为滨海市。大陆海岸线 166km。

葫芦岛市　位于渤海辽东湾的西岸,西与河北省相接。全市土地面积 10 415km²,人口 264.5 万。辖兴城市、绥中县、建昌县、连山区、南票区、龙港区。其中兴城市、绥中县、龙港区滨海。大陆海岸线长 273km。

表 3　沿海城市人口及从业人员情况

单位:万人

城市	年份	年末总人口	农业人口	非农业人口	从业人员	职工人数
辽宁	1996	609.00	162.00	447.00	338.00	248.00
	1997	616.40	159.30	457.10	857.30	360.00
大连	1996	257.20	66.20	191.00	131.00	98.00
	1997	259.70	64.50	195.20	274.70	127.40
丹东	1996	69.00	12.00	57.00	39.00	30.00
	1997	69.70	12.20	57.50	125.70	46.90
锦州	1996	79.90	15.90	64.00	55.00	39.00
	1997	80.90	15.60	65.30	176.10	58.20
营口	1996	63.30	15.30	48.00	33.00	27.00
	1997	64.10	14.90	49.20	96.80	40.40
盘锦	1996	51.60	7.60	44.00	35.00	30.00
	1997	52.80	6.90	45.90	60.10	49.60
葫芦岛	1996	88.00	45.00	43.00	45.00	24.00
	1997	89.20	45.20	44.00	123.90	37.50

【海洋管理机构】　辽宁省海洋水产厅,是 1996 年由原辽宁省水产局和辽宁省海洋局合并组建而成的。是省政府综合管理海洋和水产的职能部门。设置业务处室主要有渔政处、养殖处、捕捞处、资源管理处、环境保护处、科教处等。省辖沿海 6 个市都建立了海洋管理机构,负责管理市辖海域的海洋事务。丹东市海洋水产局,是 1997 年由市水产局与市海洋局合并组建的;大连市海洋局归口市科委,负责管理全市海洋事务;营口市海洋水产局,是 1997 年由市水产局与市海洋办组建成的;盘锦市海洋水产局,是由市水产局与市海洋办于 1997 年组建成的;锦州市海洋水产局,是由市水产局与市海洋办组成的,1997 年组建;葫芦岛市海洋办公室,归口市科委,是市政府管理海洋事务的机构。

【海洋经济发展】　辽宁是全国海洋大省之一,海岸线长,近岸海域辽阔,海洋资源丰富,拥有巨大的开发潜力和广阔的发展前景。改革开放使辽宁的滨沱区位优势得到了充分发挥,为海洋产业发展了强大的活力,全省海洋经济实力逐步增强。"九五"的头两年,在"八五"的基础上,继续保持着快速发展的势头。1996 年,全省海洋产业产值达到 325 亿元,较 1995 年净增 45 亿元,占全国海洋产业总产值的 17%,占全省国内生产总值的 10.2%,占全省农业总产值的 37%。1997 年全省海洋产业总产值为 350 亿元,较 1996 年净增 25 亿元,占全省国内生产总值的 10%,占全国海洋经济总产值的 17%。占全省农业总产值的 38%。

当前海洋产业中海洋水产业是主导产业,其产值占海洋产业总产值的 44%,其次是近年发展较快的滨海旅游业占 20.9%,修造船业占 13.2%,海洋化工业占 9.2%,海洋交通占 6%,海洋石油占 1.8%,所以目前海洋产业仍以传统产业为主。

表 4　辽宁省海洋管理机构表

省级	辽宁省海洋水产厅
省辖市级	大连市(计划单列市)海洋局、盘锦市海洋水产局、丹东市海洋水产局、锦州市海洋水产局、营口市海洋水产局、葫芦岛市海洋办公室
县市区级	长海县水产局海洋办公室、鲅鱼圈区海洋科、瓦房店市海洋办公室、大洼县海洋办公室、普兰店市海洋办公室、盘山县海洋办公室、庄河市海洋办公室、凌海市海洋水产局、旅顺口区海洋办公室、兴城市海洋办公室、东港市海洋水产局、绥中县海洋办公室、盖州市海洋办公室、老边区海洋办公室

【"海上辽宁"建设】　建设"海上辽宁"是省委、省政府于 80 年代提出的战略设想。10 年来,在省委、省政府的领导下,全省海洋资源开发、海洋经济发展取得了引人注目的成就。海洋综合经济实力明显增强,海洋产业总产值 1985 年为 40 亿元,1995 年提高到 280 亿元,1997 年达到 350 亿元。海洋产业(产品)快速增长,海洋产业结构中的新兴海洋产业有了长足发展,科技水平不断提高,海洋外向型经济建设取得可喜进展,海洋重点资源开发初具规模。为进一步落实省委、省政府建设"海上辽宁"的战略构想,把"海上辽宁"建设推向更高阶段,根据省政府领导的批示,由省计委和海洋水产厅组织有关部门,于 1997 年完成了《"海上辽宁"建设规划》。

《"海上辽宁"建设规划》从全省海陆一体化建设出发,对省管理的 6.8 万 km² 海洋国土上的资源科学开发、持续利用、有效治理保护作了统筹规划。"海上辽宁”建设实行三步走的战略。第一步，“九五”期间，全省海洋产业总产值要接近全省农业总产值；使海洋渔业、海洋交通运输业、海洋油气业、滨海旅游业、船舶修造业成为海洋经济五大支柱产业；第二步，到2010年，用高新技术改造和装备海洋产业，海洋产业产值占农村社会总产值的1/3，海洋经济成为国民经济重要支柱；第三步，到21世纪中叶，全省海洋产业的总产值接近全省陆域国内生产总值，海洋经济发展水平及运行质量得到显著提高，建成一个与陆域辽宁经济相媲美的“海上辽宁”。主要奋斗目标：2000年，海洋产业总产值达到600亿元（按1995年价格计算），海洋产业增加值达到350亿元；水产品总量达到300万t；港口吞吐能力达到1.36亿t；原油生产能力达到100万t；海外游客25万人次；船舶制造产量150万t；海洋第一、二、三产业比例调整为37:29:37；科技进步对海洋经济增长贡献率达到50%；浅海利用率达25%，滩涂利用率达65%；海洋污染及生态破坏势头得到减缓。2010年，海洋产业总产值达到3 000亿元（按1995年价格计算）；水产品总产量达到500万t；港口吞吐能力达到2.34亿t；原油生产能力达到500万t；接待海外游客60万人次；船舶制造产量250万t；一、二、三产业比例调整为20：34：76；科技进步贡献率达到55%；浅海利用率达40%；滩涂利用率达85%；海洋污染得到有效控制。

辽宁省“海上辽宁”建设综合协调小组办公室向全省下发了《关于做好〈“海上辽宁”建设规划〉实施工作的通知》，指出：《关于同意实施“海上辽宁”建设规划的批复》（辽政发[1997]229号）已印发，省政府已原则上同意省计委、省海洋水产厅制定的《“海上辽宁”建设规划》，要求各级政府，省直有关部门加强领导、狠抓落实、通力协作，推动“海上辽宁”建设登上新台阶。

（白德禄）

海洋资源开发与海洋经济
Development of Marine Resources and Marine Economy

【海洋水产】 辽宁濒临辽东湾、海洋岛两大渔场，水产资源丰富。省委、省政府提出的外向牵动、结构优化和“科教兴海”三大战略，推动全省海洋渔业朝着产业化、现代化和国际化的方向发展。1996年，全省水产品总产量258万t，海水产品产量235万t，总产值112.1亿元，水产行业产值172亿元；出口水产品35.5万t，创汇4.5亿美元。1997年全省水产品总产量285.1万t，海水产品产量258.0万t，水产行业总产值202亿元，出口水产品共150.6万t，创汇6亿美元，占全省出口创汇10%。

海水养殖 海水养殖是辽宁海洋水产的新兴产业，在全省海洋水产出口中占有重要地位。1996年全省海水养殖面积155 004hm²，产量1 103 180t。其中浅海养殖面积14 122hm²，产量637 212t；滩涂养殖面积105 985hm²，产量408 757t；港湾养殖面积34 897hm²，产量57 210t。1997年全省海水养殖面积15 5004hm²，海水养殖产量1 303 180t。其中浅海养殖面积14 122 hm²，养殖产量637 213t；滩涂养殖面积105 985hm²，养殖产量608 757t；港湾养殖面积34 897hm²，产量57 210t。

海洋捕捞 近年来，由于近海渔业资源出现衰退，使海洋捕捞业受到一定影响。为了稳定和持续发展海洋捕捞生产，对全省近海捕捞生产作业方式及船只进行了调整，改革渔具、渔法，开辟新渔场，发展外海和远洋捕捞，使海洋捕捞生产仍保持着发展势头。1996年全省海洋渔业捕捞产量1 240 708t，其中远洋捕捞产量为153 792t。1997年，全省海洋捕捞产量为1 252 661t，其中远洋捕捞产量为170 418t。

【港口建设与海洋运输】 辽宁宜港岸线资源丰富，适宜建港的大陆岸线有1000多千米，其中深水岸线400km，中水岸线300km，浅水岸线300km。经勘察有优良商港港址38处，其中可建设10～30万吨级深水泊位的岸址11处；1～5万吨级深水泊位的港址14处；可建设万吨级以下泊位的港址13处，目前全省已建成商港12个。有渔港港址资源77处，已开发利用的20处，可建二级渔港的港址37处。

港口建设在“八五”基础上，“九五”从积极利用和开拓国内外两个市场出发，以外贸运输为主要内容，重点建设矿石、油品、煤炭、集装箱、滚装和客运等专业化码头，扩大港口综合吞吐能力。形成以大连为远洋航运中心，营口、锦州、丹东为枢纽港，旅顺、葫芦岛、绥中、盘锦、庄河、瓦房店等港为滨海运输网络，大中小结合，层次分明，功能齐全，分布合理的海洋交通运输布局。

至1997年，沿海主要港口生产用码头泊位已达到119个，其中万吨级泊位69个，码头总长度为21 976 m。1997年沿海主要港口货物吞吐量达到9 373万t，其中进口3 060.5万t，出口6 312.5万t。外贸为4 509.8万t。集装箱吞吐量为477 876国际标准箱，重量为364.66万t。旅客吞吐量为581.5万人次。

【盐与盐化工】 辽宁是全国海盐重要产区之一，在“八五”期间加大了对盐田基本建设的投资力度，加快企业技术改造，使盐的产量和质量有了很大提高。1996年全省盐田总面积83 952hm²，生产面积76 467hm²。生产原盐287.8万t,利税总额11 407.3万元。1997年,全省盐田总面积60 953hm²,生产面积54 443hm²。原盐生产258.8万t,利税总额2 371.0万元。全省盐业产销部门认真贯彻国务院"食盐实行专营,工业盐实行计划管理"的要求,加强了对盐业市场的管理,查处各类盐业违法案件。全省精制盐及碘盐小包装生产能力不断提高,全省基本实现了全部食用碘盐的目标。

盐化工业,1996年全省生产纯碱71.9万t,烧碱71.2万t。1997年全省生产纯碱37.5万t,烧碱33.4万t。生产氯化钾5 342t,工业溴437t,无水硫酸钠11 961t,氯化镁20 102t。

【海水资源开发利用】 辽宁省是一个工业发达的省,大、中城市较多,工农业生产及人民生活用水量大。而辽宁又是一个淡水资源较贫乏的地区,人均与亩均水资源量是全国人均与亩均水资源量的1/3。淡水资源不足严重束缚着工农业生产发展及城市人民生活的便利。由于缺水,每年大约影响工业产值200亿元,利税30多亿元。特别是大城市水的供需矛盾日益突出。因此开发利用海水资源是沿海地区经济发展的重要课题,引起了各级政府及有关部门的高度重视。海水利用工程、利用范围及用量不断增加。仅大连市利用海水的工业企业由"八五"的26个增到30多个,海水利用量由每天161万m³,增至220万m³,折全日节约淡水11万m³。全市已建海水泵站48座海水给水主管线管径在400mm以上的达81km。海水在石油、化工、发电、造船、渔业、冶金、建材、农药等行业得到广泛利用。当前用量最大的是做工业设备的间接冷却水,全市有海水利用设备1 233台,冷却用海水量7 900多万立方米,占海水总用量的94%;用于洗涤、水产冻品解冻及初加工、生产中做动力等工艺用水有4 360多万立方米,占海水总用量的5.18%;用于锅炉处理上有61万多立方米,占总用水量的0.07%;其他主要包括洗浴、冲厕、清扫、锅炉冲渣、除尘等方面的海水751万m³,占总用水量的0.89%。为进一步扩大海水利用领域,增加用量,全市作出了相应规划,"九五"期间建设包括海水淡化等一批工程项目,总投资近34亿元。

【海洋油气开发】 辽宁省海洋油气资源主要分布于辽东湾海域,其特点是油气资源储量丰富,储油构造、特别是盖层条件良好。据初步测算,石油资源储量约7.5亿t,天然气储量约1 000亿m³,开发潜力很大,目前处于勘探试采阶段。1996年,辽宁海洋油气的总产值为59 180万元。1997年海洋原油产量为22.3万t,产值23 518万元。天然气产量4 500万m³,产值为2 250万元。

【滨海旅游】 辽宁省及各级政府充分利用改革开放的大好形势,十分重视和积极开发旅游资源,加强滨海旅游区建设,发展全省滨海旅游业。接待的游客来自130多个国家和地区。1996年,全省滨海旅游接待游客176 664人次。其中外国游客139 655人次,华侨5 624人次,港澳同胞19 792人次,台湾同胞11 593人次。国际旅游收入16 787万美元。1997年,全省滨海旅游共接待游客218 164人次,其中外国人168 037人次,华侨7 037人次,港澳同胞22 854人次,台湾同胞20 236人次。国际旅游收入17 874万美元。

表5 辽宁省海洋开发资料统计

统计项目		1996年	1997年
海洋捕捞产量(万t)	鱼 类	66.6719	57.7921
	贝 类	32.8990	29.3307
	藻 类	0.3818	0.1247
	虾蟹类	20.7649	27.0138
	合 计	124.0708	125.2661
海水养殖产量(万t)	鱼 类	0.8362	0.5649
	贝 类	87.1657	86.0459
	藻 类	22.1407	24.4853
	虾蟹类	1.1364	1.1281
	合 计	111.2790	132.3079
海洋货物运输量(万t)	沿 海	1 050	1 145.9
	远 洋	1 054	994.0
海洋旅客运输量(万人次)		421.0	919.4
沿海主要港口货物吞吐量(万t)	大连港	6 427.0	7 044.3
	丹东港		220.0
	锦州港	438.0	504.0
	营口港	1 492.9	1 583.6
	旅顺新港	477.0	
	皮口港	20.0	
	葫芦岛港	35.0	
海盐生产	面积(hm²)	76 467	54 443
	产量(万t)	287.8	258.8
滨海国际旅游人数(万人次)		17.6664	21.8164
海盐化工产量(万t)	烧 碱	37.5000	33.4000
	氯化镁		2.0102
	工业溴		0.0437
	氯化钾		0.5342
	无水硫酸钠		1.1961

(白德禄)

表 6 沿海城市国内生产总值

单位:亿元

城市	年份	国内生产总值	第一产业	第二产业	第三产业
辽宁	1996	942.90	50.55	484.56	407.79
	1997	1 084.52	63.45	559.46	261.61
大连	1996	514.47	30.48	222.69	261.30
	1997	586.12	42.74	246.34	297.04
丹东	1996	69.44	1.50	30.73	37.21
	1997	72.85	1.66	32.09	39.10
锦州	1996	74.66	4.48	32.29	37.89
	1997	77.14	4.79	35.85	36.50
营口	1996	48.05	3.95	23.35	20.75
	1997	81.54	3.80	49.15	28.59
盘锦	1996	156.96	1.94	129.85	25.17
	1997	174.82	2.06	144.82	27.94
葫芦岛	1996	79.32	8.20	45.65	25.47
	1997	92.05	8.40	51.21	32.44

表 7 沿海县(市、区)国内生产总值

单位:亿元

沿海县(市、区)	年份	国内生产总值	第一产业	第二产业	第三产业
辽宁	1996	381.49	125.08	167.00	89.41
	1997	442.60	136.54	197.34	108.72
长海	1996	9.37	5.44	1.03	2.90
	1997	6.51	3.38	0.86	2.27
瓦房店	1996	81.65	17.29	46.33	18.03
	1997	96.32	16.88	57.15	22.29
普兰店	1996	78.91	15.14	48.96	14.81
	1997	86.90	17.14	53.35	16.41
庄河	1996	46.21	14.70	20.24	11.27
	1997	53.15	14.87	23.31	14.97
东港	1996	37.20	14.06	13.97	9.17
	1997	51.18	15.90	19.84	15.44
凌海	1996	24.51	12.39	6.51	5.61
	1997	25.49	12.39	6.89	6.21
盖州	1996	25.86	9.54	10.15	6.17
	1997	29.06	11.02	11.72	6.32
大洼	1996	20.46	12.65	4.02	3.79
	1997	24.99	14.39	5.05	5.55
盘山	1996	19.92	12.16	3.91	3.85
	1997	26.15	14.62	6.53	5.00
绥中	1996	17.11	7.25	2.96	6.90
	1997	19.07	10.69	2.87	5.51
兴城	1996	20.29	4.46	8.92	6.91
	1997	23.78	5.26	9.77	8.75

表 8 沿海城市工农业总产值

单位:亿元

沿海城市	年份	工业总产值	工业增加值	农业总产值	农业增加值
辽宁	1996	1 503.29	423.98	96.52	50.55
	1997	1 950.05	494.72	107.10	63.44
大连	1996	799.80	198.38	66.13	30.48
	1997	1 229.82	221.41	72.92	42.74
丹东	1996	86.07	27.81	2.91	1.50
	1997	71.12	29.52	3.41	1.65
锦州	1996	121.84	25.88	6.01	4.48
	1997	131.17	29.09	7.18	4.79
营口	1996	117.54	19.73	5.72	3.95
	1997	124.40	44.54	7.31	3.80
盘锦	1996	205.74	109.92	3.20	1.94
	1997	228.60	122.88	3.35	2.06
葫芦岛	1996	172.30	42.26	12.55	8.20
	1997	164.94	47.28	12.93	8.40

表 9 沿海县(市、区)工农业总产值

单位:亿元

沿海县(市、区)	年份	工业总产值	工业增加值	农业总产值	农业增加值
辽宁	1996	719.03	154.19	229.41	125.08
	1997	863.30	174.20	249.89	136.55
长海	1996	5.68	0.63	11.11	5.44
	1997	3.34	0.39	9.41	3.23
瓦房店	1996	214.50	44.19	30.21	17.29
	1997	258.70	47.48	30.30	16.88
普兰店	1996	204.20	45.71	28.23	15.14
	1997	246.35	49.23	30.81	17.13
庄河	1996	79.31	17.17	25.09	14.07
	1997	102.68	21.44	26.54	14.56
东港	1996	72.62	13.36	23.00	14.06
	1997	73.41	18.00	26.53	15.90
凌海	1996	32.94	5.82	28.02	12.39
	1997	31.50	6.28	27.81	12.39
盖州	1996	45.12	9.72	17.27	9.54
	1997	68.50	11.30	19.10	11.49
大洼	1996	38.00	14.32	10.11	6.01
	1997	21.05	4.12	23.64	14.40
盘山	1996	18.17	3.53	21.00	12.15
	1997	22.54	6.03	24.47	14.62
绥中	1996	10.53	2.28	13.43	7.26
	1997	15.76	2.21	19.87	10.69
兴城	1996	18.77	8.25	9.77	4.46
	1997	19.47	7.72	11.41	5.26

表 10　沿海地区国内生产总值

单位：亿元

地区	年份	国内生产总值	第一产业	第二产业	第三产业
辽　宁	1996	3 157.69	474.09	1 537.68	1 145.92
	1997	3 490.06	485.38	1 743.87	1 260.81
沿海市	1996	942.90	50.55	484.56	407.79
	1997	1 084.52	63.45	559.46	461.61
沿海县	1996	381.49	125.08	167.00	89.41
	1997	442.60	136.54	197.34	108.72

海洋公益事业
Marine Public Welfare Facilities

【海洋环境观测、监测】　辽宁海洋科技力量比较雄厚，已初步形成一支具有相当规模的从事海洋观测、监测的科技队伍。开展海洋环境及灾害观测、监测服务业务的主要是国家海洋环境监测部门、气象部门、沿海海洋站、港口和军队的有关部门。沿海气象台(站)、中心海洋站主要承担海洋气象与海区环境观测监测、预报预警业务；各涉海部门和军队等依据需要开展相关服务业务。根据优化结构后的全国海洋站网布局，辽宁沿海现在有小长山、老虎滩、温坨子、鲅鱼圈、盘锦、葫芦岛、芷锚湾等7个标准站和分散在各部门的基本站及辅助站。纳入“全国验潮站网”的有丹东、大东港、小长山、海洋岛、城子坦、石山子、大连、老虎滩、旅顺、鲅鱼圈、营口、葫芦岛、芷锚湾等13个验潮站。最近建立的鲅鱼圈测冰雷达站，实施对辽东湾的冰情监测。

【海洋预报、预警与公益服务】　辽宁在“九五”及2010年海洋发展规划中提出，全省将逐步建起一个布局合理、装备先进、功能齐全、全方位、立体化的海洋观测系统，建设与海洋开发事业发展相适应的，能及时准确地测报管辖海域海洋环境要素和海洋灾害的预报、预警系统。积极创造条件，尽早开展海流、海浪，海洋温、盐、密、海冰及包括船舶最佳航线选择、海上油气勘探开发的预报保护，突发性海上污染事故的监视、分析、警报，渔汛分析预报，海上搜救、海上旅游等公益服务业务。在省政府及有关部门的关心支持下，辽宁海洋预报台于1997年建成，并开始发布海洋预报。鲅鱼圈测冰雷达站，在冬季及时向国家海洋预报中心及有关部门通报辽东湾冰情。大连成立了海上搜救中心，使辽宁的海上搜救技术服务逐步趋于完善。

（白德禄）

海洋灾害与防御
Marine Disasters and Defence

【海洋灾害】　辽宁是中国海洋灾害较重的省份之一。不仅灾害种类多，而且发生的频率也较高，并具有突发性。辽宁海洋灾害主要种类有赤潮、海冰、冷水团、风暴潮、海岸侵蚀、海水入侵、海域污染等。沿海6个市，每年都不同程度受到海洋灾害影响。

赤潮　辽宁已成为全国赤潮多发区之一，自80年代以来，沿海几乎年年有赤潮灾害发生。近年辽宁赤潮灾害呈现的特点一是频次上升、持续时间长，每年中发生赤潮次数逐年增加，赤潮来的早、终止时间晚；二是发生赤潮范围广、面积大。赤潮发生范围由辽东湾近岸海域点状出现，向北黄海远离海岸扩展，面积在100km^{2}以上的赤潮已不是鲜见，如长山群岛几年来连续发生大面积赤潮灾害，使水产养殖业损失惨重。据不完全统计，每年赤潮使全省海水养殖业造成的经济损失平均达2亿元以上。

海水入侵　也称海水倒灌或海水侵染。辽宁沿海城市较多，工、农业生产发展较快，淡水资源严重不足。由于不合理地超量开采地下水，使地下水位普遍下降，城镇地下水出现漏斗，造成海水大面积入侵。据大连市的金州、甘井子、营城子、南关岭镇地区调查结果，70年代海水入侵面积100多平方千米，最大入侵距离已达10km以上。使城镇生活用水水质受侵染，给农田土质带来不良影响。

海岸侵蚀　辽宁滨海地区存在着严重的海岸侵蚀灾害。大致为两个方面，第一是海岸地质构造及特定的自然地理环境造成的，如泥沙结构的冲涮岸段、风暴潮、海平面上升等；第二是不合理开发和人为破坏的结果，如大量挖取海滩沙石及建筑不合理的海岸工程等。营口盖州至太平湾有近100km海岸发生严重侵蚀现象，海岸线每年后退3～5m。据近年对盖州团山镇至归州乡50km海岸线考究察结果，其中10km岸线，海水已侵蚀近岸农田，形成3m多高陡坎，海岸线急剧后退，沿岸水土流失严重，海水入侵，水质变坏。

海冰　辽宁省地处中纬度大陆性季风气候区，加上特定的地形条件，冬季西伯利亚寒冷空气南下，对辽东湾影响很大。沿岸海水结冰宽度由几千米到几十千米。冬季海面封冻及初冬、初春沿岸流冰，直接影响海上交通运输及渔业生产，威胁着人民生命财产的安全。因此，海冰是辽宁海洋灾害之一，对海冰的监测预报是防灾减灾的一项重要工作。

【灾害防御】　辽宁省委、省政府对防灾减灾工作十分重视，多年来投入了大量人力、物力、财力，使防灾减灾工作取得了成效。逐步建立和完善与辽宁社会经济发展相适应的自然灾害防治体系，已建立起灾害监测、预报系统和救灾体系；综合运用工程技术与法律、行政、经济、教育、管理等手段提高防灾减灾能力；加强了对灾害的科学研究，提高了对各种自然灾害的孕育、发生、发展、演变及时空分布规律的认识。在《辽宁省实施〈中国21世纪议程〉行动纲要》的研究中，已把防灾减灾作为纲要的重要组成部分。

【湿地保护】 辽宁是中国沿海湿地纬度最高的省份。全省共有湿地面积900万km^2，按《国际湿地公约》的分类，全省湿地分为：浅海水区域（包括河口水域），面积640万km^2；潮间带滩涂面积47万km^2；河流82万km^2；湖泊水库61万km^2；稻田50万km^2，主要集中在盘锦地区；各种沼泽20万km^2，其中芦苇沼泽面积为17万km^2。辽宁湿地类型多，蕴藏培育了极其丰富的生物资源。有浮游植物280多种，浮游及底栖动物690多种，水生动物170多种，鱼类390多种，两栖类16种，爬行类9种，鸟类310种，其中水禽145种，兽类40种，高等植物230种。

辽宁对湿地的利用，主要是水产养殖、盐场、苇田、石油开采及农业综合开发。其中浅海及滩涂养殖面积达26万多平方千米；盐场7万km^2；苇田17万km^2。当前全省湿地面临着人口增加的干扰，污染、围垦、淤积、干旱和过度排涝、不合理开发等的严重威胁，使其丧失原有功能，面积减少，甚至消失。

为更好地贯彻执行《国际湿地公约》，辽宁省于1995年11月成立了辽宁省湿地保护领导小组，加强对全省湿地保护工作的领导，科学地保护湿地资源及其野生动植物资源，发挥湿地生态系统的综合效益，实现资源可持续利用。近期目标主要是尽快查清全省湿地资源现状，监测动态变化，建立健全管理机构，全面实施中国湿地保护计划和辽宁省湿地保护与利用总体规划，治理湿地污染，查禁不合理开发及大面积占用湿地，建立保护区及开发示范区，协调开发与保护的矛盾。

【自然保护区】 随着人们海洋意识的提高，全省海洋自然保护区工作已引起各级政府和有关部门的重视。在完成“海岸带及海涂资源综合调查”、“海洋开发规划”的基础上，制定了“海洋自然保护区规划”。对全省海洋自然保护区现状与问题、各类海洋自然保护区的级别和建区时序作了规划。

丹东鸭绿江口湿地国家级自然保护区 该海洋自然保护区是于1997年12月，在原省级自然保护区基础上升级为国家级自然保护区。保护区包括芦苇湿地、滩涂和浅海海域等多种生态类型。保护区总面积77 000km^2，其中芦苇沼泽面积6 133km^2，滩涂面积24 200km^2，浅海面积46 666km^2。

鸭绿江口湿地自然保护区是由多种生态系统组成的统一体，具有完整性和连续性。其生态系统既有内陆湿地和水域生态系统类型，又有海洋和海岸生态系统类型，该保护区属于自然生态系统类。保护区内生态系统类型具有多样性，如芦苇沼泽生态系统、河流水生生态系统、海岸滩涂生态系统及海洋水生生态系统。各种生态系统结构完整、功能稳定，形成一个巨大的复合生态系统，区内一些生态系统尚未或很少受人类活动影响，保持着良好的自然性和完整性。为多种生物提供了适宜的生存环境。这里是丹顶鹤、黑鹤、白鹳、大天鹅、白枕鹤、灰鹤等多种珍稀鸟类迁徙中的停歇地，整个保护区内共发现动植物千余种，还有繁多的昆虫和微生物，繁多的生物种类，使其成为一座庞大的生物基因库。

绥中县原生沙质海岸及生物多样性海洋自然保护区 该保护区是经绥中县人民政府，绥政发[1996]96号文批准建立的海洋自然保护区。绥中原生沙质海岸，海洋生态结构完整、地貌类型齐全，子系统发育完善，拥有保护、研究和观赏价值的沉积地层及地貌客体。保护区集海滩、河口三角洲、洲坝－泻湖、岩脊滩、沙性植物、防护林以及濒危文昌鱼、历史遗迹姜女坟等为一体的海岸－海洋复合体，具有很高保护价值。

保护区的主要保护对象有原生沙质海岸及海岸防护林带，即六股河口－团山角；天然生长的刺参、魁蚶等海珍品栖息地及环境；文昌鱼、芷锚湾及姜女坟礁石区。保护区总面积455km^2。 （白德禄）

海洋科技
Marine Science and Technology

【海洋科技】 按照省委、省政府的部署，辽宁省科委和计委联合组织和下达了《辽宁省实施“中国21世纪议程”行动纲要研究》项目。省海洋水产厅承担了其中的海洋专题研究任务。组织省内海洋专家及科技人员经过两年的调查研究，已完成海洋专题的“研究报告”、“行动纲要”的编写工作，并完成了“优先项目”的编制，上报省科委。为满足海洋开发和管理工作的需要，辽宁“大比例尺海洋功能区划”和“海域使用规划”工作已正式启动。经国家海洋局和省政府审定通过的“两划”大纲及方案，已下达沿海市县执行。“辽宁省第二次海洋污染基线调查”取得了阶段性成果，设调查站位200多个，两个航次行程 4 000 余千米，取得数据 1 万多个。辽宁滩涂贝类生产中的重点、热点技术难题“文蛤人工育苗及养成技术”经过水产科技人员的几年攻关得到了解决，成果获省政府科技进步一等奖。

（白德禄）

海洋国际合作与交流

Marine International Cooperation and Interflow

【大连经济技术开发区】 大连经济技术开发区位于大孤山半岛北端，距大连市中心 27km，是 1984 年 9 月国务院批准开发建设的第一个开发区。目前已建成现代化的集技、工、贸、旅游等为一体的综合开发区。建区以来在吸引外资、引进先进技术、科学管理、区内外贸投资额、“三资”企业数量和质量等方面一直居全国沿海开发区的前列。大连经济技术开发区具有外商多为成片开发及开发商多为佳能、松下、东芝、TDK、欧姆龙、法国道达尔等一类大公司等两大特点。建区 10 多年中已有 30 多个国家和地区的外商兴办企业 1 430 多家，总投资额近 70 亿美元。现在开发区年实现总产值近 150 亿元，出口创汇达 12 亿美元左右，年税收总额 14 亿元。建区至今累计出口创汇近 30 亿美元，占全国国家级开发区同期创汇总和的 1/2，居全国开发区之首。

【丹东边境经济合作区】 丹东边境经济合作区是 1992 年 7 月经国务院批准建立的国家级合作区。是集经贸、旅游、出口加工、信息咨询、保税仓储、港口运输等多功能为一体的现代化新型合作区。按照建区规划，从鸭绿江大桥沿江而下至入海口，分别建成商贸旅游区、金泉工业区、大东港保税库区等，现在合作区的建设正在逐步完善。目前区内注册企业近千户，年社会总产值 30 亿元左右。

【营口鲅鱼圈开发区】 营口鲅鱼圈经济技术开发区是辽宁省人民政府 1992 年批准建立的出口加工区。依傍不淤不冻的天然良港鲅鱼圈港，属于港口依托型开发区。总体规划布局为以鲅鱼圈为中心，由南向北滚动开发，形成港口区、综合工业区、仓储保税区、商业服务区、高科技等相对独立、彼此衔接的功能小区。现已引进“三资”企业 100 多家，资金 8 亿元左右，大部分企业已开始生产。开发已逐步取得社会和经济效益。

【外向型渔业】 自改革开放以来，辽宁省凭借资源、区位、政策等优势，大力发展全省外向型渔业。目前全省已与世界 30 多个国家和地区建立了贸易合作关系，采取多种形式招商引资，引进国外先进技术和资金，优良水产品种等。使渔业生产领域不断拓宽，规模迅速扩大。现在全省累计兴办渔业“三资”企业 592 家，协议利用外资 5 亿多美元。年出口水产品 23 万多吨，出口创汇 3.4 亿美元。远洋渔业从无到有日益发展壮大，远洋船队的航迹遍及四大洲三大洋，远洋渔船已达 230 艘，年捕捞产量达 20 万 t。辽宁省大连远洋渔业集团公司，是全省渔业的对外窗口，在全国水产品出口创汇中名列前茅。

（白德禄）

海洋立法与管理

Marine Legislation and Management

【海洋综合管理】 辽宁省海洋水产厅成立后，进一步加强了对全省管辖海域的综合管理力度，坚持依法管海。认真贯彻执行《中华人民共和国海洋倾废管理条例》、《中华人民共和国海洋石油开发环境保护条例》及国务院关于《铺设海底管道管理规定》。开展海洋倾废区选划，共选划倾废区 7 处。核发倾倒许可证，组织污水排海工程论证和评审，参与海底电缆、光缆路由论证审批。

深入贯彻执行《国家海域使用管理暂行规定》，截止 1997 年底，全省受理海域使用申请 605 份，收取海域审批用海 4 930 多公顷，收缴海域使用金 335 万元。全省开展核查登记用海单位，这次核查登记用海面积 15.3 万 hm^2，进一步推动海域使用许可证制度及海域有偿使用许可证制的贯彻和实施。

【海洋立法】 **辽宁省渔船管理条例** 为了加强渔船管理，保护和合理利用渔业资源，维护渔业生产秩序，保障渔船所有人、经营人的合法权益和生命财产安全，促进渔业生产发展，根据《中华人民共和国渔业法》、《中华人民共和国海上交通安全法》及有关法律、法规，结合辽宁省情况，制定了该条例。于 1996 年 9 月 28 日经辽宁省第八届人民代表大会常务委员会第二十三次会议通过。条例共 7 章、56 条。就渔船新造、更新、改造和购置，渔船检验和登记，渔船航行、作业和停泊，渔船安全保障与施救，法律责任等方面作出了规定。

辽宁省渔港管理条例 于 1997 年 9 月 27 日经辽宁省第八届人民代表大会常务委员会第三十次会议通过。条例共有 27 条。该条例是为加强全省渔港管理，维护渔港功能，保护渔港设施，加快渔港建设，防止渔港水域污染，促进渔业生产的持续发展，根据《中华人民共和国海上交通安全法》及有关法律、法规的规定，结合辽宁省实际而制定的。主要内容包括：条例的适用范围，渔港主管机关，管理体制，渔港建设及权属，渔港水域环境保护，船舶进出渔港的管理，渔港功能及保护，渔港水域的救助工作，对违反条例行为采取的措施及处罚等。

（白德禄）

大 连 市
Dalian City

综 述
Summary

【概况】 大连是中国北方重要的港口、工业、贸易和旅游城市。全市辖6个区、3个县级市和一个海岛县，总面积12 574km²，人口540万，其市区面积2 415km²，人口260万人。

大连位于辽东半岛南端，地处中纬度，兼有海洋性与大陆性气候，夏无酷暑、冬无严寒、四季分明、气候宜人。西北濒临渤海，东南面向黄海，与山东半岛隔海相对，共扼渤海湾。大连又处于环渤海地区的圈首、京津的门户、东北亚经济区的中心区域，与日本、韩国、朝鲜、俄罗斯远东地区相邻。海岸线长1 906km，其中，陆岸线1 288km，岛岸线长618km，岛屿226个，领海基线以内属大连管理的可开发利用的海域面积为2.3万km²，岛屿数量与面积分别占81.5%和89.6%。

资源比较丰富。大连市矿产资源种类繁多，金刚石质量优良，储量居全国之首。大连是中国北方的重要水产品、水果和水稻产地。海洋资源丰富，海岸和滩涂类型齐全，比例协调，功能多样。宜港岸线占辽宁省宜港岸线总长的70%。南部海岸和东部海岸有利于建设港口及发展旅游和海水养殖业；西部渤海海岸，不仅宜于晒盐，也是海滨砂砾的集散地，还宜于开拓海滨浴场、发展旅游业。沿海共有海洋生物172科、414种，鱼、虾、贝、藻等种类繁多，资源量大，特别是海珍品在国内外享有盛誉。大连是中国四大产盐基地之一，宜盐滩涂18.8万hm²，占辽宁省宜盐滩涂面积的50.8%，大量的原盐资源潜力，为发展盐化工提供了基础条件。全市共有潮汐电站站址20多处，其中四处属于三类资源。

涉海工业基础雄厚。大连是重要的工业基地之一，特别是涉海工业的发展在国内外享有一定的知名度，具有90多年历史的大连造船厂的主导产品，如远洋船舶及主机、集装箱起重运输机械等在国际市场有一定的竞争力。大连港是中国最大的综合国际商港之一，拥有煤炭、原油、木材、集装箱、管道运输等多种码头。

改革开放以来，尤其是邓小平南巡讲话发表以来，大连市国民经济快速发展，经济实力明显增强。1993～1997年，国内生产总值以15.6%的速度递增，1997年，实现国内生产总值829亿元，人均达到1 861美元。农业总产值达115亿元，生产粮食111.7万t、水果90万t、地方水产品168万t。全市完成工业总产值1 400亿元，比上年增长20.6%；国有独立核算工业企业实现利税25亿元，占辽宁省的1/3；全市地方国有工业企业实现利润4亿元，连续3年居辽宁省各市的第一位。对外开放不断扩大，1997全市完成自营进出口总额50亿美元，其中出口29亿美元。新批外商投资项目812项，合同外资额25.7亿美元，连续5年保持新增合同外资20亿美元。大连国际服装节、出口商品交易会、烟花爆竹迎春会、赏槐会等大型活动吸引海内外朋友。展览业成为大连新的经济增长点，1997年共举办展会33个，有21个国家和地区的1 323家企业参展，成交额208亿元。国外机构纷纷来大连落户，国外在连商社1 380家，境外金融机构在连设分行或代表处27家。大连与日、韩、美、德等国家的13个城市结为友好城市或建立友好合作关系。

海洋资源开发与海洋经济
Development of Marine Resources and Marine Economy

【港口】大连港是综合性国际商港，有生产泊位68个，其中万吨级以上泊位39个。有国际集装箱航线8条，吞吐量37.4万标准箱。有国内客运航线8条，国际客运航线2条和不定期的国际旅游航线，已同150多个国家和地区建立了贸易往来，与1 000多个港口通航，每年进出大连港的船舶有5 000多艘次。

港口建设泊位情况 (1)1996年大连港大窑湾5号泊位竣工。(2)1996年中国目前最大的新港出口成品油码头(2个泊位)竣工，1997年通过验收。(3)1997年大连港大窑湾6号泊位竣工。

港口建设重点项目情况 (1)大连港大窑湾后六个泊位建设工程是国家重点建设项目，该项目1993年开工，计划2000年竣工，工程总投资16亿元。(2)新港出口成品油码头工程，该项目1992年开工，1996年竣工，工程总投资为3.4亿元。(3)大窑湾14万 m^2 堆场改造工程，该项目1996年开工，1997年竣工，工程总投资3 700万元。(4)大连湾煤炭码头改造“双加”工程，该工程1996年7月开工，1997年10月竣工，工程总投资2 500万元。

客、货吞吐量，营运收入 1996年客、货吞吐量分别为535万人次和6 427.4万t；1997年客、货吞吐量分别为582万人次和7 044.3万t。1996年和1997年的营运收入分别为10.89亿元和11.87亿元。1996年和1997年完成国际集装箱分别为42.1万TEU和45.34TEU。

【大连海运(集团)公司】 **客货运量**：1996年客运量363.6万人，旅客周转量40 100.8万人·n mile，货运量1 348.5万t，货物周转量617 142.6万t·n mile，营运收入49 643万元，创产值57 794万元；1997年客运量348.4万人，旅客周转量37 593.1万人·n mile，货运量1 391.9万t，货物周转量571 996.4万t·n mile，营运收入53 566万元，创产值62 251万元。

航线 (1)国内航线，客运：大连—烟台、新港、龙口、莱州、威海等地；货运：大连—日照、岚山、上海、马尾，鲅鱼圈—烟台、盐田、石浦、南京；秦皇岛—大连、鲅鱼圈等100多条航线。(2)国外航线，出口：韩国、日本、马来西亚、菲律宾、印度尼西亚、文莱、越南、泰国、新加坡等国及香港特别行政区；进口：韩国、日本、马来西亚、菲律宾、印度尼西亚、文莱、泰国、新加坡等国及香港特别行政区。(3)区间：1996年，韩国—日本、马来西亚—菲律宾—印度尼西亚、文莱—越南、泰国—新加坡、美国—加拿大、美国间、荷兰—巴哈马、俄罗斯—希腊、美国—苏里南、荷兰—土耳其、美国—尼加拉瓜、美国—哥伦比亚、美国—委内瑞拉、美国—墨西哥、美国—巴西、荷兰—巴西等航线。1997年，韩国、日本间、韩国—日本、日本—马来西亚、香港—菲律宾、菲律宾—印度尼西亚、菲律宾—文莱、越南—泰国、新加坡—泰国、美国间、美国—加拿大、荷兰—巴哈马、俄罗斯—希腊、荷兰—巴西等航线。

【中远(集团)大连远洋运输公司】 1996年大连远洋运输公司拥有和经营各类船舶全年平均22.9艘，41.6万载重吨，全年完成货运量517.7万t，完成货物周转量114.2亿t·n mile。1997年拥有和经营各类船舶30艘，45.3万载重吨，全年完成货运量219.1万t，完成货物周转量40.9亿t·n mile，运输收入为年计划指标的113.2%，其他业务利润也大幅增加，公司的经济效益创历史最高水平。

【海洋机械业形成规模】 大连是全国重要的船舶工业基地，年造船吨位占中国船舶工业总公司造船总量的40%以上。大连造船厂、造船新厂、渔轮厂、起重机器厂等18家企业多数为国内同行业的排头兵。大连造船厂的远洋船舶及主机等主导产品在国际市场具有一定的竞争力。大连造船厂和造船新厂，拥有15万t以下各类船台9座，可以建造具有国际先进水平的30万吨级以下各类船舶，还拥有国内唯一的20万吨干船坞。大连造船新厂是目前中国规模最大、生产设施、设备和工艺具有高科技含量，最具现代化的造船厂，年造船吨位占全国的1/3。大连船舶工业公司集团(由大连造船厂、大连造船新厂、船用柴油机推进器厂、船用阀门厂等组成)，1996年建造大型船舶10艘，造船综合吨位59.7万t，工业总产值38.4亿元(现价)，外贸实际出口收汇30 587万美元。1997年，共建造大型船舶12艘，造船综合吨位为89.2万t，工业总产值48亿元(现价)，外贸实际出口收汇42 652万美元。

【海洋渔业】 渔业成为农村经济发展最快的产业之一，在大农业中所占比例逐年提高，1997年全地区完成产量186万t(含省海洋渔业总公司的20.4万t)，占全国海水产品总量8.5%、辽宁省的72.1%；实现产值65.5亿元，占大连市农业总产值56.8%，人均水产品占有量344kg，高出全国人均水产品占有量10.8倍。大连市渔业已形成捕捞、养殖、加工多业并举，国营、集体、私营、个体多头并进，产供销、渔工商、内外贸综合经营的格局。

水产增养殖生产 1997年，管养面积10.7万 hm^2，其中浅海浮筏3.6万 hm^2，滩涂贝类3万 hm^2，港养对虾1.53万 hm^2，海底底播增殖面积2.53万 hm^2，陆地工厂化养殖面积12万 m^2，完成产量88.8万t，占水产品总量53.4%，占全国同类产品总量11.2%。增养殖品种达到20个，已形成生产规模的有12个，其中，扇贝、牡蛎、滩涂贝类、贻贝、海带、裙带菜等年产10万t以上的单项品种6个。扇贝、牡蛎、魁蚶、文蛤、海参、鲍鱼、裙带菜等优质高效品种的放养规模达到6.67万 hm^2，占总面积62.5%。

建立精品水产养殖区，培植产业化的主导产品。1997年全市先后确定了10大养殖精品场区，对鲍鱼、扇贝、滩涂贝类、刺参、牙鲆鱼、裙带菜等产品进行全方位开发。

海洋捕捞生产 1997年，全市投入捕捞生产的机动渔船1.4万艘，总吨位13.9万t，机械功率27万kW。完成产量97.2万t。捕捞区域远达西非、南太平洋等 20 多个国家和地区。

水产加工业 水产品冷冻加工企业 320 家，冷库 223 座，日冻结能力 5 000t，1997 年，全市完成水产加工成品 36.9 万 t，创产值 23 亿元。

【滨海旅游业】 在大连市长达 1 906km 的海岸线上，山、海、礁和沙滩浑然一体，形成了多种特色的海际景观。大连市围绕南部海滨这一中心，强化两翼旅顺口、金石滩，兼顾庄河市的冰峪、长海县的海王九岛，进行综合开发，正在逐步形成全市布局合理的旅游网络。

南部海滨、旅顺口和金石滩海滨是国家级风景名胜区和旅游度假区。南部海滨沿途的棒槌岛海滨、虎滩公园、傅家庄、白云山庄公园和星海公园，景致各异。旅顺口有著名的天然良港和自然奇观及大量的近代战争遗迹，使其在世界上具有较高的知名度，现已局部对外开放，为大连滨海旅游业的发展提供了新的机遇。金石滩于 1992 年被国务院批准建设国家级旅游度假区。经过几年的开发，已建成的金石滩高尔夫俱乐部被批准加入美国高尔夫协会，中国国际游艇俱乐部可举办国际游艇赛事，国际狩猎俱乐部已建成狩猎场、飞碟射击场、射箭场及配套服务设施，海洋娱乐中心和度假别墅也已建成。

全市已开发旅游景点 200 余处，有国家级风景名胜区 2 个、省级 4 个，海水浴场 40 多个，旅游配套设施日臻完善。大连市区共有宾馆、旅社 1 000 多家，总床位 7 万余张。其中，拥有一至五星级旅游涉外饭店 55 家，是东北地区星级最全和最多的城市；旅游涉外宾馆 150 余家，总床位达 2 万余张。还有 88 家一、二、三类旅行社，具有较强的客源招徕和接待能力。全市已基本形成吃、住、行、游、购、娱乐相配套的旅游服务体系，基本可满足海外旅游者和国内旅游者的需要。优美的滨海旅游景区、极具特色的近代战争遗迹和现代城市建设及配套的服务设施，加之大型旅游专项活动，吸引着大批国内外游客，使大连市的国际旅游业呈快速发展的态势。1997 年共接待海内外旅游者 1 800 万人次，旅游总收入 51.6 亿元，占全市国内生产总值的 5.98%，其中海外旅游者 20 万人次，旅游创汇 2 亿美元。1994 年起，大市连续 3 年接待海外旅游者突破 10 万人次。创汇突破 1 亿美元，成为东北地区第一座实现“双突破”的城市。

【海盐、盐化工和海洋药物】 大连市是全国重要海盐产区之一，拥有四大国营盐场（大连复州湾盐场、大连皮子窝化工厂，大连金州盐场、大连旅顺盐厂），还有 60 个乡镇、集体盐场，盐田生产面积 2.8 万 hm^2。海盐年平均产量 160 万 t，占全国海盐总产量的 10%．大连是辽宁省重要的盐化工基地，建有 9 个盐化工厂，盐加工产品年均产量 25 万 t，占盐产量的 15%。主要生产氯化钾、溴素、无水硝等 7 种盐化工产品，生产能力为 12.9 万 t。制盐工业年平均总产值为 3.1 亿元，利润总额 2 000 万～3 000 万元，上缴盐税 6 000 万～7 000 万元 。近年来，海洋药物也进行了一定的开发利用。大连中药厂的海洋胃药、伤科接骨片都应用了海洋中的海星。该药厂还开发了海洋神胶囊。应用海洋生物研制的治疗心血管疾病药物有了较大的突破，如奥深制药厂用鱼油制造的鱼油烯康软胶囊，碧海制药厂生产的奥吉口服液，海滨药厂生产的藻酸双酯钠。

海洋公益事业
Marine Public Welfare Facilities

【海洋环境监测】 大连市政府对海洋环境的监测工作极为重视。目前，近岸海域环境监测站共有 8 个，海水监测站位市区 29 个，各市县区 52 个。海域监测频率按枯（4 月）、丰（7 月）、平（10 月）三个水期进行，监测的项目有水文气象 9 项（水深、水色、透明度、风向、风速、海况、天气现象、水温、气温），一般指标 5 项，包括化学耗氧量、悬浮物、溶解氧、酸碱度、盐度，有害物质监测 14 项，包括总汞、镉、铜、锌、铅、铬、砷、油类、氰化物、挥发酚、无机磷、氨氮、硝酸盐、亚硝酸盐。

【海洋环境污染与治理】 大连市 1996 年和 1997 年城市污水排放总量为 33 160 万 t 和 38 274 万 t，工业废水外排总量为 24 035 万 t 和 24 040 万 t。大连市注重城市和海洋环境的环保投资，城市环保投资这两年都超过 10 亿元，1997 年为 19.6 亿多元。用于老污染源治理资金 1996 年和 1997 年分别为 1 899 元和 3 539万元。

【海洋气象观测】 黄海海域有两个海岛观测站：大长山岛观测站，每年 6 月 15 日至 9 月 30 日，每日 5 次观测发报，其他月份 2 次观测发报。海洋岛观测站，每 3 小时观测发报一次，每日 8 次。两站平均一次观测项目为 11 项、33 个数据。逢北上热带气旋影响时，按中国气象局要求，每小时观测发报一次。另外，沿海岸的旅顺站、大连站、庄河站的观测气象数据资料，可作为黄海和渤海海域预报参考资料。

【海洋气象预报】 大连市气象台是中国三个海洋气象台之一，负责渤海和黄海北部、中部海域海洋气象预报，通过海岸电台为海上航运等服务。

海面大风和西太平洋北上热带气旋是大连市近海主要的灾害性天气，特别是热带气旋的袭击，每次所造成的损失都在10亿元以上。科研人员对海面大风和热带气旋进行了不懈地研究，取得了可喜的成果，《黄渤海海域大风专家系统》和《大连地区及黄渤海域灾害性天气预报业务系统》均获国家科技成果奖。这些成果的应用，大大提高了海面大风和热带气旋的预报准确率。市政府积极支持和配合海洋气象台的建设，目前，已配制了卫星云图接收系统、天气雷达探测系统，建成了卫星接收站和卫星通信网络系统。这些现代化设备的应用，极大地提高了对海洋灾害性天气的监测、预报能力和气象信息的传输能力。

海洋灾害与防御
Marine Disasters and Defence

【概况】　1996年，大连市近海共发生成灾的8级以上大风12次，据不完全统计，全年8级以上大风造成的经济损失约1.2亿元。强风引起的巨浪冲毁码头、损坏船舶、撕破网具，甚至造成人员伤亡，如10月25日的强风，仅长海线码头被冲垮造成经济损失就达100万元。

1997年，大连市近海发生成灾的8级以上大风8次，加上8月20日的11号强热带风暴，造成经济损失达4.49亿元。特别是11号强热带风暴，平均风力7～8级，瞬时最大风力达11级(30.2m/s)，大风持续时间达36h。大连市气象台于8月18日18时准确预报11号热带风暴的路径、强度和暴雨天气，市政府组织全市人民提前做好了抗台防风防汛等准备工作，使11号热带风暴造成的损失降低到最低限度。但由于狂风伴着暴雨持续时间长、强度大，使老虎滩海洋站实测最高水位高达426cm，距警戒水位仅有14cm，最大增水达53cm。台风引起的巨浪冲垮防浪坝4 000多延长米，冲毁养虾围0.12万hm^2，滩涂0.136万hm^2，损坏大小船舶817艘，养殖浮筏21 874台，直接经损失达3.49亿元。

海洋科技
Marine Science and Technology

【概述】　大连市具有较强的海洋科技力量。有市级以上海洋科技机构13个，有6所院校12个海洋专业系。拥有一支海洋工程、交通运输、海洋水产、制盐及盐化工、海洋环保、海洋监测及海洋环境预报等门类齐全、水平较高的科技队伍。海洋科研、教学设备不断更新完善，有一批国际国内一流的仪器设备。还建有国家重点海洋工程实验室和国家海洋质控实验室。近年来，海洋研究科技成果比较显著。海洋水产业的科技研究已进入新阶段，海洋新兴产业和海洋高新技术的开发研究正在快速起步和发展。

【海洋科技】　1996～1997年，大连市共实施市以上海洋科研项目34项，投入科技经费442万元。实施的海洋科技研究项目有：海洋扇贝能量收支与碳和氮元素交换研究，鲍鱼的静电生物效应研究，虾夷马粪海胆人工育苗及养成，鲍鱼新品种——玛瑙鲍鱼人工育苗及养成，浅海筏式养殖病害防治技术研究，鲍鱼生物育种及规模养殖工艺规范化研究，大连黄渤海区生产潜力调查及合理利用研究，星海湾水产养殖对海水浴场交换能力影响研究，对虾暴发流行病防治技术，建设海上大连对策研究，大连市区沿海海域有机污染物防治对策研究，大连湾西部海域碱渣液综合利用，海藻糖生产技术与应用开发研究，南美白对虾引种试验，红鳟鱼新品种引进，太平洋牡蛎三倍体培育规模生产技术研究，鲈鱼人工育苗及当年养成技术研究，扇贝养成期间死亡原因及防治技术研究，贻贝死亡原因及防治技术研究，大连黄渤海区生产潜力及合理利用研究，大连市海洋环境保护及立法研究，牙鲆鱼人工育苗及养成技术，扇贝养成期间死亡原因及防治技术研究，鲍鱼派金虫及脓胞病防治技术研究，大连地区异常气候预测及黄渤海海域灾害监测方法，俄罗斯鲟鱼育苗及养成技术，大连市海洋功能区划研究，长海县海珍品养殖示范基地，长海县海珍品养殖病害防治技术研究，纯养虾新技术开发，虾鱼贝混养技术，牡蛎三倍体繁殖生物学研究，海参生态养殖。

海洋国际合作
Marine International Cooperation

【港务合作】　1996年大连港务局与新加坡港务集团合资经营的大连集装箱码头有限公司正式运作，该公司合营期限为50年，总投资额为40亿人民币，注册资本为13.5亿人民币，中外双方的出资分别占注册资本的51%和49%。该公司运作良好。

1995年1月由国家外经贸部与日本海外协力基金(OECF)签署了大连港大窑湾一期工程日元贷款项目协议。1997年9月，大连港与中国进出口银行签署了转贷协议，大连港贷款金额59.55亿日元，贷款期限为30年，贷款资金已开始启用。

【渔业合作】　1996年，大连共组织74个渔业出国招商引资和经贸洽谈团组，成功地举办了'96大连国际渔业经贸合作洽谈会，筛选、推出180多个渔业招商项目，吸引国内200多个企业、商业团组来连参展和交易，成交项目63个，协议外资5 000万美元，推动了外向型渔业的发展。到1996年底，利用外资兴办合资、合作和独资企业近600家。水产品对外贸易持续发展，全年出口扇贝、文蛤、牡蛎、裙带菜、海带等产品14万t，创汇3.2亿美元，分别比1995年增长7.8%和7%。

1997年，大连渔业系统先后组织80多个团组到境外进行经贸洽谈，接待40多个国家和地区近百个来访团组。在'97大连国际农业暨渔业博览会上，共推出40个对外招商项目，吸引日本、美国、法国、韩国、香港、台湾等14个国家和地区500多名客商来连参展交易，成交项目56个，协议外资6 900万美元，进一步推动了渔业外向型经济的发展。1997年新办渔业合资、合作、独资企业100家，渔业"三资"企业达到700家，成为渔业经济中的重要组成部分。水产品对外贸易仍呈快速发展的形势。全年出口对虾、文蛤、扇贝、鲍鱼、裙带菜等产品15万t，创汇3.4亿美元。

海洋立法与管理
Marine Legislation and Management

【海洋立法】 为加强大连市沿海海域的综合管理，根据《国家海域使用管理暂行规定》，1995年4月21日大连市人民政府颁布了《大连市海域使用管理暂行规定》。为配合这一规定的贯彻实施，积极稳妥地推行海域使用证制度及海域有偿使用制度，1996年8月2日大连市财政局和海洋局联合频发了《大连市征收海域使用金实施方案意见》，1997年1月29日海洋局又下发了《核发〈海域使用证〉的实施意见》两项配套文件。

【执法机构情况】 1996年，大连市人民政府批准印发了《大连市海洋局职能配置、内设机构和人员编制方案》，批准成立大连市海洋监察大队。大连市已初步建立了海洋管理专业执法队伍体系，基本形成了由市海洋局、市监察大队和有海区市县海洋办、监察中队组成的综合管理和执法监督体系。

1996年6月，全市有36名从事海洋管理工作的同志通过了国家海洋局组织的考试、考核，取得了中华人民共和国海洋监察员资格证书。大连市海洋监察大队成立后，工作人员也都办了临时监察证。目前全市有50名海洋监察员全部持证着装上岗。

【海洋综合管理】 为了切实履行对海域海洋事务综合管理的职能，保证有关海洋法律、法规和规章得到贯彻实施，做到依法行政，经市政府有关部门审定，大连市海洋局与市政府依法签订了《行政处罚委托书》，取得了行政执法主体资格。

推行海域使用证制度和海域有偿使用制度已初见成效，全市已有1 300多户用海单位领取了中华人民共和国海域使用证。开发利用海域无法、无价、无序的"三无"状态开始转入有法、有价、有序的"三有"轨道。

市政府批准成立了"大连市海洋功能区划和开发规划领导小组"和"大连市海洋功能区划和开发规划专家论证委员会"，批准并印发了《关于开展大连市海洋功能区划和大连市海洋开发与建设"九五"计划和2010年长期规划工作意见》。目前，这项填补大连市历史空白的海洋开发、保护和管理的基础工程正在顺利开展。

市委、市政府组织进行了建设"海上大连"的大规模调查研究工作，在建设"海上辽宁"工作会议之后，成功地召开了建设"海上大连"研讨会；市委、市政府召开了大连市历史上第一次建设"海上大连"工作会议，明确了建设"海上大连"的内涵，提出了建设"海上大连"规划纲要。

按照国家的统一部署，首次由本市组织实施的大连市沿海重点岸段防风暴潮警戒水位核定工作成果，已经专家评审委员会审定通过；大连海域污染状况21世纪基线调查的筹备工作正在进行，这些工作成果都将为海洋防灾减灾工作的有效进行提供科学的依据。

（大连市海洋局供稿）

香港特别行政区
Hong Kong Special Administrative Region

综　述
Summary

【概况】　香港地处中国与邻近东南亚国家的要冲，既在珠江三角洲入口，又位于经济增长骄人的亚太周边的中心，可谓占尽地利。1997年共有人口661.7万，面积1 095km²，人口密度6 160人/km²。香港四面环海，海岸线长，海域面积约1 800km²。

香港是世界金融、商业和通讯的主要中心之一，现时是世界第七大贸易实体，第五大外汇交易实体（以成交额计），第四大银行中心（以对外银行交易量计）。随着香港经济的发展，服务业在生产总值（1996年占84%）及就业人口（1997年占79%）中所占比例也不断扩大，形成以服务业为主、制造业为辅的经济格局。

1997年7月1日中国恢复对香港行使主权，成立香港特别行政区。按照《香港特别行政区基本法》，实行有别于内地的社会制度、经济制度和政治体制。政府的架构内未有统筹海洋资源经济发展和管理的专责机构，这方面的工作分别由渔农处、海事处及环境保护署等部门负责。香港近年来最大的基建项目为机场核心计划，在大屿山北岸赤鱲角兴建新机场及相连的交通网络，包括大规模的填海及挖掘工程。新机场将于1998年7月落成启用。

海洋资源开发与海洋经济
Development of Marine Resources and Marine Economy

【渔业】　海鱼是香港主要的原产品之一。渔船主要的作业水域为邻近的东海及南海大陆架，大多数渔船由家庭成员操作，另雇用渔工协助，捕鱼方法主要有拖网、延绳钓、刺网和围网等。海鱼养殖方面，渔民在26个指定的鱼类养殖区内，通常在隐蔽的沿岸地区，以悬于浮排的网箱养殖海鱼，自鱼苗或幼鱼养至商品规格。普遍养殖的品种有丝鲳、红鲳、斑、火点和黄鳍鲷。大多数的养鱼场面积细小，以家庭作业方式经营。传统上，养殖的海鱼均以杂鱼喂饲。近年来，不少养殖者已改用湿式粒料鱼粮，饲料系数由8～10降至约为3，既营养丰富，又减少了饲喂造成的污染。

在1996和1997年，香港的海鱼捕捞量皆超过18万t，而养殖产量也有3 000t左右（见表1）。在1997年，香港约有渔船4 460艘，其中机动船3 820艘，有19 200名渔民在渔船上作业，当中包括约6 300名内地渔工。渔民的总渔获量相当于本地海鲜消耗量的75%，约有90%的渔获是来自香港以外水域。拖网捕鱼的渔获量占年内卸下海鱼量的79%，重量达146 940t。海养方面，1997年年底共有1 562名养殖者，其产量占本地活海鱼需量的20%。此外，蚝的养殖在香港至少有200年的历史，1996年其产量约60t，价值400万港元。

表1　香港海鱼捕捞养殖情况一览表

年　份	1996	1997
海捕渔获量(t)	184 000	186 000
海捕批发总值(亿港元)	21.7	22
海养产量(t)	3 000	2 960
海养价值(亿港元)	1.7	1.78

【港口建设】　香港是新加坡与上海之间最现代化的商港，为华南海上贸易中心。港口特别之处是能够相应处理包括两种不同模式的海上交通工具即巨型远洋轮船及较小型的内河船。过去10年间，香港港口发展迅速，其间抵港船只数目及港口货物吞吐量均有显著的增长（见图1）。1996和1997年的抵港船只数目、港口货物吞吐量和货柜吞吐量增长可观（详见表2），但出入境旅客量都有下降（表2）。1997年抵港船舶共约233 200艘次，其中远洋轮船达44 475艘次，比1996年上升了6.5%，内河船抵港数目也有大幅增加。这些船舶运载的旅客约为951万人次，装卸的货物逾1.69亿t，远洋海运占近八成，其中以货柜运输为主，占远洋海运约六成。所装卸的6m标准货柜达1 450万个，较1996年增加约8.2%，连续6年高踞世界最繁忙货柜港之首。

位于葵涌的货柜码头处理本港货柜的2/3，现正在现有码头对面的青衣岛上兴建新的九号货柜码头，有关工程将于1999年动工。另亦计划在大屿山兴建一个全新的货柜港，处理量将是现有葵涌货柜港的两倍。另外，首个专为内河货运而设的内河货运码头已在新界西北的屯门动工，一期设施将于1998年下半年落成启用。

香港港口处理这些货柜货物以及用其他方法运送的货物，使香港经济获益不浅。政府统计处及规划署的研究显示，经港口处理的货运，以重量计约占香港贸易总额的九成，与港口有关的工商企业约占本地生产总值的两成，雇员人数约占劳动人口的22%。最新发表的港口货运量预测显示：到2016年，预计港口货柜吞吐量将达3300万个标准货柜单位，每年的平均增幅为4.6%，内河船只运送的货物亦增至8 900万t。届时，港口货运总吞吐量将达3.98亿t。

表2　香港港口客货运输情况一览表

年份		1996	1997
抵港船只数目	远洋轮船	41 760	44 475
	内河商船	112 190	112 762
	内河客船	65 271	66 217
港口(远洋及内河)货物吞吐量(万t)	抵港	10 092.8	12 751.3
	离港	15 729.9	16 922.9
抵港货柜船数目	半货柜船	3 296	3 957
	全种格式货柜船	16 574	17 686
本港货柜(进出口)总吞吐量(万个标准货柜)		1 346	1 456.7
经水路出入境旅客量(万人)	抵港	1 060.3	934
	离港	1 077.2	951.2

海洋公益事业与海洋灾害
Marine Public Welfare Facilities and Marine Disasters

【海洋环保】　污水处理改善工程　自80年代初期，香港人口激增，经济迅速发展。由于旧式的排污设备不足应付增长的需求，造成香港沿岸污染的日益恶化。现时香港每天有逾150万m^3的污水，未经处理便排进维多利亚港，因而沿岸水质极差。为此环保署于1989年完成了污水策略研究，为污水管理工作订下了整体策略。当局建议在全港16个区域推行全面性的污水收集整体计划，以改善香港污水收集网络。至1996年止，污水渠设施的覆盖面积已扩大至有居住人口570万人的范围。污水处理改善工程重点之一是策略性污水排放计划，目的是收集海港两岸的污水，通过深层地底隧道，输往昂船洲的污水处理厂，在添加化学剂和经过沉淀后，在南丫岛以南深海排放。此计划的服务范围涉及500万人口，堪称全球最大的污水处理计划之一。1996年5月，策略性污水排放计划的环境影响评估由香港政府顾请专业人士展开研究。另昂船洲污水处理厂已于1997年投入服务。

海岸公园　香港地处亚热带，同时由于受季候风及季节性的冷暖水流调节，海洋生物群混合了热带与温带特质，品种繁多。近年来由于受到污水排放、挖泥工程、废料倾倒、填海工程及破坏性捕鱼的威胁，故有必要保护及存护现有的海洋环境。当局于1996年7月，在海下湾(260hm^2海面)、印洲塘(680hm^2海面)开设2个海岸公园，在鹤嘴(20hm^2)划定海岸保护区，另于1997年7月规划沙洲及龙鼓洲(1 200hm^2海面)为新的一个海岸公园。海下湾特点在于其生机盎然的沙滩及丰富的珊瑚群，印洲塘长有茂密的红树林及海草，沙洲及龙鼓洲是中华白海豚的出没地点，而潮间珊瑚群是鹤咀独特之处。此外，牛尾洲、南丫岛南部、平洲、大屿山西南部等已纳入考虑之列。海岸公园所占的海域较大，可作为存护及康乐用途，而海岸保护区面积较小，但存护价值却甚高，故主要用作存护科学研究及教育用途，其管制也较海岸公园严格。

世界自然(香港)基金会提议于海下湾兴建海洋生物教育中心，此计划获得香港赛马会拨款3 500万资助，将于1998年3月获郊野公园及海岸公署委员会正式通过，预期可在2000年后正式启用，期望中心设施有助提高本地学生及公众人士保护香港海洋环境的意识。

人工鱼礁计划　近年来大规模的挖掘海砂填料工程、卸泥活动及填海工程使近岸的海洋环境受到压力，除了使水质变坏，也破坏了海洋生物及渔业资源赖以维生的海床生境。为减轻破坏并增加渔业资源，渔农处于1996年展开为期五年的人工鱼礁计划，以促进大量不同种类的海洋生物的成长及发展，并为幼鱼提供食物、保护及栖身之所，进而增加其存活至成长阶段的机会，有助本地的渔业资源生生不息，促进渔业的长远发展。该项计划将于1998年年初开始，在印洲塘及海下湾海岸公园敷设第一期人工鱼礁，继而将进行较大规模的敷设，将范围扩至香港水域其他五个合适的地点。

湿地的护理　位于香港东北角的米埔沼泽区是候鸟及其他野生动物的栖息地。自1984年起由世界自然(香港)基金会管理，作自然保护及教育用途。区内鸟类约300种，其中12种为濒临绝种的品种。1995年9月，当局根据国际《拉姆萨尔公约》(Ramsay Convention)的规定，把米埔及后海湾内湾列为国际重要湿地，占地1 500hm^2。于1996年，渔农署展开顾问研究草拟管理计划。中国林业部于1997年7月确认米埔拉姆萨尔湿地地位，列为中国第七个国际重要湿地。

海洋哺乳动物的护理　在香港海域发现的鲸鱼有

4 种、海豚有 11 种，常见的为江豚和中华白海豚。后者近年受特别注视，并被选为象征香港回归的吉祥物。这种海豚在香港西面海域出没，但在此水域的只数估计不到 150 头，其生活环境受到新机场填海工程的影响。因而在 1996 年 4 月政府展开研究，以助制定保护这种海豚的有效及长远策略。中华白海豚的常见的出没地点沙洲及龙鼓洲已于 1997 年 7 月被定为海岸公园。香港已与广东省成立中华白海豚存护小组，此外海洋公园也设有鲸豚保护基金进行存护工作。

【海水水质监测】 自 1986 年开始环保署进行了全港性的海水水质监测，以评估海水水质状况。至 1997 年，政府研究船每星期平均进行 3～4 航次，以卫星定位，自 103 个海水抽样点及 62 个底层沉积物采样点采集样本分析，以提供详尽的水质资料。此外环保署亦监测海滩水质含菌量，确定水质是否符合指标，以公布泳滩等级。自 1997 年 8 月起，当局加强监察计划，于泳季期间把监察次数增至每周一次。1997 年海水水质监察结果显示，香港水域约 90％的采样点测量到氮营养物显著而广泛的上升，在潮湿月份特别突出。事实上，1997 年是香港气候史上最湿润的一年，年降水量超过 3 300mm，大量暴雨和表面冲刷可能携带富氮污染物入海，导致海水氮营养物的增加。过去 5～10 年的资料显示，吐露港的水质有所改善，与 1986 年起实施的吐露港行动计划有关。但另一方面，后海湾的水质日益恶化，对米埔自然保护区及流浮山的养蚝业可能有不利影响。另外维多利亚港的粪便污染亦趋严重，此情况随着策略性排污计划的落实可望改善。

【海洋天气预报】 香港天文台成立于 1883 年，其研究及服务范围包括：天气预报、天文气象、气候、海洋物理、航空及海洋气象、辐射监测及评估，其预测总部可为航运界提供南海和东海等地的天气预报，另设有多部测潮仪，监察由热带气旋所引致沿岸地区泛滥以及海平面上升的情况。志愿观测船可提供海上天气状况的宝贵消息。天文台每年出版香港潮汐表，并评估极端风暴潮和海浪出现的概率。

【赤潮】 随着海水污染的加剧，水中所含营养物增多，导致了赤潮的发生。自 80 年代初以来，赤潮的发生愈加频繁，影响的海域也日益广泛，至 1988 年达到顶峰，共有 88 宗，此后，赤潮发生数目减少，1994～1997 年间维持在 19～25 宗(参看图 2)。大部分的赤潮都发生在包括吐露港、大鹏湾和牛尾海在内的东部水域。1980～1997 年间的 481 次赤潮中的 231 次(48％)都发生于吐露港和赤门海峡。1997 年有 19 次赤潮发生的报道，其中 9 次(即 47％)都在吐露港发生。

大规模的赤潮能引致养殖鱼类的大量死亡，造成直接而巨大的经济损失，1980～1997 年期间，共有 15 宗赤潮跟鱼类死亡有关，大部分是由缺氧所导致。对此，政府也采取了一系列措施防止海洋污染。如划定 10 个水质管制区，定期修订及改善海水污染管制条例的规定，推行禽畜废料计划和实施吐露港行动计划，但海水的污染情况至今还未得到明显改善。

【台风】 香港面临灾害性海洋天气的影响。如每年 5 月～11 月间都可能有不同强度的热带气旋吹袭，从而引发酷热、雷暴、强风、豪雨等有害天气。1996 年影响香港的热带气旋共 7 个，其中台风 4 个，强烈热带风暴 2 个，热带低压 1 个。其中在 9 月的台风莎莉(编号 9616)造成 2 人死亡，4 人受伤。其他热带气旋未造成人命损失。

影响香港的热带气旋，每年平均为 6 个，但在 1997 年却仅有两个。热带气旋偏少跟全球性的厄尔尼诺现象有关。台风维克托(编号 9712)于 8 月 2 日登陆香港，当天天文台悬挂自 1983 年以来的首次 9 号烈风或暴风增强信号，期间造成 1 人死亡，约共 58 人受伤，并有山泥倾泻、水浸、棚架倒塌和大树倒下等意外。维克托其后向内陆推进，在广东及福建省造成严重破坏，共 76 人死亡，千多人受伤，约 85 000 房屋被毁或受破坏，经济损失约共 5.8 亿美元。另外台风思蒂(编号 9715)于 8 月 20～22 日影响香港期间造成水浸及山泥倾泻。其后它经过雷州半岛横过北部湾在越南北部登陆。在内地共造成 46 人死亡及 541 人受伤，经济损失达 7.5 亿美元。

海洋科技与教育
Marine Science and Technology & Marine Education

【概况】 香港各大专院校皆有进行海洋科学研究，现有两所海岸实验室。香港中文大学的海洋科学实验室于 1970 年成立，隶属生物系，主要从事海洋生物资源研究。重点包括海产生物之生理与生物化学在养殖上的应用，海洋生态、污染和毒理学及分子海洋生物学和生物科技。该实验室位于吐露港，设有水产饲养室和繁殖所及多个大小型室内外养殖池。位于鹤咀的香港大学太古海洋科学研究所于 1990 年成立，研究所设有研究实验室及宿舍，研究重点为香港的海洋生态。所内研究人员隶属生态及分类学系，该系及动物学系和植物学系都有进行各方面的海洋生物研究，包括赤潮，鱼虾类的生理、生化及内分泌学等。此外香港大学的地球科学系有进行海洋地质学的研究等。

海洋生物学是香港科技大学生物系研究重点之一。目前项目包括有渔业、生态、生物科技等。大学新成立的海岸与大气研究中心有关海洋科学研究的课题有气象学、近岸水域模型、海岸工程、遥感、海洋天然产物及毒理学等。现正筹建海岸实验室。香港理工大学设有航运学系，为香港航运业训练人才及进行有关研究，如后勤及相互调制工作等。在香港城市大学，海洋环境研究是生物及化学系的研究重点。新成立的海岸污染及环保研究中心集中研究海洋生态、污染及毒理学。此外，香港浸会大学的生物系及自然资源与废物管理研究中心进行有关海洋环境监测及毒理学的研究。香港公开大学的科技学院也有海洋环境研究项目，如赤潮研究等。在1997～1998年度，获香港研究资助局的研究用途补助金拨款资助的项目中，有关海洋科学的有十余项，主要为海洋生物学方面的课题，资助金额逾800万港元。此外香港政府工业署及环境保护基金亦有资助海洋科学研究。

1990年成立的粤港环境保护联络小组，就两地广泛关注的环境问题交流意见，双方于1996年5月联手进行大鹏湾研究。于1997年展开的国际性珊瑚礁普查工作(Reef Check)，香港部分由香港科技大学的环境及持续发展研究中心统筹，其他参与的团体有香港中文大学生物系、香港海洋保护协会、世界自然(香港)基金会及香港潜水总会。

1996～1997年间在香港举行的海洋科学国际性会议包括由香港科技大学主办的亚太区海岸环境及管理会议(1996年6月)，由香港海洋生物学会主办的第三届南中国海生物学会议(1996年10月)，及由香港中文大学协办的太平洋海洋科学及科技会议(1997年8月)。香港海洋生物学会为一活跃专业团体，每年出版《亚洲海洋生物学》(Asian Marine Biology)期刊。

海洋立法与管理
Marine Legislation and Management

【海洋管理】 与海洋管理有关的政府职能部门有：海事处负责管理港口，其主要职能是确保船舶在香港水域安全航行，并促进航运活动的效率，为此推行多种措施，如综合海上交通管理、海港巡逻、船只航行监察服务、设置系泊浮标以及执行主要国际海事公约。此外，海事处还负责清除海港内的漂浮垃圾及油污，并执行有关的法例。土木工程署负责策划、设计和兴建公众海事设施，包括码头、航标、防波堤、海堤、航道及船只碇泊处等。环保署负责管制污染及监理环境事宜。渔农处提供与捕捞渔业及海产养殖业及自然存护有关之服务，并执行有关法例包括渔业调查及技术研究，向渔民提供训练以提高渔业生产效率。此外并负责保护自然环境及野生动植物，职责包括划设和管理海岸公园，鉴定具保育价值的地方，对生态方面的环境影响及规划进行研究及检讨，以及推广自然保护教育，以增进市民对这方面的认识。

【海洋立法】 于1995年颁布的《海岸公园条例》是香港海洋存护的里程碑。该条例赋予渔农处处长所需法定权力，担任郊野公园及海岸公园管理局总监，负责听取郊野公园及海岸公园委员会和其辖下各委员会的意见后，划定、管理和管辖香港海岸公园及海岸保护区。于1996年7月颁布的《海岸公园及海岸保护区规则》订定条文，禁止或管制在海岸公园及海岸保护区内进行某些活动。在海岸公园内，允许符合海岸公园成立目标及不会对海洋环境造成破坏的活动继续进行，这些活动包括潜水、游泳、独木舟、滑浪风帆及水底摄影。而在海岸保护区内，除科学研究及教育工作外，大部分活动皆被禁止进行。

另一项与海洋环境有关的法例为《环境影响评估条例》，于1997年2月通过，该条例旨在巩固现行的环评制度，为评估因大型发展而引致的环境影响和实施有效的预防及减低环境影响措施，提供一个有系统、明确和公开的架构。1997年6月，前立法局通过了环境影响评估程序的技术备忘录，就环评程序制定明确、一致的技术指引和准则。《环境影响评估条例》将于1998年实施。

(朱嘉濠　刘　红)

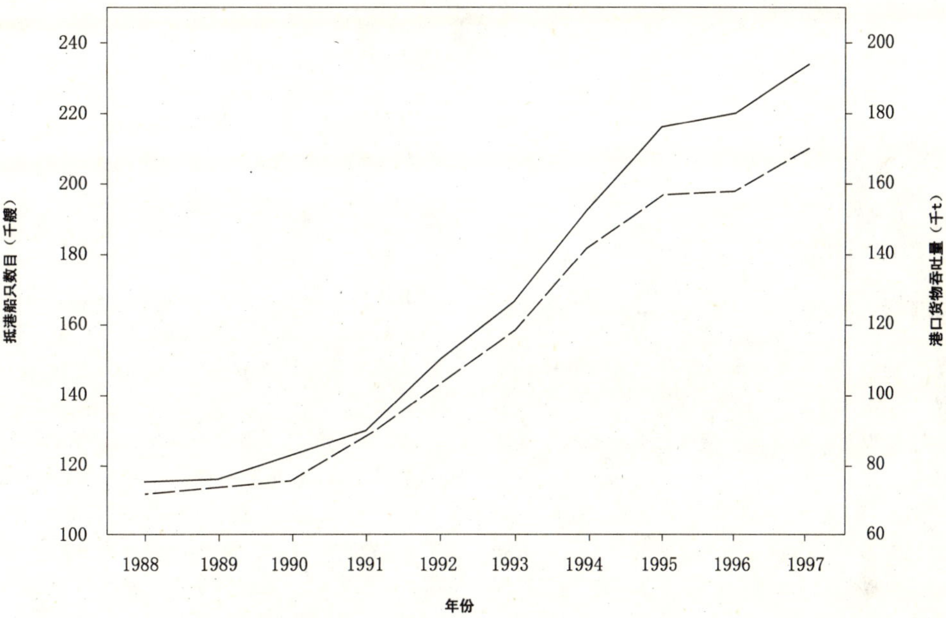

图1 1988～1997年抵港船只数目及港口货物吞吐量（香港港口发展局资料）

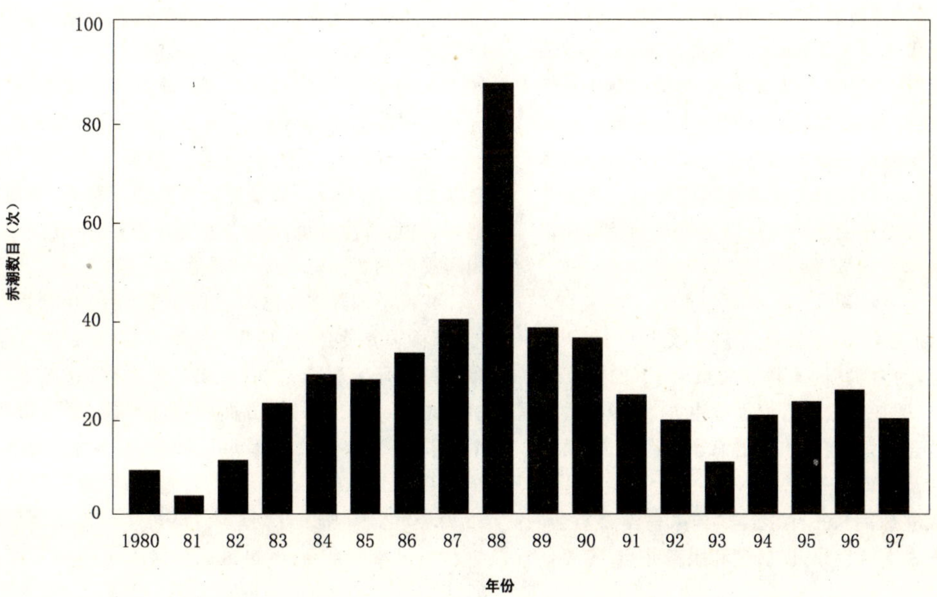

图2 1980～1997年赤潮发生数目（香港特区政府渔农处及环保处资料）

台 湾 省
Taiwan Province

海洋科技
Marine Science and Technology

【概况】 目前,台湾省从事海洋科学研究的单位主要有台湾大学海洋研究所、台湾海洋大学、台湾中山大学海洋科学学院以及其他与海洋研究相关的各大学系所和研究单位。

1997年8月,台湾"国家科学委员会"成立了"海洋科学研究中心"和"海洋大气科学研究中心",负责综合协调台湾海洋学研究工作;还成立了跨学科的"地球科学推动中心",负责推动海洋、大气、地质之间的相关研究规划及横向合作联络。

台湾与海洋科学研究有关的各实验室的研究设备条件,大致可与欧美一般州立大学相比。

台湾现有三艘海洋科学研究船,其中,台湾大学的"海研一号"船龄已逾14a,吨位800t,设备较为齐全,参与多项国际合作研究;台湾海洋大学的"海研二号"和台湾中山大学的"海研三号",吨位均为250t,以执行临近海域和近岸研究为主;目前正由台湾"国家科学委员会"委托海洋大气科学研究中心筹建的2 500吨位的研究船,投资台币10亿元,拟于2004年完成。

台湾近年来海洋科学的研究重点是:(1)东海海水与黑潮交换作用;(2)南海及南海季风实验;(3)全球海钻探计划;(4)古海洋变迁研究;(5)卫星遥测及海洋水色研究。

【"海洋科学研究中心"及其任务】 该中心1997年8月1日成立,为台湾"国家科学委员会"下的海洋科学研究中心,以委托方式由台湾大学主办,设顾问委员会与执行委员会,由海内外杰出的海洋学者组成,负责该中心的咨询及决策任务。

该中心成立后的头三年,台湾"国家科学委员会"以专题计划方式支持运作,以研究和服务并重。主要任务有四方面:

1. 推动尖端海洋科学研究。第一年:以台湾海峡海象现报研究为主,其目的是在三年内了解台湾海峡海象状况,进而提供预报模式。此研究在海洋物理学方面有较高价值,可以为连接南海及东海的台湾海峡的海况提供海气耦合模式,有助于台湾气象及风暴潮的预报。第二年:在南海北部进行定点长时间的海况观测,以了解台湾海域在全球气候变迁下所产生的净变化。其观测项目以海洋化学的资料配合海洋物理的观测,以了解台湾地区海域水文、营养盐及生物群集在时间上的变迁。

2. 建设海洋科学研究船队。台湾的海洋研究船队分为三组,最重要的一组是台湾"国家科学委员会"的"海研"一、二、三号船,分别由台湾大学、台湾海洋大学、台湾中山大学管理;探测仪器也分别由三校采购及维护。另外两组是台湾水产试验所的"水试一号"、"海富"号;海军的"达观"舰。

该中心成立后,下设"海洋研究船贵重仪器中心",对三艘研究船的仪器采购、操作及维护进行统筹管理。

由于最大的"海研一号"只是一艘中型船,船龄有14a,船长仅50m,在台湾周围海域的冬季不宜航行,因此拟在1998~2003年内,规划建设一艘2 000~3 000t的大型研究船。

3. 建立海洋资料库。台湾的海洋资料原分散于"台湾中央气象局"、台湾大学、"台湾海军海测局"、台湾成达水工试验所、台湾省水产试验所及海下技术协会,故资料使用不便。台湾"国家科学委员会"为充分发挥海洋资料共享效益,由该中心成立"海洋资料库"。首先建立水文、洋流、水深、底质等四方面的资料库,随后扩充地球物理、海洋环境、、海洋生物等资料,以逐步建立起相当规模的海洋资料库。

4. 推动国际海洋科学合作。于1996年开始,台湾"国家科学委员会"支持海洋钻探计划,即以"中华台北海洋钻探研究联合会"的名义与澳大利亚、加拿大、韩国等地质、矿产及材料方面的研究单位合作,组成"太平洋周边联合会"(Packing Consortium),加入国际"海洋钻探计划"(Ocean Drilling Program),每年负担经费53万美元。参加该计划后,台湾每年可出席国际性的学术小组及审查会议,也可派科研人员参与海洋钻探船"联合号"作全船性的钻探研究。目前,已先后有6位台湾的海洋学者参加了4个航次的探测计划(特别是最近的184航次在南海北部钻探,具有特别的意义)。

该中心还在与美、法、德、印尼等国的合作中,积极推动国际合作研究并参与国际性的合作研究计划。

此外，该中心为配合开展尖端国际合作研究，在台湾中山大学设立碳化学和化学追踪剂实验室；在台湾大学设立营养盐和卫星遥测在海洋上的应用实验室；在台湾海洋大学设立沉积物岩心库实验室。这些实验室不但可以提供海洋研究所需要的设备，也可与国外实验室交流，并邀请相关国际知名学者来访讲学等。

【“海洋大气科学研究中心”成立】 1997年8月成立的“海洋大气科学研究中心”，负责综合协调台湾海洋学研究工作。美国夏威夷大学海洋学系李远辉教授任中心首任主任，台湾大学海洋研究所陈民本教授任副主任，并聘多位海外资深学者组成“咨询顾问委员会”，直接对该中心的任务和尖端研究提供实质性建议和指导。

该中心在“咨询顾问委员会”下由各大学绩优学者组成“执行委员会”，负责该中心的计划推动、监督与执行。中心下设各组，负责相关工作。

【“地球科学推动中心”成立】 由于海洋学为地球科学的一个分支，台湾“国家科学委员会”成立了一个跨学科的机构——“地球科学推动中心”，负责横向推动海洋、大气、地质等相关的研究规划，由中央大学的国际知名地球物理学者蔡义本教授任该中心主任。

该中心除协助各学科邀请国外知名学者到台湾访问指导外，也主办各种研讨会，促进学术交流。另外，还辅助台湾大学和台湾中山大学分别设立台湾北区和南区的“地球科学图书期刊服务中心”，以便沟通信息，完善整体学术研究环境。

【“黑潮边缘交换作用”整合研究计划】 “黑潮边缘交换作用”(Kuroshio Edge Processes，KEEP)研究计划为台湾海洋科学家就物理、化学、生物、地质领域对东海进行的一项整合研究计划。经费由台湾“国家科学委员会”资助。自1988年开始执行，已完成第一(KEEP－1，1988～1993)、第二(KEEP－2，1994～1996)阶段工作，第三(KEEP－3，1997～2000)阶段工作正在进行之中。

KEEP研究计划调查范围包括东海陆棚、陆坡和冲绳海槽南部，该区受到东边的黑潮和西边的长江淡水两支输入体系的影响，在物理(流场、潮汐、水文等)、化学(碳循环、元素清除作用等)、生物(基础生产力、食物链等)、地质(沉积作用、底泥成岩作用等)等方面都有复杂的变化，因此组织相关的研究人员对其进行深入、系统的研究具有重要意义。自该计划实施以来，前后有51位海洋学家参与东海研究工作。

代表各领域的最近研究结果有：(1)东海棚坡边缘黑潮平均流场；(2)东海陆棚基础生产力空间变化；(3)南冲绳海槽内施放沉降颗粒收集器测量颗粒通量；(4)东海采集底泥岩心位置。

【南海海况的监测与模拟】 南海属于边缘海域，以往海洋研究以大洋为主，国际上对此海域的探测研究较少，且南海周边国家从未开展同步调查工作，因此资料较欠缺，除沿岸或岛屿的潮汐观测站外，没有长期的海洋监测资料。

近年来所做的海洋监测工作有：水文断面观测；卫星追踪浮球；流速仪锚碇。而将长期对南海季风的监测研究、建立该监测系统同步数值模式，列为首要任务，即测量巴士海峡内黑潮支流、台湾海峡南端、民多罗海峡水文等季节性变化行为，结合上海气象资料作为驱动力场、南海盆地内实测流场等，建立北部较精确、南部较不理想的南海环流模式。

【台湾海洋地质及古海洋学研究】 国际海洋钻探计划(ODP)，为全球目前最具规模的国际海洋地质科学研究机构。台湾自1996年起以1/6的全额会费，与澳大利亚、加拿大、韩国正式加入该国际组织，每年可派2名科学家进行登船研究。已经或即将开展的工作有：(1)东南大西洋本吉拉涌升流的古海洋研究；(2)西南太平洋古海洋的钙质超微化石研究；(3)东亚南海古季风的演变；(4)台湾东南海域弧陆碰撞研究；(5)东部海域琉球弧沟－造山带板块构造研究。

国际海洋古全球变迁(IMAGES)研究计划，为国际目前最前沿的古海洋学研究机构。它利用法国提供的巨型长管活塞探取船获得海底深40～60m的高品质海洋沉积物岩心，进行高解析度的晚第四纪古海洋学研究。

已参加的两个航次的岩心探取工作主要是：(1)温盐传输与南半球副热带辐合带变化研究；(2)了解最近30万年南海表层环流变化，及与东亚季风、黑潮和西太平洋暖池等全球气候变迁中重要系统变化关系。

【南海古海洋学研究方面的重要成果】 (1)南海最近一次冰期以来的海洋－气候变化与冰期/间冰期海洋环境比较；(2)南海最近一次冰期以来的碳酸盐保存度变化；(3)南海最近一次冰期以来的钙质超微化石群研究；(4)南海最近一次冰期以来的基于有孔虫镉钙比古生产力研究；(5)南海现代表层沉积物浮游有孔虫分布型与水文关系研究；(6)南海溶解态无机碳同位素分布；(7)南海晚第四纪快速气候变化。

在研究方法方面，目前台湾科学家在微体古生物学、沉积学、稳定同位素、微量元素、放射性地球化学、有机地球化学等领域均有较好的基础。(郭　嘉)

【第三届海峡两岸海洋科学研讨会】 海峡两岸综合性的海洋科学学术交流活动，首次于1991年在杭州、第二次于1993年在厦门举行，中间停滞三年，于1996年9月16～18日在台湾的台湾大学举行第三次学术交流。

此次会议由台湾地球科学学会主办，台湾大学海洋研究所、两岸发展研究基金协办、大陆委员会和台湾教育部门予以支持补助。参加此次会议的代表60多位，内地代表占1/3，18位代表来自北京、大连、青岛、杭州、厦门、广州，包括国家海洋局、中国科学院、高教系统有关研究单位和高等院校等。台湾方面占2/3，40多位代表来自有关高等院校和地方研究单位。两岸学者提供报告论文50多篇，采用大会专题演讲和专题分组报告两种形式。论文研究内容相当广泛和丰富，几乎涵盖海洋科学研究所有领域，即海洋物理、化学、地质、生物、遥感等，研究范围较多集中在南海和台湾周围的海域。与会学者就感兴趣的专题展开讨论，如台湾南部海域海流的特性，南海的构造演化，日本鳗柳叶鳗的调查和南海遥感研究等。会议就报告内容划分为“南海综合研究”和“东海生地化研究”两个组进行讨论。会议结束后邀请大陆科学家参观台湾海洋大学信息系统、“海研二号”调查船、水产试验所和“水试一号”调查船，有的学者还参加了台湾海岸的地质现场调查。

会议结束时确定，由于1998年开展南海季风现场试验，研究任务繁重，原两年一次两岸南海海洋科学学术交流会，顺延到1999年7～8月在广州举行。

（陈清潮）

海洋管理篇

Marine Management

海洋综合管理
Integrated Marine Management

综　述
Summary

【概况】 1988年国务院赋予国家海洋局"综合管理中国海域"的职责,并在1994年国务院机构改革方案中得到进一步明确,专门设立了海洋综合管理司,其职责主要有:组织拟定中国海洋基本法规和海洋、海岸带及海岛开发规划、功能区划,协调海洋资源的合理开发利用;参与组织中国与邻国海域划界的研究工作;负责全国海域使用的监督管理,颁发海域使用许可证;主管防止海洋石油勘探开发和海洋倾废污染损害海洋的环境保护工作,选划和管理海洋自然保护区;负责审批海底电缆敷设、管道路由和人工构造物的设置;负责建设和管理中国海监队伍、实施巡航监视、监督管理。从此,中国海洋管理工作走上了一个新的时期。

1996年3月,国家海洋局发布了《中国海洋21世纪议程》,确定了综合管理的六个方案领域及其各自的行动依据、目标和行动。并在配合该议程实施的《中国海洋21世纪议程行动计划》中把"中国海岸带可持续利用与综合管理"列为第一个优选项目建议书。与此同时,加强了海洋领域的立法工作。1996年5月15日,八届全国人大常委会第19次会议批准了《联合国海洋法公约》。1996年6月18日,国务院总理李鹏发布第199号令,发布《中华人民共和国涉外海洋科学研究管理规定》,从此中国涉海海洋科学研究工作走上了法制轨道。另外,地方海洋立法工作也取得了可喜的进展。

1996年和1997年是中国综合管理工作开始进入实施阶段的时期。全国海洋功能区划和全国海洋开发规划工作结束后,进入了实践检验和具体实施阶段,开始成为国家对海洋开发进行宏观调控和综合管理的依据。与此同时,国家海洋局在大连湾及其邻近海域、庙岛列岛及其邻近海域开展了大比例尺海洋功能区划试点工作。

80年代以来,中国海洋经济迅猛发展,海洋产业产值一直以两位数的速度快速增长,远高于同期国民经济的综合发展速度。1997年海洋产业总产值约3 104亿元。以海洋经济为依托的沿海市、县国内生产总值占整个沿海地区国内生产总值的50%多,海洋经济已成为国民经济中最具有活力的新增长点,其中海洋石油和天然气、滨海国际旅游正成为增长最快的新兴产业。主要海洋产业有海洋渔业、海洋交通运输、滨海国际旅游、海洋石油与天然气、沿海造船和海洋盐业,其产值(当年价)与1985年相比,分别增长了25.14倍、13.12倍、27.42倍、619.13倍、9.69倍和5.61倍,其中海洋石油和天然气、滨海国际旅游、海洋渔业成为增长最快的产业。　(阿　东)

海洋政策和法规
Marine Policies, Laws and Regulations

【中国海洋21世纪议程】 为了在海洋领域更好地贯彻《中国21世纪议程》精神,促进海洋的可持续开发利用,国家海洋局于1996年3月发布《中国海洋21世纪议程》。该议程是《中国21世纪议程》在海洋领域的具体化,是中国海洋可持续发展的政策指南。《中国海洋21世纪议程》阐明了海洋可持续发展的基本战略、战略目标、基本对策,以及主要行动领域。该议程第七章"沿海区、管辖海域的综合管理"指出:"综合管理应从国家的海洋权益、海洋资源、海洋环境的整体利益出发,通过方针、政策、法规、区划、规划的制定和实施,以及组织协调、综合平衡有关产业部门和沿海地区在开发利用海洋中的关系,以达到维护海洋权益,合理开发海洋资源,保护海洋环境,促进海洋经济持续、稳定、协调发展的目的。"该章明确要求:海洋法制建设的目标是建立、健全海洋基本法和综合管理法为主体的、行业法和地方法相互配套的海洋法规体系和监督及时有效、执法高效有力的海洋执法队伍,实现依法治海,保证海洋和沿海经济、社会的可持续发展;海洋综合管理体制和协调机制建立的目标是从中央到地方,建立一个完整的,对海洋开发和环境保护有指导、规划、协调、监督作用的综合管理体系;加强组织协调机制,继续发挥行业主管部门的作用,共同将海洋管理工作推向新阶段,使海洋开发活动得到合理、有序、协调和可持续发展,并获得最佳的经济、社会和生态环境等综合效益;海洋功能区划和开发利用规划编制与实施的目标是在进一步掌握海洋资源、环境和社会、经济发展状况的基础上深化中国近海和管辖海域的功能区划，进一步做好海洋开发规划的配套、完善和落实工作，并将规划内容逐步纳入国民经济和社会发展计划；海域使用管理的目标是完善国家海域使用管理制度，使海域使用管理逐步走上规范化、制度化、合理化和市场化的轨道；海洋资源资产化管理的目标是在资源资产化理论指导下，对海洋资源进行价值评估和核算，并在此基础上推行资源资产的产权登记和实施资源资产的有偿使用，促进海洋资源的合理配置和持续利用，保证中国海洋经济和沿海地区经济的可持续发展；海洋资源环境和管理信息系统建设的目标是建立中国海洋资源、环境数据库和管理信息系统，掌握中国海洋及海岸带资源、环境基本状况，对其进行动态监测，及时实现数据更新和信息共享，预测未来海洋资源、环境变化趋势，为海洋经济和沿海地区经济、社会的可持续发展提供可靠的动态监测基础数据和决策支持技术系统。

【中华人民共和国涉外海洋科学研究管理规定】 为了加强对在中国管辖海域内进行涉外海洋科学研究活动的管理，促进海洋科学研究的国际交流与合作，维护国家安全和海洋权益，国家海洋局组织制定了《中华人民共和国涉外海洋科学研究管理规定》，于1996年6月18日以国务院第199号令的形式发布，自1996年10月1日起施行。该规定第三条明确了国家海洋行政主管部门及其派出机构或者其委托的机构是对在中国管辖海域内进行的涉海海洋科学研究活动实施管理的部门。

【海洋专项工程勘察设计资格管理办法】 为加强海洋工程勘察设计资格的管理，建立、规范海洋工程勘察设计市场标准，根据《海洋专项工程勘察设计资格分级标准》、《工程勘察和设计单位资格管理办法》和《工程勘察设计单位实行收费资格证书的规定》，经建设部同意，国家海洋局于1996年1月26日发布了《海洋专项勘察设计资格管理办法》。该办法共分五章，一是总则；二是申请海洋专项工程勘察设计证书的条件；三是海洋专项工程勘察设计资格的管理；四是收费资格的申报与审定；五是附则。 （阿 东）

海洋计划、开发规划、功能区划
Marine Programs, Plans and Marine Functional Zoning

【中国海洋21世纪议程行动计划】 简称《海洋行动计划》，是《中国海洋21世纪议程》行动方案领域分解列项而成的可操作计划，是实施《中国海洋21世纪议程》的重大步骤。《海洋行动计划》的编制依据主要有四方面，即：中国21世纪海洋工作的实际需要；《中国21世纪议程》及《中国海洋21世纪议程》的总体战略、方案领域，以及各种项目的原有工作基础；各部门、各地区提出的《海洋行动计划》项目建议；联合国《21世纪议程》及有关国际组织提出的，双边或多边商定的，能促进中国可持续发展、涉及全球变化和区域合作的重大问题。《海洋行动计划》的选项原则主要有五方面，即：能全面提高经济效益、社会效益、生态效益、环境效益的海洋经济建设项目。特别是重视海洋产业的清洁生产、无害化技术及示范工程；有利于控制海洋污染，促进海洋资源保护和可持续利用的重大项目；可保证海洋经济持续发展的基础设施建设项目、海洋国土整治项目和海洋公益服务项目；部门和地方正在进行或即将启动的、有一定工作基础和资金来源的项目；能通过各种渠道争取到国际援助和合作的、人类共同关心的全球变化和区域发展课题。《海洋行动计划》共列入项目名录122个，其中优选项目建议书30个。

【国家海洋局"九五"计划和2010年远景目标纲要】 1996年10月30日，国家海洋局印发了《国家海洋局"九五"计划和2010年远景目标纲要》。提出了"九五"期间中国海洋工作的指导思想是：坚持邓小平同志建设有中国特色的社会主义理论和党的基本路线，以发展海洋经济为中心，切实抓好两个根本转变（经济体制转变和经济增长方式转变），贯彻实施两大战略（科教兴国战略和可持续发展战略），把直接为海洋经济建设服务和抓海洋综合管理有机地结合起来，加强海洋综合管理和公益服务的能力建设，提高海洋在整个国民经济中的贡献率，实现海洋经济与环境的持续、协调发展。"九五"目标是：基本做到对近海实施有效的管理；促进海洋经济产值5年翻一番；促进海洋资源和环境的协调发展。为保证"九五"目标的实现，必须着力组织实施好"六个一工程"，即：推出一部海洋管理法规；壮大一支海洋执法队伍；完善一个海洋灾害预报预警系统；抓好一批科技兴海典型试验示范区；发射一颗海洋水色卫星；宣传一个98国际海洋年。2010远景目标是：发展和完善现代化海洋监测、监视网络及综合分析决策系统，初步实现海洋管理和公益服务的现代化、科学化、规范化；对中国管辖海域实施有效的管理，全面提高管理水平和管理效益，使海洋开发走上合理、有序和可持续发展的轨道；海洋科学技术研究接近或部分达到国际中上水平，初步形成基础研究、应用开发研究、高新技术研究比例合理的海洋科学技术研究开发体系。

（阿　东）

【大比例尺海洋功能区划】　全国海洋功能区划编制结束后，为了准确把握和量化区域海洋的自然属性和社会属性，揭示各海区的功能及其主导功能，提高功能区划的实用性和可操作性，使区划成果真正指导地方海洋管理部门进行海洋综合管理，并成为地方政府制定海洋发展战略和海洋开发规划的基础，国家海洋局先后在大连湾及其邻近海域、庙岛列岛及其邻近海域开展了大比例尺海洋功能区划试点工作，其中大连湾及其邻近海域大比例尺海洋功能区划工作于1997年初通过专家评审，并在此基础上，大连市成立了大连市海洋功能区划和开发规划领导小组及论证委员会，全面开始启动了大比例尺海洋功能区划和开发规划工作。庙岛列岛及其邻近海域大比例尺海洋功能区划工作也于1997年10月完成。为了贯彻实施《浙江省海洋开发规划纲要（1993～2010）》，认真落实《浙江省“九五”计划和2010年远景目标纲要》中提出的“按照建设海洋经济大省的要求，加快海洋、海岛开发”的战略目标，浙江省从1997年3月开始，组织沿海市、县（市、区）开展海洋功能区划和海洋开发规划工作，到1997年末，已完成了苍南县和玉环县海洋功能区划工作。

【中国海洋功能区划通过专家评审】　1997年12月10日，国家海洋局科技司在北京组织召开了中国海洋功能区划成果评审会。与会专家审阅了《中国海洋功能区划报告》、《中国海洋功能区划登记表》、《中国海洋功能区划图集》以及四大海区和沿海省、市、区完成的海洋功能区划报告与图件，继之进行了深入的讨论和审查，最后一致认为海洋功能区划是一项尚无前例的、开创性的、大型的海洋基础性工作。此次海洋功能区划首次提出了海洋功能区划的概念、原则、任务与内容、功能区系统分类、功能区指标体系以及海洋功能区划的方法论等，不仅对中国海洋事业，特别是海洋管理产生直接、有力的推动作用，而且也一定会对世界其他沿海国家和全球海洋开发、保护和管理产生巨大的影响；这次功能区划所确定的指导思想、工作大纲、技术规定、组织办法、成果要求等一套工作与技术文件完整、科学、合理、实用。区划基础资料丰富、报告内容翔实、技术路线正确、指标体系具体、功能区登记表和图件表达明确，符合海洋功能区划的有关技术规定，提出的区划方案具有可操作性，在海洋综合管理中成效显著；从项目完成后的两年实践检验成效看，海洋功能区划成果已迅速、广泛地进入中国海洋开发、保护和管理的实际工作和活动之中，起到了指导、控制、协调的作用。在立法上，海洋环境保护法（正在修订中）、海域使用管理暂行规定、铺设海底电缆管道管理规定及其配套的规章、标准等，均已将海洋功能区划作为专门要求内容列入；在现行的海洋发展战略、海洋管理政策、海洋开发规划计划（包括《中国21世纪议程》和《中国海洋21世纪议程》）中，都已得到贯彻，并充分体现了海洋功能区划的思想原则；在海洋工程建设项目的立项论证和审批中也把海洋功能区划作为基本依据。初步的实践已证明，海洋功能区划具有广泛的社会应用价值。综上所述，评审委员会认为此次海洋功能区划成果达到国际领先水平，具有创新和开拓意义，在海洋综合管理中成效显著，如能切实落实，无疑会对加强海洋开发、保护和管理，实现海洋的可持续利用与发展起到不可替代的作用。

（阿　东）

海洋监察管理
Ocean Supervision and Management

【“安福”号油轮漏油事件】　1996年2月28日，福建省轮船总公司“安福”号油轮装载5.7万t原油在湄州湾内发生漏油事故。国家海洋局厦门管区海洋监察人员接到报告后，立即赶赴事故现场。调查表明，溢油发生后，船方即采取围油措施，海面大部分溢油已经回收。但因漏油量多，风浪大，夜间作业，仍有部分溢油扩散，造成湄州湾海域污染，共有13个自然村30余千米的海岸、滩涂、礁石，以及渔民的渔网、渔具，养殖的牡蛎、海带、紫菜等均粘附大量原油。在清洁过程中，又因措施不当，组织不力，造成清污船只、车辆以及滩涂、公路的二次污染。3月7日厦门海洋管区将有关情况报告、通报国家海洋局、福建省和当地环保部门、港监部门、厦门海事法庭以及船方公司等部门和单位。国家海洋局根据厦门海洋管区的报告和该管区3月21日认定调查材料，编发了《海洋巡航通报》（1996年第一号），分别报送中共中央办公厅、国务院办公厅、人大常委会办公厅、人大环境资源委员会等有关部门。并指示东海分局和厦门管区对该事件作进一步调查、监视。

【外轮“马威”号违章排污事件得到处理】　1996年4月7日9时10分，“中国海监”飞机在执行航空监视任务中发现土耳其籍“马威”(MAVI)号货轮违章排污，在海面形成一条长约2 000余米的油带。国家海洋局海洋航空监察人员及时取证，并通知了天津港监。接到通报后，天津港监迅速与国家海洋局“中国海监航空大队”取得联系，获得了有关该轮违章排污的照片及书面说明材料。依据取证资料，天津港监对“马威”号实施登检核查，并依法对“马威”号处以罚款人民币7万元，并将该轮扣押在津，待交出罚款后方予以放行。这次“中国海监”与港监互相配合，依照海洋环境保护法及有关规定，对“马威”号轮做出了处罚的行动，充分体现了海洋航空监察的优势，有力地维护了中国海洋权益，保护了中国海洋环境。

【塞浦路斯籍船违章排污被查处】 1997年3月31日上午8时43分，国家海洋局中国海监B－3807飞机巡航至天津大沽锚地时，海洋监察人员发现塞浦路斯籍“爱利亚斯船长”号货轮下从尾部排污口向外排放油污，在海面上形成了一条长约200m、宽约20m的棕、彩虹、灰色的污油带。机上海洋监察人员立即对该船进行了照相、摄相和红外/紫外扫描取证，并通过GPS导航仪测定了当时该船的位置。海洋监察人员用高频电话及时向港监部门通报了情况。有关部门依据“中国海监”飞机航空监视的取证材料，依法对上述违规船舶进行了处罚。

【贯彻落实海洋倾废航行数据记录制度工作座谈会】

国家海洋局海洋综合管理司监察处于1997年6月4～5日在海洋技术研究所召开了“贯彻落实海洋倾废航行数据记录制度工作座谈会”。会议首先听取了南海分局、辽宁、天津和广西海洋监察大队的代表就记录仪试安装期间运行情况、主要做法及存在问题的介绍，并对这些问题进行了讨论和磋商。会议还听取了国家海洋局各分局对推进这项工作的基本打算、措施和建议。国海管发[1996]348号文《关于在自航式倾倒船上安装航行数据记录仪的通知》发出后，各部门对文件进行了认真学习，认识到这项措施是强化海洋倾废执法，提高执法力度，减少违章倾倒，保护海洋环境的重要措施，是科学技术在执法工作中的具体应用。在不需要投入较多经费的情况下，提高了对倾废活动的执法管理效果。各分局都及时向下属部门和有关生产作业单位转发了文件，并派出人员就落实这项工作到辖区各主要港口进行了调研和摸底，统计拟安装记录仪的船只情况，并拟定好工作方案。南海分局还制定了记录仪管理规定，培训了记录仪安装和维修人员，设计了管理系统运行方案，为开展工作打好了基础。（阿　东）

【海洋权益】 目前中国海洋权益问题复杂，形势严峻，主要表现在中国管辖海域范围内的岛礁主权、依法应属于中国管辖的海域以及中国管辖海域内的各种海洋资源等方面的权益遭到有关周边国家的非法侵害。

岛礁权益问题。在东海，日本目前实际控制着中国钓鱼岛。在南海，有关周边国家分别对中国南沙群岛中部分或全部岛礁以非法借口提出了主权要求，其中近40个岛礁被这些国家抢占，并大肆对所占岛礁进行填高和加固，建造通信、机场、军事等各种设施，以达到长期非法占领的目的。究其原因，是因为上述岛礁重要的战略位置及附近蕴藏着丰富的自然资源。一些南海地区以外的国家借口保护其在南海的利益，也企图染指南沙群岛问题，从而使南沙群岛问题更加复杂化。

管辖海域权益问题。到目前为止，中国还没有同任何相邻和相向国家划分过管辖海域界线。从北到南，中国需要在黄海、东海和南海与8个周边国家进行海上划界。按照《联合国海洋法公约》的规定和中国的主张，中国管辖海域的面积将近300km^2，但其中很大一部分海域因为界线未定而与周边国家存在争议。周边国家纷纷宣布专属经济区和大陆架制度，单方面提出其管辖海域外部界线，将本应属于中国的海域非法置于其管辖范围之内。1996年5月15日第八届全国人大常委会第19次会议通过了《关于批准〈联合国海洋法公约〉的决定》，明确规定了中国关于海域划界的基本原则，即“中华人民共和国将与海岸相向或相邻的国家，通过协商，在国际法基础上，按照公平原则划定各自海洋管辖权的界限”。目前正在进行的有关海域的划界谈判，中国正是坚持了公平原则。

海洋资源权益问题。在海洋渔业资源和海洋油气资源方面，中国与周边国家都存在较大争议。渔业资源方面，周边国家宣布专属经济区制度后，中国传统捕鱼权受到严重损害。在黄海、东海与韩国、日本存在渔业纠纷；在南海，北部湾和南沙海域渔业问题较为突出，甚至出现有关周边国家非法抓扣中国渔民渔船的事件。在油气资源方面，日本、韩国无视中国多次抗议，非法签署并实施“日韩东海大陆架共同开发协定”，公然侵犯中国主权权利。在南沙附近争议海域，周边国家大肆引进外资和技术，大规模进行油气资源勘探开发活动，使中国油气资源大量流失他国，中国权益受到严重侵犯。为了解决渔业争议问题，中国积极与有关周边国家进行渔业谈判。在海域争端和油气资源争议问题上，中国坚持“搁置争议，共同开发”的主张。

（梁金哲）

海洋资源管理与保护
Management and Conservation of Marine Resources

海岸带和海岛资源管理
Coastal Zone and Sea Island Resources Management

【概况】 1996 年 1 月 26 日，为加强海洋工程勘察设计资格的管理，建立、规范海洋工程勘察设计市场，国家海洋局印发《海洋专项工程勘察设计资格管理办法》，要求从事海洋工程勘察设计活动的勘察设计机构必须持有海洋专项工程勘察设计证书。本办法规定了申请海洋专项工程勘察设计证书的条件，海洋专项工程勘察设计资格的审定和管理，以及收费资格的申报与核定等方面的内容。7 月 29 日，成立海洋专项工程勘察设计资格审定委员会，国家海洋局原局长任顾问，海洋综合管理司司长鹿守本任主任，中国工程院院士、国家海洋环境监测中心主任丁德文和中国工程院院士、海洋局一所所长袁业立任副主任，王素卿等 11 人为委员。8 月 20～21 日，海洋专项工程勘察设计资格审定委员会召开了第一次会议，会议通过了《海洋专项工程勘察设计资格审定委员会工作规则》，审议并批准了国家海洋局北海分局青岛海洋工程勘察中心、东海分局技术开发中心和南海分局海洋调查技术中心关于海洋专项工程甲级勘察资格证书的申请。会议还部署了海洋专项工程勘察设计单位资格的复查和换发证书工作。

1996 年 3 月，沧州市海岸带资源性资产产权登记与界定方法的研究获得国家科技进步三等奖。海岸带资源性资产产权登记与界定方法的研究是国家国有资产局和国家海洋局在 1993 年 11 月作为国家试点联合下达给沧州市的，1994 年完成并通过验收。该项目成功地探索出了一个切实可行的推进资源资产化管理的思路和模式，拉开了全国海岸带资源资产化管理的序幕，为全国提供了一个成功的范例，为形成海岸带资源资产化管理的运营机制和资源的有偿使用打下了基础。

1996 年 5 月 15 日，国家重大科技攻关项目“全国海岛资源综合调查和开发试验”工作结束，国家海洋局在北京主持召开总结表彰大会，全国政协副主席钱正英、国务委员宋健等出席会议并作重要讲话。5 月 17～24 日，国家海洋局组织了海岛调查与开发试验成果展览，全国人大副委员长王丙乾等参观了展览。1997 年 12 月，“全国海岛资源综合调查和开发试验”项目获得 1997 年度国家科技进步二等奖。“全国海岛资源综合调查和开发试验”历时 8 年，正式参加人员近千人。所调查的海岛中以基岩岛最多，约占海岛总数的 93%，沙泥岛（冲积岛）占 6%，珊瑚岛数量少，约占 1%。海岛分布疏密程度相差很大，浙江省海岛数量最多，其次是福建省、广东省和广西自治区，最少是天津市、上海市和江苏省。

1996 年 6 月 18 日，国务院总理李鹏发布第 199 号令，《中华人民共和国涉外海洋科学研究管理规定》自 1996 年 10 月 1 日起执行。该规定是为了加强对在中华人民共和国管辖海域内进行涉外海洋科学研究活动的管理，促进海洋科学研究的国际交流与合作，维护国家安全和海洋权益，由国家海洋局组织起草制定的。规定适用于国际组织、外国的组织和个人为和平目的，单独或者与中华人民共和国的组织合作，使用船舶或者其他运载工具、设施，在中华人民共和国内海、领海以及中华人民共和国管辖的其他海域内进行的对海洋环境和资源等的调查研究活动。规定共 15 条，约2 800 字。

1997 年 1 月 23 日，国家海洋局批准深圳至珠海海底光缆铺设项目，并颁发了海底电缆管道铺设施工许可证（国海证 10 号）。该工程是中国环西太平洋海底光缆通信工程的一部分，是根据邹家华副总理的指示确立的一段示范工程，由中国联通公司立项，中国联通电子分公司承建。国家海洋局在批准该项工程的同时，要求工程应充分顾及其他海上正常的开发利用活动，保护现有的其他海上设施，并决定由国家海洋局南海分局负责对光缆铺设施工作业实施监督管理。

1997 年 7 月 23 日，国家海洋局批准进行铜鼓航道研究调查项目。铜鼓航道研究调查项目是香港特别行政区政府有关部门委托史伟高顾问工程师（香港）有限公司为开展铜鼓航道研究，在珠江口海域进行的水文、水质及生态环境调查活动。国家海洋局在批准的同时，也要求在香港特别行政区管辖海域以外的中国领海内进行海洋科学调查，必须使用中国内地船舶和飞机，调查所获得的原始材料和样品，归中国内地调查单位所有，未经国家海洋局同意，不得公开发表或转让。国家海洋局南海分局对此项调查实施监督管理，并负责海上调查的技术监督与监理工作。

1997年8月28日，国家海洋局批准在中国海域进行亚欧海底光缆路由调查。亚欧海底光缆系统西起英伦海峡，经过地中海、红海、印度洋、马六甲海峡、南海、东海、太平洋，东至朝鲜半岛，连接33个国家和地区，是目前世界上最长最大的光缆，该光缆系统在中国上海和汕头登陆。国家海洋局同意青岛海洋工程勘探设计和环境开发中心、美国C&C TECHNOLOGIES公司承担路由调查工作，同时要求调查单位必须严格按照批准的调查区域、调查方式和内容进行海上调查，在进行海上路由调查时，应兼顾其他海洋开发利用活动，维护海上正常秩序。国家海洋局东海分局和南海分局负责对此次路由调查进行监督检查和资料保密审查工作。

1997年11月8日，国家海洋局、国家国有资产管理局在天津联合主持召开会议，对沧州市海岸带资源性资产基准价估算和价值账户研究试点工作进行了验收，并组织有关专家对该项研究成果进行了评审。该试点研究是1994年国家海洋局、国家国有资产管理局在沧州市完成海岸带资源性资产产权登记试点工作的基础上，联合下达进行，通过沧州市各有关部门的积极配合和通力协作，经过两年的努力而圆满完成的。与会专家认为，这次研究根据资源经济学的理论，结合海岸带资源的特点，应用级差收益法和其他方法分别计算盐田和海水养殖区的资源性资产的基准价，通过分析资源性资产的主要影响因素，进一步计算其资源性资产价，建立产权单位的资源性资产价值账户。思路对头，技术方法明确，具有海洋特色，其研究成果基本上反映客观实际，有科学性和实用性，体现了资源性资产管理的基本思想。该项研究为全国海岸带此类基准价估算提供了经验，对当前社会主义市场经济条件下加强海岸带资源性资产管理和海洋综合管理具有重要意义。

（王　忠）

海洋自然保护区建设与管理
Construction and Management of Marine Nature Reserves

【概况】 1996年6月4～5日，国家海洋局、农业部和香港政府渔农处在广东省番禺市联合召开了“珠江口中华白海豚生态保护研讨会”。来自内地和香港的近30名政府管理人员和专家参加了会议。双方专家在会上交流了中华白海豚的最新研究成果，并就“珠江口水域中华白海豚生态保护行动计划（建议方案）”进行了认真热烈的讨论。在广东省海洋与水产厅的协助下，对珠江口进行了现场考察。会议认为由双方政府部门联合召开这样一次会议，合作研究珠江口水域中华白海豚的保护工作，是非常必要的，也是及时的，体现了双方政府对中华白海豚及其生态环境保护的重视。同时考虑到目前双方对这一区域的了解现状，认为应针对珠江口中华白海豚栖息地进行基础调查，并通过新闻媒介向全社会加强宣传教育，提高全民的保护意识，进而在一定调查的基础上，选划出中华白海豚生态保护区。

1996年9月2日，根据中美两国海洋渔业科学技术合作第十二次工作组会议协定，应美国国家海洋大气局的邀请，中国海洋保护区代表团一行7人前往美国进行为期15天的考察培训工作。代表团由天津古海岸和湿地保护区、海南三亚珊瑚礁保护区、浙江南麂列岛保护区、河北昌黎黄金海岸保护区、广西山口红树林保护区和国家海洋局海洋综合管理司的有关工作人员组成。在美期间，代表团参观考察了加利福尼亚州法拉荣湾海洋保护区、Elkhorn Slough河口研究保护区、佛罗里达州鲁克湾河口研究保护区、佛罗里达群岛保护区、马里兰州切萨皮克湾河口研究保护区等。代表团每到一个地方，都认真了解当地海洋保护区建设和管理的成果和经验，并与美方工作人员就中美在保护区的合作广泛地交换了意见。提出的合作意向有45条，其中包括建立3对“姊妹”保护区，即山口红树林保护区与鲁克湾河口研究保护区、三亚珊瑚礁保护区与佛罗里达群岛保护区、天津古海岸湿地保护区与切萨皮克湾河口研究保护区，并对下一年度的合作日程作了初步的安排。

1996年9月25～27日，国家海洋局在南京召开了全国海洋保护区工作会议，来自海洋自然保护区和海洋特别保护区管理局（处）的领导、沿海省、自治区、直辖市、计划单列市和国家海洋局北海、东海分局的领导和专家参加了会议。会上，代表们介绍了过去一年保护区在机构建设、基础设施建设、以区养区和保护成效等方面的经验和体会，并展开了热烈的讨论。会议介绍了《中国海洋自然保护区类型与级别划分标准（草案）》的编制情况，还部署了近期必须大力抓好的几项工作任务，讨论并通过了“1996～1997年海洋保护区工作要点”。会议确定分局在保护区建设管理中的作用就是要在本管辖区域内行使国家海洋局在海洋保护区工作中的职能，为地方海洋保护区的发展提供服务和指导性的帮助，协调省际间保护区方面的问题，负责内水以外海洋保护区的建设管理工作。会议最后指出，随着21世纪开发海洋世纪的到来，海洋保护区事业在人类社会经济发展中的意义和作用将越来越大，中国海洋保护区同国外保护区相比，有它自己的许多特点，要在重视以往工作经验的基础上，改变思路，创造条件，争取更快发展，逐步走出中国海洋保护区自己的发展道路。

1996年10月29日，中国海洋保护区管理工作人员一行11人前往香港米埔斯科特野外研习中心，参加由国家海洋局委托世界自然（香港）基金会举办的第一期“海洋保护管理培训班”。在港10天的培训活动中，米埔保护区经理杨路年博士和斯科特野外研习中心主任王天厚教授介绍了香港保护区建设和管理的经验，讲授了湿地调查技术、保护区管理工作计划撰写方法、环境评估技术，培训班学员还实地考察了西贡郊野公园、埔浦保护区等香港生态保护区域。通过培训，学员们学到了技术，看到了差距，保护区管理水平也得到了进一步的提高。香港方面也表示，愿意与国家海洋局继续合作，尽可能多地举办类似的培训活动，共同促进中国海洋保护区的建设和管理工作。

1997年4月21日，国家海洋局正式启用“中国海洋保护区区徽图案”，同时废止1991年开始启用的“中国海洋自然保护区区徽图案”。新区徽包括中心图案和外围中英文文字两部分，中心图案由白色的“海洋保护区”英文名“Marine Reserves”的缩写字母“MR”和一条波状横带镶嵌在蓝色的球体之上组成；紧贴在中心图案外是中英文文字“中国海洋保护区”和“CHINESE MARINE RESERVES”，构成一个封闭圆圈。启用新区徽的同时，还规定该图案是中国海洋保护区的专用标志，可用于海洋保护区管理部门的设施、装备、交通工具和保护区标志牌、界牌以及各种宣传用品上，但是未经国家海洋主管部门同意，任何单位和个人都不得将其用于商业、装饰等用途。

1997年5月，中国国家海洋局与美国国家海洋大气局正式签署第一对中美海洋“姊妹”保护区合作协议，即中国山口红树林保护区和美国鲁克湾河口研究保护区的姊妹合作协议，开创了中美海洋保护区合作的新局面。协议确立两个保护区之间将积极开展人员和信息交流、科研合作和人员培训合作等工作，并提出了近期的合作计划，包括红树林水产养殖的研究、红树林恢复研究、红树林生物与水质监测计划以及生态旅游计划等。

1997年7月，国家海洋局组织编写了《中国海岸带湿地保护行动计划》。该书分八章，共约10万字，系统介绍了中国海岸带湿地的定义、类型、意义、现状和问题以及中国海岸带湿地保护的必要性和紧迫性、行动目标、保护和可持续利用行动计划、基础建设、资金筹措与管理、保护的优先领域和项目等内容。该书为今后海岸带湿地的保护和管理工作确定了政策，指明了方向，是从事海岸带湿地保护和管理工作的同志的行动指南。

（王　忠）

海域使用管理
Management of Sea Area Use

【概况】 1996年5月27日，国务院勘界工作领导小组批准，由国家海洋局牵头，会同有关部门，着手做好海域勘界的前期基础性准备工作，提出可行性研究报告，并有计划地完成海域勘界的政策、技术规范等草案的拟定工作。8月12日，国务院在国发[1996]32号文件中明确要求开展“海域行政区界线的勘定工作”。1997年9月，在关于江苏、山东两省“前三岛”海域渔业纠纷处理过程中，国务院再次批示要加快海域勘界工作的步伐。

1996年12月19～20日，国家海洋局海洋综合管理司在天津主持召开了国家海洋使用管理工作座谈会，参加会议的有沿海各省、自治区、直辖市、计划单列市海洋管理部门和国家海洋信息中心、国家海洋局北海、东海、南海分局的代表。会议介绍了全国海域使用管理工作进展情况，总结交流了海域使用管理的工作经验，安排部署了下一年度的工作。会议认为1996年海域使用管理工作进展较好，下一步应突出抓好立法，加大执法力度，做好普查登记、规划等基础性工作，加强宣传教育，加强部门协调，通过建立示范区积极推进海域使用管理工作。

1997年1月31日，国家海洋局海洋综合管理司在大连市主持召开了《大连市及其临近海域大比例尺功能区划》评审验收会，国家海洋局北海分局、国家海洋环境监测中心、国家海洋信息中心、国家海洋局第一海洋研究所、辽宁师范大学、海洋水产研究所、大连市港务局和海洋局的领导、专家共30多人参加了会议。会议听取并通过了《大连市及其临近海域大比例尺功能区划》报告，认为大连市大比例尺功能区划作为国家海洋局确定的全国海洋大比例尺功能区划工作试点之一，反映了大连市及其临近海域的自然属性，并与目前的开发利用取得了衔接、协调，能够基本满足大连市海洋经济发展的需要，具有可操作性，可以作为政府实施海洋综合管理的依据。大家认为该区划成果已经较好地完成了试点任务，对在全国范围内推进大比例尺功能区划工作具有一定的示范意义。

1997年7月28日，为了推动海域使用管理工作，提高管理水平，促进海域使用证制度和海域有偿使用制度的贯彻落实，为海域使用立法提供管理经验，国家海洋局和财政部联合印发了《关于开展海域使用管理示范区工作的意见》，正式决定在辽宁省葫芦岛市、山东省烟台市、河北省秦皇岛市和浙江省舟山市开展海域使用管理示范区工作。10月15～16日，国家海洋局海洋综合管理司在天津召开了全国海域使用管理示范区工作座谈会。辽宁、河北、山东、浙江省海洋厅(局)和葫芦岛、秦皇岛、烟台、舟山市海洋局(办)以及国家海洋局北海分局、信息中心、监测中心的有关同志参加了会议。会议交流了示范区工作的进展情况，认真分析了示范区工作面临的困难，认为开展海域使用示范区建设是推进海域使用管理的一项重要措施，已经引起各有关领导的重视，示范区应当抓紧时机，提高认识，大胆探索，勇于实践，同时要面对现实，克服困难，积极创造条件，并进一步加强与财政部们的合作，落实示范区工作的各项任务。

1997年8月5日，国家海洋局印发了《海域使用登记工作方案》。海域使用登记工作是一项基础性的工作，对全面掌握海域使用状况，指定科学合理规划和实施有效管理起到了积极作用。该工作方案规定了凡是在中国内海和领海固定使用海域从事三个月以上开发利用活动的单位和个人，均须向海洋行政主管部门申办登记手续，另外还规定了登记程序、组织领导等事项，并提出工作要求等。

1997年8月20日，国家海洋局对天津市海洋局“关于天津港务局围海造陆有关问题的请示”作了书面批复。批复再次明确海域使用管理制度是国务院确立的制度，也是国家海洋局的“三定”职责之一，应该坚决加以贯彻落实，并强调围海造地是严重改变海域属性的用海活动，应该履行申报审批程序，而港池和港口等建设用海在服从行业管理以外，还必须服从海域使用管理。该批复是在海域使用管理推行过程中各地方普遍遇到部门协调问题的时刻作出的，对坚决执行海域使用管理制度，解决工作的原则性难题具有普遍的指导意义。

(王　忠)

海洋环境保护
Marine Environmental Protection

【排污总量控制】　为研究重点海域的环境容量，并为实施总量控制奠定基础，国家海洋局于1997年组织了“大连湾、胶州湾陆源排污入海总量控制研究”、“辽东湾、渤海湾陆源污染物排海总量控制研究”、“中日东海特定海区河流入海环境负荷及其对海洋生态系的影响”等项目的研究。通过重点海域的实验研究，提出海域污染物总量控制的方法体系，建立实施陆源污染物排海总量控制所需的技术和管理措施。从而改变目前海陆脱节的管理状况，实现改善近岸海域环境质量的目的。

【海洋倾废管理】　1996年各海区选划批准了临时倾倒区16个，颁发许可证441份，批准疏浚泥倾倒量2 578.07万m^3，三类工业废弃物3.31万t，碱渣8万t，骨灰801盒，并对湛江港疏浚物倾倒区、大亚湾疏浚物临时倾倒区、高栏岛疏浚物临时倾倒区和甲子港疏浚物临时倾倒区开展了监测工作，监测结果显示倾倒区的环境质量除浑浊度较高外，其他各项指标基本正常。

1997年国家海洋局下发了《海洋倾倒区选划与监测指南》，为倾倒区的选划和检测逐步走向科学化管理提供了依据，组织了珠江口铜鼓航道倾倒区、黄骅港疏浚工程倾倒区的选划和论证工作。1997年共签发倾倒许可证364份，批准疏浚物倾倒量3 329万m^3，骨灰51盒。为加强倾废管理执法力度，逐渐对自航式倾倒船实施数据记录制度，安装了航行记录仪，强化了倾倒到位的管理。

1997年度对港澳地区倾废活动加强了管理，共受理7个香港工程海域倾倒申请，与澳门政府就澳门在规定海域倾倒的问题进行了多次协商并达成初步协议。

【海洋石油勘探开发环境保护管理】　近年来，中国海上石油勘探开发发展迅速，国家海洋局严格执行海洋环境保护法、海洋石油勘探开发环境保护管理条例及其有关法规的要求，做好管理工作，防止污染事故的发生。

1996年主要由国家海洋局南海分局和北海分局对海上作业者所使用的化学消油剂进行全面的检查，共检查样品8个，限制了不合格消油剂的使用。加强了对海上油田排污管理，组织登检平台27次，59人次，重点检查油田采出水的处理过程、排放浓度、现场含油量的分析及仪器设备的配备和使用情况等。进一步严格了“防污记录簿”，“季度防污染报告表”的报送制度和海上钻探平台的位移报告制度，以及溢油计划审批工作，先后组织了对胜利油田、渤海石油公司、科麦奇公司等六个公司14份溢油应急计划审批。开展了泥浆对海洋生物的毒性研究工作。

1997年国家海洋局各分局加大了海洋石油勘探开发环保管理的力度，共登检平台41人次，各分局共审批了9份海洋石油勘探开发溢油应急计划，对8种化学消油剂进行了审核，参加了4次海洋石油勘探开发环境影响报告书的审查。为进一步加强管理，国家海洋局编制并申报了《海洋石油钻井泥浆毒性划分标准》、《海洋石油钻井泥浆对海洋生物的毒性检验方法》两个国家标准。

【海洋交通环境保护】　**交通部环境保护中心成立**　经中编委批准，1996年5月29日交通部环保中心成立。该中心是直属一级事业单位，主要职责是：负责交通行业环境监测和船舶废弃物信息跟踪系统的管理，承担环境影响评价和环保工程；环保和监测技术的研究，组织技术交流、培训和咨询服务等工作。

船舶防污染工作　1.1996年度全国发生船舶重大油污染事故(漏油50t以上)共4起：(1)1996年1月7日，朝鲜籍“汤根爱库”轮在威海港附近因触礁沉没，漏出燃油150t；(2)1996年2月28日，中国籍“安福”油轮航至福建沿海乌丘屿附近海域触水下障碍物，漏出原油632t；(3)1996年3月8日，中国籍油轮“中化1”于厦门港附近因碰撞，漏出轻柴油900t；(4)1996年7月19日，中国籍油轮“通油1002”靠上海港码头被碰，漏出燃油159t。以上共漏出油类1 841t，造成海域严重污染。

2.1996年度中国执行《73/78防污公约》情况：经全国港务监督1996年度共登船检查船舶14 674艘，配备《国际防止油污证书》、《油类记录簿》记录正规化和按该公约配备防污设备(及完好率)，符合率分别为99.7%、92.5%和97.7%。

3. 按《73/78 防污公约》要求，凡 150 总吨以上的油轮，400 总吨及以上的非油轮船舶，均应配备经主管机关（港务监督）批准的《船上油污应急计划》，中国籍的国际航线船舶已于 1995 年完成；国内航线船舶在 1996 年度完成。经港务监督检查到港的 2 568 艘船舶，未配备或虽配备但不符合规定的 180 艘，总符合率为 93%。

海上船舶溢油应急工程 1997 年北方海区船舶溢油应急工程建设已经起步。该工程将实现对北方海区成山头、长山、老铁山水道的船舶溢油信息跟踪和监控，监视、监测北方海区的船舶污染，抑制溢油的扩散，并采取措施对中、小规模的溢油进行回收和处理。

【海洋生态保护】 1996 年度选划审批了 3 个地方级海洋自然保护区，即河北省“黄骅古贝壳堤保护区”、海南省“澄迈花场湾红树林保护区”和辽宁省“绥中沙质海岸和生物多样性保护区”。经反复协调论证，选划了“山东庙岛列岛海洋特别保护区”和“广西钦州湾海洋特别保护区”，报国务院批准。

完成了《中国海洋保护区发展规划纲要（1996—2010）》、《中国海岸带湿地保护行动计划》、《中国海洋生物多样性保护行动计划》的编制工作。

为加强对典型生态系综合管理和立法工作，中国红树林生态系保护和管理领导小组组织编写了《中国红树林生态系保护和管理规定（征求意见稿）》，修改了《中国红树林生态系保护行动》，并已发送有关部门征求意见。

国家海洋局完成了青岛长门岩、大公岛市级自然保护区的前期调查、论证报告编制和专家论证工作；建立了广东乌诸岛地方级保护区。

加强了中美在海洋生态保护方面的交流，广西山口红树林国家级保护区与美国鲁克利湾河口研究国家自然保护区建立了姊妹保护区。

（国家海洋局环境保护司）

海洋技术监督
Marine Technological Supervision

综　述
Summary

【概况】　1996年以来，海洋技术监督工作坚持“以质量为中心，以标准化、计量为基础”的指导方针，坚决贯彻执行中国“计量法”、“标准化法”和“产品质量法”三项大法，努力开创海洋标准化，计量、质量工作新局面。

几年来，坚持每年组织一次全国性海洋仪器产品和在用海洋计量器具检定与使用状况的计量监督检查。计量监督员深入海洋仪器生产单位、海洋研究、调查监测机构、海洋站及执行大型海洋调查任务的调查船进行现场监督检查。南海标准计量站首开先例，承担了香港排污工程前期调查的技术监理工作。国家海洋标准计量中心实施了水位计、盐度计和标准海水的质量监督检查。通过这些活动，宣传了国家法律法规，提高被查单位的质量意识；并通过监督检查，收集各单位持有海洋仪器数量及使用状况，为进一步强化依法监督管理充实信息资料。

国家海洋标准计量中心和三个海区标准计量站顺应由计划经济向市场经济转化的潮流，积极申请科研课题，并挖潜自筹资金，在国家削减事业费开支的形势下，使一些海洋技术监督工作中迫切需要解决的课题上马，千方百计充实改造计量标准器及检定设备。国家海洋标准计量中心三个科研项目和一项质检机构目前处于紧张的研究过程中，并参与了国家863高科技发展计划的818海洋监测主题的研究工作。国家海洋标准计量中心北海、东海、南海标准计量站已经或正在完成技术改造。

在开展检定测试服务方面，国家海洋标准计量中心及其三个海区标准计量站对于海洋调查、监测、观测机构，安排计划催促送检；对于大型调查及横向科研活动用的仪器随送随检，有求必应，甚至走出家门，现场检定。东海标准计量站自1997年开始，安排年度到现场校准、维修活动，为用户创造更多的方便。台站仪器在检率达90%以上，大型调查活动诸项目中主在岗仪器基本在检或经过自校。但一些备用仪器、横向项目的仪器设备仍然在检率相当低，这是今后亟待改进的。

（秦嗣仁　赵维三）

海洋标准化
Marine Standardization

【海洋标准化工作】　1996年以来海洋标准化工作，以海洋环境保护、海洋管理、防灾减灾、海洋综合利用和海洋工程等标准的制定为重点，以提高水平、面向市场、满足需求、扩大服务为目标，主要做了以下几个方面的标准化工作：(1)制修订、审报国家标准和行业标准；并审批行业标准；(2)对标准进行全面复审；(3)建立标准资料库。

【标准的制修订工作】　1997年以来重点制(修)定了海洋管理、海洋工程、海洋开发利用的国家标准和行业标准。这些标准，有的已上报、审批，有的已形成送审稿。详见表1、表2、表3。

表1　正在制定和待批的国家标准

序号	标准名称
1	沿海警戒水位核定标准
2	船舶测报辅助观测规范
3	海洋石油开发工业含油污水分析方法
4	海洋工程测绘技术规范
5	海洋平台工程地质勘察技术规范
6	海底电缆管道勘察规范
7	海洋自然保护区类型及级别划分原则
8	中国气候区划名称和代码
9	海洋功能区划技术导则
10	海洋自然保护区管理技术规范
11	围海工程综合评价技术导则
12	海上人工构造物建设评价导则
13	近海平台和管线场址调查与评价规范

【标准复审工作】　按照国家技术监督局标发[1997]65号文件的要求，对国家海洋局归口管理的1990年以前(含1990年)发布的国家标准进行了全面复审。同时根据国家海洋局1997年工作计划，对1990～1993年出版的行业标准也进行了全面复审，以确认其继续有效或予以修订、废止。详见表4至表8。

表 2　正在制定和待批准的行业标准

序号	标准名称
1	中空纤维反渗透膜测试方法
2	中空纤维超滤膜测试方法
3	中空纤维微孔滤膜测试方法
4	中空纤维反渗透技术
5	卷式超过滤技术
6	海洋产业分类与代码
7	海洋仪器代码

表 3　已修订的行业标准

标准编号	标准名称
HY/T042－1996	《海洋仪器分类及型号命名办法》
代替	
ZBY191－83	《海洋仪器分类及型号命名办法》

表 4　国家标准复审结论汇总表——继续有效标准

序号	标准编号	标准名称
1	GB9852.1－88	全国海岸带和海洋资源综合调查档案整理规则
2	GB9852.2－88	全国海岸带和海洋资源综合调查档案著录规则
3	GB9852.3－88	全国海岸带和海洋资源综合调查档案分类法
4	GB12462－90	世界海洋名称代码

表 5　国家标准复审结论汇总表——修订标准

序号	标准编号	标准名称
1	GB3097－82	海水水质标准
2	GB12460－90	海洋数据应用记录格式
3	GB1246－90	中国海洋调查船代码

表 6　国家标准复审结论汇总表——废止标准

标准编号	标准名称
GB6821－88	SCA2－2 型压力式验潮仪

【海洋标准资料信息库的建立】　为了加强海洋标准信息资料的管理，更好地为海洋管理、海洋环境保护、海洋预报、海洋工程、海洋开发利用等服务，1997 年在国家海洋标准计量中心建立了标准资料信息库。该信息库内容丰富，信息量大，查询检索的途径多，操作方便，设计合理。

表 7　行业标准复审结论汇总表——继续有效标准

序号	标准编号	标准名称
1	HY/T028－93	海洋浊度标准液的配制
2	HY/T005－91	SZC6－1 型数字传输式温盐深剖面仪
3	HY/T006－91	SBA3－2 型台站声学测波仪
4	HY/T026－92	海洋仪器（设备）牺牲阳极的保护设计与安装
5	HY/004－91	全国海岛资源综合调查档案分类
6	HY029.1－93	海洋科学技术研究档案管理规范
7	HY029.2－93	国家海洋局系统机关档案业务规范
8	HY029.3－93	海洋调查观（监）测档案业务规范
9	HY030.1－93	中国极地考察档案分类法
10	HY030.2－93	中国极地考察档案著录细则
11	HY/T027－93	海洋仪器计数抽样检查程序和表
12	HY/T025－92	海洋仪器（设备）水下部件涂覆技术条件

表 8　行业标准复审结论汇总表——修订标准

序号	标准编号	标准名称
1	HY022－92	中国海洋调查机构代码
2	HY023－92	中国海洋观测台站代码
3	HY024－92	中国近海海洋调查断面代码

该资料信息库按两种方式进行检索，一种是按标准资料的外表特征检索，另一种是按标准资料的内容特征检索。

标准资料的外表特征有 11 种检索方法。它们是：1. 标准号；2. 分类法；3. 文献题名；4. 起草单位；5. 批准单位；6. 发布日期及实施日期；7. 被代替的标准号；8. 馆藏地；9. 标准的记录状态；10. 标准状态；11. 索取号。

标准资料的内容特征有三种检索方法。它们是：1. 主题词；2. 分类号；3. 面、项交叉。

进入信息库，可以通过三种途径检索到用户所需用的信息。1. 列记录、自然阅览查寻；2. 简单条件随机查寻;3.复杂条件随机查寻。

（徐维龙　赵维三　杨哲玲）

海洋计量工作
Marine Metrological Work

【计量管理行政法规】 国家海洋标准计量中心北海标准计量站制订的《海洋计量器具报停管理规定》于1996年9月在北海地区颁布实施。国家海洋标准计量中心及其东海、南海标准计量站于1997年4月开始实施此规定。

大部分海洋计量器具不属连续使用的计量器具,可能被长期搁置封存。因此连续按周期检定是不经济的。"规定"中允许海洋计量器具在搁置封存期间可以超检。要求用户将暂时不用的海洋计量器具到当地海洋标准计量站报停,申报停用的海洋计量器具不被安排周期检定。待再次启用前即可送检并办理启用登记。申报停用的海洋计量器具不得用于对社会出具测量数据的测量。

【海洋计量技术法规】 1997年6月27日,国家技术监督局批准发布了JJG587－97《浮子式验潮仪》国家计量器具检定规程,于1998年1月1日起正式实施。至此,中国已有14项国家海洋计量器具检定规程和2项部门海洋计量器具检定规程发布实施。另外有《压力验潮仪》、《声学式验潮仪》国家计量器具检定规程在起草之中。

【国家海洋标准计量中心三个海区标准计量站完成技术改造】 由于计量标准器、检定设备技术落后、陈旧,作为国家海洋计量站三个分站的国家海洋标准计量中心北海、东海、南海标准计量站难以履行国家技术监督局授权的计量职责。为此国家海洋局以专项经费支持对这三家技术机构进行技术改造。主要是:添置易损、易降等的计量标准器;更新技术比较落后的检定设备;建立便携式、或流动使用的计量标准和检定设备;充实数据处理和办公自动化装置。东海标准计量站已通过改造验收,其余两家将于1998年底进行验收。

通过改造,提高了海区标准计量站计量标准的可靠性,除提高室内检定测试能力外,形成了现场维修、校准服务的能力。

【海洋计量认证工作】 依据计量认证管理办法,计量认证合格证书有效期五年,获证单位届时要接受计量认证复查,复查合格后换发计量认证合格证书。

1997年12月至1998年2月,国家计量认证海洋评审组代表国家计量认证考核办公室,对国家海洋环境监测中心,国家海洋局北海、东海及南海监测中心四家技术机构进行了计量认证复查,1998年3月5日经国家技术监督局国家计量认证考核办公室批准,换发了计量认证合格证书。

本次复查换证,国家海洋环境监测中心由原先以该中心的中心实验室名义认证改为以全中心名义认证,并增加海冰类两个新的检测项目,国家海洋局东海监测中心增加了两个水文检测项目,其余两个机构未发生变更。通过计量认证复查,各单位在总结过去五年经验的基础上,重新修订了质量管理手册和各项规章制度,使管理更趋科学、严谨、合理。

自1991年国家计量认证海洋评审组成立以来,先后组织了对国家海洋环境监测中心,国家海洋局北海、东海、南海环境监测中心,国家海洋局第一、第二、第三海洋研究所检测机构的计量认证,并对四个监测中心进行了计量认证复审。这七家机构的现持证书号码及通过项目如表9所示。

表9　计量认证合格单位一览表

机构名称	技术负责人	通过项目数	证书号码
国家海洋环境监测中心	李宗品	8类 104项	(98)量认 国字Z0925
国家海洋局北海监测中心	李逢熙	6类 80项	(98)量认 国字Z0926
国家海洋局东海监测中心	徐　韧	6类 80项	(98)量认 国字Z0927
国家海洋局南海监测中心	李仲钦	8类 97项	(98)量认 国字Z0928
海洋一所海洋环境测试中心	刘和春	14类 134项	(95)量认 国字Z1317
海洋二所检测中心	王康墡	12类 340项	(95)量认 国字Z1318
海洋三所海洋监测技术中心	许昆灿	9类 118项	(95)量认 国字Z1319

这些机构自获得计量认证合格证书以来,为海洋科学、经济及管理活动提供科学、准确、公正、可靠的数据资料和公证数据,成为海洋环境评价与海洋管理的坚强技术后盾。

【实验室资格认可制度】 实验室认可是由权威认可机构按一定的程序和规定的准则,通过注册的评审员和技术专家对实验室管理水平和技术能力进行的一种系统而全面的评审;对评审合格的实验室予以认可,以正式承认其资格。获准认可的实验室,可以接受社会各方面用户的委托,开展相关的校准和检测业务。各国之间,通过实验室认可的双边或多边合作,可促进校准和检测报告的相互承认,以消除贸易技术壁垒。

继1947年澳大利亚建立了第一个国家实验室综

合认可体系之后，英、法、加拿大、美、德等国纷纷加快统一认可体系的步伐，建立统一的实验室国家认可体系。区域性和国际性的实验室认可组织也纷纷成立。

中国于1994年10月11日成立“中国实验室认可委员会”(CNACL)。该委员会分别加入了国际实验室认可合作组织(ILAC)和亚太地区实验室认可合作组织(APLAC)。

中国实验室国家认可委员会是由国家质量技术监督局授权统一负责校准和检测实验室资格认可，以及获准认可后日常监督的评定组织。

该委员会已培训注册实验室评审员，并实现由计量标准考核和计量认证合并向实验室认可的过渡。最终计量技术机构计量标准/校准实验室的计量标准考核和产品质量检验机构及向社会出具公证数据的检测实验室的计量认证合并为实验室认可。针对上述两种认证工作的JJG1033－92《计量标准考核规范》和JJG1021－90《产品质量检验机构计量认证技术考核规范》将被GB/T15481－1995《校准和检测实验室能力通用要求》(等效采用ISO/IEC GUIDE25:1990(E))。届时海洋计量技术机构的计量标准考核和海洋检测技术机构的计量认证也进行相应过渡。国家海洋标准计量中心等单位已派人接受评审员培训并获注册评审员证书。

(秦嗣仁　赵维三)

海洋公益事业篇

Marine Public Welfare Facilities

海洋环境监测、观测
Marine Environment Monitoring and Observation

综 述
Summary

【概况】 海洋环境监测、观测是国家赋予国家海洋局的基本职能工作，也是国家实施海洋主权保护、海洋经济开发、海洋环境资源保护、海洋防灾减灾、海防建设以及发展海洋科学技术等整个海洋事业的主要基础工作。为适应中国社会主义市场经济发展的新形势，国家海洋局在"深化改革，开拓前进"的思想指导下，开始思想观念上的转变，即海洋环境监测、观测必须摆脱长期以来在计划经济束缚下的内循环的运转机制，必须调动和发挥中央与地方两个积极性，走向全国大循环，走向经济建设第一线，为经济建设和社会发展服务。为此，1996～1997 年，国家海洋局以改革海洋观测台站管理体制，推进省、市、区海洋环境预报台建设以及中央与地方联合行动为切入点，加速海洋环境监测、观测系统管理机制的改革和技术改造、开拓服务范围、提高经济与社会效益等方面迈出了步子，取得了较好的成效。

1. 为海洋观测台站管理体制改革创造条件。国家海洋局制定了"'95 海洋观测台站布局调整和发展计划"，计划根据中国海洋观测台站人浮于事、站点分散、工作环境恶劣、工作与生活困难多、经费支持不足和管理难度大等特点和问题，确定了台站布局调整方案以及管理机制改革的目标，即逐步压缩台站人数，最终基本取消台站固定人员编制，由中心海洋站集中管理人员和各台站观测工作。为实现这一目标，需要创造两个必要条件。其一是实现台站观测自动化，以提高观测工作效率和减少观测人员。这方面国家投入较多的财力(详见后述)；其二是"搞活中心海洋站"，即促进中心海洋站解放思想，转变以往等、靠、要的思想，开拓服务范围，改变过去收发资料的单纯任务，业务向预报、污染监测、专项工程、水产养殖环境保障及科研等领域扩展，积极地直接为当地政府海洋防灾减灾服务，走向经济建设的第一线，为当地经济建设和社会发展服务，提高对社会和经济建设的贡献率和显示度。通过实践，绝大部分中心站开始活起来了，特别是北海、厦门、大连、烟台、温州等中心站取得了明显的社会和经济效益，改善了工作和生活条件，人员思想稳定，增强了自己的经济实力和提高了社会地位，也大大提高了自我生存和发展能力，为观测台站的管理体制改革创造了条件。

2. 推进沿海省、市、区海洋环境预报台建设，完善海洋灾害预、警报。为改变仅有国家和区域海洋预报台，海洋灾害预、警报网络不完善，难以满足沿海地方政府海洋防灾减灾和日益发展的经济建设需要，国家海洋局采取各省、市、区自建或与国家在当地的海洋预报观测等单位联建共管等因地制宜、不拘一格的多种方式推进各沿海省、市、区海洋环境预报台的建设，到 1997 年底，已建成了海南省、广西壮族自治区、福建省、山东省、辽宁省、厦门市六个地方政府的海洋预报台，广东省、江苏省、河北省、浙江省、天津市、宁波市等海洋预报台正在筹建中。已建成的省、市、区海洋预报台在重大海洋灾害的预、警报中发挥良好作用，得到了地方政府和人民群众的好评和重视，地方政府增加了经费投入。他们根据本地区海洋防灾、减灾的需要，正在计划增建省、市级海洋观测站，将进一步完善整个国家海洋观测、预报和警报网络，增强服务能力；使这项工作跳出国家部门的内循环，实现全国大循环，加速了系统自动化、现代化建设速度，也为今后推进沿海省、市、区海洋环境污染监测和资料信息等系统建设积累了宝贵经验。

3. 组织了大规模的第二次全国海洋污染基线调查。海洋污染基线状况是中央和沿海各级政府部门开展海洋环境保护管理所依托的基础资料，也是制定相应的海洋环境政策，调整社会经济发展与海洋环境的关系，确保可持续发展战略成功实施的重要依据之一。中国早在 70 年代开展了第一次全国海洋环境污染基线调查，调查结果为其后实施的海洋环境监测与保护管理打下了良好的基础。随着沿海地区社会经济的迅速发展，陆源污染物排海量逐年增多，新型污染物不断出现，突发性海洋污染损害事件经常发生，中国管辖海域，尤其是沿岸海域整体环境质量日趋下降，环境越发多样化、复杂化，海洋环境压力越来越大。第一次全国海洋污染基线调查成果已难以满足当前和今后一个时期国家海洋环境保护工作的需要。为此，国家海洋局于 1996 年立项启动实施第二次全国海洋污染基线调查，以全面、准确掌握本世纪末中国海洋环境质量状况，为

21世纪提供海洋环境“零点”资料，为21世纪初制定中国海洋环境政策，规划沿海经济、社会发展，调整涉海产业结构提供科学依据。这次调查由国家海洋局统一组织，全国沿海各省、市、区参加，统一技术规范，严格质量管理。由于地方政府的重视和参与，使其规模之大、站点布设之多以及调查监测技术之新都是空前的，也是对国内海洋环境调查监测和环境保护力量和技术水平的大检阅。1996年完成总体方案和计划任务书的编制、论证工作；1997年底前完成了技术规范编制，组织了全面技术培训实验室互校，进行器材、药品等全面的外业前的准备工作。

4. 加速对海洋观测系统的技术改造。两年来国家投入1 000多万元用于台站技术改造和工作、生活设施改造，基本完成了台站常规观测仪器和计算机更新，以及部分台站观测仪器自动化，实现了台站资料微机联网传输，提高了资料传输的速率和可靠性。同时，完成了南海两个浮标的技术改造，启动了东海三个资料浮标的技术改造，改造后的浮标大大降低了功耗，提高资料有效性，降低了运转成本。另外更新改造了国家海洋预报中心和三个海区预报台的VESATE卫星数据传输系统（即卫星小站），使三年资料传输主干线的传输速率和可靠性进一步提高，保证了预报用实时资料的需求。

5. 重视海洋监测、观测与国际接轨。根据“全球海洋环境观测系统(GOOS)”发展计划，在东北亚首先实施区域网络建设，即“NEAR－GOOS”计划，中国作为该计划创始国之一，十分重视该计划在中国的实施，1997年按计划在国家海洋环境预报中心和国家海洋信息中心分别建成了“NEAR－GOOS”中国海洋资料实时数据库和延时数据库，并开始参加“NEAR－GOOS”网络运转，使中国不仅从该系统获益，而且也为“NEAR－GOOS”乃至“GOOS”计划的实施作出了贡献。

（叶人秒）

海洋环境监测
Marine Environmental Monitoring

【海洋环境监测概述】 海洋环境监测是指为了了解与掌握海洋环境状况及其变化规律而对海洋环境要素或指标进行持久的、定期的监视性的观察与测定。海洋环境监测是获取海洋环境要素时空分布及变化规律、掌握海洋环境状况及发展趋势的有效手段，是人们认识海洋、合理地开发利用海洋、保护海洋环境、防止或减少海洋灾害以及为海洋执法管理服务的一种基础性海洋工作。

广义的海洋环境监测分为两类：(1)以认识海洋、开发利用海洋为主要目的的海洋基本环境要素监测，如海洋水文、海洋气象、海水化学、海洋生物、海洋物理、海洋地质等要素的监测；(2)以海洋环境保护为主要目的的海洋环境污染监测，如海洋大气、海水、海洋生物、海洋沉积物等环境介质中各种污染物或指标的监测。在习惯上，人们常把海洋环境污染监测叫做海洋环境监测。由于监测的具体目的和时效不同，海洋环境监测又可分为：(1)常规监测，即在基线调查(普查)的基础上，经优化选择若干代表性测站和项目进行以获得环境要素时空分布与变化规律为主要目的的长期、逐年、相对固定时期的监测；(2)应急监测，即在海上发生有毒有害物质泄放或赤潮等灾害事件时，为了解事件情况、估价其对环境的影响或危害程度而进行的快速反应的现场监测；(3)专项监测，即为了评价海洋倾废、资源开发、海岸工程等某种人为活动对海洋环境的影响，在其实施前后或过程中对相关海域有关环境要素所进行的监测。

目前，中国海洋环境监测包括：断面监测、污染监测、台站(海滨)观测、浮标(包括潜标)观测、船舶测报以及航空(飞机)航天(卫星)遥感监测6方面工作。1996年主要海洋监测工作统计见表1。

表1 1996年主要海洋监测工作统计

项　目	断面监测	污染监测	台站观测	验潮井	浮标监测	合计
站点(个)	92	248	51	106	3	500
数据(万组)	0.9	2.5	206.6	442.0	13.3	655.3

【中国近海环境质量概况】 1996年中国沿岸及近海近200万km^2海域的监测结果表明，中国沿岸海域重要污染物仍为无机氮、无机磷和油类。东海沿岸海域无机氮的超标率达83%，无机磷的超标率为77%，污染程度重于渤海、黄海和南海。本年度油类污染程度与1995年基本持平，但各海区差别较大，渤海、黄海的油类污染严重而东海、南海的污染程度有所减轻，超标率分别从1995年的64%、52%下降至18%和33%。水中重金属含量、化学需氧量无超标现象，符合国家一类海水水质标准。珠江口、江苏沿岸海域个别测站的pH有超标现象。中国沿岸主要海域水质综合状况见表2。

辽东湾、莱州湾有3项污染物超标，是水质污染严重的海域。渤海湾、黄海北部、胶州湾、长江口、杭州湾、舟山渔场有2项污染物超标，水质污染也比较严重。大连湾、江苏沿岸、浙江沿岸、福建沿岸、珠江口、粤西沿岸有1项污染物超标。

【第二次全国海洋污染基线调查】 海洋污染基线调

查是指为全面掌握某一历史阶段海洋环境质量和污染状况而对各种海洋环境介质(海水、沉积物、生物和大气)的有关环境要素(或指标)所进行的全面(观)监测与研究工作。海洋污染基线状况是中央和沿海地方各级政府开展环境保护工作所依托的基础资料,也是制定相应的海洋环境政策、调整沿海地区社会经济发展布局、优化海洋产业结构、确保可持续发展战略成功实施的重要依据,因此,海洋污染基线调查是国家环境保护工作的一项重要的基本建设项目。

为全面、准确掌握本世纪末中国海洋环境质量状况,1996 年国家海洋局决定从业务费中挤出部分资金,采取中央与地方相结合的方式,组织开展了第二次全国海洋污染基线调查工作。

1996 年 7 月国家海洋局成立了第二次全国海洋污染基线调查领导小组和技术组,开始准备《第二次全国海洋污染基线调查总体方案》和《技术规程》;1997 年 7 月国家海洋局向沿海省市发出《开展第二次全国海洋污染基线调查的通知》并印发了《第二次全国海洋污染基线调查总体方案》和《技术规程》。由此,第二次全国海洋污染基线调查工作全面展开。

第二次全国海洋污染基线调查包括污染源调查和海洋介质污染调查两方面工作。其中,污染源调查包括:沿海地区陆源污染物排放资料补充调查搜集,船舶和平台排污、海洋倾废等海上污染源资料补充调查搜集;陆上大气污染物向海输入强度估算。海洋介质污染调查包括:水质污染调查,沉积物污染调查,生物调查(含生物体残毒和生物学污染指标调查)及沿海放射性污染调查。共设 1 673 个测站(其中水质 1 052 个,底质 412 个,生物 137 个,放化 72 个)、86 个测项(水质 30 个,沉积物 26 个,生物 25 个,放射性 5 个),详见表 3、表 4。

表 2　1996 年中国沿岸主要海域水质综合状况

海　域	超　标　项	综合指数	水质等级
辽东湾	无机氮、无机磷、油类	0.74	B1
渤海湾	无机氮、油类	0.81	B2
莱州湾	无机氮、无机磷、油类	0.92	B2
渤海中部		0.34	A1
大连湾	无机氮	0.90	B2
黄海北部	无机氮、油类	0.90	B2
黄海南部		0.33	A1
胶州湾	无机氮、油类	0.65	B2
江苏沿岸	无机氮	2.04	C2
长江口	无机氮、无机磷	2.29	C2
杭州湾	无机氮、无机磷	1.94	C1
舟山渔场	无机氮、无机磷	0.88	B2
浙江沿岸	无机氮	0.49	A2
福建沿岸	无机氮	0.39	A1
珠江口	无机氮	0.89	B2
粤东沿岸		0.30	A1
粤西沿岸	无机氮	0.48	A2

备注:1. 综合指数:指该水域中溶解氧、化学需氧量、无机氮、无机磷、汞、铜、铅、镉、油类 9 项的实测值与国家一类海水水质标准值之比的平均值。

2. 水质等级:A——一类海水,B——二类海水,C——三类海水,下标 1——接近该级标准下限值,下标 2——接近该级标准上限值。

表 3　第二次全国海洋污染基线调查测站统计表

项目	分类	南海分局	东海分局	北海分局	分局小计	南海省市	东海省市	北海省市	省市小计	全国合计
水质测站	总数	278	177	202	657	35	233	127	395	1 052
	近岸	146	112	167	425					
	近海	111	55	35	201					
	远海	21	10		31					
沉积物	总数	79	62	100	241		99	72	171	412
	近岸	48	39	100	187					
	近海	31	23		54					
生物站	总数	27	29	44	100		37		37	137
	近岸	22	24	34	80					
	近海	5	5	10	20					
放化	总数	15	15	33	63		9		9	72
	近岸	15	15	33	63					
总计		399	283	379	1 061	35	378	199	612	1 673

第二次全国海洋污染基线调查分三个阶段进行：(1)准备阶段(1996～1998.1)，编制和审查总体实施方案、技术规程；落实调查任务分工；开展技术培训，实验室互校，外业准备；同时实施沿岸生物、放射性两个专项调查。(2)海上外业调查阶段(1998年)，共安排两个航次外业调查，主要实施水质、沉积物污染调查，同时对生物、放射性和污染源三个专项进行补充调查。(3)内业整理阶段(1999.1～1999.12)，完成全部样品的分析测试和资料初步整理，完成调查成果编制、评审、验收、出版等工作。到1997年底，准备阶段的工作基本完成。

【海洋断面监测】 自1960年1月起，在渤、黄、东海选定了20条代表性断面，布设了126个测站，每月进行一次水文、气象与海水化学要素监测以来，中国的海洋断面监测已持续了30多年，其监测方案也经过多次调整。1996年3月国家海洋局批准实施的《中国近海断面监测方案(1996年～)》本着"科学、有效、低耗的原则"将近海常规断面减少至9条(计92个测站)，且每年(2、8月份)监测两次，此方案从1996年8月开始实施。与此同时，鉴于北部湾、南沙群岛和北黄海鸭绿江河口环境状况的重要性，国家海洋局决定在上述海域增设断面。1997年6月，国家海洋局批准实施《中国近海断面监测方案(1996年)补充方案》，除对"1996年方案"的6个测站进行调整外，在北部湾、南沙群岛和北黄海鸭绿江河口等区域增设了8条断面、51个测站。除南沙断面每两年监测1次外，其他新增断面每年8月份监测1次。"补充方案"从1997年8月开始执行。现在中国近海断面监测共设断面17条、143个测站(包括1个机动站)，开展23个测项、计25个参数的监测，平均每年可获得海洋环境数据约13 000个。

(邵又雅)

表4 第二次全国海洋污染基线调查监测项目一览表

测站类型	监 测 项 目	测项数
水质测站	1. 水文气象要素：水温、盐度、水色、透明度、气温、风速、风向、简易天气现象 2. 化学要素：(全部测站)DO、硝酸盐氮、亚硝酸盐氮、铵氮、磷酸盐、油类；(部分测站)COD、TOC、Hg、Cd、Pb、As、总氮、总磷、苯酚、二乙基酞酸酯、二丁基酞酸酯、二辛基酞酸酯、粪大肠杆菌、赤潮生物、异养菌总数、叶绿素a	30
沉积物测站	(全部测站)粒度、硫化物、有机质、油类、DDT、PCB、Hg、Cd、Pb、As、A1；(部分测站)总氮、总磷、苯酚、二乙基酞酸酯、二丁基酞酸酯、二辛基酞酸酯、萘、芴、菲、蒽、荧蒽、芘、苯并(a)芘、苯并(a)蒽、苯并(e)芘	26
生物测站	1. 生物种类鉴定；2. 生物残毒(全部测站)石油烃、Hg、Cd、Pb、As、DDT、PCB、(部分测站)二乙基酞酸酯、二丁基酞酸酯、二辛基酞酸酯、萘、芴、菲、蒽、荧蒽、芘、苯并(a)蒽、苯并(e)芘、粪大肠杆菌、异养菌总数、弧菌、麻痹性贝毒等	25
放射性测站	1. 水样：^{90}Sr、^{137}Cs、总U、总β；2. 沉积物、生物样：总β、主要人工与天然核素γ谱分析	5
总计		86

(邵又雅)

海洋环境观测、预报警报

Marine Environmental Observation, Forecast and Warning

【概况】 1996～1997年，继续加强了海洋环境观测、预报警报系统的建设，提高了观测预报及资料信息服务的能力。在海洋环境观测网的建设方面，初步形成了由海洋站、资料浮标、海监飞机、船舶、雷达站等组成的观测网络。进行了海洋站网的布局调整和技术的更新改造，新建两个海洋站，调整了两个海洋站，对海洋站的观测仪器设备进行了部分的更新改造，一些新的技术和新的仪器得到逐步推广应用，共更新数字式自记验潮仪37台，自记波浪仪13台，自记测风仪60台。建成了小麦岛、大戢山、成山头、老虎滩、石臼所、闸坡、南沙等自动化海洋观测站，另外还有5个自动站正在着手建设。测冰雷达站的技术更新改造也在进行。目前海洋站全部实现了资料的微机处理，并通过国家公共电话网进行数据传输，形成了由海洋站、中心海洋站、区域预报中心和信息中心、国家预报中心(北京)和国家信息中心(天津)构成的微机化资料信息传输系统，海洋观测正在向着数据自动采集、自动处理、自动传输的方向发展。完成了19、20号大型海洋资料浮标的技术更新改造，使用了新的数据采集处理控制系统，采用了太阳能供电方式，利用了海事卫星进行数据传输。17、18号浮标的技术更新改造工作即将完成。在黄海、东海、南海3个固定站位的浮标全年连续工作。完成了10个架次30多小时的海冰航空监测，获取了大量的海冰遥感资料，为海冰的预报及海洋工程建设、海上运输提供了有效服务。

在海洋预报警报服务系统建设方面，根据沿海经济发展需要，逐步在沿海的省、市建立了海洋预报台，初步形成了国家－区域－省、市(或中心海洋站、海洋站)组成的海洋环境预报及灾害警报服务网络，使预报警报信息(产品)通过电视、广播、电话、传真等方式及时传输到广大公众和各级政府及防汛指挥部门。积极推进了海洋站、中心海洋站、区域预报台与地方共建海洋预报台的工作，直接为地方经济建设和防灾减灾服务，不断拓宽服务范围。这期间，厦门中心站与福建省共建了福建省海洋预报台，青岛预报台与山东省共建了山东省海洋预报台，大连中心站与辽宁省共建了辽宁省海洋预报台，平潭海洋站与福建省平潭县共建了平潭海洋预报台。这些预报台的建立，为当地的海洋经济发展和减灾防灾发挥了重要作用。除海南省、广西壮族自治区原先已经建立起海洋预报台外，其他省、市的海洋预报台也正在筹建中。

为提高预报警报的服务能力，对海洋预报台的仪器设备进行了更新改造，国家海洋环境预报中心更新了大型计算机，各级预报台更新了VSAT卫星通信小站，石臼所、青岛预报台也进行了设备的更新改造，使预报能力有所提高。

为了做好海洋灾害的预防工作，1997年4月国家海洋局组织专家对1997年度海洋灾害进行预测会商，并将对1996年灾害的评估和1997年度的预测结果通报各有关部门及沿海地方政府和防汛指挥部门，并召开了海洋灾害预测新闻发布会，各种新闻媒体做了快速报道，引起社会各界的强烈反响，也引起江泽民总书记的关注，江总书记询问了厄尔尼诺现象与中国农业生产的关系等有关情况。中国的海洋预报部门在世界上最早发布了对厄尔尼诺现象的预测结果。

1997年8月中国东南沿海发生了一次特大风暴潮灾害。风暴潮先后袭击了福建、浙江、上海、江苏、山东、天津、河北和辽宁沿海6省2市。这次风暴潮来势凶猛，增水高，袭击面广，持续时间长。为了做好防浪抗潮工作，根据预测的结果，国家海洋局专门对1997年的海洋灾害监测和预报工作做出了部署安排。在这次特大风暴潮来临之前，预报部门提前36小时向国家防汛抗旱总指挥部及沿海地方政府及防汛指挥部门、海洋管理部门发布了第一次风暴潮警报，随着台风逐渐向东部沿海靠近，继续发布风暴潮和巨浪警报。在台风登陆后，再次向北部沿海的省市发出警报，在风暴潮发生期间，各海洋预报台和海洋观测站共同努力，及时准确地发布了多次警报，仅国家海洋预报台在几天内就发布警报9次，特急传真电报1次，在广播、电视上播放6次，单站警报21次。青岛、上海、温州、厦门等预报台及有关海洋站也及时向所在地政府和有关部门发布了当地风暴潮警报。由于国家海洋局各海洋台、站及时准确地发布了预报警报，为沿海各级政府、防汛指挥部门抗浪防潮提供了重要信息和依据，及时采取了防御措施，大大减轻了海洋灾害带来的损失，受到各级政府和有关部门的高度评价。国家海洋局也对减灾防灾工作中作出突出贡献的国家海洋预报台、温州预报台和石臼所海洋站给予了表彰。

国家海洋局发出了《关于做好沿海警戒水位核定工作的通知》，并组织沿海有关部门进行了全国的主要港口、经济开发区、人口稠密岸段的警戒水位核定工作，目前已完成了海南、广西、福建、山东、天津、河北、辽宁等省市的40多条岸段的警戒水位的核定工作，并由当地人民政府颁布实施。

自实行海洋环境预报服务资格证制度以来，已有7家单位拥有专项预报服务甲级资格证书，海洋环境预报服务工作进入了规范化和有序化的轨道。1997年还完成了《海洋观测预报条例》的起草工作，并且完成了《船舶测报观测规范》和《沿海防潮警戒水位核定方法》两个国家标准的编制。为提高海洋测报人员的技术素质，实行了等级考核制度，组织进行了1997年的等级考核和晋级工作。

积极参与"全球海洋观测系统"(GOOS)的实施，推进了东北亚区域海洋观测系统(NEAR－GOOS)的开展，分别在国家海洋环境预报中心和国家海洋信息中心建立了实时数据库和延时数据库，可进行国际资料交换，并进行资料产品和信息服务。 (屈　强)

【海洋观测与观测资料】 1996～1997年进行的海洋观测分8个方面，以下分别给出具体海洋观测资料情况。

1. 海洋站监测资料(见表5)

2. 污染监测

国家海洋局每年对渤海、黄海、东海和南海的近海区域进行污染监测。其监测项目有水文、气象、水质、底质、生物、沉积物中的污染因子铜、铅、锌、镉、无机磷、无机氮、溶解氧、化学耗氧量、油类、pH、生物残毒等。1996年分别于5月、8月、10月在四个海区进行三次监测492站次获数据量2.5万组；1997年监测223站次获数据量2.0万组。

表 5　海洋站监测资料表

项　目	年　份	监测站数	资料条数	数据量 (MB)
温度、盐度	1996	44	2 1294	2.28
	1977	45	21 336	2.29
潮汐	1996	37	31 390	4.21
	1997	37	31 463	3.5
波浪	1996	31	47 790	6.2
	1997	36	54 540	7.0
海冰	1996	6	1 606	0.19
	1997	7	1 679	0.20
气象	1996	42	67 500	8.5
	1997	43	70 605	8.89

3.近海标准断面监测

为了监测中国近海主要海洋现象的变化情况，国家海洋局在渤海、黄海、东海和南海分别选择了几条断面(标准断面)，坚持每年对这几条断面进行监测。从1996年起对原有的监测断面和测点进行了调整，执行“中国近海断面监测方案(1996～)”。1996年海洋局各分局于8月份在四个海区共监测9条断面92个站次，获数据量77 120字节，监测要素与往年相同。1997年在四个海区监测15条断面198站次，获数据量108 332字节。

4.浮标监测

锚定浮标是获取海上定点连续的海洋环境资料的有效方法。目前浮标主要监测项目为水文、气象。1996年监测3个站获数据量13.3万组；1997年监测3个站共获数据7.5万组。

5.中日副热带环流调查研究

为了研究影响东海的主要流系——黑潮的变化及其源区的状况，中国与日本联合开展“副热带环流调查研究”项目。该项目始于1995年10月，中国由国家海洋局负责、青岛海洋大学参加的调查在1996年5月，1997年7月和1997年12月各进行一个航次，调查区域为120°30′～129°E，18°30′～26°00′N，调查项目包括物理海洋(海水温度、盐度、波浪等)、海面气象、海洋生物、海水化学等。1996年调查11条断面83个站，获数据量7 676 072字节；1997年调查21条断面177站次，获数据量15 922 095字节。这些调查资料对黑潮的研究非常重要。

6.东海陆架重点海域工程和灾害地质调查与评价

该项目由国家海洋局负责于1996年5～7月在东海完成了单道地震剖面3 370km，浅地层剖面4 570 km，地貌资料2 950km，另外，还进行了物理海洋、海洋地质、海岸气象的观测。

7.黄海水循环动力学调查

中国与韩国联合研究黄海的水循环动力学问题，由国家海洋局第一海洋研究所负责于1996年4月和10月在黄海进行了两个航次的调查，共调查6条断面80个测站；1997年7月在黄海调查了7条断面73个测站，观测项目为物理海洋、海洋气象、海水化学。

8.大洋多金属结核调查

为了弄清中国在东太平洋矿产开辟区的多金属结核情况，由中国大洋协会牵头，国家海洋局负责，广州地质局第二海洋地质调查大队参加，于1997年5～11月在东太平洋开展了大洋多金属结核调查，其调查项目和手段为深拖光学调查、水下机器人实验调查、沉积物结核取样分析、多波束海底剖面测量、深海锚系观测、ADCP、CTD观测等。　　(易晓蕾)

海洋环境预报服务
Marine Environmental Forecast Service

综　述
Summary

【概况】 1996～1997年，中国的海洋环境预报服务工作在“七五”和“八五”研究工作的基础上又有了新的进展。表现在：灾害性海洋环境数值预报模式不断完善与改进，预报产品日益丰富，同时“八五”期间建立的海洋灾害数据库功能不断完善，并增加了库管理的数据类型和数据量。这两年间，各个海洋灾害预报项目的预报准确度不断提高，成功的海洋灾害预报警报服务在防灾减灾中发挥了重要作用，创造了重大的社会效益和经济效益。

另外，近几年国家海洋局组织各海洋预报部门参加的长期海洋灾害（风暴潮、海浪等）预测会商和新闻发布会，受到用户的普遍关注与好评。

风暴潮预报 统计事实表明，随着沿海经济的发展，中国沿海风暴潮灾害的直接经济损失呈上升趋势，由50年代的总计几亿元，增至80年代年均几十亿元，进入90年代又有新的增长，年均经济损失超过100亿元。1996年8月的9608号台风引起的风暴潮，就使福建省、浙江省、上海市和江苏省沿海经济损失84亿元。1997年是建国以来中国沿海风暴潮灾害最严重的一年，仅9711号台风风暴潮，在几天时间内（1997年8月18～20日）就使南起福建北部北至渤海沿岸省市的直接经济损失达近300亿元。值得指出的是，国家海洋环境预报中心等预报部门对这两次特大风暴潮均及时准确地做出了预报。据此，沿海各级政府和防汛指挥部门采取了坚决有力的防灾措施，才使损失大大减少。例如，在9711号强台风风暴潮8月18日夜间袭击浙江沿海的前夕，浙江省政府和防汛指挥部门就将沿海近150万居民疏散到安全地带，使该省人员伤亡人数降低到最低限度。预报部门对这两次特大风暴潮的成功预报受到沿海各级政府防灾主管部门的一致赞扬和国家海洋局的通令嘉奖。

这期间，预报部门重视技术进步，不断完善和改进风暴潮预报模式。例如，国家海洋环境预报中心风暴潮组在原来的台风风暴潮模式中增加单站风速、风向的输出，以及沿岸验潮站模式计算的总水位（风暴潮与170分潮计算的天文潮之和）输出；同时，该组开展了风暴潮与天文潮相互作用以及风暴潮漫滩模式的研究。其部分研究成果已经在预报和沿海核工程可能最大风暴潮计算中发挥了作用。另外，这个组“八五”期间建立的“风暴潮预报产品数据库”的功能又有新的改进，并增加了数据装载量。该库在防灾预报和沿海工程计算与技术咨询中发挥了重要作用。

海浪预报 这期间，中国海洋服务系统又有了新的发展。海浪预报系统中又增加了温州市和辽宁（大连）海洋预报台。另外，正在建设中的浙江、江苏、山东、河北海洋预报台、宁波市、天津市海洋预报台，以及一些县级海洋预报台（平潭、霞浦与玉环），都在开展所辖海区海浪分析与预报工作。

预报部门普遍重视预报技术进步。国家海洋环境预报中心海浪组将前两个五年计划攻关研制的混合型模式和全谱模式在中国沿海分三个预报区分别计算，并经过了模拟和实时预报检验，同时还将其推广到下级海洋预报部门使用。最后指出：该组采用引进的swan近岸浅水海浪模式进行近岸（水深小于20m）有限区域的波浪计算获得成功，其空间分辨率可达200m×200m。swan浅水海浪模式与深水模式的联合应用不仅能为近岸浅水区提供较准确的海浪预报，而且也能为近岸工程计算提供合理的海浪设计参数。

自1996年起，国家海洋环境预报中心每天在中央电视台发布的6个城市海域海浪预报，受到广大用户好评。

海温预报 两年来，海温分析预报与研究又有了新的进展。主要是国家海洋环境预报中心海温组对“八五”期间研制的“西北太平洋海表温度中长期数值预报系统”存在的问题进行了如下改进与完善：采用净通量为零的辐射边界条件，使之更接近实际边界情况；以普林斯顿三维海洋模式计算当时的海洋流场，替代原模式中采用地转流作为基本的海流运动；以温盐数据诊断的海面动力高度取代海平面高度的气候场。经改进完善后的模式进一步提高了海温的预报能力。

另外，厦门海洋预报台与青岛海洋大学合作进行福建近海海温数值预报研究，已取得了初步成果。与此同时，有关单位立项的卫星遥感渔业信息分析及海况速报研究，也在进行之中。

海冰监测预报 海冰监测能为海冰预报和研究提供必备的基础资料。1997年机载侧视雷达测冰已作为常规海冰监测手段由国家海洋局北海分局航空监测大队实施，已获得了大量可贵数据。值得指出的是，卫星遥感海冰监测技术研究已列入国家863高科技项目，此项目的实施将大大提高海冰监测能力和海冰预报的时效与准确度。

两年来，国家海洋环境预报中心海冰组努力改进海冰数值预报技术，模式预报的时效不断增长，由“七五”的1～3d和“八五”的1～5d延长至现在的1～7d，其数值预报产品包括：海冰厚度场、密集度场、流冰场及冰外缘线等，经检验准确度较高。

海洋气象预报 海浪、风暴潮等海洋预报项目准确度的提高同海洋气象预报准确度的改进步调是一致的。因此，国家海洋局的预报系统也从事海洋气象预报与研究。

两年来，国家海洋环境预报中心不断改进短、中、长期海洋气象预报方法并加强预报作业自动化步伐。“八五”期间有关单位研制的海面风场预报模式仍在该中心继续运行，其结果为日常海洋预报业务提供参考。国内台风预报模式仍在不断改进，但由于监测手段缺乏，热带气旋预报的准确率无明显提高。

两年来，中国在厄尔尼诺现象的研究上取得了显著的成绩。中国气象局、国家海洋局、中国科学院大气所以及北京大学等高校，在厄尔尼诺现象的监视、形成机制以及对气候影响方面的研究取得了可喜的成绩，所建立的海－气耦合模式和统计模式已在厄尔尼诺现象预测业务中试运行。1997年初，国家海洋环境预报中心依据自己建立的统计预报模式结果，成功地预报了本世纪最强的一次厄尔尼诺现象的发生，并正式发布了预报。

远洋气象服务 国家海洋环境预报中心极地室是开展远洋和南极地区气象预报服务最早的单位之一，其服务范围遍布世界各大洋及南极地区，服务内容包括：远洋天气、海况及极地洋区海冰，服务对象主要为远洋科学考察船、南极科学考察船以及其他一些远洋调查、渔业捕捞和运输等多种任务的航线气象保障，1997年该室还承担了海军舰艇编队出访美洲航线的气象保障。

两年来，这个室远洋气象服务在自动化和网络化方面迈出了坚实的步子，1997年开发研制的船载高分辨卫星接收处理系统，当年在赴极地“雪龙”号考察船上应用成功，填补了中国航海史上此项技术的空白。随着技术进步和获取大洋气象资料的不断增加，远洋预报准确率越来越高。

（王喜年）

风暴潮预报
Storm Surge Forecast

【风暴潮灾害】 风暴潮引起的灾害居海洋灾害之首。自从开展中国沿岸风暴潮预报工作以来，直接死于风暴潮灾的人数大大减少，但随着沿海工农业生产的发展和沿岸、离岸工程建设的蓬勃展开，尤其是严重潮灾岸段几乎都是中国人口集中、经济最发达的区域，近几年来每次风暴潮所造成的经济损失都是呈上升趋势的。

据1996年到1997年中国海洋灾害公报的灾情资料统计，两年中中国沿海共发生8次较大风暴潮灾。其中1996年6次，直接经济损失290亿元，死亡505人；1997年2次，直接经济损失308亿元，死亡220人，这一年是中国海洋灾害最严重的一年。1996年8月1日发生的风暴潮是由9608号台风引起的，造成的直接经济损失达84亿元，其中福建省和浙江省沿岸地区的潮灾较为严重，仅次于9711号台风引起的风暴潮灾，沿岸有16个验潮站出现100cm以上的最大增水；有4个站的最大增水在200cm以上；梅花站的最大增水值为225cm；18个站的日最高潮位超过当地警戒水位；并有9个站的日最高潮位破本站历史最高记录。特别是1997年8月18日由9711号台风引起的特大风暴潮灾，是建国以来造成直接经济损失最为严重的一次。由于此次台风登陆前后，正值农历7月16日天文潮大潮期，沿岸各站的台风增水值出现时间又几乎与天文大潮高潮时相一致，所以各站出现异常的高潮位，造成浙江省中部沿岸百年不遇的罕见的特大潮灾，从福建、浙江、上海、江苏、山东、河北、天津、直到辽宁等省市均遭受不同程度的严重风暴潮灾。直接经济损失达287亿元，死亡214人，失踪105人。据不完全统计：沿岸有28个验潮站的高潮位值超过当地警戒水位，浙江省海门站的高潮位超出当地警戒水位值200cm。而沿岸有13个站的高潮位超过本站历史最高潮位，浙江省健跳站的高潮位值超过本站历史最高潮位达105cm，有9个站的过程最大增水达200cm以上，最大增水发生在浙江省健跳站为261cm。这次风暴潮灾的特点是：直接经济损失最大；超过当地警戒水位站次最多；超本站历史高潮位的站次最多；发生200cm以上的最大增水站次最多，这是近几十年来少见的。国家海洋预报台对这次风暴潮灾进行实地调查，重点到受灾最严重的地区和站点，收集了大量宝贵资料。

【风暴潮预报服务】 目前发布风暴潮预报和警报的单位，除国家海洋局所属的各海洋预报台，还有水利部沿海各水文总站，交通部航道部门，海军三个舰队气象台。国家海洋局系统这几年发布风暴潮预报的台站有了明显变化，除原有的北京国家海洋预报台、国家海洋局北海、东海、南海三个分局所属海洋预报台、海南省海口预报台以及温州、厦门、北海海洋预报台外，还有以中心海洋站为基础与省市海洋局合建的海洋预报台：1996年由宁波市海洋局与宁波海洋站共建的宁波海洋预报台；浙江省玉环县海洋局与坎门海洋站共建的玉环海洋预报台；辽宁省海洋局与北海分局大连中心海洋站共建的大连海洋预报台；江苏省海洋局与东海分局上海海洋预报台共建的江苏海洋预报台；浙江省海洋局与海洋局二所共建的浙江海洋预报台。这些海洋预报台均已正式发布本地区的风暴潮预报和警报。

预报服务对象主要有：国家防汛总指挥部、沿海省市、自治区人民政府及防汛指挥部以及受影响的潮水位站等单位。发布预报的方式：从最初明码代码电报、电话预报发展到现在的传真电报、明传电报、并通过中央和地方广播电台和电视台发布台风风暴潮和温带气旋风暴潮预报警报等。短期的预报时效：台风风暴潮一般为12～24h，最长到48h；而温带气旋引起的风暴潮预报时效一般为6～12h，最长24h。

从1990年起每年3月到4月，国家海洋局业务主管部门组织国家海洋预报台、各分局海洋预报台共同会商进行当年风暴潮潮灾的预测，提供给国家有关部门参考。

从1996年开始，国家海洋预报台每天在中央电视台第一套节目午间新闻后的海洋预报中，增播沿海六个主要城市的天文潮高潮发生时间的预报。

从1996到1997年这两年的风暴潮潮灾，一年比一年严重。1996年8月1日由9608号台风引起的特大风暴潮，国家海洋预报台、东海分局的上海、温州和厦门等海洋预报台均对这次风暴潮及时准确地发布了预报和警报，当地政府部门据此采取了相应措施，使闽浙沿海减少了经济损失和人员伤亡。特别是温州海洋预报台发布的温州地区的风暴潮预报更为准确，受到国家海洋局的嘉奖。国家海洋预报台、北海分局青岛海洋预报台和石臼所海洋站、东海分局上海、温州和厦门等海洋预报台也对1997年8月18日由9711号台风引起的另一次特大风暴潮及时地发布了预报和警报，且预报准确率较高，预报值与实况值基本相符，得到沿海受灾严重地区有关部门的好评。国家海洋预报台、东海分局温州海洋预报台和北海分局石臼所海洋站等预报部门，受到国家海洋局通报嘉奖。对上述两次强风暴潮水利部系统如上海水利信息中心、浙江省和福建省的水文总站及分站，也都及时准确发布了各自所属范围内的风暴潮预报和警报。

在风暴潮预报中，各站合理地确定防潮警戒水位值，对预报和防灾指挥部门都是十分重要的。这两年国家海洋局各分局、沿海省市海洋局与水利部各省水利局、水文总站对已经变化了的沿岸情况联合进行调查考证，重新确定本地区沿海各地的防潮警戒水位值。如浙江省、辽宁省、河北省和天津市沿海各站已相继确定了警戒水位值，并在实际预报中使用。

此外，国家海洋局与东海分局、厦门海洋预报台共同完成“沿海防潮警戒水位核定方法”的国家标准编写工作，已初步通过专家审定，待进一步修改后报送国家技术监督局批准，作为国标正式使用。

【风暴潮数据库为海洋工程服务】 国家“八五”科技攻关课题“风暴潮预报产品数据库”，此数据库在风暴潮灾害预报和海洋工程的计算中发挥了重要作用。近两年国家海洋预报台不仅增加风暴潮各要素的数据，还录入风暴潮增减水过程和各站各月平均海平面数据，改进数据库功能，使数据库更加完善。国家海洋局各分局的海洋预报台也相继成立了本海区所属范围内的风暴潮数据库，为风暴潮预报和海洋工程计算服务。

这几年来，青岛海洋大学、南京水利科学研究院、浙江省河口研究所、广东省水文总站、国家海洋局二所和三所以及国家海洋环境预报中心等单位先后为广东大亚湾、秦山三期、广东岭澳、江苏连云港和山东海阳等核电站工程，计算可能最大风暴潮、地震海啸和假潮等，为核电站厂址设计提供合理参据。

1996～1997年，国家海洋环境预报中心为广东岭澳（阳江）和江苏连云港核电站工程，提供可能最大风暴潮的分析和计算。由于连云港核电站的特殊需要，首次计算了由温带天气系统引起的可能最大温带风暴增减水，为核电站设计提供了可靠设计参数，受到专家们的一致好评。另外，该中心风暴潮组近两年为中国海洋石油工程设计公司建立了渤海台风风暴潮与天文潮耦合预报模式和台风风暴潮数值预报和服务系统，并进行了台风风暴潮漫滩模式的应用研究，其成果已经在防潮预报和核电站工程计算中发挥了作用。

（陈祥福）

海浪预报
Sea Waves Forecast

【概况】 1996～1997年，中国的海浪预报工作在“七五”和“八五”研究工作的基础上有了新的进展。海浪数值预报模式不断完善，海浪预报产品日益丰富，海浪预报技术得到较大提高，尤其海浪预报服务系统取得了很大的发展，使得海浪预报产品逐步走上为沿海国民经济服务的主战场。

【海浪灾害】 1996年海浪灾害较严重的有3次。(1)1996年9月9日，受台风浪影响，广东雷州半岛东部沿海出现了5～6m的巨浪和狂浪，给湛江、茂名、阳江三市造成了很大损失，是1991年以来最严重的一次，6 300多艘渔船受到不同程度的损坏，其中3 200艘沉毁，水产业受灾最为惨重，1.47万hm^2养殖受浸，3.9万个海水养殖网箱损失殆尽，全省水利设施直接经济损失2.2亿元。9月9日下午台风浪又正面袭击了广西沿海，3～5m的巨浪冲上堤顶，造成决口、溃堤372处，48.28km，严重破坏47.35km，因海堤决口造成水产损失1亿多元，损坏渔船1 099艘，翻沉渔船173艘，死亡61人，失踪88人。(2)9607和9608号台风浪使福建沿海遭到严重损失，北礵海洋站实测最大波高7.5m，有425km海堤遭到损坏，毁坏船只270艘。(3)海南省1996年连续遭到3个台风浪影响，9月18～22日，东方海洋站实测最大波高4.1m，狂浪使海口市海堤决口13处，沉损船只200多艘，海军一艘登陆艇也被巨浪打沉，死亡和失踪120人，据统计直接经济损失近4亿元。

1997年海浪灾害主要是9711号台风浪造成的灾害。8月18～19日受9711号台风浪影响，东海海面出现10～12m的狂涛区，浙江沿岸波涛汹涌，巨浪滔天，18日白天大陈海洋站实测最大波高9.8m，局部地段拍岸浪高达10m以上。18日14时至19日14时，上海市外海的大戢山海洋站实测最大波高6.6m，滩浒岛海洋站实测最大波高5.2m；19日08时至20日14时，虽然9711号台风中心在离海几百公里的内陆，但东海北部和黄海仍出现6～8m的狂浪区，连云港海洋站实测最大波高6.9m；19日08时至20日14时，石臼所海洋站实测平均波高5.4m，最大波高7.1m，青岛近海的浪高达6m；20日08时至20日20时，受9711号台风影响，渤海出现了4～5m的巨浪区，20日16时左右，在天津港锚地实测平均波高3～3.5m，由于潮位较高，天津港码头东突堤处出现2m以上的拍岸浪；8月20～21日受9711号台风浪影响，东港市沿海36小时内，连续三次遭受海浪袭击，沿岸堤坝损坏严重，全市冲毁海堤20.24km，严重损坏37.69km，直接经济损失3 908万元；冲毁渔港18个，损坏渔船43艘，直接经济损失456万元，东港码头两部吊车(25t门吊)被海浪卷入海中，加上被淹物资损失2 200多万元，冲毁淹没虾池1 159.69hm^2，水产损失2 000t，直接经济损失4 163万元。据不完全统计，受9711号台风浪袭击，浙江、上海、江苏、山东、河北、天津和辽宁等省市沿海，总计堤防决口16 894处，海堤2 481.24km，渔业港口和民用码头破坏严重，冲毁渔港、码头52座，损坏各类船只1 792艘，估计水利设施总计直接经济损失为52.706亿元，渔业和水产养殖总计损失34.26亿元。其中在9711号台风风暴潮和台风浪过程中，浙江省淹死169人，损坏堤防1 352km，堤防决口13 894处，海水倒灌受淹农田55 361hm^2，受灾人口1 890.084万人，227万群众被洪水和海水围困，紧急转移人口145.650万人，倒塌房屋64.17万间，农作物受灾面积68.706万hm^2，直接经济损失总计达193亿元。

【海浪数值预报模式研究】 “七五”和“八五”期间，中国开发研制和引进了几种海浪数值预报模式，这些模式的特点是：混合型模式可以节省大量计算时间，能做出深海海区波高、周期等要素很好的预报；全谱模式可以做出浅海海区波高、周期等要素很好的预报，但需要大量的计算时间，不能满足业务预报需要。中国是世界上海浪灾害最严重的国家之一，近年来频繁、严重的海浪灾害已引起沿海各级政府和生产部门的高度重视，尤其随着沿海经济的发展，中国沿海大城市都迫切需要近岸浅水区域的海浪预报。为此，国家海洋环境预报中心海浪组，把中国沿海分为3个预报区域，应用上述两个模式组成3个区域海浪数值预报模式，并经过模拟和实时预报检验，这些模式不仅提供给南海、东海和北海海洋环境预报中心使用，还将这些模式的计算结果为计算小于20m浅水区域海浪数值模式《重点岸段或大城市近海海域海浪数值模式》提供边界值，进行近岸浅水区海浪数值计算。近岸浅水海浪数值模式主要采用引进的swan模式，该模式的特点是：(1)在有限海域内可以采用高分辨率格点间距(200m×200m)计算近岸浅水海浪，相对深水海浪数值模式(1°×1°)纬距和(1/4°×1/4°)纬距格点的分辨率有很大提高；(2)考虑波流相互作用；(3)消衰项考虑较其他浅水模式全面，包括白帽消衰项、底摩擦项、深度变化引起的破碎项和波与波之间非线性相互作用项等。自1996年春节起，国家海洋环境预报中心每天在中央电视台发布的6个大城市近海海域的海浪预报，受到广大用户的欢迎。

【海浪中长期预报】 目前中国发布海浪中长期预报的部门主要是国家海洋环境预报中心以及青岛、上海、广州、海口海洋预报台。现在开展的海浪中长期预报项目主要以旬预报为主，旬预报每月发布3次，每旬末发布下旬各海区海浪状况。1996～1997年在中国海洋报上发布渤海、黄海、东海和南海海浪旬预报，引起社会关注，取得明显的社会效益。另外，自1990年起，每年4月发布一次中国近海4m与6m以上灾害性海浪发生次数和各海区4m与6m以上灾害性海浪出现天数年展望，也受到广大用户的好评。海浪中长期预报的方法主要是采用目前中长期天气预报在业务预报中使用的方法，数理统计方法、天气学方法和应用欧洲数值预报中心、日本气象厅发布的中长期天气数值预报产品。还用中国气象局所属国家气候中心和气象科学研究院等部门定期发布的海洋、天气、天文等要素的监测公报，以上方法和资料对海浪中长期预测起到了很大作用。

【海浪预报服务系统不断完善】 经过二十多年的努力，中国已建立了以国家海洋环境预报中心与国家海洋局三个分局所辖的广州、上海、青岛海洋预报台和海南(海口)、广西(北海)、福建(厦门)、辽宁(大连)四个省海洋预报台组成的海浪预报网。国家海洋环境预报中心每天用4个频率以无线传真方式，向国内外用户播放西北太平洋和中国近海海浪实况图和24小时海浪预报图。每天还通过中央电视台和中央人民广播电台播放中国海和西北太平洋24小时和36小时海浪预报。广州、上海、青岛三个分局海洋预报台和海南(海口)、广西(北海)、福建(厦门)、辽宁(大连)四个省市海洋预报台开展所辖海区内的海浪分析和预报，每天通过地方省、市电视台、广播电台播发海浪预报，引起了社会关注，取得了较好的社会效益。目前正在建设中的温州市海洋预报台、浙江省海洋预报台、宁波市海洋预报台、江苏省海洋预报台、山东省海洋预报台、天津市海洋预报台、河北省海洋预报台，都已开展所辖海区海浪分析和海浪预报工作，使中国的海浪预报服务系统得到很大的发展和完善，同时海浪预报技术和海浪预报服务方式也得到很大改进。国家海洋环境预报中心除负责世界气象组织和中国政府规定的海浪预报公益服务外，还通过电传、电报、电话、有线传真、国际网络中电子邮件和浏览器向国内外用户提供上述海区和世界其他大洋的专项海浪预报服务。海浪预报产品已逐步走上为沿海国民经济服务的主战场。(许富祥)

潮汐、潮流预报
Tide and Tidal Current Forecast

【潮汐、潮流预报】 国家海洋信息中心的潮汐潮流预报及海平面变化研究工作，在三期日元贷款引进的先进的计算机软硬件条件支持下，潮汐表的编制工作从1996年起更新使用了COMPAQ586型微机计算，采用北大方正照排系统排版印刷。排版格式基本达到国家标准。国家海洋信息中心编制的六册系列潮汐表已达到预报准确、实用、装帧精美的要求。其预报范围是中国沿海主港预报站208个，潮流预报点41个，涉及渔场、航道和主要航线上的潮流预报信息；世界大洋范围内的主港预报站285个，潮流预报点24个，覆盖了世界主要港口、海峡和航道，是目前国内预报范围最广、信息含量最多的潮汐表。

潮汐潮流分析预报及海平面变化研究工作基于高质量的验潮资料，在此基础上进行分析计算，最后进行预报预测工作。国家海洋信息中心拥有众多的长期、短期和大量工程点上的验潮资料，已有数千站年的验潮资料经过质量控制形成文档并贮存在ORACLE数据库中。通过数据库系统进行数据管理、查询和调用，用以验证潮汐预报结果，选用质量稳定的验潮资料分析得出精度较高的调和常数提供预报使用和海平面变化预测所需资料。国际间相互交流预报产品也是提高潮汐表编制质量的一个重要渠道，现已与英国、美国、日本和印度等国家进行了多年潮汐预报交流工作。

信息技术的发展为潮汐潮流预报服务提供了新的技术手段。国家海洋信息中心使用中国海洋信息网发布中国沿海主要港口潮汐预报和中国海洋环境潮汐、潮流、海平面年际变化特征状况信息，电子版潮汐表已在研制之中。完成了阳江、连云港核电站海洋环境中的潮汐潮流状况分析报告，提供了计算准确的工程设计所需的水文数据。在防潮减灾工作中也做出有成效性的工作，1997～1998年完成了天津市沿海实时潮位监测预测系统，编制了1996～1998年《中国海平面公报》。

国家海洋信息中心与国家测绘局合作完成了"八五"攻关项目C85－03"中国沿海陆地垂直运动和平均海面变化的研究"，提交论文38篇。主要研究内容有：研究中国沿海地区地壳垂直运动机制；中国沿海海平面变化及预测；全球海平面变化上升研究；海平面上升对沿海地区影响的评估。该项目在1998年获国家测绘局科技进步一等奖，"九五"期间立项研究项目是"中国各高程基准及其关系"，对统一国家基准高程，提高测量精度意义重大，采用GPS测高技术获取数据推算海洋大地水准面。(储英杰)

海温预报
Sea Surface Temperature Forecast

【海温预报】 作为海洋环境的重要因子，海水温度不仅影响其上的大气状况，从而制约中长期天气预报的预报时效，而且还直接影响海流和海冰，特别是直接影响高纬浅海与极地海冰的生消，并进而影响气候；此外，海水温度状况对海洋渔业资源的开发和利用，尤其是对中心渔场位置的确定和鱼发状况的分析有着重要作用。因此，深入研究和预报包括中国渤海、黄海和东海在内的西北太平洋海域的海水温度状况，无疑会推动中国远洋捕捞业的发展，减轻近海渔业资源不断匮乏的压力，从而推动中国海洋渔业资源的更好开发和利用，因此做好海温预报工作又具有明显的社会经济效益。

中长期海温数值预报模式完善 国家海洋环境预报中心海温组正在对"八五"期间研制的"西北太平洋海表温度中长期预报业务化系统"存在的问题进行如下改进：

1.采用净通量为零的辐射边界条件，给出边界上输入的热通量的办法，使之更接近实际边界情况，解决模式中海－海侧边界问题；

2.采用普林斯顿三维海洋模式计算当时的海洋流场，解决了模式中采用地转流作为基本的海流运动而存在的系统偏差；

3.采用以温盐数据为基础，诊断该区域当时的海面动力高度，以此取代海平面高度的气候场，解决模式中海面高度气候场假定为零而导致的气候场之间的不平衡和产生的距平偏差，使模式进入了准预报阶段，并力图使海温数值预报与统计预报相结合，进一步提高海温的预报能力。

此外，厦门海洋预报台为进一步提高自身的预报服务水平，完善预报手段，与青岛海洋大学合作进行福建近海海区海温数值预报研究。目前该课题已建立起多年平均海温场、月平均盐度场、流场和上混合层深度场；海温初始场从华云GMS5云图采集系统所接收的红外云图上读取。气象要素预报场在试验过程中用实况资料来代替，并针对该海区特点进行了一些参数化和条件假设，已取得了初步成果。在试验过程中已采用一个台风个例资料进行试验，结果表明流场对风场有比较明显的响应。该课题的研究成果将在渔情分析与赤潮预测中提供重要参考，为近海渔业与水产养殖作出贡献。

卫星渔业信息分析及渔海况速报研究 依托国家高技术研究发展计划(863计划)，中国科学院遥感应用研究所、中国水产科学院东海水产研究所等单位，正在进行"海洋渔业遥感信息服务技术与示范试验"专题的研究。其中"卫星遥感渔业信息分析技术"课题针对卫星遥感在海洋渔业方面的应用，将建立一个以东海渔区渔海况速报、中心渔场短期预报和带鱼、马面鲀及鲐鱼等主要捕捞鱼种的资源量与渔汛期中长期预报等渔业信息服务产品生成为目标的海洋渔业遥感软件系统，提高中国卫星遥感渔业信息分析技术和相关技术水平，养护和管理好海洋渔业资源，以使海洋渔业可持续健康发展。 （张建华）

海冰监测预报
Sea Ice Monitoring and Forecast

【海冰监测和预报研究】 海冰监测工作是搞好海冰预报研究工作的重要环节，从1990年开始航空飞机遥感监测海冰的工作正式投入了常规海冰业务监测运行，为海冰预报的研究提供了大量科学依据，1997年由国家海洋局北海分局航空监测大队采用机载侧视雷达进行监测海冰的实验。机载侧视雷达测冰，不受天气条件的限制，全天候工作，覆盖面积大，可以及时获取大面积的海冰覆盖冰图，目前也正式投入了常规海冰业务监测。1996年国家海洋环境预报中心有关专家将卫星遥感海冰监测技术研究申报国家863高科技项目，经有关专家组反复论证，被列入国家863－818－06－04高科技研究课题，参加单位还有中国科学院青岛海洋所。该研究项目的总体目标是建立适用于渤海的多源多参数海冰遥感信息提取和复合分析模型，并进行业务化应用试验，提高海冰监测的精度和效率，具体包括：(1)发展多源海冰遥感信息提取及海冰多参数分析技术；(2)发展海冰遥感信息复合技术和海冰多参数同化技术；(3)完善渤海多参数海冰遥感监测和预报模型。

此项研究课题的完成将会大大促进海冰数值预报和统计预报，走出海冰数值预报和统计预报相结合的新路子，提高海冰预报的精度和时效。课题正在进行中。

【海冰数值预报】 经过"七五"和"八五"国家重点科技项目的攻关，在研究海冰热力学、动力学和海冰流变学的基础上，结合渤海的水文、气象和冰情特点，提出适用于渤海的海冰动力－热力学数值预报模式，模拟渤海海冰增长、消融和漂移。海冰数值预报模式与数值天气预报模式联结，建立业务化渤海海冰数值预报系统。"七五"到"八五"，海冰数值预报时效从1～3d延长至1～5d。1996/1997年冬季开始，采用中国气象中心T106数值天气预报产品，进行1～7d海冰数值预报。海冰数值预报产品有海冰厚度场，海冰密集度场，冰速场及冰外缘线等。为了对整个冬季海冰数值预报结果进行评估，用统计学方法对预报结果进行客观检验。检验项目包括冰厚均方根误差，外缘线平均误差和预报保证率。表1给出1997/1998年冬季海冰数值预报产品的客观检验结果和预报保证率。从检验结果看，海冰数值预报达到了较好的精度和标准，但在今后的工作中尚需改进5天以上的海冰数值预报精度。

表1　1997/1998冬季1～7天海冰数值预报客观检验结果和预报保证率

产品预报时效	检验样本个数	外缘线平均预报误差(km)	冰厚平均预报误差(cm)	外缘线预报保证率（误差≤9.3km）	冰厚预报保证率(均方差≤5cm)
24h	55	3.36	1.67	93%	96%
48h	55	5.00	2.37	85%	95%
72h	55	6.79	2.85	75%	93%
96h	13	6.72	3.14	69%	100%
120h	13	7.32	3.37	62%	100%
144h	10	9.12	3.73	50%	90%
168h	10	10.88	4.13	40%	80%

（张启文　白　珊）

海洋气象预报
Marine Meteorological Forecast

【概况】　为了加强海上气象预报，除中央气象台发布台风警报及24～48h近海风的预报外，中国气象局所属沿海省、市气象局相继成立了海洋气象预报台，分别发布所属海区的台风警报及海上气象预报。国家海洋局系统的台站也从事海洋气象预报，特别是海上风的预报，供系统内部参考使用。上述有关单位长、中、短期海洋气象预报的自动化水平在不断提高，对数值预报产品的使用也不断深入。“八五”期间有关单位研制的海面风场数值预报模式仍在国家海洋环境预报中心继续运行，其预报结果为日常业务预报提供参考。

热带风暴是海洋上重大灾害系统之一，由于监测手段的缺乏，近年来热带风暴预报准确率提高不大。中国气象局及国家海洋局的有关单位在“八五”期间所研制的台风数值预报模式近两年仍在不断改进，有的已投入了业务（试）运行，中央气象台、上海气象台、广州气象台的台风数值预报已发布，供日常预报参考。

1996～1997年间发生在西北太平洋（包括南海）中国编号的热带风暴（含强热带风暴和台风，下同），1996年是25个、1997年是26个。这两年比历年平均数（28个）略少。1996年热带风暴强度偏强，25个热带风暴中达到台风强度的有17个，占68%。在中国登陆的热带风暴有7个，与常年平均（7.3个）基本持平。登陆地段偏南（均在26°N以南），登陆地点集中在海南、广东、台湾、福建四省，登陆时间集中在7、8、9三个月。9606、9607、9608三个热带风暴相继在11天内先后登陆，这种现象在历史上罕见。1996年的热带风暴给中国造成了严重的灾害，是建国以来的重灾年之一。特别是9615号台风给广东省造成了极大的损失。

1997年在中国沿海登陆的热带风暴共有4个，比常年偏少。登陆的初台时间为8月2日，较常年平均（6月25日）明显偏晚，登陆的终台时间为8月29日，较常年平均（10月10日）明显提前，且4个登陆时间均集中在8月份，其时间之集中也为历史少见。登陆地段比1996年北移，常年遭受台风侵袭的海南省，1997年竟无一热带风暴光顾，这种情况解放后仅在1982年出现过一次。尽管1997年登陆台风较少，但也给中国造成严重的损失，甚至比1996年的损失还要严重，特别是9711号台风，8月18日在浙江温岭登陆时，中心风力仍有40m/s，登陆后穿过浙皖两省进入山东，后又转向东北穿过渤海在辽宁营口再次登陆，给中国东部沿海各省造成了严重的灾害。

【厄尔尼诺现象及其影响】　厄尔尼诺是发生在赤道中、东太平洋的灾害性海洋自然现象。1997～1998年发生了本世纪以来最强的一次厄尔尼诺现象。受这次厄尔尼诺的影响，造成了全球范围的气候异常，同样对中国的气候了产生了很大的影响。

近年来，中国在厄尔尼诺现象的研究上取得了显著的成绩，其中中国气象局、国家海洋局、中国科学院大气所、北京大学以及南京大学等单位，在厄尔尼诺现象的监视、形成机制以及对中国和全球气候的影响方面做了大量的工作，在厄尔尼诺现象的预测上，建立了一些海－气耦合模式和统计模式，并已开始在预测业务中试运行。

1996年以前，国家海洋环境预报中心根据大气环流的“突变”原理，完成了一个关于厄尔尼诺现象的统计预报模式，按照这个统计模式于1997年初成功地预报了1997/1998年这次强厄尔尼诺现象的发生，并正式发布了预报。

1997/1998年厄尔尼诺现象的主要特征为：形成快、发展迅猛、强度强、高温持续时间长以及消失迅速。

1997年5月份这次厄尔尼诺现象正式形成。其后赤道中、东太平洋海表水温增温速度快、增幅大、发展迅猛，其增温速度是历史记录上所没有的。从1997年7月到1998年2月连续8个月内，赤道中、东太平洋表层海水温度距平一直高于2.5℃，到1997年12月，这次厄尔尼诺现象发展到鼎盛时期，NiNo3区的海水温度距平高达3.9℃，比1982/1983年的强厄尔尼诺现象高0.3℃。因此，这次厄尔尼诺现象成为近百年有历史记录以来最强的一次。进入1998年初之后，赤道中、东太平洋海水表层，降温速度最快出现在5月上旬到6月初，在不到一个月内海温距平下降约3℃，赤道中、东太平洋局部地区，海表温度降温达7℃之多，这种剧烈降温的程度创历史记录。到1998年5月底，这次强厄尔尼诺过程正式宣告结束。

这次厄尔尼诺过程给中国的天气、气候造成了影响，其具体表现如下：(1)洪水：1998年夏季长江流域形成了自1954年以来的全流域特大洪水，这次洪水的显著特点是：洪水量大、水位高，洪峰多和持续时间长；(2)干旱和高温：1997年中国北方地区发生了严重的夏秋季连旱，其持续时间之长、影响范围之广、干旱程度之重，是近几十年来所没有的。此外，1997年夏季，中国北方大部分地区气温长时间持续偏高，一些省份的月平均气温连续达到或超过历史同期的最高记录；(3)雪灾：自1997年秋季开始青藏高原出现了罕见的雪灾；(4)黄河断流：1997年由于北方地区持续干旱，黄河发生了历史上最严重的断流现象。全年共断流3次，断流时间最早(2月7日)，累计时间最长(226d)，断流河道最长(700多千米)，全年11个月(2～12月)都发生断流现象，在主汛期发生断流这也是历史上所没有的；(5)热带风暴异常：1997年、1998年登陆中国的热带风暴比常年偏少，特别是1998年，创下了1949年以来热带风暴的5个之最：总数少、出现晚、登陆晚、登陆少、登陆强度弱。上述气候异常尽管不完全是厄尔尼诺造成的，但无不包含有厄尔尼诺的重大影响。

(宋家喜　季晓阳)

【远洋气象服务】 远洋气象服务的主要内容包括天气、风向、风力、海况，在特殊海区增加海冰预报等项目。国家海洋环境预报中心极地室是开展远洋、南极地区气象预报服务最早的单位之一，其服务范围遍布世界各大洋及南极地区。

该室除了承担国家海洋局的远洋科学考察船和南极科学考察船的航线天气预报任务外，还有国内一些远洋科学调查、渔业捕捞、远洋海上运输等多种任务的航线气象保障。随着科学技术的快速发展，获取大洋各种气象资料数据不断增多，远洋气象预报服务有了很大的发展，预报准确率越来越高。多年来在众多的远洋气象预报服务过程中，取得了令人满意的效果。例如1997年2～5月应海军气象中心的要求，极地室承担了中国人民解放军海军舰艇编队出访美洲航线的气象保障。这是中国海军史上首次横跨东西太平洋，穿越南北半球的远洋航行，总航程3万余海里，为确保海军编队的安全航行，极地室气象预报人员每天下午坚持天气会商，同时又抽调专人为海军气象中心分析并绘制东经40°到西经70°、南北纬40°范围内的天气实况资料图62张，将每天接收到的太平洋热带气象图表，以传真的方式转发给海军。保障了海军舰艇编队安全圆满地完成了出访美洲任务。初步统计远洋气象预报24小时的准确率达98.5%，48小时准确率为96%。

【气象、海冰资料的获取】 国家海洋环境预报中心远洋气象预报业务化正向着自动化、网络化方向发展，1997年远洋气象资料通过因特网，可以随时调用世界各大洋的气象资料、卫星云图资料以及24～120h的天气形势预报资料。彻底解决了长期以来大洋气象资料不足的问题。

在南极海域和地区由于冰雪和恶劣的气象条件影响，加之船上气象设备落后，从接收到的低分辨卫星云图上，无法分辨出云、冰、雪各系统，因此给现场业务人员制作气象、海冰预报带来了极大的困难。针对这一难题，1997年以解思梅教授为首开发研制的船载高分辨卫星云图接收处理系统，于年底首次在南极考察船“雪龙”号上安装应用成功，填补了中国航海史上船载高分辨卫星云图接收处理系统的空白，属国内首创。该系统的研制成功，解决了多年来南极海域和地区气象资料不足的问题，并可随时获得南极地区大面积海冰分布的最新资料。中国第十四次南极考察“雪龙”船进入冰区航行时，根据该套系统接收到的最新冰情资料航行，比原计划航线缩短航程1 000多海里，提前四天到达中山站，抢时间装卸物资。共节约油料150多吨，折合人民币30余万元。

(姜德忠)

海洋信息管理与服务
Marine Information Management and Service

海洋资料管理与服务
Marine Data Management and Service

【制定“国家海洋局海洋资料管理规定”】 为加强国家海洋局海洋资料的科学管理、保证质量、实现共享,达到充分利用资料为海洋权益、海洋管理、资源开发、环境保护、减灾防灾以及海洋科研、国防和国民经济建设服务的目的,国家海洋信息中心受国家海洋局的委托于1996年制定了“国家海洋局海洋资料管理规定”。该规定共分8章,包括总则、海洋资料管理机构及其职责、海洋资料的质量管理、资料的报送与接收、资料的共享与服务、资料管理中的保密工作、奖惩与附则等内容。该规定于1997年6月通过国家海洋局组织的会议审定。

【编制“海洋生物名称分类与代码”(国家标准)】 中国近海海洋生物种类繁多,但是,在海洋生物分类方面全国一直没有统一的标准,妨碍了海洋生物资料的标准化管理及国内外生物资料的交换与共享。为了使中国的海洋生物分类工作走上科学化轨道,实现海洋生物分类、检查、查询工作的自动化,开展“海洋生物名称分类与代码”的编制工作是必要的。为此,国家海洋局向国家技术监督局申请编制“海洋生物名称分类与代码”(国家标准)的编制项目。该项目于1993年经国家技术监督局正式批准立项。经过三年的努力国家海洋信息中心编制组于1996年完成了“海洋生物名称分类与代码”的征求意见稿。经广泛征求中国科学院海洋研究所、南海海洋研究所、中国科学院动物研究所、中山大学、南开大学、青岛海洋大学、青岛海产博物馆、国家海洋局各研究所等十几个单位的意见,并经几十位著名专家一年多的审查、修订,于1997年通过专家审定。

《海洋生物名称分类与代码》共收集中国邻近海域发现的海洋生物物种和大洋中常见的海洋生物物种35 000多条,其中有20 000多个生物种,共计400多万字。编制组参阅了美国的海洋生物分类编码中的分类方法,并对其进行了必要的修改,使之更加符合国际通用的分类标准。该分类与代码原则上划分为门、纲、目、科、属、种六个分类等级,每个等级都用三位阿拉伯数字表示,最多用18位数字表示种。它是一种等级制的数字系统,用于描述每种海洋生物在生物分类中的位置。它系统地把生物名称的拉丁文系统与数字系统联系在一起,从而便于利用计算机进行资料的储存和检索,也便于国际、国内海洋生物资料的交换。它为实现海洋生物资料标准化、自动化管理,建立海洋生物资料数据库,实现海洋生物资料共享打下了良好的基础,对科研和教学有重要参考价值。

【建立“海洋环境质量统计、评价及预测方法数据库”】 利用海洋、开发海洋,要以不破坏环境为前提。许多海洋工作者在海洋环境质量评价和预测方法研究方面做了大量工作,尤其是海洋工程对海洋环境影响的评价研究方面,得出了许多理论研究成果及用于工程建设的环境评价方法。但是这些方法和成果,在评价标准上存在差异,除水质主要参数已有国家标准外,生物残毒、沉积物的评价标准无确定的级别标准,加权、权重也多是按照评价者的意愿而定。这给后来的使用者带来一定的不便,如不仔细比较各种方法和区别,研究其使用条件,很可能得出不切实际的结论。因此,依据已有的海洋环境质量评价和预测的研究成果,提取理论严谨且实用性强的方法,让用户能够方便、快捷、准确地查找海洋环境质量统计、评价及预测方法和标准是目前海洋开发和海洋环境保护的需要。国家海洋信息中心于1996年底建成了“海洋环境质量统计、评价及预测方法数据库”。建库之初先查阅80年代以来国内外主要刊物的有关文献,对收集到的方法进行分析、比较、归类总结,对有矛盾的方法,视其条件和评价结果进行对比或请专家指导。在基本搞清各种评价方法、标准及模型的特点和使用条件之后,提取了通用性强、规范及具有创见性的理论和方法,制作了“海洋环境质量统计、评价及预测方法一览”。并用FoxProw软件、General字段、通过OLE技术加载数据库,经合理划分主题、段落制作了“海洋环境质量统计、评价及预测方法数据库”。该库有10个用户界面,用户可直接在国家海洋信息中心联网的计算机上查找海洋环境质量统计、评价及预测的方法和有关的条件、标准。

【执行“海洋历史资料抢救计划”】 国际政府间海洋学委员会(IOC)第十七届大会通过了一个全球海洋资料抢救计划决议，要求各成员国对濒临丢失危险的各类海洋资料采取有效措施，使这些资料在全球海洋科学研究中发挥作用。中国作为IOC的成员国，明确支持这一计划。国家海洋局于1995年9月向国家海洋信息中心、国家海洋局北海分局、东海分局和南海分局四单位下达了“历史资料抢救计划”任务书。

经过四个单位的共同努力于1997年10月完成了下述两项工作：(1)船舶测报资料：自1966年到1995年1 031 853站次的资料整理，录入计算机、质量控制并建立了数据集，经排重、质控达到质量要求的资料有984 170站次；(2)MBT资料：利用计算机扫描照片12 267张，形成图像数据，刻光盘8张。对10 600幅图像进行了数字化，提取温深数据10万条记录。建立了MBT资料数据库及其管理系统，能够检索查询、绘制温深曲线、数据和图像输出。

通过执行“海洋历史资料抢救计划”，使中国已调查获取的1966～1994年近30年的船舶测报资料和MBT资料得以完整地集中保存下来，并实现了信息化，变“死”资料为“活”资料，把不能直接使用的资料变为能够直接使用的资料。

【建立各种海洋资料数据库及管理服务系统】 到1997年止，国家海洋信息中心已收集储存了100亿字节国内外海洋资料。为使这些资料尽快为国民经济建设服务，该中心将各种海洋资料在文档的基础上建立了各种类型的数据库，并根据科学研究和海洋工程的需要加工制作成相应的资料产品，例如电子版“中国近海海洋环境图集”。这些数据库和资料产品已用国内信息网的形式上网，有的已与因特网相联通，用户可在网上查询、应用海洋资料产品和信息。自1995年大洋矿产数据库建成后又相继建成了“海洋环境清单数据库”，它包括海洋地球物理、沉积物、南森站、ADCP、台站气象、台站波浪、台站温盐、海流、污染9种类型的数据资料；“海洋浮标资料数据库”；“海洋台站资料数据库管理系统”；“潮汐资料数据库”；“海平面资料数据库”；“国际交换资料数据库”等。同时还为渤海石油公司建立了“渤海海洋环境资料数据库”。

【海洋资料的专项服务】 海洋资料服务一般是为用户查询、检索某些用户需要的资料，或做某些统计、计算。为了直接为海洋工程服务，1995年以来国家海洋信息中心为几个海洋工程提供了专项海洋环境可行性研究服务，其中有：(1)广东岭澳核电站工程建设可行性研究海洋水文气象资料统计分析；(2)广东阳江核电站工程建设可行性研究海洋水文气象资料统计分析；(3)连云港核电站海水取排水工程海洋水文气象参数校核分析等。另外，还为军事部门做了许多海洋资料产品服务。

(巴兰春)

海洋资料处理与服务
Marine Data Processing and Service

【国家海洋信息系统项目】 **项目建设总体目标** 国家海洋信息系统建设的总体目标是：建立一个庞大的综合海洋基础数据库群体，和一个立体的集采集、传输、服务于一体的信息共享服务网络体系。能够提供现代化的分析、预测、辅助决策、数据处理、信息咨询等综合服务；能为海洋综合管理提供有效的保证，包括海洋经济综合评价、海洋资源可持续利用、海洋环境保护、海洋防灾减灾、海域合理使用、功能区划、海洋权益维护等。

把国家海洋信息系统建设成为一具由庞大数据库群体组成的系统工程，拥有国内海洋经济、世界海洋经济、海洋资源、海洋环境、海洋空间、海洋文献法规等海洋信息及其信息库；

具有各类海洋信息的收集、传输、处理、存储、管理及信息产品服务等综合功能；

能够制作各种媒体海洋信息产品，包括图形、图像、文字、声音、数据等；

建成国家海洋信息中心的内联网，实现内部信息和资源的共享；

建成中国海洋信息网COInet，即以国家海洋信息中心为核心，通过国家公共数据通讯网络，纵向联结国家海洋局，各海区信息中心以及沿海省市自治区海洋管理部门；横向联结国家信息中心、有关海洋部门、海洋用户等的综合性海洋信息网。建设因特网Web站点，提供各类因特网联机服务，加入国际海洋信息交换系统，实现海洋信息和信息产品的共享。

项目工程设计与建设 1. 系统组成。国家海洋信息系统根据其总体目标、具体目标、用户需求和性能指标，在物理层由中国海洋信息网COInet (http://www.coi.gov.cn)和国家海洋信息中心内部Intranet网(http://www.nmis)构成；在数据层由海洋地理、海洋空间、海洋经济、海洋资源、海洋环境、海洋灾害、海洋潮汐潮流、海洋情报法规、海洋文献等诸多数据库和数据文件群体组成；在应用层由七个业务子系统组成；在服务层由中国海洋信息网信息和信息产品服务以及国家海洋信息中心内部资源与信息共享两部分组成。

2. 数据库与数据文件建设。在收集、处理、管理海洋经济、海洋基础地理、海洋资源、海洋环境、海洋灾害、海洋法律法规、海洋文献等信息的基础上，建立完善的一系列相关的海洋基础信息数据库和数据文件群体，为国家海洋信息系统及其各业务子系统提供全面的海洋基础空间信息和基础属性信息数据。

数据库功能建设包括：(1) 信息收集；(2) 信息预处理；(3) 数据结构设计、数据加载；(4) 信息服务；(5) 信息管理。

数据结构与数据库群包括：(1) 国外海洋经济数据库；(2) 国内海洋经济数据库；(3) 海洋资源数据库；(4) 海洋环境数据库；(5) 海洋灾害数据库，包括突发性灾害(风暴潮、溢油、赤潮和海冰)和缓发性灾害(海平面上升、海岸侵蚀、海水倒灌等)数据库；(6) 海洋潮汐潮流数据库；(7) 海洋基础地理信息库，1：100万、1：50万中国海区海洋基础地理信息库；(8) 海洋法规数据库；(9) 海洋文献数据库。

3.系统应用体系建设。国家海洋信息系统应用体系由七个业务子系统组成，它们是：国内外海洋经济信息子系统；海洋空间信息子系统；海洋环境与灾害信息子系统；海洋制图子系统；海洋潮汐潮流分析预报子系统；海洋法规和科技情报信息子系统和海洋科技文献服务子系统。

4.信息和信息产品服务体系建设。国家海洋信息系统可以提供多种形式、多种媒体的综合性服务；信息和信息产品种类包括图形、图像、文字、声音、数据等；服务介质有书面报告、出版物、软盘、磁带、多媒体光盘CD－ROM等；服务形式包括介质交换、邮寄、电子邮件、远程文件传输、联机服务等。系统的服务体系主要是利用当今最先进、有效、实用的因特网/内联网技术，特别是WWW技术，研究建设统一的操作界面，实现多种类型、多种形式信息产品分发和联机服务系统。

中海网上的信息和信息产品服务：中国海洋信息网络COInet可以方便地获取世界上各种信息，迅捷地与世界同行进行信息交流；可以使用多媒体手段，向世界宣传自己，延伸自己的服务范围；它改变了传统的通讯方式，极大地降低了通信费用。COInet解决了国家海洋局机关、各业务中心、研究所、分局、中心站和海洋站等机构间的资料信息的实时和准实时传输，实现了同海洋管理、海洋产业、海洋科研等各涉海部门之间的海洋信息共享，为各业务化系统(如：NEAR－GOOS、海洋巡航执法、海洋监测与减灾等)提供了全面的信息网络和信息服务功能。

COInet由中英文两种版本同时发布信息。中文站点URL为：http://www.coi.gov.cn；英文站点URL为：http://www.coi.gov.cn/eindex.html。COInet还有一些良好的国际合作，包括：中美海岸合作(http://www.coi.gov.cn/projects/us－china)、NEAR－GOOS (http://near－goos.coi.gov.cn)、OMISAR (Ocean Model and Information System for APEC Region)，http://203.207.204.2/omisar/taipei/index.htm 等。

COInet提供的服务不局限于信息导航，使你方便地获取信息，更重要的是在因特网上开辟了“海洋专栏”。在这里，海洋和海洋相关部门均可以使用多媒体手段，生动形象地向世界展示自己；可以把海洋信息和海洋信息产品分门别类地放在“专栏”中，以便于交换或有偿服务；还可以将在海洋科研过程中遇到的问题放在这里，同全世界的同行进行讨论。

中海网上现开辟的信息栏目有：海洋单位、中国海洋报新闻、海洋管理、海洋产业、海洋科普、海洋文献、海洋法规、海洋资源、数据资料、信息产品、专家论坛、科研成果、大事记、海洋灾害、科技情报、信息快报、网上冲浪、What's new、电子公告牌。中国海洋信息网的主页设有标题新闻，使读者一进入信息网，就能一目了然地了解到最新的海洋新闻和动态。

在内部网上提供的信息和信息产品服务包括：科技情报与法规；海洋科技文献；海洋经济信息；海洋空间信息；海洋环境信息；潮汐潮流预报；海洋制图；综合信息等。

系统通信网络建设 国家海洋信息系统通信网络系统是一个分布式、客户/服务器结构，符合TCP/IP协议的网络体系，由内联网和中国海洋信息网COInet组成。国家海洋信息中心内联网网络采用光纤主干网和中高速分支网互连的拓扑结构，即以100Mbps传输速率的FDDI协议为标准建立中心主干网，以10Mbps传输速率的IEEE802.3以太网协议为基准建立各业务系统分支网络，充分保证了网上资源、信息及软件的共享。中国海洋信息网COInet是依托国家公共通信网络，同因特网实现联接，建设海洋信息因特网Web站点，为国际海洋信息交换、为海洋信息共享及信息产品的广泛服务提供先进而方便的服务手段。

1.内联网的建设。内联网把因特网协议当作信息载体进行内部信息交换与共享，并可跨接公共网络获得因特网网络资源和信息资源。

域名服务：内联网的域名系统采用多级域名服务方式。在网络中心配置主域名服务器、副域名服务器，设置顶级域名，以保证内联网的正常运行。各业务科室以及系统发展办公室设为二级域名。

机器名和IP地址分配原则：机器名的命名原则是：科室简称加机器类别加序号，然后再根据每台机器的功能或用途取别名。

Web信息浏览与电子邮件：内联网Web服务系统采用分层分级的方式建设分布式的Web服务器。在网络中心建设主 Web 服务器(http://www.nmis),在各业务科室建子 Web 服务器。另外,在网络中心建设匿名 Ftp 服务器(ftp://ftp.nmis)和电子邮件服务器,开展 Email 服务(username@nmis)。

2. 中国海洋信息网 COInet 的建设。中国海洋信息网是国家海洋信息系统的广域网络,以提供海洋信息共享、咨询、服务、信息交换,支持国家和地方政府海洋综合管理、海洋科研为宗旨,是宣传海洋政策、海洋法规,进行海洋学术交流的园地,是连接国内外海洋机构和海洋用户的信息纽带,是国内海洋界实现海洋资料信息共享的物理支撑。中国海洋信息网是因特网上的一个 C 级站点,拥有自己的域名:nmdis.gov.cn 和 coi.gov.cn。

网控中心的建设:网控中心由主域名服务器、副域名服务器、两个 WWW 服务器、匿名 FTP 服务器、E-mail 电子邮件服务器、网管工作站以及计费系统组成。网控中心以 3COM 公司的智能交换系统 Oncore 和智能集线器 Online 为核心,配以 SUN 公司的网络管理软件 SunNet Manager 和 Oncore 管理软件 Ondemand NCS—Network Control System,动态跟踪、管理整个网络的运行状况。采用 Cisco 7010 高性能路由器与 Internet 互联,并利用 Cisco 2511 访问服务器,提供通过电话线路上网服务。

中国海洋信息网的功能:信息查询和信息导航功能;信息资料浏览检索功能(WWW);远程文件传输功能(FTP);电子邮件通信功能(Email);计算机远程登录功能(Telnet);拨号访问服务(PPP)。中海网既可提供完备的 Internet 接入服务、一切 Interne 功能服务,还可以提供 Home Page 设计、制作服务,以及 Web 站点设计、建设服务。此外,中海网还能为业务化的海洋系统进行实时和准实时的资料信息传输服务。

网络监测:系统网络采用 TCP/IP 网络通信协议,网络管理主要采用基于 TCP/IP 上的 SNMP(Simple Network Management Protocol 简单网络管理协议)协议,对网上节点主机进行监测管理。(1) 网上普通节点管理。网络节点主机监测,采用引进的 Sunsoft 公司优秀的网管软件平台 SunNet Manager2.25 版。该系统提供了按网段对网络节点进行管理监测功能。该系统可自行搜索(Discover)网上设备,根据网络特点,用简单直观方式,将各网上节点主机(Hosts)归类管理,形象显示,动态监测。(2) 中央交换机管理。结合选用的 3Com Oncore 智能交换系统,利用 OnDemand System,在 SunNet Manager 平台下,完成对网络中央交换机进行动态监测管理。实时监视中央交换机各功能模块状态、网络负载、电源状态等。

系统特色 国家海洋信息系统的建成是国家海洋信息中心在国家海洋局的支持下,迈入现代信息技术时代的第二次机遇。第一次,1985 年引进 IBM4341,为实现全部海洋历史资源的自动查询、检索和统计分析计算的初期自动化创造了条件。如果那也算得上是上了一个技术台阶的话,那是比较小的、有限的、局部的台阶,而这一次的系统建设,它几乎覆盖了海洋信息业务的各个领域,基本上容纳了现代信息技术的主要成果。国家海洋信息系统体现了高新技术的发展,融海洋科学、信息科学、计算机技术和通信网络于一体,特别是将卫星遥感信息与常规信息相结合,远程通讯和局域网络相结合,分布式计算机配置的布局,信息资源和预测模型分析相结合等,充分反映了当代信息系统设计和发展的潮流。

国家海洋信息系统具有以下特点:(1) 信息收集、远程传输自动化。(2) 信息处理自动化。(3) 信息服务自动化。(4) 实现信息资源的共享,实现所有联网设备的共享。

(石绥祥)

海洋情报服务
Marine Information Service

【海洋情报跟踪研究】 跟踪研究是了解国内外海洋政策、立法、科技、经济、管理、机构等情报信息的基础性工作。1996～1997 年,选择了国外海洋政策、海洋管理机构、海洋管理工作概况等专题进行了跟踪分析,为中国的海洋管理工作提供决策参考。

在《国外海洋政策研究》专题中,着重对美国、日本、英国、法国、印度、加拿大的海洋科技、海岸带管理、海洋环境保护、海洋产业、海洋资源(生物、矿产、能源、空间)、专属经济区的政策和管理措施进行了分析评述;在《国外海洋管理机构》专题中,选择了具有代表性的 11 个海洋国家的海洋管理机构的演变过程、职责任务、人员配备、经费预算,以及海洋立法、执法、政策、规划、开发利用、调查活动等方面的信息进行了综合论述,为中国的海洋机构设置和改革提供国外的背景材料;在《世界有关国家海洋工作概况》专题跟踪中,选择了部分海洋发达国家和中国周边海洋国家的海洋管理、海洋科学技术、海洋开发、国际合作等方面的问题进行了分类研究。另外,还收集和编制了台湾、香港地区的海洋管理、开发、科技、机构、法规方面的详细资料;为配合国际海洋年的宣传工作,对国际海洋年的由来及其相关的活动进行跟踪研究,并辅以联合国大会有关海洋的主要决议、《联合国海洋法公约》及有关协定执行情况、《21 世纪议程》海洋部分执行情况等信息的综合性分析研究,详细介绍国际组织和世界各国对海洋的重视程度，及其在充分开发利用海洋的同时，如何保护好海洋环境和资源，造福于子孙后代。

【海洋软科学研究】 1996～1997年，海洋软科学研究为海洋管理、海洋经济、海洋环境保护等的直接服务取得了明显的效果，先后为海洋管理运行机制、海上巡航执法队伍建设、海洋滩涂和海岛开发政策的研究制定等提供背景材料和决策依据。

在《海洋资源评估研究》中，对国内外的海洋油气、其他海底矿产资源、海洋生物、海水资源、港湾、海洋能、滨海旅游等资源的状况，以及开发利用进行了对比分析和评估；在《全国海岛开发保护管理政策纲要及其说明》中，对中国海岛开发保护的基本形势、指导思想、建设目标，以及海岛开发利用、海岛环境和资源保护、海岛综合管理等问题进行了分析探讨，提出了开发管理的规划目标和具体对策；在《21世纪的中国海洋经济与技术》研究专题中，应用总报告和分报告相结合，并辅以资料汇编的形式，全面系统地分析了海洋经济与技术的发展状况和趋势，总报告对中国海洋经济与技术的现状、发展预测进行了综合性的评述，8个分报告分别对国内外海洋经济和技术的现状、发展趋势进行了对比和预测分析，并提出了具体的对策及措施；在《天津海洋产业发展及其关键技术》软科学研究课题中，全面地分析了天津海洋产业在经济发展中的地位、技术发展现状、发展战略目标等，并对港口海运业、海盐业、海洋捕捞业、海水养殖业、海洋油气业、石油化工业、滨海旅游业、海水利用等的发展及其关键技术进行了分篇论述；在《大洋固体矿物勘探开发前景》研究课题中，分国家介绍了对海底结壳、多金属硫化物、磷块岩的调查研究现状，资源量的估算及其技术经济评价、采冶技术、深海采矿对环境影响，以及大洋固体矿产开发前景预测等问题进行了综合性评述和研究，为中国制定大洋矿产资源的政策和措施提供科学合理的依据。

在海洋立法研究方面，完成了国家海洋局“九五”期间“六个一”工程之一的《海域使用管理条例》(草案)及立法说明的起草工作，经调访研究编写了海域使用状况报告、中国海域使用现状和存在问题、制定条例的必要性、国外海域使用管理的立法和实践等基础材料。在海域划界研究方面，进行了有关海域划界方案的研制、面积量算、方案评估、对策研究分析工作。

另外，在这期间还先后完成了《海洋资源核算——以渤海为例》，《南中国海北部沿海及海洋综合管理技术项目》论证报告的编写，以及《海洋功能区划的原则指标体系和方法》、《大比例尺海洋功能区划和社会经济分析》的研究工作；完成了《风暴潮灾害损失经济评估方法》、《海洋科技统计分析》等软课题研究；启动了《海洋科学技术发展现状与趋势》、《中国海岛》、《中国海洋综合管理研究》等软科学课题研究和专著的编撰工作；研究编制了《改建中国海洋监察总队方案》及附件，《中国海域巡航执法业务系统和网络图》、《海洋监察业务工作报告》、《中国海洋监察队伍运行机制》等有关海上巡航执法的机制、系统建设等一系列报告。

【海洋情报信息系统】 作为《使用第三批日元贷款建设国家海洋经济信息系统》项目的一个子系统，1996年开始进行海洋法规和科技情报信息子系统的建设工作，历经了设备调试，相关建库标准和规范的制定，引进和开发TRS全文管理系统，建设海洋法规和海洋科技情报的全文检索信息库，链入中国海洋信息网(COInet)和内联网“海洋情报和法规”子Web站点的相关栏目。这是中国第一个专业性的海洋法规和科技情报类的信息系统，是以COInet为依托，辅以内联网“海洋法规和情报”子Web站点为网上发布手段，同时在TRS全文管理系统上具备查询、检索、传输、交换等功能的体系，可为相关的文本信息网上交流和资料的信息化处理提供有益的经验。另外在入库信息量上，突破了传流的分类，大量地收录了地方制定的海洋法规和国际组织的公约、条例，从而使信息更加全面、实用性更强。

经过开发建设，海洋法规和科技情报信息子系统中共建设有15个法规类和8个科技情报类全文信息库。法规类库中包括国内海洋法规、国外海洋法规(中、英文)、海洋法规案例、国家法规目录和司法解释，以及一些内容量大、专业性强的专题全文库；海洋科技情报类库中包括海洋科技成果、海洋管理机构、海洋调查船、海洋地名、大事记、联大有关海洋决议报告等全文信息库。在系统的建设过程中，连续两年在“国家经济法规信息系统阶段性总结”中被评为优秀奖。为了方便各类用户的应用需求，海洋法规和科技情报信息系统不仅建有可通过因特网查询的网络版TRS全文库，还建设了单机版的海洋法规全文信息库及查询应用系统；每半年同国家法规信息一起制作光盘产品，并编印入库信息目录的纸介质产品，为用户提供从网上查询到单机移植，以及光盘与纸介质信息产品相配套的系列服务。

另外，在海洋科技情报信息化为海洋管理服务方面，设计和开发了“国家海域使用登记证管理系统”，设计并启动开发“海洋科技管理系统”、“海洋倾废管理信息系统”、“海洋环境保护管理信息系统”等专题性管理服务系统。同时，为了使海上划界工作实现自动化，开展了“中国海划界专家系统预研”工作，为海上划界信

息系统的建设奠定了初步的基础。 （胡恩和）

海洋文献服务
Marine Literatures Service

【海洋科技查新服务】 1990年，国家科委发文公布了全国第一批科技查新咨询单位。1991年，国家海洋信息中心开始提供海洋科技查新咨询服务；1993年7月27日国家海洋局批准国家海洋信息中心为国家海洋局科技查新单位；1996年5月9日国家海洋局正式行文向国家科委推荐国家海洋信息中心为一级国家科技查新咨询单位；1997年1月16日国家科委批准并公布国家海洋信息中心作为第三批12个科技信息（情报）单位之一，正式定为一级国家查新咨询单位。1996年以来，国家海洋局科技成果管理部门加强了对海洋科技查新的管理，国家海洋信息中心严格按国家科委制定的《科技查新咨询工作管理办法》规定的程序和要求进行查新，严格审核，纠正了“代替评委做结论”的偏向，力求广查找准，客观比较，正确分析，慎重结论。1996年，2名研究馆员和1名副研究馆员经国家科委培训持证上岗，使海洋科技查新工作的规范性有了进一步提高。此外，还坚持了查新委托受理、登记、用户反馈和归档制度。由于提出的查新报告和结论比较认真、准确，尚未出现异议事例。

【ASFA服务技术研讨班】 作为联合国粮农组织水科学和渔业文摘(ASFA)咨询委员会及其ASFA信托基金资助的“中国ASFA人员能力建设”项目，国家海洋信息中心分别于1996年6月23日至7月5日和1996年11月11～25日在天津举办了两期ASFA服务技术培训班，来自ASFA分中心的29名工作人员和情报专家接受了培训，收到了预期效果。研讨班期间，国家海洋信息中心的7名ASFA中国国家中心工作人员和情报专家就ASFA工作概况及展望、ASFA历史与近期发展、ASFA标引及词表使用、ASFA标引单著录技术、海洋和水产科技情报检索及其技术、Micro CDS/ISIS和ASFISIS软件及其机读输入技术以及ASFA计算机检索技术等举办了专题讲座，并进行了ASFA分中心数据库建设等方面的操作实习，国家海洋信息中心还向各参加单位提供了ASFISIS软件。此外，与会代表还参观了国家海洋信息中心，并就海洋文献资源共享、文献工作现状等问题进行了专题座谈，取得了共识。这两次培训班是继1990年首次举办ASFA分中心检索与服务技术培训班之后对ASFA分中心工作人员进行系统培训的重要业务活动，它为更好地发挥ASFA服务分中心的作用，为ASFA合作在中国的进一步开展作出了新的努力。

【海洋图书情报协调】 1990年5月，根据国家科委《关于协调和加强全国科技情报系统文献工作的意见》的通知精神，在国家海洋局职能部门的直接指导与大力支持下，由国家海洋局海洋科技情报研究所承办在天津成立了“全国海洋图书情报工作协调委员会”，并召开了第一届全体会议。国家海洋局、国家教委、中国科学院、中国水产科学院、地质矿产部和海军等六个系统的20个海洋单位的28名代表参加了会议；会议通过了全国海洋图书情报工作协调会简章；简章规定协调会每两年召开一次会议；协调会挂靠在国家海洋局海洋科技情报研究所，其办公室设在该所文献馆，负责协调会日常工作。该办公室努力履行其职责，在缺少经费的情况下，坚持向各委员单位发送《全国海洋、水产部门预订外文原版期刊联合目录》，尽力作好订购协调与资源共享的服务性工作。

根据《全国海洋、水产部门预订1995年外文原版期刊联合目录》统计，共预订外文原版期刊326种，其中重复订购134种，重复率达41%，相对多投入资金1 587万元。仅国家海洋局系统的10个单位就重复订购41种，相对多投入资金7.3万元，约占总投入的10%以上。在文献购置费已很艰难的情况下，尚有这样的重复浪费，可见，全国的海洋图书情报协调工作亟待加强，优化文献布局、减少重复订购刻不容缓。

1997年全国海洋图书情报协调工作取得一定进展，根据搜集到的全国海洋、水产部门预订1998年外文原版期刊目录情况来看，海洋图书情报协调单位已由1994年的28个增加到37个，协调期刊由326种增加到434种。

通过协调和各委员单位的共同努力，同1994年相比，全国海洋、水产部门外文原版期刊增加了108种，订购重复率下降了12.7%，资金重复投入率下降了94.7%，为海洋、水产口的图书情报部门节省经费少约1 503万元。这说明，全国海洋图书情报协调工作大有可为，社会效益和经济效益都很明显。 （侯秀生）

海洋专利管理
Marine Patents Management

【海洋专利管理】 专利制度是运用法律和经济手段鼓励发明创造及其推广应用的重要知识产权制度。专利法的实施对海洋科技成果的保护和海洋科学技术的发展起到促进作用。90年代以来，国家海洋局系统已经申请国家专利二十多项，大部分获得专利权，为这些发明创造拥有专利独占权取得法律保护。国家海洋局科技司是国家海洋局系统内海洋专利管理的职能部门，负责海洋专利管理工作。国家海洋局专利事务所设在国家海洋信息中心，拥有多名中国专利局考核备案的专利代理人，负责海洋局系统的专利代理工作。

专利代理融技术、信息、法律为一体，是一项高难度的情报研究工作。专利代理要对申请的专利项目进行初审，要研究分析发明创造的技术构思，判断专利技术项目的新颖性、创造性和实用性，撰写专利技术报告（专利说明书和专利权利要求书），答复专利局审查员提出的技术性质疑。专利代理所撰写的专利技术报告，在技术和法律上都有较高要求，既要充分反映专利技术和表达发明创造实质特点，又要为维护专利权铺平道路。

近年来，在国家海洋局专利事务所的努力下，海洋局一些重要的科研技术项目已向中国专利局申请了专利保护，例举如下：

对虾白斑杆状病毒快速检测方法　CN 97112049，国家海洋局第三海洋研究所。该方法在测得对虾白斑杆状病毒DNA部分序列基础上建立起对虾白斑杆状病毒PCR快速检测方法，适用于对虾、对虾养殖环境中其他水生动物及其对虾饵料生物的检疫和检测，其研究方法达到国际领先水平。

水下彩色摄像系统　CN 96241830　国家海洋局海洋环境监测中心。该系统采用CCD摄录放一体机作为水下图像传感器，安置在带观测窗口的水密壳体内，实现水下自动调焦和进行水下彩色摄像，使用方便可靠，图像清晰，可在水产养殖、港湾工程等方面用于水下探查和图像摄录，具有广阔的应用前景。

用苦卤与氯化钾制取硫酸钾的方法　CN 95104278　国家海洋局海水淡化与综合利用研究所。该方法以苦卤与氯化钾为原料，采用蒸发完成液直接水力分选除盐、高温混合料液直接冷却并参与转化反应等技术措施，使工艺流程简化，并提高回收率和降低硫酸钾的生产成本。该方法在盐场苦卤化工领域具有明显的应用前景。

长岩芯重力活塞取样器　CN 98245305　国家海洋局第一海洋研究所。该取样器是采用刀口联合式全封闭管口封和带可调压限压阀球阀门式活塞的新型重力活塞取样器，结构简单，使用方便，能取得长（获得国内最长岩芯记录）而完整的海底沉积物岩芯，在海洋地质调查中正发挥着重要作用。

海洋专利管理的重要内容还包括利用法律武器维护专利技术权益。1995～1996年，国家海洋局海水淡化与综合利用研究所在国家海洋局专利事务所的帮助下，通过法律诉讼维护了该所“苦卤与氯化钾制取硫酸钾方法”的专利技术权益。1993年底中国专利局公告一项授权发明专利“用苦卤与氯化钾制取硫酸钾的方法”，专利权人为石油天然气总公司石油工程技术研究院。这引起了国家海洋局海水淡化与综合利用研究所的极大关注。该所是国家唯一专门从事苦卤综合利用研究的科研单位，而上述授权专利与其以往申请和科研项目密切相联，许多内容涉及其尚未公开的技术研究和试验成果。调查发现，授权专利的发明人就是刚从海洋局淡化所调走不久的一名工程师。为此，1995年10月，国家海洋局海水淡化与综合利用研究所向天津市第一中级人民法院提起诉讼，被告石油工程技术研究院侵犯其专利技术权益。经天津市第一中级人民法院和天津市高级人民法院相继多次庭审，1996年11月天津市高级人民法院做出终审判决，将授权专利“用苦卤与氯化钾制取硫酸钾的方法”判归国家海洋局海水淡化与综合利用研究所持有。这起专利技术权益纠纷案在天津知识产权界和国内海洋系统引起了反响，《天津日报》和《中国海洋报》曾分别报道法院庭审情况，对于提高科技人员法制观念和法律意识大有帮助。该案是近几年发生在海洋局系统的多起专利权益纠纷案之一。随着改革的深入，海洋科技成果要更广泛地推向社会，科技管理干部和科技人员要更好地学习专利法和知识产权法律，学会利用法律武器维护自己的科研成果。　（朱莉莉　辛红梅　崔立增）

海洋档案管理
Marine Archives Management

【档案目标管理】　为强化科技事业单位的档案管理，促进档案信息资料的开发利用，使科技事业单位的档案工作跟上改革步伐，适应新形势的需要，1991年5月，国家档案局、国家科委、建设部联合发布了《科技事业单位档案管理升级办法》。该《办法》规定，科技事业单位对档案工作实行目标管理，其等级分为国家一级、国家二级和省（部）级三个等级。

国家海洋局系统自1994年开始进行档案目标管理工作，截至1997年底，达标定级的单位共12个，定级情况见表1。

【档案情况统计】　机构、档案年度存档、档案年度利用等情况统计见表2至表4。

表 1 国家海洋局系统海洋档案目标管理达标定级情况一览表

序号	单位名称	级别	考核评定时间	备注
1	国家海洋环境监测中心	国家一级	1997.12.25	
2	国家海洋局北海分局	国家二级	1997.11.26	
3	国家海洋局南海分局	国家二级	1997.10.28	
4	国家海洋局第二海洋研究所	国家二级	1996.4.16	
5	国家海洋局第三海洋研究所	国家二级	1997.9.25	
6	国家海洋局海洋技术研究所	国家二级	1996.10.17	
7	国家海洋信息中心	国家二级	1997.7.17	
8	中国极地研究所	国家二级	1997.9.19	
9	国家海洋局东海分局	国家海洋局(部)一级	1997.7.8	
10	国家海洋标准计量中心	国家海洋局(部)一级	1996.11.7	
11	国家海洋环境预报中心	国家海洋局(部)一级	1997.12.7	
12	宁波海洋学校	宁波市一级	1994.3.21	按教育系统评定要求完成

表 2 国家海洋局系统海洋档案事业机构、人员情况一览表

年度	处、科、室(个)	全部档案工作专职人员(名)	兼职(名)	大专文化以上(名)	中专文化以上(名)	备注
1996	19	79	65	46	33	共4个单位成立综合档案室
1997	20	58	129	38	20	共8个单位成立综合档案室

表 3 国家海洋局系统海洋档案事业机构档案年度存档情况一览表

年度	档案全宗(个)	案卷(卷)	单件(件)	音像(盘)	照片(张)	底图(张)	全引目录(册)	案卷目录(册)	分类目录(册)	资料(册)
1996	19	53 719	13 406	15	1 362	754	330	258	2 021	7 261
1997	17	55 190	9 325	11	1 289	188	319	343	4 200	23 452

表 4 国家海洋局系统海洋档案年度利用情况一览表

年度	利用人次	编史修志		工作查考		学术研究		经济建设		其他		档案资料复制
年	次	卷次	件次	卷次	件次	卷次	件次	卷次	件次	卷次	件次	页数
1996	3 479	1 847	173	2 691	832	1 505	239	301	8	2 516	60	18 409
1997	3 381	2 978	25	3 066	746	1 879	222	687	110	1 581	360	16 021

(张连秋)

海洋新闻与出版
Marine Journalism and Publishing

海洋新闻
Marine News

【海洋新闻信息工作】 1997年2月18日，国家海洋局发出《关于做好海洋信息工作的通知》，强调：(1)提高对海洋新闻信息工作的认识；(2)明确新闻信息工作的指导思想和工作任务；(3)加强海洋新闻信息工作的领导；(4)重视海洋新闻信息工作队伍的建设；(5)调动各方面力量，共同做好海洋新闻信息工作；(6)掌握政策，严格纪律，建立必要的规章制度。

1997年9月24日，国家海洋局针对1998国际海洋年发出了《关于做好1998年国际海洋年宣传工作的通知》。该通知主要阐述了国际社会对国际海洋年的反响及行动；宣传国际海洋年对于中国的重要意义；中国政府部门对国际海洋年宣传的态度和行动；中国对国际海洋年宣传工作的指导思想及目标，以及做好国际海洋年宣传工作的几点意见。

1997年12月9日，国海新发[1997]582号《关于印发〈海洋信息工作管理暂行办法〉的通知》。该通知中对海洋信息工作系统，日常管理和工作指导部门，信息的报道、引导和刊用反馈，工作系统中各单位信息工作的领导和负责部门、信息联络员的主要职责，报道信息的审核、签发、报道时间、管理制度、奖励办法等做了具体规定。 （李红锋）

【中国海洋报】 1996～1997年，中国海洋报社坚持贯彻邓小平理论和江泽民总书记视察人民日报社时的讲话精神，坚持正确的舆论导向，坚持以正面宣传为主、弘扬主旋律的精神，为中国的海洋事业，为海洋经济的发展做出了努力。

1. 配合党和国家的中心工作做好系列报道。1997年，香港回归和党的十五大召开是中国人民政治生活中的大事。报社组织策划了这两件大事的宣传报道工作。为迎接香港回归，报社专门在一版开辟了“迎接香港回归”专栏。报纸还在“综合新闻版”的“台港澳之窗”栏目、在副刊和月末版中，分别刊发了一系列介绍香港历史沿革、发展现状、风土人情、名胜古迹的文章及香港新近发生的重要涉海新闻等，多角度、多层次地进行了宣传，以增进读者对香港的认识和了解。在6月27日“月末版”还组织了特稿《香港与海》，多方面阐述香港与海的密切关系。7月1日和4日，报纸则刊登大量的现场消息，表达海洋界与全国人民共同庆祝香港回归的喜悦心情。在迎接党的十五大召开的日子里，报纸的一版“展示新成就，迎接十五大”专栏特别组织了一系列改革开放以来中国海洋各界所取得巨大成就的文章，以激励人们迎接21世纪的挑战，向海洋开发的深度和广度进军。

2. 抓住海洋大事做好特色报道。1996年，借中国批准《联合国海洋法公约》和第24届世界海洋和平大会在国内召开之机，报纸发表了对国家海洋局副局长陈炳鑫的专访文章，就《联合国海洋法公约》的产生、内容、意义和对中国海洋工作的影响做了阐述。同时隆重推出《联合国海洋法公约》系列报道专栏，约请全国人大环境资源委员会副主任杨振怀、中国远洋运输公司总裁陈忠表、中国海洋石油总公司总经理王彦、上海市人大副主任陈贵璋、海南省海洋厅厅长陆夫才、海洋法专家赵理海等，分别从不同的角度阐述《公约》的意义和作用。在人大正式批准《公约》之日，报纸专门出版了《联合国海洋法公约》宣传特刊，发表了《走向以法治海的新世界》的社论和国家海洋局局长张登义的《为人类和平利用海洋做贡献》，以及其他有关领导和专家的文章，分寄沿海各地，配合“海洋宣传日”活动。在第24届世界海洋和平大会在北京召开前夕，报纸推出“迎接第24届世界海洋和平大会”专栏，先后刊登了海洋界知名专家、学者王颖、巢纪平、洪华生、苏纪兰、秦大河、汪品先等署名文章。会议期间，中国海洋报用4期5个整版的篇幅对会议进行了多角度、全方位的报道，产生了良好的影响。1997年5月6日，日本国会议员西村真悟等人非法登上中国领土钓鱼岛后，报纸不仅及时转发了新华社的消息、评论，还独家刊登了钓鱼岛争端由来的3篇专论，同时派记者专访了国家海洋局海洋发展战略研究所副所长杨金森，就国际间海权之争愈演愈烈的原因做了分析，以大量的史实揭露了日本强占中国领土的可耻行径，回答了群众关心的热点问题。

3. 集中力量抓好重点报道。报纸充分利用每年一次全国人大和全国政协会议的时机，派出记者就中国海洋工作的现状、问题、重要性及海洋工作走向21世纪的战略举措等进行采访。这两年的会议期间共专访了四五十位全国人大代表、政协委员。报纸每年都在"两会专题报道"栏目中集中刊登"两会"的文章，形成了一定的声势，产生了良好的影响。此外，报纸对海洋界所发生的其他大事，也都作为重点，及时、全面地进行了报道。如全国海洋厅局长工作会议、全国海岛市县长工作会议、全国政协副主席钱伟长赴广西海南考察海洋工作、中国拟发射第一颗海洋卫星、'97国际海洋展等，有的还做了专版宣传。

4.认真做好海洋界的综合报道。对沿海省市海洋管理、依法治海、科教兴海的宣传，盐业、水产、海运、船舶、石油等涉海行业的新成就、新经验、新举措的信息，人民海军、武警边防、海关边检等部门维护海洋权益，守好蓝色国门的报道，都予以及时利用，且此类报道占有一定的比例。如关于渔业法颁布10周年的宣传，海洋实行伏季休渔制度，广东、大连、烟台、湛江等地颁布海域有偿使用制度，山东科技兴海经验，海洋石油、远洋运输生产的经验，人民海军舰艇编队采访等等。"水产信息"、"实用技术"、"管理与法制"、"海洋经纬"等各具特点的小栏目刊登的文章，起到了交流经验、互通信息、指导工作、促进经济发展的作用，充分体现了作为海洋界综合性报纸的特色。

5.抓住典型做好专项报道。实现海洋资源与环境可持续发展，治理海洋环境污染、保护海洋资源，始终是该报报道的重点内容。两年中发表了不少反映正反典型的文章，如《大连全面整治海域污染》、《东兴市：呵护红树林，严惩砍伐者》、《烟台率先向近海污染宣战》、《黄渤海环境质量每况愈下》、《滨州百姓何日重见清流》、《江苏沿海抢捕滥捞海蜇，资源浪费惊人》、《西沙，沧海月明珠有泪》、《渤海56%的海域已成污染物超标水域》等。这些文章在社会上产生了较大的反响，也引起了所在地区和单位领导同志的重视，促进了工作的改进。

6.切实加强海洋界精神文明建设的宣传力度。两年中，报纸重点推出了国家海洋局北礵海洋站先进集体典型和优秀共产党员何明海的先进事迹报道工作。在宣传北礵海洋站的过程中，先后推出了介绍北礵海洋站先进事迹的长篇通讯、北礵海洋站剪影、国家海洋局党组决定、国务委员宋健在中南海接见北礵代表以及宋健和国家海洋局局长张登义的题词等消息、照片和一组系列评论，将这一典型的宣传活动从海洋局内推向社会，产生强烈反响。与此同时，该报还利用"大海之子"栏目和月末版的"人物"专刊，先后宣传了海洋管理、交通运输、海洋水产、科研教学、部队边防、海关武警等涉海企业、行业的先进人物和知名人士六七十人，着力反映他们在精神文明建设、生产工作实践、科研教学工作、戍边卫国等方面的工作业绩和精神面貌。

为加强报纸的可读性、知识性、趣味性，使之更贴近读者、贴近生活，副刊版面进行了不断改进，"海洋大观"突出了新奇性、趣味性和知识性；"军事角"经过不断探索，更贴近了基层连队和士兵；月末版的质量明显有所提高，版式也有所创新。

1996～1997年，《中国海洋报》共出版报纸206期，约800万字，圆满地完成了报道任务，产生了良好的社会影响。中央人民广播电台在早间《新闻和报纸摘要》节目中先后20余次摘播本报的文章，很多文章还被其他报刊转摘。1996年，有3篇文章获"中华环保世纪行"一、二、三等奖。在中国产业报协会举办的好新闻评比中，1篇文章获得一等奖，5篇文章获得3等奖。

（刘 涛）

【中国海洋石油报】 《中国海洋石油报》由中国海洋石油总公司主办，经国家新闻出版署批准，于1993年9月29日试刊，1994年2月21日正式创刊。1995年7月由周一刊改为周二刊，截止到1997年12月底共出版335期。

中国海洋石油报社实行总编辑负责制，设总编辑一人，副总编辑二人。下设四部二室（新闻部、专刊部、广告部、综合管理部、总编室、出版室）。1997年在编人员共38人。《中国海洋石油报》所追求的风格是"严格科学的管理，宽松和谐的气氛，人尽其才的环境，求实创新的作风"。几年来，在中国海洋石油总公司党组的直接领导下，紧跟党中央的战略部署，高举邓小平理论的伟大旗帜，以"宣传贯彻中央发展海洋石油的战略决策，展现海洋石油队伍的精神风貌，促进改革和科技进步，沟通国内外石油信息，推动两个文明的建设"为宗旨，坚持"站稳行业立足点，扩大社会辐射面"的办报思路，面向全国广大读者，一步一个脚印，一年一个台阶，正在不断发展和走向成熟。

《中国海洋石油报》在积极宣传报道海洋油气工业的同时，以对大海特有的情怀，把视野扩展到"蓝土地"上的相关产业和事业，不断地为呼唤国人树立蓝色国土意识、树立海陆一体的国土观，进行了长期不懈的海洋意识宣传活动，把热爱海洋、开发海洋、建设海洋、保护海洋结合起来。《中国海洋石油报》是全国报业中数年来坚持不断地为海洋意识疾呼的报纸之一。

继1994年底与《人民文学》杂志社共同策划、并于1995年携手发起"我爱蓝色国土"征文活动之后，1996年又同《光明日报》联合开展第二轮"我爱蓝色国土"征文活动。这次以新闻通讯、特写和言论为主，涌现了一批在海内外引起反响的作品，收到了很好的效果。

1997年，《中国海洋石油报》结合"中华环保世纪行"活动，又同《中国环境报》联合发起"蓝色国土环保行”征文活动，第三次掀起了宣传蓝色国土的高潮。

今后，《中国海洋石油报》仍将继续高举“蓝色国土”的大旗，把海洋意识的宣传作为报纸的长期工作，以饱满的热情和务实工作，迎接21世纪——海洋世纪的到来。 （中国海洋石油报社）

【中国船舶报】 《中国船舶报》为中国船舶工业总公司、中国船舶工业行业协会共同主办的一份行业报，以介绍国内船舶工业及相关产业的新发展、新动向，为船舶工业服务为宗旨。1996年为对开4版，1997年改为对开8版。

船与海分不开，只有中国的海洋事业发展了，造船工业才能更好的发展。因此，《中国船舶报》一直极为关注海洋意识的宣传，关注海洋管理、海洋产业等方面的问题。

1996年5月，中国批准《联合国海洋法公约》，《中国船舶报》对此进行了大量宣传。先后刊出了“联合国海洋法公约生效真难”、“经略海洋必须发展船舶工业”、“中国，应该有一部海洋大法”、“三百万海洋国土如何管”等文章，并介绍了中国周边国家海洋权的主张。这些文章的内容很有力度，在有关方面引起极大反响。

1996年，《中国船舶报》还对中国海军的出访活动进行了大量报道，重点介绍了“112”舰等新入序列的海军舰艇。在全年报道中，都极为关注航运、船检、海军等机关部门的动态，并及时予以报道。

1997年，《中国船舶报》扩版为8版，信息容量得以扩大，开辟了新的报道领域，加大了对重点问题、热点问题，以及造船业内人士共同关心问题的报道力度和深度，对相关部门、相关产业的报道力度也有所加大。1997年，该报积极呼吁国家对船舶工业进行扶持，提出国轮国造、国货国运。1997年是改革开放后船舶工业率先出口船舶20周年纪念，《中国船舶报》开设了“二十年的路”栏目，回顾了船舶出口20年来的艰难历程，刊出了许多很有力度的文章。

1997年中，《中国船舶报》对中国海军出访东南亚和美洲的重要行程进行了大篇幅报道，同时在副刊中刊发了一批介绍海洋知识、关注海洋环境保护的文章。

从1997年开始，本报开始报道“两会”内容。派出记者采访了一大批海事界的人大代表、政协委员，全方位地报道了“两会”代表关于海洋意识宣传、海洋管理和立法、造船及航运需要国家扶持等方面的问题的提案和呼吁，起到了良好的效果。《中国船舶报》创刊以来一直以加强海洋意识宣传为己任，密切关注及报道海事界的热点、焦点问题，尽己所能，为中国造船及相关事业的发展呼吁和呐喊。 （由淑敏）

海洋出版
Marine Publishing

【海洋出版社】 海洋出版社于1978年6月成立，隶属于国家海洋局，为中央级科技出版社。该社成立19年来，共出版图书4100余种，累计出版期刊29种。在这些书刊中，获国家各种级别奖励的有120余种，其中《中国近海沙蚕科研究》等图书获国家科技图书一等奖，《海洋浮游生物学》等图书获国家教委优秀教材特等奖，《西北太平洋海气相互作用调查图集》获中国图书奖，《海洋学报》(中文版)获国家海洋局科技期刊一等奖。在海洋专业图书方面，该社已在海洋环境、海岸带、海岛、南沙、南极以及海洋科普领域形成了自己的系列和特色，为中国海洋事业的发展做出了贡献。

1996、1997年两年中，海洋出版社共出版图书536种，总字数14 360万字。其中，《联合国海洋法公约》、《中国海洋21世纪议程》等书被列为全国人大或全国政协用书，《海洋管理通论》、《河口环境监测指南》等书在海洋管理方面起到了重要作用。《中国地质学进展》、《海洋管理与联合国》分别受到了第30届国际地质大会和国际海洋和平大会的好评。《海岛综合调查报告》系列、《东太平洋多金属结核资源调查》、《海洋生物技术原理与应用》、《中国近海沉积物—海水界面化学》等图书在国内的海洋开发和科学研究中发挥了重要作用。《迷人的海底世界》、《恐龙时代》、《科幻海洋》等科普图书受到了广大青少年的欢迎。《迈向21世纪的青岛》等6种图书获国家海洋局优秀图书奖，《水下工程爆破》一书获第二届全国优秀水利科技图书二等奖，《诗人咏海》获全国金钥匙图书优胜奖，《书籍艺术琐言》获第三届全国装帧艺术论文与研究成果评奖一等奖。

【主要图书】 1996～1997年出版的重要图书有：

全国海岛资源综合调查报告 《全国海岛资源综合调查报告》编写组编写，海洋出版社1996年4月出版。全国海岛资源综合调查是1988年由国务院批准，国家科委、国家计委、国家海洋局等中央部委与沿海省市共同组织实施，历时8年完成的全国性大型调查，该项目已获国家海洋局1996年科技进步一等奖。该书是该调查的最终成果报告。全书包括报告和资料汇编两大部分，各成一册。报告正文部分共分序和绪论、自然环境、自然资源、社会经济、综合评价及开发利用设想等5篇。资料汇编包括调查的基本情况、自然资源、自然环境和社会经济四部分，共有表格176个。该书是中国第一部全面系统地反映海岛状况的综合性著作，资料翔实，内容丰富，论叙兼备，具有很高的学术水平和实用价值。

中国海洋21世纪议程 国家海洋局组织编写，由海洋出版社于1996年4月出版。该书阐了海洋可持续发展的基本战略、战略目标、基本对策以及主要行动领域。可作为海洋可持续开发利用的政策指南。

海港工程 严恺主编，海洋出版社1996年6月出版。该书以丰富的资料论述了中国海洋、海岸特征，沿海动力要素分布以及在不同类型岸段兴建新港或扩建老港的港口的选址、布局、减淤防浪等原则和经验；重点介绍了中国海港建设的科研成就和工程实践。该书既有较高的学术价值，又为海岸工程学的发展积累了资料。

东太平洋多金属结核资源调查 国家海洋局科技司组织编写，海洋出版社1996年4月出版。该书以对多金属结核调查的资料为基础，着重对结核的分布、丰度、品位区域变化以及矿区分布规律和特征做了系统统计、归纳、阐述和评价，同时对矿区的环境要素、沉积作用、特征等进行了讨论，对结核成因、矿区受控因素等理论问题作了初步探讨。

南沙群岛及其邻近岛屿植物志 中国科学院南沙综合科学考察队编著，海洋出版社1996年1月出版。该书收载南沙群岛及其邻近岛屿野生及栽培植物共97科，262属，40种，3亚种，15变种，1变型。书中对各科、属的特征作了描述，对每种植物的名称、形态、产地、生境、分布及经济用途作了介绍，并附有属、种检表及插图177幅。

汉英海洋科技词典 李桂香等编著，海洋出版社1996年1月出版。该书包括海洋水文气象、海洋地质和地球物理、海洋生物、海洋物理、海洋化学、海洋工程技术及海洋社会科学领域的专业词汇2万多条，并在附录中列出了中国100多个海洋机构的英汉对照名称。

俄汉海军词典 海军翻译队编撰，海洋出版社1996年1月出版。该词典收词范围以海军水面舰艇、潜艇、航空兵、陆战队和海岸炮兵的作战训练、战役战略、各种技术装备等方面的常用词汇为主，适当列选水文、气象、导航、计算机等方面的专业词汇，是一部综合性海军术语词典。

中国海洋地理 王颖主编，科学出版社1996年9月出版。该书分别论述了中国的海洋环境与资源(包括地质、地貌、气候、水文、资源与环境变迁)、海洋经济(包括海岸带土地利用、沿海农业、渔业、盐业、工业、交通、港口、旅游及开放地区等)、区域海洋地理(包括海、黄海、东海与南海)以及海洋灾害与环境保护等内容。

污水海洋处置指南 张永良主编，中国环境科学出版社1996年1月出版。该书全面阐述了污水海洋处置的科学涵义、技术政策和法规标准，详细介绍了污水海洋处置的规划评价、分析计算、实验研究、工程设计、施工技术、经济分析和信息系统等各个方面，多方收集了国内外计算实例和工程实例。该书为中国的海洋环境保护工作提供了技术支持。

航海医学 龚锦涵著，1996年6月由北京人民军医出版社出版。该书是中国第一部有关航海医学的大型专著。书中系统介绍了中国航海医学领域40多年来具有中国特色的、代表中国水平的科学研究和实际工作成果、技术、方法和经验，反映了当代国际上航海医学领域的新成就、新技术和新进展，介绍了学科的发展方向，是一部内容全面的航海医学科学著作。该书1997年9月获全国优秀科技图书奖。

海洋生物技术原理和应用 张士璀主编，海洋出版社1997年3月出版。海洋是生命的发源地和早期生命的进化场所，海洋生物资源是人类生存和发展的宝贵财富，海洋生物资源的合理开发利用很大程度上取决于海洋生物技术的研究和发展。该书从理论和实践两个方面对海洋生物技术各领域的研究历史、现状和方法作了介绍，对普及海洋生物技术知识和国内海洋生物技术研究及其成果转化起到一定促进作用。该书获1997年国家海洋局优秀图书奖。

海洋管理通论 鹿守本著，海洋出版社1997年9月出版。该书系统地总结了中国海洋管理工作的经验，从海洋政治、经济、文化、法律、科技、国际关系多方面反映出中国海洋综合管理的新走势，结合中国海洋管理的特点，论述了海洋权益管理、海洋资源管理、海洋环境管理、海洋自然保护管理。尤其是海洋法和海洋立法、海洋执法管理两章，阐明了海洋管理与海洋立法的关系，进一步强调了依法管理的必要性。对中国海洋管理体制的探讨，更加突出了具有中国特色的海洋管理模式。该书对中国开展海洋综合管理和实施海洋可持续发展战略有一定指导意义。

中国近海沉积物—海水界面化学 宋金明著，海洋出版社1997年1月出版。该书是中国第一部关于中国近海沉积物—海水界面化学的专著，是首次对中国近海沉积物—海水界面化学的系统总结。该书介绍了中国近海沉积物分布概况、海洋沉积物—海水界面化学的研究方法与内容，重点阐述了中国近海沉积物上覆水的海洋化学、沉积物—海水界面间物质的扩散转移通量、沉积物—海水界面附近元素的热力学平衡及早期成岩过程、中国近海垂直沉降物质的海洋通量等内容。

海藻化学 纪明侯编著，科学出版社1997年5月出版。该书全面、系统地介绍了海藻中各种组分的化学成分、结构、含量及其季节变化、物理化学性质、生物合成、应用等。主要包括红藻和褐藻碳水化合物，海藻含氮化合物，藻类色素，海藻脂类物质，海藻萜类与非异戊二烯化合物，海藻酚类化合物，海藻维生素与海藻药物以及海藻无机成分。

中国船舶工业 席龙飞主编，人民交通出版社1997年7月出版。该书为大型画册，共收集了中国造船工业不同发展时期的照片433幅，真实地记录了新中国成立后造船工业的发展历程，具有较高的观赏、收藏和参考价值，可供船舶制造、船舶运输、海洋开发、海洋调查以及海军等部门的工作人员参考使用。

迈向21世纪的中国海洋地质事业 陈毓川主编，地质出版社1997年12月出版。该书由13篇论文组成，总体上反映了中国海洋地质工作的历史和现状，从不同侧面提出了推进中国海洋地质工作的思路和设想，展望了海洋地质工作的美好前景。

渤海生态环境和生物资源分布图集 唐启升、孟田湘著，青岛出版社1997年12月出版。该书是国家“八五”重点科技攻关课题“渤海水域生态系统及其动态特征研究”的主要成果。包括了两次周年渤海生态系统的调查结果，全面系统地描绘了渤海水文、化学、生物环境和各种生物资源的数量分布，共含分布图980幅。该图集通过了国家科委组织的专家鉴定，给予了较高的评价。

1996～1997年出版的主要海洋图书

书　名	编著者	出版单位	出版时间
中国海商法	陈宪民等	海洋出版社	1996.1
海洋管理与联合国	E·M·鲍基斯	海洋出版社	1996.1
海军武器装备手册	刘海鹰	海洋出版社	1996.1
水产经济学	清光照夫	海洋出版社	1996.6
电渗析技术	国家海洋局	海洋出版社	1996.1
海平面上升与沿岸过程	李成等译	海洋出版社	1996.3
马里亚纳海槽海底热液烟囱物研究	吴世迎	海洋出版社	1996.1
黄河三角洲近岸泥沙	臧启运等	海洋出版社	1996.7
南沙群岛海域同位素海洋化学	南沙科考队	海洋出版社	1996.2
全国海岛资源综合开发试验报告	编写组	海洋出版社	1996.4
鱼类学	曹启华	海洋出版社	1996.10
中国渔业统计汇编	农业部渔业局	海洋出版社	1996.2
海洋渔业资源导论	林景祺	海洋出版社	1996.9
渔业水域环境保护	陈达森	海洋出版社	1996.10
中国海带养殖的若干问题	李宏基	海洋出版社	1996.10
现代鱼雷水下导弹	李益池	海洋出版社	1996.8
大鹏湾环境与赤潮的研究	梁松等	海洋出版社	1996.8
海洋科学研究进展	中科院海洋所	科学出版社	1996.7
海水养殖动物病害学	孟庆显主编	农业出版社	1996.10
海洋重力测量与磁力测量	梁开龙等	测绘出版社	1996.6
海面地形与高程基准	管泽霖等	测绘出版社	1996.4
渤海沿岸现代海蚀研究	李凤林等	天津科技出版社	1996.4
海水入侵灾害防治研究	赵德三主编	山东科技出版社	1996.3
中国赤潮研究	朱明远主编	青岛出版社	1996.9
海洋生态学	沈国英等	厦门大学出版社	1996.12
海洋环境容量	联合国专家组	海洋出版社	1997.6
梭鱼	李明德等	海洋出版社	1997.5
中国海湾志(二)	编写组	海洋出版社	1997.3
河口环境监测指南	美国环保局	海洋出版社	1997.3
赵今声文集	赵今声	海洋出版社	1997.1
环渤海地区地震构造和地震学研究	张德元等	海洋出版社	1997.1
1995～1996海洋开发技术进展	惠绍棠主编	海洋出版社	1997.4
1998年潮汐表(1～6册)	国家海洋信息中心	海洋出版社	1997.6

人间海市——长岛	刘文权	海洋出版社	1997.7
海洋水声实验技术	阎福旺等	海洋出版社	1997.8
南沙群岛珊瑚礁泻湖化学与生物学研究	南沙科考队	海洋出版社	1997.6
沿海环境影响评价指南	[美]J·索雷森	海洋出版社	1997.6
工业水处理技术	冯敏主编	海洋出版社	1997.2
中国海洋年鉴(1994～1996)	编委会	海洋出版社	1997.8
中国海洋统计年鉴(1997)	编写组	海洋出版社	1997.11
东太平洋多金属结核矿带海洋地质与矿床特征	金翔龙	海洋出版社	1997.9
加速海上山东建设研究	黄学军、王曙光主编	海洋出版社	1997.9
海洋腐蚀与防护	侯保荣等	科学出版社	1997.12
中国海双壳类软体动物	徐凤山	科学出版社	1997.3
鱼类分类学	孟庆闻等	农业出版社	1997.12
虾蟹类增养殖学	王克行主编	农业出版社	1997.10
海上固定设施安全技术规划	船检局	人民交通出版社	1997.4
航标法规标准汇编	港监局	人民交通出版社	1997.2
国际航运管理	赵刚	人民交通出版社	1997.6
化学海洋学	郭锦宝	厦门大学出版社	1997.8

【海洋科技期刊】 据不完全统计，全国共出版与海洋有关的科技期刊上百种，其中国家海洋局系统出版的海洋科技期刊近20种，台湾省出版的海洋科技期刊也有10余种。下面列出59种主要的海洋科技期刊。

《海洋学报》 中、英文版 双月刊(中)、季刊(英)
主办：中国海洋学会
主编：苏纪兰
出版：海洋出版社

《海洋与湖沼》 中、英文版 双月刊(中)、季刊(英)
主办：中国海洋湖沼学会
主编：秦蕴珊
出版：科学出版社

《海洋工程》 中、英文版 季刊
主办：中国海洋学会
主编：窦国仁

《热带海洋》 季刊
主办：中国科学院南海海洋研究所
主编：甘子钧
出版：科学出版社

《水处理技术》 双月刊
主办：国家海洋局杭州水处理中心
主编：鲁学仁
出版：中国海水淡化与水再利用学会

《海洋科学》 双月刊
主办：中国科学院海洋研究所
主编：秦蕴珊
出版：科学出版社

《黄渤海海洋》 季刊
主办：国家海洋局第一海洋研究所
主编：袁业立

《东海海洋》 季刊
主办：浙江省海洋学会
国家海洋局第二海洋研究所
主编：宣维莹

《太平洋学报》 季刊
主办：中国太平洋学会
主编：于光远
出版：太平洋学报杂志社

《海洋技术》 季刊
主办：国家海洋局海洋技术研究所
中国海洋学会海洋监测技术分会
主编：惠绍棠
出版：海洋技术编辑部

《台湾海峡》 季刊
主办：国家海洋局第三海洋研究所
福建省海洋学会
主编：张金标

《海洋预报》 季刊
主办：国家海洋环境预报中心
主编：余宙文
出版：海洋出版社

《海洋通报》 双月刊
主办：国家海洋信息中心
国家海洋局北海分局
国家海洋局东海分局
国家海洋局南海分局
主编：侯文峰

《海洋信息》 月刊

主办:国家海洋信息中心
中国信息协会海洋分会
主编:刘法孔

《海洋文摘》 双月刊
主办:国家海洋信息中心
主编:刘法孔

《海洋环境科学》 季刊
主办:国家海洋局海洋环境保护研究所
国家海洋环境监测中心
中国海洋环境科学学会
主编:丁德文

《海洋湖沼通报》 季刊
主办:山东海洋湖沼学会
主编:王彬华
出版:山东海洋湖沼学会
青岛海洋湖沼学会

《南海研究与开发》 季刊
主办:广东海洋湖沼学会
广东海洋学会
中国科学院南海海洋研究所
广东省海洋资源研究发展中心
编辑:《南海研究与开发》编辑部

《海洋开发与管理》 季刊
主办:国家海洋局海洋综合管理司
海洋出版社
主编:鹿守本
出版:海洋出版社

《海洋世界》 月刊
主办:中国海洋学会
主编:谭 征
出版:海洋世界杂志社

《极地研究》 季刊
主办:国家海洋局南极考察办公室
中国极地研究所
主编:刘东生 许世远
出版:科学出版社

《海洋地质与第四纪地质》 季刊
主办:地质矿产部海洋地质研究所
地质矿产部第四纪地质研究中心
主编:张光威
编辑出版:《海洋地质与第四纪地质》编辑部

《海洋地质动态》 月刊
主办:地矿部海洋地质研究所
地矿部上海海洋地质调查局
地矿部广州海洋地质调查局
出版:地矿部海洋地质研究所

《海洋地质》 季刊
主办:地矿部广州海洋地质调查局情报室
主编:陈邦彦
编辑:广州海洋地质调查局情报室

《中国造船》 季刊
主办:中国造船工程学会
主编:吴有生
编辑出版:《中国造船》编辑部

《船舶知识》 月刊
主办:中国造船工程学会
主编:王义山
出版:舰船知识杂志社

《船舶工程》 双月刊
主办:中国造船工程学会
主编:丁 玮
编辑出版:中国造船工程学会《船舶工程》编辑部

《航海》 双月刊
主办:上海市航海学会
主编:林文春
编辑出版:《航海》杂志社

《中国航海》 半年刊
主办:中国航海协会
主编:黄蕴和
编辑出版:中国航海学会《中国航海》编辑部

《水动力学研究与进展》 季刊
主办:中国船舶科学研究中心 26 个单位
主编:周连第
出版:海洋出版社

《中国水产》 月刊
主办:农业部渔业局
主编:刘统锦
出版:《中国水产》杂志社

《科学养鱼》 月刊
主办:中国水产学会
中国水产科学研究院淡水渔业研究中心
主编:戈贤平
编辑出版:《科学养鱼》编辑部

《海洋渔业》 双月刊
主办:中国水产学会
中国水产科学院东海水产研究所
主编:陈思行
出版:中国水产学会《海洋渔业》编委会
中国水产科学院东海水产研究所

《水产学报》 季刊
主办:中国水产学会
主编:孟庆闻

出版:中国水产学会

《水产科学》

主办:辽宁省海洋水产学会

主编:吴敬南

《现代渔业信息》 月刊

主办:中国水产科学研究院
东海水产研究所

主编:谢营梁

《中国水产科学》 季刊

主办:中国水产科学研究院

主编:吴万夫

出版:中国水产科学研究院

《远洋渔业》 季刊

主办:东海水产研究所

主编:赵传絪

《海洋水产研究》 半年刊

主办:中国水产学会

主编:唐启升

编辑出版:中国水产科学研究院黄海水产研究所

《水产养殖》 双月刊

主办:江苏省水产学会
江苏省淡水水产研究所
江苏省海洋水产研究所

主编:陈 彤

编辑出版:《水产养殖》编辑部

《海洋测绘》 季刊

主办:海军海洋测绘研究所
中国测绘学会海洋测绘专业委员会

主编:孔令户

出版:海军司令部航海保证部

《气象与海洋仪器》 季刊

主办:中国仪器仪表学会
水文气象海洋仪器学会
中国海洋学会
机械工业部长春气象仪器研究所

主编:王锡科

《海湖盐与化工》 双月刊

主办:中国轻工总会制盐研究所

主编:高纪隆

出版:中国轻工总会制盐研究所
全国海湖盐工业科技情报站

《中国海上油气》(工程) 双月刊

主办:中海石油工程设计公司

主编:李丕德

编辑出版:《中国海洋油气》(工程)编辑部

《中国海上油气》(地质) 双月刊

主办:海洋石油勘探开发研究中心

主编:杨川恒

编辑出版:《中国海上油气》(地质)编辑部

《海岸工程》 季刊

主办:山东海岸工程学会
青岛市海岸工程学会
国家海洋局第一海洋研究所
山东省筑港总公司
山东省航运工程设计院
交通部一航局二公司

主编:曲绵旭

出版:《海岸工程》编辑部

《港口工程》 双月刊

主办:交通部第一航务工程局

主编:范期锦

出版:天津港湾工程研究所

《河口与海岸工程》 季刊

主办:浙江省河口海岸研究所

主编:戴泽蘅

编辑出版:河口与海岸工程编辑部

《港口技术》 季刊

主办:交通部第一航务工程勘察设计院

主编:傅洪喜

出版:天津港湾工程咨询公司

《海洋经济》 季刊

主办:山东省海洋经济研究中心
中国海洋学会山东分会

主编:郑贵斌

编辑出版:海洋经济编辑部

《沿海经济》 月刊

主办:中共南通市委员会
中国地区开发促进会

主编:李昌森

编辑出版:沿海经济杂志社

《青岛海洋大学学报》 季刊

主办:青岛海洋大学

主编:文圣常

出版:青岛海洋大学学报编辑部

《河海大学学报》 双月刊

主办:河海大学

主编:赵光恒

编辑出版:河海大学学报编辑部

《湛江海洋大学学报》 季刊

主办:湛江海洋大学

主编:吴琴瑟

编辑出版:湛江海洋大学学报编辑部

《环渤海》 双月刊

主办：环渤海地区经济信息协会

天津市信息中心

总编辑：林开明

出版：环渤海经济了望杂志社

《中国海洋药物》 季刊

主办：中国药协会

山东省海洋药物科学研究所

主编：关美君

《中华航海医学杂志》

主办：中国科协

中华医学会

总编辑：龚锦涵

编辑：中华航海医学杂志编辑委员会

《养鱼世界》 月刊

社长：郑焕生

发行所：养鱼世界杂志社

《台湾水产学会会刊》

主办：台湾水产学会

总编辑：肖锡延

出版者：台湾水产学会编辑委员会

《海洋科技会刊》 季刊

主办：台湾海洋科技学会

发行人：陈镇东

出版者：台湾海洋科技学会

（张德山）

海洋科技与教育篇

Marine Science and Technology & Marine Education

海 洋 科 技 概 况
Summary of Marine Science and Technology

综　述
Summary

【概况】 由于海洋的特殊性，海洋资源开发、海洋环境保护、海洋减灾防灾和维护海洋权益等海洋工作，都离不开海洋科技，特别是海洋高技术的支持。

为了迎接海洋开发新世纪的到来，国家在九五期间非常重视海洋科学技术的发展。为了促进和发展海洋科学技术，国家在海洋高技术、海洋科技攻关、海洋基础工作及科技兴海等几方面对海洋科技进行支持。

1.海洋高技术

1997年6月国家正式批准将海洋作为第八个领域，列入国家的高技术发展(863计划)之中，并确定了围绕海洋监测技术、海洋生物技术、海洋探查与资源开发技术三个主题，开展海洋高技术的研究与应用示范研究。

此外，国家还批准了在本世纪末发展中国第一颗海洋卫星——海洋水色卫星，现正在进行卫星总体设计、卫星星体研制和地面接收站的准备工作。

2.海洋科技攻关

近几年来主要开展了下列两个方面的攻关研究：海洋水资源综合利用关键技术研究、海岸带环境资源利用关键技术研究。目前两个项目经过第一阶段的攻关研究，取得了一些阶段性成果，并通过了中期评估将继续滚动实施。

3.海洋基础工作和基础研究

在中国黄海、东海、南海及南沙群岛邻近海域开展了海洋地质、水文、气象、生物、矿产等调查。在太平洋海域开展了大洋多金属结核及其周围环境的调查工作。与国外合作，开展了中日副热带环流调查研究、中韩沉积动力学调查研究。

在海洋基础研究方面，开展了中国近海海洋生态系统动力学与生物资源的持续利用、中国沿海典型增养殖区有害赤潮发生动力学及防治机理研究、南海季风试验等重点课题。

4.科技兴海

近几年重点围绕海洋农牧化、海洋生物资源深加工和海洋药物、海洋化学资源利用、海水直接利用和淡化等四个方面，推广相关海洋实用技术，引导沿海地区和企业，促进海洋技术的产业化，推动沿海地区海洋经济的进一步发展。现已在沿海各省市建立了16个示范区和8个技术转移中心。

各海洋科研单位也纷纷进入国民经济主战场，发挥各自的技术优势，为中国的海洋经济、社会发展做出贡献。

5.科研实力逐步提高

许多科研单位根据自己的科技优势，建立自己的优势学科和领域。如杭州水处理中心组建的“国家液体分离膜工程技术研究中心”已经通过了国家验收，正式成立。青岛海洋大学的“国家海洋药物工程技术研究中心”正在组建之中。涉及海洋各个学科领域的10余个部门重点实验室正在开放、运行之中，并已取得了较多的科研成果。　(邱志高)

国家重要科研项目
State Key Scientific Research Projects

【“九五”国家科技攻关项目】 “九五”期间，国家海洋局共组织2个攻关项目，主持6个攻关课题，承担了8个攻关项目中的24个专题的研究工作，获得攻关总经费达8 266万元，其中国家拨款3 697万元。

国家海洋局组织的96－916“海水资源综合利用关键技术研究”项目和96－922“海岸带资源环境利用关键技术研究”项目(1996～2000年)是国家海洋局“九五”期间科技攻关的重点，目前已经通过国家科技部的中期检查，进入1999～2000年的最后攻关阶段。国家海洋局还承担了“高脱盐反渗透复合膜关键技术”、“纳滤关键技术”、“100kW摆式波力电站研制”、“气候变化对沿海地区海平面上升的影响评价支持系统”、“海岸带综合管理模式研究”、“海洋信息共享”、“南沙海域划界及法理研究”等专题攻关研究工作。

海水资源综合利用关键技术研究　项目总经费5 200万元，其中国家拨款2 000万元，由国家海洋局海水淡化与综合利用研究所、中国科学院海洋所、天津大学等单位承担。该项目1998年已取得攻关成果80余个，其中，建立中试线7条；开发新产品7个，获专利

6个;新技术、新工艺、新材料20项;形成研究报告,发表论文共37篇;其他3项。

1.建立了75t/h海水循环冷却中试系统。研制海水循环冷却使用的海水缓蚀剂、阻垢分散剂、菌藻杀生剂。研究海水冷却塔制造技术。

2.研究了海水直流冷却系统适用涂层防腐技术、换热器管应力腐蚀防护技术、海水管道金属和有机覆盖层防腐蚀新技术、研制了小型电解海水制氯装置和高效耐高温新型硅铝牺牲阳极。编写了海水直流冷却系统阴极保护设计规范初稿、海水输送泵阴极保护设计规范初稿。

3.研究了高盐度下嗜盐菌的培养方法、高盐度下城市污水的生化处理工艺,建立了深海排放初始稀释预测模型、深海排放污染物影响浓度场预测模型、深海排放水质点的拉格朗日余流模型、深海排放扩散器长度的计算方法;开展了大生活用海水的技术经济分析。

4.完成了500t/d油气田卤水压汽蒸馏蒸发浓缩的工程方案、低温压汽蒸馏浓缩乌龙茶速溶剂的方案说明、大连市长海县大长山岛1 000t/d海水淡化的可行性研究报告、舟山市4万t/d蒸馏法海水淡化的投资估算及水价分析。

5.低位余热大型多级闪蒸海水淡化装置的研究完成了小型船用余热海水淡化装置的设计和实验,已取得技术转让费5万元,正在组织此海水淡化装置的批量生产;申报发明专利1项,发表论文3篇。与天津碱厂商定建设日产3 000t淡水同时浓缩氯化钙的多级闪蒸装置,并制定了主要技术方案。

6.申请"苦卤与氯化钾高温盐析制取硫酸钾的方法"发明专利1件。已形成100t/a离子交换法海水卤水直接提取硫酸钾中试装置1套,石膏氨法制取硫酸钾100t/a中试装置1套,1万t/a苦卤与氯化钾制取硫酸钾示范工程1套。

7.研制"高效、低毒农药—二溴磷"新产品一项,生产量50t/a,填补了国内的该项技术和市场空白。

8.已形成了1 000t/a镁肥中试线一套。将混合盐分离为硫镁肥和工业盐已获得阶段成果。编写了"盐田卤水高纯镁系物制备技术的研究"和"镁肥及加镁复合肥大棚盆栽肥效试验应用技术研究"论文。

9.研制无机盐功能材料晶须硼酸镁的晶须生成规律取得阶段性成果,发表"以氯化钠为助熔剂合成硼酸镁晶须"的论文一篇。

10."海藻多酚抗氧化剂的制备及其使用方法"申报国家发明专利。完成海藻多酚抗氧化剂的动物毒理试验,结果表明无毒无副作用。发表研究论文16篇,农田试验报告8篇,海藻中甜菜碱的研究论文填补了国家研究空白。海藻中生长素的研究也将填补国家研究空白。

海岸带资源环境利用关键技术研究 项目总经费2 800万元,其中国家拨款2 000万元,由海洋环境监测中心、国家海洋局一所、海洋信息中心、海洋战略研究所、中国科学院海洋所、黄海水产所、海洋大学、华东师范大学承担。1998年,该项目已发表论文134篇,已鉴定成果5项,2项获专利。

1.完成了大连湾、胶州湾环境质量评价,计算了海湾纳污能力和排污入海总量控制数值并提出管理方法,建立了海湾类型的陆源排污入海总量控制模式和方法体系。成果鉴定达到国家先进水平,可应用于国内沿海各级海洋综合管理中。建立了大连湾污染及陆源排污口基础信息库、赤潮灾害基础信息库、溢油灾害基础信息库。

2.开发出海上溢油应急处置技术产品——消油剂。产品对溢油的乳化率达50%~80%,生物毒性低,已获得实用型专利。已建立消油剂生产车间和分析实验室,产品已投入市场,销售额累计50万元。

3.开发出高效CAX复合混凝剂产品和CA系列含油污水处理设备,是处理含油污水的关键材料与设备。混凝剂利用来源广泛、无毒、价格低的工业废料复配而成,处理后含油浓度达到排海标准。CA系列污水处理设备集混凝、絮凝、沉降、排污、出水为一体的组合污水处理设备,使用CAX复合混凝剂,对污水进行混凝综合处理,吸附过滤污水至达标排放或回用。该设备运转费用低,不产生二次污染。

4.已证实海湾富营养化是导致养殖扇贝死亡的主要原因,提出在黄海海湾应减少养殖扇贝密度,进行贝藻间养、轮养,改善生态环境、扩大养殖区养殖容量等优化措施;在莱州湾实施后,1997年经济效益比1996年提高3 000万元。1998年,莱州湾、长岛、威海等地根据研究成果,调整养殖布局,优化结构。"桑沟湾养殖容量研究"获1998年水产科学研究院科技进步一等奖和农业部科技进步二等奖。

5.在滩涂池塘养殖中,发现对虾—缢蛏—罗非鱼三元混养的封闭养殖系统是最佳养殖模式,具有重要的经济和生态优势。发现在潮间带高潮区也适宜蛤仔生长,蛤仔生长状况与密度显著相关。在浅海区证实:高温和饵料不足是导致栉孔扇贝大批死亡的环境因素;经过模拟试验,已初步证实栉孔扇贝、海带和刺参(贝、藻、参)三者多元化养殖是较好的养殖模式。

6.利用ASSM声学悬浮泥沙剖面仪,OBS光学浊度探头和近底多层采水样相结合观测方法,获得黄河口高浓度泥沙剖面动态资料。

7.发展具有创新意义的海浪计算谱模式和风暴潮漫滩模式,提出解决风、浪、潮、流联合概率非单一解的新方法，较国外普遍使用的方法有明显的优越性。风暴潮、浪联合漫堤模式以及海上固定平台和浮式平台的设计标准已在海洋石油工程中得到应用。由于降低了环境条件设计标准，有明显的经济效益。

8.已编写完成《海岸带综合管理科学指南》被联合国作为培训教材应用在中国海岸带管理示范项目中。

9.在对辽宁省地理信息系统示范区用户需求分析基础上，初步建立了辽宁省海岸带1∶25万和东港市1∶5万基础地理数据库，进行鸭绿江口国土开发信息系统示范，为地方政府实施综合管理服务。

（谢弘阳）

表1 海洋科学技术国家计划项目表（正在进行的海洋科学技术部分）

序号	项目名称	时间	主要内容	备注
1	海岸带资源环境利用关键技术研究	1996～2000	详见第252页	“九五”国家科技攻关项目96－922
2	海水资源综合利用关键技术研究	1996～2000	详见第251页	“九五”国家科技攻关项目96－916
3	分离膜技术开发（水处理技术）	1996～2000	（1）高脱盐反渗透复合膜产业化关键技术；（2）无机陶瓷微滤膜成套装备及应用技术；（3）纳滤关键技术开发。	“九五”国家科技攻关项目95－A13课题
4	海洋可再生能源开发技术	1996～2000	（1）1 000kW岸基振荡水柱式波力电站研建；（2）50kW摆式波力电站研建；（3）70kW潮流实验电站。	“九五”国家科技攻关项目95－A17－06
5	我国专属经济区和大陆架勘测	1996～2001	（1）多波束东海底地形勘测；（2）海洋生物资源补充调查及资源评价；（3）海洋地质地球物理补充调查及矿产资源评价；（4）海洋环境补充调查与环境评价；（5）海域划界研究；（6）海洋地理和资源信息系统。	国家专项
6	国家高技术研究	1997～	海洋环境立体监测系统技术和示范试验等	

【**海洋863计划**】 1996年7月9日，经国务院科技领导小组第二次会议决定将海洋作为第8个领域纳入863计划。海洋领域下设海洋监测技术（818）、海洋生物技术（819）和海洋探查和资源开发（820）三个主题。

1. 指导思想。海洋高技术将本着全面落实“科学技术是第一生产力”和“科教兴国”的战略思想，根据“科学技术必须面向经济建设”、“有所为、有所不为”，“有限目标、突出重点”的原则，结合中国的国力和技术基础，以及当前世界海洋高技术的发展趋势和规律，重点围绕海洋国土和权益、海洋资源的开发和海洋的持续利用，选择最有意义的关键技术，集中优势，加以突破。

2. 战略目标。“九五”期间，海洋高技术的总体目标是：大力发展为海洋国土调查和专属经济区划界及海洋油气资源开发所需的关键高技术，适当发展海洋生物资源开发以及为海洋开发提供环境服务保障所需的关键高技术，力争在这些技术领域达到80年代末、90年代初的世界先进水平，并将主要技术成果应用于海洋产业和相关产业，促进海洋高技术产业化。

——瞄准本主题的世界先进水平，研究和开发海洋环境监测高技术，为维护海洋权益、发展海洋经济、保护海洋环境、预警海洋灾害和加强国防建设提供高技术支撑，提高沿海的海洋经济、社会可持续发展的环境保障能力，提高海洋监测技术和仪器设备的市场竞争能力；在GOOS框架，加速建设中国海洋环境监测系统，力争到2000年，在海洋环境自动监测技术、水声遥测技术和卫星遥感海洋应用技术的某些方面接近90年代中期的世界先进水平。

——以促进海水养殖业的持续发展和向高技术产业转化、开发海洋生物天然产物的新兴产业群的发展为目标，重点发展关键性的海洋生物基因工程、细胞工程和生化工程技术，力争在2000年部分领域达到90年代中期的世界先进水平。

——优先开发海底地形地貌和地质构造的高新探查技术，为专属经济区和大陆架勘测提供系列技术支撑，为快速查明和评价中国海底资源状况提供关键技术，为海洋国土划界提供科学依据。加快以海洋油气为主的矿产资源的探测和开发，提高勘探效率，为查明海上大油气田提供突破性关键技术；开拓边际油田开发高技术新领域，促进海洋油气产业及相关产业的发展进程。

3. 重点任务。“九五”期间，分三个主题重点开展海洋高技术研究。

(1) 海洋监测技术(818)主题

海洋环境立体监测系统技术和示范试验

高精度 CTD 测量技术

船用声学海流剖面测量技术

合成孔径声呐成像技术

海面和海水层光学测量技术

海洋监测新技术和新方法研究

海洋渔业遥感信息服务技术和示范试验

(2) 海洋生物技术(819)主题

海水养殖动物的多倍体育种育苗和性控技术

海水养殖动物病原检测和病害防治技术

海藻种苗工程技术

海洋动物基因工程和细胞培养关键技术

抗盐和耐海水植物培育与应用

高效饵料和添加剂的生产技术

海水养殖工程化技术

藻胆蛋白荧光标记物和诊断试剂的研制

海洋生物多糖医药和生化工程产品开发

海洋生物毒素和酶的开发利用技术

转基因藻及其药物产品开发技术

(3) 海洋探查和资源开发技术(820)主题

海底地形与地质构造探测技术

海洋岩石三维层析成像技术

海洋矿产资源综合评价技术

大洋多金属矿产资源勘查开采技术

海上天然气地震勘探技术

海洋地球物理测井成像技术

高温超高压地层钻井技术

水下多相流油气自动开采技术

海洋大位移丛井钻井技术

海上新型多功能移动式采油系统技术

极浅海重载爬滩运输技术。

4. 组织管理。为了搞好海洋高技术工作,成立了海洋领域3个主题专家组和主题办公室,发布了《海洋领域项目申请指南》,制定了"863计划"海洋领域"九五"计划管理细则。目前,各项研究工作正计划进行。

(孙 洪)

国家自然科学基金重要项目
Key Projects of the National Natural Science Fund

【中国海陆架环流及其动力机制研究成果显著】 中国陆架环流以流系复杂、变化显著、各种尺度运动相耦合,以黑潮为纽带、密切联系外海和大洋环流而著称。自50年代以来,中国海洋学者对中国海陆架环流进行了广泛和长期的调查研究,取得了一些成果,但这些研究往往是局部的、孤立的。八五期间的该重点项目的特点则是以整个中国陆架海为研究对象,着重其环流形成的动力机制和数值模拟,其主要成果有:

1. 该项研究摒弃传统的 Euler 时均环流理论,建立了 Lagrange 时均环流理论的新框架,并研制了相应的数值方法,在中国陆架海进行了较成功的应用;揭示了陆架浅海环流的某些动力机制;发展了浅海 Lagrange 余流和长期输运过程理论,建立了一种陆架/河口环流广义湍流封闭方程组,使探讨诸如感潮河口丰水期大径流及潮流同时占优时的环流,及东中国海陆架上黑潮和潮流同时占优的环流成为可能。此外,还研制了分潮波模型多资料数值计算方法和交序法,并进行了成功地模拟。

2. 进一步为台湾一对马暖流系统的存在及驱动机制提供了依据,丰富了关于大洋强流对陆架海环流影响的认识。研究中还使用数值方法,进一步证实台湾一对马暖流系统的存在;首次提出了"东海北部集散区"可以作为对马暖流的源区,它向东北流出部分即对马暖流。

3. 提出并论证了东海沿岸上升流中潮生成分存在的新观点。在闽浙沿岸上升流中,属首次发现含有潮汐非线性效应引起的潮致上升流成分,其量级为 10^{-4} cm/s。利用卫星图片证实了这一上升流带的存在,数值模拟的沿岸上升流区位置与之相符。

4. 揭示了黄海冷水团、长江冲淡水及陆架中尺度涡等重要中尺度过程的演变规律。研究证明,风搅拌、潮混合是黄海冷水团的主要生成机制,而垂向一径向环流只集中在温跃层附近薄层内,是夏季冷水团的主要维持机制;混合型河口特征、背景流场及河口流量的季节性变化是长江冲淡水转向的主要控制因素;在涡旋分解力水平上模拟了海洋切变波的成长演化过程,呈现了黑潮陆架水相互侵入、涡旋倒卷的全过程。

【热带西太平洋海洋环流实验研究取得较好进展】 为配合国际上"热带海洋与全球大气(TOGA)"计划,国家自然科学基金委员会支持的一项重点项目"热带西太平洋海洋环流实验研究"已于1997年初完成结题,取得主要进展如下:

1. 通过资料分析研究指出,黑潮源流的向北输送有明显的年际变化,且与 ENSO 事件有一定关系。由 ADCP 资料的分析得出,赤道潜流起始于135°E。

2. 在收集历史资料和中、外 TOGA COARE 调查的有关资料基础上,建立了热带西太平洋及黑潮流系数据库，对数据进行了严格的质量控制。数据库具有结构合理、功能齐全、操作简便等特点，是中国目前在这一海域里最完善的、参数最丰富的、信息量最大的海洋资料数据库。

3. 在中国科学院大气所工作基础上发展了一个有较高分辨率的热带太平洋海洋模式，在参数化方面引进了国际上的新技术。该模式对 1980 到 1995 年(含 TOGA COARE IOP 期间)进行了热带西太平洋海域的模拟，所得结果与暖池及厄尔尼诺发展过程的观测结果是相当一致的。该模式可作为进一步研究与业务预报的重要工具。

4. 通过分析海上大气边界层观测资料揭示若干重要事实，如暖池区大气边界层主要是对流边界层状态，潜热通量是该海域大气加热的主要因子；T_{CO_2} 和 P_{CO_2} 分布和变化与 ENSO 事件有密切的关系；铁的沉降量在热带西太平洋明显高于热带太平洋其他海域；应用模式和相应的资料讨论了层状云覆盖边界层顶部与上层相互作用的物理过程，分析了西太平洋海域感热和潜热通量的地理分布和季节变化，及其与厄尔尼诺之间的关系。

【中国全球海洋通量联合研究(JGOFS)形成自己特色】 中国是最早介入 JGOFS 计划活动的国家之一，并于 1989 年 2 月成立了 JGOFS 中国委员会，制定了以陆架海洋通量为主体的中国 JGOFS 科学计划，国家自然科学基金委员会于 1991 年以重点项目“东海陆架边缘海洋通量研究”(1991～1995 年)支持了当时世界上还少有的陆架边缘海洋通量的研究(当时世界上主要研究大洋海洋通量)。在某种程度上推动了国际陆架边缘海洋通量的研究，随后世界上出现了好几个有关陆架边缘海洋通量的研究项目，其中包括日本的边缘海物质通量实验(MASFLEX)，并在此基础上与日本开展了为期 5 年的合作调查与共同研究。

该重点项目取得了一系列重要的结果：确定东海是 CO_2 的“汇”，软泥区为“物质汇”，东海每年大约可从大气吸收 720 万 t 碳；得到了东海初级生产力和新生产力的变化范围；浮游植物在碳的垂直转化通量中占绝大部分；东海陆架碳的储存量以无机碳为主，颗粒碳的垂直通量中以颗粒有机碳 POC 为主；对东海典型海域沉积物交换吸附特性研究提出了多型等温式；提出了东海河流入海物质和陆架生成物质向外海输运主要是在冬季季风驱动的垂直环流的作用下进入冲绳海槽的观点，并计算得出每年东海陆架上向冲绳海槽输运的颗粒物质约为 0.1 亿～0.15 亿 t；研究发现了东海陆架上悬浮物的层化；指出东海的再悬浮计算方法；用几十年历史资料计算了东海各海峡的海水通量，得到的结果说明其水量基本平衡；模式计算了通过 PN 断面和吐噶喇海峡黑潮的水量、热量和总碳的水平通量。

【黄海海底辐射沙洲形成演变研究成果应用】 黄海辐射沙洲是一个巨大的海底砂质堆积体，位于苏北海岸与黄海内陆架海域，其规模与形成极为独特，基金重点项目“黄海海底辐射沙洲形成演变研究”在过去工作的基础上又取得重要进展，具体是：

1. 建立了该海区潮流场、波浪场、风暴流场等数学模型和潮流输沙模型，并实现了数模的可视化。

2. 通过 600km 浅层剖面测量及上千个样品分析，得出：辐射沙洲是更新世末期以来海面上升过程中，古长江堆积体受南黄海潮波辐聚与辐射流作用所形成；沙脊群中、南部普遍发现古河道；辐射沙脊由三部分组成，中部、南部是改造的古河谷及堆积体，东北部为辐射流塑造的沙脊群，北部为冲刷性深槽与沙脊；辐射沙脊主体沉积细砂与古长江河床质相关，粉砂粘土物质受古黄河与长江双重补给；沙脊与深槽的发育具阶段性。辐射沙脊是河－海体系在海陆交互作用中的产物。

3. 通过 60 多个钻孔分析，发现陆上以东台为顶点的全新世中晚期潮汐成因的扇形沙区，类似海域的辐射沙脊体系。该发现对全面认识南黄海辐射沙脊的形成演化有重要意义。

该项目研究成果亦为当地政府开发滩涂与浅海渔场提供了详细的面积、水深地形及环境动态等基础资料；潮流通道成因、动态、稳定性研究为该区域建设深水港提供了有力的佐证。其中黄沙洋－烂沙洋水道已被国家选定投资 24 亿美元建设大型气轮机电厂及 10 万吨级深水港，西洋水道开发为 5 吨级深水港。

(王　辉)

【渤海生态系统动力学与生物资源持续利用】 研究时间：1997～2000 年。

研究目标：研究渤海对虾早期发育阶段栖息地的关键动力学过程、浮游动物对生态系统生产力的调控作用和食物网营养动力学及资源优势种交替机制，建立物理－化学－生物过程耦合模型和生态系统动力学数值模型，确认人类活动和气候变化与渤海生态系统相互作用的机制，预测渤海生态系统动态变化，寻求中国海洋生物资源持续利用的调控途径。

研究内容：通过对对虾早期发育阶段有关的关键物理过程、生物地球化学过程、对虾食物关系和气候变异影响等多学科交叉研究，认识关键动力学过程对对虾生态过程的作用；通过浮游动物对初级生产力控制作用、关键种种群动态和表－底物质交换过程，了解浮游动物作为中间环节在生态系统“上行”和“下行”控制过程中的作用，以及对人为和自然的环境变异作出的响应；通过食物网结构和主要生态营养通道、高营养层次食物关系和营养动力学研究，了解能量在生态系统主要营养层次流动的动力学过程和资源生产过程，探讨生物资源优势种交替规律及其人为干预和气候变化的响应；建立初级生产数值模型、关键物理－化学－生物耦合模型和生态系统箱式模型，并结合以上研究成果，进行相应的动力学模拟，提高对渤海海洋生态系统动力学的认识。

课题设置：对虾早期发育阶段数量变动与栖息地关键过程研究、渤海浮游动物种群动力学及其在生态系统中的调控作用研究、渤海食物网营养动力学及资源优势种交替机制的研究、渤海生态系统动力学模型研究。

【中国沿海典型增养殖区有害赤潮发生动力学及防治机理研究】 研究目标：选定中国赤潮多发海域——沿海典型增养殖区，综合生物海洋学、化学海洋学、物理海洋学、环境海洋学和水产生物学的研究，采用当今国内外的先进技术和手段，从整体和动态的生态系统水平研究增养殖区有害有毒赤潮的个体生物学、个体生态学和种群生态学及赤潮生态系的群落生态学，深入提示藻毒素的种类、毒性、毒理及在海洋食物链中的途径，探索有害赤潮的防治对策和防治方法的机理。并以此为基础对调查研究结果进行数学模拟和数值模型研究，为有效地防止有害赤潮，科学地开发、利用和保护海洋资源，强化国民健康管理等关键问题提供科学依据。

研究内容：赤潮生物学和生态动力学研究、有毒赤潮的藻毒素及生态毒理学的研究、典型增养殖海域有害赤潮生消动态过程和机制研究、有害赤潮的防治对策与机理研究。

课题设置：中国沿海典型增养殖区有害赤潮生物学和生态动力学研究、沿海典型增养殖区有毒赤潮的藻毒素及生态毒理学研究、沿海典型增养殖区有害赤潮生消过程和机制研究、沿海典型增养殖区有害赤潮的防治对策与机理研究。

（“九五”期间国家自然科学基金海洋重点项目见第23页）

（王　辉）

海洋调查
Marine Survey

【南沙群岛及其邻近海区综合科学考察的进展】 中国南沙群岛综合科学考察，联合近20个研究单位的科技力量，从1984年起已历时15年，对南沙群岛海区开展了综合科学考察。现已完成22个航次综合和专业考察，航程10万余千米，测站1 000多个，出版48部专著、综合报告和论文集，为维护中国在南沙群岛的主权做出了应有的贡献。

南沙群岛资源调查研究 开展的岛礁、水道、锚地和港址资源调查较全面分析研究了南沙群岛国土资源。在12°N以南断续线以内水域面积为70.68万km^2，南沙群岛72个主要礁体的浅水面积为2.5551万km^2；干出礁51座（单个计95个），礁坪面积共508km^2；含干出沙洲在内的灰沙岛，面积较大的有15个，总面积近2km^2。这些南沙群岛的岛礁是中国领土的组成部分，蕴藏着丰富的资源，除油气、海洋生物资源外，还有岛屿植物资源、岛粪土壤资源以及水、太阳能、温差能和旅游资源。完成了大量的区域地球物理测量，包括重力、磁力、地震、油气化探等；还收集整理了大量的多道反射地震剖面资料及国外在万安盆地的56口钻井资料。

根据地球物理资料，在南沙群岛岛礁区有礼乐盆地、南薇盆地、安渡南盆地三盆地，面积2.4万～4.0万km^2；在南沙群岛的陆架区，有面积为18.32万km^2的曾母盆地，面积为7.75万km^2的文莱－沙巴盆地，面积为8.8万km^2的曾母盆地，面积为2.93万km^2的西北巴拉望盆地。油气资源量估算，万安盆地大于978亿t。西北巴拉望盆地约17亿t，曾母盆地约170亿t，文莱－沙巴盆地约85亿t，万安北—21区块风险评价约35亿t，南薇盆地约20亿t，礼乐盆地约13.8亿t，安渡南盆地约12.1亿t。在曾母盆地北部的南康台地和康西坳陷是主要含气区，南部的巴林隆起和坳陷是主要含油区。在万安盆地中，北部隆起、中部坳陷和中部隆起为主要含油气区，油气兼有，含气更丰富。

在南沙群岛西南部陆架海域水深50～150m范围内，进行了4个航次底拖网渔业资源专业试捕调查。调查结果圈定4个主要渔场（两个高产渔场和两个优质渔场）。通过测算，在试捕15.3412万km^2的海区中，渔业资源密度平均为2.25t/km^2，现存资源量约34.5万t，推算可捕量为21.3万t，开发潜力良好。测算底层经济鱼类的资源密度为1.70t/km^2，现存资源量为26.1万t，可捕量为16.1万t。

南沙群岛环境调查研究 这些调查包括岛礁新生代地质特征与环境变化；珊瑚礁地貌；珊瑚生长率与环境变化的关系；晚第四纪古生物群与环境变化；岩石圈结构、组成与动力学特征；海洋生物分类区系，生物多样性和初级生产力；海洋化学与环境质量；海洋、大气物理场研究等8个专题的调查研究。其中，应用生物地层、磁性地层和^{14}C测年技术分析，建立了南沙群岛第三系、第四系珊瑚礁地层柱。将南沙群岛珊瑚礁地貌划分为环礁、台礁、陆坡与海槽塔礁、陆坡水礁滩和陆架水下礁丘5类。60年代以来，通过西沙与南沙SST变化特点的比较，认为南沙海域近百年来的SST上升率与西沙接近，即为每百年0.2℃左右。初步建立了南沙海区晚第四纪浮游有孔虫、硅藻、超微化石和放射虫的“微体生命带”。揭示了晚第四纪以来的几个典型特征事件在南沙群岛海区地层中的表现特征。对南沙群岛海区220～250ka以来的古气候研究，揭示了220～250ka以来所经历的古气候变化。对南沙岩石圈结构、地壳结构与动力学特征提出一些新的观点与认识，其研究成果被国外专家认为达到国际领先水平。首次对南沙群岛海区开展了岛礁高等陆生植物、原生动物、马尾藻类、隐虾类等研究，发现海洋生物61个新种和中国新记录347种。对南沙海区环境质量进行了评价，结论是：大部分属清潮区，但局部沉积物存在着Cd、Pb和Zn本底水平极高的现象。基本摸清了两个季风盛行期南沙环流和主要流系的配置格局，提出适合于南沙海区的湍流交换通量参数化方案，用此法算出的降水和蒸发与过去的传统结论不同，南沙海区春季蒸发大于降水。

此外，在信息管理方面建立了南沙群岛信息数据库，为今后研究与应用奠定了较扎实的基础。

（陈清潮）

【中日副热带环流合作调查研究】 国家海洋局继1995年秋季“向阳红14”号船执行了中日副热带环流合作调查研究项目第一个航次调查任务后，1996～1997年又相继完成了三个航次的外业调查，至此，该合作项目的外业调查工作已全部完成。

1996年5月10日至6月5日，“向阳红14”号船执行了1996年春季航次。该航次目的包括从变异角度了解副热带环流的水文结构特征，深入了解台湾以东黑潮和琉球群岛以东西边界流，以及琉球群岛西侧的水交换，加强巴士海峡以东黑潮源区的水文观测，继续对副热带逆流进行调查和研究等。调查区为18°～26°N，121°～130°E。调查项目包括物理海洋学、海面气象、海洋化学、海洋生物等学科的CTD、ADCP；气温、气压、湿度、云量、能见度；溶解氧、pH值、营养盐；叶绿素、初级生产力和浮游生物等。

参加单位有国家海洋局第一海洋研究所、第二海洋研究所、第三海洋研究所，国家海洋环境预报中心，国家海洋信息中心，国家海洋局南海分局，日本水产厅中央水产研究所，日本气象厅长崎海洋气象台。

1997年7月2～22日，"向阳红14"号船执行了1997年夏季航次。该航次目的包括了解黑潮源区的水文结构、海流状况及其与东海黑潮的关系；副热带逆流特性及变异；北回归线锋面和附近海域涡旋的性质；琉球群岛两侧的水交换；调查海区海洋—大气系统变异及其对东亚气候的影响。调查区为18°～26°N，121°～130°E。调查项目包括物理海洋学、海面气象、海洋化学、海洋生物等学科的CTD、海流、表温走航、水色、透明度、海况；气温、气压、风速、风向、湿度、云量、云状、能见度、波高、波向、周期及海表温度；盐度、溶解氧、pH值、营养盐、碱度、标准层采水；浮游生物、叶绿素、初级生产力等。

参加单位有国家海洋局第一海洋研究所、第二海洋研究所、第三海洋研究所，国家海洋环境预报中心，国家海洋信息中心，国家海洋局南海分局，及日本国有关单位。

1997年11月27日至12月23日，"向阳红14"号船执行了1997年冬季航次。该航次目的包括：黑潮源区的水文结构、海流状况及其与东海黑潮的关系，副热带逆流特性及变异，北回归线锋面和附近海域涡旋的性质，调查海区海洋—大气系统变异及其对东亚气候的影响，副热带环流区浮游生物的输送机制和初级生产力评估，琉球群岛两侧的水交换，调查区气溶胶等研究。调查区为19°30′～26°N，120°45′～129°E。调查项目包括物理海洋学、海面气象、海洋化学、海洋生物等学科的CTD、ADCP观测；气温、气压、温度、风速、风向、云量、云状、能见度、波向及周期、海表温等常规观测项目；盐度、溶解氧、pH值、营养盐；叶绿素、初级生产力等。

参加单位有国家海洋局第一海洋研究所、第二海洋研究所、第三海洋研究所，国家海洋环境预报中心，国家海洋信息中心，国家海洋局南海分局。

另外，青岛海洋大学"东方红2"号科学考察船亦在该调查区进行了一个1997年夏季补充调查航次。

（李　亮）

【中韩黄海水循环动力学合作研究】 国家海洋局第一海洋研究所和韩国海洋研究所于1996年2月28日签署了《中华人民共和国国家海洋局第一海洋研究所和大韩民国海洋研究所关于"黄海水循环动力学合作研究"项目实施协议》。该合作项目自1996年2月签署协议生效之日起到1998年12月止，合作期限为3年。

"中韩黄海水循环动力学合作研究"是国家海洋局与韩国海洋机构第一个大型的双边合作项目。其主要目的是：通过合作调查研究，阐明海水循环及物质输运；为黄海海洋环境保护提供必要的科学资料和依据；活跃两国间的海洋科学交流。合作研究的主要内容包括：(1)黄海环流和物质输运的季节状况；(2)黄海暖流的起源、驱动机制和路径的季节变化；(3)黄海代表性水团结构和相关的环流；(4)黄海物质通量。

合作调查海域为长江口—济州岛以北、37°N以南的黄海海域(除两国领海以外)。中韩黄海水循环动力学合作研究第一航次(春季航次)于1996年4月4～17日圆满完成。外业调查由国家海洋局北海分局"向阳红09"号船和韩国海洋研究所"Onnuri"号两条科学调查船共同实施。全域设6条常规断面，共72个测站。两条调查船各自完成三条断面，36个测站的观测。观测项目主要有海洋水文、气象和海水化学，同时还进行了直接测流。

水文观测：SEB911plusCTD观测36个站，MARKAIIICTD观测36个站；完成ADCP走航观测，获得1 500n mile的海流记录数据。另外，还做了20个站的水色和透明度的观测。

气象观测：完成72个站的海面气象观测。项目包括云、能见度、天气状况、气温、气压、湿度、风向、风速和目测波浪。

海水化学分析：采水样72个站，分析项目包括溶解氧、pH值、营养盐和悬浮物等。

直接测流：春季航次在34°N、123°30′E进行定点测流，并在33°58′N、125°07′E投放了一个测流浮标。分别获取了不同层次连续3天和7天的海流连续观测资料。同时，还在黄海区投放了12套卫星跟踪表层测流浮标，其中6套获取了有效资料。浮标漂移时间最长的达55天。

春季航次作业由国家海洋局第一海洋研究所和韩国海洋研究所分别负责组织实施。首席科学家分别由海洋一所研究员汤毓祥和韩国海洋研究所李兴宰博士担任。

1996年10月8～25日实施了中韩黄海合作调查

的第二航次即秋季航次。调查任务由国家海洋局北海分局“海监 18”号船实施。调查区域与第一航次相同，但增加一辅助观测断面，共 72 个测站。调查项目除了未投放卫星跟踪表层测流浮标外，其余的与第一航次相同。秋季航次由国家海洋局一所负责实施，韩方有 3 名科技人员参加了共同调查。

1997 年 7 月 10～20 日，中韩黄海水循环动力学合作研究第三航次（夏季航次）由国家海洋局北海分局“海监 18”号船执行。对全域布设的 6 条正规断面和 1 条补充监测断面，其 73 个测站进行了大面测站、锚碇浮标测流、底层流观测以及卫星跟踪表面测流浮标观测。

该合作项目的冬季航次于 1997 年 2 月 18～28 日由韩国“Onnuri”船执行。

通过上述合作项目的开展，双方进行了科技人员和学术交流活动。通过合作调查航次的完成，双方科学家取得了研究区内的大批宝贵资料，科学研究工作正在进行。 （汤毓祥）

【中美海底光缆网络系统（中国海区）路由调查】 中美海底光缆网络系统（Chian－US Cable Network System）连接中国、美国以及韩国、日本等国家，全长 29 315km，是中国直达北美的国际光缆主干线。它的建成，将进一步形成以光缆为主、光缆和卫星并存的国际传输网，满足中国日益增长的国际通信需要。

光缆网络系统路由海洋调查是该项工程先行的重要基础工作。经国际招标，国家海洋局杭州海洋工程勘测设计研究中心承担中国海区约 2 000km 路由的海洋调查。自 1997 年 10 月 7 日至 1998 年 1 月 6 日期间，使用国家海洋局的“中国海监 74”、“大洋一号”、“实践”号和国家环保局的“浙海环监”调查船，先后分 4 个航次，对该网络系统中国东海和南海海区路由进行了以工程地球物理和工程地质为主的综合性海洋调查。海上调查采用了一批在国际上处于领先水平的技术装备，在资料和数据处理上使用了具有国际领先水平的软件系统，全面达到了当前国际上海底光缆路由调查最新技术要求。调查成果于 1998 年 3 月 25 日通过中美光缆路由调查工作组的验收。委托方、建设单位和成果鉴定委员会对该项调查给予充分肯定和高度评价，成果达到了国际先进水平。 （叶银灿）

海洋科学研究
Marine Scientific Research

物理海洋学
Physical Oceanography

【海流】　南海研究增多　人们研究的兴奋点逐步从黄、渤、东海转向南海，因为过去几十年来，对黄、渤、东海海流结构基本清楚，而南海则因各种原因研究进展较为缓慢。然而南海是世界上最大的半封闭边缘海之一，面积比渤、黄、东海面积之和大 2.8 倍，平均水深远远超过黄、渤、东海区。南海是 21 世纪中国海洋资源重要开发区之一。发表于各种期刊上的研究文章有：

南海东北部冬季逆风流数值试验(袁叔尧)；南海东北部及台湾海峡附近环流的耦合模式(蔡树群)；南海东北部及台湾海峡环流机制的数值研究(蔡树群)；黑潮水入侵南海的水文分析(许建平，苏纪兰)；南海东北部海域次表层水与中层水之流径（王胄，陈庆生)；南海的黑潮分离流环(李立)；夏季流经东沙群岛北向的一支偏西向海流(黄企洲)；南海北部冬季和夏季逆风流机制初探(袁叔尧)。

特别是"南海季风试验"，这是继"海岸带调查"、"海岛调查"之后，有关海洋环境调查的又一个重大国家项目。这个项目将在典型季节进行海洋综合调查，以便找出南海季风发生、发展、强度与海洋环境之间的某种联系。1998 年已经完成两个航次的调查。

对南海东北部附近海域研究日益重视，并有一些新的观点和不一致的结论　近年来，对该区域环流特征已获得更多信息，袁叔尧等通过数值计算认为，黑潮自巴士海峡中偏南进入南海，大部在台湾西南海域形成套状流结构从巴士海峡北部流出南海；另一部分向西流动构成黑潮南海北分支，它可能是维持大陆架南海暖流重要原因。根据计算，黑潮除台湾东部主轴外，还在台湾海峡中形成自南而北的流动，一旦受东北季风的影响，在南海中部形成气旋环流，在广东沿岸出现一个逆沿岸流的流动，最后入台湾海峡流动。

李薇等在"吕宋海峡海洋环流基本特征"一文中，根据较长时间序列的海面高度(SSH)场的分析，认为一个舌状的 SSH 的高值中心自海峡东部的太平洋向西扩展到南海北部，大致到达 110°E 的位置，且有季节变化和年际变化。在吕宋海峡东侧的大洋上，有变化的反气旋涡，与之对应的是，永久存在的 SSH 高值中心。另外在 1995 年 1～7 月期间有一次完整的黑潮流环脱离黑潮主体并在南海北部向西南方向移动的过程。但是，许建平和苏纪兰通过与台湾学者多年合作以及多船联合调查结果，在"黑潮水入侵南海的水文分析"一文中认为，南海和西北太平洋海域的海水结构存在着各自相对独立的温、盐特性，虽发现黑潮水穿越巴士海峡进入南海，但其势力甚弱；在夏末秋初，黑潮亦无直接分支深入南海，即使在巴士海峡北端进入台湾海峡的黑潮水，其影响也十分微弱。相反发现有一股水沿菲律宾西海岸北上，绕过吕宋岛西北角流向东北，在巴士海峡呈现与黑潮水混合的现象，在冬季该水流高温低盐，夏季则低温低盐。同样台湾学者王胄和陈庆生，在"南海东北部海域次表层水与中层水之流径"一文中也支持上述观点。

李立在"南海的黑潮分离流环"一文中，报道了关于黑潮分离涡旋进入南海的事实，该流环中心位于东沙群岛东面，直径 150km，垂直尺度超过 1 000m 的反气旋，表层最大流速超过 1m/s，属暖流环类。

对广东沿岸流之外的逆风海流生成机制也有一些新的认识，例如，"南海东北部冬季逆风流数值试验"(袁叔尧)一文指出，夏季风应力、大陆坡地形及底摩擦三者联合作用，导致表层海水在大陆坡上产生辐散，生成低水位带和低动力高度带，在大陆坡北侧产生 SW 向夏季逆风流，南侧产生 NE 向顺风流；冬季风风应力、大陆坡地形及底摩擦三者联合作用，导致表层海水在大陆坡产生辐合，生成高水位带和高动力高度带，在大陆坡北侧产生 NE 向冬季逆风流，南侧产生 SW 向顺风流。他认为，冬季风盛行期间，黑潮水经巴士海峡流入南海，加速、加大逆风流的形成。

此外，管秉贤继 60 年代的研究，又对琼东中尺度涡进行分析。他认为，海南岛以东外海的暖涡不仅夏半年出现，冬半年也出现。它是当南海北部的西向流遇到海岸和海底地形的约束作反气旋式转变，延伸为南海暖流时，在转弯处右侧形成的。同时，当流向东北的南海暖流其途径作反气旋式弯曲时，也会在右侧形成暖涡，冬半年较弱，夏半年较强。

与南海水交换有关的海峡调查研究增多　台湾海峡位于中国台湾岛与中国大陆之间，是连接东海与南海的唯一海水通道；琼州海峡是南海与北部湾之间重要水交换通道。

继1997年由国家海洋局南海分局和海南海洋开发规划设计研究院在琼州海峡15个站位上进行同步测流外，1998年，国家海洋局南海分局、中国科学院南海海洋研究所又在6～8个站位上，于冬夏季、大小潮期间进行同步测流。这是60年代之后，规模最大的一次。和琼州海峡、台湾海峡有关的文章有：

琼州海峡冬末春初潮余流场特征（侍茂崇）；台湾海峡一种三维风海流数值计算模式（陆风山）；夏季台湾海峡海流的计算（王惠群）。王惠群应用三维非线性诊断模式，得到夏季通过台湾海峡北上的流量为0.83×$10^6m^3/s$，海峡内水平流速东侧最大，西侧次之，上升流普遍发生在福建沿岸。侍茂崇等利用实测资料和数值计算得出，冬末春初，余流方向自东向西，北岸余流速度大于南岸，潮流输运水量，大潮期间大约为5×$10^{10}m^3/s$。

大洋海流研究　“得雷克海峡绕极流和锋面的研究”（蒲书箴），利用中国第九次南极考查所得的得雷克地区资料，结合国外锚碇浮标测流资料，分析了得雷克海峡绕极流和锋面的时空变化。结果表明，海峡中绕极流有三个强流区，其中以亚南极锋附近的海流最强，流向流速少变，深层流速明显减弱且多变。

青岛海洋大学学报出版一期专辑汇编了侍茂崇等承担的“八五”攻关项目部分研究成果，其中就冰间湖的形成原因，普里兹湾的海流及其他水文特征，南极海冰、风场及与流场的关系等都做了深入的研究。“南极普里兹湾及其邻近海域水文结构特征和底层水的来源”（于洪华）一文认为，南极普里兹湾陆坡区有生成底层水的迹象。

在“用GEOSAT高度计数据观测黑潮流系的低频变化”（潘家炜，袁业立）一文中，研究西北太平洋10°～45°N，120°～160°E区域内时空均匀的50个时间序列海面高度异常场。其结果表明，高度计资料与实测水位符合较好，黑潮延伸体与黑潮大弯曲之间有相互关联的变化关系；吐噶喇海峡以东与台湾省东北黑潮流年际变化具有相同相位，黑潮大弯曲时流量减少，而东海断面流量在大弯曲出现时增强；菲律宾以东黑潮流量在ENSO期间减弱，ENSO消失后增强。季节变化特征在秋冬之交出现正异常最大，春夏之交出现负异常最大，这种变化规律与东亚季风有关。

“夏季对马暖流区黑潮水与陆架水的相互作用——兼论对马暖流的起源”（郭炳火）一文中指出，对马暖流的特征，主要是黑潮的分支及其变性水，其次是东海北部混合水进入海峡西水道。“夏季对马暖流水来源的探讨”（汤毓祥），使用韩国海洋研究所在这个区域的CTD资料和卫星追踪表面漂流浮标观测结果，认为，夏季表层对马暖水来源，是以长江冲淡水为主体的沿岸水、黑潮表层水和东海南部陆架水汇聚而成，温跃层以下，主要为爬升的黑潮次表层水。

此外，还有“东海黑潮锋面涡旋在陆架水与黑潮水交换中的作用”（郭炳火），“1991年菲律宾以东海流特征和盐度结构”（刘赞沛），“ENSO事件对北赤道流分叉位置的影响”（刘赞沛），“倾斜地形对赤道区深层环流的影响”（吕健），“赤道太平洋低频波动某些特征”（孙即霖）等一些文章论述了不同海区流的特征。

不同区域海流数值计算　“夏季长江淡水扩展的数值模拟”（朱建荣）一文认为，黄海冷水因作用使长江冲淡水伸向东北，夏季风场是冲淡水向东北的主要动力。此外还有“黄海冷水团对长江冲淡水扩展的影响”（朱建荣），“斜压海洋动力学一种三维数值模式”（于克俊），“温盐度和垂直涡动粘性系数计算”，“杭州湾开挖深水航道对潮流影响的数值研究”（李身铎），“太湖梅梁湾三维水动力学模型研究”（朱永春），“渤海冬季环流形成机制动力学分析及数值研究”（赵保仁），“沿岸海区冬季垂直环流及其温盐结构和数值研究，环流基本特征”（刘兴泉），“近岸浅海潮流数值模型及其应用”（夏华永），“风和台湾暖流引起东海沿岸上升流数值计算”（罗义勇）等。

（侍茂崇　高郭平）

【海温】　**海洋温度与气候变化**　近期，全球气候变化引起人们极大关注。气候的年际和年代际变异，已成为气候变化的热门课题，80年代开始和全球增暖频频产生的负效应给人类带来重大灾害，自然生态受到极大破坏，严重危及到人们生存环境。

“我国西南地区夏季降水异常与太平洋海温季节演变的关系”（唐佑民）认为：太平洋中、高纬度地区和赤道太平洋海温与中国西南四川贵州等地降水存在遥相关。“东海南部夏季水文状况研究”（汤毓祥）分析了1959～1988年南海表面至100m垂直平均温度，结果表明：南海上层海洋热焓量存在明显准两年、4～5年振动，在厄尔尼诺年，南海上层热焓量显著增加。“南极海冰异常变化与全球海平面变化”（解思梅等）一文中用1973～1994年资料发现南极海冰80年代显著比70年代海冰面积小，海平面高度平均值也比70年代高，10年平均增高22mm，海水温度和大气温度都明显偏小。这容易发生厄尔尼诺事件。此外有关海温的研究还有“热带西太平洋暖池异常东伸与热带东太平洋增温”（龙宝森），“中国东南部异常降水型变化特征及其与赤道东太平洋海面温度关系”（刘黎明），“南海上层海面热焓量的年际和年代际变化”（何有海），“简单海气耦合模式研究西太暖池形成机制及对大气扰动影响”(付刚),“1994/1995 ENSO事件及1996年热带太平洋和大气状况的诊断和预测”(龙宝森)等。

不同海域温度特征 “南海表层水温和海面热收支的年循环特征”(王东晓)一文,利用30年逐月COADS资料,得到的全年各月海洋气象诸要素气候平均,计算了各要素场和海面热收支4个分量年平均场和年振幅空间分布,分析了南海表层水温和海面热量净收支在年循环中的关系;通过调和分析揭示了南海季节变化中年周期(1波)和半年周期(2波)信号的空间结构,初步解释了南海SST年循环中的增温、平衡和降温不同时期的变化规律。“渤、黄海强温跃层数值预报模式”(王宗山),建立了考虑海面吸收辐射和透射辐射、地形、风、海流、界面摩擦及其引起的混合作用的强温跃层三维数值预报模式。该模式的驱动量仅为风和气温场资料,因而具有较好的实用性。

此外,还有“南海上层水温分布的特征”(杨海军,刘秦玉),“用自回法预报黄海底层水温”(尹逊福),“1984～1989年165°E断面海水温盐结构的距平变化”(林传兰),“黄渤海跃层三维数值模拟”(张晨)等研究。

海冰 “海冰动力原过程的数值模拟”(吴辉碇),讨论了海冰动力学性质及海冰漂移的动量平衡,冰脊和水道形成及确定冰应力与形变强度之间关系的海冰流变学。 (侍茂崇 高郭平)

【潮汐和潮流】 **海平面变化** 这是当前世界研究焦点。“珠江三角洲近几十年水位变化趋势研究”(相清书),“中国沿岸近期多年月平均海面随机动态分析”(田辉),指出厄尔尼诺主要影响中国南部沿海月平均海面,使海平面降低;“上海海平面变化规律及其长期预报方法初探”(秦曾灏,李永平),根据1912～1993年实测潮位资料,采用多变量逐步回归和最大熵谱分析方法,预报2010和2030年上海附近海区绝对上升值分别为5cm和11cm。“我国沿海若干验潮站19年潮汐分析”(黄祖珂)一文中,用19年潮汐调和分析方法对中国葫芦岛、秦皇岛、坎门等站的潮汐资料进行计算,给出了472个分潮振幅和位相,并得到分点潮、近点潮和极潮对平均海面超长周期变化的预测。还对以上三站以及塘沽、龙口等站进行逐年潮汐分析,从天文因子、非线性效应以及海底地形变迁等方面探讨逐年潮汐分析稳定性。

潮汐观测及计算 “南沙及其西南海域潮波系统”(曹德明等),采用沿岸和岛屿200多个验潮站的调和常数,给出了M_2,S_2,K_1和O_1四个主要分潮新的同潮图,同时还探讨了这些分潮之间的关系。研究表明,M_2和S_2在泰国湾的潮波系统很相似,但在卡里马塔海峡和爪哇海差别相当大。M_2潮波基本上属于驻波性质,而S_2潮波则具有向西传播特征。在某些区域,如望加锡海峡的部分区域,S_2的振幅可以超过M_2。泰国湾中K_1和O_1的潮波系统也相类似。在卡里马塔海峡,这两个潮波都向南传播,但在爪哇海,O_1潮波继续向东传播而K_1潮波则倒过来向西传播。此外还有“北部湾潮汐数值预报及其分析”(刘爱菊等),“台湾海峡北口潮汐观测与分析”(相顺良)。 (侍茂崇 高郭平)

【海浪】 海浪作为一种非线性随机波,其非线性效应越来越受到人们的重视。这方面研究有两种:谱分析方法和统计方法。

谱分析方法 “四阶非线性海浪波面高度统计分布”(管长龙,孙孚),基于非线性随机海浪模型,在四阶近似下,通过直接求矩的方法,导出了海浪波面的高度统计分布为截断的Gram－Charlier级数,解释了Huang等发现的增致λ_8时符合更坏的现象,讨论了近似阶次对级数截断和系数确定的影响。对于m阶近似,分布级数的截断项H_{3m-3},并且H_{3m-4}项不出现,H_{3m-3}和H_{3m-6}项的系数间存在简单的代数关系。

“海浪波面极大值分布的非线性影响”(宋金宝)一文认为海浪组成波之间的三阶非线性相互作用产生的高次谐波,不仅改变了波面的外观形状,而且使得高频域不再满足通常的线性频散关系,当$f>1.7f_p$时,频散关系应修改为$\omega^2=2gk$。用最大似然法(MLM)分析方向分布的结果表明:在二倍峰频附近,方向分布再次变窄,且能量在方向上的集中程度与海浪的成长状态有关,得到的高频方向分布跟Caudal和Hauser(1996)的微波遥感结果定性一致。

“外观海浪谱的比较和验证”(孔亚珍,丁平兴)一文首先纠正了Huang等论文中的某些错误,并将Huang、孙孚等据不同的联合分布导出的外观海浪谱进行比较;然后,分别计算这两种外观海浪谱的前二阶矩,并与内频谱的矩进行比较;最后,用实验和现场资料对从理论上导出的外观海浪谱进行验证。结果发现,当谱宽度$v\leqslant0.3$时,外观海浪谱矩与内频谱矩差异很小,理论谱形与实测结果也非常接近。因而,在实际问题的应用中,若谱宽度不大,则就可以用本文讨论的外观海浪谱去替代目前从理论上尚不能得到的通常意义下的海浪谱。此外,还有“二阶非线性随机海浪波面高度和波面垂直速度的联合分布”(管长龙),“均匀介质n维随机波动的空间结构”(吴克俭,孙孚),“非线性随机海浪模型的一种新型式”(刘新安)等研究。

统计方法 “南海波高熵和风速熵”(郭佩芳)一文根据风速的统计分布,给出了有因次风速熵和无因次风速熵的定义及其计算方法,使用GEOSAT高度计

1986年11月至1989年2月的有效波高和风速的资料，计算、分析了南海海域上的波高熵、风速熵，给出它们的时间变化特征和空间变化特征，并对不同随机量的无因次熵，即随机度进行了比较。结果表明，该海域的波高熵除个别外，整体特征有明显的年变化规律，波高熵在冬季取得最大值，在夏季取得最小值；与波高熵相比，风速熵的年变化规律不甚明显。研究表明，波高熵与风速熵有密切的关系。"现有波群因子的统计研究"（陈伯海），依据从三个测点获得的111组数据对现有波群因子予以检验，若某一因子在较短的记录长度内有连续三个值，且其中最大值和最小值满足：（最大值减最小值）不大于0.005，则被称为稳定的波群因子；若这种因子又满足三个条件，即它在任一序数中出现的次数最多、在整条记录中出现的总次数最多和在整条记录的最初1 280s内出现频率最大，则被称为较佳波群因子，就检验的个例而言，（波高的）平均连长（L_1）和波高与周期的相关系数[R_{HT}(O)]就是这种因子。将这两个因子连结起来，称之为联合波群因子，因此，建议以此联合波群因子表征波群强度会较前人采用的单因子的为好。

这方面文章很多，例如，"GEOSAT高度计遥感分析南海北部海浪特征"（齐义泉）、"海浪外观谱及其平衡域"（吴克俭）、"波面极大值处水质点水平速度的统计分布"（管长龙）、"近岸不规则波成长模型的研究"（朱良生）、"海洋白浪覆盖率模式的研究"（于定勇）、"海洋白浪寿命的定义及测量结果"（吴克俭）、"双峰谱型海浪波高与周期的联合分布"（陈雪美）、"实测海浪方向谱的统计特征"（吴秀杰）、"划分风浪与涌浪的一个新判据"（郭佩芳）、"入射波共存浪场的方向分布估计"（赵栋梁）、"大型风浪槽风浪成长谱特征"（吕红民）、"波浪水槽中随机波的模拟"（陈伯海）、"非线性海面波浪斜率的概率分布和白浪覆盖率的计算"（宋金宝等）。

数值计算　"Betty台风过程风浪数值模拟"（于卫东等）对台风风浪进行了数值计算。

此外，在海洋工程中，波浪要素的计算有最为广泛的基础，并受到工程部门重视。波浪要素统计，即多年一遇的极值分布，都具有很高的准确性和实用性，特别是核电站的兴建，对海浪的研究更受到空前的重视。但是其计算结果，却很少有文章发表。

其他　"表面粗糙度对海浪成长率的影响"（董力耘，袁业立）对海浪生衰机制进行了研究。

"高度计卫星定轨精度对其测高数据在海洋应用中的影响"概述了卫星高度计测高数据在海洋应用上的一些结果、影响轨道的因素、测轨方法和轨道精度校正方法，最后根据现有卫星轨道校正数据得到卫星轨道误差与校正精度的关系式，据此分析了轨道计算误差对卫星高度计测高数据在海洋应用中的影响。

（侍茂崇　高郭平）

【海洋内波与细结构】　"八五"国家重点科技专项"南沙群岛及其临近海区综合科学考察"中设有三级专题"南沙海区内波和垂直细结构研究"。在"九五"国家重点科技专项"南沙群岛及其临近海区综合科学考察"中再次在一项三级专题中设置了关于内潮内容，由一般的内波与细结构调查分析转入以数值方法为主的专门的内潮研究，工作正在进行中。继细结构研究进入大洋之后，海洋内波的研究也从近海、陆架和陆坡区进入太平洋。1997年开始的国家自然科学基金项目"赤道西太平洋内波场非典范特性及其机制"正在顺利进行，并已取得一些阶段性成果。

范植松和方欣华给出了存在地转向量水平分量的条件下大洋内波方程及其渐近解，揭示出地转向量水平分量对高模态（高波数）内波的影响是不容忽视的。邱章、徐锡祯和龙小敏采用谱分析与调和分析等方法分析研究南海北部一侧站的9天连续观测资料得出存在向偏北方向传播的全日潮频内潮。章克本和高虎山依据海上观测资料，用数值方法确定了内波主要模态的频散关系及其特征函数。张爱军与方欣华利用TOGA－COARE资料计算了由内波引起的等温面位移垂向波数谱，得出不同测站不同深层的谱形基本一致，当波数介于0.02～0.5周/m之间时，谱斜率为－2.7±0.1。江明顺和张爱军用小波变换方法分析了赤道西太平洋暖池区的CTD资料，表明温度细结构具有自相似特性；概率分布有近似普适形式；周期Δ和尺度α遵从幂率标度，预示着细结构可能存在简单的二分串级机制。蒋德军与高天斌等人利用青岛海区的内波与声场特征的综合观测试验资料研究了典型浅海温跃层内波对声场起伏的影响，并用PE算法模拟计算了在内波起主导作用下的声振幅起伏。

（方欣华）

【风暴潮】　1996年立项、1997年正式启动的国家"九五"计划科技攻关专题《近岸带灾性动力环境的数值模拟技术和优化评估技术研究》（96－922－03－03）中设立了关于风暴潮漫滩和漫堤数值模拟及其多年一遇预测与评估方法研究的两个子专题（922－03－03－02和922－03－03－03）分别由青岛海洋大学和中国科学院海洋研究所负责执行。此两子专题不同于"七五"和"八五"的相关专题，前者只是研制风暴潮的实时预报方案，而此"九五"计划的相应攻关专题是在其基础上改为多年一遇的长期预测研究。由专题确定的方法试用区选在黄河三角洲附近海区。该区风暴潮发生频率不足以用来做多年一遇的概率统计，故必须结合数值计算方法以补不足。又由于为工程设想，单纯预测风暴潮位和淹水范围也显不足，故该专题还提供预测流场做相应补充。该专题组已研制出一种三维空间运动边界的数值模型，既可用来计算全场风暴潮位，也可计算漫滩范围，还可计算三维风暴潮流场。无疑，对于工程来说，三维流场比深度平均流场更为重要(如海底侵蚀与泥沙搬运)。而运动边界数值模型，至今在国际上只有空间二维的，这一三维运动边界模型又属首创，而且它不属于那些不符合运动学原理的干—湿网格法，而是严格符合运动边界的运动学原理的坐标变换方法(见本年鉴 1994～1996 卷报道)。

1997 年 10 月末，在青岛海洋大学召开了“风暴潮与海啸研究会”年会，会上除有 20 多位报告人从理论研究、数值方法以及实时预报方面进行了学术交流外，还对研究会的理事会进行了改选，选出了以冯士筰院士为理事长的第四届理事会。该会仍挂靠国家海洋局海洋环境预报中心。会上并将前理事长、副理事长等聘为名誉理事。 (孙文心)

【国家海洋局地球流体力学和数值模拟重点实验室】

该实验室于 1995 年成立，是国家海洋局首批部级重点实验室之一。其前身为中国工程院院士袁业立博士 1987 年创建的国家海洋局第一海洋研究所地球流体力学研究室。它以跟踪物理海洋学发展前沿为选题原则，侧重开展海洋过程的动力学、海洋数值模拟和海洋遥感基础研究，目前主要研究方向包括海浪及海洋波动理论、海洋中尺度运动动力学、大洋环流、非线性动力学、海洋生态动力学、海洋沉积动力学、海洋数值模拟技术和海洋卫星遥感机理研究等。

近年来，该实验室逐步转向海洋环境科学与数值模拟研究，以海洋动力学和数值模拟方法为侧重点，包括海洋动力环流、海洋污染与生态环境及海洋底质环境等方面的内容，是一高度开放的、注重学科交叉的基础性研究实体。

实验室由 17 名科研人员和 5 名客座研究人员组成，其中 14 人具有博士或硕士学位，10 名具有高级技术职称，已形成了一支精干的、有较高理论水平的科研攻坚力量。

学术委员会是该实验室学术发展方向的咨询决策机构，由 18 位国内外科学家组成。

近年来共主持承担 20 余项国家自然科学基金项目；主持多项国家“863”计划课题；多项国家科技攻关课题；航天和世界银行支持项目以及 30 余项直接为国民经济建设服务的开发研究项目和国际中标项目。取得了一批高质量的科技成果，造就了一批高水平科技人才，共培养博士后、博士和硕士 30 余名；在《中国科学》、JPO、JGR 和 JFM 等国内外最著名的学报上，发表高水平学术论文近 200 篇；荣获国家海洋局科学进步一、二等奖各两次，三等奖一次。

实验室拥有先进的计算机设备，包括计算速度每秒亿次以上的计算机工站 5 台和 VAX 超小型机一台，其中 CPU DEC533au² 工作站计算速度为每秒 15 亿次以上，并拥有接收 NOAA 及水色卫星遥感资料的卫星地面接收站和图像处理系统各一套。

(国家海洋局一所)

海洋气象学
Marine Meteorology

【热带气旋研究的新进展】 近两年来中国对台风研究的新进展如下：

不同尺度运动对台风移动的影响 过去只考虑大尺度涡旋对台风运动的影响，中小尺度影响并未考虑。近年来罗哲贤、陈联寿、徐祥德、田永祥等研究了中尺度系统对台风运动的影响，结果表明台风外围的中尺度系统与台风的相互作用将使台风路径摆动(Meandering)。位于台风东北和东南侧小尺度系统将使台风路径向西偏折并比小尺度系统位于西北或西南侧时使台风运动产生更大的摆动幅度。对于台风内部中尺度系统的影响，结果表明，在弱引导场中，台风有向该中尺度强对流所在位置运动的趋势。

非对称结构运动的影响 通常把台风作为“黑体”输入模式(对称涡旋)，而不考虑非对称对运动的影响。近年来上述作者研究了在弱引导场中台风内部非对称结构对运动的影响。结果表明，β效应将使轴对称热带涡旋非对称化，形成流函数等值线东密西疏结构。涡度平流则使非对称热带气旋对称化。这种等值线东密西疏的结构有利于台风快速向偏西运动。当这一强梯度区逆时针旋转到台风西南象限时，往往是台风发生转向的强讯号。另外，用 TCM 的加密探空资料研究表明，存在于动力非对称结构台风区域的一对偶极子(气旋和反气旋)之间的通风流往往与台风运动的趋势一致，这对偶极子往往与对流层上层一对辐散—辐合中心相应。台风中心往往有向辐散中心移动的趋势。

地形对台风运动的影响 中国台湾省岛屿地形对台风运动往往有重要影响，引起国际热带气旋研究界的广泛重视。罗哲贤、陈联寿、杨平章、孟智勇等对此作了数值研究，结果表明，当台风自台湾省东部海面靠近岛屿时，往往会使台风路径向右偏折，然后在台湾东北部海面西折。另外，数值研究结果表明，当台风自台湾东南部靠近该岛屿时，往往会在台湾海峡生成一个诱生低压。有时这个低压会发展成台风而原有的台风消失。这一地形作用的现象与高空涡度场与诱生低压叠加有关。

台风与中纬度系统的相互作用 台风与中纬度系统相互作用的结果往往会产生非常特殊的天气过程。研究结果(程朝辉等)表明,亚洲梅雨和台风活动有密切关系,梅雨强盛维持期间一般很难在西北太平洋西部和南中国海生成台风。但热带风暴一旦形成并继续发展时,梅雨往往会很快消退。梅雨期西北太平洋西部和南中国海台风的生成或加强,往往是梅雨消退的一个强信号,该研究从波－波和波－流相互作用角度对其机理进行了分析。

当台风与中纬度长波槽出现在南北同一经度范围并产生相互作用时,往往会使距离台风遥远的槽前产生特大暴雨。数值试验的结果(朱宏岩等)表明,西风槽南面有台风时,槽前的降雨将比无台风的降雨显著增大。物理诊断结果指出,台风东侧低空东南急流向槽前输送的水汽和动量是造成远距台风本体的这块强降水的主要原因。

冷空气与台风的相互作用往往使台风变性发展,这往往造成中纬度地区的强暴雨。数值研究结果(徐祥德、陈联寿等)表明,冷锋与台风作用往往使台风变成西冷东暖的结构并随高度向冷区倾斜。变性过程中台风中下层动能加强,台风垂直环流形成不对称结构并使变性系统暴雨显著增强。利用TCM—90资料对目标试验台风FLO和ED的另一项数值试验表明,台风作为一个高能涡旋,可成为一个强迫源,形成能量频散波列,尤其是向中纬度传播的波列与台风未来路径趋势存在较好的相关性。

中纬度系统对台风的运动也有重要影响。研究结果(徐晶等)表明,盛夏青藏高原上反气旋的稳定增强期,西北太平洋西部台风路径趋势以向北运动或沿海转向为主。反之,当青藏高原上出现长波槽期间,台风路径趋势则以向西为主。

台风登陆问题的研究 台风登陆涉及到大气、海洋、海岸陆地三者的相互作用,除了台风带来的狂风暴雨外,台风登陆还会产生风暴潮。台风在陆地上维持时间的长短往往关系到灾害的轻重。研究结果(张胜军等)表明,台风在陆地上维持时间的长短与登陆季节、登陆时台风的强度、登陆地点大范围地形的粗糙度,以及登陆时台风及其环境大气的物理条件等因素有关。当台风登陆后仍获得源源不断的水汽输送、高空维持强辐散流场、三维结构仍能保持相对垂直,登陆台风往往能在陆地上维持难消。如果登陆台风重新获得斜压能量,还有再次加强并造成特大暴雨的可能。

(陈联寿)

台风运动的物理过程研究 最近10余年中,海外(包括香港)研究的重点放在台风运动的物理过程上。许多研究采用了数值模式,其中大部分为正压模式,只有近年一些斜压模式才被应用。

正压模式研究的主要结果是,热带气旋运动在很大程度上取决于气旋周围天气尺度的环境气流及气旋环流和环境环流之间相互作用造成的附加"引导气流"。在正压大气中,涡度趋势是由绝对涡度的平流来控制的,其中大部分是涡度环流造成的称为β效应的行星涡度梯度平流。环境场中的切变和涡度梯度也将产生一种相似的效应。这是不同涡度平流类型的组合,它造成了热带气旋最后的运动路径。最近香港城市大学完成的1990ESCAP/WMO SPECTROM实验资料的详细分析表明,这些数值模式大部分结论至少在原理上是正确的。

如果包括了斜压效应,其物理过程变得复杂起来,在这里位势涡度的守恒变成了主要考虑方面。热带气旋的运动依赖于一系列因素例如垂直切变、不同涡度平流、辐合等造成的大气对位势涡度分布变化的反应。不同的数值模式由于参数化方案不同可以产生相反的结果,这也是热带气旋运动的斜压效应尚难确定的原因,故而必须进一步研究特别是应用大量的观测。

在业务预报方面,数值天气预报(NWP)模式已经有显著进展,模式的预报误差(全球及区域)仅为10年前的一半。这一改进不仅是由于计算机速度提高,而且是由于对上述热带气旋运动物理过程理论的了解加深了。

热带气旋运动预报方面近期进展是集成预报技术的应用,许多天气预报中心(例如欧洲中期预报中心、美国国家环境预报中心)已经应用全球模式制作集成预报。当然,将这一技术引入区域性预报中特别是预报热带气旋运动仍然处在研究阶段。研究结果表明这一技术在预报热带气旋运动上具有很大的潜力。

台风强度变化 随着预报热带气旋运动的NWP模式精度的提高,越来越多地关注热带气旋强度变化问题。对上层环流特别是移动槽的影响研究最多。热带气旋环流和上层海洋的相互作用在冷水上翻、海洋混合层加深及暖水涡出现方面的影响也已进行研究。

台风活动的长期变化 由于近年对厄尔尼诺/南方涛动和全球天气变暖的兴趣,已经展开不同海区热带气旋活动的年际、年代际变化研究。已经证明热带气旋每年发生数量的准二年振荡与厄索准二年周期振荡有对应关系。十年和百年的振动也已被发现,当然振动的物理机制仍须进一步探索。

此外,对登陆热带气旋的研究已经成立一个专家委员会,中国的颜宏和中国香港的陈仲良是该委员会

的成员。（陈仲良等）

【**海洋爆发性温带气旋的研究进展**】 由于海洋爆发性温带气旋发生、发展的物理机制还不十分清楚，因此对它的研究仍是一个热门课题。近年来的考查重点在以下几个方面：

对流层和平流层相互作用对气旋发展的作用 不少作者考查了对流层附近的物理过程及其和平流层相互作用对气旋爆发性发展和结构的影响，发现对流层顶波动通过改变气旋的垂直和水平热力结构诱导低层涡旋的加深；对流层顶摺叠能使气旋高层的斜压区向下伸展，它是气旋加深过程中的重要分量；平流层底层位涡异常移到低层斜压区上诱导气旋的发展等，是平流层和对流层结构的有利配置及其相互作用来影响低层气旋发展的；另外，在以往急流对气旋爆发性发展作用的研究中，强调了有关的非地转加速和急流为气旋发展所提供的有利环境场，最近用一个六层原始方程模式试验了急流强度对气旋爆发性发展的影响。结果表明，急流的强弱直接影响了气旋发展的强弱，而低空急流强度的变化对气旋发展的影响大于高空急流；急流的直接作用是对急流－锋、次级环流的动力强迫，又通过次级环流上升支的强度和水汽输送作用于降水过程，而降水过程和锋面次级环流又影响了锋面发展，同样槽脊系统的发展也受到影响，从而对与气旋发展相关的温度平流、涡度平流产生影响，进而影响气旋的发展；一些作者强调了积云对流加热廓线的“形变”对气旋发展是重要的，数值试验表明气旋发展状况对于垂直加热廓线分布具有突出的敏感性，若将垂直加热廓线形变，则可导致气旋的爆发性发展；另一些学者试图用湿斜压不稳定理论和采用倾斜对流参数化方案来解释气旋爆发性发展的原因。

行星边界层及下边界过程对爆发性气旋的影响 没有海洋提供水汽使潜热大量释放，气旋的爆发性发展是不可能的，相反，气旋的强烈发展，也改变了海洋的动力和热力结构，耦合的海洋和大气环境对气旋的进一步发展起作用。因此，不少学者从PBL结构、地面拖曳、洋面通量、SST异常、湾流和海－气相互作用诸方面考查了对气旋发展的激发机理，结果表明，湾流能诱导中尺度气旋生成，并通过诱导冬季低层斜压性来影响气旋的加深率；SST异常时，风暴的地面气压将明显减少；洋面通量主要是通过增强中层潜热释放来影响气旋加深的。一个详细的研究结果表明，来自洋面的大量热通量卷入到正在演变的气旋下垫面，其产生的最大向上通量接近3 000W/m²，比热带气旋和温带气旋内观测到的典型值还大几倍，当这些非常大的海面通量同浅的后倾锋面耦合时，导致气旋区内边界层的最大加热和增温。

总之，尽管不同的作者对爆发性气旋发展的机制有不同的侧重点，也存在一些分歧，但是大家一致认为，没有一种机制能单独对气旋爆发性发展起作用，气旋的爆发性发展是各种物理过程共同作用的结果。

（仪清菊）

【**东亚夏季风爆发研究**】 东亚夏季风首先在南海爆发，爆发时有两个基本特征，一是出现稳定的西南风，二是强对流发展大面积降水增加。陶和陈（1988）根据70年代中国降水量资料，规定日降水量突然增大，并且持续一候作为西南季风爆发的标志，由此给出了亚洲季风建立的平均日期图。图上南海北部夏季风爆发日期定为5月10日。沈如桂等（1982）指出：平均在5月中旬西沙低空西南风的建立与低纬环流季节性变化有较好的相关性，是南海季风建立的标志，由此划定了1971～1980年南海西南季风建立日期，10年平均为5月11日。谢安等（1994）（1996）对1979～1994年共16年的OIR资料分析，定义南海区域平均的候平均OIR值下降至235，同时区域平均的纬向风由东风转为西风为季风爆发，以此划分了1979～1994年历年南海夏季风爆发日期，16年平均时间是5月第4候。刘家铭等（1997）使用GPI（Global Precipitation Index）确定南海季风爆发的日期，1986～1994年平均为5月4～5候。上述工作主要以降水及对流特征为指标定义南海夏季风爆发，阎俊岳等人近年一些研究以风场变化判别季风爆发，并确定西南季风爆发的日期。主要研究结果如下：

1. 南海西南季风的爆发是东亚大范围环流形势调整的结果，其主要特征是：200hPa南亚高压中心从中南半岛南部移至西北部，东北气流控制了南海；850hPa高度上伸向南海的副热带高压脊向东收缩，低空赤道西风从印度半岛南端穿过孟加拉湾、中南半岛（或在105°E附近）进入南海，强对流在南海发展，这是西南季风爆发的基本标志，也是定义西南季风爆发的主要依据。

2. 判别西南季风的爆发可以用风场或降水场（包括云量场、卫星观测的OLR、TBB、GB1等）变化作指标，两类指标确定印度季风爆发的日期非常一致，但在南海情况就复杂得多，这是因为南海受到不同来源气流的影响，5月还有中纬度锋面天气系统的活动等等，风场变化和强对流在南海发展日期并不完全一致。

3. 850hPa上空出现大范围、持续、较强的西南风为季风爆发标志。一些指标站（香港、西沙、曼谷、乌汶，新加坡、吉隆坡、南沙宋卡等）风向及强度的变化对西南季风爆发具有指示意义，指标站850hPa上空出现较强的西南风（≥8m/s）可以作为季风爆发的主要判据；

美国NCEP再分析资料和欧洲中心资料分析的环流场是确定气流来源的重要依据，它和OLR分析场一起可以作为判别西南季风爆发辅助工具。

4. 由于南海南北狭长，不同来源气流进入南海的时间早晚有异，因此，各个海域西南季风爆发的时间存在着差异。有些年份，105°E附近越赤道气流发展较晚，印度洋赤道西风首先穿过中南半岛进入南海，造成南海北部首先出现季风爆发。

5. 南海西南季风爆发日期有很大的年际变化，1978～1997年平均日期为5月中旬，而最早爆发于4月下旬，最晚爆发于6月上旬，早晚相差达30～50d。

6. 季风爆发前的3～4月，南海表层水温急剧升高，表层水温的变化趋势对季风爆发早晚有一定指示意义。印度洋热带地区海－气相互作用导致的大量水汽蒸发并向南海输送，对季风爆发和维持起重要作用。

（阎俊岳）

【1995～1998年ENSO循环】 自1991～1995年春季一次百年罕见的长ENSO事件结束后，1995年夏至1998年春，热带太平洋经历了一次海水冷位相和暖位相交替出现的ENSO循环过程，发生了近半个世纪最弱的一次反厄尔尼诺和本世纪最强的一次厄尔尼诺事件。

1995/1996年反厄尔尼诺事件 这次事件于1995年9月形成，1996年2月发展到高峰，4月基本结束。在这次事件期间主要异常特征是：东太平洋170°～90°W赤道地区海温平均较常年下降0.5～0.8℃，斜温层深度也持续负距平；对流层低层（850hPa）赤道信风异常加强；中太平洋地区对流层活动较常年明显减弱，外逸长波辐射（OLR）持续高指数。但是在这次事件中，海水降温仅限于东太平洋沿赤道的狭窄区域，150°～90°W赤道地区海温指数距平值低于－0.5℃的持续时间只有6个月，最大降温值都低于－0.8℃；同时海平面气压距平场形势和南方涛动指数与海温降温之间的变化始终不相匹配。因此这次冷水事件发展缓慢，成为近半个世纪以来持续时间最短、强度最弱的一次。

1997/1998年厄尔尼诺事件 1997年春夏之交，热带太平洋形成一次新的厄尔尼诺事件，这次事件来势凶猛，发展迅速，成为本世纪最强的厄尔尼诺事件。1996年12月和1997年3月，赤道东印度洋至西太平洋地区上空强西风爆发，引起赤道西太平洋暖水向东传输，1997年2月和5月两股暖水先后到达太平洋东侧南美沿岸，使得该地区和赤道东太平洋海温急剧上升，海温由3月份以前的偏冷状况到5月份已大范围高出正常1～3℃。之后海温继续增加。8月份，赤道东太平洋区域海温已比正常高出2～4℃，12月高出3～5℃，部分海域异常偏高5.5℃以上。150°～90°W区域海温指数值（3.9℃）已超过1982/1983年强厄尔尼诺事件期间所达到的峰值（3.6℃）。同时，浅表层海温距平也出现有记录以来的最大值，至12月赤道东太平洋地区高出正常5～10℃，部分超过11℃。该地区斜温层深度较常年加深90多米。这次事件发生期间，热带太平洋大气异常形势与海温异常增暖状况十分匹配，对流层低层（850hPa）赤道信风异常衰减，赤道太平洋西、中、东三个海区的西风距平指数都超过1982/1983年事件期间所达到的最大值。南方涛动持续强低指数，印度尼西亚和西太平洋地区对流活动异常减弱，热带太平洋强对流活动区大尺度向东漂移，越过日界线，在东太平洋地区异常加强。12月事件发展到高峰以后，开始逐渐衰减。1998年5月，热带大气状况已基本恢复正常，赤道太平洋海温急速下降，120°W以西海温已大部接近正常，6月除南美近海地区海温仍显著高于正常以外，赤道太平洋110°W以西已出现－1～3℃的异常冷水区，NINO3区海温指数下降到－0.1。宣告了这次强事件的迅速崩溃。

受这次百年罕见的强厄尔尼诺事件的影响，全球许多地区发生了显著的气候异常事件，尤其是热带地区，太平洋东岸和印度洋西岸一些国家和地区暴风雨、雪频繁，洪涝灾害极为严重；而太平洋西岸、拉丁美洲等一些地区和国家则高温少雨，持续严重干旱，同时不少地区引发了泥石流、森林火灾、交通事故、饥荒和流行疾病等灾难，由这次事件影响造成的人民生命财产和国民经济损失十分惨重。

（周琴芳）

【热带气旋灾害】 热带气旋是中国沿海地区的一种主要自然灾害。热带气旋所带来的狂风、暴雨、风暴潮等，严重威胁着海上作业及工农业生产和人民生命财产的安全。但它带来的丰沛降水，有时又大大缓解南方的旱情，使农业生产受益。

1. 1996年，西北太平洋和南海上共有25个热带气旋（此指热带风暴、强热带风暴和台风，下同）生成，比常年偏少3个；其中有7个在中国登陆，登陆个数接近常年。该年初台登陆时间出现在7月22日，比常年偏晚近1个月。末台登陆时间出现在9月20日，比常年偏早半个多月。全年台风登陆地点均分布在华南沿海。7月22～31日短短的10天时间里，接连有3个台风在中国登陆，这是历史上很少见的。台风登陆带来丰沛降雨，对缓解华南、江南的伏旱和改善北方地区长期缺水的状况起了很大作用，发挥了良好的经济效益。然而，台风暴雨也给部分地区带来了严重灾害。据不完全统计，由于受台风影响，全国累计受灾面积达467余万公顷，倒塌、损坏房屋达580多万间，死亡1 400多人，直接经济损失超过900亿元，其中广东、福建、海南、广西、浙江沿海省区以及河北、河南、江西等内陆省份损失都比较严重。与近10多年的情况相比，1996年台风影响范围广，造成的人员伤亡较大，经济损失巨大。总起来看，属于台风灾害最严重的年份之一。

9608号台风是本年影响中国范围最大、危害最重的一个台风。7月31日，台风先在台湾省基隆市沿海登陆，登陆时中心附近中心最大风力超过12级，8月31日又在福建省福清市沿海登陆，登陆时中心附近中心最大风力有12级。受此台风影响，闽浙沿海出现了8～12级大风和特大海潮，东南沿海经江南南部、长江中游到华北中部和东北南部地区普遍降了大雨到暴雨，部分地区降了大暴雨或特大暴雨，过程降雨量一般有50～200mm，部分地区达250～480mm。台风影响时，又正值天文大潮期，台风增水使沿海发生特大海潮，福建、浙江、上海等省市部分地区的潮位超过或接近历史最高记录。由于台风风力强，沿海潮位高，特别是台风及其减弱的低气压深入内陆带来的大范围的暴雨洪涝，使工农业生产和人民生命财产蒙受巨大损失。据福建、浙江、江苏、江西、湖南、湖北、河南、河北、北京、天津、山西、陕西等10多个省市的不完全统计，受灾人口4 600多万人，死亡700多人，伤11万多人，倒塌房屋29万间，损坏房屋273万间，农作物受灾面积达360多万公顷，冲毁桥梁1万多座，倒断电线杆2万多根，沉损船只1 400多艘，直接经济损失超过650亿元。

9615号台风是本年登陆中国风力最强的一个台风。9月9日11时前后，台风首先在广东省吴川至湛江市一带沿海登陆，登陆时中心附近最大风力超过12级。当日15时和19时又先后在广西北海市、防城市登陆，登陆时中心附近最大风力为10级和8级。受此台风影响，广东珠江口以西和广西南部沿海出现8～10级大风，台风中心经过的附近地区风力达11～12级，上述地区并普遍降了暴雨或大暴雨。此台风风力强，摧毁力大，登陆时广东省湛江市极大风速超过57m/s。据不完全统计，两广地区共有48个县市遭受风、涝灾害，倒塌房屋34万间，损坏房屋215万间，受灾人口达1 600多万人，死亡290多人，2万多家工矿企业被迫停产，受灾农作物67余万公顷，沉损船只2 500多艘，死亡牲畜12万多头，直接经济损失达218亿元。

2.1997年，西北太平洋和南海上共有26个台风生成，比常年偏少2个，其中有4个台风在中国登陆，比常年偏少3个。该年初台登陆时间出现在8月2日，比常年偏晚1个多月，是1949年以来初台登陆异常偏晚的年份之一。此前，登陆初台出现在8月份的只有2年，即1951年(8月2日)和1975年(8月3日)。末台登陆时间出现在8月29日，比常年偏早1个多月，是1949年以来末台登陆最早的一年。此前，登陆末台出现最早的是1984年(9月5日)。全年4个登陆台风都集中在8月份，这种情况是以往所没有过的。

本年台风弊大于利。虽然台风带来降雨缓解了部分地区的严重干旱和酷热天气，但伴随而至的狂风、暴雨和大海潮，也给部分地区特别是东部沿海一些地区造成了严重灾害。据不完全统计，由于受台风影响，全国累计受灾面积达667余万公顷，倒塌、损坏房屋达200多万间，死亡300多人，直接经济损失在500亿元以上，其中浙江省损失最为严重，山东、江苏、广东等省部分地区损失较重。

9711号台风是1997年影响中国范围最大、危害最严重的一个台风。它于8月18日晚首先在浙江省温岭市沿海登陆，登陆时中心气压960hPa，近中心最大风速达40m/s(风力超过12级)，登陆后向西北和偏北方向移动，21日凌晨在辽宁省锦州市沿海再次登陆，登陆时中心附近最大风力有8级。受其影响，中国东部地区普遍降了大雨、暴雨，部分地区降了大暴雨或特大暴雨，并出现7～10级大风，台风中心附近经过的部分地区风力达11～12级。台风登陆时正值农历天文大潮期，福建以北沿海普遍出现大海潮，其中浙江省中北部沿海出现超历史记录的特高潮位。由于台风影响范围广，风力强，雨势猛，潮位高，风、雨、潮三碰头，因而造成的损失相当严重。据浙江、福建、上海、江苏、安徽、山东、河南、河北、天津、辽宁、吉林等10多个省市的不完全统计，受灾人口2 500多万人，受灾面积达667余万公顷，死亡240多人，伤5 400多人，失踪100多人，倒塌、损坏房屋184万间，直接经济损失达400亿元以上。然而，此台风也有有利的一面。它带来丰沛的降雨使苏皖北部、山东、辽宁、吉林等地的旱情得以缓解，有利作物生长发育。同时增加了库塘蓄水，减缓了城乡缺水的压力。 (徐良炎)

海洋物理学
Marine Physics

【海洋声学】 **浅海声场研究** 国际声学界对深海声场的规律已掌握得比较透彻，能根据海洋环境参数预报声场，亦能由声场反演海洋环境各种参数。浅海的海洋环境条件更为复杂，海底非均匀的声学特性、信号的水平不均匀性、内波等都使浅海声场规律远比深海复杂。中国近海海域多为浅海，因此国内声学专家多年来一直致力于浅海声场研究，并取得实用的成果。国外声学界90年代以来才把注意力转到浅海。1996年8月，中国科学院声学研究所、南海海洋研究所等与美国声学界联合在中国远黄海海区进行浅海声学综合实验，同步观测浅海内声信号的多途传播与海洋环境特性。声学方面用脉冲多途结构测量声场的振幅起伏，同时用锚泊或拖曳的温度链测量水温的时空变化，得出温跃层的起伏。经研究发现声场振幅起伏的谱与海洋内波起伏的谱有一定相关性。1997年4月21～25日，中国科学院声学研究所与美国声学专家在北京联合召开首届国际浅海声学会议，有17个国家、地区的130多位声学家与会，宣读论文101篇，其中中国声学家35篇，涵盖浅海声学研究的各方面最新进展。

中国科学院声学研究所张仁和等完善了浅海声场的波束位移射线简正波理论（BDRM），此理论可应用于多层海底与粘滞弹性海底，克服了国际上现有理论中存在的缺点，证明BDRM理论的普适性与精确性。应用此理论对远黄海浅海声场内脉冲多途结构等浅海声场问题进行分析，作了跃变层、海底参数的反演，提出一种浅海声学层析的新方法。

水下声场数值预报 中国科学院声学研究所建立了水下声场数值预报模型，以裂步有理Pade近似/抛物线方程（SSP/PE）算法为基础，建立用以对一般海洋环境下声波传播的声场分布以及波形结构进行预报的软件包。该模型的主要特点是：(1)能够适应复杂海洋环境下的声传播问题，包括传统简正波模型所不能预报的水文条件具有水平变化的情况；(2)不仅能预报单频声源作用下的声场分布，还能预报复杂声源信号（如高斯窄脉冲、线性调频信号、M序列信号等）作用下的声场分布；(3)采用递进的PE算法，避免了耦合带来的复杂运算，速度快。此模型适用于水下兵器研制、水下导航、海底地质研究及海底资源开发。

海底声学参数研究 中国科学院声学研究所提出3种反演海底声学参数的新方法：(1)利用脉冲多途结构反演海底反射系数。除原有的射线理论解外，又给出了完善的波动解，用最优化方法，反演海底反射系数及海底分层结构参数；(2)利用浅海混响强度同时反演海底反射系数和海底散射系数。由浅海混响的简正波理论给出混响强度依赖于海底反射系数和散射系数的关系。采用随机反演理论与多次迭代的方法反演得到对应各号简正波的海底反射和散射系数。与传播反演相比，其优点是混响强度的测量比较简单，只需单船作业，可应用于海底分类特征量的大面积遥感测量；(3)利用前向散射波反演海底散射系数。从浅海远程声传播中发现，当声源与接收器都位于温跃层之上时，在直达波到达后数十毫秒后出现远程海底散射，用简正波散射理论加以分析，用此理论反演得到三维海底散射系数。这三种方法在理论与实验结果方面都有较大创新，并可推广用于海水介质特性的反演。用声场反演海底介质参数比直接测量简单易行。但由于参数多，与声场的关系复杂，必须要有高效的算法，才能满足对反演结果准确度与运算量的要求。用遗传算法和模拟退火算法从复杂解集中搜索最优值，通过数值仿真验证，反演得到的结果准确度优于2%。

北京大学王仁乾等研究了海底结构对水声信道传播的影响，阐述了多层结构海底反射系数的模和幅角的频谱随海底结构参数的变化规律。

中国科学院南海海洋研究所卢博等用海底沉积物样品研究了受控应力－应变过程中海洋沉积物的声学反应，测量了无侧限抗压强度和声速，初步总结出海陆相沉积各自的特点。又对已知物理参数的沉积物样品进行声学测量，分析颗粒度、含水量和孔隙度等因素对声速的影响，初步证明沉积物颗粒均匀性、分层结构和耦合状态对声速影响较大，用此关系从声速反演得出沉积物物理性质。

浅海内波研究 浅海海水中非均匀性时空变化大，内波与海底与声场相互作用强，并明显具有非线性特征。中国科学院声学研究所在各海区进行内波与声场起伏的系统同步观测，发现内波波形具有椭圆余弦波的特征，其非线性参数趋于0时为线性波，趋于1时为孤立波。以多个椭圆余弦波的叠加来描述浅海内波，用实验数据拟合各组成波的振幅和相位。

被动声源定位研究 中国科学院声学研究所在浅海声场匹配研究中提出采用短垂直阵接收的简正波分解方法，将接收信号延拓至短阵的下方，用逐次迭代算法改善延拓后的信号，实现对全部声场的简正波分解，完成被动声源的距离和深度估计，给出短垂直阵合理投放深度的选择原则。海上实验已证实短阵简正波分解方法是切实可行的。在水平阵声源定位研究中，利用简正波过滤，调整权函数和简正波的阵增益因子，得到一组过滤后的简正波，可用来对声源定位。讨论了阵的深度、相邻水听器间隔、阵的倾斜、声源方位角失配对定位的影响。在深海声源被动定位研究中，声学研究所开发的声场计算算法在同样准确度下比国外计算时间少2个数量级，因此可以利用较高频率和较短的垂直接收阵进行匹配场定位。如在南海深海声道中，用30m长、14阵元的垂直阵定位，作用距离110km，定距误差小于6%，定深误差小于12%，均优于国外发表的结果。

粗糙表面的声散射 中国科学院声学研究所对用于散射场研究的各种积分方程进行对比，证明Uretsky积分方程和Maue-Meecham积分方程分别等价于第一类和第二类Fredholm积分方程，并用精确的积分方程法研究不同性质的粗糙表面散射，用粗糙表面谱对实际海面和海底进行数值仿真。根据积分方程算法对海面、海底散射场实施预报。

悬浮泥沙动力结构研究 中国科学院东海研究站和国家海洋局海洋技术研究所研究悬浮泥沙声学观测系统的设计和标定问题，给出最佳参数的设计原则，探讨了在实验室内利用泥沙样品定标的方法。在长江口及澳大利亚悉尼港观测悬浮泥沙，根据长江口与采样称重法比测结果，总结出实用的特征时间标定法。

（胡蓓云 卢 博 李允武）

【**海洋光学**】 **海洋光学研究** 中国科学院南海海洋研究所钟其英等分析了在南海中部海区对海水光束衰减的实测结果，利用规范化深度参数，提出描述光束衰减系数正峰型垂直分布的数学模式。国家海洋局第一研究所李武等分析了北黄海大量水下太阳辐照度测量数据，得出在浅水区内水下辐照度随深度按指数律衰减，漫射衰减系数在0.13～0.66之间，季节变化可达一倍以上。

海洋水色遥感的反演 国家海洋局海洋技术研究所唐军武分析了叶绿素、悬浮泥沙和黄色物质对海洋水色的贡献，建立了以4个波段的光谱反射率为参数的线性方程组，可解出各主要水色要素。此模型对海面光谱反射率的测量误差不敏感。国家海洋局第一海洋研究所张士魁等用正交变换主因子分析法建立海面辐照反射率、海面光谱辐亮度实测值与海水中叶绿素、悬浮粒子的多元回归方程。

水下机器人视觉系统 中国科学院西安光机所承担“863计划”，研制了SS-1000型水下电视系统，能在1 000m深度工作，安装在RECON-IV水下机器人上。研究了水的光学特性对成像的影响，计算水下光能探测系统的性能参数，分析其图像。提出激光水下成像系统有希望在混浊水质中实现远距离观察、成像，采用距离选通法时，水下可视距离可达160m。

（钟其英 李允武）

海洋化学
Marine Chemistry

【**海洋物理化学**】 中国海洋物理化学研究在1996～1997年取得很大进展。宋金明对中国近海沉积物-海水界面化学进行了总结，系统研究了中国近海沉积物-海水界面间物质的扩散转移通量、沉积物-海水界面附近元素的热力学平衡以及中国近海垂直沉降物质的海洋通量。

海洋微表层富集机理的研究 张正斌等系统研究了海洋微表层对无机物和有机物的富集作用，发现微表层的最大富集深度在50μm，有机物和chl-a(叶绿素-a)的富集遵循Gibbs吸附定律，而营养盐和痕量金属则不一定遵循Gibbs吸附定律，对这一现象进行了理论解释，提出了海-气相互作用的三层模型以及关于物质海气通量计算的新公式，并用这一模型计算了南沙海区二甲基硫的海气通量。此外，陈砚等对磷酸盐、郑金树等对碳氢化合物在微表层的富集作用进行了研究。

海洋中固-液界面相互作用研究 张正斌、赵宏宾等在研究海水中磷酸根与固体粒子的相互作用时，发现了台阶型等温线，并用分级离子/配位子交换等温线进行定量描述；磷酸根与固体粒子相互作用的E(%)-pH曲线为V型，可用三元表面络合物的生成解释这类曲线的生成，并根据海水中氨基酸与固体粒子的相互作用，总结出生成各种类型三元表面络合物的条件。赵卫红、张正斌等研究了pH和Ca^{2+}对砷酸根在固/液界面交换吸附的影响，发现在碱性条件下，Ca^{2+}能促进砷酸根在固/液界面上的吸附。陈淑珠等研究了海洋沉积物对磷酸盐的吸收与释放。马德毅等通过对具有不同AVS(酸性可溶性硫)含量的沉积物进行金属加标实验，并采用膜渗透平衡交换孔隙水采样技术，研究了二价有毒金属在固液两相间的化学分配机制。陈松等模拟研究了污水颗粒物-海水体系磷的转移过程，认为磷的吸附释放属于离子交换性质，可用交换平衡动力学模式表示。雍国平、陈邦林研究了河口体系新生相的形成原因。于涛等用固-液体系的二级吸附动力学模型，研究了碱渣对海水中PO_4^{3-}的吸附。

海水物理-化学性质研究 林洪瑛、韩舞鹰用箱式模型模拟了南沙海区碳的垂直迁移过程，计算了该海区的碳通量。陈松研究了南沙海区有机碳和磷等生源要素在沉积物/间隙水/海水间的分配和转移。彭兴跃等对台湾海峡真光层中溶解有机碳的动力学进行了研究。顾宏堪运用顾函数进行了水-汽离子通量的计算。范志杰等运用模拟数值方法，根据Davis离子强度校正方程，计算了海水中Pb、Cu、Cd、Hg等无机和有机络合物的百分含量，讨论了重金属化学存在形式的规律。陈春华对海口湾海水表观络合容量进行了研究，提出了数据改进方法。宋金明等研究了东海沉积物间隙水中K、Ca、Na、Mg硅酸盐的热力学平衡。纪红等用相图方法研究了轻柴油/海水微乳的形成。陈国华等研究了烷烃与海水在不同温度和盐度范围内的界面张力。

海洋电腐蚀研究 李言涛等研究了钢在不同海底沉积物中的腐蚀，发现钢在海洋环境中腐蚀率呈下列顺序：海面大气区＞海底沉积物区＞海水全浸区。朱素兰等研究了海洋沉积物中硫酸盐还原菌与钢铁腐蚀的相关性。

（王江涛 付 强 张正斌）

【**海水分析化学**】 1996～1997年国内海水分析化学研究，仍以痕量元素分析为主。

痕量元素及其形态分析 刘现明应用苯萃取和半胱氨酸反萃取及气相色谱法测定了沉积物中甲基汞的含量。李贵峰用硫酸铵作为氧化剂，将Pb氧化成亚稳四价态，应用氢化物发生-原子荧光法测定了海水中的痕量Pb。袁有宪利用微分电位溶出分析法研究了海水中痕量铋的最适宜测定条件。张秀香用萃取富集-火焰原子吸收法测定了活性钙中的痕量Pb和Cd。吕海燕研究了海水中砷标准物质和硒标准物质的研制，并对标准物质定值数据进行了统计处理。陈绍勇等应用^{57}Fe穆斯堡尔谱学方法对南海东北部和珠江口沉积物中Fe的价态及相对组成进行了研究。许世远采用筛选法、离心法、火焰原子吸收法和^{201}Pb法分别对上海潮滩不同粒度沉积物中的重金属含量进行了测定。余夔等对海洋环境中有机锡的分析方法进行了综述。

营养盐 于志刚等研究了镉-铜法测定硝酸盐时还原效率低的问题，并讨论了影响过度还原的因素和解决办法。蒋岳文对靛酚蓝分光光度法测定海水中氨氮的实测条件进行了研究。

溶解氧和溶解二氧化碳的测定 郑瑞芝等对测定海水中溶解氧的两种方法进行了比较，认为在海水通常氧含量时，滴定法和比色法所得结果无显著差别。张滨等研究了海水中总溶解CO_2测定的库仑分析法。

有机物的测定 王江涛对海水中溶解有机碳测定的高温燃烧法和紫外/过硫酸钾法进行了比较，认为这两种方法对DOC(溶解有机碳)的测定结果没有差别。高洪峰等用^{1}H—NMR、^{13}C—NMR和IR等分析技术对甲基化前后的海水腐殖质的基本化学组成和结构特征进行了研究，认为海水腐殖质主要由脂肪链化合物组成。王永华等建立了顶空GC/FPD测定海水中DMS(二甲基硫)和浮游植物细胞中DMSP(二甲基硫丙酸)的方法。臧家业报道了用动态技术，经抽取、气相色谱法测定海水中溶解甲烷浓度的方法。郑金树等用气相色谱法测定了海水微表层中碳氢化合物的含量。陆田生等用高效液相色谱法测定了胶州湾海水中溶解游离氨基酸的含量。谭烨辉等研究了NO_2^-对COD(化学耗氧量)测定的影响。付云娜等研究了碱性高锰酸钾法测定海水COD的各种影响因素。

常量元素和阴离子 何清溪用氟离子选择电极，采用标准加入法，测定了海水中氟离子的浓度。严小军等用碘电极初始电位法代替银量法测定碘离子，在碘离子浓度较低时，两种方法结果一致。韩庆平等采用HPTA法对长江口水体中硼进行了测定。张爱滨、陈国华利用顺序扫描ICP-AES法测定了海水中的硼，并筛选了最佳测定条件。林昱改进了用邻联甲苯胺分光光度法测定残氯的方法。田宝珍等研究了碘酸钾标准物质的研制程序。

此外，蒲家彬等对分析方法检出限的估算问题作了对比讨论，通过比较传统估算法与ISO新推出的VBx法，认为VBx法更接近检出限的实质。

(王江涛 付 强 张正斌)

【海洋有机化学研究】 海洋有机化学是研究海洋环境中有机物质的来源与组成、含量与分布、通量与循环、迁移与变化等规律的学科，是海洋化学的一个重要分支。近两年来，国内海洋科学工作者在海洋有机化学研究领域中取得了较大进展。

海水中溶解有机碳(DOC)与颗粒有机碳(POC)的研究 王江涛等(1996)测定了中国东海和南海中的DOC，结果表明，近岸DOC浓度高，远海DOC浓度低；表层DOC浓度高，深海DOC浓度低；受生物活动的影响，在表层DOC浓度呈现出明显的周日变化。王江涛等还测定了鸭绿江的DOC含量，并同其他一些河口的DOC含量进行了比较。彭兴跃等(1997)研究了台湾海峡真光层中有机碳的动力学，发现DOC日变化很大(2～4 mg/L)，且变化的幅度有季节差异和空间差异。

刘文臣等(1997)对东海的POC、颗粒氮、ATP(三磷酸腺苷)进行了测定，通过ATP定量区分POC中的生命与非生命部分。秋季POC含量比春季高，春季表层POC以东海陆架中部为高值区向周围递减，与ATP的分布相似；而秋季表层POC以长江口为高值区向外海递减，与ATP差别很大。林洪瑛、韩舞鹰等(1997)根据对南沙群岛珊瑚礁泻湖的调查结果，求算了渚碧礁泻湖海水中POC的通量值为13.144μmol/(L·d)。蔡艳雅等(1997)对南沙群岛海区的5个珊瑚礁泻湖中的有机碳进行了调查。研究表明，各礁泻湖海水的DOC含量范围为1.00～4.85 mg/L，POC的含量范围是155～592μg/L，悬浮颗粒有机C/N比为9～20。吴林兴等(1997)发现南沙群岛珊瑚礁泻湖沉降颗粒垂直通量较高，POC含量约占0.96%～3.17%。在海洋真光层中，随着深度的增加，沉降颗粒垂直通量逐渐减小，而POC含量则逐渐增高。李鹏程、宋金明(1997)测定了南沙群岛海区的渚碧礁、永暑礁泻湖中的沉降颗粒有机碳、有机氮、有机磷。其在渚碧礁中的垂直通量分别为77.8、7.1、2.07 mg/(m^2·d)。永暑礁中各参数的通量高于渚碧礁。洪华生等(1996)研究了大亚湾中POC的来源及生物可利用性，发现大亚湾POC含量较高(1mg/L以上)，其主要来源为海洋浮游植物及大型藻类。

海洋中有机硫化物的研究 海洋中的有机硫化物，主要是二甲基硫(DMS)，是参与全球硫循环的重要物质，并对气候变化和酸雨的形成产生重要影响。为此国内一些学者已开展了一系列的调查研究。杨桂朋等(1996)对中国东海和南海中DMS的水平分布、垂直分布、周日变化及其影响因素进行了较深入的研究。结果发现,DMS在海水中的垂直分布呈现单峰型,与叶绿素a的垂直分布显著相关。DMS的周日变化具有一定的规律,最大浓度出现在傍晚,与生物活性及光化学氧化有直接的关系。杨桂朋和张正斌(1997)对影响海水中DMS分布的化学过程进行了研究。结果表明,光化学过程是DMS在海水中迁移变化的重要途径之一。此外,海水中的H_2O_2也会对DMS产生明显的氧化作用。崔贞、张曼平等(1997)用气提-冷阱气相色谱测定了胶州湾海水中的DMS。崔贞、张曼平等(1997)以及孙承君等(1997)还对青岛沿岸海藻中的二甲巯基丙酸内盐(即DMSP,是DMS的来源物质)进行了测定。结果表明,在底栖藻中DMSP含量随季节呈现一定的规律性变化,不同藻体内DMSP含量相差可达两个数量级。杨桂朋等(1997)还对南沙群岛海区沉积物中的硫杂环芳烃进行了分析。研究表明,南沙群岛海区沉积物普遍含有苯并噻吩和二苯并噻吩。其含量与沉积物中有机碳的浓度显著相关。此外,沉积物中粘土含量的高低也是影响硫杂环芳烃含量大小的重要因素。此海区中硫杂环芳烃的来源途径主要包括大气输入、石油污染和陆地径流。

海洋中其他有机物质的研究 臧家业和王相芹(1997)详细地讨论了海湾区海水中溶存甲烷的分布特征、成因及其来源。溶存甲烷在海湾中的分布主要受物理混合过程所控制;由河流携入和沉积物产生是溶存甲烷的两个主要来源。徐鲁强等(1997)对南海北部沉降颗粒氨基酸通量及生物地球化学意义进行了研究。结果表明,氨基酸通量与总通量的变化一致,均呈现季节性的不同,并与南海季风有显著关系。李文权等(1996)对大亚湾悬浮颗粒中的脂肪酸进行了研究。结果发现,来源于浮游生物的脂肪酸(C_{14}~C_{18}饱和一元酸及不饱和脂肪酸)占了总脂肪酸的绝大部分,表明浮游生物是大亚湾颗粒有机物的主要来源。李文权等(1997)测定了大亚湾海域颗粒有机物中碳水化合物、蛋白质和类脂的含量,描述了颗粒有机化学组成的分布和变化特征,讨论了颗粒有机化学组成与环境因子及浮游植物的关系。

海洋中有机污染物的研究 随着石油工业和海上油运的发展,全世界每年排入海洋的石油总量高达数百万吨。海上的石油污染已引起了人们的普遍关注。李言涛(1996)对海洋中石油的存在形式及其对海洋环境的影响进行了研究,评述了海上溢油的处理与回收方法。吴雯(1997)综述了海上溢油的处理技术,包括石油入海后的处理和回收技术,以及海上溢油的最终处置技术。方正信等(1996)研究了大亚湾海水中石油烃的水平分布、垂直分布、季节变化的特征,以及沉积物对海水中石油烃的富集系数和行为。 (杨桂朋)

【河口化学】 河口是陆海相互作用最为活跃的场所,受人类活动的影响日益增大。在新近启动的海岸带陆海相互作用(LOICZ)计划中,河口区占有重要的一席之地。1995~1997年,河口化学取得新的进展。青岛海洋大学张经(1996)主编了《中国主要河口的生物地球化学研究——化学物质的迁移与环境》,该书收录论文14篇,着重论述了中国主要河口系统营养物质、痕量元素、有机物及稳定同位素在河口中的行为及迁移,揭示了中国南北方河口系统主要生物地球化学过程的异同,并展望了学科未来发展方向。

长江口营养盐控制机制的研究取得较大突破。沈志良等(1996,1997)在研究长江干流至河口区不同站位营养盐特征的基础上,估算了各站营养盐通量及其在长江口输出通量中所占的比例。对长江无机氮诸多来源的定量研究,发现降水输入无机氮占长江年输出量的62.9%,是长江无机氮的主要来源和长江口高含量无机氮的主要控制因素,先前广泛认为起主要作用的农用化肥流失仅占24.1%,居次要地位。长江口悬浮物化学继续受到重视。邵秘华等(1996)报道了悬浮物的组成,指出其时空分布和组成受东海海流特性及水团变化的控制。韩庆平等(1997)对长江口水中硼的分布规律研究后指出,硼含量与水样电导率(盐度)有正相关性。

磷的河口化学受到广泛关注。杨逸萍等(1996)利用藻类生物测定方法,发现在磷饥饿状态下,河口悬浮物及海洋近岸表层沉积物中潜在生物可利用磷(PBAP)可转化释放到水相,成为藻类的磷源。同时还探讨了培养体系中PBAP转化释放的可能机制。结合化学分析法,对藻类可利用颗粒磷进行了定量估算,并推荐了相应的化学提取剂。陈松等(1996,1997)报道了九龙江河口区磷的转移与入海通量。陈淑美等(1997)则研究了九龙江口全段河口区一年内各形态磷的行为。

河口化学其他领域的研究也得到较大发展。胡明辉等(1996)研究了九龙江口不同形态硒的化学行为,并估算了沉积相向上覆水体输送的溶解无机硒和有机硒通量。陈松等(1996)发现,有机物在九龙江河口区的转移接近于保守行为。王宪等(1997)对九龙江口三磷酸腺苷(ATP)的分布及与环境因子的关系进行了探讨。张经等(1997)在Estuaries报道了华北不同地理和水文条件的三个河口——滦河、双台子河和鸭绿江的营养元素动力学。蒋岳文等(1996)阐述了辽河口水域夏季营养盐的保守行为,并估算了入海通量。李飞永等(1996)分别探讨了珠江河口悬浮物对微量金属化学相态和生物毒性,以及腐植酸对微量金属络合作用和生物毒性的影响。邹栋梁、高淑英(1996)研究了闽江口溶解 Cd、Cu、Pb 的行为及其与营养盐的关系。王人骏等(1996)通过分析晋江河口连续 11 年的水质监测资料,讨论了 COD 的短期和长期自净特征。

(郭卫东 胡明辉)

【水-海底界面化学】 水-海底界面过程对物质在沉积物与水相之间的迁移转化具有重要意义。商少凌、洪华生(1996)探讨了厦门西海域海水-沉积物界面的磷循环特征,指出受污沉积物中的磷有可能向水体释放,其中 pH 和 DO 是主要控制因子。宋金明(1997)研究了东海沉积物间隙水中 K、Na、Ca、Mg、硅酸盐的热力学平衡,间隙水中镁有明显去除,而钠浓度则增高。

南沙群岛海域沉积物-海水界面化学过程的研究受到极大重视。陈松等(1996)指出,沉积物间隙水中有机碳、磷明显富集,有机碳在沉积物、海水、间隙水之间的界面分配和转移受海水深度和氧化还原环境控制,而磷在沉积物/海水之间的界面分配和转移受有机物和氧化铁控制。李鹏程等(1997)通过对该海域泻湖及礁外沉积物间隙水营养盐含量的研究,估算了沉积物中营养组分向上覆海水扩散转移的界面通量,指出高水温是造成间隙水中营养组分大量产出并向上覆海水扩散转移的主要原因。李鹏程等(1997)研究发现,渚碧礁、永暑礁泻湖沉降颗粒中,有 61%的总磷和 90%以上的有机磷及 86%～89%的有机碳可再生释放进入海水,指出这对珊瑚礁生态系维持高生物生产力有重要作用,可为解决珊瑚礁营养盐之谜提供新的途径。宋金明等(1997)对间隙水中-2 价硫的研究表明,沉积物-海水界面间 HS^-、S^{2-} 均是从沉积物向上覆海水扩散,SO_4^{2-} 则正好相反。宋金明等(1997)根据对泻湖及礁外沉积物-海水界面附近 Fe、Mn 地球化学特征的研究,估算了 Fe、Mn 在沉积物-海水界面的扩散通量,并揭示了沉积物的氧化还原环境特征。

【海-气界面化学】 商少凌、洪华生等(1997)报道了厦门海域磷的大气沉降通量,指出大气沉降不是该海域磷的主要输入途径,但不可完全忽略。徐新华等(1997)研究了青岛地区大气气溶胶海洋因子的贡献,指出海洋的影响在夏季比冬季要明显得多,距海边越近,影响也越明显。陈国华等(1996)研究了烷烃与海水界面之间的张力,归纳出不同盐度、温度条件下的经验关系式。臧家业、王相芹(1997)通过研究得出全球海域环境中总的海气交换通量为 6.3Tg/a。

海-气 CO_2 界面过程继续受到重视。张淮等(1996)对海面 CO_2 通量进行动力学分析,指出气体交换的物理过程与大气的强迫作用有关,海面通量主要决定于海气浓度差和交换速度,而交换速度又依赖于溶解度、摩擦系数和阻碍系数,计算表明东海海面 CO_2 通量指向下。张远辉等(1997)指出,东海大部分海区 CO_2 处于不饱和状态,可视为 CO_2 的汇点,并估算出由大气输入东海海域的年平均 CO_2 通量为 45.1 g/(m^2·a)。王伟强等(1997)分析了南极考察第七、八航次观测的海-气 CO_2 分压资料,发现航线上 20°N 以北,20°～40°S 之间及 60°S 以南海域为大气 CO_2 汇区,而 20°N～20°S 及 40°～60°S 为大气 CO_2 源区,汇源区平均输入输出通量分别为 5.17 和 3.70mg/(m^2·h),指出生物活动、水团运动等是主要影响因素。 (郭卫东 胡明辉)

【海洋生物地球化学】 海洋生物地球化学的主要研究对象为海洋中化学物质的地球化学行为和过程与海洋生物活动之间的相互关系。当前研究的热点主要是碳及相关营养元素的生物地球化学循环研究和微量元素与有机污染物质的生物地球化学行为。

碳及其相关营养元素的生物地球化学 近年来,中国海洋生物地球化学研究主要集中在对边缘海和河口的研究。洪华生、黄邦钦等(1996)对台湾海峡初级生产力及其调控机制进行了系统深入的研究,提出在较大的时空尺度上,初级生产力主要受物理过程及其所输送的营养物质的调控,相对于其他营养盐,磷的补充和循环对初级生产力起着更为重要的调控作用,估算的外界 DIP 输送通量(包括上升流、河流等)仅占浮游生物光合作用所需的 11%,该海域存在以生物体为媒介的各形态磷的快速循环;在较小的时空尺度内,生物过程对初级生产力起着重要的调控作用,并发现微型和微微型浮游植物对海域浮游植物生物量、生产力的贡献高达 60%以上,浮游植物光合作用过程产生的溶解有机碳所占的比例较高(25%),细菌生长速率快,揭示了该海域以微食物环为主体的生源有机碳转换体系的重要作用。同时,也对真光层有机碳动力学、悬浮颗粒中甾醇的生物标志作用,以及浮游桡足类的化学元素组成等进行了研究。张经等(1996)从营养物质、有机物、痕量元素等不同方面阐述了中国河口系统中的一些生物地球化学过程,提供了中国南北方河口中主要生物地球化学过程中的异同性的总体轮廓。陈水土、阮五崎(1996)通过总结 80 年代的调查资料,对台湾海峡上升流区氮、磷、硅的化学特性及输送通量进行了估算。黄邦钦等(1996)认为厦门海域浮游植物和细菌均能不同程度地利用溶解有机磷,浮游植物的利用能力大于细菌。郭志刚、杨作升(1997)对东海颗粒碳的垂直转移过程的研究表明水体中生物作用生成颗粒碳的"汇"并非都与海底沉积物固定碳的"汇"相吻合。彭兴跃等(1997)报道了台湾海峡真光层中溶解有机碳的日变化很大,且变化的幅度有季节差异和空间差异。徐鲁强等(1997)对南海北部的氨基酸通量及氨基酸组成指示颗粒物质的生物地球化学作用进行了报道。朱小明、沈国英(1997)研究了厦门港小型浮游生物对可溶性活性磷吸收和再生通量的季节变化。韩舞鹰等(1997)计算了南海碳的固-液通量并建立了南海碳的通量模型。黄自强等(1997)阐述了东海陆架海区水体颗粒有机碳的分布特征,其分布明显受海区物理、化学和生物活动的影响。

微量元素与有机污染物质的生物地球化学 杨逸萍、胡明辉(1996)研究了海洋浮游植物对硒的摄取和转化,藻类在生长初期快速选择摄取硒(Ⅳ),在指数增长期排出多余的硒,藻类混种培养能提高对硒的摄取程度及溶解有机硒代谢速度。胡明辉等(1996)报道了九龙江口硒的化学行为。韩建成(1996)对长江口沉积物中钠、镁、铝、硅等10种常量元素及有关形态物质进行了定量分析研究。张劲等(1996)认为太平洋西北部海域中重稀土相对于轻稀土富集,中稀土相对于重稀土和轻稀土有一定程度亏损,钇浓度在海水断面上呈营养盐型分布,同时指出Ho/Y的浓度比同样可以用来示踪海洋中水团的移动。高淑英、邹栋梁(1996)对九龙江口紫泥岛海域的研究表明,Cu、Cd呈添加行为,Pb在6月呈除去行为,11月则呈添加行为。贾晓平等(1996)研究了大亚湾海洋生物体中的砷。邹栋梁、高淑英(1996)报道了闽江口溶解态的镉、铜、铅的行为及其与营养盐的关系。高亚辉等(1997)研究表明,锗对藻类生长的影响因种类而异,并与藻细胞所处的生长期有关。洪华生、徐立等(1997)按国际公认的规范方法对香港维多利亚港和厦门港沉积物中的痕量有机污染物的分布、组成、来源和变化趋势等做了深入的对比研究,利用了生物标志物来示踪有机物,通过现场调查分析与实验室模拟实验建立了一个有限时段的磷循环动力学模式,填补了中国港湾营养盐生物地球化学动力学模式研究的空白。并首次研究了两港湾中的碱性磷酸酶活力,提出该指标可作为近海水体富营养化程度的重要指标,还利用微生物、底栖硅藻和底栖生物探讨了污染物的生态效应。 (刘占飞 洪华生)

【同位素海洋化学】 1996～1997年,中国同位素海洋化学的研究进展分以下三方面加以叙述。

海洋环境中天然放射性同位素的分布及应用的研究 厦门大学海洋系同位素海洋化学研究组在南沙和南海东北部海域利用$^{234}Th/^{238}U$不平衡系统、深入地研究了海洋真光层的颗粒动力学,发表了系列研究论文,为进一步深入开展海洋新生产力等的研究奠定了基础。黄奕普、陈飞舟等较全面地研究了南沙群岛邻近海域水体中的U含量及分布特征、$(^{234}U/^{238}U)_{A.R.}$和U/S比值;陈敏、黄奕普等研究了南沙海域上层水体中^{234}Th的清除和迁出速率,发现两个^{234}Th亏损区对应于光合色素两个极大值出现的区域,反映了两类浮游植物聚集区域的差别;黄奕普、陈敏等对南沙海域冬季真光层层化结构及输出生产力进行了研究,指出研究站位的真光层具有层化的双层结构;陈敏、黄奕普等应用$^{234}Th/^{238}U$不平衡估算了南沙海域的新生产力,南沙海域秋、冬两季的新生产力分别介于2.9～28.7 mmolC/(m^2·d)与3.8～32.4mmolC/(m^2·d)之间,指出^{234}Th是表征POC循环的良好示踪剂;他们还进行了南海上层水体中^{234}Th固/液分配的研究,给出^{234}Th之K_d值介于1.1×10^4～2.0×10^6ml/g之间,建立$\log K_d$～$\log\Psi_d$的相关方程,阐述了“颗粒物浓度效应”;他们还运用^{234}Th、^{238}U进行了南海东北部上层水体颗粒动力学的示踪研究,给出真光层两种不同的层化结构图像。在Ra同位素研究方面,谢永臻、黄奕普等研究了南沙海域表层水中^{226}Ra的分布特征;同时,黄奕普、谢永臻等研究了^{228}Ra在南沙海域表层水中的分布特征与水平涡动扩散;黄奕普等对1994航次南沙海域^{226}Ra的分布及年际变化进行了研究;利用^{228}Ra研究了南沙海域的垂直与水平涡动扩散过程,给出垂直与水平涡动扩散系数K_y与K_z;在南海东北部,黄奕普、姜德盛等对表层水体的水平涡动扩散作了^{228}Ra的示踪研究,讨论了海域地貌特征对^{228}Ra比活度分布的影响;此外,他们还研究了南海东北部表层海水中^{226}Ra和$(^{228}Ra/^{226}Ra)_{A.R.}$的分布状况。林以安等研究了长江口可溶态$^{210}Pb$的来源、分布和逗留时间;蔡平河、黄奕普等研究了九龙江河口区水体中^{238}U、^{234}Th的地球化学行为;陈敏、黄奕普等对中国若干海域溶解态铀同位素进行了较系统的比较研究,给出南沙、南海东北部、九龙江口、厦门湾塔角附近海域溶解铀的比活度、同位素组成与U/S比值;刘韶主编的专著“南沙群岛及其邻近海域铀钍沉积特征和年代研究”阐述了南海水质、底质表层及柱状样等样品中铀钍分布及沉积迁移特征,在以可靠年代学数据为依托,综合分析各学科有关资料的前提下,提出铀含量与古气候演化关系,得出南海南、北陆坡沉积物中全新世和晚更新世沉积层位界线等有意义的认识。

海洋环境中人工放射性同位素的分布及应用的研究 林瑞芬、卫克勤等测定了南沙海域海水中^3H含量的水平,并据此估算了海水在混合层的平均滞留时间和垂直湍流扩散系数;张振生、秦学祥介绍了^3H和^3He在海洋过程研究中的应用,指出HTO分子状态的^3H对研究海洋过程是理想的示踪剂;尹毅等论述了同位素技术在海洋倾废区选划中的应用。

海洋环境中稳定同位素的分布及应用的研究 在“八五”南沙群岛及邻近海域的综合科学考察中,稳定同位素的研究得到进一步的开展。黄奕普、金德秋等首先研究南沙海域氘(^2H)的水平分布特征，给出表层、50m、75m、100m、300m、500m、800m、1 000m、1 500m等水层中氘的水平分布图像，并探讨其成因；通过进一步研究南沙海域氘的垂直与断面分布特征，发现春季岛礁区伴随“逆盐”现象，有“逆氘”现象存在，并据δD的断面分布发现一“冷涡区”，表明重氢的分布能为南沙环流的研究提供有力的佐证；根据实测的数据，建立了δD～S的相关方程，讨论了南海南、北部两个海区3个航次(3个季节)δD～S关系的共性与各航次的特性；卫克勤、林瑞芬等对南沙海区海水氧同位素组成进行了研究，阐明了海水氧同位素组成与盐度的关系以及海水$\delta^{18}O$值随深度的变化。洪阿实等研究了1994年夏季南海东北部海水氧同位素分布特征，指出$\delta^{18}O$值的断面分布与平面分布为东沙群岛附近环流的存在提供了同位素示踪的证据；孙志国等报道了西沙珊瑚礁中青藏高原隆升的Sr同位素记录；焦秀玲、詹滨秋综述了大气和海洋中$\delta^{13}C$研究的进展和意义，指出$\delta^{13}C$值可以进行统一的平衡对比，弥补了直接的碳测定方法中标准不统一而无法进行平行比较的不足，为国际间进行碳循环研究比较提供了一个可靠的方法；孙志国、姚德等研究了东太平洋海盆多金属结核Sr、Pb同位素地球化学特征；梁宏锋论述了大洋钻探与海洋地球化学研究中的微量元素及稳定同位素地球化学记录，指出开展以Sr和稀土(REE)等微量元素以及Sr、Nd稳定同位素地球化学研究，对于解决西太平洋边缘海的海底扩张和古海洋及东亚大陆环境变迁有重要意义；关时国等以南沙海区NS90－103柱样为例，利用有孔虫碳同位素等各种古生产力指标物，重建了20万年以来海洋古生产力变化，并对结果予以讨论；黄奕普根据44篇文献综述了南沙群岛及其邻近海域同位素海洋学研究进展，第一部分综述南沙海域水体中^2H、^3H、^{18}O、^{210}Po、^{226}Ra、^{228}Ra、^{228}Th、^{230}Th、^{232}Th、^{234}Th和^{234}U、^{238}U的分布及其应用，第二部分综述了南沙群岛及其邻近海域沉积物中^{13}C、^{14}C、^{18}O、^{86}Sr、^{87}Sr、^{204}Pb、^{206}Pb、^{207}Pb、^{208}Pb、^{230}Th、^{232}Th、^{234}U、^{238}U等的分布和应用；第三部分是作者对南沙海域同位素海洋学研究进一步发展的几点看法。 (黄奕普)

海洋地质与地球物理学
Marine Geology and Geophysics

【海底火成岩岩石学】 在1996～1997年的两年中，海底岩石学的研究主要是配合了中国所开展的一系列大型海洋调查项目进行，研究工作具有深入系统性，并且强调了与构造环境之间的联系。康长生等(1997)通过矿物学、岩石化学、微量元素及^{40}Ar—^{39}Ar同位素测年等手段，对海洋四号科学考察船采自东太平洋海山较新鲜的玄武岩样品进行了系统的研究。结果表明：东太平洋海山玄武岩属于大洋岛屿拉斑玄武岩，主要由橄榄拉斑玄武岩、石英拉斑玄武岩和橄榄玄武岩组成，具拉斑玄武岩和过渡玄武岩的演化趋势；基质为拉斑玄武结构或间隐结构和气孔构造，斑晶主要由拉长石和普通辉石组成；岩石中Al_2O_3、Na_2O、K_2O含量偏高，稀土配分曲线图式均呈平坦、分馏不明显和负的Ce，Eu异常等特点，反映岩石具成因上的类同性。翟世奎等(1997)在地球物理资料基础上，分析了冲绳海槽的地壳结构、地温场特征，结合浮岩中斑晶矿物的结晶温度以及榴辉岩的熔融相关等，综合分析了冲绳海槽酸性浮岩岩浆的活动模式。提出，在冲绳海槽的中部和东部地下15km以下的地幔物质部分熔融产生拉斑玄武岩岩浆，而在海槽中部地壳下结构层(7～15km)物质部分熔融产生少量安山岩岩浆。因此，在冲绳海槽地下存在双层岩浆房结构，两者间存在岩浆通道，来自地幔的拉斑玄武岩岩浆一方面受到地壳物质的混染，另一方面早期结晶的基性矿物会发生部分熔融，与此同时还会有结晶作用，在岩浆中同时存在三种结晶相：一是从地幔中带来的地幔物质结晶相，其$^{87}Sr/^{86}Sr$比值低(0.704左右)；二是地壳物质熔融残余物或由地壳岩浆中结晶的矿物，$^{87}Sr/^{86}Sr$比值高(0.709左右)；还有一种矿物是地幔岩浆受地壳物质混染后的产物，其$^{87}Sr/^{86}Sr$比值中等。岩浆在一个较长时间稳定的环境中(对应于冲绳海槽的扩张间隙)发生过充分的结晶分异作用而变成富含SiO_2的酸性浮岩岩浆。李巍然等(1997)对采自冲绳海槽南部与那国海底洼地西南边缘的新鲜玄武岩进行了薄片鉴定、岩石化学、稀土和微量元素分析和锶同位素分析等，结果表明，岩石为拉斑玄武岩；微量元素和稀土元素分布具地幔柱洋中脊玄武岩的特点，成岩熔浆来自上地幔，分异程度低，混合作用弱，结晶液相温度为1 150～1 200℃。在此研究的基础上，综合前人的研究工作，李巍然等(1997)还对冲绳海槽火山岩的岩石化学特征进行了概括总结，指出，冲绳海槽火山岩均属亚碱性系列，基性岩具拉斑玄武岩和钙碱性系列的过渡性，中酸性岩多属钙碱性系列；岩石形成于上新世以来，大部分都属富集型地幔玄武质岩浆在分离结晶不同阶段的产物，岩石在分离结晶演化趋势上的一致性和在岩石化学指数变异关系上的多样性是原来迅速上升未发生混染的岩浆在断裂构造隔离下分支独立演化的结果。 (赵广涛　翟世奎)

【海洋矿物学】 在1996～1997年期间，采用X光衍射、能谱、差热红外吸收光谱、透射电镜、扫描电镜、偏光显微镜、化学分析和电子探针等综合测试方法，在海洋碎屑矿物、粘土矿物和自生矿物的研究及物源判识、搬运过程和沉积环境解释等方面取得了新的资料。

陈丽蓉(1997)根据菲律宾海柱状岩芯的重矿物组合研究，发现火山沉积物的矿物学特征在重矿物组合中有明显标志，其重矿物总量与辉石含量呈正相关关系而区别于风成物质。吕亚男等(1997)在东海中部外陆架首次发现锆石－钛铁矿－石榴石富集区呈NE向带状分布，并认为是晚更新世低海平面时期形成于滨岸沉积环境。林振宏等(1996)根据冲绳海槽中部表层沉积物的重矿物含量、物源、成因、地貌和沉积特征，划分出东海陆坡、琉球岛坡和海槽底三个矿物组合区和六个矿物组合亚区，证实海槽底的主要碎屑沉积物来源于中国大陆。

重矿物富集与海洋动力环境的定量研究也取得了一些探索性的成果。金秉福(1997)应用计算的鲁南近海波浪底摩擦力资料，解释了重矿物砂富集带分布的规律性，提出波浪底摩擦力 $\tau_0>0.18N/m^2$ 是预测重矿物砂富集的重要动力参数指标。

在某些近岸河口区开展了碎屑矿物和粘土矿物特征判识沉积物来源和扩散研究。严肃庄等(1997)根据福建三沙湾碎屑和粘土矿物资料指出，碎屑矿物具有距物源区近和短距离搬运的特征，而细粒的粘土矿物则主要来自海外，由潮流输入海湾内。石英表面微结构特征与物源判识、搬运方式和沉积环境解释进一步得到重视。黄求获等(1997)对辽东湾浅滩、黄海中部、冲绳海槽、台湾浅滩和北部湾沉积物的石英颗粒表面和微结构作了较为系统的研究，总结出不同气候、水深、海区环境中微结构特征的出现几率：热带海区以化学成因溶蚀麻坑、溶蚀沟(网)、溶蚀定向坑为特征；温暖带海区以动力撞击的、贝壳状断口、平行阶、撞击裂纹和撞击坑占优势，而深水海区则缺乏溶蚀和沉淀痕迹。杨慧宁等(1996)把南海的石英表面微结构划分为机械成因的(风成和水下环境)：贝壳状断口、蝶形坑、星月形撞击坑、撞击沟槽和平行解理；化学成因的：V形溶蚀坑、溶蚀坑、溶蚀沟和二氧化硅沉淀，并据此推断南海北部陆架区在晚更新世玉木冰期低海面时，曾长期暴露水面，为一高能风成环境区；而南沙海槽则为深水环境，未受风成环境波及。

陈华胄等(1997)对台湾海峡沉积物中粒状、书页状、生物状海绿石的矿物学特征、分布及富集的沉积环境进行了研究，认为系高硅富铁的含硅酸盐矿物，K_2O 含量偏低，为二八面体向三八面体过渡型结构类型，形成于弱氧化条件、底流比较活跃的环境。

(林振宏)

【陆海相互作用】 自1992年IGBP科学委员会决定成立LOICZ研究组织以来，海岸带陆海相互作用研究在国际上得到迅速发展，由于LOICZ强调了自然科学和社会经济的综合性研究，对于环境和资源可持续发展关系密切，因此得到各国科学家的广泛支持和参与。1996年，国际LOICZ核心计划办公室(CPO)进一步提出了三个研究中心点：(1)河流水沙入海量；(2)三角洲，其中包括三角洲水动力条件、河流水力学和海岸动力地貌；(3)生物地球化学模式，主要是C、N、P估算模式等。中国自1993年4月成立陆海相互作用中国工作组(LOICZ－CWG)以来，连续制订了科学计划和执行计划等，得到国家基金委等部门的大力支持，并将“中国典型地区陆海之间的相互作用”列入“九五”期间优先资助项目。目前已经立项开展研究的有国家自然科学重点基金项目“长江口区陆海相互作用”(沈焕庭等负责，1996～1999)；中国科学院重大基金项目“中国陆海相互作用及其环境效应”(胡敦欣、韩舞鹰负责，1997～2000)，其研究地区集中在长江口及东海陆架区和珠江口区；中国科学院重点基金项目：“黄河水沙动态变化及其近海环境效应”(李凡、朱鑫华负责，1997～1999)；山东省软科办重点基金项目：“黄河三角洲陆海相互作用及其对近海环境资源的影响”(李凡负责，1997.6～1998.12)等。前两项基金的主要内容集中于入海物质通量、河口过程及陆架海域的物质循环过程等，后两项基金的主要内容集中于人类活动引起的黄河入海水、沙通量锐减和断流对三角洲及近海环境资源的危害和对策。目前，山东省软科办的项目已经结题，除提供研究报告外，又根据研究成果向山东省有关领导部门提出了关于黄河三角洲及其近海环境资源可持续发展战略的咨询建议。

除上述较大型的研究计划外，有关LOICZ的研究工作一直分散地活跃在沿海各省市，研究内容几乎波及到国际LOICZ研究计划中四个核心项目的各个领域，并取得了一定的成果，特别是在南方各省发展较快。例如：陈招等人的“九龙江河口区磷的转移和入海通量研究”，吕春花等人的“海平面上升对珠江口三角洲经济和环境的可能影响及其防御措施”，张乔民等人的“红树林潮滩沉积速率测量研究”等。此外，李明等译出了“欧洲陆海相互作用研究：科学计划及研究领域”，及时介绍了欧共体关于LOICZ研究的计划信息；李凡发表了“海岸带陆海相互作用(LOICZ)及我们的策略”，文中分析了中国海岸带的情况，提出了“突出大河、落实生态、增强预测、积极合作”的基本策略，对于中国的LOICZ研究工作开展都有一定的积极作用。

两年的实践反映了中国LOICZ工作虽有较大进展，但是，仍然较为分散、平淡。如何能根据中国的实际情况做出有取得的研究成果，为国际LOICZ做出贡

献，尚待进一步研究。 （李 凡）

【海洋沉积学】 1996和1997两年正是中国“九五”国家级重大重点项目全面启动的两年，在海洋沉积学方面的调查研究进展较快，取得了许多重要的、令人耳目一新的成果。

刘锡清（1996）对中国边缘海的沉积物分区进行了详细的研究，编制了沉积物分区图，进而讨论了浅海和半深海、深海两大沉积体系沉积物的分布规律。同时，吴时国等（1996）研究了南沙群岛海区第四纪深海碳酸盐沉积作用，讨论了该区冰期—间冰期碳酸盐沉积作用的变化规律和特征。董太禄（1996）则详细探讨了渤海现代沉积作用与模式，给出了全新世海侵以来渤海现代沉积物的类型、分布、厚度变化及沉积速率等资料。张振克（1996）研究了芝罘连岛河坝北端封闭泻湖成因与发育过程，提出泻湖附近地貌发育经历了水下河嘴、水上河嘴、砾石堤、封闭泻湖形成等4个发展阶段，为烟台近海全新世环境演变提供了科学依据。邵全琴等（1997）对海南岛洋浦深槽与拦门沙沉积特性和沉积环境做了分析，为矿产资源勘察和海港建设提供了较系统的资料。吴正等（1997）研究了华南沿海老红砂的成因与形成环境，认为老红砂是晚更新世末次冰期低海面时海岸风沙堆积，并在其后的亚间冰期和冰后期的高温期温热气候以及相对高海面情况下，发生红化作用而成。另外，叶健骝（1997）建立了“全球沉积岩数据库及其管理软件”，可以对沉积岩有关数据进行录入、编辑、查询、检索、打印、绘图。该系统功能齐全，检索功能灵活，将会在地球科学的许多领域中发挥重要作用。 （许淑梅 翟世奎）

【海洋油气勘探与开发】 在1996～1997年间，中国海洋油气勘探开发取得了历史性突破。主要表现在：油气资源新发现、钻井技术达到了世界先进水平，东海平湖油气田建成并开始供油，海上石油年产量创历史最高纪录，尤其是天然气产量达38.6亿 m^3，已占中国全国天然气产量的18%以上。

早在1996年9月6日，中国海洋石油总公司就宣布海上石油年产量首次突破1 500万t大关。同年10月18日，江泽民总书记为海洋石油工业题词：“开发蓝色国土、发展海洋石油”，极大地推动了中国海洋油气工业的发展。1997年5月29日，国务院总理李鹏发表了中国“能源政策”咨文，指出：“我国海洋石油和天然气的开发，是改革开放的产物。”“中国海洋石油天然气事业在与国外合作中，学到了技术，积累了经验，逐步成长起来，并且按照国际通行的现代企业制度，建立起自己的海上油气企业，走上了良性循环的发展道路。”

东海油气勘探自平湖油气发现后便对外招标，以便扩大勘探范围寻找新的油气田。中国海洋石油总公司颁布东海第四轮招标，先后有德士古、埃索、雪佛龙、壳牌和麦克休斯等外国石油公司中标，集中在东海南部瓯江凹陷（温东丽水凹陷）共打了14口井均以没有发现油气而告终。1997年7月，英国超准石油公司在丽水凹陷钻丽水36－1－1井，取得古新统海相油气重大突破，日产天然气27.96万 m^3、凝析油18.67m^3。该公司一举成功的丰硕成果，揭开了东海南部油气勘探新领域。尔后东海石油公司在丽水凹陷展开了二维地震调查，在完成4 000km测线基础上，在丽水36－1构造（雁湖构造）上完成200km^2的三维地震详查，为实现丽水凹陷到2005年找到1000亿 m^3 天然气储量和丽水36－1气田的开发做好准备工作，到时浙江、温州等沿海开放城市将可充分利用而加快经济建设。

1997年1月国家批准新星石油公司成立。该公司下属的上海海洋石油公司、中国海洋石油总公司与上海市联合组成的上海石油天然气公司所开发的东海平湖油气田，将于1998年11月开始供油。该油气田由中国海洋石油总公司为作业者，至上海385km海底输气管线和至浙江岱山306km海底输油管线组成，预计年产原油90万t，1999年将向上海供气。但是从钻遇问题来看东海地质仍较复杂，尚需加强油气资源评价研究，以提高探井的命中率。

1997年以来，渤海油气勘探也继续取得新进展。11～12月，勘探范围扩大到渤西以后，歧口17－3和歧口18－1油田相继建成投产，两油田于1998年1月19日正式向天津供气。

两年间，南海北部海域油气勘探也取得了突破性进展。南海陆丰22－1油田建成投产。由于采用了先进的水下系统，仅用一条9万吨“睦宁号”生产处理储油轮作业，创中国单船开发一个油田的先例。又有珠江口西江24－1油田一口井开发一个油田建成投产。该田西江24－3－A14井是中国目前海上第一口高难度大位移延伸井（井深长9 238m、垂直井深2 985m）创三项世界纪录：水平位移8 062.7m、裸眼井段5 032m，随钻测井深度9 016m，取得增产措施好效果，日平均产油达1 000m^3。

1997年中国海上已建成17个油气田共产原油1 628.5万t，比上年度增产128.5万t，创历史最好成绩。其中对外合作油田产油1 353.5万t，自营油田产油275万t；两个气田产天然气40.5亿 m^3，其中崖13－1气田产气36.8亿 m^3，供香港29.4亿 m^3。该年海上产油量占全国产油量10%，天然气占全国18%。

（蔡乾忠）

【海底热液活动及其成矿作用】 1996～1997年，现代海底热液活动及其成矿作用方面的研究工作主要集中于东太平洋海隆和冲绳海槽两个热液活动区，而又以对后者热液沉积物深入系统的研究为特征。

赵一阳等(1996)通过对冲绳海槽热液区表层沉积物和岩芯沉积物样品的地球化学分析与研究，认为该热液区亲硫元素显著增高，而且富集元素之间强烈相关，从而表明它们的共同的热水源，柱状样中元素的垂直分布分为两段，记录了一次古热水事件。热水区沉积物的混合作用增强，热液沉积物中$^{87}Sr/^{86}Sr$高达0.7089～0.7167，认为是热水与沉积物共同作用的结果。

侯增谦等(1996)通过对古代与现代海底黑矿型块状硫化物矿床矿石地球化学比较研究，发现古代与现代海底黑矿型块状硫化物都形成于岛弧裂谷环境，与洋中脊环境下的火山成因块状硫化物相比，相对富含Pb、As、Sb、Ag、Au等，而贫Cu、Fe、Se等元素，这种差异反映了不同热液体系金属浓度的差异及成矿作用中水—岩反应体系的差别，也揭示了岛弧裂谷环境下陆壳及长英质火山岩对热液流体的成矿组分的重要贡献。不同时代的黑矿型矿床的矿石化学成分存在一定差异，主要反映了岛弧张裂程度的不同，它们的元素化学分带型式十分一致，揭示硫化物堆积过程的高度类似。李延河等(1997)通过研究多金属结核中He同位素组成和分布规律，发现多金属结核的$^{3}He/^{4}He$比值取决于海底热液源的$^{3}He/^{4}He$比值及其与海底热液活动中心的距离，而且不同圈层与不同的海底热液活动有关，一个圈层可能代表一期大的海底热液活动，该文提出不仅是He，结核中的Mn、Fe、Co、Ni、Cu等成矿元素可能也主要来源于海底热液活动。 (于增慧)

【古海洋与古环境】 1997～1998年，在古海洋与古环境研究中最重要的事件是中国加入了国际海洋钻探计划(ODP)，并由同济大学汪品先院士等提出南海大洋钻探建议："东亚季风历史在南海的记录及其全球气候影响"(ODP第484号)在1997年学术排行中名列第一，并作为"ODP"第184航次，计划于1999年2月16日从澳大利亚的Fremantle出发，于4月13日到达香港，开始着手在南海的钻探。这是中国有组织参与的第一次大洋钻探航次，也是第一次由中国科学家建议、主持并担任主要力量的大洋钻探航次。这一事件表示中国海洋地质的研究真正地走向世界。近两年来，在古海洋与古环境研究中，突出了高分辨率的研究，加大了对测年方法和测年时间尺度的分配和测年数据的校准。特别是在AMS^{14}C测年方面有突破性进展，使得在百年尺度到千年尺度的气候变化研究成为可能，对海平面变化、大洋环流及古季风的研究成为热点。与此同时，古海洋环境研究直接应用于海洋工程建筑和海上石油开发中。 (苍树溪)

【海岸动力地貌学】 陈子燊(1997)和雷亚平(1997)分别对海滩剖面形态与地形动态研究的进展及国外砂质海滩沙坝地貌动力学研究进展作了总结。徐元等(1996)对淤泥质潮滩表层沉积物稳定性的时空变化做了探讨；夏小明等(1997)研究了港湾淤泥质潮滩的周期变化；樊社军(1997)对淤泥质岸滩侵蚀堆积动力机制及剖面模式做了分析。

苗丰民等(1996)运用沿岸输沙模式、一线蚀淤理论，以及动水型理论对辽东湾东部砂岸的近期变化及演变趋势进行了预测；夏小明(1996)研究了浙江三门湾海岸发育与持续利用；贺松林等(1997)用动力地貌综合分析与数学模型计算相结合的方法，宏观把握，微观量化，对湛江湾沿岸工程冲淤影响做了预测分析；杨雪舞等(1997)应用Mclaren模型分析了黄茅海河口湾现代动力地貌体系和冲淤过程。

张振克(1997)研究了芝罘连岛沙坝北端封闭泻湖成因与发育过程(1996)、套子湾沿岸加积型滩脊成因及其环境意义；陈报章(1996)对苏北琼港地区埋藏潮沙体与现代辐射状潮流沙脊群的成因间的关系做了探讨；刘振夏(1997)通过分析潮流作用、微地貌形态、物质成分和来源，对东海扬子浅滩成因有了新认识，并对渤海东部潮流动力地貌特征进行了分析；尹延鸿(1996)研究了黄河三角洲桩西107站潮沟地貌形态及其水动力状况；傅命佐(1997)分析了黄海、渤海海岸风沙地貌类型及其分布规律和发育模式。

金秉福(1997)用重矿物含量及河口地貌特征研究了胶南郑哥庄河口附近泥沙运移方向；潘定安(1996)分析了长江口拦门沙地区泥沙运动规律；武桂秋(1997)研究了登州浅滩作用。

赵焕庭(1996)对南沙群岛珊瑚礁自然特征做了分析；谭晓林等(1997)研究了红树林潮滩沉积速率及海平面上升对中国红树林的影响；徐小薇(1996)分析了地貌素描在黄渤海海岸地貌研究中的应用。

(王永红)

【海底构造】 1996～1997年中国的海底构造研究又取得许多新的进展。这主要集中在以油气前景研究为中心目的中国陆架边缘海盆的研究和洋壳—陆壳过渡带的地壳结构研究。在边缘海盆地研究方面，吴进民等(1997)讨论了万安盆地、曾母盆地的成因及两盆地在成因与沉积构造上的差异，并详细讨论了万安盆地的油气藏分布。在地壳结构研究方面，哥伦比亚大学S. S. NISSEN等和姚伯初等(1997)利用双船折射资料、重力资料绘制了垂直南海北部陆缘的三个断面的地壳厚度图，结合热流资料，指出华南陆缘有地壳断裂存在。郭玉贵等(1997)对黄、东海大陆架及邻域大地构造演化阶段进行了划分。李继亮(1996)总结了国家基金委重大项目“中国东南大陆及相邻海域岩石圈结构演化研究”课题的成果，喻普之主持了海区的工作，其中栾锡武(1997)讨论了该区热流分布及岩石圈的热演化。上海海洋地质调查局执行820项目，在长江口—琉球海沟的一条剖面上进行了双船折射、广角反射实验，取得了从未取得的深层地震资料。

(喻普之　栾锡武)

【洋底微玻璃陨石及陨击事件】 近年来，陨击事件对地球演化的影响越来越引起人们的重视。彭汉昌等(1996)研究了采自北太平洋麦哲伦海岭的岩心，发现在2.14～2.30百万年的层位上微玻璃陨石发育，根据微玻璃陨石的结构与化学成分，认为这是一次陨星撞击的产物。万天丰等(1992，1995，1996，1997)经过认真研究地质历史中多期微玻璃陨石以及与生物灭绝、板块运动之间的关系，认为巨大的陨石撞击事件可能是诱发岩石圈板块运动的原因之一。

尹延鸿等(1995，1996，1997)根据深海钻探资料及对样品的分析，研究了太平洋地区始新世末期(约34百万年)的微玻璃陨石层的分布特征，并结合洋底地质地球物理特征及力学分析，认为该期的陨星撞击地点可能是在太平洋板块、纳兹卡板块、可可板块的三联点北部的环状断裂处(加利福尼亚湾南部，该处现在的经纬度约为18°N，107°W)。该次陨击可能是引起太平洋板块始新世末期运动方向由北北西变为北西西的诱因。地球自形成以来，肯定发生过多次陨击事件。经研究，自始新世以来的大洋地层中发现至少有4层微玻璃陨石，它们的年龄分别为0.7～0.83百万年、2.14～2.03百万年、14.7百万年和34百万年，其中0.7～0.83百万年和34百万年两次较发育。这些陨石事件对地球的地质及环境演化有重要影响。 (尹延鸿)

【国家海洋局海底科学重点实验室】 该实验室于1997年3月成立，依托于国家海洋局第二海洋研究所，由海底勘测实验室、分析测试中心及海底信息处理中心等几部分组成。现有院士4名，研究员12名，副研究员16名(含高级工程师)，其中博士生导师8名，硕士生导师9名；实验室拥有海洋地质、海洋化学两个硕士专业学位授予权。实验室设立专门的学术委员会，中国科学院院士刘光鼎任学术委员会主任，中国科学院院士金翔龙任实验室主任。

实验室的研究方向是：大洋(国际海底)和边缘海(大陆架—专属经济区)的海底资源及海底基础环境。该实验室将以海洋地质、海洋地球物理、海洋地球化学、海洋生物等学科前沿性领域为出发点，通过海底信息系统的建设、重点突破大洋及边缘海底资源与环境的理论问题及其相应的高新技术，为海底资源与环境的可持续利用提供有效的理论方法和切实的解决途径，为维护中国海洋权益、参与国际社会的海洋资源管理提供海底科学依据。

实验室近两年内主要承担国家“126”专项、大洋协会“太平洋多金属结核勘探开发”、国家高科技“863”等项目。

实验室已拥有代表国际90年代水平的重、磁、震勘测设备，健全了浅、中、深水下地形地貌全覆盖测量成像系统以及近岸、局域、广域实时差分导航定位GPS系统，研制并引进了适用于浅、中、深海的各种取样设备，海洋勘测过程中关键性技术“超短期基线的研制和集成”已取得显著成果，与之相适应的实验室分析设备、海底信息处理系统已初具规模，并以其高科技集成装备为特色服务于海底科学勘测与研究。

实验室奋斗目标是：立足国际前沿，开展大洋与边缘海的海底资源与环境研究；创造良好的科研条件和学术环境，使实验室成为国内外高水平的海底科学研究中心、海底科技与管理人才的培养基地和国家与地方经济发展及海洋产业创新的科技依托点。

(国家海洋局二所)

河口海岸学
Estuarine and Coastal Sciences

【河口动力】 石磊(1996)建立了一个关于河口及浅海三维分布杂交模型。梁金焰(1997)应用边界拟合坐标系统，对闽江河口潮流进行了数值模拟研究。朱建荣、沈焕庭等(1997)建立了一个σ坐标系下三维非线性斜压浅海与陆架模式，研究长江冲淡水扩展机制。韩乃斌(1996)应用二维数学模型模拟了长江口南北支水流和氯度变化。匡翠萍(1997)对长江口盐水入侵进行了三维数值模拟。韩丕康(1997)借助频谱分析建立了河口潮位序列在频域内的一个插补模型。

【河口泥沙】 贺松林(1996)等研究了长江河口拦门沙地区的泥沙运动规律和最大浑浊带的悬沙输移特征。林以安等(1997)通过现场测试资料，研究了长江口悬浮颗粒的絮凝聚沉特征和颗粒表面理化性质对聚沉的作用。张志忠(1996)阐述了长江口细颗粒泥沙基本特性。关许为等(1996)对长江口絮凝机理进行了试验研究。何青等(1997)在试验室用超声波方法检测水沙界面。李道季等(1996)应用流式细胞仪技术研究河口悬浮颗粒物。张燕青(1997)和胡春宏等(1997)研究了黄河口输沙能力和海洋动力特性对泥沙输移扩散的影响。王玉广等(1996)研究了辽河口海区悬浮体的运移扩散。黄永健(1997)计算了长江口挖槽的自然回淤。辛文杰(1997)建立了潮流、波浪综合作用下的河口二维悬沙数学模型。史英标(1997)进行了潮汐河口平面二维悬沙输移及河床变形数值模拟。江文胜等(1997)用三维粒子模式研究了黄河口悬沙颗粒物的输运。

【河口演变】 孙志林、金元欢(1996)从输沙的力学角度探讨了分汊河口形成机理。庞家珍等(1997)研究了黄河口拦门沙与盐水楔特征及其演变。陈彰榕(1997)研究了现行黄河口拦门沙的形态和演化。尹学良等(1997)研究了黄河口河道80、90年代的演变。李平(1997)和高永文等(1997)对黄河口清水沟流路稳定性及其演化进行了研究。张世奇(1997)探讨了黄河口及三角洲冲淤演变计算的原理及方法。曹文洪(1997)研究了黄河口三角洲演化及其反馈影响。李广雪等(1996)分析了黄河口近期环境演化与河口治理。潘存鸿等(1997)应用二维水流数学模型计算了钱塘江尖山促淤围滩工程的流场。张惠英等(1996)对崖门口外围垦与潮汐水道进行了稳定性分析和数值计算。

(沈焕庭 吴加学)

【河口沉积动力学】 在河口地区,河流营力与海洋营力共同作用,泥沙冲淤,岸、床多变,沉积动力学过程极其复杂,其研究方法多样,研究内容丰富。黄河口沉积动力学研究在行水输沙、口门淤积、河道演变、岸坡失稳、流场模拟等方面均有新进展。李广雪等(1996)分析了泥沙搬运的动力条件;陈彰榕(1997)提出拦门沙前缘滑坡导致拦门沙蚀退、泥沙外泻;张世奇(1997)建立起分段冲淤数学模型,以黄河口为例探讨了冲淤演化复杂的多沙河口输沙规律;范德江等(1997)研究了各类矿物在河口的沉积动力学行为,发现由河口向海输送的难易顺序为非粘土矿物→蒙脱石→高岭石和绿泥石→伊利石;青岛海洋大学河口海岸带研究所执行国家"九五"科技攻关项目"黄河口冲淤地质灾害预测技术研究",在黄河口海域多次展开调查研究,取得了黄河长期断流条件下和极端海况条件下,岸坡快速蚀退、底形大范围大幅度变化的观测资料。

长江口沉积动力学研究注重与整个东海环流系统相联系。郭志刚等(1997)有关长断面上悬浮体分布结构和沉积效应研究表明,春季长江入海悬浮沉积物受台湾暖流、黑潮和黄海暖流的控制,不能越过124°E海域;潘定安等(1996)通过流、盐、沙之间的周期对比分析,发现拦门沙水域存在泥沙运移的多重循环系统;曹沛奎等(1996)研究了河口悬沙峰的时空变化及其与河口冲淤演变的关系;王涛等(1997)建立了拦门沙地区泥沙运动的数学模型;潘玉球等(1997)分析认为长江冲淡水输运、扩散有两种途径。

在珠江口、辽河口、椒江口等河口区还通过抛泥追测、重矿物示踪、浮泥分析等方面的工作,开展了沉积动力学研究。另外,在研究方法上,除改进实际观测方案,尽量采用先进的集成和综合观测仪器外,应用数学模型和数值模式进行过程模拟,已成为河口沉积动力学的一种重要手段。沈焕庭(1997)对各种方法的作用、原理、适用条件、模拟效果等做了较为全面的论述与评价。 (李巍然 管玉涛)

徐茂泉(1996)研究了闽江口表层沉积物中0.125～0.250mm粒级重矿物的分布与组合特征。肖玉仲等(1997)研究了江苏灌河口现代沉积速率。李从先等(1996)研究了晚第四纪长江和钱塘江河口三角洲地区的层序界面和沉积间断。张桂甲等(1996)分析了冰后期钱塘江河口湾地区的海陆相互作用。

(沈焕庭 吴加学)

【河口化学】 顾宏堪(1996)对河口水Cu^{2+}、Zn^{2+}的分布、形式、毒性与生态环境进行了研究。陈松等(1997)研究了河口水与污水混合有机物和磷的转移动力学。黄小琴等(1997)分析了河口水中Cd(II)在$Fe_2O_3 \cdot nH_2O$(am.)上的特性吸附及界面电性。许世远等(1997)研究了上海潮滩沉积物重金属的动力学累积特征。林以安等(1996)研究了长江口可溶态^{210}Pb的来源、分布和逗留时间。陈敏(1996)和夏福兴等(1996)研究了长江口最大浑浊带悬移质、底质微量金属形态分布和悬浮颗粒中有机重金属的异常。孟翊等(1996)探讨了长江口沉积地球化学特征的定量研究问题。沈志良(1996,1997)研究了长江口无机氮控制机制和长江干流营养盐通量。陈松(1996,1997)和陈淑美等(1997)研究了九龙江河口磷的转移和入海通量,磷的界面分配和转移以及水体中各形态磷的行为。王宪等(1997)探讨了九龙江口ATP分布与环境因子的关系。蔡平河等(1996)研究了九龙江河口水体中^{238}U、^{234}Th的地球化学行为。李飞永等(1996)研究了珠江河口微量金属的相态变化与生物效应。王祥三(1996)提出了河口污染综合预测模型。江毓武等(1997)建立了闽江口二维水动力、污染扩散数值模型。(详见第270页河口化学部分)

【海岸动力】 董文军和陈虹(1997)探讨了迎风有限元法在河口海岸三维潮流数值模拟中的应用。陈虹等(1997)对渤海湾湾顶三维潮流运动进行了数值模拟。朱玉荣等(1997)通过潮流数值模拟解释了南黄海辐射沙洲的成因。林炳尧等(1997)以杭州湾为例,研究了港湾潮波响应问题的一类变分原理及其有限元解。李玉成(1997)研究了在时均和线性假设条件下波浪在浅水区的变形及破碎问题。张长宽和张东生(1997)建立了黄海辐射沙洲波浪折射数学模型。白玉川等(1996)研究了流速和潮位对波浪在近岸区传播的影响。李孟国和张大错(1996)研究了浪致近岸水位变化及流场的数值计算问题。刘百桥等(1997)研究了近岸波浪增水与近岸流的计算方法。史峰岩等(1997)研究了运动侧边界海洋问题的自适应网格模拟方法和跳点法在风暴潮数值预报模型中的应用。端义宏和秦曾灏(1997)对上海沿岸天文潮与风暴潮非线性相互作用进行了数值研究。吴培木等(1997)对港湾台风暴潮嵌套数值模型进行了初步研究。潘军宁等(1997)建立了一种台风暴潮数值模拟方法。黄祖珂等(1996)研究了东海沿岸潮致上升流的数值模拟。颜廷壮等(1997)研究了台湾海峡上升流的三维数值模拟。黄荣祥(1996)和扬玉岭、李玉成(1996)分析了闽中沿岸冬季存在的上升流和台湾海峡西部的上升流。陈春华等(1997)分析了海甸溪与海口湾水交换的关系。韩康等(1996)对大连湾潮交换能力进行了数值研究。

【海岸泥沙和沉积】 刘恒魁(1996)研究了辽东湾顶部海区潮流与悬沙的分布规律。徐啸(1996)应用现场实测波浪资料直接计算沿岸输沙率并对厦门西港航道潮流和悬沙回淤问题进行了实验研究。陈敏等(1997)研究了中国近岸海域沉积物^{226}Ra的分布特征。宋云香等(1997)研究了辽东湾北部河口区现代沉积特征。徐元、王宝灿(1996)探讨了淤泥质潮滩表层沉积物稳定性时空变化。董永发等(1996)研究了浙闽淤泥质港湾的沉积特征。严肃庄、曹沛奎(1997)分析了三沙湾表层沉积物中矿物特征及其泥沙来源。陈子燊分析了粤西水东湾现代沉积环境特征与泥沙搬运路径。邵全琴、王颖等(1997)研究了海南岛洋浦深槽与拦门沙沉积特征和沉积环境分析。

【潮滩】 时钟等(1996)综述了中国淤泥质潮滩沉积研究的进展。陈子燊(1997)论述了海滩剖面形态与地形动态研究的进展。曹沛奎等(1997)分析了浙闽淤泥质港湾的基本特征。樊社军、虞志英等(1997)对海州湾淤泥质海滩剖面堆积过程,连云港地区淤泥质海岸侵蚀堆积动力机制及剖面模式进行了研究。夏小明等(1997)以三门湾为例,研究了港湾淤泥质潮滩的周期变化。龙胜平等(1997)对南汇—奉贤杭州湾北岸岸滩水下岸坡进行三维EOF分析。王文介等(1996)综合分析了华南沿海海滩状况和演变。张乔民等(1996,1997)研究了红树林潮滩沉积速率及海平面上升对中国红树林的影响。

【港湾化学】 张均顺、沈志良(1997)研究了胶州湾营养盐结构变化及其对浮游植物生态体系的影响。沈志良、刘明星(1997)研究了胶州湾海水中二氧化碳。郭耀同(1997)对胶州湾海域COD浓度场进行了数值计算。彭兴跃等(1997)研究了台湾海峡真光层有机碳动力学—DOC大幅度的日变化。陈金斯等(1996)研究了大亚湾无机氮的分布特征。陈春华等(1997)研究了海口湾海水表观重金属络合容量及其重金属自净能力。薛雄志、洪华生(1997)对香港维多利亚港沉积物中ALPase活力与各形态磷及微生物特征的关系。

(沈焕庭　吴加学)

张珞平等(1996)对厦门西港表层沉积物中有机氯农药(六六六与滴滴涕)和多氯联苯的含量与分布进行了调查研究。其中滴滴涕含量最高(4.45~311ng/g)。与香港维多利亚港表层沉积物含量进行比较,其多氯联苯含量低于维多利亚港,而滴滴涕含量则高于维多利亚港。温生辉和黄自强(1996)建立了考虑生化降解的二维非保守有机物污染模型,提高了计算精度,较好地预测了厦门西海域的各种排污条件下的有机物污染场,为海洋环境容量的确定提供了依据。

(杨桂朋)

【海平面变化】 左军成、陈宗镛(1997)综述了海平面变化研究的进展。郑文振(1996)对全球和中国近海验潮站及任意点(区)的21世纪海平面做了预测。张锦文(1997)提出中国沿海海平面上升预测模型。田山等(1997)研究了渤海沿岸平均海平面变化与地震活动的关系。张振克(1997)探讨了未来百年烟台沿海相对海平面变化趋势与幅度。田素珍等(1997)分析了海平面上升对渤海湾、莱州湾沿岸地区的影响及对策。秦曾灏、李永平(1997)研究了上海海平面变化规律及其长周期预测方法。杨清书、吴超羽等(1996,1997)探讨了低通数字滤波在确定海平面变化趋势中的应用,并研究了近几十年来韩江三角洲水位变化趋势。吕春花等(1996)研究了海平面上升对珠江三角洲经济和环境的可能影响及其防御措施。　(沈焕庭　吴加学)

海洋生物学
Marine Biology

【养殖生物学和水域生态学】 **锯缘青蟹生殖生物学与人工育苗技术研究** 该项目由厦门大学海洋系李少菁、王桂忠等承担完成,属水产基础科学和养殖技术研究，包括锯缘青蟹生殖生物学、幼体实验生态学和人工育苗技术。已在国内外学术刊物发表论文30多篇。其中关于精子、卵子及卵黄发生超微结构；卵巢与胚胎的分期；卵巢发育过程脂类和脂肪酸组成；X－器官及窦腺超微结构；饵料配比及饵料影响幼体干重及元素组成；幼体消化系统组织学；个体发育过程同工酶及幼体和胚胎消化酶活力的研究等在国内外都属少见或首次报道。在人工育苗技术方面，提出人工育苗工艺流程，切实可行，易于推广。首次提出多季育苗模式，人工培育的蟹苗经4个月的养成可达商品规格，6个月可达性成熟，当年可收到经济效益。秋季苗越冬成活率在80%以上，可供次年春季养成，缓解春苗紧张。该人工育苗技术先后三次通过专家验收，达到大规模生产水平，平均育苗率为2 965只/m²，成活率21.8%。该技术成果通过福建省科委主持的鉴定，鉴定专家组评价达到国际领先水平，不仅具有显著的学术意义，而且具有重要的实际生产价值。几年来在福建省闽南一带推广应用，产生了明显的社会、经济和生态效益。1996年获福建省科技进步二等奖。（王桂忠）

厦门沿海水产养殖污染的控制与管理 该项目由全球环境基金组织(GEF)、联合国发展规划署(UNDP)和国际海事组织(IMO)资助，厦门大学海洋系与福建省水产研究所联合承担。

项目目标是通过建立功能性区域规划来维护厦门沿海水产养殖，减轻或控制水产养殖业以及其他来源的环境污染问题，并提出养殖区合理管理模式与可行的政策指南。项目始于1996年9月，于1997年6月完成。项目的主要内容与成果是调查总结了厦门沿海水产养殖现状与发展趋势；评估了厦门沿海水产养殖污染现状及其与环境间的相互影响作用；测定了厦门海域水产品的安全质量；估算了厦门沿海水产养殖承受力；对厦门沿海水产养殖发展规划和管理提出了科学性、合理化的建议。（陈 钢）

台湾东风螺繁殖生物学和人工育苗技术研究 该研究由厦门大学海洋系柯才焕等承担完成，对台湾东风螺的生殖系统解剖和组织结构、生殖腺组织学和生殖周期、精子发生和精子形态的超微结构、繁殖行为生态以及幼体附着和变态的化学诱导等进行了研究，已发表了相关的系列论文，新发现在海洋腹足类的卵子发生早期具类似于鱼类的"卵黄核"结构，首次确定了该种的繁殖期和繁殖盛期，并通过肝重指数等指标分析水温和营养与繁殖的关系，提出了腹足类精子发生过程划分为6期的新观点。在此基础上开展台湾东风螺人工育苗试验研究，1996年培育出国内首批苗种，通过了厦门市"夕阳红基金会"主持的专家验收。验收意见认为系国内首创，使台湾东风螺这一高价值品种的养殖成为可能。（柯才焕）

对虾病毒性疾病及其预防的研究 该研究是厦门市科委下达的重大课题(1993～1995)，由厦门大学生物系、海洋系、抗癌研究中心共同承担(主要完成者苏文金、沈国英、陈细法)。主要内容包括对虾病毒病发生的生物和非生物胁迫因子的调查研究，病毒的超微结构与细胞病理研究和对虾病毒病诊断试剂盒的研制。研究结果确定了感染厦门地区养殖对虾病毒的种类及超微结构和超微病理诊断指标；建立了免疫酶组织化学和双抗体ELISA两种对虾病毒免疫学诊断技术；进行了对虾病毒病发生的生物和非生物胁迫因子及虾病重灾区维持生产的过渡模式和预防虾病发生的应急措施的研究。

1996年12月，厦门市科委组织专家对该课题进行鉴定，认为：从整体上看，该项目在对虾病毒病及预防的基础研究方面达到国内同类研究的领先水平，其中对虾病毒病发生的生物和非生物胁迫因子的研究、淋巴样细胞核型杆状病毒(LNBN)的超微细胞病理变化和建立的酶免疫法检测海洋生物病毒方面达到国际同类研究水平。1997年获厦门市科技进步三等奖。（沈国英）

海洋DMS与DMSP的生态学研究 中国科学院海洋研究所用顶空GC法测定海水DMS和细胞DMSP。自1994年至1997年12月共进行野外调查16航次，同时还进行了有关室内生态实验。主要结果如下：(1)对胶州湾的定点观测表明，DMS的最大浓度出现在5月，冬季含量最低。估计季节变化与浮游植物优势种的DMS产率及海面风速有关。DMS的水平分布随季节不同存在很大差异，而垂直分布较均匀。DMS的水平分布与Chla无明显关系，与营养盐有一定关系，但随季节而不同；(2)对芝罘湾的观测结果表明，DMS季节变化与胶州湾相似，最大值出现在5月。垂直分布特点与胶州湾明显不同，估计垂直分布类型与透明度和细菌活动有关；(3)对东海的观测结果表明，最高值出现于峰面区，河口和外海含量低。垂直分布的最大值层在10～30m，随水深加深而下降。生态环境因子实验研究表明，盐度对浮游植物DMSP含量及其DMS释放量的影响最显著，温度和光强也有一定影响。环境因子对不同藻种的影响程度有所差别。不同藻种之间DMSP含量存在很大差别。藻细胞的生理状态对其DMSP含量也有影响。（孙庆军）

亚热带海区微型生物生态研究 该研究由国家教育部资助，由厦门大学海洋生态环境国家教育部开放实验室洪华生、黄邦钦等承担完成。对厦门港和台湾海峡海区微型生物生态进行了研究。结果表明，微型和微微型浮游植物对海域浮游植物生物量、生产力的贡献高达60%以上，台湾海峡北部海域以微型浮游植物为主，南部则以微微型浮游植物为主。浮游植物光合作用过程产生的溶解有机碳所占比例高达25%，细菌生长速率快，纤毛虫、鞭毛虫等中小型浮游动物总量大。揭示该海域存在以微食物环为主体的生源有机碳转换机制。 （王大志）

自然生态调查 1995～1997年，中国科学院南海海洋研究所完成了国家“八五”重大科技项目——“南沙群岛及其邻近海区综合科学考察”中的海洋生物调查研究。主要成果有：南沙群岛及其邻近海区的“海洋生物分类区系与生物地理研究Ⅱ、Ⅲ”、“海洋生物多样性研究Ⅱ”；“南沙群岛西南陆架区底拖网渔业资源研究专集”；南沙群岛大洋深水鱼类；南沙群岛及邻近岛屿植物志；南沙群岛至华南沿海鱼类(一)；南沙群岛海区生态过程研究Ⅰ；南沙群岛珊瑚礁泻湖化学与生物学研究等，大大充实和丰富了该海区海洋生物研究内容，为生物资源管理、开发利用，以及热带海洋生物学科发展，奠定了较扎实的基础。对香港策略性污水排放计划的环境影响评估中，完成了香港周围水域秋季和春季海洋生态调查。调查内容有浮游植物、浮游动物、鱼类浮游生物和潮间带生物底栖生物，完成了该工程要求的生物学参数。

实验生态、病害防治研究 华南沿海网箱养殖虽然经济效益高，但面临问题也复杂，针对这一情况，中国科学院南海海洋研究所开展了浅海养殖系统、养殖容量与优化技术的研究，以及网箱养殖主要病害防治技术研究，并开始对养殖动物弧菌病疫苗的研制。在贝类实验生态和技术方面，开展了珠母贝多倍体育种及养殖研究，鲍的血细胞形态及其防御功能的研究，对贝类的立克次体病免疫学诊断技术及应用的研究；对广东沿海牡蛎重大流行病原生物学及流行病学进行了调查研究。在藻类方面，探讨海水环境胁迫对螺旋藻生物富硒作用的影响，高抗性海水螺旋藻的光合反应培养技术研究。在海洋药物方面，研究和探讨海洋生物新药源已成为近年发展的重点。中国科学院南海研究所已开展海星活性肽抗心脏血管病新药方面的研制，褐藻素对治疗心血管病、抗心律失常的临床前试验，乳节藻活性物质的研究等。 （陈清潮）

【海洋生物工程和实验生物学】 经济甲壳动物幼体消化酶研究 该研究是国家自然科学基金资助项目，由厦门大学海洋系王桂忠、李少菁等承担完成，该研究主要以锯缘青蟹和斑节对虾为研究对象。研究锯缘青蟹幼体和胚胎发育过程消化酶和生化组成的变化规律及影响因素（温、盐、pH、饵料和昼夜节律）和调节机制。结果表明：胚胎第9期消化酶活性开始提高，为开口摄饵做准备；胚胎发育导致蛋白质大幅度下降，说明蛋白质在胚胎发育中的重要性；幼体蛋白酶活性的高低与发育期有关，同时受能量需求的调节；幼体消化酶和胚胎水解酶的活性可以作为幼体能否培育成功的指标。研究了斑节对虾幼体发育过程中消化酶活性的变化幅度和规律，同时比较研究了26种激活剂和抑制剂对锯缘青蟹和斑节对虾蛋白酶活性的影响。将有关研究结果应用于锯缘青蟹人工育苗，提高了饵料效果和幼体成活率，实现了青蟹生产性人工育苗。人工育苗技术通过省级鉴定，并在福建省部分地区推广应用。

重金属对海洋甲壳动物幼体的生理生态效应研究 该项研究由国家教育部博士点专项基金资助，由厦门大学海洋系李少菁、王桂忠等承担完成。通过对铜、隔、锌对三种对虾和锯缘青蟹幼体的生理生化、生理生态效应的实验研究，发现重金属的致死浓度随幼体发育而提高，不同重金属的毒性也不同。在亚致死浓度下，重金属对幼体生化组成、摄食率、受精卵孵化率、代谢酶活性、仔蟹肝胰腺超微结构均有不同程度的影响，以及在几种生态因子对重金属生理生化效应的影响方面取得了大量有价值的数据，并初步编制了虾蟹幼体对重金属摄取、代谢的模式图，为重金属生态毒理研究、环境保护提供了科学资料。 （王桂忠）

海洋贝类幼体附着和变态机制的研究 厦门大学海洋系柯才焕等对重要经济贝类僧帽牡蛎、翡翠贻贝、杂色鲍、盘鲍(引种)、台湾东风螺和方斑东风螺的幼体附着和变态机制进行较系统的研究，先后发表论文6篇，在某些方面取得了创新性成果。具体有：在翡翠贻贝幼体附着和变态的离子控制及机理研究方面，首次证实了添加K^+和减少Mg^{2+}对双壳类幼体附着和变态诱导的显著有效性；发现微生物、水螅、同种成体贝壳和足丝等生物因子对幼体附着和变态的诱导活性；检验了儿茶酚胺及其类似物对翡翠贻贝幼体附着和变态的诱导活性，并检定控制附着行为的受体分子类型为α_1－肾上腺素受体；以僧帽牡蛎为研究对象，运用分子药理学方法，首次将控制贝类幼体变态的受体分子鉴定到亚型水平(α_1A)。这些研究成果不仅有较高的理论价值，而且在环保型海洋防污涂料研制和贝类人工育苗技术的改进方面，有很好的应用前景。

（柯才焕）

【国家海洋局海洋生物工程重点实验室】 该实验室于1991年筹建，并于1997年正式建成并对外开放。由中国工程院院士李载平和中国科学院院士朱作言任第一届学术委员会主任和副主任，国家海洋局三所教授徐洵任实验室第一届主任。研究方向为：养殖动植物功能蛋白的基因工程、养殖病害病原的分子生物学、海洋环境微生物的分子生物学以及海洋环境净化的基因工程等。该室在1997年资助了6个课题。1997年博士生在读3人,硕士生在读3人,毕业1人,承担国家"九五"攻关1项,国家自然科学基金1项,国家海洋局重点项目及青年基金各2项,省重点项目1项。

鲈鱼生长激素的基因工程 在已获得大肠杆菌基因工程菌的基础上,又进一步构建了高效表达的甲醇酵母基因工程菌。实验证明,口服含有酵母工程菌添加剂的饲料可明显促进鱼的生长速度。该项目1997年获取国家海洋局科技进步一等奖。

对虾白斑杆状病毒的分子生物学研究 在"八五"攻关"对虾病毒快速诊断"的基础上,1996～1997年又进一步建立了对虾白斑杆状病毒的分离纯化和完整,高纯度的病毒基因组核酸的提取方法,初步构建了基因组DNA文库和cDNA文库。测定了部分DNA序列,并在此基础上建立了简便、快速检测对虾白斑杆状病毒的PCR法。同时在病毒基因组全序列测定工作中,还完成了部分序列测定工作,为探讨对虾病毒的感染调控机理和对虾病害的防治奠定了科学基础。

(徐 洵)

【国家海洋局海洋生物活性物质重点实验室】 该实验室是1996年12月15日经国家海洋局批准,在原国家海洋局第一海洋研究所生物制品研究中心的基础上筹建,并于1997年5月3日通过验收、正式挂牌成立的局级重点实验室。该室现有科技人员18人,其中研究员4人,副研究员和高级工程师3人,中初级研究技术人员3人,博士生5人,硕士生3人,已形成了一支学科配套、人员结构合理的研究群体。实验室设立专门的学术委员会,实行实验室主任负责、学术委员会评审的制度。学术委员会主任和实验室主任由一所推荐,国家海洋局聘任。

实验室的宗旨是坚持服务于社会经济发展,研究成果坚持先进性和实用性的原则,本着高起点、突出特色,加强与国内外有关单位的跨学科协作,引进技术,壮大和完善自已,争取多出成果,多出人才,把实验室建成高效、领先和装备一流的重点实验室,使国家海洋局研究所在海洋生物活性物质的研究、开发利用方面处于优势领先地位,成为国家可依靠和依赖的骨干力量。

实验室的任务是以应用基础和应用研究为重点,以海洋新食源、新药源和新型生物材料为主要研究方向,选题以跟踪国际发展前沿和国民经济发展急需为原则,坚持先进性、实用性,突出特色和高起点,通过生化工程、酶工程、细胞工程、基因工程等手段,研究开发海洋食品、药品、保健品和化妆品等,以创造更大的社会效益和经济效益。

实验室主要进行海洋生物酶类和酶制剂、高度不饱和脂肪酸、海藻多糖、叶绿素及其衍生物、海洋生物多肽等生物活性物质的研究和开发。目前承担的课题包括国家"863"、国家攀登计划B项目,国家海洋局、山东省科委和青岛市科委下达的科技兴海项目、科技攻关项目十多项,还与多家企业建立长期合作关系,承担多项企业委托项目。

两年来,该实验室已制出复合磷酸酯酶(原料药和成品药)、海藻硒多糖、共轭亚油酸、碱蓬籽油、叶绿素及其衍生物等多种产品;研究开发出了用于生产紫草籽油、紫苏籽油、月见草油以及其他高附加值油脂的低沸点溶剂萃取技术、用于生产不同形式、不同级别和不同用途的各种鱼油产品的鱼油深加工技术,以及用超临界CO_2萃取技术生产啤酒花浸膏和姜油树脂等先进技术。

该实验室现有低沸点溶剂萃取装置、灌注层析系统、冷冻干燥设备、喷雾干燥设备、乳化设备、超微粉碎设备、反应罐、气相色谱仪、超临界流体萃取装置等大中型仪器设备,并具有高压液相色谱仪、红外分光光度计、荧光分光光度计、冷冻离心机、等离子发射光谱仪等大中型设备可供使用。 (国家海洋局一所)

【资源调查与开发利用】 闽南—台湾浅滩中上层鱼类和鲨鳐类生物学研究 该研究由厦门大学海洋系丘书院、杨圣云等承担完成。研究了闽南—台湾浅滩渔场金色小沙丁鱼的卵巢发育的组织学,描述了卵母细胞中卵黄物质的发生和积累情况。根据性成熟系数和组织学研究结果,认为闽南—台湾浅滩渔场的金色小沙丁鱼属于多次产卵类型。

研究了闽南—台湾浅滩渔场的蓝圆鲹分群问题,结果表明,在闽南—台湾浅滩渔场,春季蓝圆鲹是分批进入渔场的。在该渔场,至少存在两个蓝圆鲹群体,它们的形态学特征差异主要表现在胸鳍上。

研究了闽南近海17种鲨鳐类肝脏的脂质组成特点,结果表明鲨鳐类的肝脂组成非常相似,以甘油三脂为主要成分。在尖头斜齿鲨中,约占肝脏总脂的90%以上,此外,还有少量烃类、胆甾醇脂、游离脂肪酸、甾醇和磷脂。测定了闽南近海常见鲨鳐类的肝油理化常数和角鲨烯含量。尖头斜齿鲨的肝油脂肪酸的不饱和程度很高,非皂化物含量很低,角鲨烯的含量极微。闽南近海常见鲨鳐类的角鲨烯的含量都很低。小孔鲨、条鲨和狭纹虎头鲨的肝油中没有检测到角鲨烯。

研究了尖头斜齿鲨的年龄与生长、食性、卵壳腺的结构,肝体指数和肝油含量的季节变化。雌鲨的卵壳腺由蛋白分泌区、壳质分泌区和精子储藏区构成。尖头斜齿鲨脊椎骨上的年轮特征有三种类型:单带型、双带型和多带型。年龄结构为0～5龄,平均2.65龄。尖头斜齿鲨以硬骨鱼类、头足类、长尾类和口足类为主要食料，营养级为3.45级，摄食率为76%。雌雄个体的食物组成无明显差异。尖头斜齿鲨的肝体指数(HSI)变化在1.36～7.65之间，成熟个体之间存在明显季节变化，未成熟个体的HSI值没有明显的季节变化。肝油含量变化规律与HIS类似。HSI值和肝油含量的季节变化与动物生殖活动有关，肝油脂是胚胎发育的主要营养来源。　(杨圣云)

南大洋磷虾资源考察与开发利用预研究　该项目由中国科学院海洋研究所承担完成，开展了四个方面的研究：(1)重点海域内大磷虾资源量、资源变动规律和控制资源变动的因素；(2)重点海域内大磷虾的分布规律及其与生物和非生物环境的关系，虾群的集散规律与内在和外在因素的关系；(3)磷虾本身的生物学特性的研究，重点研究其分布、习性、幼体变态、生殖、生长、摄食以及对氟的富集；(4)大磷虾资源开发的前期研究，对当前南极磷虾渔业的现状进行调查分析，提出了适合中国国情的开发模式；对“极地”号的探鱼仪进行了改造，研制高速采集器在南大洋进行磷虾样品采集；进行活体实验并用复眼晶维数目取代体研究磷虾的生长。　(孙庆军)

【研究专著】　**《中国南部棘皮动物》**　中国科学院海洋研究所编著出版。该书记录了中国南部棘皮动物457种，包括62种海百合，78种海星，131种蛇尾，85种海胆和101种海参。建立新种24个，新属2个，新记录51种，新组合3个。为进行动物地理学比较，作者把中国南部海域分为10区，分别列出各种的地理分布；按分类系统列出目、科、属到种的检索表和各分类阶元的鉴定特征。各种均有较详细的异名录、地理分布和生物学资料。绝大多数种均附有插图和照片以资识别。对某些疑难种进行了讨论，解决了一些分类疑难问题，并结合水文对动物地理学进行了讨论。

《中国动物志棘皮动物门海参纲》　中国科学院海洋研究所编著。内容包括总论和各分论两部分。总论有：研究简史、形态特征、分类系统、地理分布、生物学或生态学资料和经济意义；各论包括各分类阶元特征描述。种的记述有：中文名、学名、引证、形态、观察标本、生物学资料和地理分布。全部分类阶元均有中、英文检索表，并附有插图170幅，彩图3幅。作者在研究中国海参纲动物分类时，建立了新属1个，新种13个(其中有6种与他人合作)，新组合4个。

《海洋生物技术原理和应用》　中国科学院海洋研究所编著出版。该书从理论和应用两个方面，较系统地介绍了海洋生物技术各个领域中的技术方法和应用成果。(见本书“海洋出版”部分)　(孙庆军)

《硅藻彩色图集》　该彩色图集由厦门大学生物系程兆第、高亚辉等编著。由海洋出版社于1996年出版。本专著是国内外第一本硅藻的彩色图集，有图版101个，总共700幅照片。描述了属于100个属中4 977个种(变种，变型)和21个未定名种。有今生的，也有已灭绝的种类。样品来源于中国和中国以外地区，包括公海和大洋沉积的硅藻尸骸(化石)。对硅藻分类学、水域生态学、地质学、生物地层学和微体古生物学等方面的研究具有参考价值。　(程兆第)

海洋医学
Marine Medicine

【潜水医学】　1997年11月海军在中国南海海域(109°5′E，18°N)成功地完成了中国最大深度氦氧饱和(120m)—巡回(150m)潜水实潜训练任务，为中国大深度氦氧饱和潜水实用技术及饱和潜水医学保障能力创造了新的记录。

训练是在海军万吨级远洋救生打捞船上、中国自行设计建造的船用300m饱和潜水设备系统进行的。

该潜水设备系统由中国船舶工业总公司七院719所设计，武昌造船厂建造、安装，系甲板居住舱(DDC)一潜水钟(SDC)系统。设双DDC，可同时容纳8名潜水员在饱和深度居住生活，SDC一次可供3名潜水员下潜海底作业。舱与钟之间采用过渡舱顶与钟底对接方式，潜水员可通过过渡舱调压后，从两DDC及SDC间进出。

训练从1997年10月6日开始，分三个阶段进行。第一阶段，参训潜水员进行饱和潜水技术基础理论学习，了解设备系统各装置的性能及使用方法，熟悉潜水装具的原理及安全操作使用方法。第二阶段，通过15m、40m空气和80m氦氧三个深度、不同呼吸气体，由浅入深的邦司潜水(bounce diving，即借SDC进出的潜水操作)训练，共90钟次，259人次潜水，海底巡回潜水时间110 125min。对整个DDC—SDC系统，潜水呼吸装置进行实作练习，使潜水员切实掌握各项有关技术，并对潜水环境、加减压过程进行循序渐进的适应性训练。同时，也使作业过程中各岗位人员逐步熟练掌握操作程序，发现问题，排除故障，改善相互协调配合，积累经验，为下一阶段训练打下扎实基础。第三阶段，实施训练目标：120m氦氧饱和—150m氦氧巡回潜水海上实潜作业。1997年11月14日14时，通过上述训练，选拔水平较好的8名饱和潜水员分别进入两座DDC，每舱4人。按医学保障组提供的加压方案，分阶段将舱压加到120m(1.3MPa)，舱内氧分压控制在

40kPa。在此深度(压力)下,潜水员连续生活 64h(2 昼夜 16h)进行饱和暴露。在此期间,安排好作息时间表,潜水员 2～3 人为一组,每天上下午先后经由过渡舱进入顶部的 SDC 内,经调压后,SDC 与 DDC 脱开。液压吊将 SDC 起吊,移到舷外,沿导向钢缆下潜到 150m(1.6MPa)海底。然后将 SDC 内压升至与海底压力平衡,打开 SDC 底部门盖,潜水员即可佩戴好全套潜水服,调整好呼吸装置,离钟外出,到海底进行巡回潜水,在 SDC 外按规定操作内容进行作业。供加热潜水服热水的温度、流量,供潜水员呼吸用的特殊配制的氦氧混合气,供水下照明灯及水下摄影机用的电,均由水面母船通过 SDC 脐带经 SDC 内的控制装置,在钟内潜水员的照料、通讯联系的基础上,经由潜水员脐带送达潜水员。SDC 内及 SDC 底部出入口处的情况,在母船钟控室内有电视荧屏监控。第一名潜水员作业完毕,回到 SDC 内,再由第二、三名潜水员依次外出作业。2 或 3 名潜水员全部完成规定课目回到 SDC 后,关闭底部门盖,SDC 起吊离海底上升出水;与此同时,可按大深度潜水减压方案,逐步降低 SDC 内压力。当 SDC 与过渡舱对接完成时,SDC 内压力与 DDC 及过渡舱内压力(120m)达到平衡。打开 SDC 内盖及过渡舱顶盖,潜水员即可由 SDC 经过渡舱回到 DDC 内休息。接着即可按相同步骤进行下一钟的下潜。总共下潜了 9 钟次,有 20 人次在海底完成了巡潜课目,总巡回作业时间 830min(13h50min)。当最后一钟潜水员返回 DDC,潜水员全部在饱和压力下停满 64h 后,即开始按医学保障组提供的方案进行饱和减压。经 131h(5d11h)于 11 月 22 日 17 时,减至常压,安全出舱。饱和一巡回潜水全程共 8d3h。出舱后进行了体检、训练结束半年后又专门进行了随访检查观察,8 名潜水员健康状况良好。

整个训练三个阶段历时 47 天。

海军海上现场 120m 氦氧饱和－150m 氦氧巡回潜水实潜训练任务的圆满完成,考验了装船的饱和潜水设备系统,培养了一批具有从事饱和潜水技术能力的各类技术骨干。这标志着:海军已具备组织实施大深度氦氧饱和－巡回潜水作业的条件和能力;海军的潜水作业深度(饱和及巡回潜水)创造了国内的新记录;潜水作业和援潜救生能力达到了新的水平。积累的经验是切实可行、安全可靠的,可有效地供今后实潜中应用。

第四次全国航海医学学术讨论会　1997 年 10 月 27～29 日,中华医学会中华航海医学学会在浙江杭州举办了"第四次全国航海医学学术讨论会"。与会代表 95 名,会议收到论文 9 篇,其他 29 篇,充分反映了近年来中国航海医学领域的研究成果和发展概况。会议期间,先后进行了中华医学会航海医学专科学会委员会及《中华航海医学杂志》编辑委员会的换届选举。

(龚锦涵)

海洋医学获奖科研成果一览表

年　份	项目名称	奖励等级	主要完成单位	主要负责人(前三名)
1985	潜水医学及其在军事上的应用	国家科学技术进步奖一等奖	海军医学研究所	龚锦涵、王恒星、倪大智
1992	海上 80m 氦氧饱和－100m 巡回潜水医学保障的研究	国家科学技术进步奖三等奖	海军医学研究所、第二军医大学海医系	龚锦涵、杭荣椿、潘令松
1993	350m 模拟氦氧饱和－370m 巡回潜水的实验研究	国家科学技术进步奖三等奖	海军医学研究所、海军航保部潜水技术研究室	龚锦涵、罗锐仁、栾印宝
1996	《航海医学》	全国优秀科技图书二等奖	海军后勤部卫生部	龚锦涵、鞠通远、杨在春
1996	中华航海医学杂志	中国科协优秀科技期刊奖	中华医学会、中华航海医学杂志编委会	龚锦涵、卢　海

海洋技术
Ocean Technology

海岸和近海工程技术
Coastal and Offshore Engineering Technology

【江苏海涂圈围工程】 江苏沿海濒临黄海，岸外海底沙脊群十分发育，形成辐射状沙洲。滩涂资源很丰富，占全国首位。理论基准面以上共 65.3 万 hm^2，其中沿岸潮上带 26 万 hm^2，潮间带 26.7 万 hm^2，海上辐射沙洲 12.7 万 hm^2。1995 年以前已圈围潮上带滩涂19.7 万 hm^2，通过综合开发，初步形成粮棉、林果、畜牧、对虾、鳗鱼、淡水鱼、文蛤、紫菜、芦苇和盐业等 10 类商品生产与出口创汇基地。

"九五"(1996～2000 年)期间，江苏省计划开发百万亩滩涂资源，新围滩涂 3.3 万 hm^2 以上，垦殖已围荒地 1 万 hm^2，改造堤内中低产田 1 万 hm^2。1996～1997 年已投资 11 200 万元，圈围潮上带滩涂 1.3 余万公顷，遍及射阳、大丰、东台、启东 5 县市，共新建海堤 85km，完成土方量 1 500 余万立方米，形成 8 个围区，其中 4 个 333.3～800hm^2，4 个 0.23 万～0.33 万 hm^2，随滩涂的环境条件不同而定。

新的海涂圈围工程有两个显著特点：一是投资渠道多元化。在"谁投资，谁得益"、"新围滩涂依法获得土地使用权"等优惠政策鼓励下，有力地调动了地方、企业、个人、外商的积极性。江苏当代公司独资围涂 0.33 万 hm^2 成为民营企业参与此类开发的先例。二是围涂工程广泛采用机械化施工方法，成功地应用水力冲填技术，就地用高压水泵开挖，泥浆泵取"土"筑堤，推土机平整，挖掘机堆堤埝，草皮护坡，大大提高劳动生产率，结束了靠肩挑手堆、千军万马筑海堤的历史。

（陈宏友）

【长江三角洲海港体系】 1996～1997 年，受国家计委委托，中国科学院对长江三角洲经济与社会可持续发展提出咨询建议。长江三角洲海港体系是一重要环节，由严恺院士为首的院士、专家组提出专题报告。

以上海为核心的长江三角洲处于沿海经济带和长江经济带的交接部，战略区位突出，应成为中国对外交流的重要基地。面对 21 世纪太平洋时代的机遇与挑战，建立上海国际航运中心才能迅速促进长江三角洲的海运事业，根本上改变三角洲各海港国际集装箱由境外转运的"喂给"局面，取得更好的效益。

长江三角洲发展海运条件十分优越。南京下游长江干流 400 余千米为黄金河段，是长江流域广大腹地对外交流重要通道，上海—南京成为三角洲发展的主轴。上海往南杭州湾沿岸到宁波、舟山群岛绵延 500km，往北沿南黄海西岸到连云港近千千米，南北两翼有多处深水岸线。沿江和滨海都能布设优良海港和深水泊位，形成"T"字型海港体系，这也是三角洲港口与航道网和三角洲交通运输的主框架。按主框架可以建成 8 个海港群：长江口门为上海和南通两个港口群；沿长江主轴为江阴和南京两个港口群；沿滨海南翼为金山卫—乍浦、宁波—舟山两个港口群；沿滨海北翼为大丰、连云港两个港口群。

海港体系中，上海港处于"T"字交点，是体系的核心，也是上海国际航运中心的主体；南京港处于三角洲顶点，为三角洲同长江流域腹地联系的关键；宁波港、连云港处于三角洲南、北二翼端点，为三角洲同南、北沿海经济带联系的关键。太仓港深水岸线充裕，离上海近，有苏州市依托，可以同上海港密切结合。这些海港都将成为上海国际航运中心的支撑港口，三角洲的支柱。上海国际航运中心的建立必须依靠三角洲港口与航道网的优势，包括宁波—舟山港靠泊超大型海轮的优势，太仓港中国远洋公司强大船队的优势，长江发展集装箱水运的优势，体现出国际航运中心的综合效应。

（薛鸿超）

【长江口深水航道治理一期工程】 近 10 年来上海市和长江经济带发展迅速，打通长江口深水航道愈显紧迫，也是建立上海国际航运中心的关键举措之一。根据长江口货运量和船型的预测，深水航道应满足第 4 代集装箱全天候进港和 10 万吨级货船乘潮进港的需要，才能适应国际航运发展的形势。航道设计深度 −12.5m，分三期实施，第一期达 −8.5m，第二期 −10m，第三期 −12.5m。工程采用整治与疏浚相结合的治理方案，通过多年物理模型和数值模型分析，证实可以达到预期目标。

在 1995 年工程预可行性研究基础上，1997 年 6 月完成长江口深水航道治理工程（一期）可行性研究报告。一期的主体工程有长江口北槽，上段北导堤16.5

km，南导堤 20km；九段沙头南、北槽分流口鱼嘴与南线堤 1.6km 和连接潜堤 3.2km；导堤内侧束水丁坝 9 座；49.1km 航道内局部疏浚等。根据新测水下地形图，南导堤、鱼嘴、潜堤略向南移到较浅水域，动态物理模型试验和数值模型分析结果表明，工程方案的航道增深效果比预可方案更明显，估计施工时难度减小、效率提高。

一期工程范围内水下浅滩高程水深小，经过比较，导堤以斜坡式和混合式结构为主，堤心采用袋装沙或抛石，护面采用 45cm 厚铰接式模袋混凝土或 1.5t 扭王字块体。护底采用沙肋软体排，混凝土连锁块软体排或模袋水泥土。压顶采用模袋混凝土。疏浚工程要根据整治工程实际冲深结果，采取局部引流、拓宽、加深和延长措施。一期工程范围外的北槽下段，在自然航道上需开挖到－8.5m，航道长 42.5m，底宽 300m，边坡 1：60。

经测算，一期工程的工程量主要包括软体排 540 万 m^3，堤心 300 万 m^3，护脚护面垫层 150 万 m^3，扭王字块体 34 万个，压顶 8 万 m^3，疏浚量 3 500 万 m^3 等。一期工程总投资 30 亿元，施工期 3 年。

在工程可行性研究基础上，1997 年 11 月完成工程设计，国家审查通过并确定 1998 年 1 月治理工程上马。

（陈志昌　乐加钻）

【徐六泾—白茆沙河段治理工程研究】 徐六泾节点经数百年河口演变和江岸防护逐渐形成。节点及其下游白茆沙河段为控制长江口河势的关键，而白茆沙浅滩又是多年来大型海轮通航的主要障碍。现有节点宽 6km 而长宽比小于 1，对主流和河势的控制作用有限。白茆沙河段迅速展宽到 10.5km，水流分散，动力减弱，形成南、北两分汊水道。白茆沙漫滩水流和长江口北支分流造成北水道上、下口和南水道上口淤浅成滩，长期碍航。

近 10 年来，节点上游河段演变和北支上口淤积萎缩，白茆沙南、北水道出现百年少见优良河势和通航条件，北水道－10m 和南水道－15m 线贯通。但上游河势继续变化，不能保证此优良河势持久，目前已出现浅化迹象。长江口深水航道整治工程即将上马，为保持南、北水道长期相对稳定和防止大洪水时白茆沙受冲刷使大量底沙下移，造成下游剧变，对徐六泾节点和白茆沙河段进行及时治理十分必要。南京水利科学研究院在常熟建成长江下游河段物理模型，通过近三年试验研究，对治理工程提出如下推荐方案：(1)采用南、北双导堤束流并延伸节点，形成宽 4km、长 10km 的控制段；(2)白茆沙头采用鱼嘴与导流潜堤，稳定分流比，限制漫滩水流，稳定南、北水道；(3)北水道下口采用东风沙围垦和扁担沙潜导堤，引落潮流归槽，稳定泻泓，增加南港落潮流量。试验表明，白茆沙漫滩流速显著减小，而南、北水道上、下口浅滩段流速增大 5%～10%，治理工程完成后，能通航 5～10 万吨级海轮。

（夏益民　袁文志）

【浙江沿海中心渔港建设】 80 年代以来，浙江渔业由单一捕捞转向与养殖、加工并举，由沿岸兼向外海、远洋发展。渔港将成为生产、补给、保障和加工基地。全省建设以国家渔港和群众一级（中心）渔港为主体，二、三级渔港为基础的渔港体系。90 年代以来，规划与建设中心渔港有嵊泗、岱山、舟山、桃花、石浦、椒江、石塘、坎门、洞头和霞关等，要求实现避风、补给和维修不出县的目标。

随着渔船大型化，境外渔船来避风的增多，要求渔港水域与水深增大。90 年代以来，兴建了数处规模较大的防波堤工程。嵊泗渔港最早建成防波堤 1 350m，设计波高 $H_{1\%}$ 达 7.03m，掩蔽水域 2.5km²，斜坡式结构设特种异形块体护面戗台，上坡用四脚空心方块，下坡用扭工字块。地基为厚 8m 淤泥，用爆炸清淤并压密。建成后已经受 9711 号 12 级台风的袭击考验。石塘渔港防波堤长 353m，$H_{1\%}$ 为 7.05m，高基床混合式结构由17.2m 抛石基床和 7m 直墙组成，基床设戗台，上坡用扭王字块，下坡用扭工字块。地基为岩基，基床抛石用水下爆夯密实处理。建成后也经受了 9711 号台风考验。坎门渔港防波堤正在建造中，堤长 1 600m，$H_{1\%}$ 达 7.25m，斜坡式结构顶设反置挡浪胸墙，堤心抛石每延米达 1 000m^3。地基为淤泥，最厚达 21m，仍采用爆炸挤淤密实。防波堤掩蔽水域面积达 4.6km²。

中心渔港建设日益同城镇规划密切结合。岱山渔港以高亭港为基础，规划渔、工、贸一体化，已建成 600m 顺岸码头和海滨大道。霞关渔港规划将岸线向外填海 70～100m，建 112m 框架栈桥码头和 850m 沿海大道，形成渔业、商业、交通、文化娱乐新的中心。舟山渔港结合城市规划，在定海与沈家门之间 7km 岸线布置码头和渔业设施，沿岸水深良好，天然掩蔽条件好，与周边交通联系方便。坎门渔港和大衢渔港紧靠深水，发展潜力大，为当地城镇和经济的可持续发展提供了优越条件。

（钟瑚穗　过　达）

【温州—洞头半岛工程】 温州市位于瓯江口南岸，洞头县距瓯江口仅 20km。温州是一重要海港城市，近 10 年来发展迅速；洞头县为海上“百岛县”，资源丰富。经济急剧增长迫切要求海港加快扩大，包括吞吐量的扩大和船舶大型化；迫切要求土地加快扩大，包括城镇建设的扩大和新土地资源的扩大。80 年代，浙江省交通部门就提出开发瓯江口、扩建海港的设想，全国海岛资源综合调查中不少专家又提出洞头岛连接大陆的设想。90 年代在综合调查、研究论证的基础上，完成了“温州—洞头半岛工程”可行性研究报告，列入温州市发展重大项目，1997 年审查通过并开始筹建。

半岛工程包括瓯江口灵昆岛同南岸大陆连接的“南口灵西桥工程”，长 2 345m；灵昆岛同洞头县霓屿岛连接的长 12.9km 的“灵霓海堤工程”和长 1.6km 的“灵霓桥”；霓屿—状元岙—花岗—三盘—洞头诸岛跨海建桥形成“洞头五岛相连工程”，四桥共长 1 810m。半岛工程完成后，温州港将从瓯江口内向外延伸到洞头列岛，形成宽阔的深水港区，可停靠 5～10 万吨级以上的海轮，用于扩展大型集装箱和散货运输；瓯江口外滩涂，特别是南侧大片滩涂被海堤工程掩护，将加快淤涨，可造地 10 余万亩，为临港工业和农业综合开发提供优越条件，也为新港区提供充裕陆域；东海海底油（气）田离温州 110km，最近油田离洞头仅 15km，新港区建设和土地开发可为油田勘探、开发、输送提供优良的后方基地。

温州—洞头半岛工程是一项重大基础工程，直接关系到温州市、洞头县发展前景，也关系到浙南、甚至闽北地区经济的振兴，影响极其深远。金华—温州铁路的建成，把温州地区与内陆紧密连成一体，将使其成为华东又一个重要出海口，此为半岛工程的重要契机。半岛工程也是一项巨大的改造自然的工程，须遵循自然发展规律，重视环境保护，依靠科学技术才能实现。

（薛鸿超　杨云龙）

【汕头港外拦门沙整治工程】 汕头港位于韩江、榕江、练江的出海口，口门内水域开阔，水深良好，而口门外有大片拦门沙，水深仅 4.7m，小于 5 000t 船只才能进出，成为港口发展的主要障碍。近 10 余年来南京水利科学研究院对此工程泥沙专题进行系统研究。(1)分析自然环境特征，研究整治工程方案。汕头港为一潮汐通道，口门外波浪作用强、方向较集中，常年有东向和东北向沿岸来沙，拦门沙是径流、潮流和波浪共同作用的结果。(2)潮流定床模型试验初步论证，采用单导堤能同时发挥堤外拦沙、堤内导流的作用。(3)潮流与波浪共同作用动床模型试验进一步论证单导堤整治拦门沙浅滩的可行性，优化导堤的长度、走向和高程，定量预报导流、拦沙效果，包括堤外拦沙的淤积棱体和保持年限，堤内导流功效和人工开挖航道的淤强与淤积量。(4)1994 年 10 月整治工程竣工，航道开挖至－9.5m。三年来现场跟踪观测结果表明已达到预期目标。水深维持良好，万吨级以上海轮能畅通，航道回淤量符合预测达 60～82 万 m³/a；堤外拦沙效果好，淤积趋势可拦集 60 年；堤内导流效果明显，航道平直稳定，流速增加 1 倍左右；原外拦门沙逐渐消退，浅滩碍航隐患基本上消除。

（黄建维　夏云峰）

【黄骅港一期工程】 黄骅港新建工程位于河北省沧州市经东约 90km 的渤海之滨，漳卫新河与宣惠河交汇的大口河以北海域，陆上距黄骅市约 45km，海上距天津港约 112km，是跨世纪工程——集煤矿、铁路、港口为一体的神华项目的重要组成部分，为中国西煤东运的第二条大通道的出海口岸。其煤炭下海工程分三期建设，年运量分别为 3 000 万 t、3 000 万 t 和 4 000 万 t，总计为 1.0 亿 t。

该工程总平面布置经多方案比选，最后择优采用南煤北杂布置方案，对近期煤码头建设具有布置合理、工艺先进、投资较省、施工方便等突出优点，并同时具有发展杂货港区、工业港区及临海工业等港口综合开发利用的水陆条件。

黄骅港海岸为粉沙淤泥质海岸，水浅坡缓，海底坡度约为 1/2 000，且处于堆积区和侵蚀区的过渡地带。该区泥沙来源主要是由于风浪的作用便当地滩面泥沙被掀动，借助潮流作用来回搬运。含沙量浓度沿不同水深区的分布呈现内大外小的规律，一般可分为高浓度浑浊区：在－2.0m 水深以浅的近岸潮滩区，该区恰为破波频繁区域；中浓度浑浊区：在－2.0～－5.0m 水深之间；低含沙浓度区：在－5.0m 以深的水域。

根据当地泥沙运动特点，水域布置采用南、北两道防波堤成环抱形布置，堤头水深－2.5m，避开高浓度浑浊水体进入港区，从而减少港口泥沙淤积。根据泥沙研究结果，一期工程建成后全港的年回淤量为 410 万～452 万 m³，折算到每吞吐吨的回淤量仅为 0.14～0.15m³，接近国内同类港口的水平，可以承受常年维护要求。

根据该海域波浪运动规律，采用正向口门，航道顺直布置，便于船舶航行，外堤留有延长的可能。航道长度 24.8km，方位 235°～55°，宽度 140m，设计水深－9.4m，边坡 1∶10。

黄骅港一期工程相应建设 3.5 万吨级浅吃水装船煤炭泊位 4 个，采用突堤式布置，长度 860m，宽度为 23m，码头前沿高程 6.3m，前沿设计水深－10.9m，配套建设引堤工程 3 700m，护岸工程 7 000m，防坡堤 9 200m，港池、航道挖泥 3 800 万 m³，回填土方 1 200 万 m³ 等。

黄骅港一期工程于 1995 年 5 月开始进行前期施工准备工作，1996 年 11 月由国家计委组织对初步设计进行了审查并获通过，1997 年 11 月 25 日经国务院批准正式开工，预计 2003 年底全部建成投产，总投资超过 50 亿元。黄骅港一期工程是建国以来前期工作时间最长、起步工程煤炭运量最大、投资最多的海港工程。它的建设无疑对神华项目、神黄铁路沿线和河北省东、南部的经济发展,起到明显的拉动作用,产生显著的经济效益和社会效益。 (杨希宏)

【天津港建设】 天津港位于渤海湾西部,是京津两市及华北、西北货物集散中心。该港腹地广阔,交通发达,对外与150多个国家和地区有贸易往来,1997年全港吞吐量达6 700多万吨。

"七五"、"八五"期间天津港重点发展北疆港区(主航道以北),"九五"期间重点发展南疆港区,主要建设液体和散货码头。在南疆已建成液体化工码头4个泊位,其中最大泊位为5万吨级。现在正在建设的有煤炭码头和焦炭、非金属矿石码头。煤炭码头为两个泊位,可以停靠5万吨级的船舶,近期年出口煤炭1 000万t,码头结构型式为高桩栈桥式,预应力钢筋混凝土方桩,桩断面为650mm×650mm,设计单桩承载力280t。焦炭和非金属矿石码头两个泊位,设计船型为3.5万吨级,设计年吞吐能力共1 050万t。

为了配合南疆港区的开发,天津港在口门处建设了南横堤,其结构型式采用半圆型防波堤。防波堤堤身由半圆形拱圈和底板组成,基础为抛石基床。与传统的防波堤相比,具有如下优点:(1)作用于半圆型防波堤上的波浪力小,抗滑稳定性能好,造价较低;(2)地基应力基本为均布状况,适合于软土地基条件;(3)圆拱形结构受力性能好,全部陆上预制。一旦安放在整平的基床上即可抵御大浪的袭击,且无后续混凝土工序,所以特别适用于自然条件较差的外海地区。

为了适应第五代集装箱船进港,1997、1998年,天津港将两次浚深,拓宽航道。第一次是将原150m宽、水深11.0m的航道加深至12.0m,挖泥量为855万m^3,1997年底竣工。第二次是将150m宽的航道,拓宽至180m,水深12.0m,挖泥量398万m^3,计划1998年竣工。至此天津港的航道长度达28km(自新港船闸起算)。

天津港的回淤一直为港工界所关注,特别是航道的淤积,更为人们所关心。为此,天津港委托科研单位,对航道的淤积做了连续观测。根据观测天津港航道淤积量在逐年减轻,对于天津这样的大港,平均每吨货物所担负的疏浚费用甚小。据观测,重点淤积段为口门至15+0km处,大约6km的范围内,其最大淤强点每年为1.2m左右。而18+0km以外的航道为冲刷状态,每年刷深量约47万m^3。从1997年11号台风过境前后的水深测量看,一次骤淤最大点为0.6m,与设计备淤深度相当,所以新港航道也不存在骤淤碍航问题。

(赵智帮)

【航道对波浪传播影响规律的研究】 开挖深水航道后,过去习惯上认为航道对波浪起着导能的作用,正向口门的情况下,会加大港内的波高。1987年交通部一航院在烟台西港池二期工程设计中发现:当航道与浪向夹角较小的情况下,航道对波浪的折射作用非常明显,若不考虑这一作用,在某些情况下对港内泊稳和建筑物是偏于安全的,因而可能浪费很多资金;而在另外一些情况下,可能对建筑物是不安全的,甚至可能遭到破坏,造成巨大损失。这是在国内首次发现的情况。

这个发现,后来被大连港大窑湾防波堤工程、锦州港续建工程、青岛前湾二期工程、黄骅港一期工程等多项工程和多家科研单位的模型试验所证实。

目前对这一现象的认识水平只能够定性地判断,在设计情况下航道对设计波浪是否有影响,哪些部位波高要加大,哪些部位会减小。但是具体加大、减小多少,没有定量的数据,没有可靠的科学依据。

为了解决这一问题,1997年国家计委、交通部已将该题目列入"九五"国家重点科技项目攻关计划,组织交通部所属水运规划研究院、天津水运科学研究所、天津港湾研究所、水运规划研究院、大连港务局等五家单位联合攻关。目前这一研究正在进行中。

(赵智帮)

【中海石油渤海公司重要项目】 1996～1997年,中海石油渤海公司主要工程项目如下:

1.建成为天津市供油、气的渤西油田群。其中岐口18—1,岐口17—3已投产,岐口17—2正在建设之中。设有井口中心平台WHPA1,WHPA2及生活动力平台APP。平台之间有16.1km双管道,外径35.56cm(14英寸),内径20.3cm(8英寸)。登陆油管道46.5km双管和登陆气管道46.5km。陆上建有油、气终端。年产原油80万t,平均每天产气50万m^3。

2.JZ20—2中南平台投产。这是一座无人值守平台,有三口井,生产能力为每天平均产原油25.5m^3,气27万m^3,还有凝析油72.36m^3。

3.绥中36—1油田在原试验区工程的基础上J区1996年又建成投产。设计年产量平均每天原油1 000t,气4万m^3。该油田地处辽东湾,整个储油面积43.3km^2,储油量2.5亿t,设计年产100万t。这里水深较大(31m),油粘稠度大,工艺及处理技术有难度。试验区开发是为了今后大面积开采作准备。试验区A区1993年已建成投产。

4.浮式储油系统获国家科技进步一等奖。绥中36—1试验区开发,由于抗冰及高粘重油采油工艺及处理技术难度大,当时国外公司不敢问津,以高级工程师刘立名为首的中国技术人员勇挑重担,创造性地提出冰区单点系泊与井口平台及海底管线组合式的浮式储油系统,费用低,经济效益高,投资2亿～3亿美元已全部收回。该项工程获得1996年国家科技进步一等奖。后又经国家严格评审,获得王丹萍科学技术奖。

（王金英　董艳秋）

海洋生物技术
Marine Biotechnology

【联合国教科文组织中国海洋生物工程中心】 该中心于1996年1月14～24日,1996年9月17～27日,1997年11月17～25日,1998年10月6～9日和1998年10月10～14日在青岛举办了三期海洋生物工程高级培训班、一次国际高级研讨会和一次国际会议。

1.水产养殖动物病害诊断和控制技术。这是第一期培训课的主题,主要讲授了目前世界对虾养殖业中病毒性、细菌性病害及其快速诊断和控制技术,另外,还讲授了鱼类、贝类等常见病害及诊断和控制技术。此次培训班共20名青年科学家参加,分别来自菲律宾、泰国、韩国、马来西亚、印度尼西亚、中国和中国香港地区。

2.海洋经济动物养殖技术。主要讲授了鱼、虾、贝和海参等主要海洋经济动物的育苗和养成技术,以及活体饵料生物的培育技术。其中包括海鱼的育苗和养成技术、对虾育苗和养成技术、贝类育苗和养成技术、海参人工养殖技术。该次培训班共22名国内外学员。

3.海洋药物与海藻栽培技术。这是第三期培训班的主要课题,主要讲授了大型海藻、微藻栽培技术,以及海洋天然活性物质和海洋药物的研究与应用,包括大型海藻的栽培技术、海藻化学、海洋药物。22名国内外学者参加了该期培训班。

4.亚洲地区对虾养殖的病害及防治研讨会。研讨会主要内容包括:对虾病害的细菌及病毒病原及致病机理、对虾病害的诊断技术、对虾病害的疫苗及免疫防病技术、混养技术及其他生态防病技术、有机污染及生物污染治理与对虾病害防治的关系、有益微生物区系及在对虾养殖防病中的应用。26名专家参加,他们来自韩国、越南、泰国、印度、马来西亚、新加坡、印度尼西亚、菲律宾及中国沿海各省市。

5.国际海洋生物工程学进展与展望学术会议。会议的目的是:(1)展示近十年来国际海洋生物工程学所取得的成绩;(2)讨论面向21世纪改善人类生存环境,提高人民健康的研究领域;(3)讨论建议发展中国家海洋生物工程学优先发展的领域。通过学术会议促进全世界特别是发展中国家海洋生物工程学的发展,促进各国学者的学术交流与合作。会议主题内容有:海洋生物工程学进展与展望、水产养殖生物工程学、海洋动物健康与病害、海洋生物细胞培养、海洋天然产物、海洋污着与防污着、环境生物工程学及海洋污染的生物治理、海藻生物工程学、海洋微生物生物工程学及与海洋生物工程学有关的相关论题。来自世界各地22个国家和地区的共192名科学家参加了会议。

1996～1998年,该中心共接受访问学者9名,其中4名外国人,5名中国人。（徐怀恕）

【海洋动物遗传】 主要工作集中于以下几个方面:发育生物学、核型检测及多倍体研究、遗传背景调查和基因工程。

发育生物学 王清印等(1996)研究了中国对虾雄对虾交配能力和精荚的再生。赵云龙等(1995)对日本沼虾精子的发生进行了研究。

核型检测及多倍体研究 常建波等(1993,1994)检测了文蛤染色体的核型,并初步对其进行了三倍体的诱导。潘蔚明等(1995)检测了褐葛的染色体核型。周琳等(1996)进行了魁蚶核型的研究。尤锋等(1997)采用注射秋水仙素方法,取肾脏制片检测了美国江鱼的核型。王金星等(1995)以秋水仙素,以鳃组织为材料,对缢蛏的染色体进行了研究。孙振兴等(1994)对人工四倍体皱纹盘鲍的发生进行了研究。李胜忠等(1997)采用热休克方法诱导了虹鳟二倍体的雌核发育。

遗传背景调查 王可玲等(1994)采用淀粉凝胶电泳对真鲷、黑鲷、牙鲆、鲈、小黄鱼进行了同工酶分析,为鱼类遗传背景的同工酶分析方法提供了一些基本参数。张志峰等(1996)对中国对虾幼体发育阶段8种同工酶的变化进行了研究。李太武等(1995)对中国对虾和日本对虾6种同工酶进行了比较研究。在种群调查方面,刘必谦等(1997)用RAPD方法对巨蛎属几种牡蛎的遗传距离进行了分析,并对其遗传多样性进行了研究。喻子牛等(1995)对青岛近海毛蚶群体和魁蚶群体的12种等位基因酶进行了遗传变异分析。

基因工程 赵晓祥(1995)用限制性内切酶消化含有美洲鲽抗冻蛋白基因的质粒,得到344bp的片段,并酶切得到324bp的抗冻蛋白基因,重组到含病毒启动子的载体中,构建成转基因的表达载体。杜清友等(1995)以大肠杆菌为载体对鲑鱼降钙素基因进行了克隆和表达。刘萍等(1995)采用卡介苗注射器将羊生长素基因溶液注射到亲虾纳精囊中,以精子为载体,携带基因导入对虾受精卵,而得到转基因对虾。王瑛等(1995)以λ噬菌体EMBL－3为基因载体,构建大马哈鱼基因组文库,并从中分离出含全长生长激素(csGH)基因的克隆,还首次报道了对csGH全长核苷酸序列分析的结果。（包振民）

生产转基因海带的方法 中国科学院海洋研究所在海带基因工程的受体、转化方式、筛选标记和启动子方面做了成功的尝试，初步构建了海带的基因转化模型，为其他外源基因的引入创造了条件。海带的原生质体再生至今没有解决。但它世代交替的生活史中，雌配子体具有孤雌生殖、染色体自然加倍的途径，适宜作为遗传转化的受体。由于它具有细胞壁，采用了基因枪作为通壁转化的手段。另外，在海带孢子体的抗生素敏感性实验中，发现氯霉素是有效的选择压力。针对以上特点，将重组于SV40启动子下的CAT基因，用基因枪导入海带雌配子中，经孤雌生殖再生孤雌海带，用氯霉素筛选，获得一批抗氯霉素的转CAT基因海带。该海带可转到海上栽培以进行各项指标检测。目前，转基因海带的生产方法已在中国专利局申请了专利，其中，海带基因工程的受体、转化方式和筛选标记均为首创。

能生产活性重组藻胆蛋白的微生物及制备方法

中国科学院海洋研究所近年来的研究表明，蓝藻进行光合作用的天线色素蛋白——藻胆蛋白具有显著的抗癌作用，能够提高患癌生物的存活率。现有的大量获取藻胆蛋白的技术是从天然蓝藻中直接提取，资源量有限，采集、培养费用高，且生物活性物质含量少，提纯工艺极为复杂，所得产品昂贵。针对上述问题和局限，利用基因工程技术，将蓝藻藻胆蛋白基因与细菌的麦芽糖结合蛋白(MBP)基因构成嵌合基因，导入细菌后在Ptac启动子驱动下高效表达，得到能生产活性重组藻胆蛋白的E. coli菌株P1。该菌株P1可用普通的LB培养基大量廉价生产有活性的重组藻胆蛋白，利用亲和层析一步纯化工艺获得大量单体，从而可以开发出质纯量足、价格低廉的单体抗癌药物。对由P1生产得到的重组藻胆蛋白，经试验具有延长患癌小鼠生命、抑制肿瘤、增强白细胞系统功能，增强腹腔巨噬细胞系统功能活性，并对动物机体无毒性。 (孙庆军)

【海洋动物病害】 1993年，中国养殖对虾流行病的暴发，使对虾病原方面的研究日益增多。吴友吕等(1996)报道1993年长毛对虾暴发性流行病的病原主要为一种C型非包涵体杆状病毒。王金星等(1997)研究表明，1993～1995年山东省不同地区暴发性对虾流行病的病原主要为一种非包涵体杆状病毒。汝少国等(1996，1997)从病虾体内不仅检测到非包涵体杆状病毒的存在，还检测到质型包涵体杆状病毒及球型病毒的存在。孔杰等(1997)对非包涵体杆状病毒的纯化方法进行了研究。另外，薛清刚等(1996)从病虾体内分离出两种病毒粒子，经纯化鉴定证明，分别属于细小病毒和呼肠弧病毒。1997年，战文斌等人从患败血病的对虾体内分离到一种新的致病菌——产气弧菌。杨秀芳等(1997)报道了一种支原体引起的肠结节病。此外，马建民等(1996)从患败血症的皱纹盘鲍体内分离出一种致病菌——坎氏弧菌。

近两年来，中国学者在对虾病毒的传播方式方面，也进行了一些研究。张进兴等(1997)从越冬亲虾的卵巢和受精卵中检测到传染性皮下及造血组织坏死病毒(IHHNV)的存在。包振民等(1997)不仅从越冬亲虾的卵巢、受精卵，而且在幼虫及幼虾体内亦检测到IHHNV的存在，证明该病毒能够进行垂直传播。另外，包振民等(1997)还从越冬亲虾卵巢中检测到杆状病毒的存在。海产动物病害的诊断及病原鉴定方面，也取得了明显的进步。孔杰等(1997)将RAPD技术应用于对虾杆状病毒的鉴定。此外，孔杰等(1997)还发展了利用16rRNA基因的PCR－RFLP技术，用来快速鉴别几种对虾病原菌。张晓华等(1997)将间接荧光抗体技术成功地应用于对虾弧菌病的检测。此外，李太武等(1997)将同工酶技术应用于皱纹盘鲍疱脓症的检测，并对病原——河流弧菌Ⅱ的抗药性及免疫学方面进行了研究。 (包振民)

【海洋生物天然产物】 海洋生物天然产物的研究和开发应用具有广阔的前景，倍受人们关注，近几年来研究的很多。戴继勋等(1996)完成承担的"八五"国家科技攻关专题"海藻工具酶"通过专家鉴定，技术成果水平为国际领先。海藻工具酶可用于红藻、褐藻和绿藻的单细胞和原生质体制备，酶解效果好，部分海藻的单细胞和原生质体可发育再生。利用海藻工具酶进行紫菜体细胞育苗，帘网的附苗密度和海上养殖均符合生产要求；利用海藻工具酶进行大型海藻生产贝类单细胞鲜活饵料，可以代替贝类亲体及幼体的单细胞料，有利于亲贝性腺发育成熟，及幼体发育变态成为商品苗。

陈西广等(1997)完成了承担的山东省科委项目"甲壳质微载体的开发研制"，并通过专家鉴定，技术成果水平为国际领先。研制的微载体是一种直径为100～200μm的珠状体，成半透明状，比重1.06，比表面积3 000～4 000cm²/g，不溶于水，水性较好，具有较强的机械强度和稳定性。该微载体用于等工程细胞的贴壁悬浮培养表明，细胞在微载体上的贴壁性好，生长快，密度高，表现出良好的适应性。李八方等(1996)研究了甲壳质及其衍生物在降低烟中焦油及烟碱含量方面的作用。研究发现，甲壳质及其衍生物作为吸附剂加到醋纤滤嘴中时，随着吸附剂用量的增加，阻吸烟碱和焦油的效果增强。于广利等(1996)研究了非均相体系水溶性甲壳胺的制备及其对铅离子的螯合作用，发现不同取代度的甲壳胺在不同pH下对Pb^{2+}的螯合作用不同。王爱勤等(1997)合成了几种羟基化壳聚糖衍生物，并观察了它们的抗凝血性能。凝血时间和复钙时间的测定结果表明，与玻璃和硅油涂层玻璃相比，衍生物有较好的抗凝血性能。衍生物的凝血时间与其特性粘度有关,特性粘度越高,抗凝血性能越好。刘万顺等(1997)以大白鼠为对象进行了羟甲基壳多糖的毒理学研究,包括急性皮肤毒性、急性径口毒性、长期径口毒性。试验结果表明,皮肤、体重增长百分率、血象、内脏外观、肝肾功能及肝肾组织学检查,均未发现异常变化,为羟甲基壳多糖作为药剂辅料、食品添加剂、化妆品添加剂等的应用提供了理论依据。

林华芙等(1996)研究了海洋生物提取物"KEMH"对小鼠免疫功能的影响。结果表明,不同剂量的"KEMH"试验组与环磷酸胺对照组比较,不论在非特异性免疫或特异性免疫功能方面,都显示出明显差异;与正常对照组比较,则高剂量组显示明显差异。张偲等(1997)从合浦珠母贝和刁海龙中提取制成的龙珠液,经给大鼠灌服可显著抑制由高脂食物诱发的高脂血症;给小鼠灌服可显著增强其对异物颗粒的廓清能力,增加淋巴细胞母细胞化的转化率,增加前列腺贮精囊的重量。

方金瑞等(1996)从海泥分离到嗜盐杆菌属的海洋嗜盐细菌,在最佳条件下发酵,能产生β—胡萝卜素。周世宁等(1997)从海洋沉积物等分离到一株具有抗菌活性的放线菌。该菌发酵物经纯化得到两类物质:抗菌活性物质和非抗菌性环肽。该抗菌活性物质粗提物,能抑制金黄葡萄球菌、枯草杆菌、短小芽孢杆菌和藤黄八叠球菌等革兰氏阳性细菌的生长。该抗菌物质具有耐热性特点。 (刘万顺 韩宝芹)

海洋微藻硒多糖应用研究 中国科学院海洋研究所筛选出对微量元素硒富集力强、温度适应范围较广、繁殖快并便于工厂化生产、细胞壁薄且易被人体吸收的海洋微藻,在人为加硒胁迫条件下,使硒在单细胞藻体内形成含硒多糖和含硒蛋白,并通过提取分离获得富含硒多糖和硒蛋白的微藻制剂,收率分别达到9.75%和14.1%。中试生产表明,每立方水体7~10天可收集微藻干品80~100g。研制的产品经毒理学实验表明,属无毒物质,无蓄积毒性,无致突变作用。初步的抑瘤实验和临床应用,显示该产品有抑瘤作用和提高血硒值的效果,已于1995年获得青岛卫药制字医院制剂注册。1996年1月通过省级鉴定,鉴定专家认为利用海洋微藻生物合成硒多糖类药物的研究属国际首创,成果达国际领先水平。

海洋活性物质在农业上的应用 中国科学院海洋研究所分别从海洋动植物中提取了数种活性物质,研究了提取和深加工工艺及制备方法,筛选出最有效的活性物质和改性产物,研制成功了农作物浸种剂和叶面喷施剂。其特点是诱导种子和植物体内酶的形成,促进植物细胞新陈代谢,增加植物抗病蛋白质合成,提高植物免疫力;具有明显的保湿和抗菌功能;促进根部发育;改善土壤环境,提高出芽率,尤对干旱地区效果明显。经过几年的小区和大面积示范试验表明,抗病增产效果显著,玉米浸种后提高产量15.9%,花生增产12.6%。经青岛市科委和农业局组织专家现场测产表明,小麦大面积(百余亩)试验增产达12.07%。该浸种剂还明显地抗倒伏,改善粮食品种,抑制植物锈病。对蔬菜和水果亦有明显的增产作用。新研制的农作物浸种剂和叶面喷施剂由于是海洋生物制品,无毒无害,对环境无污染,是新一代生态农药。 (孙庆军)

水声工程技术
Marine Acoustic Engineering Technology

【水声工程技术研究】 **匹配场处理(MFP)** 海洋信道环境参数对水声探测定位性能影响巨大,因此探测定位所用声阵和处理系统必须与海洋信道相匹配,提取环境参数,建立模拟声场,开发各种鲁棒、耐适度失配并具有良好旁瓣抑制特性的算法。中国科学院声学研究所在用简正波理论计算声传播信道的基础上,建立声场模型,用递进的抛物线方程(PE)等算法提高运算速度。西北工业大学马远良研究了用于匹配场处理的最小方差无失真滤波器(MVDF),适用于低信噪比的信号。南京海军电子工程学院研究用模拟退火算法在目标运动分析/匹配场处理中对声源目标定位,得到近似最优参数;还研究长时间积分与匹配场混合处理用于目标定位的问题。

波束形成技术的研究 杭州应用声学研究所单炳彝等研究了分步波束形成中的子阵处理,模拟数字混合。沈文苗研究了波束形成和复解调在频域内同时实现的算法,可显著地减少计算量。西北工业大学孙超等研究了用递增多参数(IMP)法自适应波束形成,以分辨完全相干的信号源。还研究了加权子空间拟合算法对单目标的跟踪性。哈尔滨工程大学惠俊英等研究了浮标稀疏随机阵的波束形成,用乘积阵及频域自适应处理,选择合适的约束类型。

信号检测技术的研究 中国科学院声学研究所、杭州应用声学研究所、哈尔滨工程大学、西北工业大学、东南大学、760研究所等单位研究了用子波收缩去噪;最小方差自适应窄带滤波器处理垂直阵接收信号;用时频分布、多普勒频移、互相关器、球面内插等方法检测运动目标;用神经网络来进行目标分类识别;用参量分解法求解非线性方程解决优化问题;回波快速能量中心收敛问题等。

水下通信 杭州应用声学研究所、西北工业大学等单位研究四频四时分集纠错自同步编码传输；用频域编码、时域传输来解决误码率与传信率矛盾；还引入匹配场处理方法，先用测量码探测信道的脉冲响应，再用信息码模拟最佳信号。

用激光波束产生声波进行水下探测 760研究所崔桂华等用能量为100J的红外CO_2脉宽1μs的脉冲激光器聚焦成1cm²光斑向海面发射，在水下激起声波，用40kHz八元线列阵接收。实验证明，这是水下目标和海面波浪探测的一种新方法。

水声换能器与换能器基阵研究 在发射换能器设计方面，中国科学院声学研究所解宝兴等研究了五元相控发射基阵，各阵元为自由浸液式拼合圆环，间距大于λ/2，加阻尼环及橡胶吸收后挡板，谐振频率4kHz，能在2～10kHz发射220dB功率。杭州应用声学研究所研究用匹配层降低Q，以拓宽工作频率。612厂田忠仁给出了圆柱状多辐射换能器的等效电路，阵元为纵向振动换能器，均布在圆盘状的公共尾质量块上，能在4～40kHz工作。稀土(Tb、Dy)超磁致伸缩材料的能量密度比压电陶瓷至少大10倍，共振频率低4倍，是很有发展潜力的换能器材料。726所赵荣荣研制了自由溢流内腔稀土镶拼六面体换能器，克服了材料不易加工的缺点，推出了设计公式。

在接收换能器方面，杭州应用声学研究所研究用极化方向相反的压电陶瓷管串联，两端加盖板，可获得较低的加速度灵敏度，适用于拖线阵。中国科学院声学研究所、哈尔滨工程大学为潜艇舷侧阵研制了复合水听器－拾振器，供自适应噪声抵消之用。用橡胶－PVDF－钢－PZT－橡胶多层复合，得到很好效果。

【水声设备】 **SLC18－1型走航式声学多普勒海流剖面仪(ADCP)** 国家海洋局海洋技术研究所研制，于1996年12月29日通过国家海洋局鉴定。其主要技术指标为：测速范围±10m/s，测流误差为测速时≤±3cm/s，测向≤±5°，测流深度150m，工作深度300m，测层厚度4～32m，测流层数1～64层。选用工作频率200kHz，声源级220dB，4波束两面神配置，低旁瓣换能器，波束宽度<6°，脉宽4、8、16、32ms。基阵外径380mm，经通海阀门装在船底，可在船走航、漂泊或定点状态下工作。接收信号经时间增益及自动增益控制，差频后用频率锁相跟踪、可变频带滤波，用正交复自相关技术处理数据检测多普勒频移的中心频率，由TMS320 C25芯片实现。终端微机能实时显示海流剖面，实时采集水温修正声速，并可与GPS、电罗经、船舶自动化系统联机使用。系统经过水槽及较宽水域试验，水槽对地速度率定，与美国RDI公司的同类产品比测，性能达到预期要求。此仪器已装在海监船上使用。1996年10月7～20日在"中韩黄海水循环动力学合作研究"项目秋季监测中作了2 000余海里测量，得到中韩海洋学家高度评价。是国内第一种实用的ADCP。

(李允武)

CS－12000智能化大深度水深测量设备 上海船舶电子设备研究所研制。发射换能器是由多元振子组成的矩形基阵，兼作接收换能器。用耐高压、大电流的VMOS功率模块作为功率放大器的核心器件，D类放大，最大输出4kW脉冲电功率。接收器输入级选用低噪声场效应管，晶体滤波，自动、手动增益控制。用微机控制发射、接收、处理、记录，选8031芯片作为中央处理器，用自适应和锁相技术提高整机智能化程度，用时间相关、回波宽度鉴别、检测报警等处理方法提高水深显示的可靠性。数据可记录为模拟曲线，亦可以数字形式输出。设备可与GPS系统联机。

H/HCS－017条带测深仪 系哈尔滨工程大学完成的"八五"重点科研项目。该系统是主动式多波束测深仪器，是综合水声技术、卫星通讯、电子计算机、导航等的复杂系统，其覆盖宽度可达水深的4倍，测量效率高，是海底测绘和海军不可缺少的装备。工作水深H为10～1 000m，测深误差在中心附近为5cm＋0.5%H，边缘处为10cm＋1%H，分辨率为0.1H。工作频率45kHz，发射功率230dB，脉宽0.5～4.0ms，在48波束中选32个，波束宽1.8°×3°，接收灵敏度－190dB，换能器组成V形阵。解决了超宽覆盖范围内保证精确度、多波束快速算法的软硬件、根据海底混响仿真抗混响干扰、大动态范围内的归一化处理、后置处理显示等问题，能补偿声速剖面、涌浪、潮汐、船的纵横摇及升沉，与GPS、罗经、船的自动驾驶系统联机。此系统经过湖试和海试，性能达到设计要求，已通过鉴定。

(刘令梅 李允武)

CS－1型侧扫声呐系统 CS－1型侧扫声呐系统是中国科学院声学研究所完成的"八五"重点科研项目。它包括主控计算机、显示器、触摸屏、轨迹球、数据采集卡、智能通讯接口卡、四道侧扫接收机和发射机、测高接收机和发射机、热敏记录器、流速仪、九芯双层铠装电缆、绞车、拖鱼等。拖鱼内装五路接收机的低噪声前置放大器、五路长线驱动接收机和发射机等。主要技术指标为：工作频率：侧扫100kHz，500kHz(分频分时工作方式)；测高200kHz。作用距离：100kHz时为2×500m；500kHz时为2×100m。换能器阵开角：100kHz时水平1°，垂直40°；500kHz时水平0.2°，垂直40°；200kHz时圆锥10°。最大工作深度：300m。适应海况：4级。主计算机：486主控机，钟频33MHz，内存4MB，电子盘1.44MB。光驱：1.3GB，可擦写。显示器：1024×768，256颜色；触摸屏：红外80×54点。发射机发射电压 100kHz 时，$V_{pp}=600V$；500kHz 时，$V_{pp}=800V$；200kHz 时，$V_{pp}=900V$。接收机：100kHz 时，增益 $G=126dB$，$\Delta f\pm 2kHz$；500kHz 时，增益 $G=122dB$，$\Delta f\pm 4kHz$；200kHz 时，增益 $G=117dB$，$\Delta f\pm 3kHz$。热敏记录器：记录纸宽 470mm，灰度级为 16，打印头宽度为 2×216mm；打印点数为 2×1728 点。拖缆为 φ0.6mm 中碳钢丝的双铠装式，其破断拉力为 20 000N，芯数屏蔽 4 芯，单线 5 芯。流速仪：0～10kn。拖鱼直径 120mm，长 1 850mm；耐压 50MPa，空气中重量 50kg。该系统集水声技术、现代电子技术、计算机技术、信号及图像处理等高新技术于一身，使其整体技术水平达到了国际同类产品的先进水平。在个别技术指标如换参器技术指标、前放低噪声指标、作用距离等均优于 Klien 公司的产品。

尔王庄水库库容流量测量系统 由国家海洋局海洋技术研究所完成的水库库容、自流道流量测量系统，是实现输水计量管理自动化的有效系统。已在尔王庄水库连续运行，工作可靠，水位计测量与水尺比测、库容及流量测量与耗测量方法比测均达到了满意的效果。

该测量系统是通过 SCA6－1 声学水位计连续测量自流道进口和出口处的水位值，将所测得的水位值送入 SLS2－2 库容流量测量终端，计算出实时的水库库容、自流道流量值。实时参数被送到数据显示大屏幕和打印机，同时显示和打印。

该系统包括声学探头及外保护管、声学水位计、库容流量测量终端、打印机、RS－232C 通讯接口、数据显示大屏幕等。声学探头安装在水库、自流道进口和出口的支架上，通过电缆将信号传至安装在控制室的声学水位计，计算出各测点的水位值。再通过电缆送至库容流量测量终端，将水库水位经计算得出库容，并将自流道进口水位、出口水位经数据处理得出流量。系统存储装置自动存贮水位、库容和流量参数。系统将处理结果送出打印，并通过电缆传送到位于管理处办公楼的数据显示大屏幕实时显示。各项参数还可以由标准 RS－23C 串行接口送入计算机，用计算机建立起数据库并进行计算机后处理。 （刘令梅）

潜水和水下工程技术

Diving and Submarine Engineering Technology

【6 000m 深海拖曳式观测系统及深海光学观察系统】 受中国大洋协会委托，上海交通大学与美国 DOE 公司合作研制了 6 000m 深海拖曳式观察系统，简称 ST－6000 深海系统。该系统由上海交通大学水下工程研究所设计，部分硬件由 DOE 公司配套。在图像和信息传输方面，采用图像压缩实时显示和数字传输技术，这是国际上首次使用数字图像技术于深拖系统。1995 年 9 月 13～30 日，该系统在夏威夷附近海域的中国矿区进行了锰结核实地勘察，并获得首次试验成功。在水下 5 200m 连续工作 20h，取得了非常有价值的照相和录像资料。1998 年 7～9 月，参加 DY95－8 航次，执行大洋多金属结核勘察任务，共下水作业 3 次，水下拖航约 280h，设备工作稳定，重复性好，圆满地完成了作业任务。

【滩海铺管敷缆装置】 由胜利石油管理局和上海交通大学等单位联合研制的“滩海铺管敷缆装置”是中国石油天然气总公司“‘九五’滩海石油工程技术研究”科研攻关的重要课题。该课题于 1997 年 3 月启动，预计 1998 年底完成。装置主要由平台、动力设备、绞滩设备、牵引系统、起吊设备、定位、监测、控制系统，管道焊接、监测、入水系统，管道收放装置，水下挖沟机，敷缆系统，生产、生活设施等组成。平台长 86m，宽 28m，型深 4m，吃水深度＜1m，飘浮，可座底。该装置可在 0.8～20m 水深的滩海潮间带及极浅海区域作业，具有滩海管道铺设和滩海电缆敷设功能、长管段海上接口功能、打桩功能。铺管作业时，铺管直径：φ100～φ720mm；铺管速度：≥24m/h；开沟速度：60～180m/h；开沟深度：≥2m；开沟宽度：底宽 1.5m，上口宽 3m。敷缆作业时，敷缆直径：≤φ150mm；敷缆速度：5～10m/min；开沟速度：5～10m/min；开沟深度：≥2m；开沟宽度：1.2m。长管段接口作业适应水深：≤14m，适应管径：≤φ529mm。打桩作业时，沉管桩最大直径：φ1200mm，摩擦桩最大直径：φ400mm。

【海底管线电缆埋设与检测技术的开发】 随着国民经济的发展和国际信息和资源共享的需要，中国海上铺管敷缆正分别以每年数百公里和数千公里的速度增长。但是，除个别单位从国外引进了一些系统外，中国的铺管敷缆技术目前基本上还处在空白或极其落后的手工状态。现在使用的大部分长距离电缆亦是用外国设备和系统敷设完成的。同时，已敷设好的管线，在使用中由于自然和人为的原因经常发生损坏，包括覆盖层冲刷、管线裸露引起的管线损伤及管道泄漏等。目前，由于缺乏水下管道和电缆的监测系统（国外有关公司只提供全球服务，不出售产品），一旦发现损伤就只能废弃花费了巨大人力、物力敷设的管线，再重新敷设，从而造成了极大的浪费。为此，国家 863 计划海洋领域将“海底管线电缆埋设与检测技术”列入 820 专题

“特软地基重载装备行走智能控制技术”中的关键技术。认为，其研究成果将带动极浅海油田水下施工技术的发展，以该技术为依托的浅海海底管线检测及维修装置的完成将填补国内在这一领域的空白，为中国浅海油田开发提供高新技术保证。该技术的开发研究由胜利油田和上海交通大学作为主要承担单位，合作完成。预计到2000年，研制出一套具有国际先进水平的水下海底管线埋设和检测系统，该系统具有智能控制自动跟踪和定位能力。

【浅海光缆敷埋设】 海底通信光缆与海底通信电缆相比，具有衰减小、频带宽、传输容量大、中继距离长等众多优点，因而受到各国的广泛关注。1985年起，美、英、日、法等国纷纷发起对海底通信光缆线路的建设，并开发了海床埋设技术。为填补中国在此项技术上的空白，上海基础工程公司的有关人员，自行研究开发了水力埋设机和海缆敷设检测系统。该埋设机通过埋设臂下方的喷嘴高压力破土，光缆通过喷嘴上方的通道进入，实现敷埋同时进行，其埋深可达3.2m，可在粘性土、粉质土等较软土质中施工。利用起重杆和钢缆软连接控制埋设机，埋设可在水下35m以内进行。施工船配备了DGPS，通过牵引钢缆船只带动埋设机工作。配备自行研制的先进的检测系统，通过传感器数据采集对埋设机状态进行精确监测，以便调整。

【自走式海底埋缆检测系统】 中英海底电缆公司于1998年从美国引进了一套自走式海底埋缆检测系统，该系统安装于母船 Fu Lai 上，在一台3300m铠装钢缆绞车及其他相关设备的支持下，可实行全年海上服务。ROV可在自由航行和跟踪两种状态下工作，执行各种任务，包括：检测和跟踪放置于表面或深埋的缆，埋缆深度检测，数据采集，埋缆，挖缆，操纵缆（截断和连接），海底、缆及埋设过程的检查和记录，海底和缆线路的常规检查，清除碎石，放置和回收水声标记等。ROV通过一条脐带缆与母船相连，最大工作深度达2 500 m，电力由母船提供（440V，60Hz）。 （朱继懋）

【CRO1水下机器人】 中国科学院沈阳自动化研究所牵头研制的自治式水下机器人，最大工作水深为6 000m。用声学研究所研制的长基线定位声呐、避碰声呐导航，双侧侧扫声呐、高分辨率浅地层剖面仪测量海底地貌、沉积物，水下摄像机、摄影机摄取图像，用温－电导率－深记录仪测量海水要素。1995～1997年在太平洋夏威夷海域参加深海多金属结核调查。

（胡蓓云 李允武）

【AUV导航用的高精度水声定位系统（ATS）】 哈尔滨工程大学为智能水下机器人（AUV）定位研制的水声跟踪系统（ATS），有较高的定位精确度和抗干扰能力，易于安装，成本低。用5个换能器组成十字形阵，阵元间距要比超短基线阵大，为1个波长，中间的阵元能发射，按应答器方式工作，测量声标与母船之间的斜距来对声标精确定位，发射信号采用线性调频信号和CW信号复合编码脉冲串。除为AUV导航外，还可用于海洋工程及国防。 （李允武）

【SIWR－Ⅱ型水下机器人作业系统】 由哈尔滨工程大学完成的水下机器人作业系统，包括水下作业机械手及其操作主手、回转型作业工具库及其工具、计算机控制系统及其软件等部分。其中水下机械手是作业的执行机构，在工具自动换接系统支持下，可随时使用工具库内的工具完成各种作业任务。水下工具的换接是整个作业系统的关键技术之一。机械手有5个自由度，关节驱动采用电液位置伺服系统。回转型工具库可带4种作业工具，按指令为机械手换接工具。主控计算机采用PC—386/33，其扩展槽内插有D/A接口卡、A/D及I/O接口卡。其中A/D通道采集水下机械手及其操作主手上关节电位的信号；D/A通道用于控制电液伺服放大器；I/O通道用于检测工具库操作过程中的各种相关量信号。系统软件为系统提供了良好的人机界面，实现系统各种自动操作功能。 （刘令梅）

海洋观测、监测技术
Ocean Observation and Monitoring Technology

【小麦岛海洋站自动观测系统】 由国家海洋局北海分局承担建成的“小麦岛海洋站自动观测系统”的各项技术指标和功能都达了国标《海滨观测规范》的使用要求。它在确定使用PC－386作为系统主控机基础上，选择了4种自动观测仪器为单机，开发了“小麦岛海洋站自动观测计算机控制及数据处理系统”软件。由此而构成的自动观测系统具有周期短、投资少、性能价格比高的特点。

该系统能自动观测风速、风向、气温、气压、相对湿度、降雨量、海浪、潮汐、水温及盐度等要素。系统配有FAX MOPEM远程通讯卡，可将自动形成的实时报（OHM报）、月资料文件及时传送给有关部门；能随时调取实时、非实时资料；系统所具有的异地运算功能可对系统主控机进行遥控遥测和监视。4个单机即使是主控机发生故障时也能单独完成各自的观测任务，随时向用户提供气象和水文等要素的实况资料；还可将应急观测手段需要的数据通过键盘输入计算机，保证为用户提供长期的、全面的观测数据。

【FZF2—3 海洋资料浮标系统】 该系统由山东省科学院海洋仪器仪表研究所完成，系统主要用于国家海洋浮标网环境监测。

系统可布放于水深 200m 以内的海域，是一种自动化程度很高的海洋水文遥测设备。浮标体直径 10m、全锚链、单点系泊；每天自动定时测量风速、平均风向、最大瞬时风速、气压、气温、波高及周期等要素；还可测量浮标舱温、方位、进水、锚灯状态等参数；同时还可安装海流计进行测量。浮标系统采用低功耗微机控制，进行各种测量参数的数据采集和处理；并通过 Inmarsat－C 卫星通讯方式传输数据，由陆地岸站接收。浮标系统用大容量碱性蓄电池供电，可保证系统在海上连续工作 14 个月。为了能实时掌握浮标系统的锚泊位置，浮标上还装有卫星定位系统。浮标系统的技术指标见下表：

测量项目及技术指标

采样顺序		供电电压电流	测量范围	分辨率	误　差	采样间隔	采样数量	输出量
1	波浪	+15.6V <20mA	波高：0.5～25m 周期：3～30s	波高：0.5s 周期：1s	0.5～25m 为 10% 3～20s 为 10%	0.5s	2 048	电压量
2	风速	+8.4V，<20mA	0.3～80m/s	0.3m/s	±(0.5+0.05V)m/s	1s	200	脉冲量
3	风向	+8.4V，20mA	0°～360°	5°	10°	6s	100	电压量
4	气温	+15.6V，20mA	－5～+50℃	0.1℃	±0.5℃		10	电压量
5	气压	+15.6V，20mA	850～1050hPa	0.1hPa	±1hPa	5s	12	脉冲量
6	水温	+15.5V，20mA	－5～+50℃	0.1℃	±0.5℃		1	电压量
7	舱温	+15.6V，20mA	－5～+50℃	0.1℃	±0.5℃		1	电压量
8	方位	+8.4V，20mA	0°～360°	±5°	±5°	6s	100	电压量
9	流速	+18V						
10	流向	+18V						

【Marex 浮标部件国产化】 由国家海洋局海洋技术研究所承担的 Marex 浮标部件国产化任务圆满结束，并通过了鉴定。

1985～1987 年，中国从英国 Marex 公司先后引进了 8 套海洋资料浮标并投入使用。随着时间的推移，部分浮标部件已自然老化损坏，有的遭受人为破坏，急需修复和补充。为此国家海洋局 1989 年 4 月向海洋技术研究所下达了“Marex 浮标部件国产化”研制任务。几年来，课题组在全面消化吸收 Marex 浮标资料基础上，提出了切实可行的研制方案，完成了合同任务书中的各项研制内容。所研制的各种产品全部可以替代进口部件应用在英国 Marex 公司的 DS14 型浮标上。其中 FC－4 型风速传感器、XFY2－1 型风向传感器、YQY6－1 型气温传感器和 YQY7－1 型表层水温传感器的性能均达到了 Marex 浮标同类产品的技术水平(个别指标优于后者)；SLC14－1 型海流传感器接近 Marex 浮标同类产品的水平；ZCY3－1 型航标灯、浮标体、单链锚泊系统和桅杆顶接线盒等采用了许多新工艺、新技术，具有推广价值。所研制的部件除海流传感器外，已全部用于 Marex 浮标中，从而延长了进口浮标的使用寿命，节省了外汇支出，取得了显著的经济效益和社会效益。

【H/HCJ－003 多船台海用微波测距仪】 由中国人民解放军空军第一研究所等单位共同研制的海用微波测距仪是一种符合国际《海道测量规范》要求的自主式高精度导航定位自动化海道测量系统。可用于沿海测量、布雷、扫雷、铺设海底电缆及高精度导航定位。

该系统综合采用了低噪声微波测距技术、大动态范围接收机、自适应门限、卡尔曼滤波数据等先进技术。同时还采用了国外 90 年代推出的工业级超小型嵌入式 PC－104 模块构成的汉化无盘工作站、多 CPU 并行处理、智能型水深数字化；解决了浅海动态干扰抑制及自适应跟踪门等技术难点；数字水深符合率达 90% 以上；实现了 1 秒周期内完成数据采集、水深筛选、计算、记录、多航迹显示等数据实时处理。

主要技术指标：

作用距离：不小于 80km(视距)

测距误差：1m

岸台编码个数：16

多用户数量：6

跟踪速度：30km 以上

数据更新周期：1s

发射频率：船台 5570MHz，岸站 5480×2MHz

接收灵敏度：优于－76dBm

发射功率：大于 550W(峰值)

水深数字化精度：0.1m

连续工作时间：24h

【ZQC1－2 型船用海洋学数据自动采集处理系统】 该系统由国家海洋局海洋技术研究所完成，1996 年通过鉴定。系统用于海洋环境监测和海洋科学考察数据的采集和处理。

系统的主要功能：

·它是在 Novell Lite 局域网上，采用总线型拓扑结构研制开发而成，其性能稳定可靠，且具有较强的扩展功能。

·船舶在任何状态下都能自动采集处理海洋气象学要素。

·人工输入后，可自动处理海洋水文、海洋化学及污染监测要素；与 CTD 及 ADCP 联机后可自动测量。

·能自动采集处理 GPS、电罗经、计程仪、回声测深仪等航海数据，并能实时屏幕显示。

·能自动编辑打印《海洋调查规范》要求的各种报表，绘制海洋学各种要素垂直分布和断面分布图。

·全中文下拉式菜单，人工输入屏幕揭示。

·数据库文件、软硬件资料及外设可共享。

系统技术指标：

测量参数	测量范围	准确度
海面风速	0.5～60m/s	±(0.5+0.05V)m/s
海面风向	0～360°	16 个方位±1 个方位
大气压	860～1 060hPa	≤±1hPa
气温	－50～＋50℃	≤±0.2℃
相对湿度	0～100%RH	≤±5%RH

可走航测量真风速和风向。 (刘令梅)

【LRY2－1 型高精度现场溶解氧测定仪】 由山东省科学院海洋仪器仪表研究所研制成功的溶解氧测定仪是现场(亦可用于实验室)使用的水质监测仪器。它可迅速测出水体温度和含氧量。

溶解氧传感器是一个复膜式原电池。腔外有透气膜，腔内有两个电极和电解质溶液。透过复膜的氧在反应电极上还原，于是在两电极间产生了还原电流，该电流大小正比于溶解氧浓度。这种与溶解氧呈线性关系的电信号通过电路放大及温度、压力、盐度补偿，经数据处理后，直接显示出溶解氧数值。

测温电路是一种改良的惠斯登电桥，其变化臂为热敏电阻。通过隔离运算放大电路使热敏电阻作用扩大以提高测量精度。经数据处理后显示出温度值。

仪器主要技术指标：

测氧范围及精度：0～20mg/L±0.1mg/L

测温范围及精度：0～35℃±0.2℃

测氧响应时间：≤30s

【YF 系列多参数水质自动监测系统】 南京水利水文自动化研究所与美国 YSI 公司合作在引进 YSI6820 多参数水质仪的基础上，共同研制出国内第一套多参数水质自动监测系统。该系统包括传感器、数据采集平台和中心站计算机软件处理系统等部分。系统可监测 pH/ORP、溶解氧、水温、电导率、浊度、溶解固体、NH_3—N、NH_4—N、NO_3—N、氯化物、深度等水质参数。同时系统还可扩展到水文与气象参数的采集。系统所有参数均可通过计算机分别对站号、监测参数、采样间隔、自报时间等进行编程和设定。传输通过有线、无线或卫星方式。

该系统与化学法的比测试验表明，它完全可与化学法并用，且比化学法测量更简单方便。系统的测量精度符合现场水质监测要求，测试数据准确可靠，适用于长期水质监测和突发性应急监测。

【HYQ1－1 型倾废航行数据记录仪】 由国家海洋局海洋技术研究所研制成功的倾废记录仪是一种安装在倾废船、疏浚船及驳船上记录倾废数据的全自动仪器。它可在无人值守的情况下自动确定和记录倾废航迹、倾倒点坐标、倾倒时间及日倾倒次数等。记录磁盘每月更换一次，经处理后就可掌握一个月内船的倾倒总量及每次倾废到位状况。

该仪器由内含 GPS 定位仪、微机系统和各种电路的主机、GPS 天线、减震架、9in 显示器等部分组成。

主要技术指标

GPS 定位：

定位准确度：≤100m

定位方式：二维

定位数据更新率：1 次/s

计算机采集 GPS 数据：

RS232 口，速率 4800bit/s，数据传送周期 1 次/s

数据记录：

采用 3in 磁盘记录；当剩余距离大于 2n mile时，每0.3n mile记一点，当剩余距离小于 2n mile时，每 0.1n mile 记录一点；开关倾倒闸门次数实时记录。

显示：

9in VGA 制式或 CRT 实时显示倾废区外形及其几何中心点坐标；重点观测区大圆及其半径 r；当前位置、航速、航向；应循最佳航线，并注明应循航向和剩余距离；倾废时间(时、分、秒、年、月、日)

记录工作方式："自检"、"倾废"、"远航"。

【光生物反应器】 由中国科学院海洋研究所完成的光生物反应器是"九五"国家生物技术领域攻关的重要内容，也是863海洋生物高技术研究开发的重点项目之一。该反应器适用于培养生物、光合细菌和大型海藻单克隆无性繁殖系等，可进行一次性、半连续和连续悬浮生物培养。

反应器以透明塑料为材质，用两套螺旋管串联而成。以反应器内的8只日光灯管为光源，若以日光为外光源可获得光照强度更高的不稳定光。靠气体推动压力完成培养液在生物反应器内的循环，并达到气体交换的目的(CO_2补偿和溶解氧的解析)。培养液沿整个反应器运动一周需8min，每点滴新鲜培养液或酸碱溶液在系统内充分混合需要90min。

反应器内可插入pH电极、溶解氧电极、温度电极、细胞密度电极和粘度电极等。所有传感器获得的电信号可进一步与微机连接，实现按程序化自动控制和记录有关参数。

【海水叶绿素a现场测量仪】 由国家海洋局第一海洋研究所等单位共同研制成功的海水叶绿素a现场测量仪是用于海上现场实时测量海水中浮游植物体内叶绿素a含量的仪器。它采用低功耗、高强度、窄脉冲宽度的脉冲氙灯为激发光源和相应脉冲检测技术来测量荧光信号。仪器可在海表层至50m水深内任意日光强度下工作；测量叶绿素a浓度范围为$1\times10^{-6}\sim1\times10^{-9}$g/cm^3；当仪器走航拖曳速度为2m/s时，其空间分辨率为1m。

该仪器由带有专用遮光罩和导向舵板的水下探头和船上带微电脑数据采集系统的控制箱及纸带记录仪两大部分组成。安装在水下探头中的电子学系统所选择的激发光源在300mA/cm^{3}电流密度工作条件下，能输出紫外和可见光区的峰值。脉冲氙灯重复频率为10Hz，工作电压为600V。作为荧光信号接收电路则采用由信号通道积分器、参考通道积分器、触发及控制逻辑电路、对数放大器等电路和直流电源组成的相应脉冲检测电路。

该测量仪水下探头输出的是与海水叶绿素a浓度相对应的0～5V的模拟电压量，经计算机处理再将电压换算为浓度值。仪器不仅可测量海水叶绿素a浓度；经改进后还可测量海面溢油；测量黄色物质及荧光性污染物质浓度；测量人工投放于海水中的荧光示跟踪染料浓度的时间及空间分布，以研究水域中可溶性污染物质的稀释扩散和海流结构间的关系；还可测量海水中悬浮泥沙含量等。

【QCC9－1/10－1型表层痕量金属分析/油类分析采水器】 由国家海洋局海洋技术研究所研制的表层痕量金属分析及油类分析采水器由浮体和采样瓶两部分组成。其浮体由塑料浮球和框架组成。采样瓶用不锈钢材质，其中表层痕量金属分析采水器的采水瓶中为防止材质溶出，其表面都涂了环氧树脂。采水瓶采用闭一开一闭工作原理，以避开水表层沾污。

主要技术指标：

采水器≤1kn流速下实现闭一开一闭动作

使用水深：水下0.5～1m

容　　量：痕量金属分析用采水瓶2L

　　　　溶解/分散型油类分析采水瓶1L

总重量(不含浮子)：容量为2L的重4kg

　　　　容量为1L的重2kg

【QCC10型系列球阀采水器】 由国家海洋局海洋技术研究所研制的QCC10型系列球阀采水器主要用于采集海洋各水层的样品以进行痕量金属(Cu、Zn、Pb、Cd)分析，也可用于常规分析取样，尤其适用于各种水质污染调查取样。

这类采水器主要由球阀组件、采水瓶、转轮组件、使锤及压力释放机构等部分组成。其工作原理是靠球阀组件的开启和闭合来实现采水动作。具体技术指标如下：

QCC10型系列球阀采水器技术指标

型　号	QCC10－2	QCC10－2A	QCC10－4	QCC10－5
采水量	2.5L	2.5L	6L	1.7L
采水深度	不　限(表底层均可采)			
外型尺寸	φ95×750	φ95×750	φ140×780	φ95×680
重量(kg)	7	4	9	3
材　　质	聚四氟乙烯	PVC，聚四氟乙烯球阀		
结构形式	球　阀　式			

1. 作业船备有绞车，也可用手提，也可使手摇绞车。使用φ5～7不锈钢丝绳或包PVC钢丝绳。
2. 备有两种规格，可装(或不装)颠倒表架。
3. 两种操作方式：开一闭式
　　闭一开一闭式

【QCC13－1型电控多瓶采水器】 该装置是由国家海洋局海洋技术研究所研制的。它可从船上甲板或室内手动或程控水下装置采集不同层次的水样。

它包括水下采水装置和船上控制两部分，具体工作原理及技术指标如下：

工作深度：1000m

装瓶量：12个

瓶容量：1.7L

配套性：可与传输式CTD连用

装表量：可装6支颠倒温度表

电　源：220V AC，50W

尺寸及重量：水上装置440mm×440mm×200mm，12kg

水下装置 φ600mm×250mm＋φ200mm×800mm，90kg（空气中）；70kg（水中）

【QCC14－1型不锈钢击开式采水器】 该采水器由国家海洋局海洋技术研究所研制成功，现已作为全国海洋污染基线调查的指定采水器投入使用。它主要用于采集500m以浅水层的微生物学分析用水样。

采水器主要包括机架和采水瓶两部分。机架呈梯形，两翼成72°角张开。采水瓶用杠杆和弹簧夹固定，瓶口连接着玻璃进水管。采水瓶被安装在可作上下调节的圆形托盘上。通过投放使锤将密封的入水玻璃管撞断而使海水进入采水瓶内。再通过杠杆、弹簧、使锤等机构又使下面多个采水器采到预采水层的水样。

主要技术指标：

机架：290mm高、210mm宽，不锈钢材质

采水瓶：500mL盐水瓶

投入采水器速度：1m/s

采水时间：5min

【JCA1－1型验潮仪检定设备】 该检定设备是由国家海洋标准计量中心承担的国家海洋局"八五"重点课题，1995年通过鉴定。设备主要用于检定校准水位计、验潮仪。

设备能在实验室条件下提供0～8m水位变化，并可近似地模拟海洋潮汐变化的规律。应用该设备可对各类浮子式、压力式、声学式及自容式验潮仪或水位计进行整机检定和校准。设备的主件是一个直径高9.5m的钢结构水塔。其技术原理为：由控制系统对水泵和电动执行器实施控制，使贮水池内的水按一定规律注入水塔（或由水塔回放）。被检仪器置于水塔内，一台往复升降机构带动一台CCD镜头随时监视着水塔连通管内的液位。检定人员在控制室内就可准确获得塔内的水位值，从而达到检定仪器的目的。

主要技术指标：

水位测量范围：0～8m

水位测量分辨率：1mm

水位测量准确度：±2mm

【JLA2－1型流向风向检定设备】 该设备是国家海洋计量站青岛分站承担的研究任务，1996年通过鉴定。设备主要用于各种海流计的流向、气象仪的风向以及方位传感器的检定测试。这个计量标准装置水平安置在无磁场影响的室内；校准方位盘使其0°对准N极，180°对准S极。将海流计固定于方位盘支架上，并使其尾部对准方位盘0°，顺时针读取流向实测值及方位盘的实际值；然后每隔15°为一测量点，要求顺时针和逆时针方向各进行一周。

由于气象仪的风向技术指标低于海流计指标，因此该设备也可作为风向检定设备。

主要技术指标：

旋转角度：0～360°

最小分度值：0.5°

准确度：±0.5°

方位盘直径：550mm

方位盘厚度：8mm （刘令梅）

海洋防腐蚀、防污损技术
Anti-Corrosive and Anti-Fouling Technologies for Marine Works

【海洋工程防腐蚀技术】 近年来，海洋工程、船舶、集装箱、油罐群等行业发展的势头正在上升阶段，海洋工程防腐技术已为各相关单位重视。新的防腐涂料和施工技术报道经常出现在报刊杂志上面，几乎每个工程竣工时，都要展示最新防腐技术的信息，其中较引人注目的有以下几个方面：

1.高氯化聚乙烯树脂涂料全面推广应用

1997年5月，全国生产和应用高氯化聚乙烯树脂涂料的高校院所和厂家几十个单位近百名代表在青岛开会，共同研讨发展对策。山东和浙江两省为树脂生产基地，既有固相法又有水悬浮法氯化工艺，污染减少，生产效率高，树脂质量稳定，很有发展前景。化工部海洋化工研究院、安徽省化工研究院等单位代表着重介绍高氯化聚乙烯树脂涂料在船舶涂料、防腐及重防腐涂料的扩大应用的趋势和优势，经过精心研制的防腐底漆耐盐雾性可达3 000h，接近环氧涂料；而船舶上凡是氯化橡胶漆所应用的场合，高氯化聚乙烯树脂涂料都能取代。会议认为应不断积累应用数据，不断改进完善其配套施工性能，使开发应用工作健康顺利发展。国家海洋局天津海水淡化与综合利用研究所研制的TH—911高氯化聚乙烯防腐涂料获局科技进步二等奖，表明该涂料在海洋防腐技术方面占有重要一席。

2.引水工程的双重防腐技术

海水直接利用、海岛就近引水工程、滨海工业冷却水系统等均需首先解决防腐问题，其中还涉及取水泵

站、变电站、引水隧洞、调压井、输水管道、立体交叉建筑群落等配套设施的防腐施工。厦门特区引水工程(近40km长)的防腐配套技术外防腐采用特加强级(五漆三布)环氧煤沥青涂层防蚀,总厚达0.6mm或更厚的特强涂层,内防腐针对大口径($\varphi=2$m)大流量(0.6m^3/s)的特点,采用机械法喷涂的水泥浆,厚达15mm,为确保万无一失,能达到保护30年的效果,还要配置$-850\sim-1\,500$mV的牺牲阳极和外加电流(见《材料保护》,1996.10),这种防腐配套技术在国内是较先进的。

3.新型带锈涂装的重防腐涂料

近两年在带锈涂料方面开发产品的热点在于溶剂型和水性并进,单组分和双组分的各有优势。从发展趋势看,水性带锈涂料和单组分带锈涂料更具竞争力,原因归于符合环境保护要求、施工方便、成本低效能好。武汉高校科技公司开发的带锈涂料,可用于大工程重防腐涂料体系。已在武汉钢铁公司、北京太空科技公司和重庆嘉陵江大桥上采用。不仅用于船舶、海港、码头和平台,也可用于管道、管网、煤气工程和高速路护栏。

4.免布玻璃鳞片防腐涂料KHL—52系列

玻璃钢型的加强防腐涂料施工繁琐,造价高,工时长,不易维修因而受到新的免布玻璃鳞片涂料的挑战。江苏锡山市堰桥第二化工厂开发的KHL—52系列涂料,保持玻璃鳞片原状、粘结度强、耐强腐蚀、抗渗透、收缩率及热膨胀系数小,残余应力低,耐磨不裂易修补等,较日本富士富利克涂料固体份高7%,干燥时间缩短0.5h,抗冲击强度高25kg/cm。可用于港口、码头、化工、矿井、污水处理等工程,充分体现施工周期短、防腐时间长、成本低的特点,很受市场关注。

5.近海桥梁长效涂料

近海工程又称滨海工程,一般离海岸线在40～50km以内,属于陆地与海岸的邻接地域,情况十分复杂恶劣,因而这一地带的桥梁腐蚀严重。特别是沿海城市及其经济区,路网跨桥日益增多,解决近海桥长效防腐涂料的呼声十分强烈。天津灯塔油漆股份有限公司,在天津市金钢桥维修改造工程中首次采用厚膜环氧富锌底漆,一次涂膜厚(干)达60～70μm,再此基础上,配套底漆为85—C铁红环氧底漆。涂两道漆后达50μm涂膜,面层漆为桔红色丙烯酸聚氨酯桥梁漆,单道漆膜可达50μm,一般面漆要涂二道。这样的配套涂装,涂层总厚度约270μm,比通常的涂装体系优越得多。该技术的关键是厚膜富锌底漆和含特殊耐光颜料的丙烯酸聚氨酯面漆。

6.互穿网络型防腐涂料进入市场

两个不尽相同的固化体系,通过重新组配的方法,配制新的双组分涂料,在固化过程中相互穿插构成网络体系,其性能不是简单加和而是协同增效,综合性能明显提高。这种互穿网络型防腐涂料经过多年的开发,现已进入市场,其中比较活跃的有吉林大学、武汉工学院、华中理工大学等高校,对丙烯酸/环氧树脂、环氧/聚氨酯、丙烯酸/聚氨酯等体系做了大量工作,有的已经投产应用。江苏省张家港制漆厂已将环氧/聚氨酯互穿网络防腐涂料列入正式产品投放市场。据用户反映,该涂料的附着力强,耐化学性能、耐磨性能、抗渗透性能均高于现行涂料。常州涂料化工研究院研制的环氧聚氨酯/烯烃聚合物互穿网络防腐涂料,不仅耐酸碱性兼优而且成本低,施工性能好,是很有发展潜力的新型防腐涂料。这类涂料需精心配制,由于其涉及原料多、工艺复杂,不具技术实力的厂家不宜轻易上马。

7.金属喷涂—涂料复合防腐技术

上海冶金研究所利用该所研制生产的耐蚀级AC铝合金粉,推出喷铝—601不饱和乙烯酯复合防腐涂层技术,其性能优于现行 环氧涂料,已在浙江省海宁澉浦挡潮闸上应用6年完好,表明其耐海水、耐海洋大气腐蚀和耐海水冲刷性能优异。江南造船厂和开林造漆厂经多年在长江三峡工程钢结构长效防腐涂层配套研究方面,已证实锌或铝—环氧树脂云母氧化铁中层漆—环氧树脂沥青面漆配套体系,耐盐雾试验达6 420 h,其防腐蚀年限可在30年以上。金属热喷涂—涂料复合防腐涂层技术已经成熟,而对于海洋防腐的效果和年限是人们首选指标,这一技术将很快为人们所接受。

8.无毒防腐颜料

近年来,环境净化和施工条件健康化很受关注,传统的含铅、铬等重金属的防腐颜料对人和环境均有毒害,正面临减少或禁用的压力,因而无毒防腐颜料的开发就应运而生。广西化工研究院开发研制并由广西南宁市江南化工厂生产的无公害白色防锈颜料——改性三聚磷酸铝,成功用于各类防腐涂料,还可用于高性能的厚浆型防腐涂料、有机钛防腐涂料等,使之成为环保型防腐涂料。正在研制和试用的无毒防腐颜料还有湖北省化工研究设计院研制的超细磷酸锌;常州涂料化工研究院研制的铁酸锌和Ca^{+2}/SiO_2离子交换型防腐颜料。尤其是离子交换型防腐颜料是以废硅胶粉为主原料,成本低,极具竞争力,其防腐蚀的机制是根据腐蚀介质的浓度自动释放离子,生成沉淀并封堵涂层孔隙,阻止腐蚀介质对金属底材的浸蚀,在某种意义上,用这种无毒防腐颜料制备的防腐涂料是具有一定“智能”的,有可能给防腐技术带来新的面貌。

防腐技术的新进展还有广东东莞理工学院用天然植物多酚VT为锈转化剂,由此制成的水性转化型带锈涂料,用在南海某海军舰艇上效果很好。湖南大学化工系研制的环氧改性漆酚—糠醛树脂,用来制备渔轮推进器上用的耐磨耐蚀涂料。中国石油天然气总公司工程技术研究院推出可在船舶、码头、海上采油平台等海洋钢结构水下部分维修用的水下施工防腐涂料。这对环渤海经济区的开发有很现实意义。中船总公司第十一研究所，为集装箱涂料国产化做了许多工作，最后选定环氧富锌底漆或环氧磷酸锌底漆与厚膜型氯化橡胶面漆配套体系，在华都和华海等集装箱厂试用，性能良好，结果令人满意，可以替代进口的集装箱涂料。

【海洋防污涂料进展】 黑龙江鸡西市龙榜化工有限公司生产含有机锡化合物的防污漆，据称有5年的防污有效期。然而这种较传统的防锈防污漆缺点是含有毒料化合物较多，面临大部或全部禁用的命运。中国科学院兰州物理研究所、青岛海洋研究所等单位，分别在低表面能防污涂料和由海生物提取无毒高效防海生物污损涂料等方面做了大量开发对比工作。发现以活性物质为防污剂，其效果独特，它可干扰附着生物的代谢，阻止和扼制生物碳酸钙的生成，从而达到防污的效果。这种新型防污涂料已在青岛应用于海产养殖业，可使海水扇贝养殖增产20%～30%，在“海鸥”轮上使用14个月，效果良好，仍在试验中。 （阎明久）

海 洋 教 育
Marine Education

【涉海院校简介】 随着海洋事业的发展和国家对海洋工作的重视，海洋教育也有了长足的进步。1996～1997 年间，中国分别在湛江市和浙江省舟山市成立了两所海洋院校，使中国的专门海洋院校增至 3 所，它们是青岛海洋大学、湛江海洋大学和浙江海洋学院。一些沿海地区的高等院校也增设了与海洋有关的系或专业，并开展了海洋领域的研究。下面列出涉海院校的名称，并分别介绍部分海洋院校和中专及成人教育的概况（其他院校今后将陆续加以介绍）。

青岛海洋大学
湛江海洋大学
浙江海洋学院
哈尔滨工程大学：海岸与海洋工程
哈尔滨船舶工程学院
大连理工大学：船舶工程研究所
　　海洋工程研究所
　　海洋重点实验室
大连海事大学
大连水产学院
辽宁师范大学：地理系
天津大学：海洋与船舶工程系
青岛远洋船员学院
南京大学：海岸与海岛开发国家试点实验室
河海大学：港航学院
华东船舶工业学院
上海交通大学：船舶及海洋工程研究所
　　水下工程研究所
上海海运学院
同济大学：海洋地质系
华东师范大学：河口海岸研究所
　　海水资源化学研究所
　　河口海岸动力沉积和动力地貌综合国家重点实验室
杭州大学：海洋研究开发中心
宁波大学：海运学院
　　水产系
　　全国科技兴海技术转移宁波中心
　　海洋生物工程实验室
厦门大学：海洋与环境学院
集美大学：水产学院
　　航海学院
中山大学：河口海岸研究所
　　近岸海洋动力实验室
　　海洋遥感研究中心
华中理工大学船舶与海洋工程系
宁波海洋学校

【青岛海洋大学】 青岛海洋大学是以海洋和水产学科为特色，包括理学、工学、农（水产）学、医（药）学、文学、法学、经济学、管理学等学科的国家教育部直属重点综合性大学。学校实行校、院、系三级管理体制，设有海洋与环境科学学院、技术科学学院、化学化工学院、海洋生命学院、地球科学学院、工程学院、水产学院、经济贸易学院、法学院、外国语学院、国际语言文化交流学院和成人教育学院等 12 个学院。目前在册学生 8 000 多人，其中本科生 4 600 余人，专科生近 400 人，研究生近 600 人，留学生 100 多人。设有 32 个本科专业。有 10 个博士点，28 个硕士点。现任教职工近 1 900 人，专任教师 650 人，专职科研人员 190 多人，其中有正教授 200 人，他们中包括中国科学院院士 2 人，工程院院士 1 人，博士导师 59 人。

在中国高等教育管理体制改革中，青岛海洋大学是第一批实现中央和地方共建的高等学校之一。山东省人民政府从 1996 年开始每年为青岛海洋大学拨专款 1 000 万元人民币，支持学校建设。从此，青岛海洋大学进入了中国高等教育面向 21 世纪重点建设的 100 所大学的行列，实现了建校 70 多年来又一次历史性飞跃。

在学科建设方面，青岛海洋大学在国内高校中具有明显的优势和特色。学校拥有全国仅有的物理海洋和水产养殖两个国家重点学科，设置了海洋、水产学科领域所有的博、硕、学士专业，拥有唯一的海洋科学博士后流动站及海洋学国家理科基础科学研究和教学人才培养基地，拥有物理海洋、水产养殖、海洋遥感三个国家教育部开放研究实验室，有 9 个省级重点学科和 6 个省级重点实验室。国家海洋药物工程技术研究中心以青岛海洋大学为依托即将建成验收。

学校还拥有国家投资 9 000 万元建造、于 1996 年初正式投入使用的目前中国最先进的海上流动实验室——“东方红2”号海洋科学调查船。根据“211工程”建设规划，学校加大投入，已率先启动建设物理海洋、水产养殖、海洋药物、海洋化学等四大学科群，争取在“九五”末期达到或接近世界先进水平。

在人才培养方面，海洋大学为国家特别是海洋、水产事业培养了大批高级专门人才。据不完全统计，在国家海洋局系统从事海洋科学研究的专业人员，有50%以上是海大毕业生。根据国家自然科学基金委反馈的信息，全国在海洋领域自然科学基金课题中培养的研究生，海大的博士生占65%，硕士生占48.5%，海大已成为培养中国海洋和水产科学事业高层次人才的摇篮。

在科学研究方面，海洋大学是中国海洋、水产科学研究领域的重要研究力量。国内海洋科学方面共颁发国家自然科学奖7项，海大获得4项，国家自然科学基金对海洋科学资助的课题，海大占资助课题总数的23%，占总资助金额的24%。在近几年学校承担的科研课题中，海洋“863”、“火炬计划”、“攀登计划”及国防科研项目等国家级高层次课题占全校课题总数的40%。科研成果水平不断提高，全校已鉴定的成果中有半数达到国际领先和先进水平或国内首创和先进水平，其中文圣常院士的“海浪理论和预报方法”、管华诗院士的“海洋药物研制”、冯士筰院士的“浅海动力学和风暴潮理论和方法”等都处于国际前沿水平。

近年来，青岛海洋大学的教育和科技外事工作有了很大发展，与世界上30多个国家和地区的近百所高等学校及研究机构建立了合作交流关系。学校利用“东方红”、“东方红2”号海洋科学考察船，先后完成了与美国、加拿大、法国、日本等国有关研究机构对黄、渤、东海的调查任务，其中对黄河口区的沉积动力学和地球化学的调查研究，不仅填补了此海域综合考察的空白，也为中国最大的浅海油田的开发做出了贡献。近几年与德国汉堡大学、俄罗斯远东水文气象研究所、日本气象厅等共同执行政府间组织的国际合作项目均取得了重要成果。学校直接与欧空局合作，进行了ERS－1卫星资料在中国海和西北太平洋印证和研究，这也是中国与欧空局交往中首次在海洋研究领域取得的成果。

当前，面临世纪之交的重要历史时刻，青岛海洋大学将继续深化改革，为实现“211工程”的建设目标而努力，即到21世纪初，使海洋和水产学科力争达到或接近世界先进水平，部分其他学科达到或接近国内先进水平。

（侯家龙　吴忠济）

【湛江海洋大学】　为适应中国经济发展的需要及全国高校体制改革的要求，实现广东省委、省政府提出的建设“教育强省”、“海上广东”的战略目标，经国家教委批准，湛江海洋大学于1997年1月10日挂牌成立，成为中国大陆第二所海洋大学。该大学是由有62年办学历史的农业部隶属的原湛江水产学院和有39年办学历史的原湛江农业专科学校，实行实质性合并而组建起来的。

湛江海洋大学是广东省属重点建设的大学，是一所以海洋、水产学科为主，覆盖理、工、农、经贸及管理等学科，以本科教育为主，并有研究生教育，以应用专业为主、辅以基础学科专业，具有热带、亚热带特色的综合性海洋大学。学校已设置4个学院，2个直属系，即水产学院、工程学院、农学院、成人教育学院、经贸系和外语系，有27个本专科专业，以及研究所、室14个，并正在积极创造条件把经贸系扩建为经贸学院和成立科技学院和航海学院。

学校坐落在广东湛江市著名风景区的湖光岩畔，占地233余公顷。现在校学生6 000多人，教职工1 200多人，其中正、副教授160多人。到2000年，在校学生将达8 000人，2010年将达1万人，成为一所规模较大的综合性大学。

在各级政府的重视与关心下，学校办学条件有很大改善。学校总建筑面积16.7万m^2，其中教学、科研、实验室用房3万m^2，实验室23个，其中高质量的语言室4个，能同时容纳200人上课。在建的多功能电化教学实验室能自行开展CAI软件制作及应用，将为学校的电化教学提供先进场所。广东省投资3 200万元建设的粤西高校测试中心，其仪器设备、实验室可供研究生开展科研工作。学校图书馆藏书45.5万册，馆藏目录检索已实现电脑化联网管理。图书馆的图书信息中心被农业部批准为科技信息查新单位。颇具规模和特色的水生生物博物馆，有陈列室10个，标本近3 000种。学校建有一批教学、科研、生产三结合基地：海水养殖场2个，淡水养殖场、热带鱼苗培育中心、珍珠养殖场、机械厂、鱼网厂各1个，300t钢壳渔轮2艘，校外挂钩单位实习基地5个，还建立了湛江高新科技园，引进海洋开发的科技项目，作为海洋研究、开发和产业的中心，积极为地方经济建设服务。

在办学水平方面，学校按照省重点建设大学和具有研究生办学层次的质量要求，确定了“以学科建设为龙头，以师资队伍建设为关键，以教育质量和学术水平为生命线”的办学思路。专任教师成倍增加，其中高学历、高职称比率大幅度增加，向着建设一支结构合理、素质优良的师资队伍努力。

在学科建设方面，学校根据“人无我有，人有我特”的原则，及时组织制定了学科规划，坚持以海洋、水产学科为主，以应用型学科为主的指导思想，调整了专业，拓宽了专业面。在财力物力上对确定的校级重点学科和省级重点扶持学科实行倾斜。在学校创建不到一年的时间里，校党委就决定申报硕士学位授予权，从硬、软件上加大建设力度，结果达到学位授予权和两个硕士点的要求，已通过硕士学位的授予权。这对学校的学科建设及其办学层次和学术水平的提高起到积极的推动作用。

学校一手抓教学改革，一手抓教学基础建设，大力推进“质量工程”，强化提高教学质量。按照“基础扎实，知识面广，能力强，素质高”的跨世纪人才的特点。认真做好学生的知识、能力、素质结构的调整工作，同时抓紧建立和完善一整套学校管理的各项规章制度，努力建立起良好的学风、教风和校风。

学校重视科学研究。学校挂牌之后，承担科研项目88项，其中国家自然科学基金4项，国家科委、教委3项，地方政府项目30项。已完成的科研项目中，有9项获得省市级科技进步奖或技术推广奖。

学校重视开展各种学术活动和国际交流，与日本、美国、澳大利亚等国家和香港地区高校或部门建立交流关系。学校本着为发展海洋经济，培养跨世纪人才、为早日把湛江海洋大学办成在国内外有一定地位和影响、具有特色的综合性海洋大学而努力。

（吴琴瑟）

【浙江海洋学院】 该校位于浙江省舟山市，是一所省属普通本科院校，由原浙江水产学院和舟山师范专科学校合并而成。其中浙江水产学院创建于1958年，为浙江省较早创建的省属本科院校之一，已培养了大批水产科技人才。目前，浙江海洋学院有教职员工450名，具有高级职称教师45名、中级职称110名；学院占地15hm²，在校生2 000名。已初步形成了海洋渔业、海洋运输等海洋应用技术学科和为开发海洋配套的船舶、机械、电子等工程学科为主的教学、科研体系。现有海洋渔业、机械设计及制造、制冷与低温技术、海水养殖、水产品贮藏与加工等4年制本科专业和船舶制造与维修、船舶机械制造与维修、海洋船舶驾驶、轮机管理、船舶电气工程等3年制专科共17个专业；设有渔业科学、海洋渔业技术、制冷工艺、海洋文化等研究所室，其中渔业科学研究所为省级研究所。

【厦门大学】 厦门大学是国家教育部直属的重点综合性大学。1995年通过国家教育部“211工程”预审，为进一步增强厦门大学“211工程”的8个学科之一——“海洋资源与环境”学科的建设实力，加快福建省海洋经济的发展，1996年4月，福建省与厦门大学共建厦门大学海洋与环境学院。

该学院包括5个单位，它们是海洋学系、亚热带海洋研究所、环境科学研究中心、教育部海洋生态环境开放实验室、厦门海岸带可持续发展培训中心。

海洋学系，始建于1946年，重组于1970年。现设物理海洋学、海洋物理、海洋化学、海洋生物学4个专业，以及海洋生物学专业与厦门大学生物学系合办的国家教育部生物学（含海洋生物学）理科人才培养基地班，共有3个硕士点、2个博士点、1个博士后流动站；亦为中国海洋化学学会挂靠单位。先后共培养了本科生1 062人，博士、硕士生204人，外国留学生5人，其中不少人已成为中国海洋学界的学术带头人、国际海洋学界的知名学者，开创了中国海洋生物学、海洋物理和海洋化学学科，被誉为中国海洋科学的摇篮。

亚热带海洋研究所，始建于1946年，时称“中国海洋研究所”，1978年由教育部重建，拥有近海调查船和海洋经济动物增养殖基地，为地质矿产部批准的海洋地质勘查资格单位。长期从事海洋科学基础理论研究和开发实践，先后承担了国家“七五”、“八五”和“863”高科技等研究项目。近年在海洋环境（灾害）数值预报、水声超声遥测、视频图像传输、水下通信、海洋水文、海洋地质、海洋环境保护、同位素海洋学、海洋浮游生物学以及海洋经济动物培养等方面的研究成果丰硕，共有30多个科研项目获国家级、省部委级奖励。

环境科学研究心，于1992年在厦门大学环境科学研究所的基础上扩建成立。该中心将海洋环境、环境管理与环境工程问题作为主攻方向，积极联合国内外研究力量，共同研究解决环境问题，取得一系列可喜成果，在厦门特区社会经济发展与建设中作出了贡献。现有海洋生物地球化学、分析监测、生态、评价与管理等研究室，“环境科学与工程”博士后和硕士点，持有“环境影响评价甲级证书”。

教育部海洋生态环境开放实验室，于1995年12月成立。其宗旨是：在高新技术支撑下，开展亚热带近海生物地球化学过程、机制及其生态环境效应的基础理论和应用基础研究；为近海及海岸带经济发展、资源开发利用和生态环境保护提供科学依据和技术服务；积极参与区域和全球性合作；培养海洋环境科学的高水平人才。该实验室目前参与承担国家“九五”重大和重点项目，正与多个国家开展合作研究项目。

厦门海岸带可持续发展培训中心，于1996年12月由厦门市与厦门大学共建。主要任务是：组织、协调海洋学科与其他学科的交叉与合作，促使海洋科学更直接地为社会经济发展服务；加强海洋科技和管理干部的培训，提高其科学素质和管理水平；推广厦门在海岸带综合管理和环境保护方面的经验等。

海洋与环境学院的成立，标志着厦门大学的海洋科学进入一个新的发展与腾飞时期。

该学院汇聚各学科的综合优势，突出亚热带海域特色，重点建设5个高水平的实验室(管理中心)，即：海洋生态环境实验室、海洋生物生理生态和生物技术实验室、海洋遥感和信息处理实验室、化学海洋学实验室、海洋调查仪器研制与管理中心。在建设过程中，将积极开展国际学术交流，参与全球性计划的合作研究，注重新兴交叉研究领域——分子海洋生物学与海洋生物高新技术、海洋环境科学的生长与拓展，使这些领域的科研与教学达到国内领先、争取接近国际先进水平；积极推动和促进相关的应用技术(海洋生物高新技术、海洋遥感信息的数值反演技术、水声监测技术、海洋学过程的同位素技术以及环境科学研究中的分析监测技术)的发展，为福建省输送急需的海洋科技与管理人才，解决"海洋经济大省"建设中的实际问题，争取在取得良好的学术成果和社会效益的同时，产生较高的经济效益，为福建省海洋经济发展做出较大的贡献。

(厦门大学海洋与环境学院)

【南京大学】 南京大学海岸与海岛开发国家试点实验室是国家计委、国家科委、国家教委1990年批准建立的133个重点与专业实验室中的7个试点实验室之一，于1995年正式通过国家验收，1996年、1997年通过世界银行试点结项考查。它是以海岸海洋为研究对象的应用基础型地球科学实验室，具有海洋学、地质学、地理学、生物学、计算机科学、规划管理科学与技术科学等多学科交叉渗透的特点，主要从事海岸、岛屿及大陆架的资源与环境调查研究，探索全球变化对海岸海洋的影响，进行开发利用规划与决策分析，寻求防灾减灾措施以及海岸带一体化管理，并通过科学研究和生产实践培养高级海洋科学研究人才。

实验室有专职科研人员21名，其中院士1人、教授8人(含兼职教授4人)、副教授10人(含兼职2人)、讲师2人、实验技术人员6人，另有海外客座教授6名。老、中、青梯队配合，以青年学者群为主。实验室主任是女海洋地质学家王颖教授，中国科学院院士任美锷教授为室学术顾问，中国科学院院士刘光鼎教授为室学术委员会主任。实验室不仅对外开放研究课题与设备，而且鼓励和支持海岸海洋学者到实验室从事研究。

实验室属于国家重点学科自然地理学，国家级理科人才培养基地，含5个硕士点(自然地理学、地貌与第四纪地质学、人文地理学、遥感与地图学、环境地理学)，3个博士点(自然地理学、地貌与第四纪地质学、人文地理学)及1个博士后流动站。1990年以来已为国家培养了硕士40名、博士19名、博士后3名，并接受外国留学生7名。目前，这些毕业生正活跃在国内外海洋、地理事业的研究、教育和开发管理的各个领域。

实验室设备由3个系列组成：

1. 海岸海洋观测电子与声学设备系列：微波定位系统、全球定位系统、多道地层剖面仪、旁侧声呐系统、双频道回声测深仪、温盐密测记系统、波浪潮位自记仪、潜水设备、水下摄影设备、通讯系统、取样钻探设备、丰田越野车。

2. 分析实验室系列：沉积物粒度、矿物、化学分析实验室、微体古生物分析实验室、铅同位0素实验室、水质与微量元素分析实验室。

3. 海洋地理信息系统实验室系列：惠普图形工作站、SGI工作站系统、HP微机工作站、遥感应用设备、PC工作站、586微机、AO数字化仪、扫描仪、绘图仪、X终端、可读写光盘驱动器、GIS软件、机辅制图系统、多媒体演示设备等。

实验室的研究对象是海岸海洋(Coastal Ocean)，范围涉及人们通常理解的海岸、岛屿与近海。

实验室的任务可归纳为：(1)海岸海洋基础理论研究；(2)海岸海洋开发应用的基础研究；(3)海岸海洋科学高级人才培养。

由首届学术委员会第三次会议确定的实验室的研究方向为：全球海平面变化与海岸海洋效应；受人类活动与大河影响的、以潮流动力作用为特色的海岸演化与大陆架沉积作用研究，以苏北淤泥平原海岸与海南潮汐汊道港湾海岸、大陆架沙脊群为研究重点；海岸环境规划、近海工程勘测、灾害预防与一体化海岸管理研究。

(刘战胜)

【哈尔滨工程大学】 1996年8月22日，中国船舶工业总公司和黑龙江省政府签署了共建哈尔滨工程大学协议。共建后，哈尔滨工程大学将实行以中国船舶工业总公司为主、中国船舶工业总公司和黑龙江省政府双重领导的体制。学校今后的发展规划、服务方向、专业设置、人才培养和科技开发等将由中国船舶工业总公司和黑龙江省共同协商确定。协议规定，哈尔滨工程大学原人事、计划、投资渠道不变，黑龙江省政府将通过适当方式每年为学校提供相当于1 000万元的经费支持，并给予该校在政策和有关专项经费方面与省属院校同等待遇。共建后，哈尔滨工程大学将成为黑龙江省高科技人才的重要培养基地之一；在专业设置、招生、分配等方面，优先满足黑龙江省经济建设和社会发展需要；在科技成果转化和高新技术产业发展建设等方面，优先为黑龙江省服务。

(范 斌)

【大连海事大学】 大连海事大学原名大连海运学院，是交通部所属的全国重点大学，也是被国际海事组织认定的世界上少数几所享有国际声誉的海事院校之一。1983年，联合国开发计划署和国际海事组织(IMO)在该校设立了亚太地区海事培训中心，1985年，世界海事大学大连分校又在此成立。1994年，经国家教委批准，该校正式更名为大连海事大学，江泽民总书记为学校题写了校名。目前，大连海事大学在学校规模、办学层次等方面已居世界同类院校的前列。

大连海事大学设有航海学院、轮机工程学院、交通运输管理学院、市场经济法学院、国际商务学院、海洋环境工程学院、成人教育学院等7个学院和社会科学系、外语系、基础部、体育工作部和研究生部。学校已形成了以航海类重点学科为主干、以海上交通运输类学科专业为主体，包括工程、管理、经济和法律等学科在内的学科专业体系，有28个本科专业和方向以及4个博士点和12个硕士点。学校同时招收学士和硕士学位留学生。1997年，全日制在校学生5 800余名。大连海事大学拥有一支整体素质好、层次结构较合理、相对稳定的师资队伍，并已涌现了一批脱颖而出的优秀中青年骨干教师。全校教职工总数2 000余名，其中694名教师中教授80名，副教授288名。

大连海事大学科研力量雄厚，设有科学技术研究院(下设7个研究所)及学校直属的高等教育研究所、镀铁工程中心等科研机构。在航海科学领域集中了一批专业理论深厚、科研能力较强的知名专家、教授和一批学术思想活跃、已崭露头角的青年骨干力量。

大连海事大学1996年被国家确定为“211工程”预备立项院校之一。1997年5月，学校通过了国家“211工程”正式立项的专家审查。为了把学校建设成世界一流的高等航海学府，根据STCW公约及交通部港监质量体系要求，学校从1997年开始重点对航海专业教学进行改革。同时，为了提高学校管理水平，学校建立了ISO9001质量保证体系并正式运行，而且正在积极准备迎接DNV(挪威船级社)的质量认证。

【大连理工大学】 大连理工大学涉海专业有水力学及河流力学，水工结构工程，水利水电工程，港口、海岸及近海工程，船舶与海洋结构物设计制造，环境工程。这6个专业隶属于水利工程、化学工程与技术和船舶与海洋工程三个一级学科。其中水利工程和化学工程学科设有博士后流动站。水工结构工程专业是1981年国务院学位委员会首批批准的有权授予博士学位的学科点。该专业所属有抗震研究所、水工研究室、岩石力学与工程地质研究室、建筑材料教研室和测绘教研室等单位，并建有设备先进的抗震实验室、水工实验室等6个实验室。共有在编教授6人，副教授、副研究员和高级工程师18人。

水力水电工程专业是国内较早设立的两个博士点之一，1988年开始招收博士后，现实行硕士连读制度。主攻方向是静力分析及优化，水资源系统分析理论与应用，防洪规划、管理与决策理论及应用，水电站水力学等。水资源与减灾是辽宁省重点学科。每个主攻方向都有著名的教授、博士生导师作为学术带头人。

海岸与近海工程专业设有海岸与近海工程国家重点实验室，其博士点是国家重点学科，主要研究方向有海洋环境水力学、海洋环境要素对建筑物的作用、海洋要素的计算机模拟、港口结构工程、港口规划等。

环境工程专业是面向21世纪的新学科点。该学科点在教学、科研及工程应用中充分体现化工与其他学科的交叉。近年来该学科在基础理论研究、国际合作和工程应用等方面发展势头良好，形成了产、学、研一条龙的社会服务体系。其主要研究方向有环境系统分析、污染控制化学技术、环境生物工程等。

船舶与海洋结构物设计制造专业主要研究方向有大型高技术含量船型研究、智能船舶CAD及集成系统技术研究、船舶结构分析及控制研究等。该专业的博士点1996年被辽宁省教委批准为省重点建设学科，1997年被国家列为“211工程”重点建设学科。该专业现有教授11人，副教授和高级工程师5人，博士生导师3人，拥有船模实验水池、结构振动实验室、工艺实验室和船舶CAD研究中心。

这6个涉海专业师资力量强，结构合理，具有良好的研究条件，培养出一批高层次人才。1996～1997年共毕业博士8人、硕士49人。

【大连水产学院】 大连水产学院是农业部直属的一所水产高等学校。全校有6个系、两个部、一个成人教育学院、3个研究所、一个分院(中央农业管理干部学院大连水产学院分院)和一个部级重点开放实验室(农业部海洋水产增养殖生态学重点开放实验室)。6个系是：水产养殖系、海洋渔业系、机械工程系、电子工程系、土木工程系、经济管理系。两个部是：基础课教学部、社会科学部。三个研究所是：渔业经济与社会发展研究所、渔业工程技术研究所、水产养殖研究所。学校现设有水产养殖、捕捞学和农业生物环境与能源工程三个硕士点。大连水产学院的水产养殖学科是农业部和辽宁省的重点学科。

全校设有13个本科专业和13个专科专业。本科专业有：淡水渔业、海水养殖、海洋渔业、机械设计及制造、热力发动机、船舶工程、轮机管理、食品科学与工程、港口航道及治河工程、建筑工程 、给水排水工程、应用电子技术、会计学。专科专业有:淡水渔业、海水养殖、渔业环境保护、海洋船舶驾驶、渔政管理与渔港监督、给水排水工程、制冷与空调、食品分析与检验、计算机应用、外贸英语、水产贸易日语、贸易经济、财务会计。

大连水产学院地处大连市黑石礁海滨,占地面积近23.3万m^2(其中淡水养殖实习基地面积13万m^2),校舍建筑面积8.6万m^2(含职工住宅),拥有海面23万m^2,全校固定资产7 167万元。学校除有一个农业部重点开放实验室外,还设有物理、化学、生物、计算中心、航海、机械工程等14个实验室。目前全校教学科研仪器设备总值1 257万元,拥有电子显微镜、气相色谱仪、紫外光谱分析仪、液体闪烁计数器、捕捞监测系统、自动雷达标绘仪等40余台大型精密仪器设备和海水育苗场等校办实习基地。学校图书馆和资料室的藏书达22.2万余册,中外文期刊600余种。

大连水产学院现有硕士研究生37人,本、专科生2 049人,成人教育学员323人;专职教师258人,其中教授22人,副教授84人,讲师125人;具有博士学位的教师6人,硕士学位的教师64人。学校自1978年升格为本科院校以来,共培养硕士研究生55人,本、专科学生6 653人,成教、干教学员2 500多人。学院获各种重大科技成果奖45项,其中国家级4项,省部级28项。

学院与中国目前现代化程度很高的大型渔业综合企业辽宁省大连海洋渔业集团公司建立了合作共建关系。与日本、美国、英国、挪威等10多个国家和地区的18所大学及科研单位开展学术交流和结成友好学校。

(大连市海洋局)

【宁波大学】 宁波大学是一所包含文、经、法、理、工、农、医等多学科和师范教育的综合性大学,由原宁波大学、宁波师范学院、浙江水产学院宁波分院合并组建而成,设有24个院系、35个本科专业,全日制在校生7 300余人,教职工1 500余人,其中具有高级职称的300余人。该大学中涉及海洋高等教育的专业有:海运学院中的海洋船舶驾驶(本科)、海洋船舶驾驶(专科)、轮机管理(专科),以及宁波大学水产系(含海水养殖专业、淡水渔业专业);还建有"全国科技兴海技术转移宁波中心"和市级重点实验室"海洋生物工程实验室"。宁波大学海运学院成立于1996年12月。学院与香港泰昌祥轮有限公司合作,培养直接与国际接轨的高级航海人才;学院与海军部队共建,实行半军事化管理。其4年制海洋船舶驾驶专业,开设航海学、船艺、船舶操纵、运输业务与海商法、导航仪器、海洋与气象等主要课程,学生毕业后持有无限航区3 000总吨及以上船舶二副适任证书和其他国际海员必须的有关证书。

【杭州大学】 杭州大学早在50年代就成立了海洋方面的专业(如海洋地质地貌专业)。长期以来,该校的涉海学科为地方经济建设做出了巨大贡献。在学科发展方面,以"港口及航道工程"和"海洋工程与城市规划"建设为重点,加强了领导和管理,拥有多部先进的仪器设备,并由涉海的相关系(院)分别组建了"杭州大学海洋研究开发中心","中心"下设5个研究所,即海洋经济研究所、海洋生物研究所、海洋环境保护研究所、海岸带与港口城市规划研究所和港口、海岸及近海工程研究所。几年来,"中心"已产生了44项涉海综合成果、65项港口及航道工程类成果、149项海岸与海洋环境类成果、52项海洋气象与水文类成果等。该校"港口及航道专业"已培养了700余名毕业生。

【民办东海学院】 该院前身是创办于1985年的舟山"东海职业专科学校"。1997年经国家教委核准成为独立颁发正式文凭的成人高校。该院创建13年来,已为社会培养了各类专业学生近千名。学院除设置了海洋捕捞等专科专业外,还开设了航海旅游等中专层次专业,对急需的人员进行了培训。在办学过程中,该校针对舟山市海洋药物的开发和海产品深加工工业的兴起,及时调整专业,充实海产品深加工等方面的专业课程,注重培养海洋药物和海产品综合开发技术人员,深受社会欢迎。

(金一斌)

【宁波海洋学校】 宁波海洋学校隶属于国家海洋局,创建于1980年;1983年通过省教委组织的省(部)级重点中专评估。

学校地处浙江省宁波市,占地面积7.8万m^2,有各类校舍建筑面积4.2万m^2和标准运动场等教学场地。

学校面向全国招生,目前开设水处理技术、计算机通信、计算机及应用、船舶驾驶、轮机管理、机电技术应用、文秘与档案、经贸英语等8个中专专业,在校学生2 000人左右。此外,自1997年开始,该校与宁波高等专科学校合作,开办了应用电子技术高职班。

学校以"立足海洋、面向全国、服务社会"为办学宗旨,在办学过程中,始终坚持德、智、体全面发展的方针,两个文明一起抓,软、硬件建设一起上,确定了"严格、奋发、开拓、团结"的校风,树立"教书育人、管理育人、服务育人"的指导思想,制定了教师、管理人员、工勤人员三个职业道德规范,创造了一个良好的育人环境。近年来,学校还不断完善教学条件,兴建了4 800m^2

新教学楼和 2 800m² 的新图书馆，新建了水处理实验室、精通急救实验室、计算机网络机房等，改建了高级消防实验室、电化教室等，目前各类实验室已达 38 个，校处实验实习基地 3 个，基本满足了教学需要。

学校共有教职工 160 人。拥有一支高素质的教师队伍，有教师 91 人，其中专任教师 69 人，具有高级职称的 34 人，中级职称的 28 人，双师型 10 人，享受国务院特殊津贴 3 人。该校广大教师在承担教学任务的同时，不断进行教学改革和教学研究方面的探索，从而保证了学校的教学质量。

学校校长：沈毅楚（研究员）；学校副校长：鲍志高、陈绳太、徐继荣。 （虞锦法）

【水产中等专业教育与成人教育】 水产中等专业教育与成人教育是渔业教育体系的重要组成部分，是提高渔业管理者、劳动者素质的主要途径。几年来，水产中等专业教育与成人教育获得了较大发展，培养了大批适用型人才，为渔业的发展做出了贡献。

1. 水产中等专业教育。以培养渔业应用型技术人员、管理人员为目标，与渔业生产密切结合，直接服务于经济建设。1996 年沿海省市水产中专学校 20 所，在其他多所农业、水利等中等专业学校中也设置有水产专业或水产类课程。

水产中等专业教育主要由地方行业主管部门办学，农业部渔业局依托全国中等水产教育研究会对水产中专学校进行行业宏观指导。

近年来，为适应渔业经济的发展和市场需求，水产中专教育进行了较大力度的改革。主要有：(1)改革招生分配制度，扩大办学规模。学校立足于行业，办好主体专业；面向在职在岗人员，面向农村多种经济成分，面向基层干部等，拓宽招生与就业渠道，形成了开放办学的新格局；(2)坚持教学改革，提高培养质量。学校适时调整专业结构，强化实践教学环节，注重学生能力与素质教育，建立了多种有效的教学新模式；(3)深化办学体制改革，提高办学效益。校内实施内部管理机制改革，调动广大教职工的积极性；校外多方联合，调动社会力量的办学积极性，提高办学活力与效益；(4)通过科研、培训、示范推广、创办科技产业等多种形式，实现产学研相结合，服务于渔业生产。

2. 渔业成人教育。包括干部培训、专业技术人员继续教育、渔民技术教育、成人高等教育四个层次。(1)渔业干部培训。“八五”期间，分别开展了市(县)水产局长、水产工业企业厂长(经理)、水产技术推广站站长、市(县)渔政机构负责人等领导岗位的培训，并制定了相应的岗位规范和指导性教学计划。“九五”期间，干部培训由岗位培训向公务员的专业技术培训过渡。围绕“八五”科技成果的辐射与推广、渔业“两个六工程”[即渔业六大体系建设(水产原良种、水产科技标准、水产技术推广、水产养殖病害防治、水产品市场、渔政管理和资源环境保护体系)和六大领域开发建设项目(商品渔基地和综合性渔业开发、外海渔业开发、远洋渔业开发、水产品加工综合利用开发、渔港开发建设、渔船渔机工业技术改造开发)]建设等进行培训；(2)专业技术人员的继续教育。该项教育是对渔业行业中具有中、高级技术职称人员所进行的一种延续教育。培训形式主要有高级研修班、专题研讨班、外语培训班等。针对渔业经济发展过程中的重点、热点、难点问题，渔业主管部门组织举办了多期高级研修班和专题研讨班，内容包括：鱼虾病害防治、名特优养殖品种的苗种繁育和养殖技术、渔用饲料、渔业技术经济、水生生态等。

3. 渔民技术教育。(1)渔民“绿色证书”培训。“八五”期间，在全国的重点渔区、渔民中逐步深入地开展了渔民“绿色证书”培训试点工作。经培训合格的渔民可获得农业部统一颁发的“绿色证书”，持证渔民具有从事渔业某项专业工作的技术资格，可享受优先承包水面，优先经营、贷款、技术服务等一系列相关配套政策。(2)渔船船员培训。是为渔业船舶技术人员开展的各级各类技术培训，包括职务船员培训与普通船员培训。职务船员培训按五个等级四类专业进行，普通船员培训主要是“四小证”(海上救生、海上消防、海上急救、操艇驶帆)培训。(3)渔业技术工人培训。是面向国营渔业企业职工进行的技术等级培训，由各省人事劳动部门组织实施。(4)实用技术培训。是对渔业专业户、科技示范户和广大渔业生产者进行的专业技术培训，使学员掌握某项专业技能，并在生产中应用。

4. 渔业成人高等教育。主要依托水产高等院校办学，由设在各水产高等院校内的成人教育学院、中央农业管理干部学院各水产分院具体组织。包括夜大学、函授大学、自学考试、干部或师资专修科等多种形式。设置水产养殖、渔业经济与管理、渔政管理、制冷、财务会计等专业。“八五”期间，上海、大连、湛江、厦门四所部属水产院校的高等学历教育共培养学员 1 200 余人。近几年，水产院校利用函授教育覆盖面广、渗透力强的特点扩大了函授教育规模。此外，非学历教育也取得了一定的进展。 （农业部渔业局）

【航海教育】 **航海医学教育** 是医学教育的一个分支，是在普通医学教育基础上，以培养航海医疗卫生技术专门人才为目标的专业教育，它随着航海医学的发展而逐步建立。

中国的航海医学教育起源于清朝末年，1893 年北洋水师在天津设立西医学堂，培养海军军医。新中国成立后，航海医学教育在吸取前人经验的基础上，并借鉴国外发达国家的经验，逐步形成了自己的教育体系。

1949 年 10 月，在上海复兴岛成立海军军医学校（后改为东海舰队医务人员训练队），培养舰艇基层部队的卫生人员。

1960 年，在上海第二军医大学设置了海军医学系，专门培养大学本科毕业的海军军医，学制 5～6 年。同时，又成立了海军卫生学校（几经改编，现为海军医学高等专科学校），专门培养大专及中专毕业的舰艇卫生人员。这两所学校专门设置海军军事医学课程（包括海军舰艇卫生学、海军流行病学、海军卫生勤务学、海军防护医学及潜水医学）。学员在医疗专业训练基础上，再进行一年的军事专业知识训练，以培养为海军建设服务的、德智体全面发展的、高中级海军医务人员。

1956 年，在武汉建立了"长江航运卫生学校"，设医士和护士两个专业，这是中国第一所培养民事航运医学专业人员的学校。

1978 年，南通医学院改由交通部和江苏省双重领导，设置航海医学系，成为国内培养大专学历民事船医的专门学校，其毕业生源源不断输送到远洋公司和海运局系统，为广大海员服务。

以上院校的毕业生基本上已可满足国内航海医学事业发展的需要。经过几十年的实践，各院校对航海医学教育的特点和规律进行了深入的研究，取得了丰富的经验。

航海科普教育　由于舰船特殊环境的限制，船员定额少，分工细，每个人都在不同岗（战）位上负有各自的使命，一旦负伤后，如不及时救护，不仅直接影响舰船的行动和战斗的继续进行，而且还由于救护是否及时，可直接影响伤员生命、后续治疗及其预后，所以开展自救互救十分重要。

为此，中国船（海）员都严格按照"中华人民共和国海员专业训练发证办法和专业培训纲要"的规定，在登船前，由各大单位组织，对船员按"四小证"教材（《海上急救》、《海上求生》、《船舶消防》及《救生艇筏操纵》）进行培训。在经海上安全监督局考核合格后，发给"四小证"证书，方允许登船工作。　　（龚锦涵）

表 1　1997 年全国各海洋专业本、专科学生情况

专　业	专业点数（个）	学生数（人）		
		毕业生	招　生	在校生
合　计	69	1 556	2 480	6 974
海洋学	1	26	28	101
海洋物理学	2	11	78	166
海洋化学	2	37	25	137
海洋生物学	3	43	27	213
淡水渔业	27	561	936	2 836
海水养殖	12	309	341	961
海洋渔业	5	168	250	663
水产类师资班	3	117	146	498
水产类专业	14	284	649	1 399

表 2　1997 年全国普通中专各海洋专业学生情况

专　业	专业点数（个）	学生数（人）		
		毕业生	招　生	在校生
合　计	92	2 580	3 897	11328
海洋、气象				
水　　产	2	68	80	188
水产养殖	34	763	1 081	3 818
淡水养殖	35	1 034	1 570	4 116
海水养殖	8	243	310	842
海洋捕捞	3	64	68	233
水产类新专业	10	408	788	2 131

表 3　1997 年全国各海洋专业博士、硕士研究生情况

专　业	博士生专业点数（个）	博士生数（人）			硕士生专业点数（个）	硕士生数（人）		
		毕业生	招　生	在校生		毕业生	招　生	在校生
合　计	36	64	133	512	71	192	229	726
物理海洋学	2	6	9	36	6	13	17	61
环境海洋学	2	4	9		8	4	21	40
海洋气象学	1	3	1	7	1	3	4	7
海洋物理学	1	1	3	9	2	16		15
海洋化学	2	3	5	19	4	12	15	53
海洋生物学	4	7	23	66	6	27	24	93
海洋地质	3	15	15	59	6	25	27	90

（续表）

专 业	博士生专业点数(个)	博士生数(人)			硕士生专业点数(个)	硕士生数(人)		
		毕业生	招 生	在校生		毕业生	招 生	在校生
船舶与海洋结构物设计	3	1	11	31	8	28	27	83
船舶与海洋工程结构力学	4	8	6	41	7	19	23	67
船舶与海洋工程流体力学	6	3	8	42	8	13	16	55
轮机工程	5	2	16	67	9	18	38	105
船舶与海洋工程特辅装	1	2	15	51	3	6	8	22
水声工程	2	9	12	57	3	8	9	35

表 4 沿海高等水产院校基本情况

单位：人

学校名称	本专科学生			教职工						
	毕业生数	招生数	在校学生数	合 计	其中：专任教师数					
					合 计	正高	副高	中级	初级	无职称
水产院校合计(4所)	2 794	3 566	10409	3 031	1 125	63	268	500	264	30
大连水产学院	479	597	2 051	739	270	18	70	141	30	11
上海水产大学	703	953	2 627	827	337	31	92	115	99	
浙江水产学院	187	247	727	222	88		8	38	25	17
湛江海洋大学	1 425	1 769	5 004	1 243	430	14	98	206	110	2

表 5 沿海中等水产院校基本情况

单位：人

学校名称	毕业生数	招生数			校学生数	教职工数	
		合计	招高中毕业生	招初中毕业生		合 计	其中：专任教师
水产学校合计(12所)	2 414	3 889	238	3 651	11 062	1 357	704
河北水产学校(河北)	220	350	68	282	897	143	83
大连水产学校(辽宁)	90	227		227	581	114	63
上海水产学校(上海)	236	290		290	1 472	139	67
青浦县水产学校(上海)	375	634	23	611	1 662	114	65
连云港水产学校(江苏)	339	515	101	414	1 136	139	74
浙江水产学校(浙江)	96	130		130	390	58	31
舟山水产学校(浙江)	28	29		29	100		
集美水产学校(福建)	116	280		280	910	168	87
山东水产学校(山东)	590	578		578	1 718	250	116
广东省水产学校(广东)	108	402	46	356	1 091	125	65
广西水产学校(广西)	216	454		454	1 105	107	53
三亚水产学校(海南)							

极 地 篇

Polar

极地考察
Polar Research

综 述
Summary

【重要事件】 江泽民总书记为中国南极长城站题名

中共中央总书记江泽民于1997年12月31日亲笔题写了“中国南极长城站”站名。江泽民总书记的题词，充分体现了以江泽民同志为核心的党中央对中国南极考察事业的高度重视和亲切关怀，这对从事极地考察工作的同志们是极大的鼓舞和鞭策，对指导和促进南极考察事业发展具有重大意义。江泽民总书记的题词传达到南极后，正在执行中国第14次南极考察任务的长城站、中山站、“雪龙”号船的全体考察队员和船员，个个兴高采烈，无不欢欣鼓舞。他们纷纷表示，决不辜负党中央、国务院领导的殷切期望，决心进一步发扬爱国、拼搏、团结、创新的南极精神，安全圆满地完成国家“九五”南极科学考察和站务建设各项任务，推动中国极地考察事业全面进入21世纪，为人类和平利用南极做出更大的贡献。江泽民总书记题写的“中国南极长城站”已制成铜匾，由中国第15次南极考察队带往南极长城站，悬挂在长城站主楼正上方，作为永久纪念的标志。

纪念邓小平同志为南极考察题词13周年 1997年10月14日上午，国家海洋局在北京中国科技会堂隆重集会，纪念邓小平同志为中国南极考察题词13周年。中共中央军委副主席刘华清出席了大会。国家科委、海军、外交部、地质矿产部、国防科工委、国家地震局、国家技术监督局、国家测绘局、中国气象局等有关部委局领导出席了会议。国家海洋局局长张登义出席会议并致开幕词。张登义局长指出，在中国改革开放的总设计师邓小平同志为中国首次南极考察题写的“为人类和平利用南极做出贡献”的光辉题词指引下，中国已成功地组织了13次南极考察队，13年来，总航程25万余海里，共2000多名考察队员奔赴南极洲，克服了种种难以预料的困难，顺利地完成了党和人民赋予的各项艰巨使命。张登义局长还指出，要把邓小平同志的重要指示落到实处，必须扎扎实实地、深入持久地做好南极科学考察与研究工作。目前，从事南极考察事业的广大干部和科技人员，都在认真贯彻党的十五大精神，决心高举邓小平理论伟大旗帜，紧密地团结在以江泽民同志为核心的党中央周围，沿着邓小平同志指引的正确方向，把中国极地考察事业推向21世纪，为人类和平利用南极做出新的更大的贡献。

会上，国家海洋局极地考察办公室主任陈立奇汇报了13年来中国南极考察事业取得的举世瞩目的成就。中国不仅在南极洲拥有两个初具规模的科学考察基地——长城站和中山站，而且取得了一大批宝贵的资料和科研成果。尤其是从1991年实施的国家“八五”攻关项目——“中国南极考察科学研究”，在环境极端恶劣、经费紧张等困难条件下，中国广大南极科研人员不畏艰辛，发扬奋力拼搏的“南极精神”，在许多研究领域取得了重要的创新，一些研究成果达到了国际领先的水平，为人类和平利用南极做出了贡献。

’90国际横穿南极探险队的中国科学家秦大河在这次大会上介绍说，南极大陆被巨大的冰盖所覆盖，是从事科学研究的理想场所。他认为，12亿人口的中国，应积极参与国际间的南极考察科学研究。作为一名科研工作者，他表示将尽毕生精力从事南极科学研究，为人类和平利用南极做出贡献。

厦门工程机械股份有限公司代表大力支持和帮助中国南极考察事业的广大企业界在会上发言，表示要继续支持祖国的极地科学考察工作，展示国产名牌产品，为企业增光，为祖国争光。

中国品牌远征南北极走向世界战略研讨会 1997年10月14日在北京举行了“’97中国品牌远征南北极走向世界战略研讨会”。在这次战略研讨会上，来自福建、上海、山东、北京、贵州和部队的39家企业的代表，纷纷登台发言，表示要联合起来继续支持极地考察事业，并且通过极地考察这个窗口，争创名牌产品，打入世界市场，既为极地考察事业做贡献，又为本企业增光。会上，国家海洋局极地考察办公室对积极支持中国极地考察事业做出突出贡献的沪东造船集团、厦门工程机械股份有限公司、上海晓宝轻质建材有限公司、北京川页电气公司、贵州柴油机总厂五家企业颁发了金奖。同时还对中国极地考察事业做出很大贡献的上海羽绒服装总厂等34家企业颁发了贡献奖和荣誉奖奖牌。

【"九五计划"指导方针】 中国南极考察成功地实施了"国家'八五'科技攻关项目"后，基本完成了由建站为主向科学考察为主的转变。目前，南极考察正以"突出科考、完善'一船两站'基础设施、加强环境监测和保护措施"为指导方针，实施"国家'九五'科技攻关项目"、国家自然科学基金极地考察项目和国际合作项目以及进行"雪龙"号船特检和中国南极长城站和中山站的站务建设。

【国家"八五"科技攻关项目】 "八五"国家科技攻关"中国南极考察科学研究"(85－905－02)课题进行了7个专题南极考察研究。在全国10个部委局和省市通力支持下，26个科研单位和大学团结协作，克服了赴现场人员有限、考察环境艰苦、经费紧张等困难，出色地完成了"中国南极考察科学研究"这一复杂的、高度综合的研究任务，培养造就了一支高水平的研究骨干队伍，使南极考察事业顺利地实现了由建站为主向科学考察为主的转变，跨进了国际南极研究的先进行列，为国际南极研究做出了贡献，提高了中国在国际南极事务中的地位。科学研究取得了多方面的科学进展和重要成果(获得1996年度国家海洋局科技进步奖特等奖、国家科技进步奖二等奖)。

通过3个航次的南大洋调查，获得了以普里兹湾水域为重点的大磷虾分布和生物量资料，结合以往的数据积累和有效的国际合作，创造性地提出了新的大磷虾生长指标和鉴别自然种群负生长的有效方法，量化了种群结构，阐明了大磷虾生殖生物学等一些关键问题，深化了大磷虾富氟机制研究；研究了大磷虾分布区的海洋学环境；提出了磷虾资源的开发模式。

通过5年的以菲尔德斯半岛为重点区域的陆地、淡水、潮间带和浅海生态系统的深入、系统、完整的考察研究，阐明了生态系统的结构及主要功能，定量地确定了研究区域各亚生态系统的关键成分、主要特征；发现了2个新种、14种新记录；深入研究了营养阶层完整的雪地生态系统变化趋势；掌握了初级生产过程、海冰生态学过程和石油等典型污染物现状及生态效应；建立了生态系统相互作用模型和信息管理系统。

在地质学领域，完成了长城站、中山站的基础地质调查和填图，编制了1：500万南极洲地质图；提出并证实泛非构造事件是东南极克拉通最终形成的关键运动；完成了中山站及邻区卫星影像地图和霍巴特—中山站国际重力联测，探讨了壳幔结构特征；分析研究了威德尔生物地理区和晚白垩世至第三纪的气候和古地理；完成了拉斯曼丘陵区36个点的重力观测，初步查明布兰斯菲尔德海峡的地壳结构；深化了横贯南极山脉罗斯期构造岩浆作用和南极陨石的研究。上述工作同时也为调查南极矿产资源提供了科学依据。

在晚更新世晚期以来的环境演变和现代环境背景研究方面，绘制了菲尔德斯半岛地貌与第四纪地质图、土壤图，探讨了南极无冰区地貌发育与晚更新世环境变迁规律。通过冰芯、湖泊和海洋岩芯的研究，建立了晚更新世晚期以来的沉积序列，发现了多层火山灰，探讨了它们对气候变化的影响，查明了冰消期以来的环境事件，并重建了环境演化历史。提出了南极地区环境变化比北半球滞后1000年，目前气候总趋势向变暖方向发展的新认识。同时评价了人类活动对南极环境的影响。

在南极气候研究中，对南极温度、海冰、冰盖、海洋环流、大气臭氧和近地面物理等特征的变化及其对东亚及中国天气气候的影响提出了新的认识；建立了适用于南极研究的转盘流体力学模拟试验、大气环流数值模式以及南极臭氧洞数值模式，对南极大气环流的形成、南极海冰对中国天气的影响以及臭氧洞形成机制等提出了新的见解；深化了对大洋环流和海－冰－气相互作用的认识；在长城站和中山站建立了高分辨率气象卫星数字资料接收处理系统和近地面辐射平衡观测系统；在中山站进行了BREWER臭氧观测以及超声风速、系留汽艇等近地面物理观测；深入开展了边界层特征研究；建立并完善了南极海冰监测及天气预报业务服务系统。

在国际上首先提出开展极地日地系统整体行为研究，以中山站为主建立了国际先进的日地物理综合观测系统；建立了以基地观测为主的南极日地物理数据库；中山站太阳射电观测显示了该地低噪声和极昼期优越性；对磁层极隙区重联条件与南北差异有新认识，系统地观测分析了极区能量传输与地磁现象；发现了多谐哨声、非线性波—波作用等现象；对极区电离层进行了长期系统观测，发现了长城站的威德尔海异常现象；系统地分析了极区电离层特征，建立了低电离层变化与太阳宇宙线和X线的定量关系；观测分析了中山站上空臭氧垂直分布与臭氧洞现象，系统地观测了平流层火山云和极区平流层云等的特征；对太阳辐射与大气电场做了长期观测与分析研究。

在人体医学方面，系统地研究了南极环境对人体健康及工作能力的影响。发现有心、脑及免疫功能减弱，心理和内分泌、体液变化，离开南极后均可逐步复原。针对考察队员生理、心理、病理生理变化和营养、劳动卫生状态，制定了营养与热能需要量标准、心理学预选方案、医学卫生综合保障等措施。

【国家"九五"科技攻关项目】 1997年12月4日由国家科委社会发展司主持召开了国家"九五"科技攻关

计划“南极地区对全球变化的响应和反馈作用研究”项目论证会。会议由国家科委社会发展司王志雄主持；论证专家委员会由孙鸿烈、周秀骥、章申、陈述彭、李廷栋、丁德文、李德仁、刘嘉麒、陈英仪、王荣、王勇等11位专家组成。论证专家委员会在认真听取了由国家海洋局极地考察办公室所做的关于《南极地区对全球变化的响应和反馈作用研究》可行性论证报告介绍后，进行了质疑和充分的讨论。专家一致认为南极地区对全球变化研究，是当前乃至今后几十年与人类生存环境休戚相关的重大科学问题，有些已不再是仅仅局限于基础理论研究，而具有重要的应用前景；涉及的学科领域广泛而综合，内容丰富，不可能在一个五年计划内完成，鉴于此，建议国家科委对南极考察事业给予长期稳定的支持，在项目经费上要加大支持力度，保证南极研究得以顺利实施。专家充分肯定了“南极地区对全球变化的响应和反馈作用研究”的科学意义和立项的必要性。认为项目的题目、内容均属于当前国际南极研究的前沿。经过论证，专家委员会原则通过了“南极地区对全球变化的响应和反馈作用研究”可行性报告。

根据专家的论证意见，国家海洋局极地办又对立项报告进行了修改，并上报国家科委。1998年3月10日，国家科委国科计发字[1998]D 073号批复：同意该项目纳入1998年度国家科技攻关计划(项目编号为98－927；国拨400万元，部门匹配1 000万元；起止年限：1997～2000年)。该项目的指导方针：发挥基础，国际接轨，突出重点，有所突破。总科学目标：定量描述东南极东部区域海洋/海冰－大气－冰雪/陆地系统主要环境因子的相互作用基本过程，揭示其在全球变化中的功能，为建立南极系统对全球变化影响的评估模型做出贡献。其研究内容：南大洋海/海冰－气相互作用的物理过程研究；南大洋生态系统动态变化和碳的生物地球化学研究；南极大气和空间物理过程对全球变化的响应研究；南极站区近现代自然界面环境过程对全球变化的响应与反馈研究；东南极雪冰内气候环境记录及冰盖变化研究；拉斯曼丘陵晚元古代以来的岩石圈构造演化及其环境意义研究；中国南极考察区的海洋－大气－冰雪－生物等圈层的相互作用综合研究。

根据“九五”国家科技计划管理实施细则，在有关部门推荐的基础上，经研究，“九五”国家科技攻关计划“南极地区对全球变化的响应和反馈作用研究”项目成立了专家委员会，孙鸿烈任主任委员，陈立奇、秦大河为副主任委员，委员有周秀骥、李廷栋、丁德文、苏纪兰、王荣、赵俊琳、董兆乾、王德正、倪岳峰。

(陈立奇 吴金友)

中国南极考察队
Chinese Antarctic Research Expedition

【中国第13次南极考察队】 中国第13次南极考察队由雪龙船、中山站队、长城站队组成，总人数148名，领队陈立奇，副领队范润卿、沈阿坤，“雪龙”号船船长沈阿坤、第二船长袁绍宏，中山站站长糜文明，长城站站长龚天祯。长城站考察队队员16人，乘飞机经智利前往赴站。中山站考察队员59名，还有两名日本科学家、一名美籍华人记者、一名澳籍华人科学家，雪龙船船员49名，大洋调查和气象保障人员20名，乘“雪龙”号船前往中山站并进行南大洋考察。

长城站考察队 根据第13次南极考察计划，长城站队度夏人员1人，越冬人员15人，于当地时间1996年12月12日到达长城站，1998年1月7日结束考察工作，离站归国，在站时间12个月零25天。另根据中德合作协议，一名德国科学家参加度夏考察。

中国第13次南极考察长城站队主要承担7个考察项目的科学观测、研究任务，它们是：常规地面气象观测、天气预报、卫星图像接收和海冰监测、电离层观测、地震、地磁观测、国际GPS联测和苔藓植物的微气候研究，其中国际GPS联测和苔藓植物的微气候研究为度夏任务，其余为全年考察项目。

中国第13次南极考察长城站队主要担负的站务维修工作是：长城站各建筑底部除锈油漆，拆除旧引水桥，大修发电机组。

中国第13次南极考察长城站队还和第14次南极考察队先期到站人员一起清理了建站13年来的垃圾约250t，为清运这些垃圾回国做了大量工作。

中山站考察队 第13次南极考察中山站队由59名考察队员组成，其中越冬人员22人，37人度夏。另有两名日本科学家、一名美籍华人记者、一名澳籍华人科学家参加考察工作。

1996年12月30日，第13次南极考察中山站队第一批队员到站；1997年2月20日，度夏队员结束工作离站；1998年2月20日，越冬人员结束工作离站。在站考察时间度夏为52d，越冬为417d。

第13次南极考察中山站队主要承担13项科考任务，它们是：中国首次南极内陆冰盖考察工作；中日合作高空大气物理观测；海冰生态观测；湖泊生态观测；甚低频、短波场强和极光观测；拉斯曼地质构造事件研究；国际GPS联测；中层大气物理观测；气象观测、预报和卫星图像接收；臭氧观测；重力场和固体潮观测；地磁观测；中日合作高空大气物理观测工作等。中国首次南极内陆冰盖考察是“九五”南极考察中的重要内容。中国首次内陆冰盖考察队由8人组成，中国极地考察办公室科技处秦为稼任队长，澳籍华人科学家李军博士参加了此次考察。考察队1997年1月18日出发，一路上克服恶劣多变的气候条件和艰难险阻，于1月27日顺利抵达了预定目的地(距中山站336km)，于2月1日安全返回中山站。这次考察共布设了150根物质平衡观测杆并进行了观测，73个点位的表面样品和50～60cm浅雪坑雪样的采集，采集了PICO浅钻冰芯和50m冰芯，为后来冰盖考察工作积累了宝贵的野外作业经验。

第13次南极考察中山站队主要担负的站务工作是：新建了UAP观测房，架设了天线阵，修复了旧的UAP观测房。完成主楼、生活楼、科研楼、发电栋、仓库栋的除锈油漆工作及地磁房、臭氧观测栋、集装箱仓库的涂漆工作，共计面积25 000m²；完成了3台发电机组大修工作；完成了站冬季饮用水工程的改造，新装了化冰池；完成了湖心泵房至发电房上水管道的改造；完成了主楼、生活楼的地面保温材料铺设工作；完成了主楼、生活楼、科研楼、发电栋等建筑物的堵漏和加固工作；新填了湖心坝；修建了油罐溢油槽和集装箱基础底座；维修了部分车辆。

“雪龙”号船　“雪龙”船于1996年11月18日至1997年4月20日，执行中国第13次南极考察任务，历时154d，航行17 605.5n mile，参加“雪龙”船和中山站任务考察人员和船员合计128人。该航次是执行中国南极科学考察“九五”计划的第一个航次，也是中国南极考察的第10个航次考察。“雪龙”船该航次的主要任务是运送第13次南极考察中山站越冬和度夏人员以及中山站各类物资和油料，接回第12次南极考察中山站越冬队员，实施南大洋考察。执行任务期间，“雪龙”船先后停靠香港、弗里曼特尔、新加坡、归仁、马山5个港口补给油水等物资约6 700t，共向中山站输送油料280t，各类物资200t；完成了普里兹湾四条断面23个站位的调查任务，每个站位执行了ADCP、CTD和XBT的物理海洋学调查任务，进行了DOC、POC、PCO_2的碳循环和同位素等海洋化学的研究，该航次全体船员和考察队员发扬团结一致、吃苦耐劳、勇于奉献的南极精神，圆满地完成了各项任务。

【中国第14次南极考察队】　中国第14次南极考察队由雪龙船、中山站队、长城站队三部分组成。总人数140名，中国第14次南极考察队总领队贾根整、副领队叶在淳，“雪龙”船船长袁绍宏，长城站队长刘书燕、长城站越冬站长汤妙昌，中山站队长越冬站长吴依林。长城站考察队员25名，中山站考察队员42名，大洋考察和随航保障人员18名，“雪龙”船人员49名，日本科学家2人，俄罗斯考察人员2名，国际合作赴西班牙考察站2人。考察人员部分乘飞机和澳船赴站，125人乘“雪龙”船由上海港出发赴南极。在长城站，日本科学家、俄罗斯考察人员乘船赴中山站。

长城站考察队　中国第14次南极考察长城站队由25名队员组成，越冬人员14人，度夏人员11人。其中两名度夏队员乘飞机于1997年10月31日提前到站，组织13次越冬人员一起清理站区垃圾，准备装卸物资。1997年12月21日雪龙船抵站，第14次南极考察长城站队人员上站，开始工作。

根据南极考察“九五”计划，第14次南极考察长城站科考任务主要为气象、NOAA卫星资料接收、地震、地磁、电离层等常规项目观测工作和GPS国际联测项目。

长城站第14次队站务任务是：新建卸货码头和焚烧炉，主要建筑物堵漏涂漆，从冰雪中彻底清理站区累计250余吨垃圾并装运回国，铺设生活栋的木质地板和食堂的防滑瓷砖，大修发电机组，维修机械设备等。

中国第14次南极考察长城站队在队长刘书燕的带领下，彻底清理了长城站十几年积存的垃圾，修建了永久性码头，对站上的主要建筑物进行了堵漏涂漆。根据环保要求，安装了焚烧炉，使站容站貌彻底改善，为科学家在站工作提供了良好的工作环境。

中山站考察队　中国南极中山站第14次考察队由64人组成，其中越冬队员19名，度夏队员45名，包括2名日本科学家和2名俄罗斯科学家。中国南极中山站第14次考察队除两名冰盖队员乘澳大利亚南极考察船先期到站，其余人员于1998年1月21日到站。经过紧张的工作，1998年2月26日第14次南极考察中山站度夏队和第13次南极考察中山站队越冬人员结束考察工作离站，第14次南极考察中山站队越冬人员继续越冬工作。

中国南极中山站第14次考察队承担的主要常规科考项目有：气象、高分辨卫星云图接收、海冰、臭氧、地磁、重力与固体潮、高空大气物理、电离层等。其他科研工作是中日合作高空大气物理观测、GPS国际联测、地质考察和冰盖内陆考察等。

中山站考察队在船员的协助下，于1998年1月21～27日完成货物卸运和燃料补充后，度夏工程有重点地展开。完成了上水工程和污水处理系统的安装，改进了下水道疏通和发电水循环方式，从新泵房至发电栋铺设了新管路，对发电栋冬季较容易结冻的两处下水道也进行了彻底的保温施工。队员还积极修复装甲车、推土机，排除吊车故障，为越冬人员的车辆使用创造了条件。

"雪龙"号船 "97/98"航次是"雪龙"船第四次执行南极科学考察任务，同时是"雪龙"号船首次进行环球航行。1997年11月15日从上海启航，至1998年4月4日返沪，"雪龙"船经琉球宫古，过赤道，安全穿越西风带，顺利闯过浮冰区，经历和解决了许多从未遇到过的难题，胜利实施了"一船三站"运行方案，先后停靠新西兰利特尔顿、澳大利亚弗里曼特尔和新加坡三港，总航程22 883n mile，航行1 726h，历时142d。"雪龙"船除将长城站、中山站两站越冬和度夏队员运送到站上，补给了两站物资、燃料，将站区垃圾装运上船外，还承担了为建造东南极冰上机场运输大型设备的工作，在俄罗斯青年站将5台大型车辆驳运上船并运至俄进步站。同时完成了长城站、中山站锚地测深工作，在长城站取得了底质泥样。该航次中山站卸货未租用直升飞机，为国家节省了大笔开支。

大洋队充分利用"一船两站"环绕南极航行的机会，加强航渡期间的走航观测，获得了环绕南极航行的完整资料。实施了陆缘冰冰缘12个站位的调查，其中有些站位是历次队未能到达的。1997年南极气候偏暖，浮冰区北移，使南大洋考察第一次有机会在最靠近南极大陆陆缘冰的地方进行，对此项目取得完整资料具有重大意义。首次采用具有世界先进水平的GPS全球定位系统和国内先进的数字化测深仪，对长城、中山两站附近海域进行了水深测量，同时对长城站海域航道和现有锚地进行了监测和补测，填补了原海图上的某些空白。该航次克服种种困难，通过浮冰区缝隙取样等，共完成15个考察站位。气象保障工作及时、准确，还新开展了南极海冰及南极冰山观测，获得了80余份、几千个海冰观测数据和120余份、数千个冰山观测资料。船上新装的高分辨船载气象卫星接收系统取得了可喜成果，所接收的云图、冰图为雪龙船在西风带和冰区安全航行提供了可靠保证。 （李 果）

科学考察
Scientific Research

【中国第13次南极科学考察】 中国第13次南极考察是执行"九五"国家重点科技计划（攻关）项目的第一年。共安排了长城站度夏科考2项，越冬科考4项。中山站度夏科考3项，越冬科考10项。

长城站科学考察

气象常规观测 观测工作主要包括气象常规和太阳辐射观测、卫星遥感天线的检查维修及接收等越冬周年的气象观测工作。

地震、地磁观测 主要完成了越冬周年的地震(MDS－4)数字三分向、地震(DSL－3)模拟三分向、地磁场数字观测、地磁场模拟观测(GM－1)三分量观测、地磁场(ZZZ－1)总强度数字量等观测。大部分观测获得了1997年度连续完整的数据。

电离层垂测 主要进行越冬周年的电离层测高、甚低频(VLF)信号相位测量和短波场强测试等常规观测。

国际GPS联测 主要在96/97年南极夏季1月20日至2月10日期间，参加国际全南极洲的GPS联合观测，其目的主要是针对大地形变开展观测的研究。

苔藓植物的微气候研究 此项考察研究工作是根据中国国家海洋局所属研究机构与德国基尔大学的合作协议，在96/97南极夏季安排进行的。

中山站科学考察

海冰生态项目 该项目是根据国家自然基金项目和先期执行的"九五"南极科技攻关项目有关专题内容的现场计划进行的。在1997年南极冬季，充分利用中山站实验室和野外装备十分有限的客观条件，顺利实施了近岸海冰生态过程和海冰区颗粒有机碳通量研究的现场考察工作。

中日合作高空大气物理观测 该项目为执行国家自然基金重点项目计划和中国极地研究所、日本国立极地研究所所际合作协议计划，是以研究极光现象为重点的越冬周年的综合观测项目。观测仪器包括数字式电离层测高仪、通门磁力计、感应磁力计、全天空摄像机、成像式宇宙噪声接收机、扫描光度计和表面臭氧探测仪等。

甚低频、短波场强和极光观测 此项观测中的前两项自中山站建站以来一直坚持越冬周年连续观测，另一项极光观测是第13次南极考察期间开始进行的中国电子部22所与芬兰的奥兰大学的合作观测项目。

中层大气物理观测 此项观测开始于中山站建站初期，当时时值22太阳周峰年综合观测在中山站进行，之后作为"八五"攻关项目中南极日地系统整体行为研究的常规观测延续至今。其观测内容主要有：激光雷达探测平流层气溶胶、大气电场系统、南极大气臭氧探空观测系统。

气象观测、预报和卫星图像接收 主要观测任务包括：气象常规观测、气象预报、气象卫星系统天线安装与改造和云图资料接收、海冰观测、海面辐射观测。

重力场和固体潮观测 此项观测在1996年由于第12次队计划调整而中断观测。1997年1月8日又恢复连续观测。在连续观测中，于1997年1月25日、2月9日、2月19日、2月23日、5月8日、5月24日、7月9日共8次观测到连续几十小时有规律的异常重力变化信息。在出现扰动的十几小时或更长些时间后，通

常可记录到强地震的发生，因此引发了“扰动是地震的前兆或诱因”的研究思想。

臭氧观测 此项观测使用国际标准的 Brewer 臭氧观测仪，第 13 次科学考察队于 1997 年 1 月 1 日正式开始观测，5 月 16 日至 7 月 31 日按计划暂停观测，8 月 1 日后恢复观测。整个观测期间基本保证了观测数据的完整、连续。

地磁观测 此项观测主要包括地磁三分量绝对观测和相对观测、哨声观测记录。

国际 GPS 联测 主要在 1997 年 1 月 20 日至 2 月 10 日，参加国际全南极洲的 GPS 联合观测，其目的主要是针对大地形变开展观测的研究。

淡水生态考察 此项目属国家自然基金项目，主要进行拉斯曼丘陵主要湖泊的水环境基本理化参数、淡水和湿地的微量元素背景值和有机物剖析、元素的地球化学迁移及沉积过程等现场考察工作。承担此项考察的中国科学院武汉水生生物研究所李植生在越冬即将结束时，被诊断身患癌症提前回国。

拉斯曼丘陵地质考察 此项考察着重进行晚元古代至早古生代地质演化研究。主要包括部分熔融与麻粒岩变质的关系及其构造制约等野外工作，在考察期间，也将有关工作区域拓展到 Veatfold 丘陵。

冰盖内陆考察 为完成作为“九五”攻关项目重要内容之一的中山站至 A 冰穹冰雪断面考察，由 8 名队员组成野外考察队驾驶三辆雪地车拖载雪橇，于 1997 年 1 月 18 日从中山站出发，用 18 天的时间沿国际横穿南极科学考察计划中国断面线路，向南极大陆内陆腹地的 A 冰穹完成了 336km 的冰雪断面的建立，并完成断面上的第一次野外工作。

南大洋考察 除完成中山站—上海往返航线的走航观测外，重点完成了普里兹湾 4 条断面的 23 站位的调查作业。主要作业项目包括：走航式多普勒声学海流计(ADCP)观测、温盐深(CTD)和抛弃式温深仪(XBT)观测等物理海洋学工作，DOC、POC、PCO_2 的碳循环和同位素等化学海洋学工作，高速采集器、IKMT 拖网、浮游生物拖网和 CHIA、ATP 等生物海洋学工作。

【中国第 14 次南极科学考察】 长城站科学考察

国际 GPS 联测 全南极国际 GPS 联测由国际南极研究科学委员会(SCAR)发起。由于南极半岛及南大洋为地球动力学研究的热点地区，通过 GPS 联测可了解南极地区的板块运动状况及地学特性。中国从 1995 年开始参加连续观测，整个南半球有英国、美国、澳大利亚、德国等国的近 40 个测站，其中有些为 IGS 站，因此，这种联测除可建立全南极地区参考网络外，还可加强和完善 IGS 地学服务体系。除全南极国际 GPS 联测外，还完成了气象设备的安装定向，地物补测及测量标志维护等工作。

NOAA 气象卫星接收系统改进和更新 对长城站上原有卫星原有天线系统进行了改造，更新了原天线的控制系统。对原有硬件进行维护及调整并重新铺设了线路，并联机对天线控制程序进行了修改和调试。由于卫星接收程序更新，使得接收到的卫星影像更加清晰。

中山站科学考察

测绘考察 在 1997 年 1 月 20 日至 2 月 10 日期间，进行 24 小时国际’98GPS 会战观测。观测数据连同相应的表格信息文件，送交设在德国的数据处理中心。此外，从 2 月 3 日冰盖队出发后即开始中山站—冰盖 GPS 联测工作。

冰盖内陆考察 此次内陆冰盖考察于 1998 年 2 月 3 日从进步一站出发，于 2 月 19 日返回中山站，历时 17 天，完成断面工作 464km，到达 73°22′S，77°00′E 的位置。考察中曾遇到 20～30m/s 以上的暴风雪天气，17 天的考察中大约 2/3 的天气是 12～22m/s 的大风天气和地飘雪天气，能见度很低，气温低，多数天气是－25℃以下的气温，也曾经历过－44.5℃的低温天气，野外作业的难度很大，所有队员脸部都有不同程度的冻伤。

拉斯曼丘陵地质构造事件关系考察 东南极大陆高级变质岩变质作用与构造变形及同位素年代学的研究已经成为近几年来国际地学界研究冈瓦纳超大陆(Gondwana)和罗迪尼亚超大陆(Rodinia)形成演化的前沿课题，这一课题已被第 24 届 SCAR 和国际地科联分别通过并列为国际性计划与 IGCP368 计划，拉斯曼丘陵地区正是研究该课题的理想区域。在此次中山站野外地质考察期间，重点是对那些弱变形带保留早期构造变形多的岩性进行详细的野外调查和采样，野外调查范围包括中山站区、米洛半岛、布洛克尼斯半岛、斯托尼斯半岛。在上述野外地质考察地区，对早期构造变形残留的岩石进行了野外照相、素描、产状测量及标本采集，采集岩石标本 100 余块，获取了重要的野外第一手资料，为室内进一步研究打下了坚实的基础。

南大洋考察 中国第 14 次南极考察中的南大洋考察是按“九五”国家攻关计划进行南大洋考察的第一航次，也是最关键的一个航次。根据南极考察的现有条件和研究方向，对南大洋考察的断面和站位进行了科学的设置，重点强调冰缘区和普里兹湾内的工作，沿冰缘设置了 12 个站位，在湾内设置了三条主断面、20 个站位。另外，充分利用一船两站、环绕南极航行的机会，加强航渡期间的走航观测。走航观测在进入南大洋后，每天4次施放浮游动物高速采集器，同时采集表层水抽滤、测定叶绿素a，共获得浮游动物高速采集器样品86个，叶绿素数据168个，取得环绕南极航行期间浮游动物和初级生产力的完整资料。整个航渡期间ADCP全程测量，共获取ADCP测流数据600MB；并进行表层海水取样进行表层水温和盐度测定；完成了中美合作项目中的XBT、XCTD走航观测，投放XBT60枚、XCTD12枚，获取资料1.8MB；采集表层海洋化学水样164个。测区考察取得0～200m浮游动物垂直拖网样品15个；高速采集器磷虾样品28个；CTD资料500KB；ADCP测流资料150MB；盐度分析资料60个，CTD下放的最大深度为100m，离海底的最小距离为25m。海水化学样品1 198个，其中营养盐760个，溶解氧152个，POC 85个，DOC 85个，生产率116个，现场测定数据912个。获得同位素样品102个，环境样品16个。由于97/98年南极夏季的气候偏暖，浮冰区的分布较往年偏北，使得此次南大洋考察在中国南极考察史上第一次有机会在最靠近南极大陆陆缘冰的地方进行大洋考察，第一次将设置在陆缘冰冰缘的12个站位全部完成。

船载气象卫星云图接收系统航行实验及使用 此次考察按计划完成了船载气象卫星云图接收系统的建立。系统自1997年11月11日正式运行后，每天接收2～3条轨道的高分辨云图，至1998年4月4日共接收200多张云图。此间还根据需要接收、打印了静止轨道卫星低分辨云图200张，供气象预报人员及船长使用，为“雪龙”号船穿越西风带时航行提供可行的导航建议，保证了“雪龙”号船平稳顺利通过西风带。

长城站附近海域锚地水深测量 长城站测区为鼓浪屿与双峰岛之间的海域，外业工作从1997年12月22～28日结束，完成测线近200km，获取点位近6 000点，取得珍贵的第一手资料。另外，对纳尔逊岛的气象湾现用锚地进行检测及补测。通过测量发现了智利海图上不符水深许多处，为科考船抛锚提供了科学保证。

中山站附近海域水深测量 中山站测区原设计在望京岛附近海域，设计测线总长为218km，由于该海域一直是冰山、浮冰堆积，无法进行测量，所以根据没发现大的冰山出入等情况将测区改为在馒头山附近。通过测量发现，在馒头山以东偏北海域有一片适合大船抛锚的水深区域，该区域水深在100m以内，面积大约1.3km²，但由于时间关系只测了5km的测线。

97/98赴西班牙南极考察站地质考察 此项考察是为完成“九五”国家攻关项目以及中国科学院“九五”重大项目中有关西南极地质研究课题所进行的第一次实地考察。此次考察，主要针对仅在南设得兰群岛利文斯顿岛Hurd半岛出露的一套古生代浊流沉积开展调查取样，以研究其沉积环境、沉积过程，探讨它们的成因和构造背景。为此，依靠西班牙南极考察站的后勤保障和充分利用考察地区天气状况较好的条件，进行了地质填图、地质剖面测量、区域调查等三方面的野外工作。在历时1个月的野外工作期间，出外作业26次（折合20个工作日），共采集各类样品267个，填制1∶5 000地质草图3km²，精测地质剖面280m，路线剖面2条各500m，同时对调查区内出露的岩墙和岩脉进行了取样。 （秦为稼）

后勤条件保障
Logistic and Operation Support

【长城站】 1996年第13次南极考察队乘飞机赴长城站，主要完成了气象栋、文体栋、科研栋的底部和综合库、食品库底部钢梁的除锈油漆；发电机组的大修和中修。

因无考察船赴长城站，一部分物资是通过国际海运到站的，大部分物资、食品和油料是1995年第12次队雪龙船运去的。

1997年第14次南极考察队乘“雪龙”号船赴长城站，为了做好清运垃圾的前期准备工作，派遣3名人员提前到站与第13次越冬队一起把垃圾从雪中挖出捆成捆运到码头附近，为顺利装卸货创造了条件。这次队清运十几年积存遗留在站上的250t垃圾；运回十几台废旧设备和20多个集装箱；在原码头的基础上建了一座新码头；建造了焚烧炉房，安装了焚烧炉；完成了一号栋、二号栋、发电栋、气象栋、科研栋、文体栋、8个大油罐、7个小油罐、污水处理房、气象观测场等除锈涂漆；完成了气象栋、文体栋、一号栋、综合库的防漏工程；对两台柴油机组进行了大修、一台机组进行了中修；新建生活栋重新铺设了地板，食堂铺设了防滑地砖；为发电机安装了不锈钢排烟管；清理了四个大水罐；建造了长城站通往智利站的桥等。

目前长城站的生活栋、综合库、食品库在南极乔治王岛是第一流的建筑。新竣工的长城站码头，规模大、标准化程度高，获得了前来长城站参观的各国人士的交口称赞。

【中山站】 1996年第13次南极考察队中山站队员乘雪龙船赴中山站，因冰情严重，采用直升机卸货，冰情好转后用小艇卸货。这次队完成了主楼等主要建筑物2 500m²除锈涂漆工作；完成3台发电机组的大修工作，并将1号机组冷却系统改为风、水两用；完成冬季饮用水工程的改造，新装了化冰池；完成了湖心泵房至发电房上水管道的改造；完成主楼、生活栋的保暖地板工作；完成主楼、生活栋、发电栋和车库的堵漏和加固工作；全面清理站区设备、垃圾和建成新材料场，并将部分生活垃圾和过期食品运出南极；新建了UAP房(1995年被狂风刮倒)；新填湖心坝15m；8个集装箱高架底座；建了油罐阀门的溢油槽。

1997年第14次南极考察队实施一船两站计划，中山站队员于1998年1月21日到达站上，完成了上水工程和污水处理系统的安装；完成了下水管道疏通和发电水循环方式的改进，从新泵房至发电栋铺设了新管道，对发电栋冬季容易结冰的两处下水道也进行了彻底的保温施工。8名考察队员分乘3辆雪上车和3辆装载约25t物资的雪橇进行了464km内陆冰盖考察。

【**“雪龙”船**】 “雪龙”船于1996年11月18日至1997年4月20日，执行中国第13次南极考察任务，历时154d。“雪龙”船先后停靠香港、弗里曼特尔、新加坡、归仁、马山5个港口。在外港共补给船用重油4 127t，淡水2 400t以及50只煤气罐，航空煤油60桶，副食品3t等。“雪龙”船承担了中山站的物资、人员的输送和大洋调查任务。向中山站输送燃油280t，卸运器材设备、建筑材料、车辆、主副食品等物资约200t。

“雪龙”船于1997年11月15日至1998年4月4日，执行第14次南极考察任务，先后停靠了新西兰利特尔顿、澳大利亚弗里曼特尔和新加坡三港，总航程22 883n mile，航行1 726h，历时142d。

这次在外港共补给重油1 337t，轻油1 280t，极地油170t，气缸油60桶，航空煤油90桶，淡水1 425t。在长城站动用3艇一驳，出航100余艇次，将450t燃油、170t码头水泥预制件、一辆汽车、焚烧炉及各种杂品、三只集装箱运至长城站，将十几台废旧设备、集装箱、250t废旧材料和垃圾以及运往中山站的50个煤气罐、27桶航空煤油装运上船。1998年1月11日将俄青年站的5台大型车辆装运上船。1998年1月21日抵达中山站卸运极地油170t，轻油66t，航空煤油102桶，大型车辆6部，煤气罐50个以及工程材料、污水处理设备和食品等。从中山站装运车辆8部，空煤气罐42个及部分废旧物资上船。同时进行了大洋调查和馒头山附近的测深工作。

(刘书燕)

北极考察
Arctic Research

【**科学考察活动报告**】 1997年8月23日至9月21日，中国科学院大气物理所高登义、曲绍厚和中国气象科学院卞林根执行国家自然科学基金项目，组成了北极考察组与挪威SVALBARD大学合作，乘欧组织的北极海洋考察队的“LANCE”号考察船，在SVALBARD群岛西北部至格陵兰东部海域进行了海—气相互作用的考察。

中国科学院地理所张青松，1997年在美国阿拉斯加从事“北极阿拉斯加白瑞(Barrow)地区气候和环境变化”的研究，希望了解当前环境特征和环境过程以及重建过去400年中在白瑞地区的气候演变。

中国科学院海洋所的朱乾，与美国合作开展对鲸鱼可视系统结构描述的研究。国家海洋局二所的张庆，根据中德政府间关于海洋科学技术合作计划，于1997年4月14日前往德国基尔大学极地生态研究所执行“极地海冰与生物海洋学研究”项目。中国极地所的刘瑞源，应日本极地研究所和挪威奥斯陆大学邀请，前往北极斯瓦尔巴群岛新沃勒松基地进行了科学考察。

(陈立奇)

国际极地合作
International Polar Cooperation

【**国际合作协议**】 1996年以来，国家海洋局极地办和中国极地所共接受外宾来访30多人次，出国参加各类国际会议或学术活动23人次。

通过国际交往，签订了国际合作协议6份：

1996年8月26日，极地所与澳大利亚南极局冰川室就开展内陆冰盖考察，签署了“中国极地研究所极地冰川室与澳大利亚南极局冰川室会谈纪要”，在中国1996～1997年度南极考察的内陆冰盖考察活动中，吸收1名澳大利亚科学家参加，并向中方提供野外工作的经验和仪器方面的支持。此协议于1997年3月执行完毕，中国顺利地完成了从中山站深入南极内陆300km的任务。

1996年11月16日日本国立极地所所长访问中国极地研究所时，签订了“Minutes of a Consultative Meeting on Cooperative Research in Polar Regions between Polar Research Institute of China and National Institute of Polar Research, Japan”，就两所在南北极的大洋、冰川、生物等多专业的考察工作中进行合作，在合适的时候共同筹资，利用中方“雪龙”号科学考察船进行北极考察。

1997年5月，中、澳、俄三国南极局代表签署了“中澳俄东南极拉斯曼丘陵环境监测协议书”。

1997年6月18日，由美国自然科学基金会带队、哥伦比亚大学和缅因大学科学家参加的代表团来华访问，签订了“Minutes of a Consultative Meeting on Cooperative Research Project in the Southern Ocean between Polar Research Institute of China, CHINA and Lamont—Doherty Earth Observatory of Columbia University & School of Marine Sciences of University of Maine, USA”，就南大洋物理海洋学研究的合作项目，提出了 1997～1998 年度的预演实施方案，由美方提供整套 XBT 和 XCTD 设备和探头，在中方“雪龙”号船执行第 14 次队航途中，对南极威德尔海和中山站至澳大利亚两个剖面进行测量。预演方案按计划完成，美方对实验结果表示满意并商讨了下一步的合作计划，该计划也纳入了国际 CLIVER 计划之中。

1997 年 8 月，中俄签署“中俄合作在东南极拉斯曼丘陵建造冰雪机场协议书”。

1997 年 10 月 24 日，邀请日本国立极地所著名冰川学家来华访问，签订了“Memorandum of discussion between Polar Research Institute of China and National Institute of Polar Research, Japan”备忘录，目的是中国能参加日本的北极冰川考察，并与中国北极冰川资料进行对比研究，进而启动中国的北极冰川学研究。

【国际会议】 1996 年 4 月 28 日至 5 月 13 日，南极条约协商国第 20 届大会在荷兰乌德勒支举行。

1996 年 8 月 4～16 日，第 24 届 SCAR 大会和第 8 届 COMNAP 大会在英国剑桥召开。

1997 年 5 月 5～7 日，'97 北极年会在俄圣彼得堡召开。

1997 年 5 月 13～18 日，陈立奇、董兆乾、钱嵩林、王自磐、赵俊林、卞林根和赵越受邀赴澳大利亚霍巴特参加拉斯曼丘陵国际学术讨论会。

1997 年 5 月 19～30 日，第 21 届南极条约国协商会在新西兰基督城举行。这届会议中环保委员会的设立和相关的南极环境问题成为讨论重点。会议还讨论了在南极进行科学考察的有关问题。SCAR、WMO 和 IOC 在会上强调南极科考对全球变化、生物多样性和臭氧研究的重要意义。不少国家都呼吁在高投入和高技术科学考察（如深层冰盖钻探、深海钻探、海冰变化监测和大气变化等）方面的多国联合或合作，加强联合后勤保障。会议对南极旅游活动的增长及其对南极环境的潜在影响表示关注。IAATO 和英国在会上报告，近几年南极旅游呈上升趋势，95/96、96/97 南极夏季赴南极的旅游船只达 10 多艘，人数达 8 000～9 000 人，这将对南极环境保护和环境保护议定书的实施带来一定困难，并对南极造成累积性环境影响。会议要求对南极旅游者加强管理和环保、安全教育。会议还呼吁各国应加强对南极知识的宣传，加强对青少年一代的南极环境教育。

1997 年 7 月 14～16 日 贾根整、李果在圣彼得堡参加中俄双方共建南极机场研讨会。签署了双方共建拉斯曼丘陵冰雪机场跑道（靠近中山站）合作协议。

1997 年 8 月 25～29 日，第九届 COMNAP 和 SCALOP 会议在南非开普敦召开。

（陶丽娜　王　勇　陈立奇）

国际海底篇

International Seabed

国 际 海 底
International Seabed

综 述
Summary

【概况】 1994年11月16日通过的《联合国海洋法公约》把总面积3.61亿km^2的海洋依其法律地位分为国家管辖海域、公海和国际海底三类区域。其中，位于国家管辖海域以外的国际海底区域面积约2.517亿km^2，占地球表面积的49%。这一广阔的区域内蕴藏丰富的战略金属、能源和生物资源，是全人类的共同继承财产，是21世纪重要的陆地可接替资源。与此同时，国际海底区域活动以其空间的广阔性与时间的长期性向人类展示了一个全新的高新技术应用与发展领域。随着科技的进步与全球一体化趋势的发展，国际海底区域必将成为国际政治、经济、科技竞争的重要场所。

目前国际上预测以下几种深海资源在21世纪具有商业开发前景：

多金属结核 广泛分布于水深4 000～6 000m海底，资源总量达3万亿t，其中太平洋具有商业开采潜力的结核资源总量达700亿t。含有70多种元素，其中镍、钴、铜、锰的平均品位分别为：镍，1.30%；钴，0.22%；铜，1.00%；锰，25.00%。其总量分别高出陆上相应储量的几十倍到几千倍，具有很高的经济价值。

富钴结壳 产出在水深1 000～3 000m的海山上，最大厚度20多厘米，富含钴、铂等战略矿产，其中钴平均含量较陆地原生钴矿高几十倍，铂平均含量高于陆壳80倍。据不完全统计，太平洋西部火山构造隆起带上，富钴结壳矿床潜在资源量达10亿t，钴金属含量达数百万吨。

海底热液硫化物 分布于水深数十米至3 500m，主要出现在2 000多米水深的大洋中脊和断裂活动带，是一种具有远景意义的海底多金属矿产资源。主要元素为铜、锌、铁、锰等，另外银、金、钴、镍、铂等也在一些地区达到工业品位。易采易选的特性表明其有良好的开发前景。

气体水合物 海底天然气水合物是一种由碳氢气体与水分子组成的白色结晶状固态物质，外形如冰雪，普遍存在于世界各大洋沉积层孔隙中，目前已发现近60处产地，其分布区域约占海洋面积的10%。根据国际天然气潜力委员会的初步统计，世界各大洋中天然气水合物的总量换算成甲烷气体约为1.8×10^{16}～$2.1\times10^{16}m^3$，大约相当于全世界煤、石油和天然气等总储量的两倍。被认为是一种潜力很大的、供21世纪开发的新型能源。

生物基因资源 深海生物基因资源作为一种新型的生物资源已经引起国际社会的广泛关注。深海海洋生物处于独特的物理、化学和生态环境中，在高压、剧变的温度梯度、极微弱的光照条件和高浓度的有毒物质包围下，形成了极为独特的生物结构、代谢机制系统。深海生物广泛分布于国际海底，尤其是深海热泉区域，其体内的各种活性物质在食品加工、医药等领域具有广泛的应用前景。海底生物基因资源已引起有关国家的高度重视，美国科学家研究了深海热泉附近古细菌的基因结构，从古细菌分离的高温聚合酶PCR被广泛地应用，已成为畅销产品。

【国际海底区域制度的进展】 自80年代末以来，海底"区域"活动的对象已逐步从以多金属结核资源为主要对象的单一活动转向面向"区域"所有资源的多方位活动。与此同时，国际社会对"区域"问题日益关注，有关国际海底区域制度取得了一系列引人注目的重大进展：包括由联合国秘书长主持的两轮共15次关于海底问题的磋商，由这一磋商达成的有关海底问题的《关于执行联合国海洋法公约第十一部分的协定》和由此促成的国际社会对《联合国海洋法公约》的普遍加入；国际海底管理局各级机构的设立与各项实质性业务工作的开展；先驱投资者矿区登记制度与开辟区活动的实践以及先驱投资者通过与国际海底管理局签订合同成为海底承包者的转化。这些进展标志着各国对国际海底区域资源正在以一种新的形式，即以一种合法的、从而也以更加不可逆的趋势进行着新一轮的利益分配活动。

【国际海底区域活动的特征】 在即将步入21世纪之际，国际海底区域活动的特征是：各利益集团将利用现有的国际法律制度和国际机构，主张在国际海底区域资源分配与开发上的权利与利益。西方国家通过先期投入争取主动，已为今后的经济政治利益打下良好的基础。他们将利用《协定》的有关规定，巩固和扩大在国际海底资源分配和开发权益上的利益，并确保在海洋高新技术方面的领导地位；一些具有研究开发能力的发展中国家将会加大在国际海底区域的投资力度，以期缩小与西方国家的差距，争取在新一轮的国际海底区域资源分配与技术储备方面占有主动；大多数发展中国家则会强调国际海底管理局在组织控制国际海底资源上的作用，通过国际海底管理局的有效工作体现人类共同继承财产这一基本原则，并期望通过尽早启动企业部的业务，直接参与国际海底区域资源的开发与利用。

【中国国际海底区域战略】 中国作为世界上人口最多的国家，国际海底区域是中国在新形势下体现两种资源、实施两个战略的重要领域。针对国际海底区域活动的形势，应树立和强化国家的"区域"战略观念与意识，制订面向21世纪的中国国际海底区域战略，完善和成熟中国在国际海底区域活动的战略方案及其实施能力。其基本框架是：利用和开发国际海底资源应作为国家的一项基本资源政策；发展与储备深海高技术应列为国家的一项基本技术战略；重视对国际海底管理局有关法律规章制度的研究；完善与国际国内形势相适应的"区域"活动协调机制。

中国在国际海底管理局的活动
China's Participation in the Activities of the International Seabed Authority

【概况】 国际海底管理局是《联合国海洋法公约》缔约国按照《公约》和《关于执行〈公约〉第十一部分的协定》所确立的国际海底区域制度组织和控制"区域"内活动，特别是管理"区域"资源的组织。国际海底管理局于1994年11月16日《公约》生效之日起成立，总部设在牙买加首都金斯敦。国际海底管理局的主要机构为大会、理事会和秘书处。大会由管理局所有成员组成，为管理局的最高权力机构。理事会由5组共36个成员组成，为管理局的执行机构。其中：A组4个成员代表有关金属的最大消费国利益集团；B组4个成员代表国际海底区域最大投资国利益集团；C组4个成员代表有关金属的最大生产国利益集团；D组6个成员代表具有特殊利益的发展中国家；E组18个成员按公平地域分配产生。秘书处由秘书长和必要的工作人员组成。秘书长作为管理局的行政首长，由大会从理事会提名的候选人中选举产生。管理局的机构还包括在适当时直接从事"区域"商业活动的企业部。此外，由大会选举的15名成员组成管理局财务委员会；由理事会选举的适当数量的成员组成管理局法律技术委员会。1996～1997年，国际海底管理局在牙买加首都金斯敦召开了第二、第三届会议，基本完成了国际海底管理局主要机构的组织建设，并启动了相关的业务工作。中国政府代表团继续参加国际海底管理局各届会议，为管理局的组织建设、确保理事会组成的公正与代表、及时启动管理局的业务活动和维护中国应有的国际海底权益发挥了重要的作用。

【国际海底管理局第二届会议，中国当选为理事国】

国际海底管理局二届一次会议于1996年3月11～22日在牙买加召开。以王建立为团长、陈炳鑫为副团长的中国政府代表团出席了会议。自管理局成立以来各利益集团与区域集团的反复磋商与激烈的讨价还价，终于组成了管理局的核心组织——理事会，中国与法国、德国、印度代表最大海底投资国利益集团从B组当选为第一届理事，中国任期4年。理事会组成之后，经过紧张的磋商，向大会提名海底筹委会前主席、坦桑尼亚前总理瓦里奥巴和联合国前副秘书长、斐济的南丹为管理局秘书长的候选人，经过与会各国非正式意向性投票，大会以协商一致的方式选举南丹为管理局第一任秘书长。

国际海底管理局二届二次会议于1996年8月5～16日在牙买加召开。以王建立为团长、陈炳鑫为副团长的中国政府代表团出席了会议。大会选举15名成员组成管理局财务委员会，中国的娄洪当选为该委员会委员；理事会选举22名成员组成管理局法律技术委员会，中国的李裕伟当选为该委员会委员。与此同时，在管理局秘书长的主持下，进行了管理局秘书处的初期组建工作。

国际海底管理局二届会议标志着管理局的组织建设已基本完成。在管理局大会和理事会两个层次上将陆续展开有关业务工作。这些业务工作包括：(1)按照《公约》和《协定》的规定，处理请求核准勘探工作计划的申请；(2)海底筹委会关于已登记的先驱投资者及其证明国，包括其权利和义务决定的后续行动；(3)监测以合同形式核准的勘探工作计划的履行；(4)监测和审查深海采矿活动方面的趋势和发展，包括定期分析国际金属市场情况和金属价格、趋势和前景；(5)研究深海采矿对发展中陆上生产国经济的可能影响，并协助其进行经济调整；(6)拟订有关开发、环境保护的规则、规章和程序；(7)评估有关探矿和勘探的数据。

【国际海底管理局第三届会议】 国际海底管理局三届一次会议于1997年3月17～28日在牙买加召开。

以陈士球为团长的中国政府代表团出席了会议。在二届会议已基本完成组织建设的管理局各级机构，开始了各项业务工作。其中，大会和理事会开始审议总部协定、关系协定、特权与豁免议定书；财务委员会开始审议其议事规则和管理局年度预算问题；法律技术委员会开始审议深海采矿规则草案。

国际海底管理局三届二次会议于1997年8月18～29日在牙买加召开。以刘大群为团长、陈炳鑫为副团长的中国政府代表团出席了会议。大会核准了管理局1998年度财政预算。根据规定，从1998年起，管理局的财政应按联合国会费比额分摊表由各成员国分摊。管理局各级机构继续审议三届一次会议未完成的各项议题。中国大洋矿产资源研究开发协会和其他6个在联合国登记的国际海底先驱投资者：法国大洋结核块研究协会(AFERNOD)、印度、国际海洋金属联合组织(IOM)、日本深海资源开发公司(DORD)、韩国、俄国海洋地质作业南方生产协会(YUZHMORGEOLOGIYA)于会议的第二天向管理局秘书长递交了各自为期15年的勘探工作计划，并于8月27日获管理局理事会核准。勘探工作计划的核准标志着《公约》生效前先驱投资者矿区临时登记制度的终结。

中国大洋矿产资源研究开发协会
China Ocean Mineral Resources Research and Development Association

【概况】 中国大洋矿产资源研究开发协会(以下简称协会)是组织协调中国国际海底矿产资源研究开发活动的社会团体。1991年协会在联合国登记注册为国际海底区域先驱投资者。协会的宗旨是：通过国际海底矿产资源研究开发活动，开辟中国新的矿产资源来源，促进国际海底资源开发高新技术产业的形成与发展，维护中国开发国际海底资源的权益，并为人类开发利用国际海底资源做出贡献。协会主要机构为理事会、常务理事会和协会办公室。现任协会领导为：理事长陈炳鑫，副理事长陈毓川、李尚诣、钮因健，高级经济顾问马洪，高级技术顾问张炳熹、李廷栋、王淀佐，高级法律顾问倪征🉁。协会工作接受国家海洋局的指导。

【协会理事会二届三次全体会议】 1996年4月24～27日协会成立5周年之际，在宜昌市召开了协会第二届理事会第三次全体会议。会议听取了陈炳鑫理事长所作的协会工作报告和协会四个业务依托部门关于大洋专项任务执行情况的报告。

会议着重对国家大洋专项任务"八五"计划的执行情况进行了审议。在此次会议全面总结了国家大洋专项任务"八五"计划的执行情况。

【协会理事会换届和三届一次全体会议】 1997年7月16～19日在拉萨召开了协会第三届理事会第一次全体会议。西藏自治区政府领导杨传堂、泽仁桑珠会见与会代表并出席会议。会议根据协会各成员单位的推荐，产生了由50名理事组成的协会第三届理事会。会议审议通过了协会第二届理事会工作报告，总结并充分肯定了第二届理事会各级机构的工作，着重审议了协会今后工作的基本思路。会议选举陈炳鑫、陈毓川、李尚诣、钮因健、陈士球、陈玉莲、潘新伯、王志雄、金建才等9人为协会常务理事，组成协会第三届理事会常务理事会。期间召开的协会第三届理事会常务理事会第一次会议上，选举陈炳鑫为理事长，陈毓川、李尚诣、钮因健为副理事长，金建才为秘书长。本次会议在高原古城拉萨市召开，显示了中华民族携手奋进、共同开发国际海底资源和祖国大陆资源的决心。会议向西藏人民致意，并向西藏自治区政府和区地矿厅赠送了"民族携手奋进，共创美好明天"和"世界屋脊探宝，大洋深处建功"的锦旗。

【协会常务理事会】 协会常务理事会作为协会的执行机关，其基本职能是审定协会的重大业务问题。1996～1997年，协会二届理事会常务理事会着重审议了协会发展规划，国家大洋专项"八五"总结与评价，协会"九五"计划、项目设置、经费安排，协会年度经费预算，协会基础业务建设、技术路线等协会重大问题；本着协商一致的原则，解决协会办公室和联合办公会议提出的有关问题；审议通过了《中国大洋协会经费和项目管理暂行规定"九五"实施细则》、《大洋矿产资源研究开发档案管理暂行规定》和《大洋一号船使用管理暂行规定》等具体规则。协会三届理事会常务理事会组成以来，1997年度着重审议了中国拟于1997年11月16日《联合国海洋法公约》生效3年届满前提交国际海底管理局的《中国大洋矿产资源研究开发协会勘探工作计划(1997～2012年)》。此外，为及时听取协会业务依托部门领导对协会工作的指导，常务理事会继承了一届理事会理事长会议的传统，于每年春节前夕邀请四部门领导、协会高级顾问以及国家综合部门的代表，出席协会工作汇报会议，增进了政府各部门和协会高级顾问对协会工作的了解，从而对协会工作及时进行指导。

【协会办公室】 协会办公室作为国家大洋专项任务的具体管理部门，其基本职能是按照协会理事会和常务理事会确定的各项方针、政策和决定,承办协会日常事务。根据1996年国家海洋局的批复,协会办公室内设机构为:计划财务处、项目管理处、技术开发处和对外关系处等四个处级机构。办公室的主要职责为:(1)执行协会理事会和常务理事会的决定与指示;(2)组织研究中国国际海底资源研究开发战略,拟定规划、计划和规范;(3)组织有关国际海底区域制度等方面的研究,向国家提出有关的决策建议;(4)组织协调中国在国际海底区域的勘探、环境评价、采冶等研究活动,进行业务监督;(5)组织实施协会对外交流与合作计划;(6)组织实施协会履行的国际义务;(7)会同协会各业务依托部门,组织项目的立项论证,签订合同、中期评估与验收工作;(8)负责国家大洋专项经费的日常管理;(9)向协会常务理事会、协会业务主管部门和国际海底管理局提交工作报告。

【联合办公会议】 联合办公会议是加强协会与政府有关部门业务联系的办公形式,由协会办公室主任和协会业务依托部门委派的代表组成。其主要职责为:(1)审议协会的年度计划与经费预算;(2)审议办公室编制的协会年度工作报告;(3)听取办公室业务部门的工作报告;(4)交流有关部门的业务工作进展;(5)就协会业务工作向办公室提出建议;(6)就协会重要事项向常务理事会提出意见或建议;(7)建议召开常务理事会会议。

联合办公会议根据协会业务工作的需要及时召开,1996～1997年共召开了15次联合办公会议。

【项目管理与责任科学家】 为完成协会"九五"计划确定的重点任务和目标,1996年协会组织专家对这一国家长远发展项目进行了有机的分解,设置了8个项目,其中多金属结核采矿中试系统开发项目设置了总师组,另有5个研究项目分别聘任了学有专长的责任科学家进行技术把关。

1996～1997年,各有关单位根据中国大洋协会办公室发布的立项指南,提交立项申请书。协会办公室组织各项目责任科学家(总师)和联合办公会议进行初审,初审通过的课题由各申请单位编写立项论证书,由专家论证会进行论证。以论证专家的意见为基础,经联合办公会议讨论通过后,协会办公室负责签订合同,据此开展研究工作。

"九五"期间国家大洋专项有关项目的责任科学家与总师组成员分别为:资源评价与基础海洋地质研究:吕文正,张国祯;多金属结核加工工艺研究:钟祥,尹才,石乔;深海环境基线研究:周怀阳;深海勘查技术应用研究:杨胜雄;富钴结壳资源研究:潘家华;多金属结核采矿中试系统开发总师组:王明和(总师),阳宁(总师助理),陈新明,黄家桢,余梦迪,益其乐。

【协会1996～1997年业务重点】 1996年度协会业务工作的重点是:(1)国家大洋专项"八五"项目验收和"九五"立项与组织落实;(2)着眼于提高专项经费投入效益和加强项目之间有机联系,进行勘探、采矿项目的总体设计;(3)加强基础业务建设、完善协会运行机制和项目与经费管理模式。

1997年度协会业务工作的重点是:(1)加强组织协调,着重勘探效率的提高,实施两个勘探航次;(2)依据总体方案,密切项目内部联系和系统设计,组织落实各研究课题;(3)加强协会基础业务建设。

在全面总结国家大洋专项任务"八五"计划执行情况的基础上,1996年7月,协会通过国家海洋局、地质矿产部、冶金工业部和中国有色金属工业总公司四个业务依托部门联合行文的形式,向国务院上报了《关于国家大洋多金属结核资源专项任务"八五"执行情况和今后工作安排的报告》;1996年9月,协会以同一形式向国务院上报了《关于国家大洋多金属结核资源专项任务今后工作和经费安排的请示》,1997年1月经国务院领导李鹏、朱镕基、邹家华、吴邦国、宋健等圈阅同意。

(金建才)

国际海底考察与研究
International Seabed Investigation and Research

【中国在国际海底区域的活动】 中国大洋协会在开辟区的活动根据协会"九五"《勘探总体设计》,"九五"期间勘探工作的重点是在10.5万km^2范围内,结合采矿和选冶项目的要求做好多金属结核资源勘探、完成50%区域放弃工作,同时根据"NaVaBa"(环境基线及其自然变化)项目的要求,开展开辟区物理、化学、生物和地质环境基线调查。与此同时,依据"推进主体,展开两翼"的战略布局,在资源调查上逐步由单一的多金属结核资源拓展为对富钴结壳、多金属硫化物、天然气水合物、深海生物基因资源的探索性调查和研究。

为完成上述任务,协会在"九五"期间安排了若干个航次海上勘探与调查工作,编制了《大洋富钴结壳勘探总体设计》,着手制定有关的标准和规范,在搜集国内外资料的基础上,启动了富钴结壳及天然气水合物等资源的探索性研究工作。1996年主要对"八五"资料进行整理,完善勘探、采矿等项目的总体设计;1997年实施了DY95－6、DY95－7两个航次。

DY95－6 航次 DY95－6 航次由“大洋一号”船执行，国家海洋局组织实施。该航次的重点任务是：以深拖视像调查和环境基线调查为主，兼顾小区加密采样；“6 000m 自治水下机器人”试验性调查和中太平洋富钴结壳靶区的前期调查。航次实行临时党委领导下的首席科学家和船长分工负责制，曾云风任临时党委书记，吕文正、眭良仁分阶段任首席科学家，徐勤忠任船长。大洋一号于 1997 年 5 月 20 日驶离广州常洲码头开始执行 DY95－6 航次任务，同年 12 月返回出发地，历时 201d，航行 2 160h，航行 28 770n mile。由于意外机损事故，“大洋一号”在檀香山修船补给耗时 100 天，航行及海上作业仅 101d。在此情况下，船上科学家和船员克服重重困难，完成如下几项任务：(1)6 000m 自治水下机器人试验性调查，下潜 4 次，完成光学测线 7.2km，声学测量面积 16.5km²，提供录像 1h，照片 240 张。19 名中方科学家、6 名俄方科学家参加试验；(2)深拖光学剖面调查，完成 3 条剖面，总长179.21km；(3)环境基线调查获得整点水文系统资料 2 208 组，正点资料 368 组；在东、西小区分别投放 1 个深海锚系；东小区 10 个站位取样 10 次，获得样品 63 瓶；(4)结核拖网 14 次，获得样品 2 515kg；(5)多波束地形补测 180km；(6)土工试验，获得数据 617 个。

DY95－7 航次 DY95－7 航次由地矿部“海洋四号”船执行，广州海洋地质调查局组织实施。重点任务是在东区进行加密站位地质取样和地球物理调查；东区大面站环境基线调查和麦哲伦海山区富钴结壳预选靶区的前期调查。航次实行首席科学家负责制，由张国祯担任首席。

海洋四号于 1997 年 5 月 20 日离开广州，1997 年 11 月 12 日顺利返回广州，历时 177d，航程 28 500 n mile，圆满完成了本航次的预定目标：(1)完成东区地质站位 380 个，自返式抓斗取样 1 143 次，箱式取样 17 次，有缆抓斗取样 2 次，大型重力活塞取样 2 次；(2)结核拖网 6 次，获取结核样品 3 489.7kg，其中最多一网获得样品 848kg；(3)地球物理剖面调查 7 170km，其中多频 3 615.4km，地震 1 034.2km，多波束地形补测 2 457.4km；(4)环境基线完成东区 10 个大面站调查，获取生物样品 445 份。采集并保存水样 154 份，现场测定数据 805 个；进行了 20 次 CTD 观测，获得 30d 离海底 8m 和 200m 的海流资料，返航前在西区施放一套锚泊，待次年航次收回；(5)在麦哲伦海山区进行的富钴结壳靶区调查完成了多波束地形测量30 300km²，磁力 3 444km，浅地层剖面 632km，地质测站 16 个，拖网 15 次，获取结壳样品 467.4kg，岩石样品502.1kg。一块重 70.5kg 的枕状结壳已赠送给中国地质博物馆。

（郭世勤）

【采矿技术与设备研究】 采矿技术与设备是大洋矿产开发利用的最关键环节之一，通过中国大洋协会“八五”期间对集矿、扬矿、遥测遥控课题的研究，基本摸清了各子系统间的相互联系，并对系统的工作原理及工作参数配置有了基本了解，奠定了中国制定深海采矿系统海上中试方案的基础。

从 1996 年开始，为了进一步明确中国深海采矿系统研究的方向，确定总体目标和具体指标、分解系统的关键技术、确定深海采矿系统研究的技术路线，协会办公室组织有关专家对《大洋多金属结核采矿系统海上中试方案(指南)》进行了系统全面地论证。确定了中试方案的规模为商业开采系统规模的 1∶10，即 15 万 t/a(干重)，按年工作 250d，每天工作 20h 计，中试系统的小时生产能力应达到 30t/a。

《指南》确定的中试采矿系统由三个子系统组成：(1)集矿系统：在海底采集结核矿石，并进行初处理(去沉积物、破碎)；(2)扬矿系统：将采集的结核矿石经管道提升到海面采矿船上；(3)水面支持系统：深海采矿作业船，为水下设备提供支撑，动力、设备存放和维修，同时贮存结核矿石。

《指南》明确提出了实现中试目标的技术路线：(1)充分总结国外深海采矿技术研究近 20 年的经验，制定中国深海采矿系统的中试总体方案，以避免走别人已经走过的弯路；(2)采用“洋为中用”的原则，有针对性地吸收国外在深海采矿技术研究中经过实际考验的成果，必要时可进行技术引进和有效的国际合作，避免不必要的重复；(3)利用国内在深潜技术近海石油开采，浅海采矿船舶工程等相关领域的成熟技术和优势，打破部门界限，开展国内协作攻关。

为攻克系统的关键技术难关，实现 2005 年进行海上中试的目标，在协会办公室的组织下，成立采矿系统总师组。总师组由 6 名成员组成，总师由长沙矿山研究院王明和教授担任，总师助理由长沙矿冶研究院阳宁担任，另外 4 名成员分别为水力输送专家、机械专家、控制专家、水面系统专家。采矿技术与设备研究开发的“九五”目标是在前期工作的基础上，继续就深海采矿中试系统方案进行性能和参数完善试验，开展关键技术研究，进行开采关键设备的研制，完成海上中试系统的技术设计。

根据采矿中试系统的总体目标，协会办公室组织有关专家对系统进行了合理分解，确立了包括整体系统、集矿机、扬矿系统、水面支持系统在内的 20 个研究开发课题，并依据各课题任务的不同，确定了“九五”期间中试系统总体上完成技术设计，部分子系统(如作业车等设备)完成水下试验，部分子系统(如水面支持系统)由于起步较晚只要求完成系统总体设计的具体目标和具体技术指标。

根据中国矿区勘探的结果、沉积物取样测量、原位测量、以及对国外有关资料的分析对比，现已初步弄清了矿区的开采条件，提出了研究报告；对回采方式的研究已经初步拟定了集矿机相对采矿船纵向或横向回采的几种方案；提出了中试系统的初步方案；提出了作业车水下试验的计划和初步方案；编制了“九五”采矿项目各课题协调运行网络图；各关键技术和设备的研究正在顺利进行。

【选冶加工工艺研究】 选冶加工工艺研究的目的是在“八五”阶段性研究成果的基础上，通过实验室扩大试验，取得全流程的主要经济技术指标，优选出技术先进、经济效益好、适合我矿区特点的工艺流程，并为半工业试验和矿区资源的经济技术评价提供科学依据。为此，协会组织专家对“熔炼－锈蚀－萃取工艺扩大试验”和“亚铜离子氨浸试验室扩大试验”两项在“八五”研究基础上提出的立项申请进行了深入的论证，要求两项试验研究分阶段完成实验室扩大试验研究目标，于 1998 年年底前突破浸出难点，于 2000 年年底前打通全流程，完成总体目标。

结核新用途和非传统加工应用探索试验研究作为“九五”研究的新领域，安排了“大洋多金属结核催化活性及其直接应用可能性研究”、“大洋多金属结核应用于工业吸附剂的研究”、“大洋多金属结核材料在高能化学电源中的应用研究”等研究开发课题，课题进展情况良好，1998 年底前可以结题。

分布于海山区的大洋富钴结壳被认为是可与大洋多金属结核并列的又一种重要的海底矿产资源。在安排结壳海上调查的同时，启动了结壳的加工处理方法探索研究课题，把“火法”和“湿法”试验预计作为两个探索性研究方向。另外，作为岸上加工方式的补充，协会安排了结核现场加工的可行性研究课题，预计 1999 年底可以完成。

【资源评价与基础海洋地质研究】 该项研究的目标是：结合“九五”航次勘探工作，开展对 C－C 区中国开辟区多金属结核矿床特征的综合研究，建立多金属结核矿床储量动态评价体系，初步确定可供商业开采矿址的范围和地质储量，完成矿区评价报告。正确提出开辟区最终 20％区域放弃方案，完成向联合国海底管理局提交的区域放弃报告。研究项目的安排应对两个报告的编写起到指导和支撑作用，同时支持少量有突破前景的基础地质研究，以提高中国的深海地质研究水平。

1997 年安排的研究课题有：太平洋勘探区多金属结核矿床局部分布规律研究；多金属结核成矿控制的模型研究；中国开辟区地震地层学构造特征与成矿条件研究；中国大洋多金属结核开辟区（西区）地形地貌系列图编制及其特征研究；中国大洋多金属结核开辟区（东区）地形地貌系列图编制及其特征研究完成了开辟区（东区）多波束测线补测，中国多金属结核勘探区资源动态评价和矿区圈定综合研究；浅地层剖面的底质分类和声学特征研究；大洋多金属结核矿区工程地质条件研究；中国大洋开辟区沉积物和多金属结核（壳）的 Sr、Nd、Ce 同位素组成及其示踪意义研究；锶、氮、硅同位素在寻找富矿结核、结壳中的应用研究；中国开辟区多金属结核生物成因研究；深海现代和古代微生物生态与多金属结核生长关系研究。

【深海环境基线及其自然变化研究】 “九五”期间，协会全面启动“环境基线及其自然变化研究”项目，主要目标是：完成矿区海洋学和环境基线调查和研究；对勘探开发活动可能造成的环境影响进行研究与评估。落实的研究内容有：大洋环境基线调查技术规程；中国开辟区海洋生态生物基线研究；中国开辟区化学基线研究；中国开辟区物理基线和羽状流研究；东太平洋调查区地质基线综合评价研究。

1997 年完成了大洋环境调查技术规程的研究工作，通过两个航次的海上调查航次的实施，已对矿区化学、生物、地质、物理基线开展了全面的调查与研究。

【富钴结壳资源研究】 富钴结壳资源的调查与研究是中国大洋协会“九五”大洋矿产资源勘探的重要任务之一，重点是对预选矿区富钴结壳的矿床特征和资源状况进行调查和评估，并适当开展富钴结壳等勘探方法与技术经济的可行性研究和选冶工艺流程与开采技术研究的前期研究工作。1996 设置了“大洋富钴结壳矿床特征及资源评估”和“大洋富钴结壳矿床勘探方法”的研究课题。分别完成区域调查的资料收集整理和分析对比的研究内容，以及海上调查的各项技术准备，其中包括采样设备的设计、制造等工作。1997 年继续进行预选靶区多波束地形、重力和磁力的测量。

（刘　峰）

国际海底合作与履行义务
International Seabed Cooperation and Obligation

【多边活动】 1996 年 3 月 11～22 日在牙买加召开的国际海底管理局二届一次会议组成了管理局的核心组织——理事会。针对理事会组成后国际海底管理局将进入实质性工作的形势，各有关国家和利益集团从维护本国与本集团利益出发，加紧了针对这一形势的工作模式与对策的研究与磋商活动。中国在国际海底管理局各级机构继续发挥重要作用的同时，作为国际海底先驱投资者，积极参与了有关利益集团的磋商活动并加强了与新组建的国际海底管理局秘书处的联系，适时举办了国际深海采矿技术暨环境保护研讨会和国际海洋开发技术设备展览会。

已登记的先驱投资者利益集团(先驱集团) 国际海底管理局二届一次会议期间，已登记的先驱投资者利益集团召开了两次会议。会议一致认为先驱集团作为一个利益集团继续存在的必要性与重要性，在管理局即将进入实质性工作之际，有必要继续加强集团成员之间的协商，尽可能采取协调一致的立场，使管理局今后的有关安排能充分体现先驱投资者(RPI)的利益；并商定1996年7月22～23日在纽约召开专门会议，着重讨论先驱投资者勘探工作计划的核准、先驱投资者履行义务的后续行动和先驱投资者在管理局应发挥的作用与影响。1996年5月28日先驱集团协调员法国代表致电各成员国代表，提出拟磋商的议题如下：(1)对《联合国海洋法公约》生效后形势的一般评价；(2)《公约》决议二的后续行动；(3)有关区域放弃问题；(4)勘探工作计划申请的意向；(5)其他。1996年7月22日在纽约法国常驻联合国代表团驻地举行了由先驱集团所有成员国参加的磋商会，会议除对《公约》生效后形势进行评价等议题外，着重就先驱投资者申请核准勘探工作计划与合同文本进行了磋商，达成的基本意见是：(1)勘探工作计划申请应在《公约》生效后36个月内，即1997年11月16日前提出；(2)在这一期限内提出的工作计划申请，应理解为将通过与管理局签订合同的方式得到自动核准；(3)这种核准不应附加任何新的义务；(4)合同文书应尽可能简单；(5)应考虑到不同成员义务履行程度的差异。

关于先驱投资者履行义务的后续行动，磋商会注意到在先驱集团成员与集团外两个范围内对管理局后备人才进行培训的事实(后者如德国、国际海洋学院)。关于区域放弃：会议认为放弃工作仍应继续。

对中、印、韩、海金联而言，如果至勘探工作计划申请时尚未完成区域放弃工作，则区域放弃条文应包括在核准以后的“合同”中，作为义务的后续行动。

1996年8月16日，先驱集团在国际海底管理局二届二次会议结束后，针对会议期间先驱集团与管理局协调勘探工作计划申请与核准的进展，就有关事宜再次进行了磋商。会议取得的基本认识为：1997年11月16日前先驱投资者申请核准勘探工作计划应得到自动核准；此期之后因为缺乏法律根据，就核准程序将重开谈判；关于申请核准勘探工作计划的时间，会议认为应利用《协定》的规定，在截止时间内尽可能晚提出申请，可以在1997年管理局夏季会议提出申请。

国际海底管理局秘书长南丹访华 1996年9月16～25日，国际海底管理局秘书长南丹夫妇访问中国，考察中国大洋研究开发有关工作与设施。先后访问考察了地质科学院矿床所、测试所、北京矿冶研究总院、国家海洋信息中心、中国极地研究所、中船总702所、长沙矿冶研究院、长沙矿山研究院，并在北京大学做了题为“21世纪的海洋与海洋法”的学术报告。访问期间，中国大洋协会理事长陈炳鑫、地质矿产部副部长蒋承菘、外交部副部长李肇星、国家海洋局局长张登义先后会见了南丹先生。

国际深海采矿技术暨环境保护研讨会 1996年10月18～20日，由中国大洋协会主办的国际深海采矿技术暨环境保护研讨会在北京新大都饭店举行，来自中国、保加利亚、法国、德国、日本、韩国、波兰、俄国、美国的专家和国际海底管理局代表共30余人与会，同期在北京国际会议中心举办了国际海洋开发技术设备展览会。

(金建才)

【双边合作】 **中一德** 1996年1月29日至3月14日，应德国极地所邀请，中国大洋协会选派采矿项目总师助理阳宁参加了德国考察船SONNE号执行的秘鲁海盆考察，较细致地了解了德国深海环境保护研究课题的进展动态以及研究工作所采用的设备、仪器及手段。1997年3～8月，根据中德海洋科技合作协议有关深海项目的条款，中国大洋协会办公室刘峰赴德国进行了为期半年的合作研究，学习和了解德国海洋领域深海项目的技术及管理情况。在德国期间参与了新型取样器MAXICORER的改进工作和深海沉积物的特性研究，并深入研究了悬浮云团的流动特性及对深海环境造成的影响。1997年12月2～11日德国柏林工业大学工程地质专家Bernd Grupe先生应邀来华，先后访问了长沙和杭州有关单位。专家介绍了德国对海底沉积物成分、土工力学特性及相关数据的测试方法，并提出试验数据的可比性问题。

中一俄 1996年6月3～13日，中国大洋协会办公室总工程师郭世勤、吕文正、杨胜雄和倪轩一行四人应邀访问了俄罗斯“南方海洋地质协会”，对俄罗斯在其开辟区的勘探和生态环境评价方面所做的工作、采用的技术手段、取得的主要成果及下一阶段勘探工作计划进行了考察。签署了访问纪要，并就双方今后的技术交流、合作方式与途径进行了讨论。1996年10月8～21日，经国家外国专家局批准，应中国大洋协会邀请，俄罗斯地质矿产部海洋地质技术中央设计局局长

A. H. Kostiouk 先生来华讲学两周，并在北京参加了中国大洋协会主办的"国际深海采矿技术暨环境保护研讨会"。

中一"海金联" 1996 年 6 月 7～14 日根据中国大洋协会与"国际海洋金属联合组织"(以下简称"海金联")1995 年签订的有关纪要，由"海金联"总裁 Ryszard Kotlinski、副总裁 Gueorgi Tkarchenko 和 Vratzslav Kubista 三人组成的高级代表团应邀访问了中国大洋协会，在北京讨论并签订了 1996～2000 年合作协议，并访问了长沙有关研究院。

根据中国大洋协会和海金联 1996 年 6 月签订的协议，长沙矿冶研究院海底矿产资源开发研究所钟祥和田健飞应邀于 1996 年 9 月 6～19 日对"海金联"进行了大洋多金属结核冶金工艺的考察访问。双方就多金属结核冶金研究方面进行合作签署了备忘录。1996 年 12 月 15～19 日，由中国大洋协会办公室李波和协会项目责任科学家张国祯、周怀阳组成的技术小组应邀访问了海金联，双方对同年 6 月签订的 1996～2000 年合作协议的具体执行问题进行了商讨，并签订了关于人员交流和深海环境保护合作研究的有关协议。根据协议，中国大洋协会选派国家海洋局第二海洋研究所王春生和中国地质科学院矿床所陈永志于 1997 年 3 月 25 日至 5 月 17 日参加了"海金联"在其开辟矿区进行的海上调查航次。根据中国大洋协会和"海金联"1996 年 10 月 24 日在北京签署的关于合作进行多金属结核水力提升扩大试验研究的备忘录，"海金联"于 1997 年 8 月向长沙矿冶研究院提供了 8t 用于试验的多金属结核。同年 8 月 29 日至 9 月 12 日，中国大洋协会派长沙矿冶研究院黄家桢和王盛展赴"海金联"商讨多金属结核水力提升扩大试验研究方案，并参加了第九届"固体颗粒水力输送及沉降"国际会议。

中一韩 1996 年 8 月 25～29 日，韩国海洋研究院的 Kyeong－Yong Lee 博士 和 Hoi－Soo Jung 博士应邀访问了大洋协会，探讨双方进行深海环境研究合作问题，并赴广州参观了大洋一号科考船。1997 年 6 月 24～28 日，韩国地质、采矿及材料研究所尹治浩博士应邀赴长沙矿冶研究院进行了访问，双方就结核提升的有关技术问题交换了意见。

中一美 经国家外国专家局批准，中国大洋协会邀请美国 Conrad Gerhart Welling 先生于 1996 年 10 月 15～29 日访问了中国大洋协会并赴长沙进行了讲学，Welling 先生介绍了美国深海采矿的技术研究情况。1997 年 6 月 1～8 日，以中国大洋协会秘书长金建才为团长的协会代表团应美国夏威夷州商业、经济与旅游部长的邀请赴夏威夷进行了访问。双方签订了合作协议，并就协议中具体项目的实施提出了有关的执行建议。

1997 年 7 月 23～25 日，应中国大洋协会的邀请，美国洛克希德－马丁公司海洋系统部主任 Ted Johnson 和高级顾问 Conrad Welling 先生来华进行了访问，就深海采矿领域双方技术合作与转让问题进行了磋商。

中一日 1997 年 8 月 18～20 日，日本日油技研工业株式会社及威廉姆森联合体技术顾问浅川良男先生应邀访华，向中国同仁介绍了日本深海采矿技术发展的背景、过程、现状，以及日本采矿系统的选择和集矿机的设计原理等问题。1997 年 11 月 20～21 日，中国大洋协会办公室刘峰应日本金属矿业事业团之邀，参加了在日本东京召开的国际深海采矿环境会议。来自德国、美国、俄罗斯、韩国以及印度等国家的代表就深海环境研究方法的标准化和统一性问题，以及国际海底管理局如何在深海采矿技术方面的国际合作发挥作用进行了探讨。 (吴桂凤)

【区域放弃】 根据《联合国海洋法公约》的规定，先驱投资者自分配开辟区之日起应分阶段、按比例恢复部分开辟区为国际海底区域。在汇总并研究"八五"各航次数据资料基础上，1995 年底，大洋协会办公室组织了由勘探、采矿、选冶方面的专家组成的区域放弃专家组，对作为先驱投资者义务之一的区域放弃工作进行了仔细的论证，完成了《中国多金属结核开辟区 30%区域放弃报告》。经国家有关部门审定后，于 1996 年 3 月向联合国秘书处提交了区域放弃报告。

(金建才)

国际合作篇

International Cooperation

海洋国际合作
International Marine Cooperation

综　述
Summary

【概况】 海水不受国界的限制，世界海洋永远是一个流动的整体。研究、开发、利用和保护海洋需要世界各国的共同努力，特别是一些全球性的海洋科学项目与工程，单靠一个国家或少数几个国家难以胜举或即使举步也难以为继。因此，海洋的国际性是海洋事业的一个显著特征。

中国是一个海洋大国，海洋事业的发展与国计民生息息相关。随着国民经济的快速发展，现有陆地自然资源的开发形势日趋严峻，已经和正在成为中国经济发展的制约因素。因此，要保持中国经济的持续快速增长，就必须向海洋进军，向海洋要食物、要淡水、要资源、要空间，这是21世纪中国经济和社会发展的重要支柱和必由之路。近几年来，国际国内形势的发展为中国改革开放和现代化建设创造了良好的大环境，也为中国海洋事业的发展提供了千载难逢的大好机遇。自1990年第45届联合国大会提出把开发海洋、利用海洋列为各国的发展战略以来，中国相继制定了国家海洋工作的方针、政策和规划。根据联合国环境与发展大会倡导，由国家海洋局组织编制的“中国海洋21世纪议程”深刻地分析了中国海洋工作发展的形势、现状以及各沿海省市海洋工作的特点和优势，阐明了中国海洋可持续发展的基本战略、任务、目标、对策和主要行动领域，并把海洋技术列入国家高技术研究发展计划，提出了科技兴海战略，这是今后相当长的一个时期内中国海洋可持续发展的行动纲领和政策指南。

《联合国海洋法公约》的生效是世界海洋新秩序的确立。根据《联合国海洋法公约》的规定和中国的主张，可能划归中国管辖海域的海域面积约为300万km^2，但中国面临着与有关邻国在海域划界问题上的严峻形势。1996年5月15日，中国政府批准《联合国海洋法公约》，这是中国海洋工作与世界接轨并走向以法治海轨道的重要标志，也是发展中国海洋事业、拓展中国国际海洋事务的大好时机。1996年，国家海洋局对外合作与交流工作在促进地方海洋经济发展、提高中国海洋工作在国内外知名度和显示度、参与国际海洋事务、维护国家海洋权益等方面取得了新的进展和突破。1997年召开的国家海洋局第八次外事工作会议，总结了以往海洋外事工作的成果和经验，提出了本世纪末前海洋外事工作的设想和策略。经过一年来的工作实践，贯彻执行了外事工作的各项方针政策，紧紧围绕加强海洋综合管理和发展海洋经济、振兴海洋产业的重点任务，取得了明显的效果。

中国海洋事业的发展，特别是海洋科技和海洋经济的发展，迫切需要拓展国际空间，引进国外资金、技术和人才，同时把中国的人才和技术推向国际市场，参与国际竞争。在科技进步和经济全球化的推动下，科技经济一体化已经成为当今的世界潮流。国际科技合作与交流也已突破原有的模式，从纯学术交流向科学技术交流转化，并越来越多地深入到经济领域中去。

在邓小平建设有中国特色的社会主义理论指引下，中国加快了改革开放和建立社会主义市场经济的步伐，海洋经济得到了迅速发展，从而为开展国际合作创造了极为有利的机遇，同时也提出了更高的要求。外事工作者应抓住机遇努力开拓，积极进取，开创海洋国际交流与合作的新局面。　　（虞源澄）

国际海洋经济合作
International Marine Economic Cooperation

【海洋渔业国际合作】 1996～1997年，本着为中国渔业的发展创造良好环境和在平等互利基础上开展海洋渔业合作的目的，中国开展了频繁的涉及海洋渔业的国际合作。

一、多边渔业合作

在北太平洋，1996年5月中国派员参加了由美国和日本发起的“北太平洋金枪鱼和类金枪鱼临时科学委员会第一次会议”，与有关代表团交流了北太平洋金枪鱼及类金枪鱼的资源情况。为了解中白令海狭鳕资源状况，1996年和1997年中国先后三次派出探捕船对中白令海狭鳕资源进行了调查。同时，中国还派出科学家参加了美国科学调查船对白令海的资源调查。在白令公海渔业资源管理方面，中国与《中白令海狭鳕资源养护和管理公约》的缔约国俄罗斯、美国、日本、波兰和韩国保持了良好的合作关系。在涉及北太平洋海洋科学研究方面(包括海洋鱼类资源),中国作为创始成员国参与了“北太平洋海洋科学组织”(PICES)的工作。

在南太平洋,中国渔船继续在密克里尼西亚、马绍尔以及帕劳的专属经济区内作业。在1995年8月联合国通过了《执行1982年12月10日〈联合国海洋法公约〉有关养护和管理跨界鱼类种群和高度洄游鱼类种群的规定的协定》之后,南太论坛成员国发起了建立中、西部高度洄游鱼类资源管理机制的多边谈判。中国政府从养护和合理利用高度洄游鱼类资源的立场出发,积极参与了中、西部太平洋(中国习惯称南太平洋)高度洄游鱼类资源养护和管理的多边谈判。中国愿与其他各方一道共同努力,在2000年6月之前完成建立多边管理机制的谈判。

在大西洋,从1995年开始,中国渔船在大西洋水域开展了金枪鱼渔业。1996年10月,中国正式加入了“养护大西洋金枪鱼国际委员会”,中国渔船在大西洋水域的渔业活动严格按照该委员会通过的规章进行。

在印度洋,中国渔船从1995年年底开始,在印度洋公海进行金枪鱼延绳钓作业。1996年10月“印度洋金枪鱼委员会”成立。中国派出观察员出席了印度洋金枪鱼委员会的有关会议,并着手加入该委员会的工作。

在全球一级,中国政府继续在海洋渔业方面与联合国粮农组织、国际捕鲸委员会等机构保持良好的合作。

二、双边合作

1.中日海洋渔业合作:在中日两国批准《联合国海洋法公约》后,建立新的海洋秩序下的中日渔业谈判正式启动。经过双方的共同努力,1997年11月11日,在李鹏总理访问日本期间,中日两国政府签署了《中华人民共和国和日本国渔业协定》。双方已开始制订实施该协定的具体措施。根据协议,该协定将于双方各自履行国内法律手续后,通过两国政府换文达成协议之日起生效。新的中日渔业协定根据有关国际法的精神,确立了沿海国管辖的原则,充分考虑了中日渔业的历史及现状,现实地解决了两国间渔业间的问题,将进一步促进两国渔业友好关系向前发展。

2.中俄海洋渔业合作:1995年,中国政府本着友好协商和互利合作的精神,与俄罗斯政府妥善解决了中国渔船在鄂霍茨克海公海捕捞狭鳕的问题。1996和1997年度,中国17条大型拖网加工船继续在俄罗斯专属经济区内按双方规定的条件捕捞狭鳕。中俄渔业合作关系良好。

3.中韩渔业合作:就相邻海域渔业资源管理的中韩渔业协定的谈判开始进行。

4.中美渔业合作:1996和1997年,中美海洋生物资源合作协调小组第二和第三次会议分别在北京和美国马里兰州举行。

为执行联合国大会通过的有关在全球的公海禁止使用大型中上层流网的决议,中美两国根据1993年12月签署的政府间谅解备忘录,1996和1997年度中国共派出6名渔政检查人员,登上美国海岸警备队的巡逻船,共同实施在北太平洋公海对流网渔船的联合检查。中美两国在北太平洋公海的联合执法,有效遏制了违反联大有关决议使用流网事件的发生。

1996年6月,中美两国决定将1985年7月签署的、并于1996年7月1日到期的《中美关于美国海岸外渔业协定》再延长两年,即到1998年7月1日。

1996年10月,美国根据其国际贸易法院的裁定,决定禁止从包括中国在内的、未在拖网捕虾中使用海龟逃生装置(TEDs)的国家进口所有虾和虾产品。美国的这一决定不符合国际法准则,也缺乏事实根据。中国对海龟保护有一系列法律、法规和执法措施,中国渔民使用的桁杆拖网对海龟不造成损害。经中方积极工作,美方于1996年12月签发了对中国的认证,允许中国海捕虾和虾产品进入美国市场。1997年2月,美方派员与中国的有关专家进行了交流,并考察了广东、广西拖网捕虾的渔船、渔具。

5.中菲渔业合作:根据两国政府达成的共识,中菲渔业合作工作小组第一次和第二次会议分别在马尼拉和北京召开。双方就渔业合作问题,包括南海渔业资源养护、管理和合理利用问题进行了讨论。双方同意建立南海作业渔船紧急情况的政府联络点,并确定进一步探讨签署包括南海渔业资源养护和合理利用问题在内的中菲渔业合作协定的可能性。

此外,1996和1997年度,中国在西非、西亚等区域继续开展了与有关国家的渔业合作,外派渔船近千艘、渔民1万多人。在34个国家和地区设有合作项目或办事机构。(信德利 刘小兵)

【船舶工业国际合作】 见第80页同条。

国际海洋科技合作
Marine Scientific and Technological Cooperation

【中美海洋和渔业科技合作】 在海洋和渔业方面的合作一直是中美两国政府间科技合作中最活跃的领域之一。近年来,两国海洋主管部门的高层领导实现了多次接触,并形成了像海岸带和自然保护区管理合作这样的骨干项目。除资料交换、科学家交流、考察访问等规模较小的项目外，所开展的主要活动有第十三次联合工作组会议、美国国家海洋大气局局长詹姆斯·贝克访问国家海洋局、中美海岸带和自然保护区合作讨论会等。中美海洋和渔业科技合作联合工作组第十三次会议于1997年5月5～7日在美国马里兰州举行，国家海洋局副局长杨文鹤率团出席了会议。作为中美海洋和渔业科技合作的例会，双方回顾了自上次会议以来合作项目执行的情况，讨论了今后两年内的合作项目，签署了会议纪要。会上共达成合作项目和活动70多项，其中包括上次会议上达成仍须继续执行的项目。会上，双方还签署了佛罗里达鲁克利湾国家河口研究保护区和广西壮族自治区山口国家红树林生态保护区建立红树林姊妹海洋保护区关系的协议，以便创建一个框架，扩大保护这些脆弱的生态系统的合作。为加强两个海洋部门之间的相互了解，讨论中美两国将来在海洋和渔业科学技术方面合作的方向问题，扩大两国在此领域互利合作的基础，并签署两个海洋自然保护区合作协议，托马斯博士代表贝克博士邀请国家海洋局局长张登义率代表团访问美国。双方同意1999年第十四次联合工作组会议在中国举行时，同时纪念《中美海洋和渔业科学技术合作议定书》签字20周年。会议前后，代表团参观访问了美国有关海洋单位。

1997年11月20日，在中国出席中美科技合作联委会和中美减轻自然灾害研讨会的美国国家海洋大气局局长詹姆士·贝克博士一行访问了国家海洋局，张登义局长会见了贝克博士。会见时，双方高度评价了自1979年以来两国在海洋和渔业科技领域的合作，展望了在此领域合作面向21世纪的方向和重点。双方认为海岸带综合管理和海洋自然保护区、海洋减灾防灾、海洋在气候变化中的作用是未来合作的优先领域，愿在过去富有成效合作的基础上积极推进这些方面的合作。中方介绍了“国家高技术研究发展计划(863)”海洋领域的目标和内容，以及“九五”期间国家海洋局重点科技计划，并介绍了为迎接1998国际海洋年中国政府将组织的一系列活动。双方同意交换两国庆祝1998国际海洋年的活动信息，并探讨共同举办活动。

中美海岸带管理合作始于1984年，十多年来，双方多次进行了互访和交流。根据中美海洋和渔业科学技术合作工作组第十二次会议商定，应美国国家海洋大气局的邀请，中国海洋保护区管理代表团一行7人于1996年9月赴美国进行了为期15天的考察培训。代表团访问了国家海洋服务局、国家天气服务局、太平洋海洋渔业中心、沿海海洋自然保护区等单位，双方就姊妹保护区的建设问题，包括信息交流、人才交流和合作科学研究等问题，进行了较细致的讨论，双方对两国在这方面的合作都有兴趣。代表团主要由中国海洋自然保护区管理人员组成，考察所产生的有关后续活动已成为中美海洋和渔业合作的重要方面。

根据中美海洋和渔业科学合作第十三次会议安排，本着促进和扩大海岸带管理和自然保护区实质性合作的目的，以美国国家海洋大气局海洋服务局海岸资源评价处处长巴斯特博士为团长的美国海岸带代表团一行5人，于1997年5月24日至6月2日访问了中国。双方于5月29～30日在北京举行了海岸带管理和保护区合作讨论会，在以往考察、协商的基础上，就双方如何在海岸带和自然保护区管理方面合作制订具体实施计划。双方同意合作先从地理信息系统的建立和自然保护区开始，以后视人力、物力和财力的情况逐步扩大。地理信息系统合作的重点将放在海岸带湿地综合管理湿地信息系统研究与开发上，主要内容包括滩涂资源信息管理、海岸带湿地综合管理信息系统集成与应用研究等。关于自然保护区合作，双方已同意建立三对姊妹自然保护区，即：广西山口红树林国家自然保护区和佛罗里达群岛国家海洋保护区，以及天津湿地和古海岸国家自然保护区和切萨皮克湾河口研究自然保护区。

【中加海洋和渔业科技合作】 1996年10月9～10日，中加海洋和渔业科技合作联委会第三次会议在加拿大不列颠哥伦比亚那奈摩举行。出席此次会议的中国代表团由4人组成，分别来自国家海洋局、农业部和中国科学院等联委会成员单位。国家海洋局综合管理司副司长陈连增任该团团长。加方会议代表来自渔业海洋部渔业和海洋科学局及该部下属机构海洋科学研究所和太平洋生物站。加拿大渔业海洋部渔业和海洋科学局局长道布尔戴任加方团长。

联委会回顾了双方合作进展的情况，对第一、第二次会议商定但尚未执行的项目进行了精简和调整，并根据项目落实、进展、经费、双方兴趣等情况，重新对项目进行了分类和编号。经过双方坦率认真地讨论，此次会议共达成合作项目32项，其中原商定项目经进一步确认的20项，新上项目12项，包括海洋学、海洋渔业、气候变化，以及海水养殖等。

【中德海洋科技合作】 中德海洋科技合作是中国海洋对外科技合作中卓有成效的合作之一。近几年来，中德海洋科技合作中所开展的主要活动有中德海洋科技合作10周年庆祝活动、中德海洋科技合作联委会第九次会议等。

1996年7月8日，中德海洋科技合作10周年庆祝活动在北京隆重举行。国家海洋局局长张登义、副局长杨文鹤和来自国家科委、农业部、国家教委、中国科学院、有关大专院校等单位的代表，以及以德国联邦政府教育科学研究技术部能源与环境总司司长吕贝特为团长的德国政府海洋代表团和德驻华使馆公使衔参赞等共100多人出席了庆祝仪式。在庆祝仪式上，杨文鹤副局长和吕贝特团长在致辞中满意地回顾了两国10年来在海洋地质、海洋遥感、海洋生物、物理海洋、极地研究、海洋技术等领域的合作，指出了未来合作的重点。国家科委国际合作司司长王绍琪、德国驻华使馆公使衔参赞以及双方科学家代表也在庆祝仪式上讲了话。在庆祝活动的同时还举办了中德海洋科技合作10周年成就展。

1996年7月9～10日举行了中德海洋科技合作联委会第九次会议。会议在总结第八次联委会以来工作的基础上，商定了下一阶段的合作执行项目19项，计划项目11项，并签署了会议纪要。会前双方在北京召开了中德海洋环境监测及技术研讨会，双方专家交流了生物监测、遥感监测、监测技术等领域的22篇论文。会后，德国代表团访问了国家海洋环境监测中心及国家海洋局第三海洋研究所。

【中法海洋科技合作】 近年来，中法海洋科技合作所开展的主要活动有国家海洋局局长张登义访问法国和中法“东海海洋沉积物输送规律与海面变化”项目(简称东海项目)的海上调查航次。

经国务院批准，应法国海洋开发研究院的邀请，以国家海洋局局长张登义为团长的中国海洋代表团一行7人，于1996年10月19～26日访问了法国，出席了中法海洋科技合作联合工作组第二次会议。在中国驻法国大使馆的大力协助下，访问和会议取得了圆满成功。代表团由国家海洋局、山东省海洋与水产厅及国家海洋信息中心的人员组成。中法海洋科技合作联合工作组第二次会议于1996年10月25日在巴黎法国海洋开发研究院总部召开。双方满意地回顾了1994年5月第一次会议以来的合作活动和成果，特别是东海项目、养殖容量和海洋遥感等合作项目取得的成果。通过友好协商，双方共达成下阶段合作项目11个，其中4个为第一次会议延续项目，7个为新项目。特别是桑沟湾养殖容量、牡蛎三倍体和莱州湾海洋功能区划三个项目首次由中国沿海大省山东省海洋与水产厅参与合作，同时对桑沟湾养殖容量项目，双方拟定将共同申请欧共体资助。双方代表团团长国家海洋局局长张登义和法国海洋开发研究院院长大卫出席了会议闭幕仪式并致词。最后张登义局长和大卫院长代表中法双方签署了会议纪要。

根据中法海洋科技合作协议，为期三年的中法“东海海洋沉积物输送规律与海面变化”项目的海上调查航次于1996年4月22日至5月17日在东海实施。法国海洋调查船“亚特兰特”号首次来华执行此项目调查，并两次停靠上海。4月21日航次启航庆祝仪式在上海隆重举行。国家海洋局杨文鹤副局长和法国海洋开发研究院大卫院长、中央有关部委代表、上海市政府、众多海洋界人士、法国驻华使馆官员等200多人出席了启航庆祝仪式。中外22位科学家顺利地执行了海上调查航次，获得了丰富的东海地质资料，初步成果已显示出对拓宽东海地质研究时空范围及东海划界的重要意义。国务委员兼国家科委主任宋健4月25日在北京中南海紫光阁会见了来华出席中法东海调查航次启航仪式及访问的法国海洋开发研究院大卫院长一行，宾主双方都高度评价了中法海洋科技合作，对东海项目的执行表示祝贺和欢迎。大卫院长并与张登义局长举行了会谈，续签了两国海洋科技合作议定书。

【中韩海洋科技合作】 同两国其他领域的合作一样，中韩两国在海洋领域的科技合作是自两国建交以来开展得一直很活跃的领域。两国近年来所开展的主要活动有中韩海洋科学技术合作第一次联合委员会会议、中韩海洋科学共同研究中心管理委员会第二次会议、“中韩黄海沉积动力学与古环境合作研究”学术研讨会、“中韩黄海水循环动力学合作调查研究”、中韩海洋科学共同研究中心管理委员会第三次会议、中韩海洋科学技术合作联合会第二次会议、中国海洋立法考察团对韩国的访问，以及两国海洋科技行政管理代表团互访等。

根据中韩海洋科技合作谅解备忘录，应韩国海洋水产部的邀请，以国家海洋局国际合作司司长虞源澄为团长的中方代表团于1997年1月27日至2月2日访问了韩国，与以韩国海洋水产部海洋政策室政策审议官金成洙为团长的韩方代表团举行了中韩海洋科学技术合作第一次联合委员会会议。会上，双方确认由于韩国成立了海洋水产部，原由韩国科学技术处与中国国家海洋局签署的海洋科学技术合作谅解备忘录现由韩国海洋水产部继承，中国国家海洋局和韩国海洋水产部愿今后继续加强合作。中方根据1994年12月双方专家会晤商议的16个意向性合作项目的落实情况和两年来双方专家的交流情况，提出了21项合作项目建议，韩方对此表示积极研究，并建议优先启动黄海沉积动力学合作项目和黄海污染减轻对策项目。韩方提出了召开中韩黄海海洋科学论坛和1997年在韩国召开第二次黄海海洋科学学术讨论会的设想和建议。双方同意中韩海洋科学技术合作第二次联合委员会会议于1998年第一季度在中国召开。最后双方签署了中韩海洋科技合作第一次联合委员会会议纪要。会议的成功举行为中韩海洋科技合作正规有序化铺平了道路。

中韩海洋科学共同研究中心管理委员会第二次会议于1997年4月24～25日在青岛举行。以韩国海洋水产部海洋政策室金成洙审议官为团长的韩国代表团一行6人来华出席了会议。本次会议全面总结和评价了中韩中心的工作，为完善中心管理和运营、促进中心的发展和壮大交换了意见，奠定了中心发展的战略方向。会议听取和批准了中韩中心主任袁业立所做的中韩中心1996年工作总结和财务决算报告，以及1997年工作计划和财务预算的报告，审议通过了中韩中心运营办法，确定了下一届中韩中心主任和副主任的人选和任期。为加强中韩中心业务和扩大影响，管委会原则同意设立“黄海海洋论坛”，根据需要不定期开展活动。国家海洋局副局长杨文鹤在北京会见了韩国代表团。“中韩黄海沉积动力学与古环境合作研究”学术研讨会于1997年10月28日至11月1日在青岛召开，与会的两国专家讨论了该项目的研究计划并达成了共识，确定了项目执行时间、海区、研究目标、内容，拟解决的关键问题、海上调查项目和科学家交流计划等。

“中韩黄海水循环动力学合作调查研究”项目在1997年共进行了4个航次26个断面300多个站位的调查，获取了整个南黄海四个不同季节大量的水文、气象、化学资料。韩方7名，中方10名科学家分别上对方调查船进行合作调查，双方科学家还进行了多次互访。根据中韩双方协商，“中韩黄海水循环动力学合作调查研究”最后一个航次调查研究航次结束后，韩国海洋调查船“Onnuri”号于1997年11月25日访问了青岛。青岛市以及国家海洋局、中国科学院、地矿部驻青单位和青岛海洋大学的代表近百人出席了欢迎仪式。以韩国海洋研究所副所长韩相俊为团长的韩国海洋代表团一行7人专程来青岛参加了欢迎活动。欢迎仪式由中国工程院院士、国家海洋局第一海洋研究所所长袁业立主持，青岛市科委和国家海洋局的代表发表了讲话。各单位代表分两天参观了韩国这艘设备先进、管理一流的调查船，并同韩国科学家进行了交流。

1997年8月，由国家海洋局、国务院法制局和财政部等有关部门组成的“中国海洋立法考察团”对韩国的海洋立法、执法、海洋管理和科研情况进行了考察，访问了有关的海洋管理和执法机构以及海洋政策和立法研究机构，初步了解了韩国海洋法制建设情况。学习了韩国海洋立法工作的经验，对中国的海洋管理和立法、执法工作起到了一定的借鉴作用。这次考察虽没有列入两国交流项目，但韩国海洋水产部为此做了精心安排，使代表团的访问取得了圆满成功。

为了扩大和深化两国在海洋领域的合作，加强两国海洋科技行政管理部门之间的相互了解，经双方商定，两国海洋科技行政管理代表团分别于1997年9月和12月进行了互访。双方交流了各自在科研计划管理、科研课题立项审批、科学基金管理、科技干部管理、财务经费管理等方面的情况和经验。 （焦永科）

【中日海洋科技合作】 中日两国近年来在海洋科技合作方面所开展的较大的项目有中日副热带环流合作调查研究外业调查、中日副热带环流合作调查研究项目工作组第二次会议、中日东海特定海区河流入海环境负荷及其对海洋生态系的影响，以及制盐工业副产物的利用等项目。

中日副热带环流合作调查研究是继为期7年的中日黑潮合作调查研究项目结束后，中国国家海洋局和日本科技厅在两国政府间科技合作协定下于1995年开始的又一规模较大的海洋合作项目。中方参加单位有国家海洋局第一海洋研究所、第二海洋研究所、第三海洋研究所、南海分局、国家海洋信息中心、国家海洋环境预报中心和青岛海洋大学。日方参加单位有科学技术厅、水产厅西海区水产研究所、南西海区水产研究所、中央水产研究所、气象厅长崎海洋气象台、海上保安厅水路部、日本海洋科技中心等。1996、1997年两年间，中日双方在合作海区共进行了近30个航次的外业调查，获取了大量的现场调查资料。双方还交换了20多名科研人员到对方调查船和实验室进行合作调查研究，共同完成论文的撰写。以国家海洋局国际合作司范晓莉处长为团长、国家海洋局第二海洋研究所苏纪兰教授为首席科学家的中方工作组代表团一行8人于1996年11月20～27日访问了日本，同以日本科学技术厅研究开发局海洋地球课调整官高泽修为团长的日方工作组举行了中日副热带环流合作调查研究项目工作组第二次会议。会上，双方回顾了1995、1996年度合作调查研究项目的实施情况，讨论了1997年合作调查研究计划。双方工作组分别报告了第一次工作组会议上确定的8个合作研究课题的进展情况和初步成果以及人员交流情况，讨论了今后的合作研究计划，确认了由两国海洋资料中心起草的“海洋资料交换细则”。1997年12月初，中日双方在日本长崎举行了第一次中日副热带环流合作调查研究项目国际学术讨论会，并邀请了美国、韩国的学者参加了会议，中、日、美、韩四国学者近150人出席了讨论会，并发表了30多篇具有一定学术水平的研究论文。研讨会后，双方举行了中日副热带环流合作调查研究项目第三次工作组会议。

“中日东海特定海区河流入海环境负荷及其对海洋生态系的影响”项目是根据中日两国政府间环境保护合作协定确定的第一个海洋领域的合作项目。1997

年3月17～21日，以国家海洋局国际合作司司长虞源澄为团长的中方代表团一行5人访问了日本，与日本环境厅地球环境部部长滨中裕德签署了这一为期三年的项目实施协议。同年5月26～27日双方在北京举行了第一次联合工作组会议和环境容量学术讨论会。10月10～29日，双方进行了第一航次调查及围隔生态实验。参加这一合作的单位有中国国家海洋局东海分局、第一海洋研究所、第二海洋研究所、青岛海洋大学、日本环境厅国立环境研究所、通产省地质调查所、水产厅西海区水产研究所、水产养殖研究所等。双方对这一合作都寄予极大重视，期待着通过此项合作为海洋环境总量控制提出一个一般计算方法，为海洋综合管理和两国海洋环境持续发展做出贡献。

制盐工业副产物的利用项目是根据中日政府间科技合作协定确定的、由日本通产省工业技术院四国工业技术研究所和中国国家海洋局天津海水淡化与综合利用研究所承担的一个所际间合作项目。1997年合作双方签署了项目合作备忘录，正式启动这一为期两年的合作项目。1996、1997年两年间，双方通过人员交换和研究交流，在海盐副产品制备硼酸镁晶的技术方面进行了富有成效的合作，在工艺上取得重大改进。双方计划今后在硼酸镁晶的工业化生产和更广泛的应用方面进一步开展合作。 （范晓莉）

【中朝海洋科技合作】 1996年5月29～30日，中朝双方在北京举行了庆祝中朝海洋科技合作10周年暨第二次中朝海洋学学术讨论会。国家海洋局副局长陈炳鑫和以朝鲜气象水文局海洋司金珠全副司长为团长的朝鲜代表团、朝鲜驻华使馆官员、中方有关合作单位的代表等出席了开幕式。在学术讨论会上，双方11名专家发表了12篇论文，共同探讨了今后的合作领域。

根据《中朝海洋科技合作议定书》，以陈炳鑫副局长为团长的国家海洋局海洋代表团一行6人于1996年10月30日至11月6日访问了朝鲜民主主义人民共和国，在平壤同以金浩日副局长为团长的气象水文局代表团举行了海洋科学技术合作第八次会议。会上，双方回顾和总结了中朝海洋科技合作第七次会议以来合作交流项目的执行情况，认为在双方的共同努力下，合作交流项目的进展是顺利和有成效的。双方还就今后合作交流的有关问题广泛地交换了意见，并商定了新的合作交流计划。双方同意促进中朝海洋科技合作第七次会议确定的“卫星海洋资料处理技术交流”项目的开展，继续进行“浅海潮汐、波浪、风暴潮联合数值模式合作研究”。为纪念中朝海洋科技合作10周年，进一步发展双方的友好合作关系，国家海洋局向朝鲜气象水文局赠送海洋观测自计水位仪一台。最后由陈炳鑫副局长和金浩日副局长分别代表双方签署了中朝海洋科技合作第八次会议会谈纪要。会后中方代表团参观了西海海洋研究所、西海水闸等单位。

【同其他国家的海洋科技合作】 主要活动有中菲南海海洋环保专家小组第二次会议等。

根据中菲南海环保专家小组1997年3月第一次会议纪要，以国家海洋局组团、外交部参与、国家海洋局海洋综合管理司司长鹿守本为团长的中国代表团一行8人于1997年11月11～16日赴菲律宾参加了中菲南海海洋环保专家小组第二次会议。双方就赤潮、海洋污染、风暴潮三个优先项目拟定了项目建议书，并签署了本次会议的纪要。会议期间中国代表团还拜会了菲环境与自然资源部部长维克多·拉莫斯，参观了菲律宾大学海洋科学研究所。代表团双方回顾了自1997年3月第一次会议纪要签署以来本国在海洋环保方面的发展状况以及各自为合作项目所进行的准备工作，并就第一次会议上商定的赤潮、海洋污染和风暴潮三个优先项目的合作目标、内容和组织方式达成一致，确定了各自的具体执行单位，并形成了联合项目建议书。双方还就今后的合作项目以及交流机制交换了意见，并商定，项目执行单位尽快成立各自的项目组，确定首席科学家或联络员，制定项目实施行动计划，以便提交第三次会议审议。双方还商讨了开展三个优先项目科学家互访的有关问题，费用将依照“派出国负担国际旅费、接待国负担国内费用”的国际惯例执行。为了解决合作经费的不足，拟开始着手准备联合向UNDP、UNEP和GEF等国际组织申请项目资助。双方同意第三次会议于1998年上半年在中国举行。

同俄罗斯的海洋科技合作，在前苏联解体后曾一度因俄方机构变化和经费困难陷于停滞不前的状态，但近年来有了新的进展。通过政府间科技合作项目，中国与意大利、丹麦、波兰、罗马尼亚等国海洋科技合作近年来取得了一定突破。 （焦永科）

【与土库曼斯坦进行海水淡化技术合作】 应联合国开发计划署（UNDP）的邀请，国家海洋局派出杭州水处理技术开发中心谭永文副主任及阮国岭博士等3人于1997年4月4～24日对土库曼斯坦的水资源状况进行了考察访问，对解决土库曼斯坦水资源短缺问题提出了具体的解决方案，并提交了两份在土建立海水淡化厂的工程设计方案和技术咨询报告，得到土库曼斯坦政府和UNDP的高度评价。UNDP和土政府都希望国家海洋局能够参加土库曼斯坦投资1亿美元的海水淡化工程项目的投标工作。

与此同时，中国港湾建设（集团）总公司在了解到上述信息后，与国家海洋局赴土考察团进行联系，希望与国家海洋局共同向土政府投标，并就与国家海洋局合作问题初步达成协议。考虑到中国港湾建设（集团）总公司是世界排名100位以内的大型工程建筑承包公司之一，有着丰富的工程承包经验和良好的信誉，与其联盟将有助于该项目中标，为此，国家海洋局与中国港湾建设（集团）总公司于1997年4月底在北京确认了合作意向。同年7月，双方在北京确定合作关系并开始向UNDP方面提交海水淡化工厂方案。

经过中方努力，现UNDP及土库曼斯坦政府均有意聘请国家海洋局杭州水处理中心为该项目的咨询工程师，为业主编制工程招标文件并协助具体招标工作。为此国家海洋局委托杭州水处理中心与中国港湾建设（集团）总公司于1997年11月12日正式签订了双方合作协议，商定双方发挥优势互补、共同开拓土库曼斯坦乃至世界各地的海水淡化及类似工程的承包市场。

（陈　越）

【全球海洋观测系统（GOOS）】　全球海洋观测系统（GOOS）是联合国教科文组织政府间海洋学委员会（简称海委会）迄今发起的全球性最大、综合性最强的海洋观测系统。该系统将在现有各专业观测系统（如全球海洋站综合观测系统IGOSS、全球海平面观测系统GLOSS等）的基础上，通过发展高新技术（如卫星、声学监测等）进一步提高和完善监测手段，为海洋预报和研究、海洋资源的合理开发和保护、控制海洋污染、制定海洋和海岸带综合开发和整治规划等提供长期和系统的资料。为此，受到广大会员国的普遍支持和响应。

鉴于GOOS计划也是世界气象组织全球气候观测计划（GCOS）的重要组成部分，因而，GOOS计划也得到世界气象组织的支持。

继海委会1993年召开的第十七次大会决定正式发起GOOS之后，中国、日本、韩国、俄罗斯等国于1994年率先发起东北亚海洋观测系统（NEAR－GOOS），作为国际GOOS的一部分。迄今为止，召开过五次NEAR－GOOS专家、区域会议，其中日本已建立了NEAR－GOOS实时资料传输中心和延时资料中心。中国国家海洋信息中心也已建立了延时资料中心，有关资料可通过互联网（Internet）交换。NEAR－GOOS已成为海委会GOOS计划中较活跃的区域GOOS计划之一。

目前，欧洲也成立了欧洲海洋观测系统（EURO－GOOS），美国和加拿大建立了美加GOOS。此外，在一些地区还召开了GOOS研讨会。GOOS已成为海委会今后一个时期内乃至下一个世纪的重点计划。

（梁凤奎）

【南海北部海岸带综合管理项目获联合国开发计划署资助】　1997年3月，联合国开发计划署（UNDP）批准了国家海洋局申报的总额为110万美元的南海北部海岸带综合管理项目。该项目为期三年，旨在帮助广东、广西和海南等地方政府建立海岸带综合管理体制，制定和完善与之配套的法规体制，完善海洋功能区划，促进跨部门海洋环境保护，以实现海洋资源的可持续利用。3月6～16日，由UNDP、外经贸部国际经济技术交流中心和国家海洋局等组成的考察团对该项目阳江、防城港和文昌等三个示范区进行了考察，随后于6月11日在北京召开了该项目启动会，成立了国家项目指导委员会，任命海洋局管理司副司长刘喜礼为国家项目主任，并与UNDP签署了项目文件。同时还在海洋局设立了项目管理办公室。

该项目自开始实施以来，已经聘请了国际专家和国内专家各1名，还任命了各示范区负责人，并在三个示范区举办了地方政府共15人参加的海岸带综合管理培训班，组织了6人赴菲律宾、泰国和香港的海岸带综合管理考察团和5人赴泰国的项目培训。此外，还为各示范区项目办公室购置了电脑、传真机和复印机等设备，以保证项目的执行。总的来说，该项目的实施比较顺利，已经与UNDP驻华代表处、交流中心以及各个示范区建议了良好的合作关系。通过实施该项目既可以帮助地方培训急需的海岸带综合管理人才，也能树立国家海洋局为地方服务的形象。

【继续执行GEF/UNDP/IMO东亚海洋污染防止和管理项目】　1996年和1997年是GEF/UNDP/IMO东亚海洋污染防止和管理项目运行的第4年。为继续做好国家海洋局作为牵头部门（Focal Point）的工作，海洋局与设在菲律宾的该项目地区办公室以及厦门示范区项目办公室密切配合、相互支持合作，较好地完成了当年的任务。其中包括出席了第3次和第4次项目指导委员会会议，在会上介绍了厦门示范区的成功经验，并呼吁推广厦门经验。1997年6月派出了以厦门市副市长朱亚衍为团长的由13名专家和管理人员组成的代表团参加了在泰国召开的应用海岸带综合管理区域研讨会，在会上做了“建立海岸带综合管理机制是实施可持续发展战略的重要保证”的主旨发言，得到与会代表的赞赏和高度评价。国家海洋局派人参加了在菲律宾举行的高级专家咨询会，在菲律宾、厦门和新加坡举办的海岸带综合管理培训班，并先后派出3人赴马尼拉项目办公室进行为期7个月的、有关成果评估和编辑出版方面的工作访问。此外，厦门示范区接待了来自东南亚和非洲国家的从事海岸带综合管理和研究的人员共45人，并为菲律宾BATANGAS示范区培训了2名监测技术人员，中国国家海洋环境监测中心为朝鲜两名化学家进行了海洋污染监测培训。

经过几年的努力，厦门示范区已经建立了《厦门市海域使用管理条例》等6个涉海管理法规，并设立了厦门市政府海洋管理办公室，负责厦门市海域功能区划的管理和协调工作，建立了海岸带综合管理的科学技术支撑体系和较为完整的培训机制，并成立了海岸带可持续发展培训中心，定期对在职管理人员提供培训。

【黄海大海洋生态系保护项目得到GEF资助】 1997年3月底，借全球环境基金(GEF)总裁兼首席执行官艾希雷先生访问北京之机，国家海洋局局长张登义与其就国家海洋局向GEF申请的黄海大海洋生态系保护和持续利用项目等问题进行了商谈，希望艾希雷先生对此项目给予关注和支持。黄海大海洋生态系项目分成三个阶段来执行：第一阶段是建立一个完整、合理和可操作的项目方案，项目经费为35万美元；第二阶段为制定项目战略行动计划阶段，GEF资助为80万美元；第三阶段为项目实施阶段，资助总额为1000万～2000万美元之间。该项目实施经费的获得，将取决于每个阶段的实施效果。同年5月，国家海洋局接待了专程来华的GEF秘书处业务部主任杜达博士，进一步对黄海项目的审批、协调等问题进行了协商。通过艾希雷先生和杜达博士的来访，GEF及UNDP进一步了解了国家海洋局的设想，使得黄海大海洋生态系项目被GEF总部列为优先考虑范围。1997年6月12日，该项目在GEF业务会议上通过，获得了35万美元项目发展基金的资助。项目将于1998年9月开始实施。

（陈　越）

国际交流
International Exchange

【国际海底管理局第二和第三届大会】 国际海底管理局是根据联合国海洋法公约成立的独立的国际组织，是代表国际社会监督和管理国际海底区域资源的勘探与开发，成立于1994年11月16日即联合国海洋法生效的当天。国际海底管理局于1995年举行了自其成立后的第一届大会。

国际海底管理局的第二和第三届大会分别于1996年3月11～22日，8月5～16日和1997年3月17～28日在牙买加的首都金斯敦召开。第二届大会的主要成果是完成了机构的组织建设，选举产生了第一届理事会、管理局秘书长、管理局财务委员会、法律和技术委员会并就有关议题展开了讨论，为管理局工作的全面开展打下了基础。国际海底管理局第三届大会转入实质性工作，开始起草和制定管理局《区域内多金属结核探矿与勘探规章》，讨论和制定《国际海底管理局和牙买加政府关于国际海底管理局总部的协定》，《国际海底管理局和联合国的关系协定》和《国际海底管理局特权与豁免议定书》等。

根据《联合国海洋法公约》和《关于执行联合国海洋法公约第十一部分的协定》，理事会将由5个组36名成员组成，5个组及其各组名额的具体分配为：A组(4个消费国)、B组(8个最大投资国中的4个国家)、C组(4个生产国)、D组(6个代表特殊利益的发展中国家)、E级(18个地域分配席位)。理事会成员选举首先由各组提名，再经大会选举产生。在获得小组提名前，各成员之间展开了激烈的竞争，尤其是B组的提名，竞争异常激烈，面临五国(中国、德国、法国、印度、荷兰)争四席的局面。经过多轮磋商，荷兰以确保两年后接替印度进入B组为条件退出选举，德国在两年后再次获得提名，就此解决了B组的最后提名问题。最后选出包括中国在内的36名理事会成员，组成管理局第一届理事会。管理局第二届大会的后期经过激烈的竞争选举产生了法律和技术委员会和财务委员会。中国提出的两名候选人都顺利当选。至此，管理局第二届大会完成了组织机构建设，为管理局下一步转入实质性工作奠定了基础。

管理局从第三届大会起转入实质性的工作。本届大会就《区域内多金属结核资源的探矿和勘探规章》草案、《国际海底管理局和牙买加政府关于国际海底管理局总部的协定》、《国际海底管理局和联合国的关系协定》、《国际海底管理局特权与豁免议定书》等议题进行了重点审议。

《区域内多金属结核资源的探矿和勘探规章》草案是由秘书处在筹委会工作的基础上起草的，首先提交管理局的法律和技术委员会进行审议。由于该规章是管理局第一部在国际海底区域监督和管理海洋多金属矿产资源勘探的法律规章，涉及各方的切身利益，因此，规章的审议成为成员国关心的焦点。以巴西为代表的77国集团提出要派观察员参加法律和技术委员会会议来争取在规章的制定过程中有更多的发言权。这一提议引起会议的激烈争论，发达国家以法律和技术委员会会议为秘密会议为由不同意增派观察员，经过长时间的僵持，最终达成妥协，同意增派15名观察员以“先来先占位”的方式听会，但无发言权，而且同一代表团不得超过1名。草案从整体上看，经过本届两期会议的审议，其内容更为完善，力求满足各方利益，但多数成员国发言称，“规章”的制定应注重鼓励和调动投资者的积极性以利于促进深海采矿活动的向前发展。由于各国意见不一，大会决定以通讯方式要求成员国将修改的意见寄至秘书处，由法律和技术委员会综合后提交管理局下届会议审议。

管理局第三届大会通过了《国际海底管理局和联合国的关系协定》。《国际海底管理局和牙买加政府关于国际海底管理局总部的协定》主要涉及管理局官员的特权、各国派驻管理局外交使团的建立、管理局资产、安全保障和争端的解决等问题。由于东道国牙买加政府对临时总部与永久总部的提供、管理局会议的安全保障等条款有保留，因此该协议未能获得通过，在下一届大会上继续审议。《国际海底管理局特权与豁免议定书》主要涉及管理局和企业部的特权与豁免事项，有些国家代表认为，该议定书草案在去掉与《联合国海洋法公约》重复的条款后将有望在下届会议上通过。

此外，大会还核准了包括中国在内的7个已登记先驱投资者提出的为期15年的勘探计划。

（梁凤奎）

【"1972年伦敦公约"缔约国特别会议】 《防止倾倒废物及其他物质污染海洋的公约》(简称"1972年伦敦公约")缔约国特别会议于1996年10月29日至11月8日在伦敦国际海事组织总部举行。43个伦敦公约缔约国的代表，以及16个非缔约国和4个非政府间国际组织的观察员出席了这次会议。会议主席由荷兰的创普先生担任。会议主要对"1972年伦敦公约"1996年议定书（简称"1996议定书"）草案进行了审议并最后通过了该议定书。会议还通过了关于"1972年伦敦公约"技术援助与合作以及海上处置船舶等两项决议。会议决定"1996议定书"将于1997年4月1日至1998年3月31日在国际海事组织开放签字。以国家海洋局副局长杨文鹤为团长，由国家海洋局、外交部和交通部等有关同志组成的代表团出席了这次特别会议。代表团签署了会议的最后文件。此次特别会议是"1972年伦敦公约"缔约国在其1991年第14次协商会议上通过了关于修订"1972年伦敦公约"的决议以来，经过5年三次公约修改工作组会议及四次缔约国协商会议对公约的修改内容暨议定书草案进行了反复协商、谈判的基础上举行的，其大的背景是顺应全球环境保护发展的潮流和趋势，特别是符合联合国环境与发展大会通过的《二十一世纪议程》的要求。"1996议定书"对"1972年伦敦公约"的主要修正包括：在"一般义务"条款中增加了预防方法和污染者付费原则的内容，用"反列名单"方法代替了原公约的"禁止名单"，增加了各国可以选择在其内水中是否适用公约的任择性条款，并增加了关于争端解决的条款，还增加了遵守管理等内容。

（陈　越）

【太平洋海洋科学技术大会】 太平洋海洋科学技术大会（简称PACON）是一个国际性非赢利的民间海洋科学技术组织，成立于1984年，总部设在美国夏威夷。该组织的宗旨是向所有参加国家和地区无偿提供信息，为保护海洋及其资源的合理开发和持续利用服务，通过教育和公共宣传强调完善的海洋政策，促进和推动海洋科学与技术各学科的发展。

太平洋海洋科学技术大会每两年举行一次大会，大会包括的领域非常广泛，如：海洋遥感、全球定位系统在海洋领域中的应用、海洋声学、海道测量学、水深学、专属经济区、制图、海岸工程、浮标技术和海洋仪器、气候变化和滩涂开发、海洋政策、海洋经济和计划、海洋环境保护、海洋交通和港口、海洋空间利用、海洋观测系统和数值模拟、高性能调查船、海洋能源、海洋生物技术的开发、海洋中、小型渔业技术、养殖生态技术，以及海洋采矿。除大会外，该组织在间隔年中视需要举办地区研讨会，以及通过其通讯季刊、选择出版等方式促进海洋科学与技术的信息交流。

太平洋海洋科学技术大会还在该地区参加国和地区设立分会。目前设有分会的国家和地区有：美国（加利福尼亚和夏威夷各一个）、澳大利亚、日本、韩国和中国台湾。中国于1993年正式成立分会，国家海洋局副局长杨文鹤任中国分会主席，中国海洋学会负责分会的日常工作。中国分会自成立以来积极组织了中国科学家参加该组织的学术交流活动，并分别于1993年、1997年两度与该组织合作举办了北京、香港地区科学和技术研讨会，促进了中国学者与环太平洋国家和地区的同行交流，活跃了国内的学术气氛。

（梁凤奎）

附　录

Appendixes

附录1 1996～1997年间海洋科研项目获奖成果一览表

Appendix 1 Table of Award-Winning Achievements of the Marine Scientific Resaerch Projects During 1996～1997

表1 海洋科研获奖成果一览表

年 份	项目名称	奖励等级	主要完成单位	主要负责人（前三名）
1996	中日黑潮调查研究——中方调查研究成果	国家科技进步二等奖	国家海洋局一所、二所等	
1997	全国海岛资源综合调查与开发试验	1997年国家科技进步二等奖；1996年国家海洋局科技进步一等奖	国家海洋信息中心等	
1996	中国南极考察科学研究	国家海洋局特等奖	中国科学院地质研究所等	
1996	反渗透复合膜研制	国家海洋局科技进步二等奖	国家海洋局杭州水处理技术研究开发中心	
1996	大面积海湾扇贝复壮高产试验	国家海洋局科技进步二等奖	青岛市海洋渔业技术推广站等	
1996	南极菲尔德斯半岛及其附近地区生态系统研究	国家海洋局科技进步二等奖	国家海洋局一所等	
1996	啤酒工业废水低能耗水解（酸化）＋UASB＋好氧串并联生化处理	国家海洋局科技进步二等奖	国家海洋局三所	
1996	全国海洋开发规划	国家海洋局科技进步二等奖	国家海洋信息中心、国家海洋环境监测中心	
1996	NOAA卫星资料收集处理和产品分发业务系统	国家海洋局科技进步二等奖	国家海洋环境预报中心	
1996	西北太平洋环流及其对我国近海环流的影响	国家海洋局科技进步二等奖	国家海洋局二所	
1997	鱼生长激素基因工程	国家海洋局科技进步一等奖	国家海洋局三所	徐 洵、杨 丰、陈荣忠
1997	我国北方海区养殖水体中危害性纤毛虫原生动物的生物多样性及细胞发生学	国家海洋局科技进步一等奖	青岛海洋大学水产学院	宋微波、王 梅、徐奎栋
1997	海螺酶生产单细胞饵料技术研究	国家海洋局科技进步一等奖	青岛海洋大学生命学院	戴继勋、王 海、韩宝芹
1997	走航式声学多普勒海流剖面仪（ADCP）	国家海洋局科技进步二等奖	国家海洋局海洋技术研究所	徐庆先、邱小英、周长兴

续表

年 份	项目名称	奖励等级	主要完成单位	主要负责人（前三名）
1997	从ERS-1卫星AM1测风模块资料提取海面风场信息的研究	国家海洋局科技进步二等奖	国家海洋局三所	孙 瀛、林明森、郑淑卿
1997	风云一号(02批)卫星海洋应用预研	国家海洋局科技进步二等奖	国家海洋局二所	潘德炉、沈毅楚、张鸿翔
1997	海洋高技术研究开发立项论证	国家海洋局科技进步二等奖	中国科学院声学所等	关定华、邓寿鹏、林 泉
1997	区域预报中心的海洋灾害数值预报业务化系统	国家海洋局科技进步二等奖	国家海洋环境预报中心	包澄澜、叶人秒、耿景鑫
1997	TH—911高氯化聚乙烯防腐涂料	国家海洋局科技进步二等奖	国家海洋局海水淡化与综合利用研究所	闫明久、刘淑英、陈 岩
1997	中法合作渤海东部潮流沉积及动力成因机制研究	国家海洋局科技进步二等奖	国家海洋局一所	刘振夏、夏东兴、王揆洋
1997	《中国海洋21世纪议程》和《中国海洋21世纪议程行动计划》	国家海洋局科技进步二等奖	国家海洋局海洋发展战略研究所	杨金森、刘容子、陈连增
1997	贝类甲肝病毒污染快速检测技术	国家海洋局科技进步二等奖	国家海洋局三所	杨 丰、徐 洵、王 滨
1997	辽河油田浅海油气区海洋环境	国家海洋局科技进步二等奖	辽河石油勘探局海洋石油勘探开发公司、国家海洋环境监测中心、国家海洋局一所	金尚柱、马 宏、窦振兴

表2 海洋渔业获奖科研成果一览表

年 份	项目名称	奖励等级	主要完成单位	主要负责人（前三名）
1996	渤海渔业增养殖技术研究	农业部科技进步一等奖	中国水产科学研究院黄海水产研究所、中国科学院海洋研究所、山东省海水养殖研究所	邓景耀、唐启升、雷霁霖
1996	沿海养殖水域温盐信息处理系统	农业部科技进步二等奖	中国水产科学研究院南海水产研究所	卢婉娴、何国发、林茵茵
1996	白令海和鄂霍次克海狭鳕渔业信息网络和资源评估调查	农业部科技进步二等奖	中国水产科学研究院黄海水产研究所	唐启升、王为祥、张铭棣
1996	“南海贻贝观察”体系的研究	农业部科技进步二等奖	中国水产科学研究院南海水产研究所	贾晓平、林 钦、周国君
1996	南海海上油气田开发工程对周围海域渔业资源影响的评价与研究	农业部科技进步二等奖	中国水产科学研究院南海水产研究所	贾晓平、林 钦、周国君
1997	具有简易电子海图的渔用GPS导航仪	农业部科技进步一等奖	中国水产科学研究院渔业机械仪器研究所	符锡金、章 健、汤秀明
1997	北太平洋柔鱼资源开发和捕捞技术及其装备研究	农业部科技进步二等奖；上海市优秀产学研一等奖	上海水产大学、舟山海洋渔业公司、烟台海洋渔业公司、上海海洋渔业公司	王尧耕、傅守忠、胡明育

续表

年 份	项目名称	奖励等级	主要完成单位	主要负责人（前三名）
1997	中国经济海藻超微结构研究	农业部科技进步二等奖	上海水产大学、上海医科大学、中国水产科学研究院东海水产研究所	王素娟、徐志东、刘凤贤
1997	大型石油化工综合开发工程对大亚湾渔业环境和资源影响的预测研究	农业部科技进步二等奖	中国水产科学研究院南海水产研究所	贾晓平、郭金富、林 钦
1997	双船底拖网渔具性能及其优化设计	农业部科技进步二等奖	中国水产科学研究院东海水产研究所、大连海洋渔业总公司、常熟市海洋渔业公司	王明彦、徐宝生、项忆军
1997	对虾细菌性疾病及几种常见病的防治技术研究	农业部科技进步二等奖	中国水产科学研究院黄海水产研究所、青岛海洋大学、中国水产科学研究院东海水产研究所等	杨丛海、徐怀恕、俞开康
1997	中国海洋渔业生物学研究	农业部科技进步二等奖	中国水产科学研究院黄海水产研究所、中国水产科学研究院东海水产研究所、中国科学院海洋研究所等	邓景耀、唐启升、罗秉征

表3 海洋石油获奖科研成果一览表

年 份	项目名称	奖励等级	主要完成单位	主要负责人（前三名）
1996	渤海绥中36-1油田试验区开发工程	国家科技进步一等奖		
1996	锦州20-2海上凝析气田开采与集输	国家科技进步二等奖		
1996	莺—琼大气区的发现及勘探技术	国家科技进步二等奖		
1997	“埕岛中心一号”桩基液压自升式固定采油平台	1997年国家科技进步三等奖；1996年中国石油天然气总公司科技进步一等奖	胜利石油管理局钻井工艺研究院等	孙东昌、王运安、田海庆
1997	大中型天然气田形成条件、分布规律和勘探技术	国家科技进步一等奖		
1997	南海东方1-1大气田勘探新技术及其应用	国家科技进步三等奖		
1997	胜利油田浅海滩涂石油勘探开发对环境及生态资源的影响和控制对策研究	国家科技进步三等奖；中国石油天然气总公司科技进步一等奖	胜利油田环境保护中心、中国环境科学研究院	刘风奎、史桂芳、姜祖义

表4 海洋交通运输获奖科研成果一览表

年 份	项目名称	奖励等级	主要完成单位	主要负责人（前三名）
1996	M16-33型门座起重机	国家科技进步二等奖	交通部上海港口机械制造厂	
1996	疏浚工程（自航耙吸挖泥船）电子图形监控系统	国家科技进步三等奖	广州航道局、广州水运工程设计研究院	

续表

年　份	项目名称	奖励等级	主要完成单位	主要负责人（前三名）
1996	船舶积载与出口集装箱数据交换系统	国家科技进步三等奖	交通部水运科学研究所	
1997	DXJ1600 型 1 600t/h 斗轮式矿石卸船机	1997 年国家科技进步二等奖；1996 年交通部科技进步一等奖	上海港口机械制造厂、交通部水运科学研究所、青岛港务局	
1996	WMS-1 型远洋船舶轮机仿真训练器	交通部科技进步一等奖	武汉交通科技大学、亚洲仿真控制系统工程有限公司	
1996	珠江崖门口航道整治技术研究	交通部科技进步二等奖	南京水利科学研究院、广东省航道局	
1996	港口新型抓斗吊具系列推广	交通部科技进步二等奖	上海港务局	
1997	1 600t/h 抓斗卸船机	交通部科技进步一等奖	交通部水运科学研究所、上海港口机械制造厂	
1997	珠江口伶仃洋航道整治技术的研究	交通部科技进步二等奖	交通部天津水运工程科学研究所、广州港务局、广州航道局水运工程研究设计院等	
1997	宁波甬江水下隧道管段沉放法施工技术	交通部科技进步二等奖	广州海上救助打捞局第一工程处	
1997	汕头港外拦门沙整治工程泥沙试验研究成果总报告(1985～1995)	交通部科技进步二等奖	交通部、水利部、电力工业部南京水利科学研究院	
1997	船用防避台风决策系统	交通部科技进步二等奖	青岛远洋船员学院、青岛海洋大学海洋环境学院、国家海洋局青岛海洋预报台、武汉交通科技大学航运学院	

表 5　获国家教委和沿海省、市科研成果奖一览表

年　份	项目名称	奖励等级	主要完成单位	主要负责人（前三名）
1997	海浪数值预报方法	1997 年国家科技进步三等奖；1996 年国家教委科技进步一等奖	青岛海洋大学物理海洋所	文圣常、张大错、吴增茂
1997	新药藻酸双酯钠的研究	1997 年国家科技进步三等奖；1996 国家教委科技进步二等奖	青岛海洋大学药物所	管华诗、车　琼、兰　进
1996	对虾营养及配合饵料的研究	国家教委科技进步一等奖	青岛海洋大学水产学院	李爱杰、楼伟风、徐家敏
1996	复变函数、有限单元法和边界单元法在地球物理中的应用	国家教委科技进步二等奖；山东省科技进步二等奖	青岛海洋大学地球物理所	徐世浙
1996	鳀鱼鱼油提取、精制及综合利用研究	山东省科技进步二等奖	青岛海洋渔业公司、中国水产科学研究院黄海水产研究所	宫怀孔、刘庆慧、纪玉忠
1996	三疣梭子蟹全人工养殖技术研究	山东省科技进步二等奖	山东省寿光海惠水产总公司、青岛海洋大学	丁　伟、王金升、孙建东

续表

年 份	项目名称	奖励等级	主要完成单位	主要负责人（前三名）
1996	R7型线性变螺距螺旋桨	山东省科技进步二等奖	山东省蓬莱市第二造船厂	谢心达、李 刚、房立军
1996	FZF2-2型海洋资料浮标系统	山东省科技进步二等奖	山东省科学院海洋仪器仪表研究所、国家海洋局北海分局	王军成、王孝坤、张喜验
1996	上海市海岛资源综合调查与开发试点研究	上海市科技进步二等奖	华东师范大学、国家海洋局东海分局等	
1996	上海河口地区对虾病毒病原体鉴定及PCR检测方法的建立	上海市科技进步二等奖	中国科学院上海生物化学研究所	
1996	崇明东滩生态环境与合理开发的关系研究	上海市科技进步二等奖	上海野生动物保护协会、上海师范大学等	
1997	海水入侵防治实验研究	山东省科技进步一等奖	山东省农业委员会、山东省水利科学研究院等	赵德三、倪本梓、张祖陆
1997	小型渔船绳拖网实验研究	山东省科技进步二等奖	山东省海洋水产研究所、山东省蓬莱市网具厂	孙泰富、陈家乐、崔国平
1997	太平洋牡蛎控温育苗及当年养成技术研究与推广	山东省科技进步二等奖	烟台市芝罘区渔业技术推广站	宋志乐、赵玉山、杨 静
1997	名贵海产鱼网箱养殖技术开发研究	山东省科技进步二等奖	烟台市海水养殖试验场	王承旭、蔡江先、王玉林
1997	风暴潮客观分析、四维同化和数值预报产品研究	山东省科技进步二等奖	青岛海洋大学、厦门大学、中国科学院海洋所、国家海洋局第二海洋研究所	冯士筰、孙文心、王景庸
1997	洋壳、海水、大气间相互作用的应用研究	山东省科技进步二等奖	山东省气象台、山东省地震局、山东省农气中心等	刘厚赞、刘梦玉、奚秀芬
1997	近海异常海温分析及研究	国家教委科技进步二等奖	青岛海洋大学环境学院	王赐震、苏育嵩、杜 勇
1997	东海台风监测、预报、警报服务系统	上海市科技进步二等奖	上海市气象局	

附录2 中国海洋学术团体

Appendix 2 Marine Learned Societies of China

【中国海洋湖沼学会】 中国海洋湖沼学会是海洋湖沼科技工作者自愿结成、非营利性的法人学术性群众团体。该学会的宗旨是：认真贯彻党的基本路线，遵守宪法、法律、法规和国家政策，遵守社会道德风尚。贯彻民主办会精神，团结和动员海洋湖沼科学技术工作者以经济建设为中心，坚持科学技术是第一生产力的思想，实施科教兴国和可持续发展战略，执行"百花齐放、百家争鸣"方针，促进海洋湖沼科学技术的繁荣和发展，促进海洋湖沼科学技术的普及和推广，为建设有中国特色的社会主义做出贡献。中国海洋湖沼学会下属有15个专业委员会(分会)，9个省市地方分会，6个工作委员会，目前共有会员7 860余人。

中国海洋湖沼学会1996～1997年最重要的活动是1997年4月11～14日在青岛召开了第七次会员代表大会暨学术年会。在这次大会上，选举产生了由115名理事组成的学会第七届理事会，并通过了聘任学会学术交流工作委员会、国际学术交流工作委员会、编辑出版工作委员会、科普工作委员会、科技咨询委员会和青年工作委员会组成人员名单。

第七届理事会组成如下：

理 事 长：秦蕴珊

名誉理事长：曾呈奎 文圣常 刘建康 刘瑞玉 陈吉余

副 理 事 长：刘永定 苏纪兰 汪品先 陈宜瑜 陈炳鑫 周名江 梁瑞驹 管华诗 周名江

秘 书 长：周名江

副 秘 书 长：方欣华、刘明星、陈毅峰、周汉秋 顾传宬(常务副秘书长)

办公室主任：顾传宬

常 务 理 事：丁德文 尤芳湖 王 颖 刘永定 刘光鼎 冯士筰 业治铮 齐雨藻 许东禹 陈宜瑜 陈炳鑫 邱大洪 汪品先 李乃胜 苏纪兰 苏永全 张仁和 张正斌 张荣权 周名江 周百成 周秀骥 赵法箴 胡明辉 胡鸿钧 徐贯华 袁业立 唐启升 秦蕴珊 梁瑞驹 曹文宣 曾庆存 董兆乾 惠绍棠 管华诗 潘金培 濮培民

在召开学会第七次会员代表大会暨学术年会期间，用了二天半的时间开展学术交流，学术交流分大会报告和分组报告进行。进行大会学术报告的有国家海洋局陈炳鑫副局长：《维护我国海洋权益的形势和对策意见》；华东师范大学河口海岸所名誉所长、国际欧亚科学院院士陈吉余教授：《关于大型工程对长江口环境的影响》；国家海洋局一所所长、中国工程院院士袁业立研究员：《SAR遥感技术》；中国科学院声学所国家重点实验室主任、中国科学院院士张仁和教授：《水声学与海洋学的相关性》；中国工程院院士、国家海洋局二所金翔龙研究员：《冲绳海槽构造性质的再认识》；中国科学院院士、青岛海洋大学副校长冯士筰教授：《近海环境动力学研究的一个焦点》；厦门大学环境学院院长洪华生教授：《台湾海峡及邻近海域生源要素生物地球化学研究进展》；中国科学院南京地理与湖泊所濮培民研究员：《发展水生态环境工程学和古湖泊环境学研究，迎接地表水环境恶化的挑战》；中国科学院院士、同济大学汪品先教授：《大洋钻探》；中国科协全国委员、中国科学院院士、海洋研究所刘瑞玉研究员：《人类活动对海洋生物多样性的影响》；中国水利水电科学研究院院长梁瑞驹教授：《近年来我国的水害灾害》；中国科学院海洋研究所胡敦欣研究员：《全球变化与当代海洋学发展》；中国科学院百人计划夺标者、中国科学院海洋研究所高抒研究员：《海洋沉积动力学应用前景展望》等。分组学术活动分地质、物理、化学、药物、生物(一、二)6个学术组进行。共有109名代表作了学术报告。所报告的论文汇集成论文摘要汇编一册。这些报告的内容丰富、广泛，基本上反映了中国海洋与湖沼各学科领域的研究现状和动向。特别是一些著名专家作的大会学术报告，在各自涉及的领域内，瞄准世界科学前沿，突出重点，视野开阔，代表们普遍感到很受启发。这次会议所作的学术报告，集中体现了当前海洋湖沼科学的最新成果。 (顾传宬)

【中国海洋学会】 中国海洋学会成立于1979年9月，隶属于中国科学技术协会，挂靠国家海洋局。现有会员1万多人。下设17个二级(专业)学会和6个地区学会。主办《海洋学报》、《海洋世界》、《海洋工程》刊物。(第四届理事会组成及其他资料详见本年鉴1994～1996卷。)

中国海洋学会的科普工作 海洋学会通过多渠道、多形式的海洋科普活动，促进科技与经济结合，增强公众的海洋意识，提高海洋工作者的素质。

海洋学会精心策划在青岛举办的"'97海洋与我

们”夏令营，由延安中学生为主，与北京、西安中学生共同组成。夏令营活动内容丰富，有鲜明的海洋特色，举办了海洋知识讲座三次；参观了海豚馆、水族馆、海军博物馆、小麦岛海洋自动观测站、“向阳红09号科学考察船”等海洋单位；游览了栈桥、月牙湾、崂山等沿海旅游风景区。夏令营注重营员实践能力培养，组织营员在“中国海监18号”船上进行航海实习、在参观船内设施、了解航海知识的同时，在船员的带领下，进行了海上求生、救生、缆绳打结、手旗通讯等训练；营员们学走浪桥，到海里游泳，练习潜艇模拟操作；在海军教官的指导下，营员在营地进行半军事化训练。生动的爱国主义教育融于夏令营全过程，海洋国情讲座使营员们了解中国有约300万 km^2 的蓝色国土；在潜艇学院与海军战士共同生活、训练、听报告，提高了保卫祖国海疆的认识；海洋是资源宝库讲座使营员认识到海洋产业发展大有可为，为着开发海洋要发奋学习。在各项活动中适时穿插一些知识性、操作性的竞赛活动，引起营员积极参与的浓厚兴趣。多数营员来自革命老区，他们所到各处备受欢迎、爱护与关怀。夏令营的举办引起中央电视台的关注。该台青少年部拍摄了夏令营的全部实况，节选制作了专题节目，向全国播出。

中国海洋学会还利用各种纪念日的机会，采用展览、咨询、知识讲座等形式传播海洋知识，如1996年5月4日，海洋学会组织北京市中学生参观国家海洋环境预报中心的卫星云图传真室、分析室、预报室、预报节目制作室，听取预报中心教授包澄澜的海洋灾害预报讲座和台长宋学家的海洋预报知识介绍，观看了减灾防灾录像片。参观活动引起了同学们对海洋预报的兴趣和对海洋环境的关注。

海洋学会努力开展技术培训、技术咨询等技术推广活动，促进海洋技术成果向现实生产力转化，提高了科技人员素质。如：海水淡化与水再利用分会在浙江嘉兴、杭州、辽宁兴城等地举办了膜分离技术（电渗析、反渗透技术）培训班，对来自全国各地的130余名学员进行岗位技术培训。请精通理论又有实践经验的专家编写教学大纲、教材，并亲自授课；深入生产第一线，针对实际技术问题进行讲解；应用录像片、幻灯片辅助教学，收到良好效果。该分会举行了多期膜技术及其应用的讲座，如：“反渗透制取食用纯水”、“矿泉水生产中毒素的产生与消除”等；在染料净化、药物浓缩和荷电膜等方面为生产单位进行技术咨询服务，解决了许多实际问题。

中国海洋学会海洋生物工程专业委员会 1997年10月，该专业委员会在杭州举办了“海洋生物技术及产业发展学术讨论会”，来自海洋科研、教学、企业管理等单位的专家学者、企业家及管理干部共60多人出席会议。专家学者交流研讨了海洋药物研究开发、海洋生物活性物质分离纯化的新技术、新设备、新方法，以及海洋生物资源开发利用等方面的进展与发展趋势。企业家与工程技术人员介绍了海洋生物技术的新产品，表达了与科研院所、大专院校合作的强烈愿望。会议高度评价科学家与企业家直接对话、优势互补、有机结合的学术活动模式。

中国海洋学会海气相互作用专业委员会和中国气象学会海洋气象学委员会 1996年10月在杭州市联合举办了“海洋和气候的变化及其对环境和资源的影响”学术讨论会。这次共有60余人参加的讨论会共收到论文41篇，交流了有关海洋气象学、海气相互作用和海洋资源、海洋环境等方面的最新研究成果，论文涉及的内容广泛，也有相当的深度和新意。中国海洋学会与海南省海洋厅于1997年12月在海口市举办了“全国海洋开发与产业发展研讨会”，50多位来自海洋单位的领导、专家学者和企业家出席了会议。这次研讨会旨在贯彻国务院领导同志对海洋工作的重要指示，加强海南省与全国沿海各省、市、自治区、县等地方的联系，利用学会专家荟萃的优势，为全国和海南省的海洋开发和产业发展献计献策。会上发表了4篇专题报告和12篇论文，并进行了广泛的研讨。交流和研讨的内容有：贯彻实施科技兴海和可持续发展战略；构建南海油气开发基地，培养海洋油气产业群体；海洋渔业发展战略；海洋生物活性物质的研究与开发；海水淡化成本分析及应用前景评估；海洋油气开发装备的国产化问题。

（王景学）

分会换届工作 中国海洋学会共有17个分支机构。1997年海冰专业委员会、风暴潮及海啸分会、海洋调查专业委员会三个分支机构进行了换届。

1997年10月，海冰专业委员会在北京怀柔召开了第二届委员会换届大会，选举产生了第三届海冰专业委员会的领导成员：

主 任 委 员：丁德文
副主任委员：曾恒一　史庆增　藏恒范　郭明克
秘 书 长：吴辉碇　谭树志　刘纪元　隋吉学

1997年10月风暴潮及海啸分会在山东青岛召开了第三届委员会换届大会，选举产生了第四届风暴潮及海啸分会的领导成员：

主 任 委 员：冯士筰
副主任委员：王喜年　孙文心　甘雨鸣　宋学家
叶人秒　羊天柱　商少平　孙继昌
乐肯堂
秘 书 长：王喜年
副秘书长：叶　琳

1997年12月，海洋调查专业委员会在山东青岛召开了第一届委员会换届大会，选举产生了第二届海洋调查专业委员会的领导成员：

名誉主任委员：万国铭

主 任 委 员：何元成

副主任委员：梁 松 张有份 金建才 王德正 曲绵旭 郭卫平 孙 洪 黄振宗

主办刊物

主办刊物名称	创刊时间	挂靠单位	主 编
《海洋学报》	1979	海洋出版社	巢纪平
《海洋工程》	1983	南京水利科学研究院	窦国仁
《海洋世界》	1975.11	海洋出版社	陈泽卿

（张 滨）

【中国水产学会】 中国水产学会于1963年成立，业务主管单位为农业部，接受中国科协的业务指导。现有会员15 000人，下设17个专业委员会(研究会)，全国33个省(自治区、直辖市、计划单列市)设有水产学会。中国水产学会主办的刊物共有四种(见表1、表2)。

中国水产学会第六届常务理事会组成如下：

名誉理事长：曾呈奎 孟庆闻 张延喜

名誉副理事长：曲 铭

理 事 长：涂逢俊

常务副理事长：卓友瞻 钱志林

副 理 事 长：(按姓氏笔划为序)

冯瑞峰 朱作言 刘 筠 张 毅 周应祺 赵法箴 贺寿仑 唐启升 郭南麟 管华诗

顾 问：陆 桂 骆肇尧 陈修白 孙瑞璋 沈汉祥

秘 书 长：李明旗

副 秘 书 长：易 林 关景象 曲善庆

常 务 理 事：(按姓氏笔划为序)

王长庚 王衍亮 白志健 冯瑞峰 包盛清 朱作言 朱宝馨 刘 筠 杨 坚 李明旗 余明龙 苏建通 吴敬南 张 毅 卓友瞻 周应祺 赵乃刚 贺寿仑 相建海 赵法箴 唐启升 钱志林 贾建三 郭南麟 涂逢俊 韩 仍 管华诗 潘金培 司徒建通

1996～1997重要活动 1.中国水产学会海洋渔业资源专业委员会，应广西壮族自治区水产局的邀请，组织了11名专家于1996年4月18～24日考察了广西的海洋增养殖业。专家们先后到防城港、钦州、北海等地，考察了近江牡蛎的吊养、墨西哥湾扇贝的吊笼养殖试验、南珠之乡的珍珠插核、廉州湾文蛤增殖和南美白对虾的种苗培育等。还就保护渔业生态环境、调整海洋捕捞业、发展增养殖业、加强珍珠贝生产管理等提出了许多科学建议，受到自治区水产局的重视。

表1 中国水产学会各专业委员会(研究会)

名 称	挂靠单位	主 任
池塘养殖专业委员会	大连水产学院	刘焕亮
江河水库渔业专业委员会	中国水产科学研究院长江水产研究所	柯福恩
海水养殖专业委员会	中国水产科学研究院黄海水产研究所	杨丛海
海洋渔业资源环境专业委员会	中国水产科学研究院黄海水产研究所	邓景耀
渔船和渔业机械仪器专业委员会	中国水产科学研究院渔业机械仪器研究所	张淼涌
水产捕捞专业委员会	中国水产科学研究院东海水产研究所	黄锡昌
水产品加工和综合利用专业委员会	宁波大学水产学院	吴汉民
渔业制冷和水工专业委员会	上海水产大学	冯志哲
水产名词审定委员会	中国水产学会	贺寿仑
渔业信息专业委员会	中国水产科学研究院	吴万夫
渔船驾驶专业委员会	大连水产学院	文 干
鲑鱼类研究会	黑龙江水产研究所	王昭明
水产动物营养与饲料研究会	中国水产学会	李爱杰
鱼病研究会	中国科学院水生生物研究所	汪建国
科学普及工作委员会	中国水产学会	鲍金德
观赏鱼研究会	北京水产研究所	郭大民
渔业史研究会		

2.中国水产学会海洋渔业资源专业委员会和农业部黄、渤海海区渔政渔港监督管理局于1996年10月4～7日在山东威海联合召开了“近海渔业发展前景学术研讨会”，有关方面的领导及专家共60多人出席了会议。与会代表就中国近海渔业资源动态变化和出现的问题进行了研讨，并提出了切实可行的建议：(1)加强立法，增强执法力度。针对一些重要经济渔业资源实

施“重点保护，单项立法”后取得明显成效，建议在此基础上增强保护品种，适当扩大禁渔区，切实加强禁渔区管理和渔业许可证制度。(2)及时进行作业结构调整和产业调整。以确立200海里专属经济区为契机，积极发展和扩大外海和远洋渔业，缓解和压缩近海捕捞力量，进一步开展资源增殖，发展生态渔业。(3)严格治理海洋污染，并通过积极发展生态渔业来解决养殖业自身污染问题。(4)加强科学研究，扭转科研工作滞后渔业生产的被动局面。

表2　中国水产学会主办刊物

刊物名称	主办及挂靠单位	主　编
水产学报	上海水产大学	孟庆闻
海洋渔业	中国水产科学研究院东海水产研究所	乔庆林
淡水渔业	中国水产科学研究院长江水产研究所	贾敬德
科学养鱼	中国水产科学研究院淡水渔业研究中心	戈贤平

3.中国水产学会水产捕捞专业委员会与辽宁省水产学会于1996年10月14～18日在大连联合召开了“'96全国暨辽宁省水产捕捞学术交流会”。45位专家及有关方面的代表出席了会议，共收到论文报告39篇，内容涉及渔具基础现状、远洋渔业渔具渔法等。会议期间，代表们讨论认为，水产捕捞业是要继续发展的一项大事业，由于管理不善而引发的近海渔业资源日趋衰退的恶果，并不是水产捕捞科技试验研究造成的。可以通过选择性捕捞、定额捕捞研究，新的捕捞对象、新渔场的开发利用研究，以及远洋渔业渔具渔法研究等，使水产捕捞转入良性循环的轨道。

4.中国水产学会海洋渔业资源专业委员会与农业部南海区资源管理咨询委员会于1997年在海南省三亚市共同召开了外海和远洋渔业资源开发学术研讨会。会议围绕外海和远洋渔业资源开发前景，特别是针对《联合国海洋公约》有关200海里专属经济区制度对中国海洋渔业的影响，中国应采取的对策及与邻国之间专属经济区的划分问题进行了深入的研究和探讨。

（易　林）

【中国太平洋学会】　深圳人民政府和中国太平洋学会于1997年5月联合举办《21世纪：香港—深圳珠江三角洲互补关系新态势》学术研讨会。深圳市委书记厉有为为会议致辞，市长李子彬介绍了深圳市的情况，著名经济学家、中国太平洋学会会长于光远教授主持会议，并做了题为《论香港回归后深圳、珠江三角洲与香港优势互补——兼论我国从“一国多制”向“一制多式”加“一国两制”的发展》的主题发言，杜润生、朱厚泽、王治国等50多位来自全国各地的专家学者出席了会议。会议以邓小平“一国两制、港人制港、高度自治”、江泽民关于深圳特区要发挥“四个作用”对香港回归繁荣稳定“起促进作用”和李鹏关于特区“先行先试”的精神为指导，就一国两制的理论与实践，香港回归后如何把香港、深圳、珠江三角洲三地的优势互补推进到一个新水平，促进港深珠经济共同发展、共同繁荣，促进国家的改革开放和现代化建设进行了深入的讨论。与会专家学者认为，必须坚定不移地全面落实一国两制、港人治港和高度自治。在充分认识并维护香港原有优势的前提下，正确处理三地的优势互补。就深圳和珠江三角洲来说，则必须深化各自的改革和扩大开放，当好改革开放的排头兵和香港与内地联系的“二传手”。

（张海峰）

【中国海洋法学会】　1997年11月，中国海洋法学会在北京召开了以“《联合国海洋法公约》生效后的新形势”为主题的学术研讨会。来自政府部门和研究院所以及台湾的专家学者150多人参加了研讨会。

会议集中就中国海洋权益面临的形势、海洋立法及建立有中国特色的海洋法律体系、海域划界、海洋污染、海事法与海洋法的关系、海事审判中海洋法的适用等问题进行了广泛的研讨。海峡两岸的专家学者还就金(门)马(祖)水域的渔事纠纷问题交流了意见，并建议建立相关机制，以维护两岸渔民的合法权益。澳大利亚驻华公使应邀就澳大利亚与印度尼西亚共同开发协议作了特别报告。代表们认为，该案例对中国和有关国家的海域划界有一定的启发，值得深入研究和探讨。

会议建议：要加强海洋观念的宣传，提高全民族的海洋意识；中国海洋法学会可以作为加强海峡两岸海洋事务交流与合作的渠道；要拓宽学会的工作领域，开展海洋法律事务的咨询服务。

此次研讨会规模大，反响好。原国际法院法官、外交部顾问倪征燠称赞此次会议“学术空气浓，理论水平高，联系实际好”。

（贾　宇）

【中国高科技产业化研究会海洋分会】　“海水利用技术与海洋防腐技术产业发展研讨会”是中国高科技产业化研究会海洋分会联合海水淡化与综合利用研究所、塘沽海洋高新技术开发区于1996年9月在塘沽举办。会议在海水直接利用技术、海水淡化技术、海水化学资源利用技术、海洋防腐技术等领域进行了广泛的交流和项目洽谈，并就这些技术的产业化问题进行了研讨，向国家计委、科委等部门提出了积极的建议。

会议认为，海水利用技术产业化是急需培育的海洋经济新增长点。政协委员刘放、高级顾问马宾与海洋分会理事长关定华分别给国务院领导写信，就加强海水资源开发利用管理，发展海水利用技术，缓解淡水紧缺矛盾等方面提了建议。李鹏、朱镕基两位总理分别批转了他们的函件。姜春云副总理做了批示："请茂生同志阅酌，抓海水领域，是一个很有意义的课题，应当重视，有所作为。"国务委员宋健批示："请冠华同志商登义同志研究，提出具体建议，便于进一步筹划。"海水利用技术及其产业发展引起了国务院领导的高度重视，国家计委、科委、海洋局、水利部、电力部、建设部等政府部门都积极推动这项工作。（袁晴霏）

【中国信息学会海洋分会】 中国信息协会海洋分会举办《首届海洋实用信息暨技术成果、产品展示活动》。为了推动海洋信息为经济建设服务，密切海洋科研、教学单位与海洋开发和海洋产业部门之间的联系，及时有效地将海洋科研成果信息转化为生产力，促进中国海洋经济和海洋科技的发展，中国信息协会海洋分会与青岛市海洋与水产局于1996年9月6日在青岛市联合举办了首届海洋实用信息暨技术成果、产品展示活动。该次活动吸引了广东、浙江、江苏、山东、辽宁、上海和天津等7省市的32家单位近百名代表参加，此外，辽宁省长海县还派出了以科委主任带队的20人参观团赴青参观学习。

活动邀请了中国科学院海洋研究所、青岛海洋大学、中国水产科学研究院黄海水产所、化工部海化院等单位的知名专家教授相继作了海洋药物、海水资源、海洋渔业与海水养殖、海洋化工等范围内的开发动态信息专题讲座。活动还通过展牌、播放录像、实物展示、现场信息发布等多种方式进行广泛的信息交流，使代表们开阔了眼界，增强了信息意识。据现场统计，此次活动展示了当前国内尖端的海洋生物和水产养殖、海洋水资源、海洋化工、海洋水下观测技术的实用技术成果400余项，达成17项水产养殖和加工、水产品保鲜技术供求合作意向，签订了一项代理协议，收到了良好的效益。代表们还通过对一家海洋水产实业集团公司和一家海水增养殖基地的考察，更加深了对信息转化的认识，高度评价了这次由社会团体和政府主管部门联办的信息交流活动。

中国信息协会海洋分会于1997年6月召开的全体理事会上重申了其工作方针是加强联合协作，发挥整体优势，促进信息服务业的现代化，重点是稳定和拓宽信息源，继续加强信息交流，做好信息咨询服务，推动信息转化，逐步实现海洋信息产业化。鉴于此，海洋信息分会增强了与各级政府及海洋管理部门间的联系，积极参与实施地方科技兴海计划，为其举办各类信息交流、项目洽谈等行之有效的活动，受到好评。

目前，海洋信息分会除发挥已有交通、渔业、水利、气象、地矿、海洋、石油、测绘、海军及中科院等涉海主管部门理事的作用外，还联结了沿海大部分地区海洋行政管理部门，从组织体系上确保了海洋信息分会工作的正常进行。近两年来海洋信息分会在各涉海行业会员单位的努力和支持下，不仅以"海洋信息快报"的形式及时提供了大量实用信息，而且还在上海、青岛等地召开跨行业信息交流及发布会，为政府和社会提供有效服务，扩大了海洋信息分会的社会影响。

（徐志道）

【中华航海医学会】 1988年4月成立，隶属中国科学技术协会，是中华医学会的二级学会，挂靠在海军医学研究所。现有会员1500人。下设11个专业委员会，6个地区学会，主办《中华航海医学杂志》刊物。

第三届专科学会委员会组成情况如下：

名誉主任委员：曹诚意

主任委员：丁青艾

副主任委员：褚新奇　赵增荣　张在鹏

常务委员：（按姓氏笔划为序）

丁青艾　马济仁　王　萍　王超政
王德才　石中瑗　刘建平　杨　晔
李士明　吴俊生　张在鹏　陈尧忠
赵增荣　龚锦涵　褚新奇

秘书长：王　萍

（龚锦涵）

附录 3　1997 年海洋界新增中国科学院和工程院院士名录

Appendix 3　Name List of Academicians of the Chinese Academy of Sciences and the Chinese Academy of Engineering from the Marine Community

中国科学院和工程院院士

冯士筰　男，1937 年生，天津市人。1962 年毕业于清华大学工程力学数学系流体力学专业，分配到青岛海洋大学物理海洋与海洋气象系，从事教学工作。1997 年当选为中国科学院地学部院士。现任青岛海洋大学副校长，兼任国务院学位委员会学科评议组理学组成员、国际海洋物理科学协会中国委员会委员等。中国物理海洋学和环境海洋学学术带头人之一。与合作者首先提出了超浅海风暴潮理论，撰写了系统论述风暴潮动力理论及其预报方法的专著。中国第一个环境海洋学博士点的组建者。

刘瑞玉　男，1922 年生，河北乐亭人，海洋生物学家。1945 年毕业于辅仁大学生物系。1980 年任中国科学院海洋研究所研究员，1984～1987 年任所长，1997 年当选为中国科学院生物学部院士。中国海洋底栖生物生态学研究的奠基人。在海洋底栖生物生态学、甲壳动物生物学和分类学基础研究和中国对虾养殖应用研究中做出重要贡献。首次发现黄海冷水性生物群落，首次搞清对虾生活史。

金翔龙　男，1934 年 11 月出生于南京市，海洋地质—地球物理学家，1956 年毕业于中国地质大学(北京地质学院)。1957 年至 1985 年在中国科学院海洋研究所工作，1985 年以来工作于国家海洋局，现任国家海洋局第二海洋研究所研究员、国家海洋局海底科学重点实验室主任、中国科学院海洋研究所和浙江大学博士生导师。1997 年被评为中国工程院院士。主要从事海底构造与海洋地球物理学研究，是中国海底科学的奠基人之一，对学科的创建和发展有开拓性贡献。长期致力于中国边缘浅海的海底研究，推动中国浅海油气勘探的起步，率先开展中国渤、黄、东海的地球物理探测，并在南海首次取得深海地壳属性的重要证据和发现铁锰结壳，对中国海的构造格局、地壳性质与演化提出过重要论述。在大洋海底勘探开发方面曾代表中国接受联合国对中国东太平洋矿区申请的技术审查和答辩，为中国争得东太平洋 15 万平方公里理想矿区和成为世界上第五个国际海底先驱投资国做出关键性贡献。“八五”期间主持与负责国家海洋局所承担的大洋多金属结核资源勘探开发的国家专项，为按联合国要求完成区域放弃和洋底开采工程奠定重要科学基础。1991～1995 年，技术主持大陆架及邻近海域勘查和资源远景评价研究的国家攻关项目，项目和个人均受到国家表彰。1980 年以来发表论文 80 余篇，1990 年以来出版专著 3 部。曾获中国科学院科技进步一、二等奖和科学二等奖各一项，国家海洋局科技进步一等奖二项和科技进步二等奖一项。

附录4 中国海洋行政机构和事业单位简介

Appendix 4 A Brief Introduction to China's Marine Institutions

【概况】 中国涉海机构主要有国家海洋局和沿海省市海洋管理机构、农业部渔业局、中国海洋石油总公司、地矿部、交通部、中国科学院、中国气象局、中国船舶工业总公司、中国盐业总公司以及高等和中等海洋院校。其中国家海洋局是国务院管理全国海洋事务的职能部门。下面对有关机构及其下属部分部门作一简单介绍。

【国家海洋局】 中华人民共和国国家海洋局成立于1964年,是国务院管理全国海洋事务的职能机构。

国家海洋局全面履行国务院赋予的职能,其核心是:维护海洋权益、管理海域使用、协调资源开发、保护海洋环境,以发展中国海洋经济为中心,以推进海洋经济、社会和环境效益的统一为目的,围绕"权益、资源、环境、减灾"四个方面开展工作。

国家海洋局认真履行维护国家海洋权益的职能,积极推进政策法规的研究和制定,提出维护权益的对策和建议,在南沙、南极、图们江出海口以及公海资源权益方面做了卓有成效的工作,并对外国和中外合作在中国管辖海域的活动实施有效管理。

国家海洋局通过组织制定海洋功能区划、海洋开发规划和中国海洋产业政策,促进海洋资源的合理配置,对海洋开发利用活动实施宏观调控。《国家海域使用管理暂行规定》的颁布和实施,开始改变了海域使用无序、无度的状况,同时还选划建设了一批海洋自然保护区。

国家海洋局作为海洋倾废管理、海洋石油勘探开发环境保护的主管部门,选划并管理了一大批海洋倾倒区,组织了全国海洋环境监测网,定期发布海水污染、水质状况通报和中国近海环境质量年报,为海洋环境的治理和保护提供了依据。

国家海洋局重视并加强海洋防灾、减灾工作,建立了全国海洋环境观测预报信息服务系统和海洋预报警报服务体系,及时发出海洋预报和灾害警报,为沿海政府组织防灾减灾提供服务。

在认真履行行政职能做好重点工作的同时,国家海洋局还组织了海洋科研调查、信息、标准计量工作,为海洋管理和公益服务提供了技术和业务支撑。国家海洋局还代表中国政府广泛参与国际组织和海洋事务活动以及多边和双边的合作与交流,为发挥中国在国际海洋事务中的作用,使中国海洋工作走向世界做出了努力。

目前,国家海洋局已形成了基本适应形势和职能需要、结构合理、具有相当能力的组织机构系统和工作队伍,并拥有了包括船只、飞机、浮标、卫星和各种先进仪器设备在内的工作手段。特别值得指出的是,中央和地方相结合的海洋管理体制的建立和完善,进一步壮大了国家海洋队伍,为中国海洋事业的进一步发展奠定了基础。

21世纪是海洋开发新世纪。每一个海洋国家都面临着新的挑战与机遇。国家海洋局将牢固树立以经济建设为中心,面向海洋经济建设主战场,为海洋产业发展直接做贡献的指导思想,认真履行职责,不断开拓工作,推动海洋事业持续、快速、健康发展,为繁荣国民经济做出贡献。

国家海洋局机构设置如下:

办公室
计划财务司
海洋综合管理司
海洋监测服务司
科学技术司
国际合作司
人事劳动教育司
政治部
国家海洋局北海分局
国家海洋局东海分局
国家海洋局南海分局
国家海洋环境预报中心
国家海洋信息中心
国家海洋环境监测中心
国家海洋标准计量中心
国家海洋局船舶飞机调度指挥中心
国家海洋局第一海洋研究所
国家海洋局第二海洋研究所
国家海洋局第三海洋研究所
国家海洋局天津海水淡化与综合利用研究所
国家海洋局海洋技术研究所
国家海洋局杭州水处理技术研究开发中心
中国极地研究所
国家海洋局海洋发展战略研究所
国家海洋局极地考察办公室
国家海洋局学会办公室
中国大洋矿产资源研究开发协会办公室
海洋出版社

中国海洋报社
国家海洋局北京培训中心
国家海洋局宁波海洋学校

【农业部渔业局】
中国水产科学研究院
中国水产科学研究院黄海水产研究所
中国水产科学研究院东海水产研究所
中国水产科学研究院南海水产研究所
中国水产科学研究院渔业机械研究所
农业部黄渤海区渔政渔港监督管理局
中国水产学会

【地矿部涉海机构】
地矿部海洋办公室
地矿部上海海洋地质调查局
上海海洋地质调查局技术装备研究所
地矿部广州海洋地质调查局
地矿部海洋地质研究所
地矿部石油钻井研究所

【交通部涉海事业机构】
交通部、石油部海洋水下工程科学研究院
交通部上海船舶运输科学研究所
交通部天津水运工程科学研究所
交通部海上救助打捞局
交通部上海海上救助打捞局
交通部广州海上救助打捞局
交通部烟台海上救助打捞局
中国海洋工程服务有限公司
中华人民共和国船舶检验局
水利部、交通部、电力部南京水利科学研究院

【中国科学院涉海机构】
中国科学院海洋研究所
中国科学院南海海洋研究所
中国科学院声学研究所
中国科学院大气物理研究所
中国科学院地球物理研究所
中国科学院广州能源研究所
中国科学院南京地理与湖泊研究所
中国科学院水生生物研究所

【中国气象局】
总体规划研究设计室
中国气象出版社
中国气象报社
中国气象学会
中国华云技术开发公司
国家气象中心
国家卫星气象中心
国家气候中心
中国气象科学研究院
中国气象行政管理局

【中国海洋石油总公司】　中国海洋石油总公司(CNOOC)是经国务院批准于1982年2月15日成立的国家公司。国务院颁布的《中华人民共和国对外合作开采海洋石油资源条例》，授权中国海洋石油总公司全面负责中华人民共和国对外合作开采海洋石油、天然气资源业务。总公司注册资本为60亿元人民币，是具有法人资格的经济实体。总公司总部设在北京。下属24个地区和专业公司(单位)，主要分布在各直辖市和沿海城市。海外有4个代表处和2个公司。

中国海洋石油总公司下属公司(单位)及代表处：
中国海洋石油渤海公司
中国海洋石油南海西部公司
中国海洋石油南海东部公司
中国海洋石油东海公司
海外石油天然气有限公司
中国海洋石油勘探开发研究中心
中国海洋石油生产研究中心
中海石油销售公司
中海石油会计审计公司
中国海洋天然气利用公司
中海华东能源有限公司
中国海洋石油报社
中海国际石油工程公司
中海国际石油设计公司
中国海洋石油测井公司
中海石油地球物理勘探公司
中海石油技术服务公司
中海石油北方钻井公司
中海石油南方钻井公司
中海石油北方船舶公司
中海石油南方船舶公司
中海石油海上工程公司
中海石油平台制造公司
汇海实业有限公司
休斯敦代表处
东京代表处
新加坡代表处

雅加达代表处
中国海洋石油(新加坡)国际有限公司
中国近海石油服务(香港)有限公司

【中国船舶工业集团公司】　中国船舶工业集团公司是在原中国船舶工业总公司所属部分企事业单位基础上组建的、由中央管理的特大型国有企业，是国家授权投资的机构。其成员单位包括著名的江南造船(集团)公司、沪东造船集团、广船国际等华东、华南及江西地区的骨干造修船厂、船舶配套厂；包括中国船舶及海洋工程设计研究院、中国船舶工业第九设计研究院、船舶系统工程部等骨干研究设计院所和中国船舶工业贸易公司等一批持股公司，共58个企事业单位，9.5万人，集团公司注册资本64亿元。其主要任务是为中国海军提供现代化装备和为中国航运提供船舶和船舶出口。近年来，集团公司所属单位研制的新型导弹驱逐舰、导弹护卫舰、远洋测量船等一批新型舰舶，使海军装备上了一个新台阶。中国船舶工业集团公司现有造船能力180万吨，最大可以建造10万吨级的船舶。近年来，集团公司既为国内外船东设计和建造了大批散货船和油船，还设计建造了成品油轮、化学品船、大型集装箱船、汽车滚装船、液化石油气船、高速水翼船、海洋工程等多种高新技术船舶及设施，建造质量受到好评。

集团公司的船舶及船用设备已出口到世界50多个国家和地区，已形成以出口船舶为主，以外轮修理、大型工程承包和集装箱等机电产品出口为辅，多元化发展的外向型格局。集团公司还发挥专业门类齐全、技术力量雄厚、加工能力强的综合优势，大力发展非船舶产品和多种经营，为国民经济建设服务。

主要工业企业

中华造船厂
江南造船(集团)有限责任公司
沪东造船集团
求新造船厂
上海船厂
澄西船舶修造厂
广州广船国际股份有限公司
广州黄埔造船厂
广州文冲船厂
上海航海仪器总厂
芜湖造船厂

主要科研设计单位

船舶系统工程部
中国船舶及海洋工程设计研究院
中国船舶工业综合技术经济研究院
上海船舶研究设计院
广州船舶及海洋工程设计研究院
中国船舶工业第九设计研究院
中船勘察设计研究院

部分独资和持股企业

中国船舶工业贸易公司
中船财务有限责任公司
上海远东船务工程公司

【中国船舶重工集团公司】　中国船舶重工集团公司(以下简称“中船重工”)，由原中国船舶工业总公司所属部分企事业单位组成，共有96个企事业单位，职工17万多人，是国务院直属的特大型企业集团。

中船重工有48个工业企业，28个科研院所，5个地区公司，15个控股、参股公司，分布于北京、黑龙江、辽宁、天津、河北、山东、上海、江苏、浙江、湖北、河南、陕西、山西、重庆、云南、广东、海南等10多个省、市。这些单位包括国内外著名的大连造船厂、大连造船新厂、山海关船厂、武昌造船厂、大连船用柴油机厂和中国舰船研究院、中国船舶科学研究中心等。

建国以来，中船重工所属企事业单位曾为中国建造了第一代核潜艇，研制建造了目前国内最大的水面舰艇、常规潜艇和水中兵器；建造了改革开放以来中国第一艘27 000吨出口船舶——“长城号”，开创了中国船舶工业进入国际市场的新纪元；即将建造出口30万吨超大型油轮，为国民经济建设和国防建设做出了重要贡献。

中船重工拥有中国最大的造、修船基地和雄厚的科技开发力量。可承担包括30万吨大型船舶在内的各种民用船舶和大型水面、水下战斗舰艇、各种军辅船舶、水中兵器及相关配套设备的研究、设计、建造和修理任务。自行设计、建造的上百种民用船舶、海洋工程和其他机电产品，出口到包括日本、韩国等发达造船国家在内的几十个国家的地区。

中船重工发挥行业和军工技术优势，大力推进科研生产结合，积极为国民经济建设服务。已经完成的西昌卫星发射塔架、大型钢结构、桥梁、水工机械等一批国家重点工程，都是根据市场的需要，通过科技开发形成的产物，显示了雄厚的实力。

工业企业

大连造船厂
大连造船新厂
辽宁渤海造船厂
武昌造船厂
青岛北海船厂
山海关船厂
天津造船公司

大连船用柴油机厂
武汉船用机械厂
保定风帆集团有限责任公司
昆明船舶设备集团有限公司

科研单位

武汉船舶设计研究所
中国船舶科学研究中心
哈尔滨船舶锅炉涡轮机研究所
上海船舶设备研究所
天津航海仪器研究所
上海船用柴油机研究所
武汉船用电力推进装置研究所
中国舰船研究院科技情报研究所
江苏自动化研究所
武汉第二船舶设计研究所
武汉船舶通讯研究所
扬州船用电子仪器研究所
南京船舶雷达研究所
上海船舶电子设备研究所
大连测控技术研究所

专业公司

中国船舶工业贸易公司
中国船舶工业物资总公司
中国国际海洋石油工程公司
中船财务有限责任公司
深圳远舟科技实业有限公司

【沿海省、市、自治区海洋管理机构】

吉林省海洋管理办公室
辽宁省海洋水产厅
大连市海洋局
河北省海洋局
天津市海洋局
山东省海洋与水产厅
青岛市海洋与水产局
江苏省海洋局
上海市海洋局
浙江省海洋局
宁波市海洋与水产局
福建省海洋局
厦门市政府海洋管理办公室
广东省海洋与水产厅
广西海洋开发保护管理委员会办公室
海南省海洋厅

【其他】

国家旅游局
中国盐业总公司
中国新星石油公司

【海洋院校】　见本年鉴第 305 页海洋教育部分。

附录5 国外海洋工作简况

Appendix 5 Summary of Foreign Marine Work

综合比较

【世界主要海洋国家海洋科技资金投入】 **美国** 美国是世界海洋大国，政府十分重视海洋科学技术的研究和海洋经济发展，每年为海洋科技研究与开发提供大量资助。资金投入的变化为：50年代末到70年代，呈显著上升趋势，由0.21亿美元增加到11.24亿美元，平均每年递增20%左右。80年代由于财政赤字和减免税收造成预算紧缩，使海洋研究与开发的经费投入急剧下降，估计下降24%。进入90年代，由于沿海区域人口的持续增长，对近岸水域的水质、近海生产力以及沿海经济的发展构成威胁，成为复杂棘手的社会问题，美国政府对海洋和沿岸近海的关注增强了，从而加大了海洋研究与开发的资金投入。计划在1996～2000年的5年间，投入110亿美元用于民用的研究与开发。

表1 美国海洋研究与开发经费投入

单位：亿美元

年 份	金 额	年 份	金 额
1990	13	1994	16.95
1991	14.2	1995	19.6
1992	14.2	1996	19.7
1993	16.49	1997	21

日本 日本陆地资源匮乏，而海域辽阔，海洋资源丰富，因此日本政府历来都把开发海洋列为重要课题，特别是60年代以来，国家经济发展的重心由重工业、化学工业逐步向海洋开发方面转移，尤其是70年代后期以来，日本的海洋科学技术研究发展到全球范围。海洋科技经费投入也相应的加大了。近年来，日本政府用于海洋方面的总投资占日本国民生产总值的0.3%以上。仅1990～1997年，日本在海洋方面的投资就增加了200多亿日元。

表2 日本海洋科技与开发经费投入

单位：亿日元

年 份	金 额	年 份	金 额
1990	484.63	1994	618.57
1991	482.71	1995	648.75
1992	529.36	1996	667.94
1993	562.64	1997	738.23

英国 英国是世界上开发利用海洋最早的国家，60年代后期，海洋石油开发成为支撑英国经济的重要支柱，从而忽视海洋科技的发展，海洋科技资金投入较低。1986年以来，英国政府重新规划和部署海洋科技研究发展，增加了海洋科技投入，到1990年海洋科技经费比1985年增加了107%，为4亿英镑，1994～1995年度经费约4.9亿英镑，比1990年增长了22%。

德国 德国是经济高度发达的工业国，但陆地资源贫乏，自70年代以来，为了缓解供求矛盾，保持在国际上的竞争地位，德国政府加紧发展以开发海洋资源为中心的海洋科学技术，海洋科技经费不断增加，仅1992～1997年德国政府就提供海洋科技经费共计13.82亿马克，其中1993年高达2.49亿马克。

表3 德国海洋科技与开发经费投入

单位：亿马克

年 份	金 额	年 份	金 额
1992	2.32	1995	2.18
1993	2.49	1996	2.31
1994	2.2	1997	2.32

【世界主要海洋国家海洋经济发展概况】 近10年来，由于海洋科技进步，特别是海洋高新技术的迅速发展，大大推动了传统海洋产业的技术改造和新兴海洋产业的形成和发展，使世界海洋经济进入了高速增长的新时期。据不完全统计，世界海洋产业产值(以与国内生产总值可比的增加值计)1980年约为2 500亿美元，1985年为3 500亿美元，1992年达6 700亿美元，平均发展速度约9%，1995年世界海洋产业产值估计为8 600亿美元，到2000年预计可达15 000亿美元。

美国1972年海洋产业产值为306亿美元，1987年约为1 090亿美元，15年增长了256%，1995年海洋产值达1 800多亿美元，约占国民生产总值的4%～5%。据预测，到2000年，可达2 300多亿美元。

日本1980年海洋产业产值约为72 900亿日元，占国民生产总值的2.8%左右，1990年海洋产业产值为1 173.6亿美元，占当年国民生产总值的4.1%，1995年海洋产业产值约为131 600亿日元，据推算，到2000年将达到158 300亿日元。

英国1988年海洋产业产值为160亿英镑，约占国民生产总值的4% 。90年代以来，英国海洋产业迅速发展，1994年海洋产业产值已占国内生产总值的7%左右。

加拿大近年来的海洋产业产值约占国民生产总值的2.3%左右，1995年海洋产值约为180亿加元。

澳大利亚海洋产值1987年为160亿澳元，1994年增加到300亿澳元，几乎占澳大利亚国内生产总值的8%，平均年增长率为8%以上。

【《联合国海洋法公约》批准情况】　90年代以来，海洋成为世界各国关注的焦点，尤其是1994年11月16日《联合国海洋法公约》正式生效以来，新的国际海洋法律制度确立了大陆架、200n mile专属经济区和国际海底等制度，使全球海洋的1/3，约1.09亿km^2面积将脱离公海的性质而纳入沿海国的国家管辖权利之内，成为沿海国家的管辖海域，使沿海国的国土面积得到扩大，经济活动也拥有了新的发展空间。到1997年底世界150多个沿海国家中，已有122个国家批准《联合国海洋法公约》，明确宣布领海宽度的有147个国家，宣布领海宽度为12n mile的有123个国家，大于12n mile的有15个国家，小于12n mile的有9个国家；宣布毗连区界限的有61个国家；宣布建立200n mile专属经济区的有93个国家，宣布建立专属渔区的国家有21个，宣布大陆架界线的有80个国家，其中范围延伸至大陆架边缘外侧或200n mile宽度的有30个国家，采用水深200m加可开发性方式确定大陆架外部界限的有33个国家，其他方式的有14个国家。

（于保华）

国外海洋开发与管理

【海洋油气开发】　全世界有100多个国家和地区从事海上石油勘探开发，投入开发的经费每年达850亿美元。参与经营的大石油公司有500多家。1995年世界海洋石油总产量约为10.17亿t；天然气产量达4 800亿m^3。分别比1994年增长1.8%和1.866%。1996年世界海洋石油产量仍有增长。

英国贸易工业部1996年初举行了第17轮海洋油气勘探开发国际招标，新划出68个海域的275个区块。这些海域有41个已经获得商业性油气发现，主要集中在西设得兰群岛南部的大西洋罗科尔海槽，其余分布在英格兰西南、苏格兰北部海上及英格兰以东近海。1996年英国原油产量总计达1 500万t。

挪威是海洋油气主要生产国之一，1996年下半年开始实施新的海洋油气勘探开发措施。挪威石油董事会(NPD)新公布了一份关于勘探开发巴伦支海油气的计划，目前已把位于巴伦支海的西部边缘、洛帕高原、哈默弗斯特盆地以及芬穆克地台作为对外招标区，计划1997年3～4月完成招标工作。

俄罗斯大陆架蕴藏着非常丰富的油气资源，其规模最大的天然气工业股份公司已经计划在1995～2010年，对巴伦支海大陆架水深10～350m的29个区块进行详细的地震勘探；1998年开发伯朝拉海水深20m左右的普里拉兹洛姆大油田；2003年开发巴伦支海水深350m的什托克曼诺夫大气田；到2010年，俄罗斯北冰洋的油气开采能力将达到石油2 200万t，天然气5 600亿m^3。

【海洋渔业资源开发】　现代海洋渔业由传统的海洋捕捞业发展成为捕捞—养殖—加工并举的工业化渔业生产，据联合国粮农组织最近发表的统计数字，近年来世界渔业产量持续增长，1995年产量为1.096亿t，1996年产量为1.123亿t，1997年产量为1.16亿t。1997年全世界约有3 000万人从事捕捞业和渔业养殖业。

捕捞能力的增强，使渔业资源因过度捕捞而衰退，为保护海洋渔业资源，联合国粮农组织要求各国采取措施，消除过度捕捞，尽量减少浪费性的渔业活动，并制定了三个法律性协定：一是《国际负责任渔业行为守则》，二是《促进公海渔船遵守国际养护和管理措施协定》，三是《跨界和高度洄游鱼类养护与管理协定》，使海洋渔业资源管理由区域性管理转向全球性。各国也采取了相应的管理措施，如有些国家采取了TAC(全部可捕量)。从可转让配额(ITQ)、赎卖计划、调整入渔权等措施，限制渔业投入和产出的养护和管理方法。美国政府为恢复渔业资源，支持依赖渔业的沿海社区，制定减少过渡捕捞、保护主要鱼群栖息地的措施，包括禁止出售和进口不足尺寸的大西洋箭鱼的命令。为了加速执行此措施，克林顿总统计划在5年内(1998～2002年)增加1.94亿美元投入，并吁请其他国家做出类似努力。

【海洋交通运输】　国际货运量的90%以上是通过海上运输完成的。据估计，1997年全球海运贸易比1996年增加3.8%，达到49.4亿t。全世界普通商船(100总吨以上)的总吨位达5.2亿总吨，比1996年增长2.3%。全世界现有较大海港3 000多个，其中年吞吐量在100万t以上的海港有200多个。1996年主要沿海国家港口吞吐量约32亿t，集装箱吞吐量为4 600多万标准箱。为了保持竞争力，美国政府计划开展港口现代化工程，由海港服务基金会在今后5年(1998～2002年)内筹集8亿美元资金用于加深和保持航道，提高航海安全系数以及进行其他海港工程。

俄罗斯计划大幅度增强港口能力。目标是到2005年将在外国的年装卸量减少到500万t，并计划投资10亿美元用于扩大商船队。1997年投资4亿多美元建造23艘货船、集装箱船和油轮，并大力整治港口和河流，扩建新罗西斯克（黑海）、圣彼得堡两港，以及在芬兰湾、里海建设新港。

印度计划在今后5年内（1999～2003）投入41亿美元资金用于发展港口建设。其中政府出资5.12亿美元，国有公司筹建15亿美元，其余的20亿美元将由私营公司负责筹集。建设目标是到2003年，印度港口的吞吐量将在现有的基础上翻一番，达4.1亿t。

【滨海旅游】 目前，世界主要海洋国家的年旅游收入已相当可观，据世界旅游组织报告，1996年全球旅游业总收入为4 230亿美元，估计其中滨海旅游约占50%左右，比10年前增加了3倍。以“出售阳光和沙滩”闻名于世的西班牙，在西部“阳光海滩”和东部“金色海滩”及地中海的巴里阿雷斯群岛和大西洋的加拿利群岛建立了4个旅游基地，成为西班牙4个旅游区，每年接纳数千万游客，年外汇收入高达100多亿美元。

美国近几年滨海游钓业迅猛发展，据估计，美国目前有1 000多万条海上游艇供人们乘坐在海上游钓，达1亿人次。政府每年可从游钓业得到500亿美元的社会产值。美国国家园林局、内政部遗产与游乐局、商务部等都在积极增加投入以推进滨海旅游事业的发展。美国商务部曾批准一项补助金计划，以使各州能向最广大的民众提供进入海滩和海岸娱乐区的机会。

日本早在80年代初就已有2.8万hm^2的海上娱乐场所，而且逐年扩大，预计到2000年将超过28万hm^2。目前，仅海洋娱乐性渔业的年捕捞力量就已达0.4亿人·天。

韩国在其南海岸建立了大规模综合海上游览胜地，还计划陆续开发一些海岛旅游区。法国为开辟深海旅游，1996年研制出世界上第一艘游览潜艇“深海之最”，可供45名游客就座在水下游览。

瑞典、俄罗斯等国也把海洋娱乐和海洋旅游作为浅海区国土开发的重要内容，给予优先安排，并且预留出相应的水域和海岸线，以逐步开发利用。

（于保华）

国外海洋调查研究

【大洋钻探】 大洋钻探取得了举世瞩目的重大成就。至1996年已完成了166个多航次调查和钻探。最新的钻探研究证明了海底扩张学说和板块构造理论。科学家们通过对近2万个沉积层的岩芯样品的分析研究，揭示出海洋的历史演变过程，使人们对海洋的形成有了新的认识。如初步查明了洋壳岩内圈的物质组成，根据地震资料和岩芯分析结果，洋壳可划分出三个明显不同物质的沉积层，即层1为沉积岩，厚度0～2km（平均厚约500m），主要有陆源、生物成因、自生和火山物质组成；层2为火山岩层，以玄武岩为主，并夹有固结沉积岩的混合层，其厚度2～4km（平均厚约1 500m），此层上部为低钾位斑玄武岩；层3为大洋层，是海洋型地壳的主体，其厚度4～10km（平均厚约4 500m），推测可能是由辉长岩、角闪岩及蛇纹石化橄榄岩组。另外，在大洋钻探调查中，还发现了温度约3 000℃下新形成的硫化矿床的岩芯，大洋中脊有无沉积物覆盖，是造成热液作用不同类型的主要因素。

大洋钻探的每个航次，都有新的发现，新的成果。目前国际大洋钻探计划委员会已制订了2003～2008年的长期计划。

【空间大地测量和全球海平面（SELF）】 该项研究属国际岩石圈计划研究内容。分两个阶段：

第一个阶段（1992～1995）研究的具体题目是“海平面涨落：地球物理解释和环境影响”。研究的目的是提供在地中海海域测定海平面变化的可靠的基准，从而可被用作气候变化的可能标志，以及研究在大洋、大气圈和固体地球之间发生的相互作用。

SELF第二阶段（1996～2000）的研究题目是“地中海的海平面涨落：与气候过程及垂向地壳运动的相互作用”。研究内容包括：（1）采用最先进的大地测量技术（卫星测高计和机载激光器）；（2）研究地中海过去的海平面变化，以深化对现代过程的理解；（3）研究大气圈/大洋的相互作用以及地壳运动对沿海海平面的影响，以便提供灾害评估的基础。

【洋中脊的跨学科全球实验（RIDGE）计划】 该计划旨在认识全球大洋中脊火山系统与海洋环境之间能量的时空传输及其物理、化学和生物学起因和结果。RIDGE计划中与全球变化有关的研究目标和认识海洋与洋壳内海水热循环之间的地质、化学、生物学和海洋物理学相互作用。地球内部大部分热量散失是通过洋中脊发生的，其持续时间为几十到几百年。洋中脊热液循环向洋底表面输送热量和化学物质可能产生比较显著的影响，但目前对这种影响的范围尚不清楚。目前已对胡安德富卡海岭东太平洋和中大西洋的洋中脊热液循环进行了研究，对地震、火山喷发和热液羽状体等洋中脊活动进行了检测。

【大陆边缘研究】 旨在认识控制大陆边缘起源、演化和破坏的物理过程。研究内容有：（1）深部地壳研究：岩石圈变形机制、岩浆作用和物质运移、沉积盆地的发育；（2）浅部地壳研究：影响沉积物沿大陆边缘或跨大陆边缘运移的作用过程，物理－化学－生物作用对沉积记录的影响，大陆边缘沉积物所记录的地球环境历史及沉积物记录与大陆边缘地球物理特性的关系；(3)流体研究：流体对沉积物和有机地球化学蚀变的控制作用，流体对沉积层中应力分布的控制作用。1992年已开始地壳形变研究，1993年开始野外工作，1996年在大巴哈马浅滩边缘的深海钻探，揭示出在过去2 500万年间海平面多次升降变化。

"大陆边缘研究"与"近海海洋过程研究"、"大洋钻探计划"、"大陆动力学计划"密切配合进行，并为未来在大陆边缘实施海洋钻探作准备。

【预测地壳变动研究】 美国伍兹霍尔海洋研究所的科学家与日本海洋科学技术中心的科学家合作从1997年开始实施关于查明海沟型地震发生的机制等三个领域6个项目的观测研究，并以此为基础进行地壳变动的预测。按计划，美日双方集结了地球卫星和深潜器等世界先进的观测仪器和研究机构，用以查明大气、海洋和陆地上的既复杂又相互联系的各种自然现象，并预测全球性的气候变暖以及地震等。双方将通过使用"深海6500"潜水器在大西洋和印度洋中央海岭进行调查，查明以海沟型地震海啸和海底滑坡的发生机制为基础的地球板块运动；通过在北冰洋重新设置改良型的海洋观测浮标，进一步研究海洋地质结构以及观测北太平洋的二氧化碳的再循环等。

（于保华）

国外海洋技术

【海洋油气开发技术】 目前世界上一些大的石油公司都在积极研制、开发海洋高新技术，包括三维地震成像、三维可视技术、成像测井技术、水平钻井和遥控遥测技术等。美国阿莫科公司新研制成一种叫做相干正方面体数据组的三维地震数据处理技术。这种技术用于地震勘探能产生一种新的三维数据容量或正六面体的相干系数，最后产生的目视解释，可清楚地看到地层（特别是地下槽和断层）。除了提高目视解释之外，相干处理还能通过提示以前没有记录到有断层面反射的断层来提高勘探的准确性。这一技术目前已在全世界50多个项目上应用。法国成功地研制了一种目前世界上最先进的深水钻探技术，并开始投入第一套自动化和远程监控的水下自动生产系统。它采用导向钻井技术，使立管及水下辅助设备可控制各种临界井口接管进行作业，并能克服恶劣海况和高压井喷。

当前世界上许多国家的石油公司正在大力发展水平井和树状井，水平钻井成本已接近垂直井，水平井最大总井深已超过4 400m，从而提高了钻井效率、采收率和产量。

在开采技术方面，国外正在研制一种"水下多相流油气自动开采技术"。这项技术采用水下三相计量仪、多相混流输泵及泵站；自持式水下动力系统；密封及安装固定技术和水下装置遥测遥控技术等。该系统把全部多相流油气采、集、输设备置于海底，代替了庞大的、造价昂贵的固定式或浮动式平台，从而大大降低了成本，这项高新技术的成功，将是海上油气勘探开发的又一创新。

【海洋生物资源开发技术】 当前国际上利用海洋生物资源开发新技术使天然产物的直接利用发展为人工驯养、培植、筛选和改造的多途径利用，形成了养殖生物新品种，获得食用工业原料等产品。对海洋生物基因的利用正在形成革命性的海水农业。主要有利用细胞融合和染色体操作等获取鱼、虾、蟹、贝、藻类等优良品种，用于海水养殖、开发海洋生物代谢品医药和工业原料。美国西太平洋研究所利用转基因技术成功地培育出巨型鲑鱼，平均重量为普通鲑鱼的11倍，最大的达31倍。斯坦福大学应用基因重组技术使鲍鱼生长率提高50%～100%。养殖时间从目前2.5年减少到15个月。日本从寒冷水域的鱼血清中分离出抗冻基因，成功地转移到大西洋鲑鱼中，为鱼类南移北植的研究开辟了新途径。

海洋药物的研制是当前世界各国海洋生物技术开发的热点之一，并取得了令人瞩目的进展。美国、日本、英国等国家在海洋活性物质的提取、分离、化学结构修饰等技术方面做了大量研究工作。已发现化合物3 000多种，在获取抗菌素、抗病毒、抗癌、抗心脑血管药物方面收到了明显成效。美国科学家正在开发的海洋新药有：(1)膜海鞘素B(Didemnin B)，这是从加勒比海被囊动物膜海鞘科(Trididemnum)中的提取物分离出来的。是一种抗病毒、抗肿瘤及免疫抑制剂。(2)苔藓虫素(Bryostatin)，这是从美国西海岸的苔藓动物——海洋多室草苔虫(Bayulaneritins)中提取的，已分离出13种结构。动物实验证实它有强的抗肿瘤活性。(3)海兔毒素(Dolasstatin)，这是从海兔中提取的有抗肿瘤活性化合物。动物实验证实对黑色素瘤有治愈作用。(4)软海绵B(Halichondrin B)，它是从太平洋软海绵(tissodendorgx)中提取的。动物实验显示有强的抗癌性、弱毒性和延长动物寿命的功能。(5)圆皮海绵素(Discodermdid)，它是从圆皮海绵(Discodermia dissoluta)中分离的活性肽，有显著的抗菌活性，是一种很好的免疫抑制剂。

【海洋能源开发技术】 近年来，世界上利用海洋能源发电技术有了较大发展。1995年日本在世界上首次成功地进行了波浪能发电系统实用化试验。这座由日本运输省和29家民间企业组成的联合研究会研制的新型波浪发电实验装置由长20m、高27m、宽245m,有5个进口的防波堤组成,堤身是空心的。从进口涌入的波浪在堤身里的管道内上下涌动,从而压缩管道内的空气,这种受压后的空气外泄所产生的力量被利用来发电。这座试验装置的发电能力为30kW,可供20户家庭生活用电。

荷兰Teamwork公司1996年研制的波浪发电装置名为"阿基米德海浪摆式发电机",可利用涌浪引起的压力变化发电。这种装置不同于普通的海浪发电机漂浮在海面之上,利用阵浪发电,而是在水下利用海上巨大的涌浪发电,涌浪的连续性较强,破坏力比阵浪小。据估计,世界上共有2万km的海岸线可用这种装置发电,每公里可发电4.8万kW。以色列特拉维夫SDE公司1997年发明的海浪发电新技术,不仅可以降低发电成本,而且还可以对海水进行淡化处理。

在海洋温差发电方面,美国走在世界前列。近年来已突破的关键技术包括:(1)用铝合金取代昂贵的钛制热交换器;(2)氯化处理冷水暖水管,以防生物附着和污损;(3)研制用于开路循环的透平;(4)研制效率能够达到97%的新型闪蒸器;(5)研制处理海洋热能发电过程的计算机模式。

【海洋空间利用技术】　全世界已经建成和正在施工的海底隧道有20多条。1997年世界上最长的汽车专用海底隧道"东京湾海底隧道"贯通,隧道全长约9.6km,横穿东京湾海底,分上行和下行两条。这条隧道建成后,川崎和木更津两市之间的路程将由原来的100km缩短到30km。行车时间也由两个小时缩短到30分种。

挪威科学家最近提出建设世界上第一条漂浮式隧道的新构想。其方案分两种,第一种方案是在海面上放置一些浮块,通过钢缆与25m以下的隧道构件相连,使隧道浮在水中,但这种方式的缺点是隧道容易漂移;第二种方案是向海底沉入混凝土块,利用混凝土块上的钢架支撑隧道,将隧道固定在水下25m的位置。漂浮式隧道的优点是不破坏景观,成本较低,但它对修建地点的海洋环境要求较高。

目前世界上已建成了十几座跨海大桥,著名的日本明石海峡大桥于1998年初竣工,这是一座公路桥,连结着日本本州岛的神户市和淡路岛,全长3 911m,海中两个桥墩间的跨度为1 190m。

丹麦的大贝尔特海峡悬索桥是目前世界上最长的跨海大桥之一。该桥于1998年6月建成并全线通车。大桥位于丹麦菲英岛与西兰岛之间,全长17.5km,为公路、铁路两用桥。以海峡中的小岛斯波洛格为连接点,分东公路桥、东铁路隧道以及西铁路桥和公路两用桥。桥墩高254m,两桥墩之间的跨度达1 624m,桥孔高度为65m,可通行任何巨轮。大桥建成后,每昼夜可通行火车200趟次,汽车1.6万辆次。这不仅对缓解丹麦两大岛屿之间的交通困难起巨大作用,也将对丹麦乃至整个北欧的经济和社会发展起推动作用。

到1997年全世界已铺设了36.8万km的海底光缆,再加上铺设的海底电缆,大约共计有500万km。1997年12月,目前全球最长的海底光缆投入使用。这条光缆全长28 000km,连结英国、西班牙、意大利、埃及、印度、日本等12个国家,可同时传送电话、电视节目和计算机数据。该光缆设有自动报警系统。光缆每40～70km设一个光信号增强器,以保证光信号能无衰减地到达终点。因此这条光缆具有通信稳定、抗干扰、保密性好、通信容量大等优点。

另外,新的横穿大西洋的光缆——"横跨大西洋一号"于1997年11月开始铺设。这条光缆东起德国北部的叙尔特岛,经英国、荷兰最后到达美国纽约,全长1.4万km。光缆所用的光导纤维直径只有0.125cm,外裹特殊材料,能够承受水下1 500m深的压力。这条海底光缆可以同时进行30万路通话与数据传输,而其中连结德国至英国的光缆的容量甚至达到了400亿bit,可同时传送60万路通话。

此外,为满足因特网及未来信息高速公路的需要,一条贯通全球的海底光缆"氧气工程"正在铺设。这条光缆横跨大西洋,穿越地中海,经红海和印度洋,通过马六甲海峡,进入太平洋,最后又横跨太平洋与北美相连,全长32万km,连接175个国家,耗资140亿美元,预计2003年完工。

【海洋遥感技术】　据统计从1996年到2000年国外计划发射与海洋有关的卫星有13颗。1996年8月17日,日本国家空间开发厅(NASDA)发射了地球观测卫星ADEOS－I,该卫星有较强的海洋水色遥感技术性能,星上搭载了7部遥感器,即高级可见光和近红外辐射计(AVNIR)。海洋水色水温扫描仪(OCTS)、微波散射计(NSCAT)、温室效应气候干涉监测仪(IMG)、改进型大气临边分光计(ICAS)、总臭氧测量分光计(TOMS)和地表反射光观测装置(POLDER)等。卫星轨道高度797km,视场角80°,相应的扫描宽度达1 400km,能够获取诸如温室效应、臭氧层稀薄、热带雨林锐减、气候异常等全球环境变化数据。

继日本之后,美国于1997年8月发射了第二代海洋卫星SeaStar,星上搭载的唯一传感器是海洋观测宽视场传感器(SeaWiFS)。该传感器共有8个波段,扫描角度为58.3°,可以获取全球水色资料。目前美国航天局与英国安普敦海洋中心等机构的科学家正在联合利用SeaStar卫星监测地球碳循环情况,以便研究因二氧化碳过多造成全球变暖现象。美国国家海洋大气局和斯克里普斯海洋研究所的科学家们还利用地球观测卫星数据制作出新的海底地图,其清晰度是过去海底地图的30倍。

【海洋声学技术】 由美国伍兹霍尔海洋研究所研制的自由悬浮声学层析接收机(SSAR)是海洋声学技术领域里的新突破。SSAR由一个成本较低的带有全球定位系统的表层浮标、Argos天线和声学阵及水下浮标组成。声学阵悬浮在声道里,这是由6个水听器组成。表层浮标和声学阵由橡皮软管连接,另配备有500m的导体、双层铠装电机电缆。SSAR主要执行声学数据收集、信号抵达时间处理、声学导航及向岸上传输数据等任务,还可以作为反潜战监视工具,填补海底长期固定阵和短期声呐浮标间的空白。SSAR还可以装配其他海洋测量传感器,形成遥测、导航和存贮功能的漂浮传感器平台。

由美国斯克里普斯海洋研究所的科学家研制的声学光线海洋噪声成像系统(ADONIS)与一般的声呐不同的是它可以完全不借助其他装置,仅利用海洋里的噪声,即用一系列的水下测听器把目标散射的背景声音收集起来,形成一副目标的图像。ADONIS系统由一个3m宽的球状反射器构成,就像一个巨大的卫星天线,它可以把分散的声波收集起来,然后聚集在一排由126个水下测听器组成的设备上。每个测听器构成最终图像上的一个"像素",就像电脑显示器上的显像原理一样,大量的噪声信号形成最终的图像。更令人震惊的是,在进行ADONIS系统研制实验中,科学家们还发现自然界可能已经存在用类似ADONIS的原理探路的动物。

【深潜器】 1997年美国科学家发明了小型单人深海潜水器——"深海飞机",可潜入11 000m深的海底。工作时能利用"机翼"与海水相对运动所产生的水动力来使其上升或下沉,下沉的速度每分钟可达180m,是目前潜水器的6倍,而且能长时间在海底6 000～11 000m深处作业。

英国南安普敦海洋学中心设计建造的新型无人潜艇是借鉴了无人太空探测器的概念研制的,该潜器能够利用雷达探测技术在海底自行航行。科学家们把它比喻为投放到深海中的"卫星"。潜艇所携带的大量传感器可以收集海底有关物理、化学、生物和地质方面的数据。无人潜艇还能自动浮出海面,借助卫星信号定位。科学家们认为,该潜水器代表了未来海洋探测的发展方向,尤其适合对冰山底部等载人潜水器无法涉足的海域进行考察。英美两国科学家正准备利用这种先进的潜水器联合考察素以情况险恶著称的大西洋百慕大三角海域。

国外海洋环境服务

【海洋观测】 为了观测海洋环境中诸如厄尔尼诺等现象的发生机制,美国、日本等国联合在海洋中设置观测浮标网。近几年美国国家海洋大气局已在国际日期变更线以东的海域设置了7列(每列为7个),共49个观测浮标。日本海洋科技中心(IAMSTEC)从1997年开始用三年时间在国际日期变更线以西海域设置20～30个观测浮标。计划从1997年到1998年,在沿赤道的东经140°至东经170°的海域设置15个观测浮标,1999年在东印度洋和北纬40°附近的北太平洋海域设置10个观测浮标。这些浮标观测到的海洋资料通过卫星进行实时传送,供科学家分析和研究。

【海洋环境预报】 目前,大多数国家海洋预报模式的业务应用在风暴潮警报系统预报由风暴潮引起的沿岸洪水方面已取得重大进展。美国国家气象服务中心的SLOSH模式不仅用于台风预报,而且还用于沿海水位的实时预报。多数欧洲国家如荷兰、英国、德国、丹麦、挪威、比利时和法国等由于地势低洼,洪水极易泛滥成灾,因此气象服务部门都开发了风暴潮业务预报模式,这些模式大多是二维、三维的。

另外,美国国家海洋大气局所属海洋服务中心目前正在开发和测试切萨皮克湾、加尔维斯顿湾、纽约湾和新泽西港等海域流体力学预报模式。这些模式需要有准确的入港预报水位,为了提供这些预报资料,海洋服务中心正在开发并测试美国整个东海岸和墨西哥湾三维流体力学预报模式。

海洋服务中心最近还研制成功了一种中央集成式数据搜集和分发系统——物理海洋学实时系统(PORTS)。该系统以用户熟悉的形式向海上用户提供整个海湾或湾口水位、海流及其他海洋水文和气象数据,可满足多方面的需要。

【海洋信息管理服务】 1997年在美国克罗拉多州召开的国际地圈-生物圈计划(IGBP)中的数据信息系统(IGBP-DIS)/世界数据中心(WDC)的专题研讨会上,明确了今后信息管理服务的发展方向为:(1)以IGBP核心计划为依据,规划现有的世界各数据中心,建立各数据中心间的数据目录和索引,在各数据中心间进行数据交换,并附加上其他专业的知识以满足用户需要。(2)建立世界数据中心新的分支机构,满足IGBP的数据需求,优先考虑以下几方面的数据:水文、海洋、大气化学、生态学、古环境、土地利用/地表变化和社会经济。(3)世界数据中心和IGBP数据联合管理。为配合世界数据中心的变革,各国海洋资料中心对数据资料管理采取了一系列新举措。美国国家海洋资料中心新建立了三个沿岸海洋资料工作组,分别为沿岸海洋资料收集工作组、沿岸海洋资料和信息产品工作组和沿岸海洋资料质量保证组。所有工作组的目标是一致的,那就是保证国家海洋资料中心能够满足沿海社会各用户在沿海数据及信息管理工作方面的需求。另外,海洋资料中心还筹建一个沿海研究室并扩大地区联络员的管辖区。为了增强对海洋的了解,推进海洋研究与开发,1998年6月在美国全国海洋工作会议上,美国副总统戈尔宣布对机密的内部的海军资料进行降密和解密。利用这些新降密和解密的资料结合近年来海军公开的其他海洋资料,可形成一套全球资料集。

(于保华)